昆山高新区（玉山镇）村志系列丛书

燕桥浜村志

YANQIAOBANG CUNZHI

昆山高新区(玉山镇)村志系列丛书编纂委员会 编

苏州大学出版社
Soochow University Press

图书在版编目（CIP）数据

燕桥浜村志 / 褚华主编 ；昆山高新区（玉山镇）村志系列丛书编纂委员会编. -- 苏州 ：苏州大学出版社，2023.12

（昆山高新区（玉山镇）村志系列丛书）

ISBN 978-7-5672-4660-7

Ⅰ. ①燕… Ⅱ. ①褚… ②昆… Ⅲ. ①村史－昆山 Ⅳ. ①K295.35

中国国家版本馆 CIP 数据核字（2023）第 240387 号

燕桥浜村志

主　　编	褚　华
编　　者	昆山高新区（玉山镇）村志系列丛书编纂委员会
责任编辑	杨　柳
装帧设计	刘　俊
出版发行	苏州大学出版社
地　　址	苏州市十梓街 1 号
邮　　编	215006
电　　话	0512-67481020
网　　址	http://www.sudapress.com
邮　　箱	sdcbs@suda.edu.cn
印　　刷	苏州市越洋印刷有限公司
开　　本	787 mm×1 092 mm　1/16　插页 16　印张 50.75（共两册）　字数 862 千
版　　次	2023 年 12 月第 1 版
印　　次	2023 年 12 月第 1 次印刷
书　　号	ISBN 978-7-5672-4660-7
定　　价	120.00 元（共两册）

昆山高新区（玉山镇）村志系列丛书编纂办公室

主　　任：刘清涛

副 主 任：姚　兰　管　烨　张振华

成　　员：姚　晨　赵赋俊　季建芬

编纂统筹：苏洪根

编　　务：朱小萍　周凤花　金小华

《燕桥浜村志》编纂委员会

主　　任：褚　华

副 主 任：戴　亮

委　　员：邹雪峰　宋吉成　王晓华　徐梦宇

《燕桥浜村志》编纂组

主　　编：褚　华

副 主 编：戴　亮

特聘总纂：陆　欣

撰　　稿：褚永明（主笔）　王惠林　黄月明

编　　务：沈诗琪　阮大男　沈小元　陆大凤　陆火林　钱嘉辉

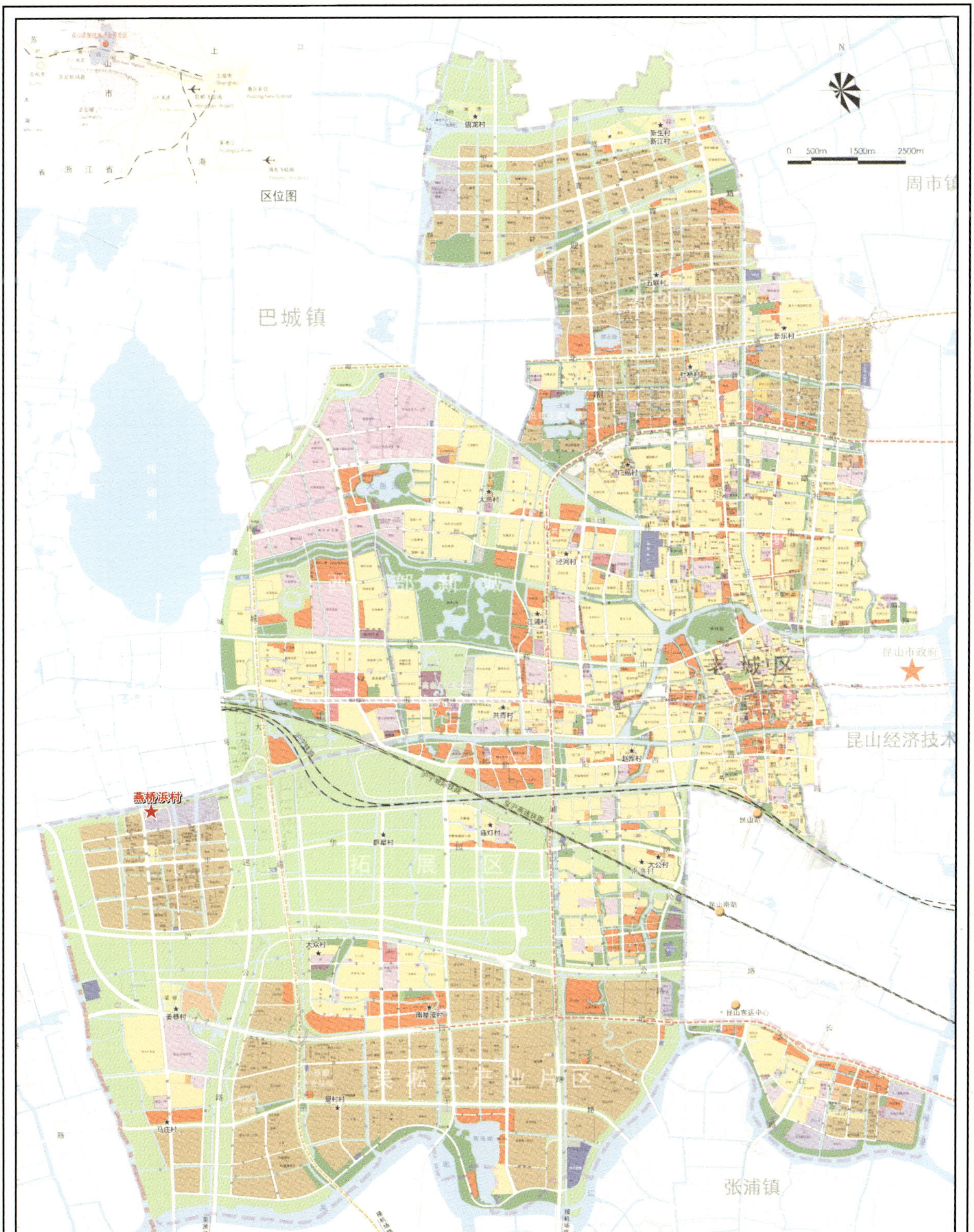

注：①本示意图由昆山高新区规划建设局提供（2020年）
②★表示燕桥浜村在昆山高新区（玉山镇）的位置

上 昆山高新区（玉山镇）区划示意图

上 燕桥浜村全景图（2020年，罗英摄）

上右　原双庙自然村（2020年，罗英摄）

中右　原前浜自然村（2组）（2020年，罗英摄）

下右　原直通自然村（2020年，褚永明摄）

上左　原双庙自然村（2组）（2020年，罗英摄）

下左　原田垛自然村（2020年，褚永明摄）

上左　礼和苑（2021年，罗英摄）
中左　义和苑（2021年，罗英摄）
下左　美丰苑（2021年，罗英摄）

上右　燕桥浜村办公大楼（2021年，罗英摄）
下右　燕桥浜村标志牌（2021年，罗英摄）

春

夏

秋

冬

全 燕桥浜村四季风貌（2020年，罗英摄）

2020年7月1日，燕桥浜村党员重温入党宣誓大会（王晓华摄）

2021年，燕桥浜村富民合作社股民代表大会（罗英摄）

2020年10月10日，燕桥浜村“两委”人员工作会议（陆军摄）

2021年1月16日，关于2021年度燕桥浜村临时用工标准确定相关事宜听证会（徐梦宇摄）

2021年1月29日，燕桥浜村“三合一”火灾隐患整治协调会（王晓华摄）

2021年2月27日，2020年度燕桥浜村民主评议党员暨冬训工作动员大会（王晓华摄）

2021年2月2日，燕桥浜村“两委”工作部署会议（徐梦宇摄）

2021年3月21日，燕桥浜村第十三届村民委员会选举大会（王晓华摄）

2021年5月31日，燕桥浜村全面从严治党“评审联动”工作会议（王晓华摄）

2021年6月18日，关于燕桥浜村“三社”事宜听证会（徐梦宇摄）

2021年9月10日，燕桥浜村2021“三优三保”拆旧区复垦项目相关事宜听证会（王晓华摄）

2021年10月26日，燕桥浜村辖区餐饮店“瓶改管”推进会（王晓华摄）

2019年7月，燕桥浜村党员参观南湖革命纪念馆（燕桥浜村村委会提供）

燕桥浜村与昆山市市场监督管理局高新区分局党建结对共建签约仪式现场（2020年，王晓华摄）

2021年7月1日，燕桥浜村党员观看电影《1921》（燕桥浜村村委会提供）

2021年10月，燕桥浜村党员主题特色活动（燕桥浜村村委会提供）

法治文化宣传（2020年，罗英摄）

文明环保宣传（2020年，罗英摄）

文明实践宣传（2020年，罗英摄）

政务财务公开栏（2020年，罗英摄）

2018年，燕桥浜村舞蹈队参加高新区优秀节目展演（陆虎林提供）

2020年，燕桥浜村门球队参加高新区门球比赛（陆虎林提供）

2020年6月，端午节包粽子活动现场（徐梦宇摄）

燕桥浜村党总支走进幼儿园，关心下一代（2020年，徐梦宇摄）

给村民送春联（2020年，徐梦宇摄）

燕桥浜村组织关爱残疾人活动（2020年，王晓华摄）

燕桥浜村组织联谊读书会（2020年，徐梦宇摄）

燕桥浜村组织元宵亲子活动（2020年，徐梦宇摄）

燕桥浜村党总支参加消防活动（2021年，王晓华摄）

我为群众办实事——燕桥浜村志愿者服务（2021年，王晓华摄）

燕桥浜村组织亲子联谊活动（2021年，徐梦宇摄）

燕桥浜村组织假日儿童绘画联谊活动（2021年，徐梦宇摄）

燕桥浜村组织非遗传承工坊活动（2021年，徐梦宇摄）

燕桥浜村组织庆“三八”妇女活动（2021年，王晓华摄）

燕桥浜村组织植树活动（2021年，徐梦宇摄）

燕桥浜村领导慰问志愿军老战士褚根生（2021年，王晓华摄）

燕桥浜村组织制作流体熊（2021年，徐梦宇摄）

代表证（阮大男提供）

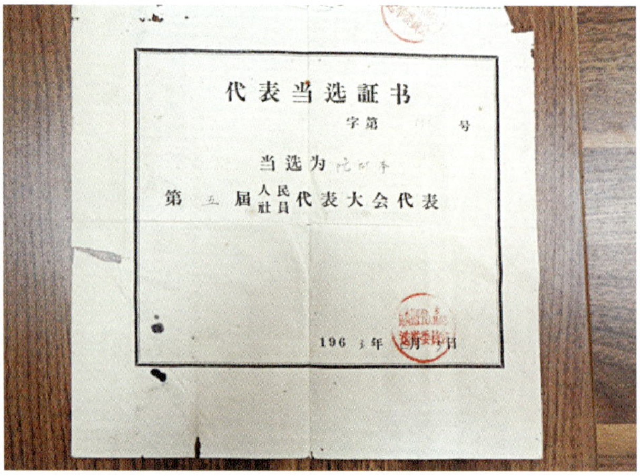

阮阿本代表当选证书（阮大男提供）

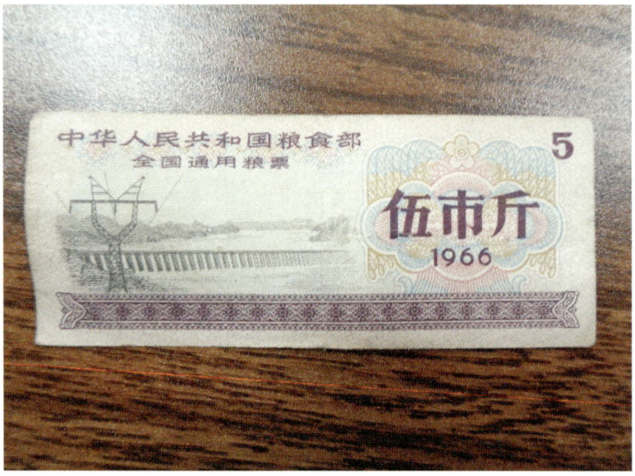

粮票（褚永明提供）

阮阿本正仪中学工农兵讲师团兼职讲师聘请书（阮大男提供）

执照（顾阿宝提供）

银圆正反面（王惠林提供）

白蒸咸肉（2021年，罗英摄）

糖醋排骨（2021年，罗英摄）

百叶包（2021年，罗英摄）

走油肉（2021年，罗英摄）

江苏省文明村
Civilized Village in Jiangsu Province
1997年、1998年
江苏省精神文明建设指导委员会
JIANGSU PROVINCIAL STEERING COMMITTEE
FOR IDEOLOGICAL AND ETHICAL ADVANCEMENT

江苏省
民主法治示范村
江苏省依法治省领导小组
2013年5月

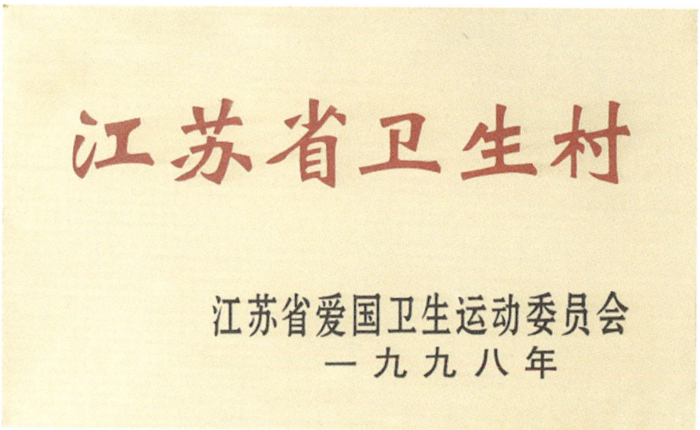
江苏省卫生村
江苏省爱国卫生运动委员会
一九九八年

江苏省社会主义新农村建设
示范村
中共江苏省委农村工作领导小组
二〇一四年一月

江苏省生态村
江苏省环境保护委员会
二〇〇八年十月

民主法治村
苏州市依法治市领导小组办公室
苏州市司法局 苏州市民政局
二〇〇九年十二月

苏州市建设社会主义新农村
示范村
中共苏州市委员会 苏州市人民政府
二〇一一年二月

苏州市生态村
苏州生态市建设领导小组办公室
二〇〇九年十二月

先锋村
中共苏州市委员会
二〇一三年六月

苏州市
公共文化服务示范村
苏州市文化广电新闻出版局
2010—2011

昆山市村民自治
模范村
昆山市民政局
二000年十二月

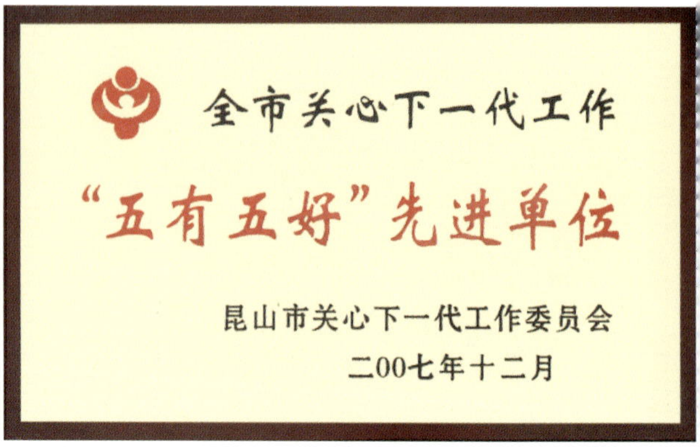
全市关心下一代工作
"五有五好"先进单位
昆山市关心下一代工作委员会
二00七年十二月

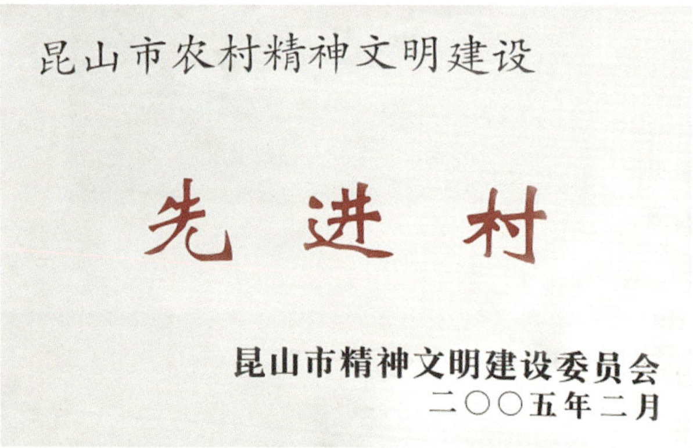
昆山市农村精神文明建设
先进村
昆山市精神文明建设委员会
二〇〇五年二月

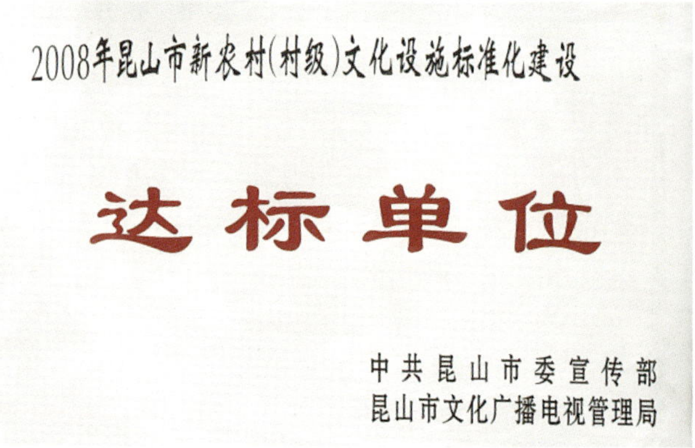
2008年昆山市新农村(村级)文化设施标准化建设
达标单位
中共昆山市委宣传部
昆山市文化广播电视管理局

昆山市"民主法治示范村"
昆山市依法治市领导小组
二〇〇七年三月

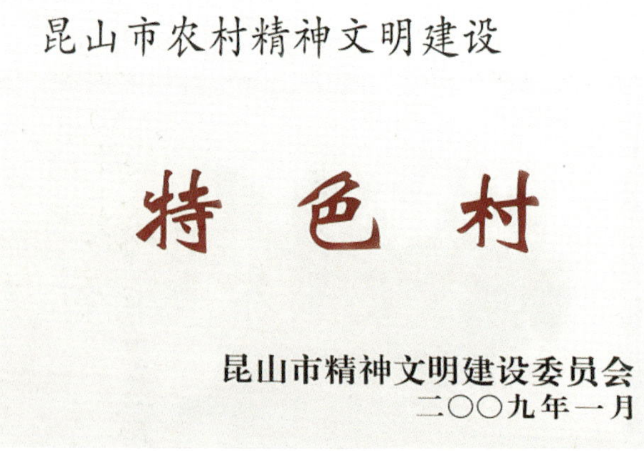
昆山市农村精神文明建设
特色村
昆山市精神文明建设委员会
二〇〇九年一月

2008-2010年度
昆山市零犯罪社区(村)
昆山市社会治安综合治理委员会办公室
昆山市综治委预防青少年违法犯罪工作领导小组办公室
昆山市关心下一代工作委员会

二〇一一年度昆山市
土地执法示范村(社区)
昆山市国土资源局
二〇一二年一月

昆山市人民调解工作
先进集体
昆山市司法局
二〇一〇年十月

2010-2012年度人民调解工作
先进集体
昆山市司法局
二〇一二年十一月

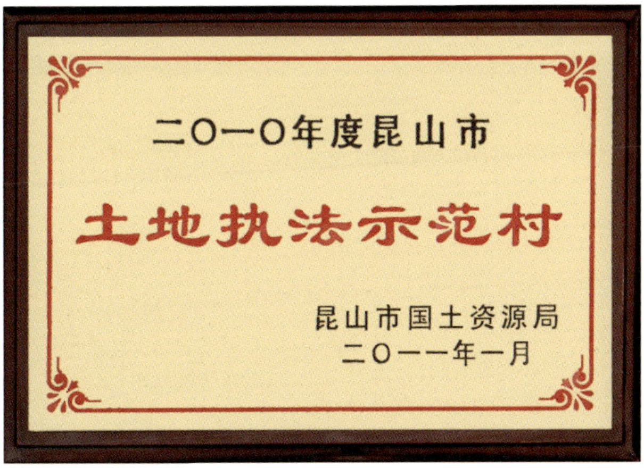
二〇一〇年度昆山市
土地执法示范村
昆山市国土资源局
二〇一一年一月

2017年度
文明村
昆山市精神文明建设委员会
2018年10月

2012年度社会矛盾纠纷调处工作
先进集体
中共昆山市委员会
昆山市人民政府
二〇一三年二月

昆山市农村人居环境整治
红榜村
昆山市农村人居环境整治工作联席会议办公室
2019年10月

昆山市
村庄环境长效管理先进村
昆山市村庄环境长效管理领导小组办公室
二〇一五年十二月

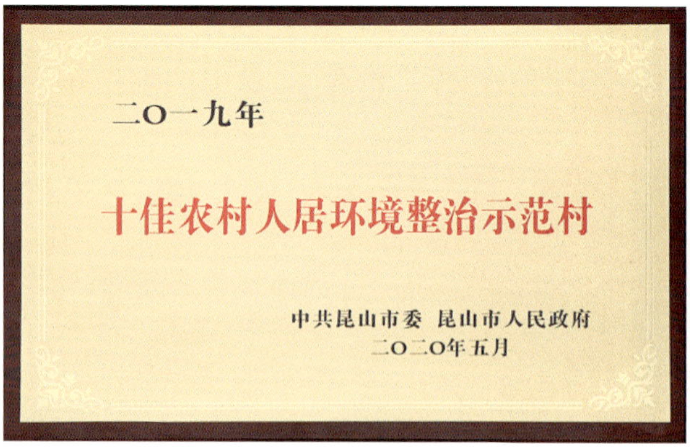
二〇一九年
十佳农村人居环境整治示范村
中共昆山市委 昆山市人民政府
二〇二〇年五月

上 2020年《燕桥浜村志》研讨会（王晓华摄）

中 2021年4月14日，入录《燕桥浜村志》人员审核会议（王晓华摄）

下 2021年7月，《燕桥浜村志》专家指导、研讨会议（罗英摄）

上　编纂人员合影　左起：黄月明、褚华、褚永明、王惠林（2021年，罗英摄）

中　村志编纂组、征集组人员合影　左起：阮大男、陆虎林、黄月明、褚永明、王惠林、沈小元、陆大凤（2021年，罗英摄）

下　燕桥浜村“两委”人员合影　左起：徐梦宇、邹雪峰、王晓华、褚华、戴亮、宋吉成（2021年，罗英摄）

总　序

值此全面贯彻落实党的二十大精神的开局之年，欣闻“昆山高新区（玉山镇）村志系列丛书”之《大公村志》《南渔村志》《江浦村志》《广福村志》《新乐村志》《群星村志》《马庄村志》《燕桥浜村志》《新江村志》《新生村志》10部村志即将付梓。编修乡镇村志是落实国家“十四五”规划纲要，助力乡村文化振兴的一项重要内容，任务艰巨、意义重大。

2018年，昆山高新区（玉山镇）启动22个建制村的村志编修工作，这既为探索新型城镇化的发展经验、发展模式、发展道路提供历史智慧和现实借鉴，也是响应国家“学党史、学新中国史、学改革开放史、学社会主义发展史”的生动实践。村落是乡土文化赖以生存的土壤，活态地保存着各种村庄形态、传统民居、传统美食和民俗风情。村庄里的一座座祠堂、一本本家谱、一口口古井、一条条古道，无一不是村落文化的印记。那些反映宗族文化的家风家训、乡规乡约，反映村民声音的方言俚语，反映传统生活方式的手工技艺、民俗节庆等，对生活在这块土地上的村民来说，是难以割舍的精神滋养。

“昆山高新区（玉山镇）村志系列丛书”脉络清晰、内容丰富，既有理论又有实践，既有历史又有现实，客观再现了村民们在伟大历史进程中的奋进足迹和优异成绩。村志作为省、市、县三级志书的延伸和拓展，其丰富多彩的体裁形式在一定程度上体现了盛世修志工作的灵活性、包容性和多样性。

希望“昆山高新区（玉山镇）村志系列丛书”能讲好昆山高新区（玉山镇）乡村振兴的故事，并把故事和智慧传递得更远。希望全区广大干部和村民能够持续聚焦乡村振兴，做这一历史伟业的见证者、记录者和传承者。

在此，谨向在昆山高新区（玉山镇）发展改革进程中洒下汗水、做出重大贡献的先辈们致以崇高的敬意！向辛勤编纂“昆山高新区（玉山镇）村志系列丛书”的编纂人员表示衷心的感谢！

是为序。

中共昆山市委常委
昆山高新区党工委书记
孙道寻

2023 年 12 月

序

盛世修志，志载盛世。历经3年多的艰辛笔耕、严格筛选、精心编纂，《燕桥浜村志》终于问世了。这既是燕桥浜村一项传承历史、惠泽后人的文化工程，又是燕桥浜村发展史中的一大盛事，亦是燕桥浜村村民生活中的一大喜事。

以史存志，以史为鉴。燕桥浜境域百姓祖祖辈辈以土为生，辛勤劳作。中华人民共和国成立后，村民们在中国共产党的领导下，兴修水利，改造良田，战天斗地多打粮食，支援国家建设。20世纪70年代，境域的东北、明星2个大队成为正仪人民公社乃至昆山县农业先进单位。中共十一届三中全会以后，东北、明星2个大队的党支部带领村民走多元化的经济发展之路，兴办村队企业，发展副业经济，多种门路创收益，成为昆山县经济结构多元化发展的"排头兵"。2000年以后，燕桥浜村调整生产结构，依托地理优势，开创租赁服务，稳定村级收入，一跃成为昆山高新区的经济强村，并在新农村建设、人居环境提升方面取得显著成效，得到昆山高新区、昆山市乃至苏州市的多次表彰。

《燕桥浜村志》融通古今，文风质朴，记载一方水土的文明传承，记录先辈的创业历程，记述村落文化的历史渊源。不仅为过往而纂，更为未来教化而纂。追溯历史，感慨万千；展望未来，任重道远。作为新时代的接班人，我们站在"两个一百年"的交汇点，唯有以史为鉴、以祖为镜。征途漫漫，唯有奋斗，方可再创辉煌，方可上不负先辈、下不枉后人。

《燕桥浜村志》在编纂过程中，得到了昆山市地方志编纂委员会办公室、昆山高新区（玉山镇）村志系列丛书编纂办公室领导的关心与支持，得到了地方志专家的亲临指导，也得到了相关部门及社会热心人士的鼎力相助。在此，我一并表示衷心的感谢！

是为序。

昆山高新区（玉山镇）燕桥浜村
党总支书记、村民委员会主任
2023年10月

凡　例

一、本志以马克思列宁主义、毛泽东思想、邓小平理论、“三个代表”重要思想、科学发展观、习近平新时代中国特色社会主义思想为指导，坚持辩证唯物主义和历史唯物主义的立场、观点和方法，实事求是、存真求实，力求全面、系统、客观地记述时限内燕桥浜村的发展历程和文化习俗，为存史、资政、教化服务。

二、本志上限追溯至事物发端，下限断至2020年12月底，大事记、志前彩页图照资料延至2021年12月底。

三、本志记述的地域范围，以现行燕桥浜村域的区划为限。

四、本志运用述、记、志、传、图、表、录等体裁，以志为主；全志语言采用现代汉语语体文；大事记以编年体为主，辅以记事本末体；其余均以类系事，以时为序，只记事实，不做评述。

五、本志志首有彩页、概述、大事记；以专志各章为主体，横排门类，纵述史实，详今明古；编后记殿于志末。

六、本志地名、政区及机构记述均用当时名称，必要时加注今名。“境域”泛指燕桥浜村，含东北大队（村）和明星大队（村）全域。2001年前的燕桥浜村指原燕桥浜村，再次使用时用简称。凡未用全称而以“省”“市”“县”“公社”“乡”“镇”“区”指代的，分别指江苏省、昆山市、昆山县、正仪人民公社、正仪乡、玉山镇、昆山高新区（玉山镇）。

七、本志人物遵循生不立传的原则，收录本籍在地方上有较大影响或在社会发展等方面有较大贡献的已去世人物，以人物传略入志，以卒年为序；在世人物选择燕桥浜村域内有影响人士，以人物简介入志，以生年为序。

八、本志纪年，1912 年前采用朝代纪年括注公元纪年，1912 年后直接采用公元纪年，所列年代未注明世纪者均为 20 世纪。所言“中华人民共和国成立前、后”以 1949 年 10 月 1 日为界。所言“解放前、后”以 1949 年 5 月 13 日昆山解放日为界。

九、文字标点、数字数据、计量单位等按国家规定的要求书写，保留本地村民熟记的“亩”“分”“斤”“两”“丈”“尺”“寸”使用习惯。有关统计数据，以统计部门的公布为主。

十、本志资料来源于昆山市档案馆、《正仪镇志》，以及昆山高新区（玉山镇）档案室、燕桥浜村档案室。所有入志资料包括采访的口述材料，均经考证后核实选用，不再注明出处。

十一、本凡例未尽事宜，均在编后记中予以说明。

目　录

001／　概述

007／　大事记

第一章　村情概览

038／　第一节　建置区划

039／　第二节　区位交通

039／　一、区位

040／　二、交通

041／　第三节　自然环境

041／　一、水系河流

044／　二、气象气候

047／　三、自然灾害

049／　第四节　撤并村及村落简介

049／　一、撤并建制村

051／　二、自然村落

第二章　村级组织

076／　第一节　党（总）支部

076／　一、组织沿革

076／　二、历任党（总）支部书记名录

078／　三、党员名单

081／　四、50 年党龄的党员名单

082／　五、村籍在外党支部党员名单

082／　六、村已故党员名单

083／　七、村党总支部工作职责

083／　八、村党总支部工作制度

084／　九、党员教育

088／　第二节　行政（自治）组织

088／　一、组织沿革

092／　二、村务公开

092／ 三、民主理财
093／ **第三节 经济组织**
093／ 一、经济合作社
094／ 二、股份专业合作社
096／ **第四节 其他组织**
096／ 一、妇女代表大会
098／ 二、共青团支部
098／ 三、民兵营
099／ 四、老年协会
100／ 五、关心下一代工作委员会
100／ 六、农协组织
100／ 七、便民服务中心
101／ 八、社会治理网格化联动工作站

第三章 人口土地

104／ **第一节 人口总情**
104／ 一、人口数量
105／ 二、人口变化
109／ 三、劳动力
113／ **第二节 人口结构**
113／ 一、民族
113／ 二、性别
114／ 三、年龄
115／ 四、文化程度
117／ 五、姓氏
118／ 六、寿星名录
119／ **第三节 人口控制**
119／ 一、优生优育
120／ 二、节育措施
121／ 三、激励制度
125／ 四、二孩政策
125／ **第四节 土地**
125／ 一、地貌土壤
126／ 二、农田字圩

第四章 村庄建设

130／ **第一节 基础设施**
130／ 一、道路
132／ 二、桥梁
134／ 三、邮电通信
135／ 四、广播电视
136／ 五、供电、供水、供气
137／ **第二节 公共设施**
137／ 一、办公用房
138／ 二、学校用房
138／ 三、停车场
140／ **第三节 环境保护**
140／ 一、公共卫生
142／ 二、水体优化
144／ 三、环境美化

147／ 第四节 环境整治
148／ 一、搭建乱象
148／ 二、宣传发动
148／ 三、实施行动
148／ 四、整治效果

第五章 农 业

152／ 第一节 生产关系变革
152／ 一、土地私有制
152／ 二、土地改革
153／ 三、农业合作化
154／ 四、人民公社
155／ 五、家庭联产承包责任制
159／ 六、土地确权流转
162／ 第二节 粮油作物种植
162／ 一、作物布局
162／ 二、作物栽培
168／ 第三节 积肥造肥
168／ 一、内河积肥
169／ 二、外出积肥
170／ 三、人工造肥
170／ 四、农家肥料
171／ 第四节 农机农技
171／ 一、农业机械
172／ 二、农业科技
174／ 第五节 农田水利
174／ 一、农田灌溉
177／ 二、丰产河
177／ 三、抗洪排涝

第六章 村域经济

180／ 第一节 经济概况
180／ 一、经济收入
181／ 二、经济总量
182／ 第二节 农业经济
182／ 一、小农经济
183／ 二、社队经济
183／ 三、粮油经济
191／ 第三节 工业经济
191／ 一、队（村）办企业
193／ 二、民营企业
195／ 三、入驻企业
199／ 第四节 商业经济
199／ 一、挑货郎
199／ 二、“下伸店”
200／ 三、“双代店”
200／ 四、个体工商户
202／ 第五节 运输业经济
202／ 一、集体运输
202／ 二、个体运输

204／ 第六节　副业经济
205／ 一、家庭饲养
205／ 二、集体饲养
207／ 三、经济作物
208／ 第七节　水产养殖
208／ 一、河、漾养殖
210／ 二、鱼塘养殖
212／ 三、养蚌育珠
212／ 第八节　房屋租赁
213／ 一、租赁房产建设
214／ 二、房屋出租收益

第七章　文教卫体

216／ 第一节　学校教育
216／ 一、幼儿园
217／ 二、小学
219／ 三、农业中学
220／ 第二节　文化娱乐
220／ 一、文艺宣传
221／ 二、广播、电影、电视
223／ 三、多功能活动室
223／ 四、图书阅览室
223／ 五、妇幼之家
224／ 第三节　医疗卫生
224／ 一、接生婆、土郎中
225／ 二、医疗机构
226／ 三、血吸虫病防治
229／ 四、卫生运动
232／ 第四节　群众体育
232／ 一、活动场所
233／ 二、体育活动

第八章　精神文明建设

240／ 第一节　思想道德教育
242／ 第二节　道德法治实践
242／ 一、村民自治实践
243／ 二、村民德治实践
243／ 三、村级法治建设
244／ 四、新时代文明实践站
244／ 第三节　家庭文明创建
244／ 一、乡规民约
247／ 二、“三评三讲”活动
248／ 三、“最美家庭”评选活动
252／ 第四节　凡人善举
252／ 一、防疫先锋——陆军
252／ 二、急人所难——王云龙
253／ 三、乐于助人——李花宝
253／ 四、拾金不昧——周钰生、俞元生
254／ 五、一手好字奉他人——赵火根

254／ 六、新时代、新风尚——第 9 村民小组联谊会

第九章　村落语言

258／ 第一节　地方词语
258／ 一、人称代词
258／ 二、疑问代词
258／ 三、指示代词
259／ 四、亲属称呼
259／ 五、数量词
259／ 六、颜色类词
260／ 七、味道类词
260／ 八、人体类词
261／ 九、疾病类词
261／ 十、时间类词
262／ 十一、气象类词
262／ 十二、动植物类词
263／ 十三、生活类词
265／ 第二节　谚语、歇后语
265／ 一、谚语
271／ 二、歇后语
272／ 第三节　民歌民谣
272／ 一、民歌
273／ 二、民谣
275／ 第四节　谜语
275／ 一、物品类
276／ 二、自然类
276／ 三、人体类
277／ 四、动物类
277／ 五、植物类

第十章　村民生活

280／ 第一节　日常生活
280／ 一、穿着变迁
281／ 二、饮食变迁
282／ 三、住房变迁
286／ 四、出行变迁
287／ 五、其他变迁
290／ 第二节　收入与支出
290／ 一、收入
296／ 二、支出
297／ 第三节　社会保障
298／ 一、养老保险
298／ 二、医疗普惠
300／ 三、弱势群体生活保障

第十一章　物产美食

304／ 第一节　物产
304／ 一、动物
305／ 二、植物
306／ 第二节　土特产

306／　一、西瓜
306／　二、南瓜
307／　三、土豆
307／　四、山芋
307／　五、茭白
308／　六、菱角
308／　第三节　农家菜谱
309／　一、家常菜
311／　二、时令菜
313／　三、自制菜
317／　第四节　农家糕点
317／　一、年糕
317／　二、南瓜饼
318／　三、馒头
318／　四、麻叶、米叶
319／　五、馄饨
319／　六、面条
319／　七、面穿条
320／　八、“面老鼠”
320／　九、团子

第十二章　习俗礼仪

322／　第一节　岁时习俗
322／　一、传统岁时习俗
327／　二、现代节日习俗
328／　第二节　婚嫁习俗
328／　一、父母之命，媒妁之言
329／　二、相亲
329／　三、定亲
329／　四、结婚
331／　五、婚礼
332／　六、婚宴
332／　第三节　丧葬习俗
333／　一、送终
333／　二、穿衣
333／　三、报丧
334／　四、戴孝
334／　五、剃头
335／　六、哭丧
335／　七、出殡
335／　八、火化
336／　九、祭七
337／　十、得位台
338／　第四节　生辰寿俗
338／　一、催生
338／　二、满月
339／　三、周岁
339／　四、受头
339／　五、做寿
341／　第五节　生活习俗
341／　一、饮食习俗
342／　二、衣着习俗
343／　三、造房习俗

345／ 四、进香（烧香）习俗
346／ 五、祭祖习俗
347／ 第六节 生产习俗
347／ 一、炱田角落
348／ 二、开禁
348／ 三、开秧园、了秧园
349／ 四、拜师、谢师
349／ 五、烧发禄
349／ 六、斋砻头
350／ 七、其他习俗

第十三章 人物与荣誉

352／ 第一节 人物传略
352／ 一、阮阿本
352／ 二、钱大钧
353／ 三、陆永泉
353／ 四、赵根生
354／ 五、沈兴生
354／ 六、洪少林
354／ 七、杜双生
355／ 八、顾俊华
355／ 第二节 人物简介
355／ 一、褚根生
356／ 二、姜邦奎
356／ 三、陆阿巧
357／ 四、王中水
357／ 五、戴金男
357／ 六、邹二男
357／ 七、沈根良
358／ 八、魏良
358／ 九、邹三林
359／ 十、钱小良
359／ 十一、朱卫东
359／ 十二、王永明
359／ 十三、陆公正
360／ 第三节 人物名录
360／ 一、退役、转业军人
364／ 二、教师
367／ 三、医务人员
368／ 四、下乡知青
371／ 五、能工巧匠
380／ 六、大学生（本科及以上）
393／ 第四节 荣誉
393／ 一、集体荣誉
397／ 二、个人荣誉

第十四章 村民忆事

400／ 第一节 村事忆往
400／ 一、抗日碉堡群
401／ 二、日军祸村
402／ 三、帮助解放军送物资
402／ 四、军事化管理

403／ 五、开办畜牧场

403／ 六、摆渡船

404／ 七、结婚形式

404／ 八、“三业”兴旺的样板大队

405／ 九、禁鳝篮

405／ 十、烧闷膛

406／ 十一、稻草

407／ 十二、翻船

408／ 十三、土圆囤

409／ 十四、“双抢”大忙

409／ 十五、吃缸宴、看电影、听广播

410／ 十六、鞋子

412／ 十七、“万元户”——沈阿元

413／ 十八、钱大钧花园洋房、《墓碑记》

414／ **第二节 用具用品**

414／ 一、生活用具

418／ 二、生产用具

422／ **第三节 传说故事**

422／ 一、双庙的传说

422／ 二、潘家桥

423／ 三、里港小白庙

423／ 四、憨大女婿

424／ 五、聪明的小长工

426／ **第四节 燕桥浜第一**

428／ **编后记**

概 述

燕桥浜村位于昆山市城区西 10 千米处，是昆山市的“西大门”。境域东接大众村，西临界浦河，南与姜巷村接壤，北临娄江，紧靠正仪集镇。东西相距 2 778 米，南北相距 1 800 米，总面积 5 平方千米。2020 年，全村共有 10 个村民小组，户籍人口 709 户、2 662 人。外来临时租住人口 192 户、2 432 人。境域内第 6 至第 10 村民小组动迁至正仪嘉馨花园和昆山高新区南星渎茗景苑、礼和苑、义和苑、美丰苑集中居住。燕桥浜村村民在历届党（总）支部的带领下，经过 70 余年的艰苦奋斗，无论是政治经济、村庄建设，还是人民生活、文化娱乐等方面都发生了翻天覆地的变化。燕桥浜村也先后获得江苏省、苏州市、昆山市级的众多荣誉。

建制沿革源远流长　地域区位得天独厚

南朝时，燕桥浜境域建有行政机构、商贸集市，集市名曰“信义”。梁天监六年（507）信义集市北迁航头（今巴城镇正仪街道），境域为信义所辖。清宣统三年（1911），燕桥浜境域（明星、东北）归新阳县信义镇。1912 年，新阳县并入昆山县，信义镇改称“真义乡”，燕桥浜境域为其辖区。1929 年，试行区、乡（镇）村制，真义乡与南星乡并为第八区，燕桥浜境域属第八区真义乡。1934 年，实行区管镇，第八区改称“第七区”，燕桥浜境域属第七区真义镇。1949 年 7 月，昆山县人民政府成立，建立区、乡（镇）人民政府，燕桥浜境域隶属正仪区正仪乡。1958 年 8 月，成立正仪人民公社，燕桥浜境域内分别成立明星生产大队（以下简称“明星大队”）和东北生产大队（以下简称“东北大队”）。1982 年 3 月，明星大队更名为“燕桥浜生产大队”（以下简称“燕桥浜大队”）。1983年，恢复乡村建制，燕桥浜大队、东北大队分别更名为“燕桥浜村”和“东北村”，燕桥浜境域隶属正仪乡。1988年，改乡建制为镇建制，燕桥浜村和东北村2个村均属正仪镇。2001年，村级区划调整，燕桥浜村和东北村合并组建为燕桥浜村。2003年12月，燕桥浜村隶属玉山镇管辖。2012年，镇级区划调整，昆山高新区、玉山镇区镇合一，燕桥浜村属昆山高新区（玉山镇）至今。

燕桥浜村与苏州市吴中区接壤，北靠正仪集镇，地处太湖流域、阳澄湖水网地区，属北亚热带海洋性气候。村域内常年温和湿润，适宜众多的淡水生物和种类繁多的草本植物生长。村域气候四季分明，日照充足，无霜期长，适宜水稻、“三麦”（小麦、大麦、元麦的合称）、油菜等农作物的生长和瓜果蔬菜的种植。冬夏季风进退有早有迟，强度变化不一，但总体平和。村域内降水和气温的年际间差异较大，少有极端气候，通过水利建设，旱涝灾害得到有效控制，正所谓“上有天堂，下有苏杭”，这里是名不虚传的鱼米之乡。流经村域的娄江（塘河）、界浦河是主要水上交通航道，分别自西向东和由北向南绕村而过。东西走向的312国道、中华园路和由北而南的新城路分别穿村而过。村域内的道路建设从无到有，从有到优。中华人民共和国成立初至60年代，境域内没有一条像样的主干道，村民主要靠船出行，若要陆上出行，则得绕着农田堤岸行走。乡间小路高低不平、坑坑洼洼，晴天一身灰，雨天半身泥。70年代，燕桥浜境域开始重视道路建设，其间，明星大队、东北大队2个大队共铺设“黑脚子”（碳氮化钙下脚）路11 013米。1985年，在原“黑脚子”路面上铺上道砟，铺平压实。1994年，拓宽道砟路，且用水泥混凝土硬化14 020米。与此同时，桥梁改建工程同步进行，将简易竹夹桥、木板桥改建成钢管楼板桥，几年后再改建成载重平板水泥桥。至此，村村道路相通，条条道路平坦。2003年，燕桥浜村被划入昆山高新技术产业园区，为配合招商引资，在村民委员会（简称“村委会”）办公室南侧、镇南公路东侧新筑宽10—30米的纵横沥青道路9条，共7 500米，且安装双排路灯。城市公交158、202、204路途经燕桥浜村域，形成市、镇、村三级道路网状结构。

产业结构调整优化　村域经济多元发展

燕桥浜村历来是个纯农业村。中华人民共和国成立后，广大农民走上了互助组、初级农业生产合作社（以下简称“初级社”）、高级农业生产合作社（以下简称“高级社”）和人民公社化道路。20世纪七八十年代，境域粮食产量一度大幅提高。1971—1981年，东北大队共出售商品粮（稻谷）1 532.8万斤（1斤=500克）。明星大队一直是正仪人民公社农业战线上的一面旗帜，1979年获得时任江苏省省长惠裕宇签名颁发的“油菜生产先进集体”的奖牌。虽然粮食增产了，但副业受到限制，劳动力被束缚。改革开放后，农副业齐头并进，在抓好农业生产的同时，发展家庭副业，开展集体养殖业。特别是，自1982年实行家庭联产承包责任制后，1998年村域又实行土地规模经营，农村劳动力得到解放，村民走上发家致富的道路。与此同时，随着农业机械化生产水平逐步提高，农业科技水平亦不断提高，水利建设配套完善，农作物的稳产高产得以确保。

燕桥浜境域经济自50年代至70年代为单一的农业经济。改革开放之后境域经济逐步朝着多元化发展，一跃成为昆山高新区（玉山镇）经济强村。1965年前，2个大队仅有一家粮食饲料加工厂；至1993年，2个大队先后办起大小企业13家，成为农业生产发展的重要支撑，有力地解决了境域内富余劳动力的就业问题，为每个家庭增加经济收入创造了条件。到2004年，队办企业逐步关并转型、优化组合。其间，第三产业悄然兴起，集体饲养禽畜，种植瓜果、蘑菇、席草，养蚌育珠，劳务输出，等等。各村民小组将创收工作搞得风生水起，个体经济蓬勃发展。村域内水上运输船只85条；开塘养鱼54户，1 018亩(1亩≈666.67平方米)；开店经商近百家，具有规模的有30多家，村级经济稳步发展。2020年，燕桥浜村经营性收入103.84万元，发包支出及上缴收入10.21万元，投资性收益104.55万元，其他收入2.52万元。村级经济总量1 515.58万元，其中，农业土地股份专业合作社152.04万元、股份经济合作社424.45万元、富民合作社48.55万元、租赁收入314.98万元、非经营性固定资产575.56万元。

公共建设日臻完善　人居环境优雅洁净

1992年，村民饮用正仪水厂的阳澄湖自来水，饮水安全得到保障。1994年，燕桥浜、东北2个村又进行电网改造，彻底满足村民用电需求，解决村民用电安全的问题。2005年，燕桥浜村有了村“两委”（村党支部委员会、村民委员会）办公大楼。2008—2015年，燕桥浜村先后在各自然村建造停车场14处，面积达9 925平方米；建造露天休闲活动场6处，面积达300平方米。与此同时，村开设影视室、多功能活动室、图书室、妇幼之家等活动场所。至2017年，燕桥浜村依托地理优势，建造打工楼、中转房、标准厂房、幼儿园等13幢，面积达32 516平方米，用于租赁创收。2018年，“厕所革命”掀起，村域内先后建造标准排放式公共厕所14座，面积达487.9平方米，并且每座公共厕所均安排专职人员负责冲刷、消毒等。

自90年代起，传统的河道罱泥没有了，河底淤泥沉积严重。1993—2017年，燕桥浜村先后多次对村域河道进行抽水清淤，20余年间共清理河道13 000米。2015年，全村安装排污管道6 000米，实行雨污分流。为防止河道水体污染，燕桥浜村采用水体优化办法，在河边种蒲草，在河心水面种各种水生花卉。同时，全村组建起6支水面清理队伍，每天驾驶船只往返河道捞草清杂。2000—2019年，燕桥浜村先后多次为全村农户粉刷房屋外墙，19年间，粉刷房屋面积达13.42万平方米。除此之外，还为路头、村口的村民房屋墙壁画上具有浓郁乡土气息的壁画，共32幅、625平方米。在村庄进出口道路两旁安装矮脚绿色篱笆1 600米，既保持村庄村民房前屋后种菜种豆的传统，又不影响村容村貌。2000年，燕桥浜村在村级主干道两旁种树800余棵，复绿面积1 854平方米。2019年，结合“331”［第一个“3”指的是“三合一”场所、出租房（群租房）和电动自行车三类突出火灾隐患，2019年年初，在既定基础上增容扩面至“九小场所”和小微企业；第二个“3”指的是对照执行的任务清单、履职清单和追责清单这三张清单；“1”指的是专项行动初定100天，之后苏州市委、市政府决定持续推进］整治行动，燕桥浜村拆除违章建筑68处、2 000平方米，清理垃圾200余吨。2019—2020年，燕桥浜村动用156个工时，为39户农户再次粉刷房屋墙壁2 500平方米，砌花坛33只，种花或置放盆景300棵（盆）。其间，庭院绿化成为燕桥浜村的又一道风景线。2020 年，村域实行垃圾分类。新农村建设，打造了优雅的人居环境，燕桥浜村连续 4 次被苏州市、昆山市评为“人居红榜村”。

人民生活日益提高　社会事业蓬勃发展

70 多年来，燕桥浜村村民在住房建设、经济收入和社会保障等上发生了很大的变化，体现了社会的发展，是村民生活“芝麻开花节节高，脚踏楼梯步步升”的真实写照。

1950 年，境域有 338 户农户，有平瓦房 500 间、草房 599 间、泥墙房 181 间。1960—1980 年，建平房 624 户、605 幢，建筑面积 41 973 平方米，人均居住面积 18.86 平方米。1980—1995 年，翻建楼房 624 户、559 幢，建筑面积 134 120 平方米，人均居住面积 46.1 平方米（不含新买商品房、私家别墅）。1995 年较 1980 年人均居住面积增长了 144.43%。燕桥浜村人均收入大幅增加：1965 年，人均收入 150.18 元；1982 年，人均收入 380.72 元；2011 年，人均收入 20 588 元；2020 年，人均收入 41 800 元。2020 年的人均收入分别是 1965 年、1982 年的 278.33 倍和 109.80 倍。燕桥浜村社会保障日益完善：2020 年，燕桥浜村村民全部参加养老保险和医疗保险。村民如果临时遇到困难，可以进入低保行列，孩子入学便可以获得“爱心助学”金。村民在吃、穿、行等方面的生活水平日益提高，现在村民的一日三餐讲营养，家中来客、举办喜事都爱上餐馆；穿着翻花样、赶时尚；出行时，除多数老年人骑电瓶车之外，年轻人大多以汽车代步。

中华人民共和国成立初期，东北、明星境域各有学堂 1 所，学生寥寥无几。60 年代，境域兴办教育，东北大队、明星大队 2 个大队分别在外泾、黄潭、横港、燕桥、潘家桥、直通和田垛办起小学校 7 所。70 年代后，各大队实行规模办校，东北大队征地建校舍 312 平方米，明星大队扩建校舍 150 平方米。1986 年，东北村开设完全小学。1995 年后，村域学生转入昆山市正仪中心小学校就读。医疗卫生同步提高，1949 年前后，东北、明星境域缺医少药，只有土郎中和接生婆（当地人叫“老娘”，无医师资格）。1968 年，东北大队、明星大队 2 个大队办起农村合作医疗。2001 年之后，村域成立社区卫生服务站，医疗设施设备进一步更新。燕桥浜村的文化活动、体育娱乐项目随着村民生活的改善，呈现出日新月异的变化。80 年代之前，各大队都办起文艺宣传队，也有公社电影放映队到大队放映露天电影的活动。21 世纪之后，村里开设图书室、影视室，成立舞蹈队。随着新农村建设、人居环境改善，燕桥浜村开设了室内体育活动室和室外休闲活动场，还成立了门球队。燕桥浜村的文化传承亦可谓与时俱进：先民们在漫长的生活岁月里，创造、积累了极其丰富又形象的语言和独有的风俗习惯，有谚语、谜语、山歌民谣、习俗礼仪等；先民们还根据当地的四季物产，形成了地域独特的饮食文化。凡此种种，都是燕桥浜村村民的智慧结晶，无不体现了燕桥浜村村民对美好生活的追求。

喜看今朝，燕桥浜村经济社会发展、城乡一体化建设、村民生活水平大幅提升，娱乐文化传承创新的成果累累；展望未来，在 21 世纪开拓、创新的征途上，燕桥浜村村民将在中国共产党的领导下，万众一心，共同谱写燕桥浜村新的历史篇章！

大事记

南北朝—清朝

梁天监六年（507），信义集市移往北侧航头，境域为信义所辖。

隋开皇九年（589），信义并入昆山县，境域属信义辖区。

北宋至和三年（1056），境域内部分男强壮劳力参与开挖昆山塘（今娄江）。

明嘉靖三十三年（1554）四月初七，倭寇犯信义，境域遭殃。

清乾隆五十八年（1793）春，境域连续阴雨，伤麦禾；夏，境域水稻苗被淹没。

清道光元年（1821）秋，境域直通港中段河东建土地庙1座。是年，境域内发生疫情，所幸没有造成人员死亡。

清道光十四年（1834）秋，境域直通港中段河西建观音庙1座，庙堂前两侧各种银杏树1棵。

清咸丰元年（1851）夏，境域大旱，河浜底干裂，娄江底步行可通，境域内水稻受损严重；秋，飞蝗侵袭，庄稼遭殃，直至连下大雨后治绝。境域内水稻严重歉收。

清光绪三十年（1904）春，境域内青壮年参加沪宁铁路信义段建设。

清宣统三年（1911）8月下旬，境域连降暴雨6天，粮田被淹没，低洼田圩损失严重。是年，实行地方自治，废保、都，称市（乡）、区、图。信义镇辖6区28图。境域属信义镇。

中华民国

1912 年

新阳县并入昆山县，信义镇改称“真义乡”，为昆山县所管辖。境域属昆山县真义乡。

1929 年

试行区、乡（镇）村制，真义乡与南星乡并为第八区。境域属第八区真义乡。

1931 年

7 月中旬，境域连续降雨一个星期，水稻受损严重。水退后，稻苗腐烂，秋熟作物产量损失四成。

冬，境域村民用挖稻根的方法治螟虫。

1934 年

实行区管镇，第八区改称“第七区”，境域属第七区真义镇。

1935 年

秋，境域大旱，连续 5 个月滴雨未下，河浜干枯，稻苗枯黄萎死，水稻产量合计损失六成以上。

冬，境域部分村民参加疏浚真义河工程。

1937 年

4 月，为防日军从上海西窜南京，国民政府在潘家桥自然村沿河岸建造碉堡 4 座（碉堡旧址仍在）。

10 月，日军进村，境域百姓遭殃。里港褚阿招的母亲褚阿香、王金泉的祖父杨招林，黄潭张招妹的丈夫张阿东遭日军杀害。

11 月，四保里（今燕桥浜村第 1 村民小组）的陆坤生摇船带全家逃生，不幸途中遭日军飞机轰炸，其一只胳膊被炸废。

1939 年

8 月，境域内出现霍乱病，所幸没有患者死亡。

1940 年

任上海市市长的钱大钧在外泾自然村（今燕桥浜村第 6 村民小组）建造花

园别墅1栋、亭子1座。

1947年

真义划归张浦区，境域隶属张浦区辖。

4月28日，中国人民解放军1个营进驻正仪镇，正仪宣告解放。境域百姓奔走相告。

5月13日，昆山解放，正仪区政府建立，境域百姓脱离苦海。

7月，正仪区政府下设4个乡，东北属镇南乡，乡长俞桃生；燕桥浜属正仪区正仪乡。

8月，外泾自然村的朱爱福等4人，用2条木船运送解放军及通信物资到上海黄渡执行任务。

9月，在黄潭支家庙里（今燕桥浜村第8村民小组）开办初小复式班。教师周祖生由正仪乡下派，学生20人左右。

是月，撤销区级建制，真义改称“正仪”，正仪为县属乡。境域属张浦区正仪乡。

1949年

7月，昆山县人民政府成立，建立区、乡（镇）人民政府，境域隶属正仪区正仪乡。

中华人民共和国

1949年

11月，境域内各自然村农会召开会议，宣布废除租田契约。

1950年

3月，燕桥浜在双庙头河西观音庙里开设一至四年级初级小学。教师赵经伟，学生30人左右。

5月中旬，解放军工作队进驻东北、明星境域，开展镇压反革命分子运动。境域有2名土匪被枪毙。

5月，境域内组织村民学习《中华人民共和国婚姻法》。

12月，土地改革工作队进驻东北、明星境域。查梅根、杜梅茂等人成立农民协会，开展土地改革工作。

是年，正仪区管辖的正仪、镇南、新南、式庄等10个乡镇，下设95个行政村。东北境域属正仪区镇南乡，明星境域属正仪区正仪乡。

1951年

3月，境域青年响应“抗美援朝，保家卫国”的号召，有13人先后参加中国人民志愿军赴朝参战。

5月，东北、明星境域按政策划分出地主2户、富农15户、上中农35户、中农103户、下中农31户、贫农149户，并为村民颁发土地证。

7月，境域内连续降雨半个月，低洼稻田被淹，粮食产量损失达30%。

12月，东北、明星境域开展“三反”（反贪污、反浪费、反官僚主义）运动。

1952年

3月，横港自然村在村东边的庙里开办初级小学复式班。教师沈木英、王善德由正仪乡下派，学生25人左右。

8月，境域内开展种痘防疫工作，种痘率达100%，村民可免费接种天花疫苗。

是年，东北境域的里港、黄潭、横港、扎泾浜自然村，明星境域的船泾坟、直通、南港、燕桥浜、田垛自然村共成立互助组12个。

1953年

7月，东北、明星境域成立第一次全国人口普查领导班子。普查结果显示，境域内有338户、1 354人。

1954年

初夏，境域内连续阴雨2个月，洪水成灾。东北、明星境域组织劳动力抗洪排涝。

7月，全国实行计划经济。东北、明星境域为村民发放各类票证，村民可凭票购物。

10月，东北境域成立乡东社、东北社、中心社3个初级社，社长分别由刘阿宗、朱纪根、周巧生担任；明星境域成立明星、新星、金星、红星4个初级社，社长分别由王阿根、陆全生等人担任。

1955 年

7 月，境域内实行“一化三改造”（农业合作化，对农业、手工业、私营工商业进行社会主义改造）运动。

是年，境域内各个初级社安排劳动力参加新北乡火车站的建造工程。

1956 年

3 月，乡东社、东北社 2 个初级社合并成立东北高级社［中心社（外泾自然村）划入姜巷境域］；明星、新星、金星、红星 4 个初级社合并成立明星高级社。

是月，境域成立党小组，东北高级社的党员有朱阿宗、周巧生、朱水生；明星高级社的党员有杜双生、陆永泉、洪少林、王林生。

是月，正仪区和巴城区合并为环城区，境域属环城区。

春，正仪乡在南港自然村开办“四集体”（集体领导、集体读书、集体吃饭、集体住宿）学校，学校设中学部、小学部，学生来自娄江南侧的大部分自然村。

5 月 1 日，扎泾浜自然村的查梅根、燕桥浜自然村的杜梅茂等 20 人参加正仪乡人民法庭在外操场召开的公审大会，宣判并处决土匪陆某某。

7 月，东北高级社、明星高级社成立血吸虫病防治（以下简称“血防”）领导小组，分别由朱根妹、徐小妹担任组长。

8 月，燕桥浜自然村的土地庙改作教室，教师有杨心传、王玉英等，学生 60 余人。

9 月，撤区并乡，正仪改为乡，辖 31 个高级社。东北高级社社长由周巧生担任，会计由金启敏担任；明星高级社社长由杜林桂担任，会计由熊佃英担任。

是年，城南乡白窑联合诊所迁至外泾自然村，开设保健联合诊所，为农民提供防病治病服务。医生有赵立树、曹医生等 4 人，护士为卜全妹。

1957 年

6 月，梅雨季节，境域内连续阴雨。东北高级社、明星高级社的粮田受淹严重，受灾面积达 800 余亩。

1958 年

1 月，东北高级社的横港自然村在黄潭江与娄江交界处开设渡口。

4月，东北高级社、明星高级社的各自然村均开办食堂。

8月，成立正仪人民公社，实行政社合一。东北高级社改名为“东北大队”，同时成立大队党支部，阮阿本任东北大队党支部书记；明星高级社改名为“明星大队”，杜林桂任明星大队党支部书记。

是月，外泾自然村（原属正仪人民公社团结大队中心社）划入东北大队。

9月，东北大队在外泾自然村开办正仪人民公社第一所农业中学。

11月，东北大队、明星大队2个大队安排劳动力20余人开挖黄泥山中心河。

12月，明星大队建造正仪人民公社第一座排灌站（明星排灌站）。

是月，正仪人民公社在明星大队开办畜牧场。

是年，东北大队、明星大队2个大队合并为第4营，营长杜林桂，教导员阮阿本，以自然村为单位设连，实行军事化管理。

1959年

2月，东北大队、明星大队2个大队各购买20马力的柴油抽水机1台，机务员由杜玉生、李生元、殷招林、朱水生4人担任。

2月18日，明星大队陆永泉带领50余人参加常熟望虞河拓浚工程。

6月，东北大队、明星大队2个大队在境域内开展“除四害”（老鼠、苍蝇、蚊虫和麻雀）运动。

1960年

2月，东北大队、明星大队2个大队的社员人均分配口粮每人每天5两3钱（当时16两为1斤）。

12月，陆永泉任明星大队党支部书记。

1961年

2月，由于口粮紧张，境域内社员营养不良，东北大队、明星大队2个大队出现患浮肿病、消瘦病的人。上级在境域内设治疗点，进行针对性治疗。

春，东北大队、明星大队2个大队各买1台22英寸（1英寸=2.54厘米）水泵和22马力的柴油机，用于各生产队农田灌溉。

1962年

9月，东北大队、明星大队2个大队接纳正仪镇下放人员4人。

10月，东北大队、明星大队2个大队贯彻《农村人民公社工作条例（修正草案）》（“农业六十条”）精神，并按各生产队的人口及田亩比例划分自留地，每人划得自留地2分（1分≈66.67平方米）左右。

12月25日，明星大队第一家队办企业粮食饲料加工厂落成。

是年，明星大队的部分生产队公场接上排灌站电源，社员可在公场上电动脱粒。

1963年

3月，东北大队、明星大队开展“学雷锋”运动，不少男女青年起早贪黑义务为生产队干农活，且做了好事不留名。

4月，境域内的阮阿本当选为昆山县正仪人民公社第五届社员代表大会代表。

8月，明星大队接待了由正仪人民公社书记王梅生带领的各大队书记一行，参观粮食饲料加工厂。

9月12日，第13号强台风袭击境域，造成东北大队、明星大队2个生产大队的部分船舫、牛棚、民房倒塌，经济损失（按当时计算）约1万元。

是年，高音喇叭安装到东北大队、明星大队2个大队的路口和田头。

1964年

1月，东北大队阮阿本、明星大队陆永泉参加昆山县委召开的三级干部会议。

6月，东北大队、明星大队2个大队接纳苏州市下乡知识青年26人。

7月，东北大队、明星大队分别成立人口普查工作小组，开展第二次全国人口普查工作。

10月14日，明星大队潘家桥开办第一所耕读小学，由王培根任教师，学生约20人。

11月，东北大队建稻柴盖屋面的粮食饲料加工厂，厂长为朱纪根。

1965年

1月，东北大队、明星大队2个大队分别为各生产队的农户安装有线喇叭，并配有广播线路员。东北大队汪金观、明星大队张才林担任广播线路员。

2月，明星大队在祝银根家开设正仪供销社下伸店，营业员为刘小宝。

是月，东北大队阮阿本出席江苏省贫下中农代表会议。

7月中旬，东北大队、明星大队2个大队开展“四清”（清政治、清经济、清组织、清思想）社会主义教育运动。在该次运动中，境域内有2人被查处。

12月，东北大队、明星大队响应“以粮为纲，全面发展”的号召，各生产队开始集体养猪。

1966年

5月，姜邦奎当选为明星大队党支部书记。

8月，“文化大革命”运动开始，境域内出现了“大字报”。

11月，东北大队、明星大队2个大队各购“东方红”28马力中型拖拉机1台和8马力手扶拖拉机1台。

1967年

4月，东北大队、明星大队2个大队抽干部分河浜、溇潭之水，并用五六粉进行灭螺；对血吸虫病患者实行分期分批集中治疗；对血吸虫病晚期患者进行切脾手术。

12月，由东北大队朱海根、明星大队姜邦奎带领50余名男劳动力参加庙泾河拓宽工程。

1968年

2月，东北大队、明星大队2个大队成立革命委员会（以下简称“革委会”）。东北大队管委会更名为“东北大队革委会”，由阮阿本兼革委会主任；明星大队管委会更名为“明星大队革委会”，由姜邦奎兼革委会主任。

4月，东北大队首年试种双季稻27亩。

5月，明星大队扩建原小学教室2间、办公室1间，面积增加到260平方米，校长魏忠，教师杨心传、朱允元等。学生约百人。

7月，东北大队、明星大队2个大队均派贫下中农代表进校管理。

8月，明星大队安置来自苏州的下乡知识青年10人。

是月，东北大队在黄潭自然村南建造“东方红”拱形大桥。

9月，东北大队建造黄潭小学、横港小学2所小学。

11月30日，东北大队第4生产队沈炳坤病故，其遗体被送往昆山殡仪馆火化，成为境域第一个火葬者。

11—12 月，东北大队、明星大队 2 个大队新开丰产河约 2 170 米。

12 月，东北大队、明星大队 2 个大队成立文艺宣传队，演出样板戏。

冬，东北大队、明星大队 2 个大队各生产队均设“三忠于”（忠于毛泽东、忠于毛泽东思想、忠于毛泽东的无产阶级革命路线）请示台。

是年，明星大队改建四望桥，改造后的四望桥为 3 孔水泥桩拱形桥。

1969 年

1 月，东北大队、明星大队 2 个大队开展“斗、批、改”运动。

5 月 24 日，境域内遭受冰雹灾害，小麦等产量损失两成。

8 月，东北大队、明星大队 2 个大队都办起合作医疗，东北大队阮小妹、明星大队强洪祥分别成为 2 个大队的第一任“赤脚医生”。

10 月 6 日，东北大队阮阿本、明星大队姜邦奎参加昆山县革委会召开的三级干部会议。

是年，正仪人民公社派出民工拆除东北大队外泾自然村钱大钧花园。

1970 年

2 月，东北大队、明星大队 2 个大队均开展“一打三反”（打击反革命破坏，反对贪污盗窃、投机倒把、铺张浪费）运动。

3 月 12—13 日，境域普降大雪。东北大队、明星大队 2 个大队组织劳动力抗雪救灾。

是月，东北大队开办“双代店”（代购代销店），营业员为沈兴生和朱月珍。

10 月，明星大队开办“双代店”，营业员为沈友坤和杜双生。

1971 年

1 月，东北大队阮阿本出席中共昆山县第四次代表会议。

3 月，东北大队阮阿本出席中共苏州市第一次代表会议。

4 月，明星大队开始种植双季稻，种植面积约占总面积的 80%。

5 月，恢复大队党支部，东北大队党支部书记阮阿本兼任东北大队革委会主任，明星大队党支部书记姜邦奎兼任明星大队革委会主任。

6 月，东北大队、明星大队 2 个大队开展“备战备荒”“深挖洞、广积粮”运动，每个生产队在公场或空地上建土圆囤 1—2 只。

7 月，东北大队、明星大队 2 个大队为增加有机肥料，开始放养“三水一绿”（水花生、水葫芦、水浮莲和绿萍）。

1972 年

1—3 月，东北大队、明星大队 2 个大队清坟、填浜，增加耕地面积 24 亩。

2 月，东北大队第 4 生产队开办养猪场。

9 月，明星大队建 500 平方米的大礼堂。

10 月，朱海根任东北大队党支部书记兼东北大队革委会主任。

11 月，明星大队利用畜牧场 1 亩坟地培育杉树苗。

12 月，东北大队、明星大队分别由大队长带领 60 余名民工参加庙泾河正仪段拓宽工程。

是年，东北大队、明星大队 2 个大队全面开展“割资本主义尾巴”运动。

1973 年

2 月，东北大队、明星大队 2 个大队由民兵营营长带班，组织基干民兵到中心大队黄泥山进行实弹打靶训练。

10 月，明星大队重建潘家北小桥，将木桥改造为石墩水泥桥面。

是月，东北大队、明星大队 2 个大队组织 24 名民工参加沪宁线正仪段建设工程。

1974 年

2 月 8 日，明星大队直通里建电灌站，容量为 50 千伏安。

2—6 月，东北大队在黄潭南建 30 千伏安排灌站、在黄潭西建 50 千伏安排灌站各 1 座。

12 月，东北大队粮食饲料加工厂变压器扩容，由 50 千伏安增加到 100 千伏安。

是年，明星大队分别翻建南港河桥、前浜桥、孙家港桥和后港桥 4 座。

1975 年

5 月 30 日，境域内遭暴雨、冰雹袭击，“三麦”、油菜等受损严重。

10 月 28 日，东北大队朱海根、明星大队姜邦奎参加昆山县委召开的三级干部会议。

11 月，明星大队由祝炳生负责开始养蚌育珠。

12 月，东北大队、明星大队派出 120 人参加正仪黄泥山中心河开挖工程，分别由周钰生、姜邦奎带班。

是月，东北大队、明星大队2个大队组织100多名民工，参加浏河拓浚工程。

是年，东北大队各生产队合计建造蘑菇房2 463平方米，种植面积19 679平方米，创收17 029元。明星大队各生产队合计建造蘑菇房4 025平方米，总产量达18 425.5公斤。

1976年

1月8日，东北大队、明星大队2个大队分别组织全体干部、群众参加悼念周总理逝世活动。

4月22日，东北大队、明星大队2个大队遭遇大风、雷雨恶劣天气，早稻秧田受损严重。

5月，东北大队、明星大队利用紧靠正仪镇的地理优势，开始搞劳务输出，为生产队创收。

8月，受唐山大地震的影响，东北大队、明星大队2个大队的各生产队在室外搭建防震棚，家家户户夜宿棚内约一个月。

9月18日，东北大队、明星大队2个大队组织干部和群众收看收听毛泽东同志逝世追悼会实况。

10月21日，东北大队、明星大队派出20余人参加昆山县召开的庆祝“粉碎江青反革命集团”伟大胜利万人大会。

12月，东北大队、明星大队2个大队组织200余名民工冒雪进行开挖姚家港河工程。

冬，东北大队组织40名民工、明星大队组织60名民工参加青龙港拓宽及中心河开挖工程。

是年，东北大队饲养家禽2 055只，其中，出售鸡、鸭共822只，鲜蛋2 050斤。

是年，通过上级血防部门考核，由正仪人民公社宣布东北大队、明星大队达到消灭血吸虫病标准。

1977年

1月，东北大队书记朱海根、明星大队书记姜邦奎分别带领各生产队队长，参加昆山县委召开的“农业学大寨”四级干部会议。

2月，明星大队利用河、溇百亩水面养鱼。养殖承包人有陈小男、杜卫生等。

是月，苏州地区路线教育工作队进驻东北大队、明星大队2个大队。

6月，阮大男任东北大队党支部书记，兼东北大队革委会主任。

7月，陆阿巧任明星大队党支部书记，兼明星大队革委会主任。

8月，东北大队开办化工厂，厂房面积150平方米，厂长为钱玉荀。

12月，东北大队、明星大队2个大队组织100余名民工，参加镇东、镇西2条中心河开挖工程。

冬，东北大队、明星大队2个大队分别由副书记带班，抽调200名民工，参加正仪西娄江拓宽工程。

是年，东北大队、明星大队均由会计负责开展境域第一次农业普查。

1978年

1月，东北大队、明星大队2个大队党支部组织全体党员参加正仪人民公社党委组织的一年一度冬训会议。

2月，东北大队安装50马力的发电机，解决农民照明问题。

3月，明星大队在原大队部附近安装80马力的发电机，解决农民照明问题。

是月，东北大队由钱雪生负责开始养蚌育珠。

3—4月，明星大队利用郑家坟10亩土地种植梨树。

7月11日下午，东北大队、明星大队2个大队遭受龙卷风袭击，前季稻大面积倒伏，水稻产量损失两成。

7月，明星大队第4生产队的数名妇女在劳动时突遭雷击，造成一死一伤。

8月，东北大队扩建化工厂，厂房面积增加到250平方米。

11月，东北大队阮大男、明星大队蒋根才带领60名民工，开挖东娄江。

是年，明星大队将田垛西小木桥改建为钢管结构拱形桥。

1979年

1月，东北大队开办水泥制品厂，厂长为戴爱生，会计为沈志男。

2月，东北大队阮大男、明星大队陆阿巧参加昆山县委召开的三级干部会议。

是月，明星大队利用孙家港坟 5 亩土地种植桃树。

3 月，明星大队开办综合厂，负责人为陆永泉，有职工 30 人。

3—5 月，东北大队重建黄潭毛家溇、黄潭河东、横港河东 3 座水泥桥梁。

11 月，东北大队 28 人、明星大队 37 人领到第一批“独生子女光荣证”。

是月，东北大队、明星大队 2 个大队组织民工 100 余人，参加太浦河二期拓宽工程。

11—12 月，东北大队建防洪闸门 3 座。

是年，明星大队获江苏省省长惠裕宇签发的“油菜生产先进集体”奖牌。

1980 年

1 月，东北大队、明星大队 2 个大队落实政策，平反冤假错案，退还查封财产，为“地富反坏”人员“摘帽”。

5 月，东北大队拆除原 3 所小学教室，在黄潭自然村北端征用土地 2.5 亩，建教室 5 间、办公室 2 间，建筑面积 312 平方米。

9 月 1 日，东北大队合并外泾、横港 2 所学校，取名“东北小学”，并招生开学。学校负责人为钱培玉，教师有褚永明、钱凤弟、褚引弟、陆玲珍。

1981 年

1 月，明星大队经苏州市委批准，更名为“燕桥浜大队”（1982 年 3 月正式启用）。

3 月，蒋根才任明星大队党支部书记。

6 月，东北大队阮大男出席中共昆山县第八届人民代表大会。

8 月，东北大队、明星大队由大队会计负责开展第一次全国地名普查。

10 月，撤大队革委会，分别成立东北大队管委会、明星大队管委会。

11 月，东北大队、明星大队 2 个大队推广小麦播种（板田麦）新技术。播种面积约 500 亩。

是年，东北大队修建里港 3 座桥梁、扎泾浜 1 座桥梁。

1982 年

3 月，明星大队更名为“燕桥浜大队”。

7 月，东北大队、燕桥浜大队 2 个大队成立人口普查工作小组，开展第三次全国人口普查工作。

8月，燕桥浜大队将田垛南小木桥改建为钢筋结构拱形桥。

10月，东北大队、燕桥浜大队2个大队进行第二次全国土壤普查。

12月，燕桥浜大队全年养猪1 454头，向国家出售1 411头。

是年，东北大队、燕桥浜大队2个大队的所有生产队先后购买1—2只水泥运输船（12—15吨），由男劳动力轮流跑运输，为生产队创收。

是年，东北大队第5生产队万元户沈阿元出席昆山县人民政府表彰会。

1983年

3月，东北大队、燕桥浜大队2个大队实行家庭联产承包责任制。

5月10日，正仪乡实行政社分设，东北大队改为"东北村"，朱海根当选为东北村村委会主任；燕桥浜大队改为"燕桥浜村"，陆林根当选为燕桥浜村村委会主任。

6月，燕桥浜村开办玻璃钢厂，负责人为陈宗水，有职工41人。

8月，燕桥浜村开办丝织厂，负责人为徐阿毛，有职工47人。

11月，东北村、燕桥浜村2个村的第一批"五保"老人（2个）入住正仪乡敬老院。

12月，东北村、燕桥浜村2个村组织100余名民工，参加正仪傀儡湖围湖养鱼第一期建设工程。

1984年

2月，东北村利用白方字圩、河、溇、低洼田开挖50亩鱼塘养鱼，负责人先后有田香根、王阿炳。

3月，东北村在黄潭自然村南端开办五金厂，厂长为张元生，有职工13人。

3月，东北村、燕桥浜村2个村派出男劳动力200余人参加傀儡湖鱼塘第二期开挖工程。

4月，钱凤水任东北村党支部书记。

是月，东北村阮大男出席中共昆山县第六次党员代表大会。

10月，燕桥浜村开办五金加工厂，负责人为陆黑男，有职工17人。

是年，燕桥浜村将直通港木桥改建为钢管结构拱形桥。

1985年

7月，祝小男任燕桥浜村党支部书记。

9月10日，东北村、燕桥浜村2个村的教师参加正仪乡召开的第一个教师节大会。

是年，燕桥浜村将庙堂头木桥改建为钢管结构拱形桥。

1986年

1月，燕桥浜村开办正仪针织厂，负责人罗四官，职工70人。

3月，东北村、燕桥浜村2个村各购买丰收-35型拖拉机1台；各个村民小组均添置东风-12型手扶拖拉机，共18台。

9月1日，东北村开办东北完全小学，校长为魏忠，教务为凌惠根，事务为褚永明；教师有褚引弟、陆玲珍等。学生多来自明星、大众、群南、群北村，共156人。

12月，东北村开办麻袋综合厂，厂长为沈小元、沈良男，会计为杜荣林。

是月，阮白男任东北村党支部书记。

是年，东北村建造五上五下办公楼、合作医疗室2间。

1987年

3月，东北村、燕桥浜村2个村开展颁发第一代居民身份证前期准备工作。

8月，王中水任燕桥浜村党支部书记。

1988年

2月，东北村阮大男出席中共昆山县第七次党员代表大会。

4月，昆山县委在燕桥浜村投资12万元，建设5 400平方米的蔬菜基地，其中建大棚30个，由燕桥浜村陈水泉等人管理经营。

5月3日，东北村、燕桥浜村2个村连续3天遭受狂风暴雨的袭击，河水猛涨。两村“三麦”、油菜等直接经济损失2万余元。

6月，正仪乡撤乡建镇，实行镇管村。东北村、燕桥浜村2个村隶属正仪镇。

9月1日，东北村在东北完全小学旁开设幼儿混合教育班，幼师沈爱英，有学生27人；燕桥浜村在燕桥浜北侧开设幼儿混合教育班，幼师杜丽珍，有学生32人。

10月，东北村、燕桥浜村为年满18周岁以上的村民颁发第一代居民身份证。

11月，东北村、燕桥浜村各自成立老年协会，分别由徐阿炳、朱引生担任老年协会会长。

12月，燕桥浜村重建南港桥，新桥为长18米、宽3米、高1.2米的水泥平板桥。

1989年

3月21日，东北村徐宗根、燕桥浜村杜林泉参加正仪镇召开的农业表彰大会。

12月，燕桥浜村开办昆山市正仪油墨材料加工厂，厂长为朱惠德。

1990年

2月，东北村查阿元、燕桥浜村陆大凤出席昆山市正仪镇第十二届人民代表大会第一次会议。

5月，燕桥浜村投资26.16万元，建造280平方米的村委会办公楼。

是月，燕桥浜村将第4村民小组东沧泾字圩86亩农田用作正仪镇丰产示范方。

1991年

1月24日，东北村阮白男、燕桥浜村王中水参加中共正仪镇第八次党员代表大会。

2月27日，东北村查阿元、燕桥浜村陆大凤参加昆山市正仪镇第十二届人民代表大会第二次会议。

10月，东北村开挖鱼塘44亩，承包人为刘宗兴、殷招林。

是月，徐宗根任东北村党支部书记。

1992年

4月6日，东北村邹三林、燕桥浜村黄月明参加昆山市正仪镇第十二届三次人民代表大会。

10月，赵建忠任东北村党支部书记。

12月，东北村开挖鱼塘208亩，承包人为邹小勤等11人。

是月，燕桥浜村开挖鱼塘264亩，承包人为李培元等14人。

1993年

2月，东北村、燕桥浜村2个村因沪宁高速公路建设需要，征用公路沿线外泾、船泾坟 2 个自然村的 500 余亩土地。俞大男、俞元生等农户房屋异地翻建。

4 月，东北村在镇南公路东侧开办昆山 AB 保健袜针织四分厂。厂长为褚祖铭，会计为俞元生，有职工 114 人。

7 月，东北村修建外泾南桥。

8 月，东北村、燕桥浜村域内遭受洪涝灾害，水位超警戒线。两村组织村民参加抗洪工作。

9 月，燕桥浜村人家用上正仪自来水厂供给的自来水。

10 月，东北村、燕桥浜村大部分村民使用瓶装液化气。

12 月，东北村开挖鱼塘 167.5 亩，承包人为黄金男、沈兴等 6 人。

1994 年

1 月 28 日，东北村赵建忠、燕桥浜村王中水参加中共正仪镇第九次党员代表大会。

3 月，东北村、燕桥浜村 2 个村各购买丰收-35 型拖拉机 1 台及相配套的滚动式收割机。

4 月，燕桥浜村为第 1—5 村民小组筑机耕路 2 150 米，面积 7 325 平方米。

7 月，东北村开挖鱼塘 139 亩，承包人为阮宗男、褚金明等 8 人。

8 月，苏州市投资 50 万元，扩建燕桥浜村蔬菜基地，面积扩至 500 亩，仍由燕桥浜村陈水泉等人负责管理经营。

12 月 1 日，东北村和村民高景文、林招生签订土地承包协议，2 人分别承包土地 253.4 亩和 145.8 亩。

12 月，东北村修建黄潭自然村南桥 1 座。

1995 年

3 月，东北村蒋志伟、魏月亮等 9 人承包沪宁高速公路取土而挖成的塘、沟 204 亩水面养鱼。

是月，燕桥浜村李香男、陆雪根等 7 人承包沪宁高速公路取土而挖成的塘、沟 197 亩水面养鱼。

5 月，正仪镇原设在燕桥浜村第 4 村民小组的丰产示范方因故迁移，新丰产示范方设在东北村东横港，面积 120 亩。

7 月，陆福兴任燕桥浜村党支部书记。

是年，东北村修建外泾南端、黄潭等桥梁3座。

1996年

2月28日，东北村邹三林、燕桥浜村孙东林参加昆山市正仪镇第十四届人民代表大会第一次会议。

3月，东北村、燕桥浜村2个村安装家庭程控电话，安装率达60%。

9月，邹三林任东北村党支部书记。

1997年

3月18日，东北村、燕桥浜村2个村在村域内开展大规模灭鼠运动。

7月1日，东北村、燕桥浜村2个村组织全体党员干部、村民代表共计120人收看香港回归祖国的交接仪式实况。

8月，东北村、燕桥浜村2个村进行农网电力改造。

10月，燕桥浜村农业合作社与村民黄林才、宋香根等10人签订土地承包合同，承包面积719.6亩，承包期4年。

是月，东北村农业合作社与村民钱雪生、田香泉等人签订土地承包合同，承包面积363亩，承包期4年。

12月，燕桥浜村在船泾坟自然村南侧开辟土地50亩，作为正仪镇塘南7个村的公墓用地。村委会号召全村农户将各家的祖坟迁至公墓。

是年，燕桥浜村被江苏省精神文明建设指导委员会评为“江苏省文明村”。

1998年

2月18日，东北村邹三林、燕桥浜村孙东林参加昆山市正仪镇第十四届人民代表大会第三次会议。

3月，东北村、燕桥浜村2个村为村民发放30年不变的责任田承包确权证。

7—8月，东北村、燕桥浜村2个村发生百年未遇的特大洪涝灾害，村域农田大部分被淹没，低洼地段的农房被淹。

10月，东北村、燕桥浜村2个村为村民发放房屋确权证。

是年，东北村农业合作社与村民林招生、朱宗明等9人签订土地承包合同，承包面积476亩，承包期3年。

是年，燕桥浜村被江苏省爱国卫生运动委员会评为“江苏省卫生村”。

1999 年

1 月 1 日，东北村、燕桥浜村 2 个村组织全体党员参加中共正仪镇党委召开的 1998 年度党员冬训会议。

2 月 7 日，东北村邹三林、燕桥浜村孙东林参加昆山市正仪镇第十五届人民代表大会第一次会议。

4 月，孙东林任燕桥浜村党支部书记。

6 月 28—30 日，东北村、燕桥浜村 2 个村遭遇特大洪水，界浦河岸被淹没，村民抗洪排涝，正仪镇党委组织人力、物力支援抗洪。

9 月，东北村、燕桥浜村全体党员干部和村民代表数百人集中观看澳门回归祖国交接仪式实况。

是年，燕桥浜村重建半夜浜砖混结构桥，改建为长 13 米、宽 2.5 米、高 1.2 米的水泥平板桥。

2000 年

1 月 21 日，东北村沈利良、燕桥浜村孙东林参加昆山市正仪镇第十五届人民代表大会第二次会议。

3 月，沈利良任东北村党支部书记。

12 月，燕桥浜村被昆山市民政局评为“昆山市村民自治模范村”。

2001 年

3 月 9 日，东北村沈利良、燕桥浜村孙东林参加昆山市正仪镇第十五届人民代表大会第三次会议。

8 月，正仪镇进行村级区划调整，燕桥浜村与东北村合并为燕桥浜村，组建新领导班子。书记为朱泉男，主任为孙东林，社长为沈小元，会计为沈利良。

9 月，燕桥浜村为全村 711 户村民房屋粉刷外墙，累计粉刷房屋面积 4.22 万平方米。

12 月，燕桥浜村与村民陆大狗、顾巧男签订协议，同意开挖鱼塘 45 亩，承包养鱼。

2002 年

2 月，孙东林任燕桥浜村党支部书记。

3 月，燕桥浜村在第 1 村民小组筑机耕路 400 米，折合面积 1 400 平方米。

12月，燕桥浜村被玉山镇规划为开发区域之一，区域内入驻大、中、小企业50多家。

是年，燕桥浜村规划建设厂房2幢及辅助用房，面积1 600平方米，用于出租。

2003年

3月，工业区道路规划建设，涉及燕桥浜村黄潭、扎泾2个自然村，沈水根、钱凤水等8户农户动迁到嘉馨花园。

4月，村域全面实行农村基本养老保险制度。燕桥浜村1 743人参加。

是月，苏昆太高速公路建设，涉及燕桥浜村第7村民小组（里港自然村），王金泉、朱银泉等7户农户动迁到嘉馨花园。

5月，国内暴发“非典”疫情，燕桥浜村组织党员、干部轮流义务值班和巡路，做好“非典”防疫工作。

10月，燕桥浜村成立党总支部，孙东林任党总支书记，下设2个党支部，第一支部书记为沈利良，第二支部书记为沈小元。同时成立村委会、经济合作社。

是月，燕桥浜村域被划入昆山高新技术产业园区。

12月，昆山市乡、镇区划调整，撤销正仪镇建制。娄江以北划入巴城镇，娄江以南并入玉山镇。燕桥浜村归玉山镇管辖。

是年，燕桥浜村分别修建南港河桥、前浜桥、孙家港桥、后巷桥、南港东桥5座桥。

是年，燕桥浜村有520人领取养老金。

2004年

6月，燕桥浜村对征地农户实行“4、8、12”补偿政策，即责任田每亩补偿400元，自留地每亩补偿800元，口粮田每亩补偿1 200元。

7月，燕桥浜村组建由路面清洁人员10人、河道保洁人员4人组成的保洁队伍，并配水泥船2条，全面进行村域内的路面、河道保洁工作。

10月，燕桥浜村改建直通港拱形桥，新桥南移90米，新桥为长15米、宽5米、高1.2米的水泥平板桥。

12月，燕桥浜村域田垛南拱形桥南移100米，新桥为长16米、宽3米、高

1.2 米的水泥平板桥。

2005 年

2 月 5 日，燕桥浜村孙东林参加昆山市玉山镇第十六届人民代表大会第四次会议。

是月，燕桥浜村被昆山市精神文明建设委员会评为“昆山市农村精神文明建设先进村”。

10 月，燕桥浜村被征地农民（达到退休年龄）全面享受城镇养老保险政策。

12 月，燕桥浜村被昆山市经济普查领导小组授予第一次全国经济普查“先进集体”荣誉。

2006 年

1 月，燕桥浜村承包农田的村民享受国家免征农业税政策。

是月，戴金男任燕桥浜村党总支书记。

10 月，燕桥浜村进行第二次全国农业普查，由村会计具体负责普查工作。

是年，燕桥浜村修建船泾坟桥、燕桥、三穿桥、回马头桥、庙堂桥、潘家桥、潘家北桥 7 座桥梁。

2007 年

3 月，燕桥浜村被昆山市依法治市领导小组评为“昆山市‘民主法治示范村’”。

8 月，燕桥浜村投资 12.54 万元建造 200 平方米的村会议室。

11 月，燕桥浜村在第 4 村民小组翻建村内主干路 540 米，折合面积 1 890 平方米。

12 月，燕桥浜村关心下一代工作委员会（以下简称“关工委”）被昆山市关工委评为“全市关心下一代工作‘五有五好’先进单位”。

是月，郑国芳任燕桥浜村党总支书记。

是年，燕桥浜村可支配收入 70 万元。

2008 年

1 月，燕桥浜村域内遭受暴雪侵袭，村年轻党员及青年骨干 40 余人组成志愿者队伍清扫积雪。

是月，燕桥浜村投资 4.45 万元，在南港自然村建造面积 625 平方米的停车场。

5月，燕桥浜村全体党员为四川汶川地震灾区捐款3万元。

是月，燕桥浜村改造危险厂房（原轧米加工厂），建成1 663平方米的标准厂房。每年可增收租金20万元。

8月，燕桥浜村投资2 300万元，分别在燕桥浜路两侧建造4栋打工楼及店面房，约16 800平方米。

9月，燕桥浜村成立富民合作社，法人为郑国芳。

10月，燕桥浜村投资59.16万元建造老年活动室300平方米。

是月，燕桥浜村投资75.87万元分别建造门球场和篮球场，合计面积1 200平方米。成立燕桥浜村门球队，队长为周钰生，有队员12人。

是月，燕桥浜村被江苏省环境保护委员会评为"江苏省生态村"。

12月，燕桥浜村投资70万元，建造村菜市场399.44平方米。

是年，燕桥浜村投资64万元，在村域内建公共厕所11座。后又建造公共厕所3座。

是年，燕桥浜村可支配收入为164.44万元，比2007年翻一番。

2009年

1月，燕桥浜村被昆山市精神文明建设委员会评为"昆山市农村精神文明建设特色村"。

4月，燕桥浜村幼儿园竣工，建设投资290万元，建筑面积2 004平方米。

7—11月，燕桥浜村投资39.19万元，分别在村委会、船泾坟、田垛建造停车场各1处，合计面积900平方米。

10月，燕桥浜村成立农业土地股份专业合作社，法人为郑国芳。

是月，燕桥浜村第7村民小组（里港自然村）受苏昆太高速公路和高压线路影响，全村36户整体动迁至南星渎茗景苑C区。

12月，燕桥浜村被苏州市生态建设领导小组办公室评为"苏州市生态村"。

是月，燕桥浜村被苏州市依法治市领导小组办公室、苏州市司法局、苏州市民政局评为"民主法治村"。

是月，燕桥浜村投资67万元，建造油库厂房1 200平方米。

是年，燕桥浜村拥有固定资产2 550.88万元，村级到账可支配收入208.29万元。村民人均收入16 106元。

2010 年

4 月，玉山镇下发给燕桥浜村 4 台直播机。

9 月，燕桥浜村成立社区股份专业合作社，法人为郑国芳。

10 月，燕桥浜村开展第六次全国人口普查，由村会计具体负责普查工作。

是月，燕桥浜村被昆山市司法局评为“昆山市人民调解工作先进集体”。

11 月，燕桥浜村民委员换届选举，燕桥浜村委会主任、合作社社长、村会计分别由祝利平、王云龙、陆建珍担任。

是年，燕桥浜村可支配收入 309. 88 万元。

是年，燕桥浜村被昆山市社会治安综合治理委员会办公室等评为“2008—2010 年度昆山市零犯罪社区（村）”。

是年，燕桥浜村投资 580 万元，在长阳路建造标准厂房 3 450 平方米。

2010—2011 年，燕桥浜村被苏州市文化广电新闻出版局评为“苏州市公共文化服务示范村”。

2011 年

1 月，燕桥浜村被昆山市国土资源局评为“二〇一〇年度昆山市土地执法示范村”。

2 月，燕桥浜村被苏州市委、市政府评为“苏州市建设社会主义新农村示范村”。

7 月，燕桥浜村被江苏省档案局评为“档案工作二星级单位”。

是年，燕桥浜村投资 1 478 万元，建造市政养护楼 7 000 平方米。

是年，燕桥浜村全年实际收入 531 万元，超指标 11 万元。

2012 年

1 月，燕桥浜村被昆山市国土资源局评为“二〇一一年度昆山市土地执法示范村（社区）”。

4 月，燕桥浜村收到高新区（玉山镇）下发的 4 台“久保田”牌水稻种植插秧机。

10 月，燕桥浜村党总支组织全体党员收看中共第十八次全国代表大会实况。

11 月，燕桥浜村被昆山市司法局评为“2010—2012 年度人民调解工作先进集体”。

12月，燕桥浜村被江苏省卫生厅评为“江苏省卫生村”。

2013年

1月，燕桥浜村村委会被苏州市政府评为“苏州市规范化村人民调解委员会”。

是月，燕桥浜村成立创建江苏省卫生村领导小组，郑国芳任组长。

2月，燕桥浜村被昆山市委、市政府评为“2012年度社会矛盾纠纷调处工作先进集体”。

4月，燕桥浜村郑国芳参加“江苏省卫生村”复审工作会议。

5月，燕桥浜村被江苏省依法治省领导小组评为“江苏省民主法治示范村”。

6月，燕桥浜村被苏州市委评为“先锋村”。

8月，祝利平任燕桥浜村党总支书记，褚华当选燕桥浜村村委会主任。

12月，燕桥浜村开展第三次全国经济普查工作。

是月，燕桥浜村被昆山市体育局授予“优秀健身站点”称号。

2014年

1月，燕桥浜村被江苏省委农村工作领导小组办公室评为“江苏省社会主义新农村建设示范村”。

是月，燕桥浜村党支部被昆山市社区教育办公室评为“昆山市2013年度学习型党组织”。

4月，燕桥浜村开设图书阅览室、廉政展览室、远程教育室文化阵地。

6月，燕桥浜村村委会与昆山高新区（玉山镇）管委会签订社会综合治理责任书。

11月，燕桥浜村农业土地股份专业合作社与村民沈金良、李四生等10人签订土地承包合同，承包面积1 045亩，承包期5年。

是年，燕桥浜村翻建原明星小学用房34.56平方米建村图书阅览室，藏书1 500余册。

2015年

2月，燕桥浜村投资2.12万元，建造300平方米的停车棚。

5月，燕桥浜村村委会与昆山高新区（玉山镇）管委会签订生态环境保护目标责任书。

7月，燕桥浜村硬化村域内水泥路面长7 870米，硬化面积9 440平方米，总投资 25 万元。

12 月，燕桥浜村被昆山市村庄环境长效管理领导小组办公室评为“昆山市村庄环境长效管理先进村”。

2016 年

1 月，燕桥浜计划生育领导小组广泛宣传《中华人民共和国人口与计划生育法》及全面实行二孩政策，提倡一对夫妻可生育 2 个孩子。

3 月，燕桥浜村村委会与昆山高新区防汛防旱指挥部签订防汛工作责任书。

12 月，燕桥浜村第十二届村委会换届选举，褚华当选燕桥浜村村委会主任，戴亮等人为委员。

是月，褚华参加昆山高新区第十九届人民代表大会。

2017 年

5 月 24 日，褚华任燕桥浜村党总支书记。

5 月，燕桥浜村开展创建“文明家庭”活动，制订村规民约，为每户派发宣传资料。

10 月，燕桥浜村全体党员收看中共第十九次全国代表大会电视实况。

12 月，燕桥浜村门球队被昆山市体育局授予“昆山市全民建设优秀健身团队”荣誉证书。

是年，燕桥浜村投资 3. 59 万元，在直通港西侧建 47. 49 平方米的公房 1 幢。

2018 年

4 月，燕桥浜村成立“331”整治工作领导小组，褚华任组长。清查出安全隐患场所 8 处。

8 月，燕桥浜村开展第四次全国经济普查工作。

10 月，燕桥浜村第四次全国经济普查工作结束，结果显示：村域内有企业 651 家，个体工商户约 100 家。

是月，燕桥浜村被昆山市精神文明建设委员会评为“2017 年度文明村”。

是年，燕桥浜村被昆山市委宣传部评为“2018 年昆山市新农村文化设施标准化建设达标单位”。

是年，燕桥浜村总收入 1 074. 22 万元。

2019 年

5 月，燕桥浜村全面开展排查整治安全隐患场所工作，拆除易燃房屋 400 平方米。

7 月，燕桥浜村启动垃圾分类工作，组建队伍，为每户发放分类垃圾桶 2 只。

是月，燕桥浜村田垛自然村被昆山市农村人居环境整治工作联席会议办公室评为“昆山市农村人居环境整治红榜自然村”。

8 月，第 9 号台风“利奇马”袭击燕桥浜村域，水稻倒伏，域内产量损失两成。

9 月，燕桥浜村拆除燕桥、潘家桥 2 个自然村违章搭建小屋近 2 000 平方米。

10 月，燕桥浜村被昆山市农村人居环境整治工作联席会议办公室评为“昆山市农村人居环境整治红榜村”。

11 月，燕桥浜村成立扫黑除恶领导小组，褚华任组长。

是月，燕桥浜村农业合作社与村民戴傲根、朱巧男等 10 人签订土地承包合同，承包面积 1 065 亩，承包期 3 年。

12 月，燕桥浜村在第 5 村民小组翻建且硬化原机耕路 400 米，面积 1 400 平方米。

是月，燕桥浜村被苏州市委农村工作领导小组、苏州市农村人居环境整治工作联席会议办公室评为“2019 年度苏州市农村人居环境整治工作示范村”。

2019—2020 年，燕桥浜村请美术师为部分村民房屋绘壁画 32 处，累计面积 625 平方米。

2020 年

1 月，燕桥浜村潘家桥、田垛自然村被苏州市美丽村庄建设领导小组办公室评为“2019 年度昆山市‘三星级康居乡村’”。

2 月 3 日，燕桥浜村成立防治新冠疫情领导小组，组长为褚华，设防控点 3 处。

5 月 15 日，燕桥浜村成立《燕桥浜村志》编纂委员会，主任为褚华，副主任为戴亮，有编纂人员 7 人。

5 月，燕桥浜村被昆山市委、市政府评为“2019 年十佳农村人居环境整治示范村”。

5—8月，燕桥浜村被昆山市农村人居环境整治工作联席会议办公室分别评为昆山市农村人居环境整治2020年第一、二、三期红榜村。

9月20日，燕桥浜村成立人口普查领导小组，组长为褚华，有工作人员8人，全面开展第七次全国人口普查工作。

10月9日，燕桥浜村开始为部分农户进行庭院绿化。

11月5日，燕桥浜村党总支书记褚华陪同昆山市委领导、昆山高新区党工委书记管凤良，张浦镇党委书记等30多位领导参观检查燕桥浜村庭院绿化工程建设情况。

11月10日，燕桥浜村举行“党群服务点”揭牌仪式。燕桥浜村“两委”人员，部分党员和群众代表，昆山高新区党工会、管委会、党群工作部等的领导参加揭牌仪式。

11月12日，燕桥浜村村委会联合昆山高新区综合执法局、吴淞江派出所对辖区实行“331”专项整治，检查、处理出租房中的违章行为。

11月28日，燕桥浜村“两委”举行换届选举工作动员会暨党员、村民代表会议。

11月30日，燕桥浜村村委会与田垛自然村44户动迁农户签订动迁协议。之后又有3批农户签订动迁协议。

是月，燕桥浜村完成关于江苏省卫生村复查工作，并完成复查台账记载。

12月15日，燕桥浜村完成燕桥浜路、直通港交界西北侧米厂前期拆除工作。

12月25日，燕桥浜村村委会完成对村域内12条水泥船相应的补偿工作。

是月，潘家桥69号王双弟家被昆山市农业农村局、昆山市妇女联合会（以下简称“市妇联”）评为2020年度十佳“美丽庭院”。

是月，燕桥浜村被昆山市扫黑除恶专项斗争领导小组办公室授予“无黑（村）社区”奖牌。

2021年

1月10日，燕桥浜村党总支换届选举，产生新一届燕桥浜村党总支部委员会。党总支书记为褚华、副书记为戴亮，委员分别是邹雪峰、宋吉成、王晓华。

1月18日，中国南丁格尔志愿护理服务总队（第609支分队）苏州大学医学部护理学院分队专家团队到燕桥浜村开展健康讲座、健康咨询、健康义诊等活动。

1月20日，燕桥浜村高标准农田建设开始施工。

是日，燕桥浜村富民合作社（燕桥浜路588号厂房）房屋建筑物拆除，涉及94户股民利益，经评估核定补偿金额350.27万元。

是月，褚华被苏州市政府评为“优秀基层河长”。

2月2日，燕桥浜村村委会联合昆山高新区“331”专项整治办公室、昆山高新区综合执法局、吴淞江派出所对新城南路沿街店面“三合一”火灾隐患联合集中整治。

2月10日，燕桥浜村退役军人服务站工作人员走访村内65位退役军人和1位现役军人家属，并送上慰问信、慰问品。

2月11日，燕桥浜村为医疗普惠救助61人发放救助资金19.87万元。

2月25日，燕桥浜村和中国银行昆山正仪支行共同举办元宵节活动，宣传金融知识，增强防金融诈骗、电信诈骗意识。

3月21日，燕桥浜村举行第十三届村委会换届选举大会。大会选举褚华为燕桥浜村村委会主任，戴亮、宋吉成、王晓华、徐梦宇为村委会委员。

是月，燕桥浜村遵照昆山高新区“植树月”活动方案，开展入户种树、清除杂草活动。燕桥浜村村委会投资752元，种植多种花卉35棵。

4月10日上午，燕桥浜村召开第十三届村民小组会议，选举村民代表和村民小组长。

4月28日，燕桥浜村召开全村党员会议，选举中共玉山镇第十五届党员代表，并完成燕桥浜村股份经济合作社成员代表换届选举工作。

5月2日，燕桥浜村为现有94户农户及餐饮场所加装燃气报警切断装置。

5月14—20日，燕桥浜村组织65周岁以上退休人员前往江浦社区卫生服务中心或国宾体检中心体检，参加体检人员906人。

5月21日，燕桥浜村举办“党建引领·给你，我的爱”关爱残疾人公益活动，组织志愿者为残疾人家庭检查线路、打扫卫生，给残疾人剪指甲、理发、测量血压，了解残疾人的实际需求，并送上慰问品。

5 月 31 日，昆山高新区评审联动小组前往燕桥浜村进行为期 1 周的“评审联动”检查考核。

是日，燕桥浜村直通自然村被评为“昆山市农村人居环境整治红榜自然村（2021 年 4 月）”。

6 月 19 日，燕桥浜村党总支组织全体党员前往浙江嘉兴南湖，参观南湖老街、南湖革命纪念馆及南湖红船。

6 月 27 日，燕桥浜村党总支书记、村委会主任褚华被昆山市委评为“优秀共产党员”。

6 月 29 日，燕桥浜村党总支为入党满 50 周年的 13 人颁发纪念章。

7 月 1 日，为庆祝建党 100 周年，燕桥浜村组织党员、群众在万象汇红色影厅观看电影《1921》。

7 月 11 日，昆山高新区（玉山镇）村志系列丛书编纂办公室在燕桥浜村召开昆山高新区第三批村志（第一组）志稿撰写专家点评辅导会议。

12 月 8 日，燕桥浜村举行市、镇两级人大代表选举大会。选举大会设主会场 1 个、分会场 2 个。燕桥浜村戴亮当选为昆山高新区（玉山镇）人大代表。

12 月 26 日，燕桥浜村村委会召开《燕桥浜村志》志稿预审会议，村“两委”人员、老干部、老同志、编纂人员参会。会议由褚华主持，褚永明做工作报告。

第一章　村情概览

2001 年 8 月，燕桥浜村由原燕桥浜村、东北村合并而成。是年，村辖 11 个自然村、10 个村民小组。2003 年 10 月，燕桥浜村域被划入昆山高新技术产业园区，大量土地被征用，民房动迁。2003 年年底，大多数村民因动迁入住昆山高新区南星渎住宅小区。2012 年，区镇合一，燕桥浜村归入昆山高新区（玉山镇），村设党总支部（下设 2 个党支部）、村委会、经济合作社等组织。2020 年，全村常住人口 709 户、2 662 人，外来暂住人口 192 户、2 432 人。村域内水陆交通成网，商贸服务、文化体育、卫生保健配套到位，村民安居乐业。

第一节 建置区划

燕桥浜境域在公元500年前已有人居住、耕种、经商等。《正仪镇志》记载，燕桥浜的始建时间早于正仪镇。信义（后更名“正仪”）集市的前身在娄江南岸，称“贞里”（今燕桥浜村域）。明嘉靖年间，境域内已经有人筑石驳岸、铺街道、造房子（至今仍有石街遗迹可寻）。梁天监六年（507），信义集市移至北侧2千米处航头。

清宣统三年（1911），信义集市东至九里桥，接昆山县寒区26图界；西至界浦与元和县分界；南至吴淞江与昆山县分界；北至大方潭村，接昆山县寒区17图界；东南至南星渎镇，接昆山县寒区15图界；西南至南莘田境域元和县分界；东北至唐泾村，接昆山县寒区4图界；西北至阳澄湖与元和县分界；共辖6区28图294圩。境域属新阳县信义镇。

1912年，新阳县并入昆山县，信义镇改称“真义乡”，属昆山县管辖，境域属昆山县真义乡。1929年，试行区、乡（镇）村制，真义乡与南星乡并为第八区。境域属第八区真义乡。1934年，第八区改称“第七区”，并按“百户以上村庄为乡，百户以上集市为镇”的规定，真义始称镇，第七区辖真义，境域属第七区真义镇。1947年，真义划归张浦区，同年9月撤销区级建制，真义改称“正仪”，为县属乡。境域属张浦区正仪乡。

1949年7月，昆山县人民政府成立，建立区、乡（镇）人民政府，设正仪区，辖正仪、高墟、南星、城南（小潭、乐港2村）4乡。境域属正仪区正仪乡。1950年，正仪区辖正仪、镇南、式庄、新南、绰墩、吴淞、黄泥、沽塘、新北、新东10个乡镇，下设95个行政村。明星境域属正仪乡，东北境域属镇南乡。1956年3月，正仪区与巴城区合并为环城区。9月，撤区并乡，正仪改为乡，辖 31 个高级社。境域属环城区正仪乡。1958 年 8 月，成立正仪人民公社，实行政社合一，取消高级社建制。正仪人民公社辖 29 个生产大队。东北高级社改为“东北大队”，明星高级社改为“明星大队”。

1981 年，明星大队更名为“燕桥浜大队”。1983 年，恢复乡村建制。是年 5 月，东北大队改为“东北村”，燕桥浜大队改为“燕桥浜村”，生产队改为“村民小组”（东北村下辖 9 个村民小组，燕桥浜村下辖 14 个村民小组），2 个村属正仪乡管辖。1988 年，改乡建制为镇建制。正仪乡改为正仪镇，东北村、燕桥浜村 2 个村隶属正仪镇。

2001 年，区划调整，燕桥浜村和东北村合并为燕桥浜村，属正仪镇。2003 年，撤销正仪镇建制，娄江以南划归玉山镇管辖，燕桥浜村属玉山镇管辖。2012 年，区镇合一，燕桥浜村属昆山高新区（玉山镇）管辖至今，村下辖 10 个村民小组。

第二节　区位交通

一、区位

燕桥浜村位于昆山高新区（玉山镇）西南，距昆山高新区管委会办公驻地（前进西路 1899 号）7 千米，地处北纬 30°21′31.2″—31°17′14″，东经 120°50′26″—120°51′26.6″。东与大众村田圩为邻，南和姜巷村田圩接壤，西跟吴中区界浦河相望，北枕娄江，境域面积 5 平方千米。

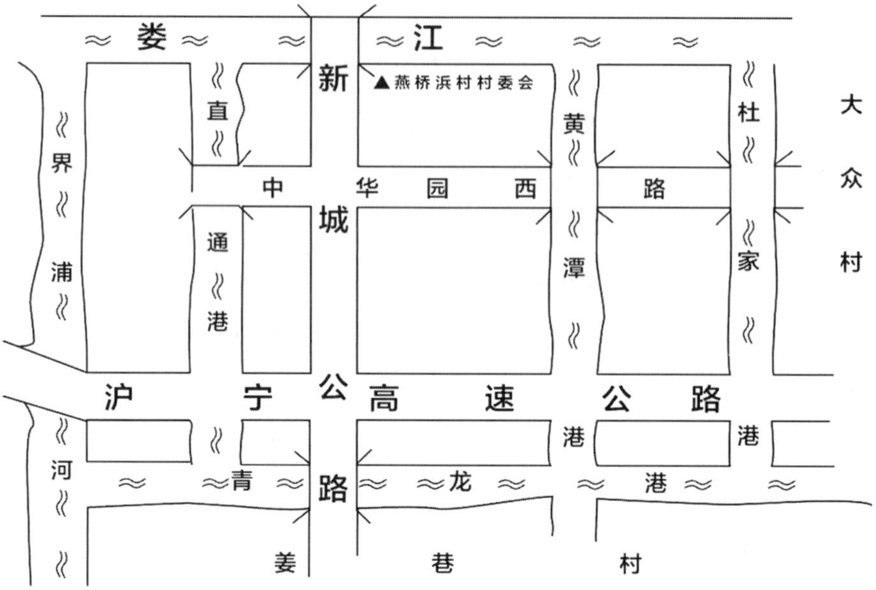

燕桥浜村区域位置示意图（2019 年，褚永明绘）

二、交通

燕桥浜村水陆交通四通八达。中华人民共和国成立初，境内交通以水路为主，域内百姓以船代步，若要走陆路，只能沿河岸及田间小道行走。70 年代，开始筑建机耕路，铺设“黑脚子”。80 年代中期，渣石路面的新城公路在村域中心由北向南穿过。90 年代初，拓宽新城公路，并铺设水泥路面。2020 年，村域内水陆交通便捷。村域内有过境河 2 条，分别是娄江和界浦河。娄江紧贴村域北侧自西而东；界浦河北接娄江，南通吴淞江，沿燕桥浜村西流淌。境内主要河流黄潭港、直通港，均北通娄江，南达青龙港。娄江和界浦河是主要的交通航道。沪宁高速公路东西穿村而过，312 国道就在新城大桥北端。中华园西路由昆山高铁站向西直通燕桥浜村，新城公路自北向南穿村而过。3 条公交线路（公交 202 路、204 路、158 路）途经村域。村域设有公共自行车共享点 4 处。昆山高新技术产业园区内 6 纵 4 横（6 纵：长阳路、燕淞路、银淞路、宝淞路、黄潭港路、南星路；4 横：华淞路、长阳支路、晨淞路、燕桥浜路）的公路形成网格化。

第三节 自然环境

一、水系河流

燕桥浜村有水域面积918亩（不含过境河流水域面积）。过境河流娄江、界浦河和域内河流交叉成网。村与村之间，条条河浜相通。村域内河流有20条，还有部分小河浜、溇潭，未做记载。年最高水位发生在1999年6月30日—7月2日，吴淞基准4米；年最低水位发生在1929年6月，吴淞基准2.14米。

（一）过境河流

娄江 地处村域北面，西自苏州娄门起，经苏州市吴中区东流，过昆山，穿太仓塘入长江。过境长2 000米（西起界浦河，东至黄潭港），河面宽100多米，水深3—4米。2000年前，娄江为苏沪水上运输要道。

界浦河 地处村域西部，南起吴淞江，北至娄江，全长6 000米，过境长2 778米（北起娄江，南至青龙港），水面宽60米，水深3米余。河流为村域与苏州市吴中区的分界河，属阳澄湖与淀泖2个水系的泄洪通道和水上运输航道。

（二）域内河流

村域内河浜有20条，为村民生活、农田灌溉、水上运输提供保障。自1990年起，所有河浜全部属于吴淞防洪联圩。

黄潭港 地处村域东部，因沿河港有几个潭，潭边上又住了几户黄姓人家，故得名“黄潭港”。河道为自然河道，南北流向，南起青龙港，北至娄江。河道过境2 229米，水面平均宽46米，河底平均宽20米，平均水深3米，水断面99平方米。河道的主要功能是灌溉排涝、水上运输。2005年，燕桥浜村对黄潭港进行了1次清淤疏浚，两岸建有企业厂房，种植绿化。

仓泾港 其名由村民约定俗成。河道为自然河道，东西流向，东起直通港，西至界浦河。全长 870 米，水面平均宽 40 米，河底平均宽 18 米，平均水深 2.5 米，水断面 72.5 平方米。两岸都是农田。河道的主要功能是灌溉排涝、水上运输。2005 年，燕桥浜村对仓泾港进行了 1 次清淤疏浚。

船泾坟河 因地处船泾坟自然村而得名。河道为自然河道，位于村北，东西流向，东起直通港，西至浜底。全长 326 米，水面平均宽 30 米，河底平均宽 14 米，平均水深 2.2 米，水断面 52.8 平方米。两岸有村庄、农田。2000 年、2005 年，燕桥浜村对船泾坟河共进行了 2 次清淤疏浚。

南港村河 因地处南港自然村而得名。河道为自然河道，东西流向，东起外泾河，西至直通港。全长 714 米，水面平均宽 26 米，河底平均宽 12 米，平均水深 1.8 米，水断面 32.4 平方米。两岸有村庄、农田。2007 年、2015 年，燕桥浜村对南港村河共进行了 2 次清淤疏浚。

后浜河 因地处燕桥浜自然村北侧而得名。河道为自然河道，东西流向，东起浜底，西至直通港。全长 224 米，水面平均宽 25 米，河底平均宽 12 米，平均水深 1.5 米，水断面 27.8 平方米。两岸有村民房屋。2005 年，燕桥浜村对后浜河共进行了 2 次清淤疏浚。

横港河 因河道地处横港自然村中间而得名。河道为自然河道，东西流向，东起黄潭港，西至北泾浜河。全长 352 米，水面平均宽 38 米，河底平均宽 16 米，平均水深 2.2 米，水断面 59.4 平方米。两岸有企业厂房、农田。2005 年，燕桥浜村对横港河共进行了 2 次清淤疏浚。

后港河 因河道连接 2 个自然村最北面一条河而得名。河道为自然河道，东西流向，东起横港河，西至直通港。全长 770 米，水面平均宽 25 米，河底平均宽 12 米，平均水深 1.5 米，水断面 27.8 平方米。两岸现建有企业厂房。2005 年，燕桥浜村对后港河共进行了 2 次清淤疏浚。

九泾堰 因河道形状及河道西与苏州交界处筑堤坝而得名。河道为自然河道，东西流向，东起直通港，西至堤坝，全长 1 100 米，水面平均宽 25 米，河底平均宽 12 米，平均水深 1.6 米，水断面 29.6 平方米。1998 年、2005 年，燕桥浜村对九泾堰共进行了 2 次清淤疏浚。

里港河 因河道流经里港自然村而得名。河道为自然河道，河道先东流，后南北流，再东流至大众村杜家港河。全长 568 米，水面平均宽 30 米，河底平均宽 14 米，平均水深 2.4 米，水断面 52.8 平方米。两岸种植绿化。

毛家溇 因河道地处黄潭港与外泾河之间，河间原有一只溇，叫“毛家溇”，故得名。1993 年，黄潭港与外泾河开通形成。东西流向，东起黄潭港，西至外泾河。全长 1 021 米，水面平均宽 30 米，河底平均宽 14 米，平均水深 2 米，水断面 44 平方米。两岸有农田。2005 年，燕桥浜村对毛家溇进行了清淤疏浚。

南田垛里河 因地处田垛自然村南面而得名。河道为自然河道，东西流向，东起直通港，西至里牌堤。全长 1 196 米，水面平均宽 20 米，河底平均宽 9 米，平均水深 2.1 米，水断面 30.5 平方米。两岸有村庄、农田。1997 年、2015 年，燕桥浜村对南田垛里河进行了 2 次清淤疏浚。

南乌泾河 因有 2 条河连接里港、黄潭自然村，南乌泾河是南面一条，形状像乌鱼，故得名。东西流向，东起里港河，西至黄潭港。全长 460 米，水面平均宽 36 米，河底平均宽 18 米，平均水深 2 米，水断面 54 平方米。

北乌泾河 因有 2 条河连接里港、黄潭自然村，北乌泾河是北面一条，形状像乌鱼，故得名。河道为自然河道，东西流向，东起里港河，西至黄潭港。全长 470 米，水面平均宽 30 米，河底平均宽 14 米，平均水深 2.1 米，水断面 46.2 平方米。

田垛里河 因流经田垛自然村而得名。河道为自然河道，东西流向，东起直通港，西至界浦河。全长 480 米，水面平均宽 25 米，河底平均宽 11 米，平均水深 2.2 米，水断面 28.6 平方米。两岸有农田及村民房屋。1997 年、2015 年，燕桥浜村对田垛里河进行了 2 次清淤疏浚。

外泾郎河（又名“外泾河”） 因穿越外泾郎自然村（“郎”是昆山方言“那里”）而得名。河道为自然河道，南北流向，南起后港河，北至中华园西路。全长 1 773 米，水面平均宽 26 米，河底平均宽 12 米，平均水深 2.1 米，水断面 39.9 平方米，上游河道是青龙港。两岸有村庄，种植绿化。2005 年，燕桥浜村对外泾河进行了清淤疏浚。

西溇河 因地处船泾坟自然村西南，东连直通港，为直通港下游，西面到底不连外河，且连接直通港河口较小、西面河口较大，形似“溇”而得名。河道为自然河道，东西流向，东起直通港，西至沪宁高速。全长 667 米，水面平均宽 26 米，河底平均宽 11 米，平均水深 2 米，水断面 37 平方米。

新开河 70 年代初，因生产需要，新开挖而成，故得名。河道位于村西南，东西流向，东起直通港，西至浜底粮田。全长 800 米，水面平均宽 14 米，河底平均宽为 8 米，平均水深 2 米，水断面 22 平方米。两岸有农田。

燕桥浜河 因地处燕桥浜自然村而得名。河道为自然河道，东西流向，东起新城南路，西至直通港。全长 370 米，水面平均宽 20 米，河底平均宽 10 米，平均水深 1.8 米，水断面 27 平方米。两岸有村民房屋。1997 年、2015 年，燕桥浜村对燕桥浜河进行了 2 次清淤疏浚。

扎泾浜河 因河道一头通、另一头不通而得名。河道为自然河道，南北流向，南起横港河，北至娄江。全长 410 米，水面平均宽 22 米，河底平均宽 10 米，平均水深 1.9 米，水断面 28.5 平方米。1987 年 10 月，娄江昆山段进行全面清淤疏浚，从此扎泾浜河与娄江连接。

直通港 因河道直通青龙港和娄江而得名。河道为自然河道，南北流向，南起青龙港，北至娄江。全长 2 500 米，水面平均宽 40 米，河底平均宽 18 米，平均水深 2.6 米，水断面 75.4 平方米。两岸有村民房屋、企业厂房、农田等。1997 年、2015 年，燕桥浜村对直通港进行了 2 次清淤疏浚。

二、气象气候

燕桥浜村位于太湖流域阳澄湖地区，属北亚热带海洋性气候，常年温和湿润，四季分明，日照充足，无霜期长。冬夏季风进退有早有迟，强度变化不一，降水和气温的年际差异较大，旱涝风雪灾害时有发生。年平均气温 17.6 ℃，平均年降水量 1 200.4 毫米，年日照时间 1 789.2 小时，空气质量优，每年有 300 天以上天数的空气环境质量达到国家二级标准。

（一）四季特征

春季 日平均气温稳定在 14.7 ℃时，为春季开始，一般从 3 月 21 日到 6 月 21 日，为期 3 个月。根据 1997 年、1998 年的记载，春季时节，起始日期在 3 月 20 日左右。极端最高气温为 25 ℃左右，极端最低气温为 4 ℃左右。清明时节，气温开始转暖，到了 5 月底，最高气温在 30 ℃以上、最低气温在 20 ℃左右时，称为“暖春”，俗称“暖三春”。但春季也有反寒现象，气温在 0 ℃左右时，称为“倒春寒”，俗称“拗春冷”。

夏季 日平均气温稳定在22 ℃以上时，便进入夏季。根据气象部门历年记载，一般从6月21日左右至9月22日左右结束，为期3个月。极端最高气温为38 ℃左右，极端最低气温为18—19 ℃。日平均气温超过22 ℃，即标志着初夏时节来临。7月中旬到8月上旬为盛夏，最热时期平均气温达35 ℃，年极端最高气温超38 ℃。据1998年的气温记载，小暑时节以后，旬极端最高气温为35—37 ℃，进入大暑时节以后，极端最高和极端最低气温比小暑时节相对降2 ℃。

秋季 日平均气温稳定在22 ℃以下时入秋，一般在9月23日至11月6日，为四季中最短的季节。历年入秋以后，气温开始下降。根据1998年的气温记载，入秋以后，气温明显高于常年，10月份平均气温比历史同期高出2.2 ℃，日最低气温也始终在10 ℃以上，村民穿着仍旧以衬衣为主，毫无深秋的感觉。据2006—2010年4年的数据，秋季气温持续偏高，平均值在19 ℃以上。总降水量平均为207毫米，占全年总水量的18.4%，个别年份有秋旱出现。前期由于副热带高压较强，有时出现“秋老虎”天气，但高温时间持续不长；后期由于冷空气逐渐开始活跃南下，气温会明显下降，秋季总日照时数为498.7小时，占全年总日照时数的25%。

冬季 一年四季中，冬季持续时间最长。历年一般在11月7日入冬，气温稳定在10 ℃以下，至来年的3月20日左右，历时130多天。冬季常受北方冷空气影响，最冷时段为1月下旬至2月上旬，常年气温平均在-2—3 ℃。1998年的气象数据显示，11月4日，入冬初，行人穿着单薄，有一般“阳春”的暖意，气温较常年高出4 ℃；11月12日，气温为23 ℃，达到历史同期最高。

（二）气候要素

气温 常年高温天气一般出现在8月或9月，日极端最高气温在38 ℃左右。低温天气大多在1月或2月，日极端最低气温在-7 ℃左右。2001年，平均气温16.5 ℃；极端最高气温发生在7月22日，为38 ℃；极端最低气温发生在1月16日，为-5.2 ℃。2020年，平均气温为16.7 ℃；极端最高气温发生在7月6日，为37.4 ℃；极端最低气温发生在2月4日，为-4.4 ℃。

降水 常年降水集中在夏季，夏季6—7月适逢梅雨季节，降水较多。日降水量大于50毫升的暴雨天数平均为2天，大于100毫米的大暴雨天数平均为0.5天。2001年，年降水日合计118天，年最大降水日是6月26日，达108.8毫米。2020年，年降水日合计142天，年最大降水日是8月6日，为134毫米。

日照 日照时间以夏季最为充足，尤其是每年的7、8、9月份，因日长夜短，每月日照时数在250小时左右；冬季日照时数最少，1、2月份日照时数不到150小时。

霜雪 隆冬和初春有降霜和积雪天气。深秋和初冬为有霜期。初雪日在11月4日左右，终雪日在来年的3月5日左右；年平均降雪6天左右，最多的年份有15天，但也有无降雪年份。2000年，初霜日是11月13日，终霜日是2001年4月1日；2019年，初霜日是11月20日，终霜日是2020年4月2日。2020年4月2日至11月20日为无霜日。

2001年，燕桥浜村年气象水文情况见表1-1。

表1-1　2001年燕桥浜村年气象水文情况一览表

月份	平均气温/℃	降水量/毫米	日照时数/时	平均相对湿度/%	平均风力/(米/秒)
1	5.1	120.7	107.9	79	3.4
2	6.5	56.1	97.9	80	3.4
3	10.9	22.9	207.2	67	3.5
4	15.4	68.5	160.0	75	3.6
5	21.3	48.2	171.9	76	3.1
6	24.3	356.6	130.8	82	3.2
7	29.8	332.3	265.4	77	3.8
8	26.8	245.6	168.0	83	3.3
9	23.9	37.7	157.2	80	3.6
10	19.4	42.3	205.4	76	2.9
11	12.5	46.5	172.1	72	2.9
12	6.2	91.2	90.9	77	3.3

2020年，燕桥浜村年气象水文情况见表1-2。

表 1-2 2020 年燕桥浜村年气象水文情况一览表

月份	平均气温/℃	降水量/毫米	日照时数/时	平均相对湿度/%	平均风力/(米/秒)
1	4.0	519.0	92.4	71	1.8
2	4.0	80.6	67.1	74	2.0
3	9.5	136.8	132.3	73	2.4
4	17.7	57.5	170.4	70	2.7
5	21.6	108.4	173.7	71	2.3
6	24.8	81.5	110.4	81	2.4
7	29.8	111.3	206.6	75	2.6
8	29.0	134.0	193.9	79	3.2
9	23.6	43.7	158.2	74	2.4
10	19.4	32.3	175.1	70	1.8
11	11.7	107.1	137.8	72	2.3
12	5.6	81.7	113.9	72	2.3

三、自然灾害

境内自然灾害主要有水灾、旱灾及其他灾害。中华人民共和国成立后，上级党委和政府对农村农业高度重视，对人民生命财产高度负责，逐年加大水利设施建设投入。20 世纪 60 年代，境域建起电力排灌站；70 年代之后，境域兴修水利，实行大包围抗洪，提高对水灾、旱灾的防御能力。至今水灾、旱灾对境域基本不构成威胁，农民的经济损失逐步减少。

（一）水灾

1921 年，水灾严重，境域内低洼田圩无收成。1928 年秋天，境域内连续下雨，黄梅水发，水稻产量损失四成。1931 年 7 月中旬，境域内连降 10 天暴雨，2 000 多亩水稻受涝，产量损失四成。1937 年 8 月上旬，境域内连降 1 个星期暴雨，水灾严重，水稻产量损失三成。1946 年刚入春，境域内阴雨连绵 10 多天，田水和河水相平，“三麦”产量损失严重。1949 年 8 月 3 日，台风暴雨成灾，水位高达 3.75 米，造成水稻产量损失四成。

1952年7月，境域内连续下雨1个月，水位上涨，低洼田圩受淹，水稻产量损失约两成。1954年7月中旬，境域内连续下暴雨2个星期，造成部分民房坍塌，水位达吴淞基准3.90米左右。1962年6月，境域内雨量时间集中，昼夜降雨达145毫米，河水暴涨，堤岸被冲垮。1975年5月30日，境域遭暴雨、冰雹袭击，"三麦"、油菜产量损失两成。1983年6月下旬，村域内连降暴雨1个月之久，水位上涨，超过警戒线，大片农田被淹。

1988年5月3日，村域内连续3天遭受狂风暴雨的袭击，河水猛涨，直接损失2万余元。1993年8月，村域内连续下雨，水位超警戒线，低洼农田被淹。1999年6月28—30日，村域内雨量大而猛，水位上涨达4米，大片农田被淹。

2020年7月15日，村域内下暴雨一昼夜，部分村民房屋进水。

（二）旱灾

1917年，境域内大旱，连续2个月无雨，河底干枯，两成粮田无收。1929年6月，境域内大旱，最低水位仅2.14米。1950年，境域内连续3个月滴水未下，河浜干涸，水稻颗粒无收。1953年7月下旬至9月上旬，境域内近2个月持续高温，仅降雨38毫米，水稻生长大受影响，当年亩产不到300斤。1959年5—9月，境域内4个月滴雨未下，造成大面积田圩干枯开裂，由于天气炎热干燥、无风，风车无法转动，农户采用牛车、人力踏水车、秧水桶舀水等方法抗旱救灾。

（三）其他灾害

其他灾害主要包括冰雹、台风、雪、雷击等，由于难以控制、难以防范，域内一旦遭袭，损失惨重。以下是1963—2020年，发生在域内且造成较大危害的灾情记载。

冰雹　1963年5月8日下午3时20分至50分，冰雹袭击境域大部分农田。由于冰块大似鸡蛋，把"三麦"、油菜齐腰折断，造成夏熟作物产量损失五成左右。1969年5月24日12时至12时30分，境域遭受冰雹袭击，从西北方向经境域向西南方向穿过，"三麦"、油菜损失面积200亩左右。1975年5月30日12时左右，大风伴随冰雹袭击境内部分粮田10分钟，夏熟作物产量损失一成。

台风　1941年8月5日中午，台风袭境，造成民房倒塌14间、牛棚倒塌12间、船舫倒塌2个。1956年8月2日，强台风连续袭击域内3天，造成水稻倒伏，损失面积约600亩。

1976年7月11日，境域内遭龙卷风袭击，前季稻倒伏面积500亩。1978年7月11日下午，境域内遭受9级强风袭击，前季稻倒伏500余亩。1985年7月23日，台风由北向南穿过村域，并伴有暴雨侵袭，造成400亩水稻倒伏。2019年8月，第9号台风袭击村域，水稻产量损失两成。

雪 2008年1月，村域内连续4天下大雪，积雪最深处达80厘米。村域内危房倒塌10间，交通受阻，学校停课。

雷击 1978年7月，明星大队队员戴凤花、戴伏妹、陈长英等8人在沧泾河边造肥时，突遭雷击。陈长英当场身亡，戴凤花被击伤。

第四节 撤并村及村落简介

一、撤并建制村

（一）东北村

东北村位于昆山高新区（玉山镇）西南，距昆山高新区管委会办公驻地6千米处。地处娄江南岸，东与大众村一河相隔，南和姜巷村交界，西同燕桥浜村田圩为邻。东北村下辖5个自然村，1998年，全村总户数291户、1 197人，其中，男性612人、女性585人，劳动力598人；总面积约3 000亩，其中，耕地面积2 395亩。

中华人民共和国成立初，部分自然村归正仪区镇南乡管辖。1952年，境域内自愿组建12个互助组；1954年，在此基础上合并组建5个初级社；1956年，初级社合并建立高级社。因位置在镇南乡东北方向，故取名为“东北高级社”。1958年，成立正仪人民公社，东北高级社更名为“东北大队”。1983年，恢复乡村建制，东北大队改为“东北村”，下辖10个村民小组。2001年8月，区划调整，东北村与燕桥浜村合并为燕桥浜村，东北村撤销。

（二）燕桥浜村

燕桥浜村（前身为明星大队）位于昆山高新区（玉山镇）西南，距昆山高新区管委会办公驻地7千米，地处娄江南岸，北靠正仪镇，东与东北村田圩相接，南和姜巷村为邻，西同界浦河隔河相望。燕桥浜村下辖6个自然村。1998年，全村总户数415户、1 839人，其中，男性875人、女性964人，劳动力896人；总面积4 500亩，其中，耕地面积2 870.2亩。

相传在2 000多年前，北方连年战乱及发生天灾，大批老百姓一路逃生南下。有一年春天，十几户人家挈妇将雏，路过燕桥浜地域时发现有块空地。空地前后挨着两条河浜，成群燕子在河浜附近嬉水觅食。其中一位懂点风水的族长觉得这是块宝地，就让大家安顿下来，在空地上搭起简易住房。为了方便串门、种田，人们在河浜上架一条竹夹简易便桥。翌年春，一群燕子在竹夹桥上空来回盘旋，发现毛竹两头都有洞口，就把洞口当作巢穴，留了下来，在此繁衍后代。此后，燕子每年春天都会按时来到这里，为宁静的村庄增添热闹。人鸟和谐相处，村庄遂名“燕桥浜”。经过世代繁衍和外来人员的迁徙，此地人口逐渐增多，一时成为当时境域内最大的一个自然村庄。1982年3月，昆山县地名普查为规避县内同名，将明星大队更名为“燕桥浜大队”。1983年，恢复乡村建制，燕桥浜大队改为“燕桥浜村”，村名一直沿用至今。

中华人民共和国成立初，燕桥浜村域归正仪区正仪乡管辖。1954年，在互助组的基础上，域内相继办起了明星、新星、金星、红星4个初级社。1956年3月，4个初级社合并成明星高级社，由原初级社社长担任高级社社长。1958年8月，成立正仪人民公社。是年，明星高级社更名为“明星大队”。1982年3月，经昆山县政府同意，正式启用新名——燕桥浜大队。1983年，恢复乡村建制。是年，燕桥浜大队改名为“燕桥浜村”，下辖14个村民小组。2001年8月，区划调整，燕桥浜村与东北村撤并组建燕桥浜村，属正仪镇管辖。2003年12月，撤销正仪镇建制，娄江以南划归玉山镇管辖。2012年，区镇合一，燕桥浜村属昆山高新区（玉山镇）管辖至今，村下辖10个村民小组。

二、自然村落

2020 年，燕桥浜村共下辖 11 个自然村，村民住房 670 幢，总人口 2 984 人，其中，户籍人口 2 662 人。

燕桥浜村坐落图（2020 年，智源绘）

（一）船泾坟

船泾坟（原名“授经坟”）自然村位于燕桥浜村村委会南侧，紧靠沪宁高速公路北，距新城公路西约 450 米，村民沿直通港西岸居住。古时，船泾坟自然村西南方向 800 米处有一个正方形大坟，坟周长 80 米、高 3 米。坟上有小瓦房 1 间，每年佛教人士定时到此传经说道，故得名“授经坟”，后取同音“船泾坟”，一直流传至今。2001 年 8 月并村后为第 1 村民小组。船泾坟自然村有耕地 281 亩，38 户、172 人，其中，男性 85 人、女性 87 人；有姓氏 8 个，其中，杜姓 17 户、孙姓 9 户、赵姓 4 户、顾姓 3 户、孟姓 2 户、曾姓 1 户、高姓 1 户、金姓 1 户。村民主要以农业为生，种植水稻、小麦、油菜。2006 年，部分平房、危房申请动迁。2015 年，村民大部分动迁至玉山镇南星渎社区。2020 年，余下农户整体动迁，原宅基地复耕。燕桥浜村船泾坟动迁前村民住房编号见表 1–3。

船泾坟自然村原貌（2020 年，陆虎林摄）

表 1-3　燕桥浜村船泾坟动迁前村民住房编号对照表

序号	户主	坐落编号	序号	户主	坐落编号	序号	户主	坐落编号
1	杜林泉	18	14	赵阿寿	44	27	杜巧泉	57
2	孙学明	19	15	孙兴元	45	28	杜金福	58
3	杜金祥	33	16	杜长根	46	29	孙兴弟	59
4	金义荣	34	17	杜香男	47	30	杜金良	60
5	赵白男	35	18	杜福男	48	31	孟香生	61
6	顾宗男	36	19	曾花生	49	32	杜云良	62
7	杜林男	37	20	孙秋林	50	33	高志荣	63
8	杜金土	38	21	孙祥根	51	34	杜福珍	64
9	杜根土	39	22	孙祥男	52	35	杜珍福	65
10	杜香根	40	23	杜巧根	53	36	杜巧林	66
11	赵建明	41	24	孟香根	54	37	顾根男	67
12	赵建良	42	25	孙小明	55	38	顾花根	68
13	孙树祥	43	26	孙海根	56	—	—	—

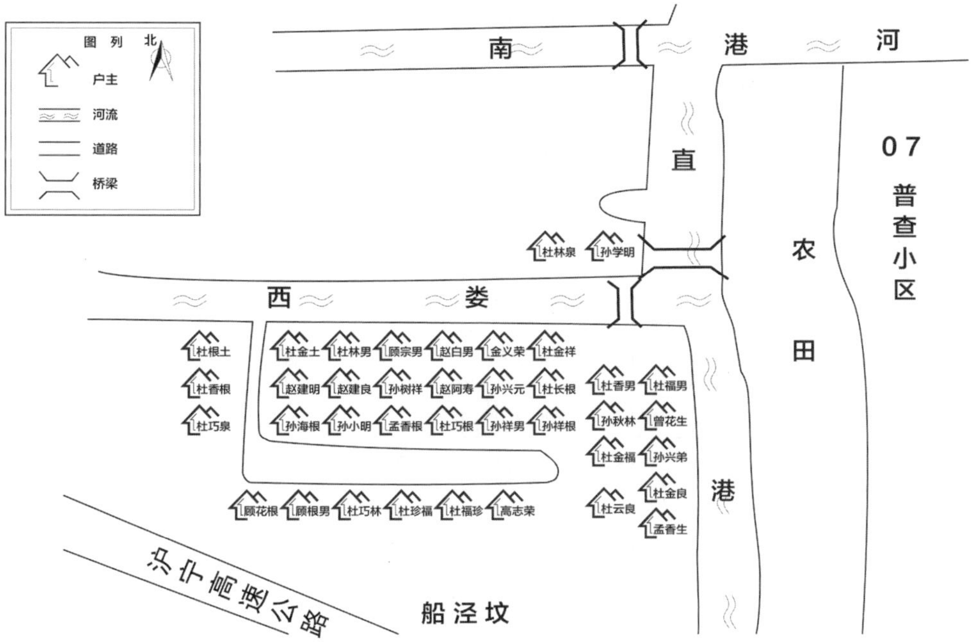

船泾坟村民房屋坐落平面图
（图引自《昆山市自然村变迁图志·玉山卷》）

（二）直通

直通自然村位于燕桥浜村村委会南侧，距新城南路西450米，南与船泾坟相接。村民居住在直通港东、西两岸，村名取“直通”二字，一直沿用至今。村庄南北长约300米，东西宽约130米。2001年8月并村后为第1村民小组。直通自然村有耕地236.4亩，31户、149人，其中，男性74人、女性75人；有姓氏5个，其中，陆姓20户、顾姓6户、朱姓2户、孙姓2户、沈姓1户。村民主要以农业为生，种植水稻、小麦、油菜。2012年，部分平房、危房开始动迁，动迁村民被安置到玉山镇南星渎社区。燕桥浜村直通动迁前村民住房编号见表1-4。

直通自然村原貌（2020年，陆虎林摄）

表 1-4 燕桥浜村直通动迁前村民住房编号对照表

序号	户主	坐落编号	序号	户主	坐落编号	序号	户主	坐落编号
1	顾巧明	1	12	孙金良	12	23	陆小增	25
2	顾水明	2	13	孙永明	13	24	陆宗林	26
3	陆宗金	3	14	顾桃森	14	25	陆大凤	27
4	顾巧男	4	15	陆明生	15	26	沈杏泉	28
5	陆海明	5	16	陆爱根	16	27	陆小凤	29
6	陆云官	6	17	陆海根	17	28	陆云男	30
7	陆福兴	7	18	朱全元	20	29	陆　刚	31
8	陆福明	8	19	朱根元	21	30	陆金男	32
9	陆建忠	9	20	陆正南	22	31	顾玉麟	33
10	陆大男	10	21	陆阿狗	23	—	—	—
11	顾俊明	11	22	陆阿毛	24	—	—	—

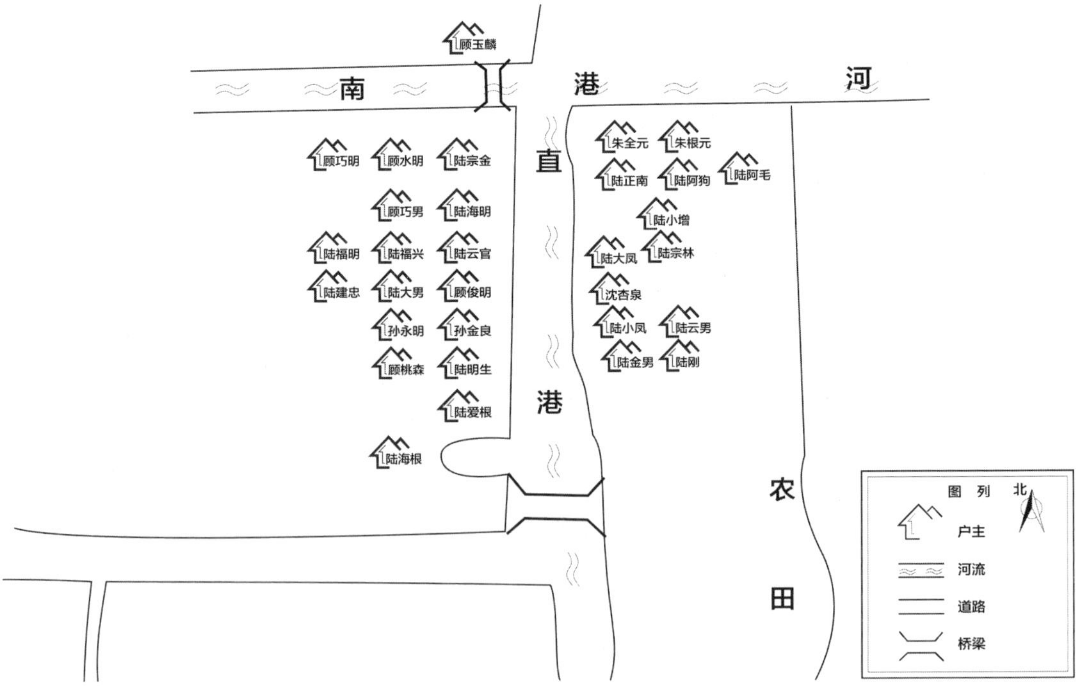

直通村民房屋坐落平面图

（图引自《昆山市自然村变迁图志·玉山卷》）

（三）南港

南港自然村位于燕桥浜村村委会南侧，距新城公路西 150 米。人们习惯称燕桥浜南边的一条港叫“南港”，村由此得名。村庄呈东西走向，东西长 250 米，南北宽 120 米。2001 年 8 月并村后为第 1 村民小组。南港自然村有耕地 273.3 亩，31 户、146 人，其中，男性 71 人、女性 75 人；有姓氏 12 个，其中，赵姓 11 户、沈姓 4 户、徐姓 4 户、戴姓 2 户、翁姓 2 户、陆姓 2 户、顾姓 1 户、杜姓 1 户、万姓 1 户、俞姓 1 户、姜姓 1 户、景姓 1 户。村民主要以农业为生，种植水稻、小麦、油菜。自 2006 年起逐步动迁，动迁村民被安置到玉山镇南星渎社区。2020 年，余下农户整体动迁，原宅基地复耕。燕桥浜村南港动迁前村民住房编号见表 1–5。

表 1–5　燕桥浜村南港动迁前村民住房编号对照表

序号	户主	坐落编号	序号	户主	坐落编号	序号	户主	坐落编号
1	顾云泉	1	12	赵火根	12	23	陆秀根	23
2	沈根良	2	13	赵志祥	13	24	戴傲根	24
3	沈杏林	3	14	翁建龙	14	25	翁才良	25
4	姜凤俭	4	15	戴小男	15	26	赵宗林	26
5	徐水元	5	16	陆爱根	16	27	赵宗星	27
6	景香林	6	17	赵志良	17	28	赵白男	28
7	沈菊良	7	18	沈金良	18	29	赵根荣	29
8	杜素根	8	19	赵宗兴	19	30	徐月珍	30
9	万云狗	9	20	俞海荣	20	31	徐坤元	31
10	赵炳荣	10	21	赵根全	21	—	—	—
11	赵小荣	11	22	徐根元	22	—	—	—

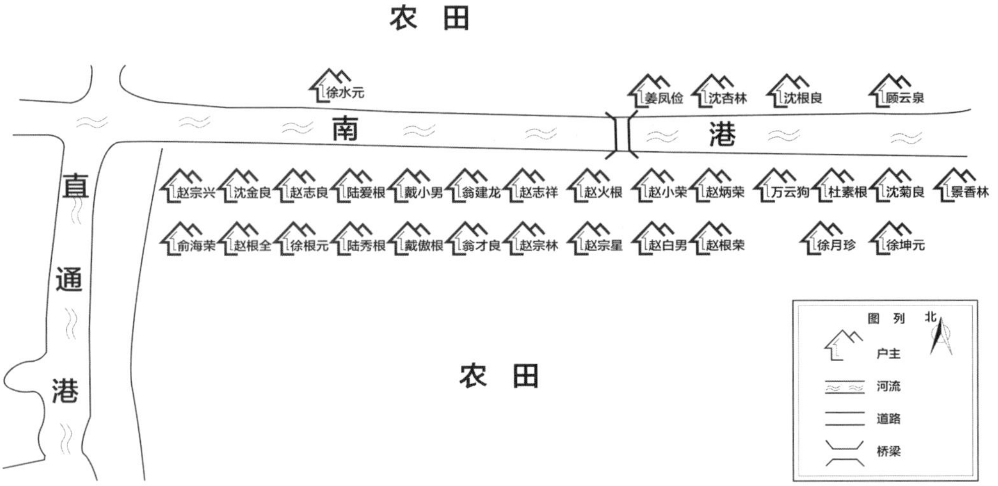

南港村民房屋坐落平面图

（图引自《昆山市自然村变迁图志·玉山卷》）

（四）燕桥浜

燕桥浜自然村原貌（2019 年，戴亮摄）

燕桥浜自然村是村域内最大的一个自然村，位于燕桥浜村村委会西南 1 千米处，该村庄有 2 个村民小组。2001 年 8 月并村后，前浜、后浜为第 2 村民小组；河西双庙为第 3 村民小组。

前浜、后浜　前浜、后浜地处燕桥浜自然村河东岸，呈正方形，边长约 450 米。村民依两条浜的周围居住，有 2 户居住河西岸。前浜、后浜有耕地 627.9 亩，96 户、458 人，其中，男性 214 人、女性 244 人；有姓氏 20 个，其中，戴姓 23 户、陆姓 16 户、李姓 11 户、顾姓 8 户、王姓 7 户、朱姓 4 户、沈姓 4 户、陈姓 4 户、徐姓 3 户、唐姓 3 户、许姓 2 户、俞姓 2 户、姜姓 2 户、姚姓 1 户、蔡姓 1 户、施姓 1 户、黄姓 1 户、赵姓 1 户、郭姓 1 户、周姓 1 户。村民主要以农业为生，种植水稻、小麦、油菜。2006 年，部分平房、危房申请动迁，动迁村民被安置到玉山镇南星渎社区。燕桥浜村前浜、后浜动迁前村民住房编号见表1-6。

表1-6　燕桥浜村前浜、后浜动迁前村民住房编号对照表

序号	户主	坐落编号	序号	户主	坐落编号	序号	户主	坐落编号
1	陆幸福	3	26	顾林士	51	51	戴坤根	80
2	陆云男	4	27	顾狗男	52	52	戴坤元	81
3	陈长林	5	28	顾春男	53	53	戴阿元	82
4	姚义忠	6	29	朱双全	56	54	戴宗林	83
5	陆火林	7	30	顾秀花	57	55	戴宗男	84
6	施兴泉	8	31	顾兴元	58	56	戴金中	85
7	陈阿三	9	32	许阿花	59	57	戴金男	86
8	陈　良	10	33	王宗宝	60	58	周多男	87
9	李培根	11	34	蔡培元	62	59	戴狗男	88
10	陆建良	12	35	王二男	63	60	戴荣生	89
11	郭祥宝	13	36	沈云男	64	61	陈长根	90
12	俞金元	14	37	许阿林	66	62	陆金海	91
13	姜德兴	15	38	陆花根	67	63	陆建明	92
14	姜德明	16	39	陆祖德	68	64	陆黑男	93
15	陆林元	17	40	李生元	69	65	王金生	94
16	陆林兴	18	41	戴建林	70	66	俞全元	95
17	戴宗林	19	42	戴阿元	71	67	陆　铭	96
18	王秋林	20	43	李凤全	72	68	陆海林	97
19	顾春林	23	44	李双弟	73	69	王晓华	98
20	徐永华	24	45	戴炳兴	74	70	戴卫良	99
21	顾根元	28	46	戴多男	75	71	赵士良	100
22	唐小男	29	47	戴全男	76	72	朱惠德	101
23	陆金狗	46	48	戴火根	77	73	李根福	102
24	徐永林	47	49	戴炳根	78	74	朱惠明	103
25	徐永全	50	50	戴建荣	79	75	朱桃生	104

续表

序号	户主	坐落编号	序号	户主	坐落编号	序号	户主	坐落编号
76	戴德阳	105	83	李二生	112	90	王白男	119
77	唐雪根	106	84	李金兵	113	91	沈为男	120
78	李香男	107	85	戴二男	114	92	唐小林	121
79	李林男	108	86	陆香林	115	93	戴小男	124
80	沈火妹	109	87	李花生	116	94	陆惠男	126
81	沈海棠	110	88	顾秀根	117	95	戴全民	129
82	李四生	111	89	王坤全	118	96	黄月明	151

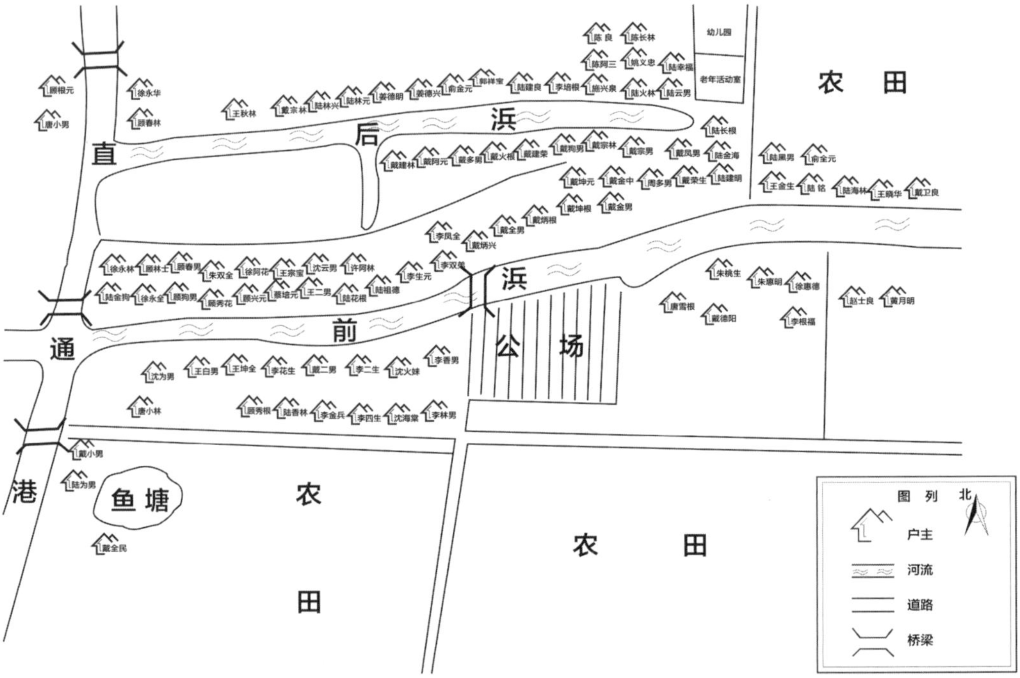

前浜、后浜村民房屋坐落平面图

（图引自《昆山市自然村变迁图志·玉山卷》）

双庙 双庙地处燕桥浜自然村河西岸，因村庄围绕观音庙、城隍庙而建，故得名。多数村民居住在河西岸；有 9 户居住在后浜、5 户居住在前浜，共 14 户居住在河东岸。村庄南北长 700 米，东西宽 110 米；有耕地 413.4 亩，52 户、225 人，其中，男性 109 人、女性 116 人；有姓氏 12 个，其中，陆姓 13 户、朱姓 9 户、顾姓 7 户、陈姓 5 户、祝姓 4 户、李姓 4 户、王姓 3 户、周姓 2 户、赵姓 2 户、杨姓 1 户、马姓 1 户、戴姓 1 户。村民主要以农业为生，种植水稻、小麦、油菜。2006 年，部分平房、危房申请动迁，动迁村民被安置到玉山镇南星渎社区。燕桥浜村双庙动迁前村民住房编号见表 1–7。

表 1–7　燕桥浜村双庙动迁前村民住房编号对照表

序号	户主	坐落编号	序号	户主	坐落编号	序号	户主	坐落编号
1	顾全民	21	19	朱黑男	44	37	朱解英	135
2	陈香男	22	20	陆雪生	45	38	朱才英	136
3	顾富明	26	21	陈小山	48	39	李海林	137
4	戴春荣	27	22	杨秋根	49	40	李海福	138
5	祝炳生	30	23	陆小男	54	41	王金根	139
6	祝小金	31	24	赵绵祥	55	42	王金男	140
7	祝小男	32	25	顾木根	60	43	周祥英	141
8	马金林	33	26	陆引根	122	44	周宋英	142
9	陆香龙	34	27	陆引弟	123	45	陆海云	143
10	王凤根	35	28	陈志龙	125	46	陆海峰	144
11	顾福明	36	29	陆雪根	127	47	李瑞根	145
12	陈卫东	37	30	陆雪荣	128	48	李大生	146
13	顾全福	38	31	赵绵珠	65	49	陆海军	147
14	顾火根	39	32	顾全林	25	50	陆根云	148
15	陈志强	40	33	祝银根	131	51	陆香根	149
16	朱全英	41	34	朱建良	132	52	陆海水	150
17	朱福男	42	35	朱意英	133	—	—	—
18	朱巧男	43	36	朱殿英	134	—	—	—

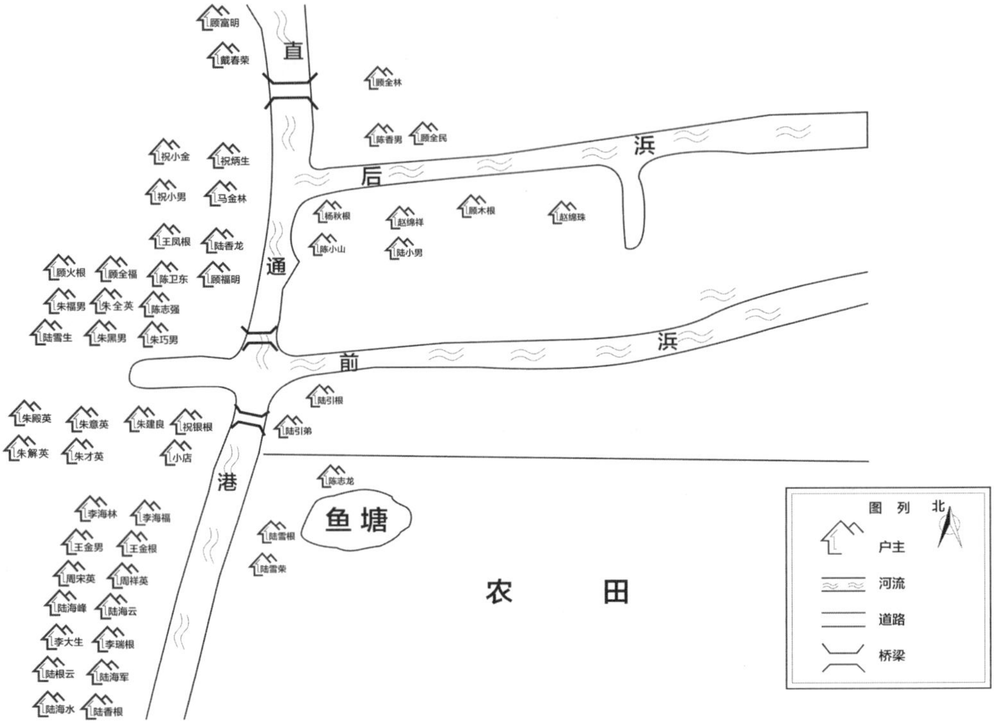

双庙村民房屋坐落平面图

（图引自《昆山市自然村变迁图志·玉山卷》）

（五）潘家桥

潘家桥自然村紧靠燕桥浜村村委会，位于直通港中端，村民居住在直通港西岸。村庄呈南北走向，南北长 700 米，东西宽 200 米。据传很早以前，有一位潘姓富人到直通港西侧定居，看到村民到直通港东岸种田，靠船摆渡过港很不方便，便出资建造了一座阶梯式平板石桥，遂取名为“潘家桥”。后来村庄发展，户数增加，村民干脆把村名也称作“潘家桥”。2001 年 8 月并村后为第 4 村民小组。潘家桥自然村有耕地 649. 1 亩，86 户、416 人，其中，男性 187 人、女性 229 人；有姓氏 22 个，其中，王姓 15 户、朱姓 12 户、陈姓 11 户、陆姓 6 户、罗姓 6 户、熊姓 5 户、许姓 5 户、顾姓 4 户、汪姓 3 户、唐姓 3 户、梅姓 3 户、张姓 2 户、徐姓 2 户、宋姓 1 户、夏姓 1 户、俞姓 1 户、盛姓 1 户、潘姓 1 户、周姓 1 户、康姓 1 户、姚姓 1 户、魏姓 1 户。村民主要以农业为生，种植水稻、“三麦”、油菜。2006 年，部分平房、危房申请动迁，动迁村民被安置到玉山镇南星渎社区。燕桥浜村潘家桥动迁前村民住房编号见表 1-8。

表 1-8　燕桥浜村潘家桥动迁前村民住房编号对照表

序号	户主	坐落编号	序号	户主	坐落编号	序号	户主	坐落编号
1	许荣林	1	27	王向荣	27	53	姚美荣	53
2	朱云泉	2	28	罗　明	28	54	罗寒林	54
3	王密花	3	29	朱小男	29	55	陈杏根	55
4	朱龙泉	4	30	朱连生	30	56	许阿明	56
5	朱小泉	5	31	王士明	31	57	魏　忠	57
6	张水泉	6	32	熊水男	32	58	罗小男	58
7	张大男	7	33	顾宗男	33	59	陈炳元	59
8	罗四官	8	34	顾宗水	34	60	朱五男	60
9	梅小男	9	35	顾金男	35	61	许阿建	61
10	梅白男	10	36	盛美霞	36	62	朱关根	62
11	唐建良	11	37	熊全男	37	63	陈坤林	63
12	陈小元	12	38	陈水男	38	64	汪林男	64
13	罗密根	13	39	陈三元	39	65	汪二男	65
14	王多男	14	40	罗二男	40	66	朱全元	66
15	陈水泉	15	41	陈金元	41	67	朱香根	67
16	许狗男	16	42	陈阿元	42	68	陆卫明	68
17	唐良珍	17	43	陈杏男	43	69	王金坤	69
18	潘凤林	18	44	周三男	44	70	王云男	70
19	王中明	19	45	陈坤元	45	71	王双弟	71
20	熊会兴	20	46	许凤男	46	72	夏阿三	72
21	梅坤林	21	47	徐良男	47	73	朱金火	73
22	唐全男	22	48	徐良弟	48	74	汪福根	74
23	王根水	23	49	朱小男	49	75	陆映男	75
24	熊金男	24	50	朱二男	50	76	王桂泉	76
25	熊宗木	25	51	王宗林	51	77	王中水	77
26	王宗荣	26	52	顾香男	52	78	陆三妹	78

续表

序号	户主	坐落编号	序号	户主	坐落编号	序号	户主	坐落编号
79	陆根男	79	82	俞雪良	82	85	陆全生	85
80	康开军	80	83	王桂男	83	86	宋二香	86
81	陆三腊	81	84	王中全	84	—	—	—

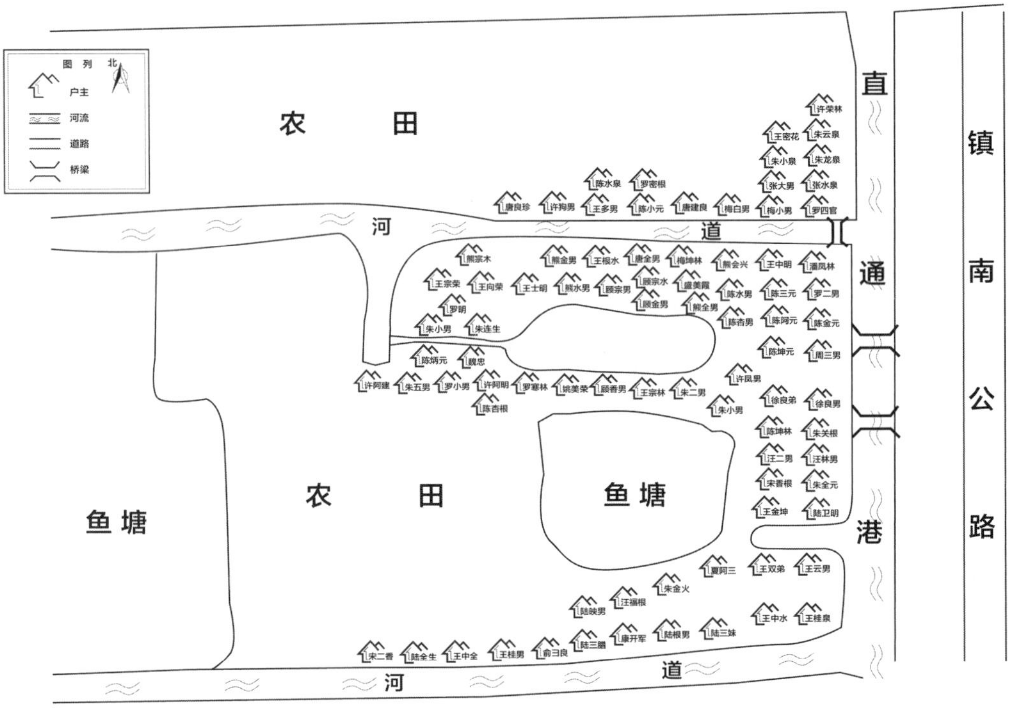

潘家桥村民房屋坐落平面图

（图引自《昆山市自然村变迁图志·玉山卷》）

（六）田垛

田垛自然村位于燕桥浜村最西端，西距界浦河800米，北距娄江500米。很早前，该地段因低洼，无人居住，成为外来逃荒人员的落脚地，之后渐渐形成村落。因田多，故取同音的“田垛”为村名，一直沿用至今。村庄东西长600米，南北宽300米。村民依村内三叉江河岸居住。2001年8月并村后为第5村民小组。田垛自然村有耕地389亩，62户、273人，其中，男性135人、女性138人；有姓氏16个，其中，黄姓11户、洪姓8户、王姓7户、巫姓7户、许姓5户、张姓4户、蒋姓4户、钱姓3户、徐姓3户、夏姓3户、李姓2户、龚姓1户、强姓1户、俞姓1户、胡姓1户、姚姓1户。村民主要以农业为生，种植水稻、“三麦”、油菜。2006年，部分平房、危房申请动迁，动迁村民被安置到玉山镇南星渎社区。燕桥浜村田垛动迁前村民住房编号见表1-9。

田垛自然村原貌（2020年，罗英摄）

表1-9 燕桥浜村田垛动迁前村民住房编号对照表

序号	户主	坐落编号	序号	户主	坐落编号	序号	户主	坐落编号
1	俞文霞	1	14	巫夫宝	14	27	洪金龙	27
2	夏海根	2	15	巫泉宝	15	28	洪小男	28
3	钱五宝	3	16	洪宝根	16	29	洪根元	29
4	李培培	4	17	钱永兴	17	30	洪少林	30
5	巫云男	5	18	夏阿四	18	31	许兴元	31
6	巫火根	6	19	张才林	19	32	许阿水	32
7	胡香男	7	20	张　英	20	33	洪福兴	33
8	李培元	8	21	巫炳兴	21	34	许金水	34
9	巫进才	9	22	黄月根	22	35	姚建元	35
10	张　梅	10	23	钱云初	23	36	蒋根才	36
11	强永法	11	24	蒋建国	24	37	许国才	37
12	巫中男	12	25	洪水男	25	38	王林元	38
13	张二男	13	26	许金菜	26	39	洪江南	39

续表

序号	户主	坐落编号	序号	户主	坐落编号	序号	户主	坐落编号
40	王金根	40	48	徐金龙	48	56	黄福才	56
41	王惠明	41	49	王惠荣	49	57	黄月明	57
42	王春元	42	50	黄卫明	50	58	黄毛狗	58
43	夏阿巧	43	51	黄　烨	51	59	徐阿弟	59
44	王全弟	44	52	蒋根生	52	60	徐阿毛	60
45	王金弟	45	53	黄建中	53	61	龚阿洪	61
46	黄卫根	46	54	蒋阿水	54	62	黄阿兴	62
47	黄林才	47	55	黄兴才	55	—	—	—

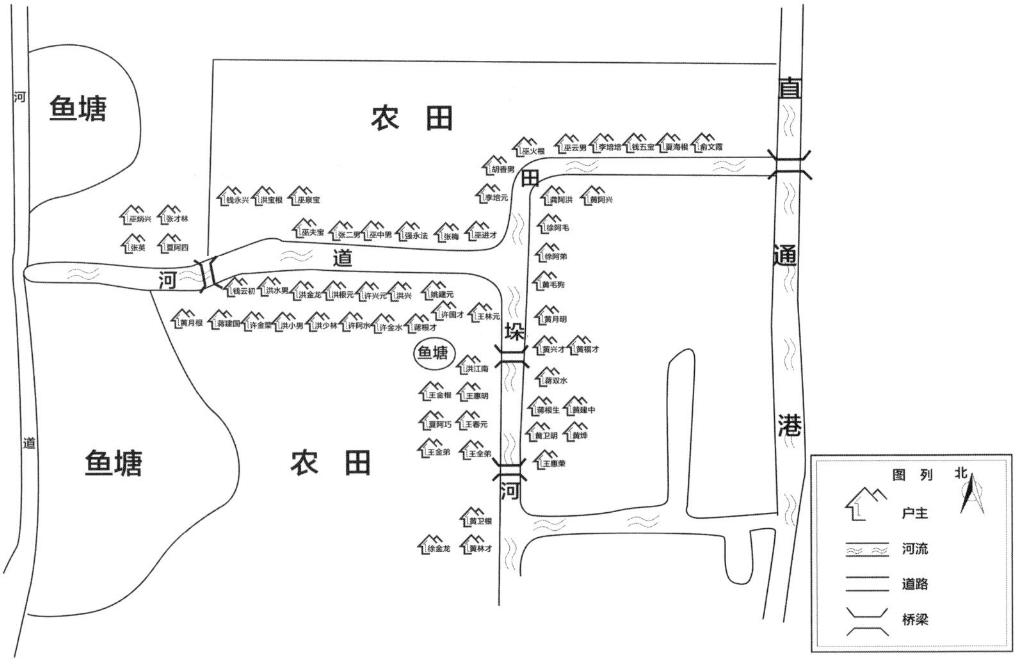

田垛村民房屋坐落平面图
（图引自《昆山市自然村变迁图志·玉山卷》）

（七）外泾

外泾自然村位于燕桥浜村南部，距新城南路东 350 米，南至沪宁高速公路，北至毛家溇。原属正仪镇东北村第 1、2 村民小组，2001 年 8 月并村后为第 6 村民小组。因村庄沿外泾河而建，村名以河名取“外泾”，一直沿用至今。村庄呈南北走向，南北长约 1 千米，东西宽约 80 米。1949 年前，在外泾自然村北约 200 米处有一个小村叫“唐家浜”，居住了 7 户人家；1958 年，小村解散，唐姓村民并入明星大队，其余户并入东北大队外泾自然村。

村民居住在外泾河东、西两岸。外泾自然村村域面积 615 亩，79 户（其中，住楼房 64 户，住平房 14 户）、330 人，其中，男性 155 人、女性 175 人；有姓氏 17 个，其中，陈姓 11 户、张姓 9 户、俞姓 9 户、徐姓 8 户、朱姓 7 户、刘姓 6 户、薛姓 6 户、王姓 6 户、陆姓 5 户、邹姓 3 户、钱姓 2 户、戴姓 2 户、宗姓 1 户、邵姓 1 户、金姓 1 户、吴姓 1 户、赵姓 1 户。村民主要以农业为生。2003 年后，因公路建设，部分动迁。2015 年 9 月，因昆山高新技术产业园区规划建设，征用土地，房屋动迁，村庄消失，村民搬迁到玉山镇茗景苑、义和苑，有 3 户被安置到正仪镇嘉馨花园。燕桥浜村外泾动迁前村民住房编号见表 1–10。

表 1–10　燕桥浜村外泾动迁前村民住房编号对照表

序号	户主	坐落编号	序号	户主	坐落编号	序号	户主	坐落编号
1	邵兴林	1	18	俞爱明	18	35	俞水金	35
2	刘雪根	2	19	陆宗生	19	36	薛凤生	36
3	陈三男	3	20	陆雪良	20	37	俞水良	37
4	陈云男	4	21	陆惠民	21	38	徐小狗	38
5	陈二男	5	22	薛炳兴	22	39	俞火根	39
6	张元生	6	23	钱雪生	23	40	金素花	40
7	刘黑男	7	24	徐林元	24	41	俞林根	41
8	刘阿宗	8	25	徐金元	25	42	朱白男	42
9	宗白男	9	26	徐宗根	26	43	朱黑男	43
10	俞大男	10	27	朱大元	27	44	朱福元	44
11	俞火荣	11	28	徐宗林	28	45	陈雪元	45
12	刘志元	12	29	薛金道	29	46	朱福林	46
13	朱五男	13	30	薛正强	30	47	王志荣	47
14	刘木元	14	31	薛小男	31	48	王国荣	48
15	刘云元	15	32	薛林生	32	49	王二男	49
16	陆建民	16	33	赵林英	33	50	王坤元	50
17	陆金龙	17	34	张传根	34	51	王坤弟	51

续表

序号	户主	住屋编号	序号	户主	房屋编号	序号	户主	住屋编号
52	陈大男	52	62	张林根	62	72	张琴生	72
53	徐惠民	53	63	张密根	63	73	陈全英	73
54	俞全元	54	64	朱海根	64	74	徐美明	74
55	俞金花	55	65	张云泉	65	75	徐美根	75
56	钱玉狗	56	66	张福林	66	76	戴永林	76
57	吴凤根	57	67	王宗林	67	77	戴永兴	77
58	张建龙	58	68	邹小宗	68	78	陈雪龙 陈雪弟	78
59	陈惠民	59	69	邹恩弟	69			
60	陈全男	60	70	张银根	70	79	陈全妹	79
61	陈宗民	61	71	邹小琴	71	—	—	—

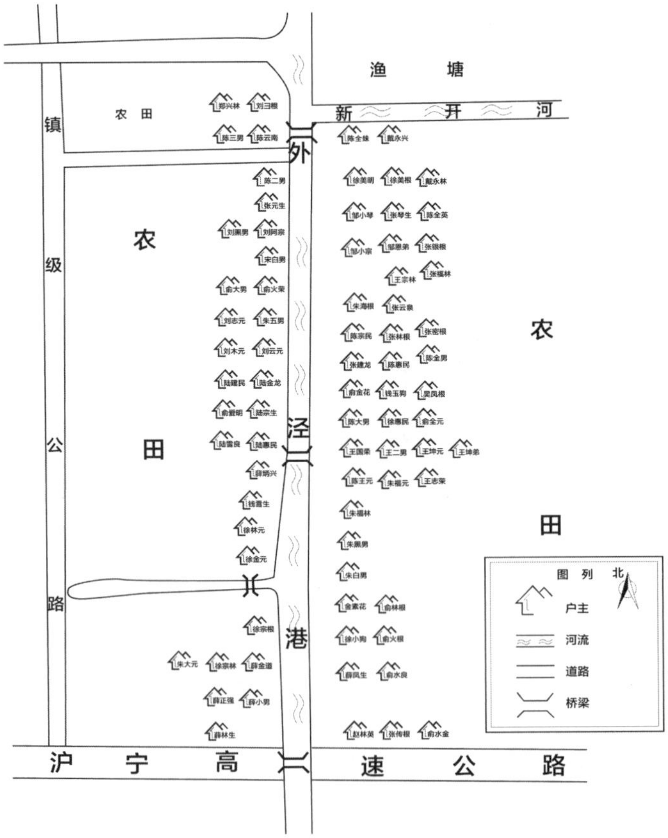

外泾村民房屋坐落平面图

（图引自《昆山市自然村变迁图志·玉山卷》）

（八）里港

里港自然村原属正仪镇东北村第 3 村民小组。1979 年 12 月，将里港自然村以南北划分为 2 个生产队，分别是第 3 生产队和第 9 生产队。2001 年 8 月东北村、燕桥浜村合并后为第 7 村民小组。里港地处黄潭港和杜家港之间，两港间有一条“Z”字形小河自西北流向东南。小河在两港之间，俗称“里港”。村庄依里港西岸而建，故得名。村落位于村域最东部，距新城南路东 1 千米、沪宁高速公路北侧。村落呈南北走向，南北长约 850 米，东西宽 60 米左右。里港自然村有耕地 393.7 亩，35 户、146 人，其中，男性 73 人、女性 73 人；有姓氏 9 个，其中，褚姓 16 户、杜姓 5 户、王姓 4 户、朱姓 3 户、田姓 3 户、范姓 1 户、花姓 1 户、陈姓 1 户、马姓 1 户。村民主要以农业为生，种植水稻、“三麦”、油菜。2009 年 4 月，因沪宁高速、苏州绕城高速公路噪声及高压线路的影响，里港全部动迁，动迁村民被安置到正仪镇嘉馨花园和玉山镇茗景苑、美丰苑，村落消失。燕桥浜村里港动迁前村民住房编号见表 1-11。

表 1-11　燕桥浜村里港动迁前村民住房编号对照表

序号	户主	坐落编号	序号	户主	坐落编号	序号	户主	坐落编号
1	褚兴泉	1	13	王兴龙	13	25	花阿多	25
2	褚金荣	2	14	褚白弟	14	26	杜大弟	26
3	马志文	3	15	杜杏根	15	27	范惠良	27
4	褚凤良	4	16	褚引男	16	28	褚火根	28
5	褚祖民	5	17	褚毛狗	17	29	褚爱根	29
6	杜荣根	6	18	杜阿根	18	30	王金泉	30
7	杜小荣	7	19	褚永明	19	31	王金男	31
8	褚引弟	8	20	褚小妹	20	32	王根男	32
9	陈仲坤	9	21	褚福根	21	33	朱银泉	33
10	朱香根	10	22	田香根	22	34	朱引泉	34
11	褚生荣	11	23	田银泉	23	35	褚云妹	35
12	褚生泉	12	24	田香泉	24	—	—	—

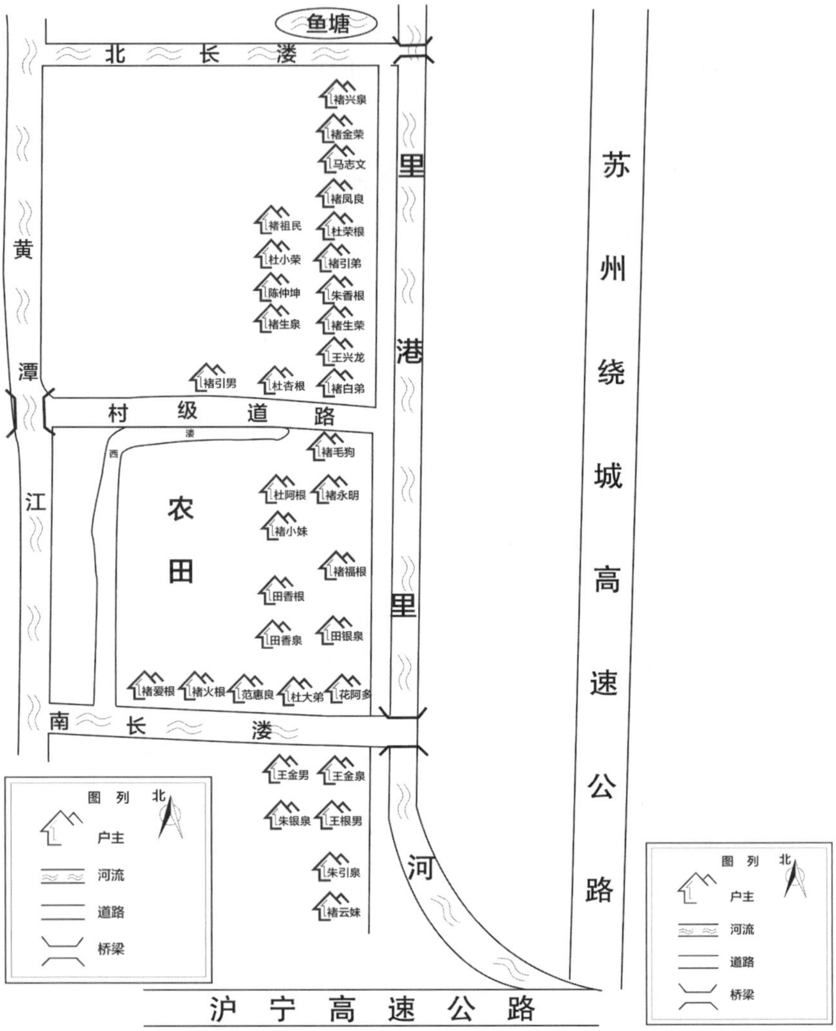

里港村民房屋坐落平面图
（图引自《昆山市自然村变迁图志·玉山卷》）

（九）黄潭

黄潭自然村位于燕桥浜村东部，距新城南路东 700 米。原属正仪镇东北村第 4、5 村民小组，2001 年 8 月并村后为第 8 村民小组。因村庄沿黄潭港而建，村民以港名而取村名，一直沿用至今。村庄呈南北走向，西北长约 850 米，东西宽约 60 米，村民沿黄潭港两岸居住。黄潭港是一条主要流水河，南至青龙港，北至娄江，过境长 2 778 米。黄潭自然村村域面积 656 亩，73 户（其中，住楼房 58 户，住平房 15 户）、313 人，其中，男性 158 人、女性 155 人；有姓氏 19 个，其中，沈姓19户、殷姓11户、黄姓6户、阮姓5户、魏姓5户、褚姓4户、王姓4户、朱姓4户、钱姓2户、张姓2户、蒋姓2户、戴姓2户、丁姓1户、许姓1户、凌姓1户、徐姓1户、顾姓1户、郭姓1户、施姓1户。村民主要以农业为生，种植水稻、“三麦”、油菜。2003年后，因公路建设及平房、危房，申请部分动迁。2012年10月，因昆山高新技术产业园区规划建设，征用土地，村民全部搬迁到玉山镇义和苑，部分村民被安置到正仪镇嘉馨花园，村落消失。燕桥浜村黄潭动迁前村民住房编号见表1-12。

表1-12 燕桥浜村黄潭动迁前村民住房编号对照表

序号	户主	坐落编号	序号	户主	坐落编号	序号	户主	坐落编号
1	殷福男	1	20	张林元	20	39	阮金荣	39
2	殷建良	2	21	殷云良	21	40	沈云根	40
3	黄小男	3	22	张根善	22	41	戴金宝	41
4	王大夯	4	23	沈林根	23	42	朱宗官	42
5	王小夯	5	24	黄全根	24	43	沈　荣	43
6	沈水根	6	25	许密根	25	44	朱云金	44
7	戴义根	7	26	殷香根	26	45	王三男	45
8	黄林根	8	27	黄全林	27	46	徐剑国	46
9	黄炳根	9	28	钱春海	28	47	沈士福	47
10	黄大男	10	29	朱泉男	29	48	沈剑良	48
11	殷招林	11	30	朱小娥	30	49	沈福元	49
12	殷阿林	12	31	魏仲达	31	50	沈佰良	50
13	顾林生	13	32	沈云良	32	51	魏　良	51
14	殷根林	14	33	褚正明	33	52	魏三男	52
15	殷永根	15	34	魏白男	34	53	沈根男	53
16	殷坤荣	16	35	魏学良	35	54	沈密根	54
17	蒋雪根	17	36	褚长兴	36	55	郭　良	55
18	殷根兴	18	37	褚利民	37	56	沈小男	56
19	殷正良	19	38	阮大男	38	57	丁凤元	57

续表

序号	户主	坐落编号	序号	户主	坐落编号	序号	户主	坐落编号
58	施美根	58	64	沈夯男	64	70	沈小夯	70
59	沈良男	59	65	阮宗男	65	71	王金民	71
60	沈礼元	60	66	钱宝玉	66	72	褚香花	72
61	沈志荣	61	67	蒋志会	67	73	凌林男	73
62	阮宗金	62	68	沈小元	68	—	—	—
63	阮白男	63	69	沈正良	69	—	—	—

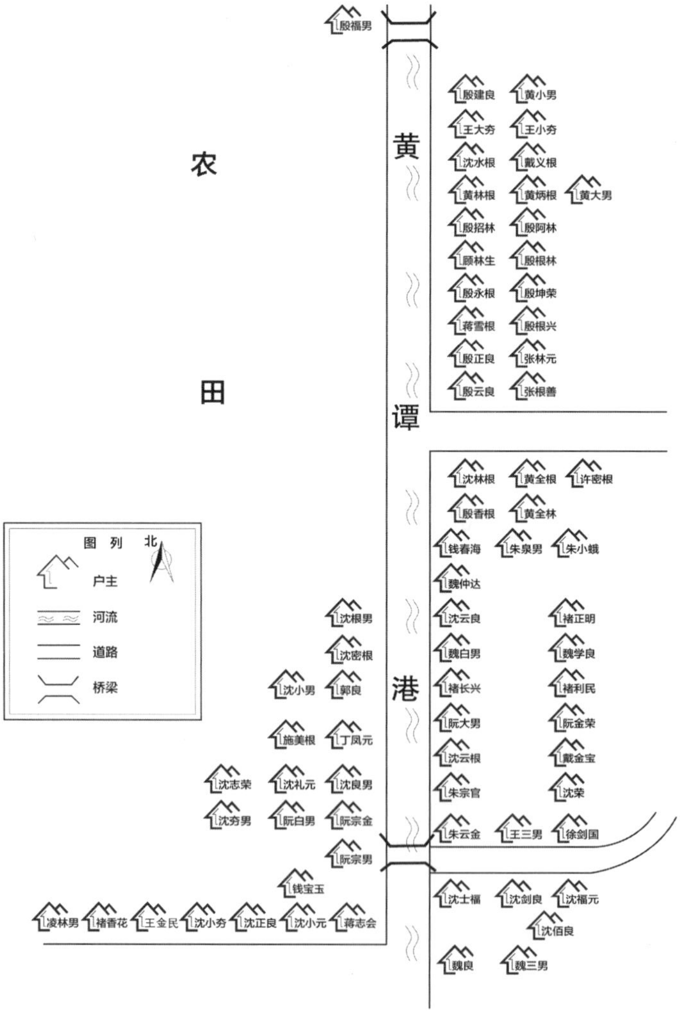

黄潭村民房屋坐落平面图

（图引自《昆山市自然村变迁图志·玉山卷》）

（十）横港

横港自然村位于燕桥浜村东部，距新城南路东 800 米、中华园西路北 200 米。原属正仪镇东北村第 6、7 村民小组，2001 年 8 月并村后为第 9 村民小组。因房屋依横港河南北而建，故得名。村庄呈东西走向，东西长约 700 米，南北宽约 100 米。横港自然村村域面积 498 亩，45 户、175 人，其中，男性 82 人、女性 93 人；有姓氏 14 个，其中，王姓 14 户、季姓 6 户、宋姓 6 户、周姓 4 户、颜姓 3 户、顾姓 2 户、江姓 2 户、徐姓 2 户、许姓 1 户、杜姓 1 户、曾姓 1 户、陈姓 1 户、戴姓 1 户、梅姓 1 户。村民主要以农业为生，种植水稻、“三麦”、油菜。2006 年 7 月，因昆山高新技术产业园区规划建设，征用土地，房屋动迁，横港村民迁至玉山镇茗景苑居住，村落消失。燕桥浜村横港动迁前村民住房编号见表 1-13。

表 1-13 燕桥浜村横港动迁前村民住房编号对照表

序号	户主	坐落编号	序号	户主	坐落编号	序号	户主	坐落编号
1	王阿炳	1	16	戴小弟	16	31	周吾男	31
2	宋建男	2	17	季银根	17	32	王金男	32
3	徐香金	3	18	周多男	18	33	王白男	33
4	宋嘉男	4	19	季黑男	19	34	王根龙	34
5	宋嘉明	5	20	王根荣	20	35	周紧根	35
6	顾大男	6	21	季金根	21	36	杜学良	36
7	顾宗金	7	22	徐毛狗	22	37	王夯男	37
8	宋金林	8	23	颜根花	23	38	王根弟	38
9	宋培忠	9	24	王惠明	24	39	季月根	39
10	许宗林	10	25	王火根	25	40	王根龙	40
11	江小男	11	26	梅坤生	26	41	周央男	41
12	江云男	12	27	颜惠民	27	42	宋培新	42
13	王益明	13	28	颜巧根	28	43	季月军	43
14	曾建荣	14	29	王德龙	29	44	季月明	44
15	王小白男	15	30	王根男	30	45	陈雪根	45

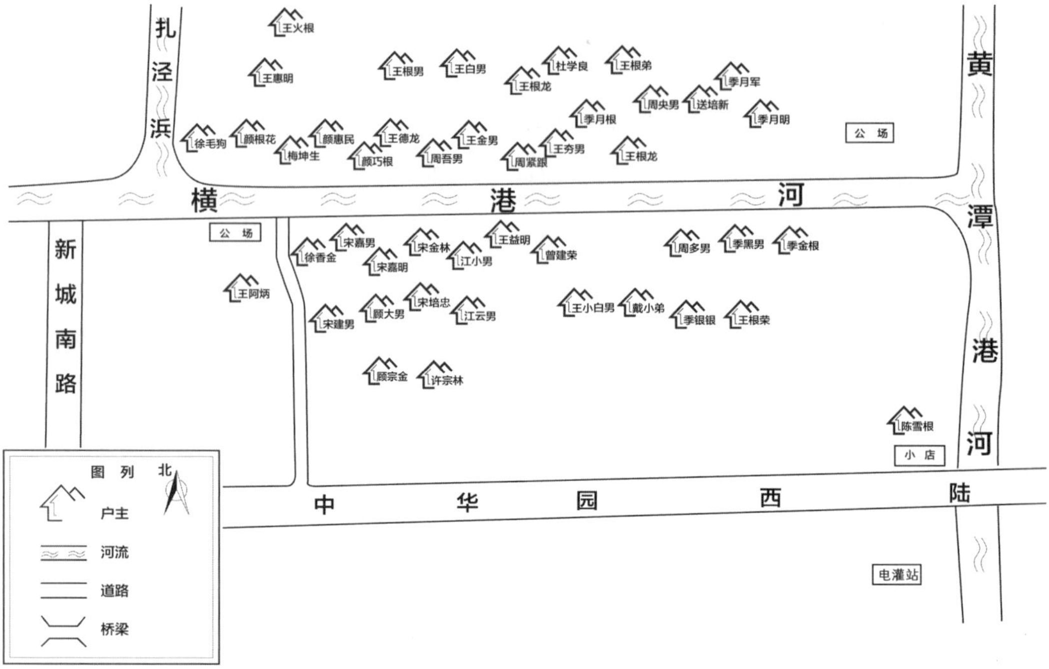

横港村民房屋坐落平面图
（图引自《昆山市自然村变迁图志·玉山卷》）

（十一）扎泾浜

扎泾浜自然村地处燕桥浜村东部，距新城南路东 700 米、横港村西北 100 米。原属正仪镇东北村第 8 村民小组，2001 年 8 月并村后为第 10 村民小组。因村民沿小河扎泾浜居住，为了便于记忆，村名以河名冠之。村庄呈南北走向，南北长约 850 米，东西宽约 50 米。扎泾浜自然村村域面积 419 亩，42 户、181 人，其中，男性 91 人、女性 90 人；有姓氏 15 个，其中，朱姓 11 户、周姓 7 户、林姓 5 户、钱姓 4 户、毛姓 3 户、杜姓 2 户、查姓 2 户、沈姓 1 户、江姓 1 户、陈姓 1 户、颜姓 1 户、陆姓 1 户、顾姓 1 户、曾姓 1 户、季姓 1 户。村民主要以农业为生，种植水稻、“三麦”、油菜。2006 年 7 月，因昆山高新技术产业园规划建设，征用土地，村民全部动迁到玉山镇茗景苑、美丰苑居住，村庄消失。燕桥浜村扎泾浜动迁前村民住房编号见表 1-14。

表 1-14　燕桥浜村扎泾浜动迁前村民住房编号对照表

序号	户主	坐落编号	序号	户主	坐落编号	序号	户主	坐落编号
1	朱全根	1	15	毛根花	15	29	江桂生	29
2	朱永明	2	16	钱惠林	16	30	杜根土	30
3	朱雪明	3	17	钱惠明	17	31	杜引泉	31
4	朱凤生	4	18	钱全云	18	32	周阿六	32
5	朱建良	5	19	朱本狗	19	33	周巧男	33
6	朱培根	6	20	钱凤弟	20	34	林全荣	34
7	朱雪根	7	21	周巧官	21	35	林金荣	35
8	顾宗云	8	22	朱云官	22	36	周五男	36
9	曾招林	9	23	毛林花	23	37	朱宗明	37
10	朱齐生	10	24	周钰生	24	38	林三荣	38
11	林夯根	11	25	周福男	25	39	查金元	39
12	林　男	12	26	周福林	26	40	查阿三	40
13	陈白男	13	27	沈志远	27	41	季花妹	41
14	毛林根	14	28	陆阿林	28	42	颜白男	42

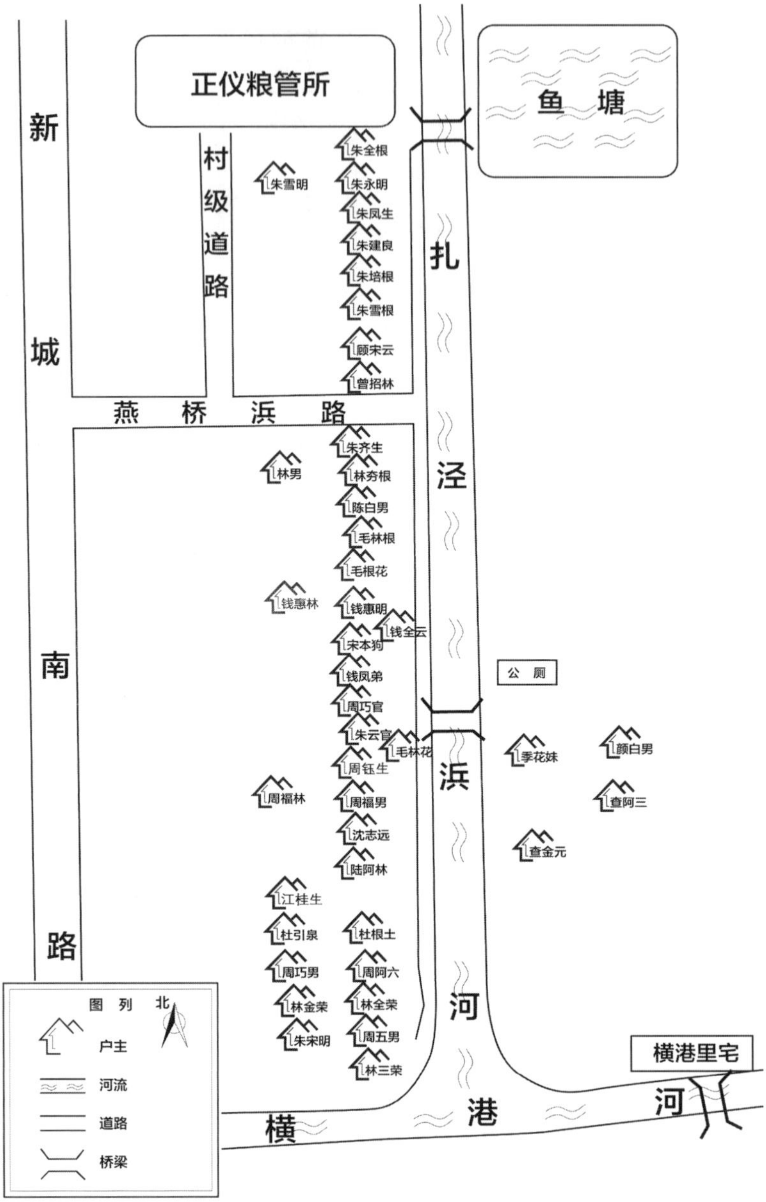

扎泾浜村民房屋坐落平面图
（图引自《昆山市自然村变迁图志·玉山卷》）

第二章　村级组织

1949 年 10 月，中华人民共和国成立后，废除保甲制，建立区、乡党组织和人民政权。1956 年 11 月，高级社成立基层党组织。1958 年，大队成立党支部，逐步组建行政组织、经济组织及其他组织，包括妇女代表大会（以下简称“妇代会”）、共青团支部、民兵营等。1983 年，实行政社分设，村成立村委会和经济合作社。2001 年 8 月，东北村和燕桥浜村合并，组建新的燕桥浜村。2003 年 10 月，成立中共燕桥浜村总支部委员会。2008 年起，燕桥浜村成立股份专业合作社、富民合作社。2018 年后，燕桥浜村在党建引领下，各类组织不断健全和完善。村级组织执行党的方针政策，出色完成不同时期的工作任务。村党总支部委员会经常组织党员干部学习活动，发扬党员的先锋模范作用，成为组织带领村民参与各种活动的坚强堡垒，是老百姓最贴心、最温暖、最信赖的组织。

第一节 党（总）支部

一、组织沿革

1950年年初，正仪乡党支部成立。境域除东北部分自然村属正仪区镇南乡管辖外，其余属正仪乡管辖。

1956年，在组建高级社的同时，各社建立党小组。东北高级社党员有朱阿宗、周巧生、朱水生；明星高级社党员有杜双生、陆永泉、洪少林、王林生。1958年8月，撤区建社，成立正仪人民公社，下设29个生产大队，各生产大队成立党支部。东北大队第一任党支部书记为阮阿本，明星大队第一任党支部书记为杜林桂。

1983年5月，政社分设，正仪人民公社改为正仪乡，生产大队改为村委会，大队党支部改为村党支部。东北村党支部书记由阮大男担任，燕桥浜村党支部书记由蒋根才担任。

2001年8月，东北村与燕桥浜村合并组建新的燕桥浜村，原2个村党支部合并为燕桥浜村党支部，由朱泉男担任燕桥浜村党支部书记。2003年10月，中共燕桥浜村党支部升格为党总支部，由孙东林任燕桥浜村党总支书记。

2017年5月，褚华任中共燕桥浜村党总支书记。

二、历任党（总）支部书记名录

1958—2020年燕桥浜境域历任党（总）支部书记姓名及任职年月见表2-1。

表 2-1 1958—2020 年燕桥浜境域历任党（总）支部书记一览表

大队/村	姓名	任职年月
东北大队	阮阿本	1958 年 8 月—1972 年 10 月
	朱海根	1972 年 10 月—1977 年 6 月
东北大队/村	阮大男	1977 年 6 月—1984 年 4 月
东北村	钱凤水	1984 年 4 月—1986 年 12 月
	阮白男	1986 年 12 月—1991 年 10 月
	徐宗根	1991 年 10 月—1992 年 10 月
	赵建忠	1992 年 10 月—1996 年 9 月
	邹三林	1996 年 9 月—2000 年 3 月
	沈利良	2000 年 3 月—2001 年 8 月
明星大队	杜林桂	1958 年 8 月—1960 年 12 月
	陆永泉	1960 年 12 月—1966 年 5 月
	姜邦奎	1966 年 5 月—1977 年 7 月
	陆阿巧	1977 年 7 月—1981 年 3 月
燕桥浜（明星）大队/村	蒋根才	1981 年 3 月—1985 年 7 月
燕桥浜村	祝小男	1985 年 7 月—1987 年 8 月
	王中水	1987 年 8 月—1995 年 7 月
	陆福兴	1995 年 7 月—1999 年 4 月
	孙东林	1999 年 4 月—2001 年 8 月
燕桥浜村（合并）	朱泉男	2001 年 8 月—2002 年 2 月
	孙东林	2002 年 2 月—2006 年 1 月
	戴金男	2006 年 1 月—2007 年 12 月
	郑国芳	2007 年 12 月—2013 年 8 月
	祝利平	2013 年 8 月—2017 年 5 月
	褚　华	2017 年 5 月—2020 年 12 月

三、党员名单

至2020年年底，燕桥浜村党总支部有党员93名，其中，男性63名、女性30名，女性党员约占总数的32.26%。30年以上党龄的有41人，约占党员总数的44.09%；60岁以下的党员有66人，约占党员总数的70.97%；高中以上学历的党员有50人，约占党员总数的53.76%。2020年燕桥浜村党员名单见表2-2。

表2-2　2020年燕桥浜村党员名单

序号	姓名	性别	出生年月	入党年月
1	王林生	男	1933年11月	1955年10月
2	毛根英	女	1939年9月	1957年4月
3	朱海根	男	1937年8月	1958年10月
4	周巧观	男	1930年11月	1959年2月
5	朱引生	男	1929年12月	1959年3月
6	王阿炳	男	1935年7月	1963年4月
7	陆全宝	女	1936年11月	1964年2月
8	王福根	男	1942年6月	1965年2月
9	蒋根才	男	1944年4月	1965年2月
10	周钰生	男	1945年2月	1965年2月
11	杜阿元	男	1935年6月	1965年3月
12	青绍全	男	1941年12月	1965年11月
13	祝小男	男	1940年12月	1967年1月
14	阮金荣	男	1948年1月	1969年7月
15	张密根	男	1954年4月	1972年12月
16	徐阿毛	男	1939年3月	1974年4月
17	陆阿巧	女	1949年3月	1974年10月
18	徐根花	女	1948年6月	1976年1月
19	李花宝	女	1944年12月	1976年4月

续表

序号	姓名	性别	出生年月	入党年月
20	何水英	女	1954 年 11 月	1976 年 4 月
21	杜林泉	男	1954 年 12 月	1976 年 4 月
22	阮大男	男	1950 年 8 月	1976 年 5 月
23	李花生	男	1947 年 1 月	1977 年 4 月
24	黄金男	男	1941 年 3 月	1977 年 10 月
25	李大生	男	1941 年 10 月	1977 年 10 月
26	朱培根	男	1944 年 7 月	1977 年 10 月
27	沈小元	男	1949 年 11 月	1977 年 10 月
28	黄月明	男	1958 年 10 月	1981 年 6 月
29	王云龙	男	1961 年 7 月	1981 年 7 月
30	徐宗根	男	1946 年 8 月	1983 年 5 月
31	查金元	男	1955 年 1 月	1983 年 12 月
32	赵建忠	男	1964 年 11 月	1985 年 3 月
33	顾月明	男	1963 年 12 月	1986 年 3 月
34	陆大凤	男	1946 年 9 月	1986 年 8 月
35	沈梅珍	女	1963 年 1 月	1986 年 8 月
36	赵火根	男	1945 年 1 月	1986 年 12 月
37	陈小山	男	1951 年 9 月	1988 年 8 月
38	钱永兴	男	1952 年 1 月	1989 年 6 月
39	万小花	女	1962 年 4 月	1990 年 5 月
40	阮小妹	女	1952 年 12 月	1991 年 9 月
41	颜为良	男	1968 年 7 月	1991 年 9 月
42	徐菊香	女	1963 年 8 月	1992 年 4 月
43	褚祖民	男	1954 年 2 月	1993 年 1 月
44	许小芳	女	1974 年 3 月	1993 年 3 月
45	宋培新	男	1957 年 7 月	1993 年 8 月
46	景惠珍	女	1965 年 4 月	1995 年 4 月

续表

序号	姓名	性别	出生年月	入党年月
47	邵兴林	男	1968 年 4 月	1996 年 7 月
48	杜素珍	女	1963 年 3 月	1996 年 9 月
49	黄月芬	女	1963 年 9 月	1996 年 9 月
50	褚引男	男	1962 年 8 月	1997 年 4 月
51	刘建伟	男	1976 年 7 月	1997 年 6 月
52	杜建良	男	1973 年 2 月	1998 年 6 月
53	顾小刚	男	1977 年 2 月	1998 年 10 月
54	殷建明	男	1978 年 1 月	1998 年 11 月
55	陈　华	男	1978 年 12 月	1998 年 12 月
56	陆云龙	男	1976 年 11 月	1999 年 1 月
57	王根弟	男	1956 年 7 月	2000 年 3 月
58	张　月	男	1982 年 2 月	2000 年 11 月
59	浦大琴	女	1981 年 8 月	2002 年 11 月
60	朱庆云	女	1980 年 6 月	2002 年 12 月
61	夏政委	男	1982 年 10 月	2003 年 9 月
62	陆建珍	女	1970 年 12 月	2003 年 11 月
63	褚　华	男	1978 年 12 月	2004 年 5 月
64	徐菊英	女	1965 年 8 月	2004 年 7 月
65	陈建平	男	1982 年 7 月	2005 年 6 月
66	薛敏弟	男	1985 年 10 月	2006 年 7 月
67	付　娥	女	1986 年 2 月	2006 年 7 月
68	陆秋龙	男	1983 年 8 月	2006 年 11 月
69	宋　庆	男	1986 年 8 月	2006 年 11 月
70	陈　萍	女	1985 年 8 月	2007 年 1 月
71	洪江南	男	1986 年 11 月	2007 年 1 月
72	唐静芳	女	1985 年 10 月	2007 年 6 月
73	何艳青	女	1977 年 7 月	2007 年 8 月

续表

序号	姓名	性别	出生年月	入党年月
74	顾　敏	男	1986 年 5 月	2008 年 2 月
75	杨春艳	女	1986 年 2 月	2008 年 5 月
76	杜建男	男	1972 年 3 月	2008 年 6 月
77	殷　芳	女	1978 年 8 月	2008 年 6 月
78	邹雪峰	男	1988 年 3 月	2008 年 11 月
79	孙叶青	女	1986 年 3 月	2009 年 1 月
80	陆　军	男	1972 年 3 月	2009 年 6 月
81	王晓华	男	1987 年 11 月	2009 年 6 月
82	徐　娟	女	1987 年 11 月	2009 年 11 月
83	戴　亮	男	1987 年 4 月	2010 年 7 月
84	顾梦丽	女	1990 年 6 月	2010 年 11 月
85	赵梦杰	男	1991 年 2 月	2010 年 11 月
86	龚　晨	男	1990 年 2 月	2012 年 1 月
87	陆梦月	女	1991 年 12 月	2013 年 5 月
88	宋吉成	男	1987 年 10 月	2013 年 7 月
89	袁　敏	女	1978 年 9 月	2014 年 6 月
90	顾梦霞	女	1994 年 5 月	2014 年 11 月
91	沈　晨	男	1992 年 5 月	2014 年 12 月
92	康秋云	女	1995 年 8 月	2017 年 5 月
93	郭　婷	女	1990 年 7 月	2018 年 6 月

四、50 年党龄的党员名单

2020 年，燕桥浜村有 50 年党龄的党员 12 人，其中，王林生 1955 年入党，党龄 65 年。2020 年燕桥浜村 50 年党龄党员名单见表 2-3。

表 2-3　2020 年燕桥浜村 50 年党龄党员名单

序号	姓名	性别	民族	出生年月	入党年月
1	王林生	男	汉	1933 年 11 月	1955 年 10 月
2	毛根英	女	汉	1939 年 9 月	1957 年 4 月
3	朱海根	男	汉	1937 年 8 月	1958 年 10 月
4	周巧观	男	汉	1930 年 11 月	1959 年 2 月
5	朱引生	男	汉	1929 年 12 月	1959 年 3 月
6	王阿炳	男	汉	1935 年 7 月	1963 年 4 月
7	陆全宝	女	汉	1936 年 11 月	1964 年 2 月
8	王福根	男	汉	1942 年 6 月	1965 年 2 月
9	蒋根才	男	汉	1944 年 4 月	1965 年 2 月
10	周钰生	男	汉	1945 年 2 月	1965 年 2 月
11	杜阿元	男	汉	1935 年 6 月	1965 年 3 月
12	青绍全	男	汉	1941 年 12 月	1965 年 11 月

五、村籍在外党支部党员名单

孙东林、陆福兴、孙永明、陆爱根、顾玉麟、陆敏珍、姜邦奎、朱泉男、戴金男、陆林根、陆幸福、顾奕倩、李月芬、祝利平、张洁、王中水、陆卫、唐晓萍、王水福、顾洁、许洁、赵仁杰、徐文芳、吴英、薛金秀、姜志龙、王文珍、黄雪萍、沈志男、殷杏兴、沈勇、沈利良、邹三林、许金良、俞火根、王永明、钱小良、顾佳、黄雯、王丽华、颜如玉、朱剑峰、赵越。

六、村已故党员名单

杜林生、杜双生、孙宗全、杜银土、陆阿玲、田宝根、陆水生、陈宗水、陆永泉、许惠英、朱连生、黄永良、黄永泉、洪少林、陆小生、朱阿宗、戴爱生、朱纪根、杜阿根、阮阿本、徐阿炳、沈兴生、阮白男、王腊狗、何阿招、季阿冬、周巧生、朱水生、钱凤水、李明生。

七、村党总支部工作职责

宣传、贯彻、执行党的路线方针政策和国家的法律法规，认真执行昆山市委、昆山高新区党工委的决议决定，团结和带领全村村民完成上级各部门下达的各项工作指示。

认真组织党员学习马克思列宁主义、毛泽东思想、邓小平理论、“三个代表”重要思想、科学发展观、习近平新时代中国特色社会主义思想，学习党章、党规，学习科学文化知识和业务知识。

讨论决定村级重要工作规划、重大工作部署，以及涉及村民利益方面的重大问题。

对村党总支部的全体党员进行监督和日常管理，督促党员履行义务，保障党员的权利不受侵犯，严格执行党的纪律，坚决同一切违反党的纪律行为做斗争。

加强做好全村党员干部及全体村民的思想政治工作，推动社会主义精神文明建设，了解和听取村民的意见，维护村民的正当权益，帮助村民解决实际困难。

加强村党总支部的自身建设，充分发挥党总支部的战斗堡垒作用，对入党积极分子进行教育培养和考察，做好新党员的发展工作。

领导村级行政组织及群团组织，依照各自的章程，支持他们开展工作。

加强与非党干部合作共事，团结党外干部和全村村民完成上级下达的各项任务。

八、村党总支部工作制度

为进一步提升村级工作规范化、制度化，努力提高办事效率，根据昆山高新区党工委规定，村党总支部特制定民主议事制度、双述双评制度、村务监督制度、党员中心户制度、党员议事会制度。

党支部将各项工作制度张贴上墙，汇编宣传小册，要求相关人员自我学习，遵照执行。利用党员民主生活会进行自我表态、集体评定。对在执行过程中存在问题的人员，责令改正。长此以往，使村“两委”人员及相关人员遵守制度成为自觉行动。

九、党员教育

（一）党性教育

1952—1958年，境域内党组织以开展“整社、整风、整党”运动为契机，对党员进行党的宗旨和党的优良传统教育，激发党员的革命热情，使全体党员在土地改革、抗美援朝、镇压反革命、农业合作化和社会主义改造等活动中，发挥先锋模范作用。1958年，境域成立中共东北大队、明星大队支部委员会后，在党员中，开展党风、党纪和党的基本知识教育。大队党支部每年举办4次党课教育，每年参加人民公社举办的党员培训活动，以及召开2次以上的党员民主生活会，党员思想政治觉悟不断提高。

1980年，党支部学习十一届三中全会上颁布的《关于党内政治生活的若干准则》，开展党员“五比”（比思想政治工作好、比生产任务完成好、比钻研业务学习好、比关心群众团结好、比服从领导纪律好）活动。大队党支部以健全“三会一课”制度、举办党员培训班、建立“党员之家”等方式，充实党内政治生活内容。1983—1990年，村党支部组织党员深入学习和贯彻党的十三大精神，深刻领会党在社会主义初级阶段的基本路线，对党员进行国情教育、“一个中心、两个基本点”（以经济建设为中心，坚持四项基本原则，坚持改革开放）教育，深化改革教育和从严治党教育，党员政治理论素养得到提高。1994年，村党支部组织党员开展“在改革中的共产党员形象”大讨论，提高党员“致力于集体，奉献于集体”的积极性和创造性。1996年，村党支部在党员中开展“三提倡、三反对”（提倡科学文明，反对封建迷信；提倡艰苦奋斗，反对奢侈浪费；提倡民主法治，反对违法乱纪行为）教育活动，党员廉洁自律意识增强。

进入21世纪，按照“富民强村”的战略目标，村党支部在党员中开展“三讲”（讲学习、讲政治、讲正气）教育，开展“‘双思’（致富思源、富而思进）回头看”活动。2002年，村党支部又开展“三个代表”（代表中国先进生产力的发展要求，代表中国先进文化的前进方向，代表中国最广大人民的根本利益）教育学习。通过专题学习、党课教育、民主生活会多种形式，激发党员在“富民强村”工作中的带头作用。2006年，村党支部开展保持共产党员先进性教育活动，以科学发展观为指导，结合燕桥浜村创建江苏省卫生村的目标与任务，发挥党员主力军作用。

2012—2020年，以党的十八大、党的十九大为主要学习内容，村党支部先后开展党的群众路线教育实践活动、践行社会主义核心价值观的学习，开展“不忘初心、牢记使命”专题教育及新时代中国梦的学习讨论，开展“学党章党规、学系列讲话、做合格党员”的学习教育活动。其间，践行农村党员“五带头”（带头执行政策、带头创业致富、带头服务群众、带头促进和谐、带头弘扬文明），以及党员先锋“十带头”承诺（带头宣讲惠民政策，助推乡村振兴；带头创业勤劳致富，推动农村小康；带头遵守村规民约，完善乡村治理；带头整治环境卫生，共建美丽家园；带头规范农房翻建，服从规划管理；带头爱护公共设施，优化村居环境；带头汇集村情民意，联系服务群众；带头化解矛盾纠纷，促进邻里和谐；带头劝阻赌博迷信，引领乡风文明；带头支持扫黑除恶，共创平安法治）并设立村新时代文明实践站，以有形载体发挥党建引领、党员先锋作用。2019年12月，新冠疫情暴发以来，党员带头遵守规章制度，积极参与疫情防控工作。在党员的模范作用下，村民们自觉遵守疫情规定，为防疫做出贡献。

（二）特色活动

沙家浜红色教育基地参观活动　2018年4月18日，燕桥浜村党总支组织全体党员到常熟沙家浜红色教育基地，开展党员活动，参加党员共有51人。

本次活动主题为传承红色基因，争做时代先锋。活动目的是一次重温入党誓词、一次理想信念教育、一次红色历史课堂、一次廉政文化洗礼，弘扬“坚定不移的理想信念、坚韧不拔的奋斗精神、坚不可摧的鱼水情深、坚守不渝的清廉品质”的沙家浜精神。党员们于上午8点半抵达沙家浜

燕桥浜村党员赴沙家浜红色教育基地参加活动
（2018年，王晓华摄）

风景区。活动过程分为：现场教学——照壁（讲解老师现场教），瞻仰广场（敬献花篮仪式，重温入党誓词），参观沙家浜革命历史纪念馆（合影），重温抗战事迹——观看大型实景剧《芦荡烽火》，参观横泾老街——学习京剧《沙家浜》中的《智斗》《红石》选段。视频学习《浴血芦荡》（廉政影视厅）。

柳亚子纪念馆参观活动　2019 年 10 月 12 日，燕桥浜村党总支组织 40 名党员参观柳亚子纪念馆，开展主题宣传教育活动。

燕桥浜村党员参观柳亚子纪念馆
（2019 年，王晓华摄）

本次活动主题为弘扬爱国奋斗精神，建功立业新时代。活动目的是进一步弘扬爱国奋斗精神，激励和动员党员努力解放新思想、重点引领新时代、奋力实现新作为。上午，支部党员一行 40 人先后参观陈去病故居、柳亚子纪念馆（黎里老街）。参观期间，党员们了解了两位革命先辈的生平事迹及相关历史知识。下午，党员们参观侵华日军芦莘库周大屠杀遇难同胞纪念馆。活动的最后一站是费孝通江村纪念馆。

（三）志愿者服务

2020 年，燕桥浜村党总支成立党员志愿者队伍、新时代文明实践站，开展有组织、有计划、有针对性的系列活动。

活动一：2020 年 1 月 18 日，党员志愿者们在村老年活动室为村民们写春联，送上新春的第一个美好祝福。志愿者有王云龙、陆火林。服务人数为 100 余人。

活动二：2020 年 1 月 28 日，党员志愿者们在燕桥浜村宣传新冠病毒知识，做好疫情防控。志愿者为村“两委”人员。服务人数约 80 人。志愿者们利用微信公众号、海报、广播喇叭等宣传防疫防控相关内容。

活动三：2020 年 2 月 13 日，党员志愿者们在燕桥浜村开展新冠疫情防控活动，以守护村民健康。志愿者有陆军、戴亮。200 人参加活动。

活动四：2020 年 4 月 10 日，党员志愿者们在燕桥浜村检查餐饮店面安全。根据市场监督管理局的要求，村委会对餐饮行业实行安全管理。志愿者为村委会人员。20 人参加活动。

活动五：2020 年 6 月 3 日，党员志愿者们在村会议室开展“孝道行源”道德讲堂，以提高党员的孝道意识。授课人为褚华。35 人参加活动。

活动六：2020 年 8 月 8 日，党员志愿者们在村会议室开展文明道德教育活动。村民们观看文明实践短片，并由燕桥浜村党总支副书记孙洁做理论宣讲。20 人参加活动。

文明道德教育活动（2020 年，王晓华摄）

活动七：2020 年 10 月 11 日，党员志愿者们在村会议室开展亲子关系教育活动。旨在通过介绍不同年龄的儿童和青少年生理、心理发展特点及营养常识，增强家长家庭教育观念，掌握科学教育方法。志愿者为陆建珍。25 人参加活动。

活动八：2020 年 12 月 11 日，党员志愿者们在村会议室召开移风易俗议事会。目的是宣传移风易俗政策，破除陈规陋习，杜绝大操大办，营造“丧事简办、喜事新办、小事不办”的社会氛围。志愿者为褚华。村“两委”人员和团员代表参加活动。

第二节　行政（自治）组织

一、组织沿革

中华人民共和国成立后，明星境域属正仪乡管辖，东北境域属镇南乡管辖。1950年，自然村成立农民协会，设村长。朱阿宗、朱纪根、朱良东、王腊狗、查美根、徐福全、沈小根、沈金荀、周央全、朱杏林、朱引生等先后担任农民协会会长和村长。1954年，增设财经主任，明星境域财经主任为熊佃英，东北境域财经主任为金启敏。

1956年，初级社合并为高级社。高级社既是经济实体，也是基层行政单位，设社长、副社长、会计。社以下分若干生产队，生产队设队长、副队长、会计，负责日常生产和管理工作。明星高级社社长为杜双生，会计为熊佃英；东北高级社社长为周巧生，会计为金启敏。

1958年8月，实行政社合一，撤乡建人民公社，下设生产大队、生产队。东北高级社、明星高级社分别改为东北大队和明星大队，沈兴生、杜双生分别担任东北大队、明星大队2个大队的大队长（表2-4），金启敏、熊佃英分别担任东北大队、明星大队2个大队的会计。

1965年2月，东北大队、明星大队2个大队成立贫下中农协会（以下简称“贫协”），负责思想政治教育，配合党支部开展工作。明星大队先后由孟荣根和徐阿毛担任贫协主任，东北大队先后由朱纪根和朱水生担任贫协主任。

1968年3月，东北大队、明星大队2个大队相继建立大队革委会，下设革命生产领导小组，领导指挥“三业”生产。阮阿本任东北大队革委会主任，姜邦奎任明星大队革委会主任。至1982年，2个大队的革委会主任均由书记兼任。

1983 年 5 月，政社分设，正仪人民公社改建正仪乡，东北大队更名为“东北村”，燕桥浜大队更名为“燕桥浜村”。由村民直接选举产生各村村委会行政领导班子，由主任、社长、会计、妇女主任、民兵营营长、团支部书记组成。燕桥浜村、东北村 2 个村诞生第一届村委会班子成员。东北村第一届村委会主任由朱海根担任，燕桥浜村第一届村委会主任由陆林根担任（表 2-5）。

2001 年 8 月，东北村、燕桥浜村合并为新的燕桥浜村，组建第一届村委会，主任由孙东林担任。

表 2-4　1958—1983 年明星大队、东北大队大队长名单及任职年月一览表

大队	姓名	任职年月	职责
明星大队	杜双生	1958 年 8 月—1958 年 12 月	行政事务，农业生产
	姜邦奎	1959 年 1 月—1964 年 12 月	
	陆永泉	1964 年 12 月—1968 年 12 月	
	蒋根才	1969 年 1 月—1975 年 11 月	
	陆阿巧	1975 年 11 月—1980 年 7 月	
	蒋根才	1980 年 7 月—1983 年 5 月	
东北大队	沈兴生	1958 年 8 月—1958 年 12 月	
	周巧生	1959 年 1 月—1960 年 3 月	
	周巧官	1960 年 3 月—1979 年 12 月	
	朱海根	1980 年 1 月—1983 年 5 月	

注：1968—1982 年，各大队由副书记负责农业生产。

附：

生产大队大队长工作职责

1. 拥护党的领导，带领生产队队员坚持走社会主义道路。
2. 依法管理本大队农民及集体所有土地和其他财产。
3. 承担本大队生产服务和协调工作。
4. 参与管理本大队的公共服务和公益事业。

5. 尊重集体经济，依法独立开展经济活动。

6. 有建设规划，进行水利、道路等基础建设。

7. 行使法律法规赋予的其他职责。

8. 每年向社员做工作报告，接受群众监督。

表 2-5　1983 年燕桥浜村、东北村第一届村委会成员一览表

村名	姓名	职务	工作职责
燕桥浜村	陆林根	主任	配合村支部书记，负责村行政工作
	王中水	委员	村级农副业生产
	祝小男	委员	村级财务
	杜林泉	委员	配合主任，负责民兵条线工作
	李花宝	委员	配合主任，负责全村妇女工作
东北村	朱海根	主任	配合村支部书记，负责村行政工作
	查金元	委员	村级农副业生产
	钱凤水	委员	村级财务
	王金民	委员	配合主任，负责民兵条线工作
	沈梅珍	委员	配合主任，负责全村妇女工作

1983—2020 年，原燕桥浜村、东北村及 2001 年 8 月并村后的新燕桥浜村历任村委会主任名单及任职年月见表 2-6。

表 2-6　1983—2020 年村委会主任名单及任职年月一览表

村名	姓名	任职年月
燕桥浜村	陆林根	1983 年 5 月—1987 年 5 月
	陆大凤	1987 年 5 月—1991 年 3 月
	黄月明	1991 年 3 月—1993 年 3 月
	陆福兴	1993 年 3 月—1995 年 7 月
	孙东林	1995 年 7 月—2001 年 8 月
东北村	朱海根	1983 年 5 月—1987 年 7 月
	查金元	1987 年 7 月—1991 年 10 月

续表

村名	姓名	任职年月
东北村	邹三林	1991 年 10 月—1999 年 8 月
	沈利良	1999 年 8 月—2001 年 8 月
燕桥浜村（合并）	孙东林	2001 年 8 月—2004 年 10 月
	祝利平	2004 年 10 月—2013 年 12 月
	褚　华	2013 年 12 月—2020 年 12 月

附：

村委会工作职责

村委会是村民自我管理、自我教育、自我服务的基层群众自治性组织，实行民主选举、民主决策、民主管理、民主监督。其职责有：

1. 宣传、贯彻宪法及其他的法律法规和国家的有关政策，维护村民的合法权益，教育和推动村民履行法律法规规定的义务，发展文化教育，普及科技知识，促进村与村之间的团结、互助，开展多种形式的社会主义精神文明建设活动。

2. 依照法律规定，管理本村村民集体所有土地和其他财产，教育村民合理利用自然资源，保护和改善生态环境。支持和组织村民依法发展各种形式的合作经济和其他经济，承担本村生产服务和协调工作，促进农村生产和社会主义市场经济发展。尊重村级集体经济组织依法独立地行使经济活动主权，维护以家庭承包经营为基础的统分结合的双层经营体制，保障集体经济组织和村民承包经营户、联户或合伙的合法财产权和其他合法权利、利益。

3. 举办和管理本村的公共事务和公益事业。按照本村建设规划，组织兴修水利、道路等基础设施，指导村民配合动迁，实行城镇规划工作。

4. 依法调解民间纠纷，协助维护本村的社会治安，向人民政府反映村民意见。向村民或者村民代表会议报告工作并接受评议，执行村民会议或者村民代表会议的决议、决定。

5. 建立健全村务公开和民主管理制度，履行法律法规规定的其他职责。

二、村务公开

村务公开包括政务公开、财务公开、资源资产公开和村民自治公开。燕桥浜村村务公开内容：

第一，公开村里的计划生育、宅基地审批、土地征用补偿、救灾救济款物发放、招工征兵、优扶五保情况及粮食补贴、教育补贴情况应征求意见等。

第二，公开村里的收支情况和各项财产、债权债务情况，并由理财小组沟通核实，按季按月公布。

第三，公开村里的一切资源转让变更情况（转让变更时要征求村民代表的意见）。

三、民主理财

村民主理财小组由3—5人组成，成员由村民代表会议选举产生，并进行政策和业务知识培训。村民主理财小组成员每三年换届，进行一次选举。村民主理财小组应在村党总支部的领导下，行使监督权、审核权、督促纠正权、向上反映问题权等。

村民主理财小组定期召开理财会议，检查账目及集体资产管理情况，参与村里的重大经营决策，征求村民的意见和合理要求。

村里有支出，票据必须由经办人签字盖章，证明人、审核人签字，村民主理财小组敲公章，方能审核报账。

附：

燕桥浜村民代表会议决策制度

村发生重大村务，要进行民主决策。村民代表会议是村民决策的权力机构，是采取民主决策的主要方式。

村民代表由村民推荐、选举产生。村民代表与村委会任期相同。

有关村级经济建设、年度计划、村级财务预决算、公益事业、新建项目及村委会的工作报告，涉及民生重大问题时，要由村民代表决定。

第三节 经济组织

经济合作社、股份专业合作社等村级经济组织是村民在农村家庭承包经营基础上，自愿联合、民主管理的互助性经济组织，为村域内村民服务，增效创收。

一、经济合作社

经济合作社是在政社分设、村民自治中产生的一个经济组织。1983 年，在成立村委会的过程中，从委员人选中挑选一名懂经营、会管理、熟悉农副业生产知识的人担任社长。经济合作社在村“两委”的领导下，在镇农业、副业公司的专业指导下，开展具体工作，服务全村农副业生产经营。2020 年，农业土地股份专业合作社、股份经济合作社、富民合作社合计创利 625.04 万元。1983—2020 年燕桥浜村域经济合作社社长及任职年月见表 2-7。

表 2-7　1983—2020 年燕桥浜村域经济合作社社长及任职年月表

村名	姓名	任职年月
燕桥浜村	王中水	1983 年 5 月—1987 年 8 月
	杜林泉	1987 年 8 月—1990 年 3 月
	陆福兴	1990 年 3 月—1993 年 7 月
	朱连生	1993 年 7 月—2001 年 8 月
东北村	查金元	1983 年 5 月—1987 年 6 月
	徐宗根	1987 年 6 月—1991 年 10 月
	查金元	1991 年 10 月—1993 年 3 月
	沈小元	1993 年 3 月—2001 年 8 月

续表

村名	姓名	任职年月
燕桥浜村（合并）	沈小元	2001 年 8 月—2008 年 11 月
	王云龙	2008 年 11 月—2017 年 5 月
	邹雪峰	2017 年 5 月—2020 年 12 月

1955—2020 年燕桥浜境域经济合作社会计及其任职年月见表 2-8。

表 2-8　1955—2020 年燕桥浜境域经济合作社会计及其任职年月表

高级社/大队/村	姓名	任职年月
东北	金启敏	1955 年 4 月—1964 年 5 月
	陈培坤	1964 年 5 月—1965 年 2 月
	钱凤水	1965 年 2 月—1984 年 4 月
	沈志远	1984 年 4 月—1992 年 7 月
	沈利良	1992 年 7 月—2001 年 8 月
明星/燕桥浜	熊佃英	1955 年 4 月—1959 年 11 月
	姜邦奎	1959 年 11 月—1962 年 2 月
	祝小男	1962 年 2 月—1966 年 3 月
	王宗根	1966 年 3 月—1977 年 3 月
	祝小男	1977 年 3 月—1985 年 5 月
	陆大凤	1985 年 5 月—1987 年 8 月
	朱连生	1987 年 8 月—1993 年 7 月
	陈阿元	1993 年 7 月—1995 年 12 月
	杜建良	1995 年 12 月—2001 年 8 月
燕桥浜（合并）	沈利良	2001 年 8 月—2006 年 9 月
	陆建珍	2006 年 9 月—2020 年 12 月

二、股份专业合作社

自 2008 年起，燕桥浜村分别成立富民合作社、社区股份专业合作社、农业土地股份专业合作社，3 个合作社“三块牌子、一套班子”，由村党支部书记或会计兼任总经理。

（一）富民合作社

2008 年 9 月，燕桥浜村成立富民合作社，注册资金 300 万元，实际入股资本 171. 6 万元，其中，入股农户 97 户，社员股金 171. 6 万元，占 100%。该合作社的办社宗旨是增加村民收入，坚持“入社自愿、退社自由、风险共担、利益共享”的原则，经营范围包括绿化工程、土方工程、自有房屋租赁。至 2020 年年底，该合作社总资产 1 158. 37 万元（其中，固定资产 201. 37 万元），负债 919. 89 万元，其所有者权益为 238. 48 万元。2020 年，该合作社总收入21. 03 万元，上缴税金 3. 34 万元，纯收入 17. 69 万元，股员分配 17. 16 万元。富民合作社对聚集村民“闲余”资金、发展“物业”经济、集体创效、村民增收有益。

（二）社区股份专业合作社

2010 年 9 月，燕桥浜村成立社区股份专业合作社，注册资金 456. 26 万元，实际入股资本 2 013. 84 万元，其中，入股农户 724 户，社员股金 2 013. 84 万元，占 100%。该合作社的经营范围为集体资产的投资、经营和管理。

社区股份专业合作社遵循“民办、民营、民受益”的原则，以服务成员、谋求全体成员的共同利益为宗旨，实行自主经营、民主管理、盈余返还。成员地位平等，加入自愿、退股自由，利益共享、风险共担。至 2020 年 12 月止，该合作社总资产 7 651. 47 万元（其中，固定资产 5 150. 79 万元），负债 3 143 万元，其所有者权益为 4 508. 47 万元。2020 年，该合作社经营、租赁等总收入 409. 29 万元，实现股民分红金额 59. 65 万元。

（三）农业土地股份专业合作社

2009 年 10 月，燕桥浜村成立农业土地股份专业合作社，注册资金 845. 39 万元，实际入股资本 845. 39 万元，其中，入股农户 364 户，社员股金 845. 39 万元，占 100%。农业土地股份专业合作社负责社员股金投资。至 2020 年，该合作社总资产2 484. 27 万元（其中，固定资产 92 万元），负债 1 508. 98 万元，其所有者权益为 975. 29 万元。2020 年，该合作社总收入 58. 84 万元，支出 5. 86 万元，该合作社分配金额总计 96. 80 万元。农业土地股份专业合作社收入情况良好，推进了农业产业化发展和新农村建设步伐。

第四节　其他组织

燕桥浜村的其他组织有妇代会、共青团支部、民兵营、老年协会、关心下一代工作组（以下简称“关工组”）等。

一、妇女代表大会

1956 年，境域内成立明星高级社、东北高级社，分别成立妇代会，配备妇女委员，负责做好妇女的思想工作，协同其他组织展开工作。

1958 年，正仪人民公社成立后，明星大队、东北大队分别建立妇女代表委员会，生产队建立妇女小组，小组长由妇女队长兼任。

从 1966 年开始，大队妇代会停止活动。

1972 年，正仪人民公社统一发文，明星大队、东北大队 2 个大队重新恢复妇代会。

2001 年 8 月，东北村和燕桥浜村合并组建新的燕桥浜村，妇联组织负责宣传妇联工作政策、人口生育政策，组织妇女开展各项活动。1956—2020 年燕桥浜境域历任妇女主任及其任职年月见表 2-9。

表 2-9　1956—2020 年燕桥浜境域历任妇女主任及其任职年月表

大队/村	姓名	任职年月
明星/燕桥浜大队	徐小妹	1956 年 1 月—1958 年 12 月
	陆阿玲	1958 年 12 月—1973 年 9 月
	陆阿巧	1973 年 9 月—1975 年 11 月
	李花宝	1975 年 11 月—1983 年 5 月

续表

大队/村	姓名	任职年月
燕桥浜村	李花宝	1983 年 5 月—1991 年 6 月
	万小花	1991 年 6 月—1991 年 12 月
	黄月芬	1992 年 1 月—2001 年 8 月
东北大队	朱根妹	1956 年 2 月—1958 年 1 月
	毛根英	1958 年 2 月—1966 年 7 月
	袁存英	1966 年 8 月—1967 年 12 月
	毛根英	1967 年 12 月—1983 年 3 月
东北村	沈梅珍	1983 年 3 月—1987 年 6 月
	颜福英	1987 年 6 月—1991 年 11 月
	朱惠芳	1991 年 11 月—1992 年 12 月
	阮小妹	1992 年 12 月—2001 年 8 月
燕桥浜村（合并）	黄月芬	2001 年 8 月—2013 年 9 月
	陆建珍	2013 年 9 月—2014 年 9 月
	张　欢	2014 年 9 月—2017 年 12 月
	陆建珍	2018 年 1 月—2020 年 5 月
	徐梦宇	2020 年 5 月—2020 年 12 月

妇代会的工作职责是完成村党支部和上级妇联部门安排的各项工作，教育村全体妇女发扬自尊、自信、自立、自强的精神，积极参与“双学双比”“巾帼建功”“和谐家庭”“尊老爱幼”等活动；普及有关妇女儿童的法律法规知识，反映妇女的意愿、建议和要求，为全村妇女提供科普知识、文化宣传、普法教育、权益维护、扶贫帮困等方面的服务，推动村级经济发展，促进社会稳定；开展有关实用技术、技能的培训，帮助妇女获得更多的就业机会；开展家庭文明健康创建活动，提升村民的生活质量、文明程度，以良好的家风促进村级文明新风建设；开展环境整治、垃圾分类工作，为创建文明社区发挥妇女“半边天”的作用。

二、共青团支部

50年代，燕桥浜境域各自然村在正仪乡党支部的领导下，分别建立新民主主义青年团，1957年5月更名为“中国共产主义青年团”，明星高级社、东北高级社分别成立了共青团支部。

1966年5月，“文化大革命”开始，正仪人民公社团委及明星大队、东北大队2个大队的团支部一度处于瘫痪状态。1971年后，2个大队的团支部恢复活动。

2001年8月，东北村和燕桥浜村合并组建新的燕桥浜村。团组织在党支部的领导下，开展文艺活动，组成志愿者队伍配合其他组织完成相应任务。

明星高级社/明星（燕桥浜）大队/燕桥浜村历任团支部书记为杜阿元、陈爱男、蒋根才、陆阿巧、陆敏珍、万小花、黄静华、祝利平。

东北高级社/东北大队/东北村历任团支部书记朱水生、朱海根、王阿炳、周钰生、阮大男、何水英、王金民、徐惠男、沈利良。

合并后的新燕桥浜村历任团支部书记为祝利平、陆建珍、褚华、邹雪峰、王晓华。

团支部主要围绕党支部开展工作，围绕青少年思想道德建设开展社会主义荣辱观教育，围绕燕桥浜村和谐文明建设开展青年精神文明创建活动。针对团自身的建设，推进团建创新工作，根据青年富有激情和活力、接受能力强的特点，开展多种形式的党的路线方针政策的宣传教育，组建青年志愿者队伍，为村域村民提供全方位服务，为党组织输送新鲜血液、培育合格人才，为村级经济振兴献计献策。

三、民兵营

1951年，燕桥浜境域内组织青年加入正仪小乡民兵中队，维护社会治安。

1956年，明星高级社、东北高级社分别组建了2支民兵队伍，各有50余人。队伍中分基干民兵和普通民兵两种。1958年10月，明星大队、东北大队分别成立2个民兵营，实行军事化编制，“全民皆兵”，各生产队被编为民兵排，2个民兵营各有100余人。1978年，境域内开展民兵工作“三落实”（组织落实、政治落实、军事落实）活动。1981 年，在正仪人民公社武装部的统一部署下，对民兵年龄要求进行调整：普通民兵为 29—35 周岁，基干民兵为 18—28 周岁。

2001 年，燕桥浜村民兵组织在人民武装部的领导下开展军事活动，每年组织 1 次军事训练；配合村党支部完成村的安全保卫工作。

明星高级社/明星（燕桥浜）大队/燕桥浜村历任民兵营营长为陆水生、陆云弟、夏海根、陈坤元、杜林泉、黄月明、陈阿元、祝利平。

东北高级社/东北大队/东北村历任民兵营营长为周巧官、沈兴生、朱海根、周钰生、阮大男、张密根、王金民、褚引男、沈利良。

合并后的燕桥浜村历任民兵营营长为褚华、戴亮。

民兵营的工作职责是在村“两委”的领导下，遵循“民兵工作条例”，负责民兵组织建设，承办一年一度的民兵整组和兵役工作；加强民兵政治思想工作建设，协助开展民兵政审工作，落实民兵四课政治教育，增强民兵的国防意识和战备观念；发挥民兵队伍的骨干和带头作用，组织民兵参加“三个文明”建设；协助民政部门做好退伍军人的安置和烈属、军属的优抚工作；做到“战时拉得出、打得响”，和平年代认真学习、刻苦训练，提高政治素养和军事素养，在村级各项工作中起到模范带头作用。

四、老年协会

自 1988 年起，村域相继成立老年协会。朱引生任燕桥浜村老年协会会长，徐阿炳任东北村老年协会会长。

老年协会成立后，每逢过年过节，分年龄层次，对全村老年人进行慰问；对孝敬老人的家庭，每年加以表扬，树立榜样，教育家庭人员遵守敬老公约。

2001 年，燕桥浜村 60 周岁以上的老人有 364 人。为了方便老年人活动，村设立了 4 个活动室，配有茶室、棋牌室、有线电视室、文艺活动室、台球室、图书室、健身器材室，各活动室配有 1 名工作人员，负责烧开水、打扫卫生、消毒等服务工作。鼓励老年人开展力所能及的各种活动，让老年人做到老有所乐。每年组织 65 周岁以上的老年人参加免费体检，建立老年人健康档案；对患有“三高”（高血脂、高血压、高血糖）的老年人，社区卫生服务站定期检查，还对个别行动不便的老年人安排上门检测，做到老有所医。

燕桥浜村域历任老年协会会长有朱引生、徐阿毛、徐阿炳、朱阿宗、周钰生、阮大男、陆军。

五、关心下一代工作委员会

1992 年，燕桥浜村、东北村 2 个村同时建立关工委，关工委的工作由 2 个村的老年协会会长兼任，组织村里的“四老”人员（老干部、老党员、老退伍军人、老教师）对青少年开展讲座等各种培训教育活动。村关工委每年暑假还把外来打工家庭的孩子组织起来，请退休教师为他们上课辅导。

六、农协组织

（一）农民协会

1949 年 5 月 13 日，昆山解放，境内以保为单位，设农民协会组长 1 人，隶属于正仪乡农民协会领导。1949 年 7 月，废除保甲制，设置自然村，境内各自然村建立农民协会，设农委主任。各自然村参加农民协会的大多数是贫下中农，农民协会的主要工作是配合村干部开展土地改革、发动群众缴公粮、发放救济物资、调解邻里纠纷。在农业合作化运动中，农民协会起到中坚作用，1956 年，高级社成立后，农民协会活动逐渐减少，组织自行消亡。

（二）贫下中农协会

1965 年 2 月，明星大队、东北大队 2 个大队均成立了贫协。明星大队先后由孟荣根、徐阿毛担任贫协主任，东北大队先后由朱纪根、朱水生担任贫协主任。贫协的主要工作是协助大队党支部开展经济领域的阶级斗争，做好民主理财，巩固集体经济。贫协组织是大队发展集体经济、提高社员生活质量的助手。1978 年，贫协组织自行消亡。

七、便民服务中心

2008 年 2 月，燕桥浜村便民服务中心成立，地点设在村办公大楼底层，面积 50 平方米。便民服务中心内设电脑 5 台、打印机 5 台、电视机 2 台、监控设备 1 台、苏州气象公共信息传媒屏 1 台、亿农智慧屏 1 台、昆山市农村商业银行查询机 1 台、互视达 43 英寸卧式触摸一体机 1 台。便民服务中心负责人为陆军，全科社工A角1人、B角1人，城管1人。服务项目有党建服务、人社服务、卫生健康、民政、残联、综合治理、征兵登记、退役军人服务、妇联、文体、团委、水电费代收代缴、动迁房屋备案等。村民足不出村便可享受全方位服务，了解相关信息。

便民窗口（罗英，2020年摄）

八、社会治理网格化联动工作站

社会治理网格化联动工作站成立于2018年3月，管辖燕桥浜村10个村民小组，709户、2 662人，以及外来人口192户、2 432人，全部被纳入网格化管理。工作站设综合网格、专属网格、网格党组织各1个；配备站长、副站长、网格长、网格警务员、专职网格员各1人；网格辅助员4人；党总支书记褚华任站长。工作站负责辖区网格管理楼316幢、房屋316套、出租屋208套，流动人口约4 500人，在籍人口2 747人。

第三章　人口土地

1953 年，燕桥浜境域（东北大队、明星大队）共有 1 354 人，除“三年困难时期”（1959—1961 年）人口呈负增长外，其余年份都有不同程度的增长。70 年代，全面实行优生优育，人口得到有效控制。2016 年，全面放开二孩生育政策，人口负增长有扭转势头。随着生活水平提高，人的寿命得以延长。至 2020 年，全村 60 周岁以上老人有 820 人，90 周岁以上老人有 36 人，全村总人口 2 662 人，比 1950 年增长近一倍。

土地是燕桥浜村村民世代生存的资源。2001 年，村域面积 7 500 亩，其中，耕地面积 5 265. 2 亩，水域面积 918 亩，村庄面积 450 亩，道路面积 240 亩，绿化面积 350 亩，集体建设用地 276. 8 亩。村民在长期耕作中，加大对土地的投入力度，开展农田整治，改良土壤土质。2003 年，燕桥浜村并入玉山镇，后又被划入昆山高新技术产业园区，农田逐年被征用，至 2020 年年底，村域剩余耕地面积 1 284. 7 亩。

第一节　人口总情

一、人口数量

1953年，燕桥浜境域共有338户、1 354人。1962年，东北大队安置下放人员李明生、朱云锦、蒋志伟3人，毛佛新、徐梅英、徐菊英、徐菊荣、沈林弟、黄一峰、黄丽华7人在此安家落户；何福兴、钱云初2人在明星大队安家落户。1964年，东北大队、明星大队2个大队共有599户、1 951人。1982年，东北大队、燕桥浜大队2个大队有680户、2 663人。1990年，东北村、燕桥浜村2个村有694户、2 785人。1998年，东北村、燕桥浜村2个村有706户、3 036人。2010年，燕桥浜村有711户、2 752人。2017年，燕桥浜村有668户、2 697人。2020年，燕桥浜村有709户、2 662人，外来暂住人口192户、2 432人。1953—2020年燕桥浜境域户籍人口选年统计见表3-1。

表3-1　1953—2020年燕桥浜境域户籍人口选年统计表

年份	大队/村	总户数/户	总人口/人	男/人	女/人
1953	东北大队	152	625	323	302
	明星大队	186	729	364	365
1964	东北大队	237	781	408	373
	明星大队	362	1 170	564	606
1982	东北大队	288	1 081	522	559
	燕桥浜大队	392	1 582	744	838

续表

年份	大队/村	总户数/户	总人口/人	男/人	女/人
1990	东北村	288	1 113	549	564
	燕桥浜村	406	1 672	808	864
1998	东北村	291	1 197	612	585
	燕桥浜村	415	1 839	875	964
2010	燕桥浜村（合并）	711	2 752	1 348	1 404
2017		668	2 697	1 342	1 355
2020		709	2 662	1 264	1 398

二、人口变化

1964 年是境域内人口出生低谷期，1982 年是人口出生高峰期，1990 年是人口控制稳定期。东北大队、东北村与明星（燕桥浜）大队、燕桥浜村 1964 年、1982 年、1990 年 3 年人口变化情况，见表 3-2 至表 3-7。

（一）东北大队、东北村人口变动情况（表 3-2、表 3-3、表 3-4）

表 3-2 1964 年东北大队人口一览表

队别	总户数/户	总人口/人	人口变动/人			
			出生	死亡	迁入	迁出
1	31	116	2	—	1	2
2	28	93	1	1	2	1
3	34	110	3	2	—	1
4	34	122	6	1	2	2
5	29	81	4	1	1	2
6	25	80	3	1	—	2
7	24	59	2	—	1	—
8	32	120	4	—	1	1

表 3-3　1982 年东北大队人口一览表

队别	总户数/户	总人口/人	人口变动/人			
			出生	死亡	迁入	迁出
1	43	149	4	1	6	1
2	41	149	5	—	1	—
3	19	78	2	1	3	1
4	48	168	6	1	4	—
5	28	115	4	—	1	2
6	23	83	3	1	2	—
7	25	98	1	—	1	—
8	27	108	2	—	1	—
9	22	77	3	1	—	1
农科队	12	56	1	—	1	—

表 3-4　1990 年东北村人口一览表

组别	总户数/户	总人口/人	人口变动/人			
			出生	死亡	迁入	迁出
1	43	158	3	—	4	1
2	41	148	4	1	3	—
3	19	82	1	—	2	1
4	48	187	6	1	3	1
5	28	110	4	—	2	—
6	23	93	1	—	1	—
7	25	92	2	1	—	1
8	27	106	3	—	1	—
9	22	81	2	1	—	—
农科队	12	56	1	—	1	—

（二）明星大队、燕桥浜大队、燕桥浜村人口变动情况（表 3–5、表 3–6、表 3–7）

表 3–5　1964 年明星大队人口一览表

队别	总户数/户	总人口/人	人口变动/人			
			出生	死亡	迁入	迁出
1	34	101	2	—	1	—
2	26	96	1	—	2	1
3	28	95	3	1	2	—
4	36	135	6	1	3	1
5	24	80	2	—	1	—
6	23	71	1	—	2	—
7	23	81	2	1	—	—
8	16	86	3	—	1	—
9	28	62	2	1	—	1
10	34	79	1	—	1	—
11	24	68	2	1	1	—
12	25	84	—	—	—	—
13	17	77	2	1	1	—
14	24	55	1	—	2	—

表 3–6　1982 年燕桥浜大队人口一览表

队别	总户数/户	总人口/人	人口变动/人			
			出生	死亡	迁入	迁出
1	37	144	4	1	8	1
2	30	135	2	—	6	1
3	31	132	4	1	3	—
4	39	176	6	1	2	1
5	24	103	3	1	3	1

续表

队别	总户数/户	总人口/人	人口变动/人			
			出生	死亡	迁入	迁出
6	25	102	4	—	1	—
7	27	95	2	—	2	—
8	18	86	1	—	2	1
9	30	103	4	1	—	1
10	36	126	3	—	1	—
11	26	103	2	—	2	—
12	26	103	1	1	2	—
13	18	74	1	—	3	—
14	25	100	2	1	—	1

表 3-7　1990 年燕桥浜村人口一览表

组别	总户数/户	总人口/人	人口变动/人			
			出生	死亡	迁入	迁出
1	36	158	6	1	2	1
2	32	153	4	—	1	—
3	32	133	2	1	—	1
4	42	181	3	1	1	—
5	25	109	1	—	1	—
6	26	112	2	1	1	—
7	28	111	—	—	—	—
8	18	75	2	1	—	—
9	29	106	3	—	2	1
10	34	126	2	1	—	1
11	28	111	4	1	2	1
12	30	120	3	—	1	—
13	18	75	1	—	2	1
14	28	102	2	1	1	—

三、劳动力

1965年境域内劳动力处于低谷期，1970年、1975年劳动力处于增长期，1980年劳动力处于高涨期。以东北大队为例分析其总人口与劳动力增长情况，具体见表3-8、表3-9、表3-10。

表3-8 东北大队部分年份人口劳动力一览表

年份	自然村	队别	户数/户	总人口/人	男/人	女/人	劳动力/人	劳动力与总人口比/%
1965	外泾	1、2	59	234	114	120	110	—
	里港	3	34	121	61	60	60	—
	黄潭	4、5	63	224	112	112	118	—
	横港	6、7	49	156	76	80	93	—
	扎泾浜	8	32	130	64	66	70	—
	合计	—	237	865	427	438	451	52.14%
1970	外泾	1、2	65	277	139	138	140	—
	里港	3	40	143	71	72	86	—
	黄潭	4、5	66	251	127	124	158	—
	横港	6、7	56	177	87	90	104	—
	扎泾浜	8	42	143	71	72	89	—
	合计	—	269	991	495	496	577	58.22%
1975	外泾	1、2	68	285	150	135	156	—
	里港	3	37	146	75	71	84	—
	黄潭	4、5	71	274	140	134	153	—
	横港	6、7	55	203	91	112	123	—
	扎泾浜	8	46	154	79	75	98	—
	合计	—	277	1 062	535	527	614	57.82%

续表

年份	自然村	队别	户数/户	总人口/人	男/人	女/人	劳动力/人	劳动力与总人口比/%
1980	外泾	1、2	72	287	150	137	197	—
	里港	3、9	34	146	72	74	90	—
	黄潭	4、5	74	270	134	136	180	—
	横港	6、7	52	178	85	93	115	—
	扎泾浜	8	32	106	49	57	60	—
	—	农科队	14	50	26	24	29	—
	合计	—	278	1 037	516	521	671	64.71%

每年年底，东北大队均对各生产队的人口、劳动力、土地和劳动力分布情况进行登记核实，1982 年东北大队各生产队人口、劳动力、土地情况见表 3-9。1983 年东北村各组劳动力分布情况见表 3-10。

表 3-9　1982 年东北大队各生产队人口、劳动力、土地年报表

队别	户数/户	人口/人	男/人	女/人	正、半劳动力		年末实有耕地面积/亩								
					合计/人	其中女/人	国营、集体、社员地			国营及集体土地			社员自留地		
							合计	水田	旱地	合计	水田	旱地	合计	水田	旱地
总计	288	1 081	522	559	600.5	281	2 076.9	2 055.9	21.0	1 932.3	1 919.8	12.5	144.6	136.1	8.5
1	43	149	78	71	100.0	45	297.3	293.9	3.4	277.5	275.5	2.0	19.8	18.4	1.4
2	41	149	76	73	50.0	22	138.2	135.9	2.3	128.5	127.5	1.0	9.7	8.4	1.3
3	19	68	33	35	42.0	24	194.5	192.5	2.0	181.0	180.0	1.0	13.5	12.5	1.0
4	48	168	81	87	52.0	24	181.4	179.9	1.5	169.3	168.3	1.0	12.1	11.6	0.5
5	28	115	50	65	77.5	37	262.8	261.3	1.5	245.0	243.5	1.5	17.8	17.8	0
6	23	83	41	42	60.0	24	225.6	222.5	3.1	209.0	207.5	1.5	16.6	15.0	1.6
7	25	98	45	53	62.0	28	214.1	211.8	2.3	199.0	197.5	1.5	15.1	14.3	0.8
8	27	108	51	57	69.5	36	252.7	251.7	1.0	234.5	233.5	1.0	18.2	18.2	0
9	22	77	40	37	54.0	25	199.2	196.3	2.9	185.5	184.5	1.0	13.7	11.8	1.9
农科队	12	56	27	29	33.5	16	111.1	110.1	1.0	103.0	102.0	1.0	8.1	8.1	0

表 3-10　1983 年东北村各组劳动力分布情况一览表

单位：人

组别	正、半劳动力总计	参加公社级企事业单位劳动力					参加大队级企事业单位劳动力						参加生产队劳动力			
		合计	工业	副业	文教卫生	其他	合计	建筑	农业	副业	商业	文教卫生	合计	农业	副业	五匠
总计	713.0	36	22	11	1	2	56	23	14	11	2	6	622.0	527.5	67.5	27
1	100.0	2	2	0	0	0	9	4	1	2	1	1	89.0	79.0	6.0	4
2	50.0	6	4	1	0	1	6	5	1	0	0	0	38.0	34.0	3.0	1
3	42.0	0	0	0	0	0	5	2	1	1	0	1	37.0	30.0	4.0	3
4	52.0	2	2	0	0	0	4	3	0	1	0	0	46.0	39.0	4.0	3
5	77.5	3	1	2	0	0	3	1	0	2	0	0	71.5	55.5	14.0	2
6	60.0	5	5	0	0	0	3	0	3	0	0	0	52.0	42.0	7.0	3
7	62.0	1	1	0	0	0	3	2	1	0	0	0	58.0	48.0	9.0	1
8	69.5	4	1	3	0	0	9	1	4	3	0	1	56.5	48.5	7.0	1
9	54.0	0	0	0	0	0	6	3	0	1	0	2	49.0	45.0	1.0	3
10	53.0	4	3	0	1	0	3	1	2	0	0	0	46.0	39.0	5.0	2
11	59.5	4	2	1	0	1	5	1	1	1	1	1	50.5	42.5	4.0	4
农科队	33.5	5	1	4	0	0	0	0	0	0	0	0	28.5	25.0	3.5	0

第二节　人口结构

2020 年年底，燕桥浜村有 709 户、2 662 人，其中，男性 1 264 人、女性 1 398 人；汉族 2 660 人，少数民族 2 人；0—16 周岁 331 人，17—60 周岁 1 511 人，60 周岁以上 820 人；拥有本科及以上学历 172 人、大专学历 158 人、中专学历 125 人、高中学历 146 人、初中学历 955 人、小学学历 689 人。

一、民族

2020 年年底，燕桥浜村总人口 2 662 人，其中，汉族 2 660 人，占总人数的 99.92%；婚迁燕桥浜村的少数民族 2 人（回族、壮族各 1 人）。燕桥浜村少数民族人员见表 3-11。

表 3-11　2020 年燕桥浜村少数民族人员一览表

姓名	性别	出生年月	文化	民族	家庭地址
杨红雨	女	1987 年 7 月	初中	回族	巴城镇嘉馨花园
何艳青	女	1977 年 7 月	中专	壮族	玉山镇南星渎义和苑

二、性别

1953 年，燕桥浜境域有人口 1 354 人，其中，男性 687 人、女性 667 人，男性占总人口的 50.74%，女性占 49.26%。2020 年年底，在 2 662 人中，男性 1 264 人，女性 1 398 人，男性占总人口的 47.48%，女性占总人口的 52.52%。1953—2020 年燕桥浜境域性别选年统计数据见表 3-12。

表 3-12　1953—2020 年燕桥浜境域性别选年统计表

年份	大队/村	生产队（组）/个	总户数/户	总人口/人	男		女	
					人数/人	占比/%	人数/人	占比/%
1953	东北	5	152	625	323	51.68	302	48.32
	明星	11	186	729	364	49.93	365	50.07
1964	东北	8	237	781	408	52.24	373	47.76
	明星	14	362	1 170	564	48.21	606	51.79
1982	东北	10	288	1 081	522	48.29	559	51.71
	燕桥浜	14	392	1 582	744	47.03	838	52.97
1990	东北	10	288	1 113	549	49.33	564	50.67
	燕桥浜	14	406	1 672	808	48.33	864	51.67
1998	东北	5	291	1 197	612	51.13	585	49.87
	燕桥浜	5	415	1 839	875	47.58	964	52.42
2010	燕桥浜村（合并）	10	711	2 752	1 348	48.98	1 404	51.02
2020		10	709	2 662	1 264	47.48	1 398	52.52

三、年龄

1953 年，东北大队、明星大队 2 个大队总人口 1 354 人，其中，0—16 周岁 480 人，17—60 周岁 826 人，60 周岁以上 48 人。60 周岁以上老人占人口的 3.55%。2020 年年底，燕桥浜村总人口 2 662 人，其中，0—16 周岁 331 人，17—60 周岁 1 511 人，60 周岁以上 820 人。60 周岁以上占总人口的 30.80%。1953—2020 年燕桥浜境域人口年龄结构选年统计情况见表 3-13。

表 3-13 1953—2020 年燕桥浜境域人口年龄结构选年统计表

年份	大队/村	生产队（组）/个	总户数/户	总人口/人	年龄结构/人		
					0—16 周岁	17—60 周岁	60 周岁以上
1953	东北	7	152	625	218	388	19
	明星	11	186	729	262	438	29
1964	东北	8	237	781	344	422	15
	明星	14	362	1 170	545	593	32
1982	东北	10	288	1 081	332	686	63
	燕桥浜	14	392	1 582	474	998	110
1990	东北	10	288	1 113	231	771	111
	燕桥浜	14	406	1 672	348	1 157	167
1998	东北	5	291	1 197	257	799	141
	燕桥浜	5	415	1 839	398	1 249	192
2010	燕桥浜（合并）	10	711	2 752	540	1 769	443
2020		10	709	2 662	331	1 511	820

四、文化程度

中华人民共和国成立前，境域内儿童入学率低，文盲和半文盲占大多数。五六十年代开展“扫盲”运动，境域里办起了夜校、耕读学校，文盲和半文盲人数逐年减少。1986 年，国家实行九年制义务教育后，村域内学龄儿童全部入学，文化程度逐步提高。2020 年年底，村域内大专以上学历者 330 人、中专学历者 125 人、高中学历者 146 人、初中学历者 955 人、小学学历者 689 人。1953—2020 年燕桥浜境域人口文化程度选年统计情况见表 3-14。

表 3-14　1953—2020 年燕桥浜境域人口文化程度选年统计表

年份	大队/村	生产队（组）/个	总户数/户	总人口/人	文化程度/人					
					大学	大专	中专	高中	初中	小学
1953	东北	5	152	625	0	0	0	0	0	38
	明星	11	186	729	0	0	0	0	5	45
1964	东北	8	237	781	0	0	0	1	4	177
	明星	14	362	1 170	0	1	0	2	14	72
1982	东北	10	288	1 081	1	1	3	39	246	512
	燕桥浜	14	392	1 582	0	2	0	56	339	562
1990	东北	10	288	1 113	1	0	1	37	339	253
	燕桥浜	14	406	1 672	0	2	3	54	382	656
1998	东北	5	291	1 197	2	3	12	62	412	321
	燕桥浜	5	415	1 839	0	6	24	71	523	662
2010	燕桥浜（合并）	10	711	2 752	87	132	116	88	616	668
2020		10	709	2 662	172	158	125	146	955	689

五、姓氏

2020年年底，燕桥浜村709户、2 662人中有姓氏74个，其中，王姓最多为66户，其次陆姓63户。改革开放后，人口流动量增大，村内出现独姓户19户（包括原籍户和新入村籍户）。2020年燕桥浜村姓氏户数情况见表3-15。

表3-15　2020年燕桥浜村姓氏户数统计表

序号	姓氏	户数	序号	姓氏	户数	序号	姓氏	户数	序号	姓氏	户数
1	王	66	20	殷	10	39	薛	4	58	潘	1
2	陆	63	21	宋	8	40	阮	4	59	袁	1
3	朱	45	22	巫	7	41	邹	3	60	蔡	1
4	顾	41	23	蒋	7	42	汪	3	61	万	1
5	陈	36	24	刘	7	43	孟	3	62	景	1
6	戴	31	25	季	7	44	梅	3	63	浦	1
7	徐	27	26	洪	6	45	金	3	64	宗	1
8	沈	27	27	颜	6	46	高	3	65	邵	1
9	林	27	28	夏	5	47	盛	2	66	吴	1
10	李	19	29	祝	5	48	卜	2	67	郭	1
11	褚	19	30	罗	5	49	翁	2	68	胡	1
12	周	18	31	姜	5	50	姚	2	69	康	1
13	徐	16	32	曾	5	51	马	2	70	郑	1
14	黄	16	33	田	4	52	扬	2	71	花	1
15	孙	15	34	熊	4	53	施	2	72	丁	1
16	赵	15	35	唐	4	54	江	2	73	范	1
17	张	15	36	毛	4	55	查	2	74	凌	1
18	俞	14	37	魏	4	56	龚	1	—	—	—
19	钱	13	38	林	4	57	强	1	—	—	—

六、寿星名录

随着村民物质条件改善、生活水平提高，村域内长寿老人越来越多。60 周岁以上的老人数量，从 1950 年的 48 人增加到 2020 年的 820 人，翻了 17 倍。2020 年年底，燕桥浜村内 90 周岁以上老人有 36 人，其中，女性寿星 28 人，占 77.78%；男性寿星 8 人，占 22.22%。最长者周巧宝 97 周岁。2020 年燕桥浜村 90 周岁以上人员见表 3-16。

表 3-16　2020 年燕桥浜村 90 周岁以上人员一览表

序号	姓名	性别	组别	出生年月	序号	姓名	性别	组别	出生年月
1	周巧宝	女	9	1923 年 7 月	19	杜梅茂	男	1	1929 年 7 月
2	赵杏英	女	1	1925 年 8 月	20	周银花	女	3	1929 年 9 月
3	戴小妹	女	1	1925 年 11 月	21	王阿娥	女	4	1929 年 10 月
4	孙爱妹	女	1	1926 年 6 月	22	王银宝	女	3	1929 年 11 月
5	赵根宝	女	5	1926 年 8 月	23	王金妹	女	8	1929 年 11 月
6	褚根生	男	7	1926 年 10 月	24	朱引生	男	2	1929 年 12 月
7	张坤泉	男	4	1926 年 11 月	25	查金花	女	10	1929 年 12 月
8	江巧林	女	9	1926 年 12 月	26	薛阿娥	女	6	1930 年 1 月
9	徐根妹	女	6	1927 年 7 月	27	钱密宝	女	3	1930 年 6 月
10	沈金妹	女	8	1927 年 7 月	28	杜爱妹	女	7	1930 年 6 月
11	李妹妹	男	2	1927 年 7 月	29	沈金大	女	10	1930 年 8 月
12	赵凤宝	女	1	1927 年 10 月	30	戴金花	女	4	1930 年 8 月
13	褚梅宝	女	7	1928 年 1 月	31	王金娥	女	5	1930 年 9 月
14	袁巧林	女	4	1928 年 3 月	32	周巧观	男	10	1930 年 10 月
15	田水大	女	8	1928 年 8 月	23	颜腊子	男	9	1930 年 12 月
16	阮根宝	女	8	1928 年 10 月	34	陈小妹	女	6	1930 年 12 月
17	王招英	女	4	1929 年 3 月	35	祝炳生	男	3	1931 年 10 月
18	徐阿珍	女	5	1929 年 6 月	36	曾白妹	女	8	1931 年 11 月

第三节 人口控制

1963年，境域实行优生优育，提倡晚婚晚育。1972年，东北大队、明星大队2个大队开始宣传生育政策。1974年，东北大队、明星大队2个大队成立计划生育领导小组，由大队长、妇女主任、团支部书记、民兵营营长、“赤脚医生”组成，大队长兼任组长，妇女主任抓具体工作。1980年，东北大队、明星大队2个大队成立计划生育服务室。1984年，东北村、燕桥浜村配备计划生育宣传员，由各组妇女组长兼任宣传员。1988年，东北村、燕桥浜村成立计划生育协会，村委会主任兼任协会会长。2001年8月，两村合并，村妇联会继续做好国家政策宣传工作。2016年，燕桥浜村响应二孩政策，号召符合生育的家庭生育二孩。

一、优生优育

自1963年起，东北大队、明星大队2个大队利用各种场合，采取多样形式向群众宣传计划生育，指导避孕措施。1964年，东北大队、明星大队2个大队对实行节育手术而经济困难的群众给予手术费补助。1973年7月，东北大队、明星大队2个大队在计划生育宣传教育上提出“晚、稀、少”的口号。1974年，东北大队、明星大队2个大队同时成立以书记为首的计划生育领导小组，宣传计划生育政策。东北大队、明星大队2个大队计划生育领导小组向全大队适龄夫妇提出“结婚晚一点、间隔稀一点、生得少一点、养的好一点”的要求，并具体规定：男25周岁、女23周岁以上结婚为晚婚；女24周岁以后生育为“晚”，间隔3年生育为“稀”，一对夫妇生育不超过2个孩子为“少”。自1974年1月20日起，东北大队、明星大队2个大队全面实行避孕药具免费供应。

1979年10月，境域开始推行“一对夫妇只生一个孩子”，并领取“独生子女证”。1980年9月25日，中共中央发表《关于控制我国人口增长问题致全体党员、共青团员的公开信》。东北大队、明星大队2个大队的全体党员、共青团员带头执行，育龄夫妇积极响应，人口控制工作取得明显效果，人口自然增长率逐年下降。

1978—1988年，燕桥浜村连续10年被评为“县（市）、乡（镇）计划生育先进集体”。

2001年，计划生育技术服务遵行国家指导和个人自愿相结合的原则，公民享有避孕方法和知情选择权。国家保障公民获得适宜的计划生育技术服务的权利，向农村实行计划生育的育龄夫妻免费提供避孕、节育技术服务，所需经费由地方财政予以保障。

境域的计划生育工作，侧重于优生优育宣传教育，着力推广优生优育技术知识；新婚夫妇办理结婚登记手续时，先接受婚育知识培训；育龄妇女怀孕后，办理生育健康卡，定期到医院妇产科做检查，确保孕妇和胎儿的健康。

2002年，燕桥浜村育龄妇女有476人，其中，已婚育龄妇女401人，而育龄妇女中，只生一孩的妇女有380人，有效领证236人，有效控制了人口增长。自2009年10月起，燕桥浜村村委会做好村域内流动人口中育龄夫妻婚育情况登记；开展计划生育宣传教育，指导避孕、节育措施，提供技术服务；建立流动人口计划生育信息通报制度。2011年2月，燕桥浜村开展人口和计划生育职业道德规范学习教育。

二、节育措施

1963年，计划生育工作在东北大队、明星大队2个大队内开展。1964年，正仪卫生院开始做节育手术（人工流产，放环，输精管、输卵管结扎）。1971年，推广口服避孕药。自1974年1月1日起，全面实行药具免费供应。1979年后，除禁忌证之外，一胎上环，2胎和2胎以上实行结扎节育措施，并为置环的妇女每年检查1次。

1999年，燕桥浜村开展“婚育新风进万家”活动，发挥宣传先导作用，完善“政府搭台、部门联手、城乡联动、群众参与”的转型生育文化机制。2002

年，燕桥浜村在“新”字上做文章，在“精”字上下功夫，推动创新创优工作。2003 年，燕桥浜村的计划生育服务工作弘扬社会主义新风尚。2004 年，燕桥浜村开展“听取一堂课、看一盘科教带、答好一份试卷、填写一份信息”等活动。2005 年，燕桥浜村注重服务工作的信息化、制度化、标准化建设。2003—2014 年燕桥浜村节育措施落实情况见表 3-17。

表 3-17　2003—2014 年燕桥浜村节育措施落实情况一览表

单位：人

年份	育龄妇女人数	已婚育龄妇女人数	应落实措施人数	节育措施人数			
				男扎	女扎	上环	短效药
2003	642	576	509	0	68	363	21
2004	601	544	475	0	67	357	84
2005	609	504	442	0	50	325	84
2006	563	471	428	0	38	324	67
2007	530	441	419	1	34	302	58
2008	457	385	398	0	31	260	70
2009	381	317	289	0	21	196	56
2010	382	319	291	0	24	201	57
2011	379	303	272	0	20	202	58
2012	383	298	269	0	17	198	62
2013	378	287	258	0	15	205	64
2014	376	301	262	0	12	204	65

三、激励制度

1961 年 11 月，昆山县人大常委会第三次会议通过并颁布了昆山县《关于计划生育若干问题的暂行规定》，1982 年又做出了《关于计划生育若干问题的暂行规定》的几点补充规定。规定指出，凡同意终身只生一个孩子并落实节育措施的夫妇，发给“独生子女证”，村里每年发给独生子女保健费 40 元，年限从获证当年起，止于孩子14周岁；在孩子入托、入学、医药费等方面给予优惠；按计划生育的育龄妇女享受56天产假，给予施行节育手术的育龄妇女适当的休息时间；男女双方均为晚婚者，各增加1周婚假，婚假期间工分照得；晚育者除规定产假天数之外，还增加15天，难产者产假延长15天，为66天，产假期间工分照得，不影响全年评奖。1990年后，村域执行《江苏省计划生育条例》，优待和奖励符合晚婚年龄、依法登记的初婚夫妻，增加婚假7天；符合晚育年龄的夫妇，增加女方产假15—30天，给予男方护理假3—7天。

2005—2006年，农村计划生育家庭奖励三种对象：凡是本镇城乡居民，已取得“独生子女父母光荣证”并且未参加城镇养老保险的，年满60周岁的，子女是1963年1月1日后出生的；年满50周岁的，只生一个孩子并且孩子在未婚或已婚未育前死亡而未再生育和收养的；未参加城镇养老保险，年满60周岁已婚未育并且未收养子女的本镇城乡居民，按每人每月50元的标准发放奖励。

1979年，第一批领取“独生子女证”的，东北大队有28人，明星大队有37人。1979年东北大队、明星大队首批领取“独生子女证”的人员分别见表3-18和表3-19。

表3-18　1979年东北大队首批领取“独生子女证”人员一览表

序号	队别	家长姓名	子女姓名	出生年月
1	1	钱玉荀	钱志平	1976年12月
2	1	徐林元	徐凤娟	1978年1月
3	1	赵林英	张文娟	1978年12月
4	1	王坤元	王　震	1979年1月
5	1	金素花	俞军华	1976年6月
6	2	朱五男	朱敏花	1972年9月
7	2	俞金花	张水明	1975年6月
8	2	陈花妹	陈　刚	1978年10月
9	2	陈二男	陈　华	1978年12月
10	3	王兴龙	王黑妹	1964年7月

续表

序号	队别	家长姓名	子女姓名	出生年月
11	3	褚凤良	褚建芬	1978 年 2 月
12	3	杜大弟	杜　芳	1978 年 12 月
13	3	马志文	褚建刚	1979 年 5 月
14	3	褚生荣	褚英丽	1979 年 10 月
15	4	朱二官	朱杏花	1963 年 4 月
16	4	沈雪元	沈　勇	1976 年 5 月
17	4	褚长兴	褚惠冲	1979 年 1 月
18	4	沈密根	沈雪芳	1979 年 4 月
19	5	蒋雪根	蒋林元	1976 年 3 月
20	5	张大妹	殷建明	1978 年 1 月
21	5	王小夯	王永刚	1978 年 11 月
22	5	殷云良	殷彩琴	1979 年 5 月
23	7	宋培忠	宋引民	1978 年 1 月
24	8	朱凤生	朱建新	1977 年 12 月
25	8	周阿六	周雪芳	1978 年 10 月
26	8	毛阿二	毛金惠	1978 年 11 月
27	8	季花妹	颜惠青	1978 年 11 月
28	8	朱云官	周　平	1978 年 12 月

表 3-19　1979 年明星大队首批领取“独生子女证”人员一览表

序号	队别	家长姓名	子女姓名	出生年月
1	1	周根花	杜春弟	1977 年 5 月
2	1	陈永宝	杜文建	1979 年 10 月
3	2	毛玲珍	陆　刚	1977 年 10 月
4	2	金云妹	陆　敏	1979 年 1 月
5	2	陆月珠	陆冠萍	1979 年 3 月

续表

序号	队别	家长姓名	子女姓名	出生年月
6	2	薛金秀	陆美萍	1979 年 10 月
7	4	杜秀珍	朱静彬	1977 年 2 月
8	4	俞林英	陈　龙	1977 年 3 月
9	4	朱凤妹	陆　静	1978 年 1 月
10	4	陆秀花	陆美琴	1978 年 3 月
11	4	姚素珍	徐菊荣	1978 年 5 月
12	4	陆小妹	顾进良	1978 年 12 月
13	4	杨秋娥	陈　刚	1979 年 9 月
14	5	李金花	陆　伟	1977 年 11 月
15	5	戴长宝	顾红英	1978 年 6 月
16	5	何爱大	戴玉华	1978 年 11 月
17	5	王宝珍	陆　艳	1978 年 11 月
18	5	陆金珠	戴静红	1978 年 11 月
19	5	唐小娘	唐永清	1979 年 1 月
20	5	姚小妹	戴明卫	1979 年 6 月
21	7	陈金花	陆云龙	1976 年 11 月
22	7	赵绵英	朱　明	1978 年 11 月
23	8	陆阿玉	朱良英	1971 年 12 月
24	8	范黑妹	王香红	1977 年 5 月
25	8	王苏珍	王红芳	1978 年 1 月
26	9	陆秀珍	顾　华	1973 年 5 月
27	9	周小妹	王吉芳	1977 年 10 月
28	9	唐黑妹	熊凤香	1977 年 12 月
29	9	罗金凤	朱晓英	1978 年 2 月
30	9	陈塔妹	顾建明	1978 年 1 月
31	9	陈宗英	王　英	1978 年 10 月
32	9	顾素珍	熊　华	1978 年 10 月

续表

序号	队别	家长姓名	子女姓名	出生年月
33	9	沈祖英	陈月花	1979 年 3 月
34	10	陆冬云	许幸福	1978 年 1 月
35	10	龚月妹	蒋群云	1978 年 1 月
36	11	陈元妹	张红英	1976 年 10 月
37	11	洪素英	李　明	1978 年 11 月

四、二孩政策

自 2016 年 1 月 1 日起，国家提倡一对夫妻可生育 2 个子女。燕桥浜村贯彻执行二孩生育政策。村妇联首先利用网络平台和画廊宣传，对符合生育政策的家庭进行登记核实，鼓励符合二孩生育的家庭生育二孩。至 2020 年年底，全村生育二孩 16 人。

第四节　土　地

2001 年，村域总面积 7 500 亩，其中，耕地面积 5 265. 2 亩。2012 年，并入昆山高新区后，为适应高新产业经济发展的需要，3 980. 5 亩的土地被昆山高新技术产业园区开发征用，剩余的 1 284. 7 亩耕地被租赁给大农户继续耕种。

一、地貌土壤

（一）地貌

燕桥浜村域地形似一个长方形，东西相距 2 778 米，南北长约 1 800 米，总面积 7 500 亩，其中，耕地面积 5 265. 2 亩，水域面积 918 亩，村庄面积 450 亩，道路面积 240 亩，绿化面积 350 亩，集体建设用地 276. 8 亩。村域内河浜交错纵横，是典型的江南水乡；地势平坦、自然坡度小，属平原半高田地区，田面高程在吴淞基准 3. 2—3. 4 米。村域土地可分为低洼田圩、半高田圩两部分，部分田面高程低于汛期外河水位。中华人民共和国成立前，境域一遇大雨，由于排水不畅，易形成涝灾，损失惨重。中华人民共和国成立后，境域拓浚河道，联围并圩，将内外河分开，加固筑高圩岸，建闸控制，建造排涝站，预降水位，有效抵御了洪涝灾害的发生。

（二）土壤

域内地势较高，成土母质为湖相沉积物，质地黏重，显酸中性，土壤组合以黄泥土为主，镶嵌分布有灰底黄泥土、粉沙底黄泥土、小粉底黄泥土、青泥土、青紫土等类型。全村土地大部分为黄泥土。

1982 年，昆山县开展第二次全国土壤普查，结果显示：全村耕地，一年适宜种植两熟作物，秋熟种植水稻，夏熟种植“三麦”和油菜，秋夏两熟期间还适宜种植部分杂粮和经济作物。1982 年燕桥浜境域土壤分类面积与分布情况见表 3-20。

表 3-20　1982 年燕桥浜境域土壤分类面积与分布统计表

单位：亩

大队	土地面积	黄泥土面积	小粉底黄泥土面积	青泥土面积	青紫土面积
燕桥浜	2 870. 2	1 346	486	232	808. 2
东北	2 395. 0	1 218	474	221	482. 0

二、农田字圩

境域农户世代十分珍惜耕种的农田，在长期的劳动中，与农田结下了深厚的情感，为耕作方便，农户根据地理位置对所有农田字圩，起了生动形象、通俗易记的圩名。东北大队、明星大队共有大小农田字圩 82 块，分布在各自然村周边。

（一）东北大队

东北大队有 8 个生产队，总耕地面积 2 395 亩，分布 39 块农田字圩。1982 年东北大队各生产队面积、字圩分布情况见表 3-21。

表 3-21　1982 年东北大队各生产队面积、字圩分布一览表

单位：亩

队别	字圩名称	面积	合计	队别	字圩名称	面积	合计
1	毕字圩	83.0	297.3	4	训字圩	115.4	363.4
	三区里圩	42.0			东元字圩	38.0	
	小下区圩	30.0			西元字圩	40.0	
	立字圩	56.0			立字圩	38.0	
	十字圩	56.3			上白方圩	42.0	
	黄潭字圩	30.0			下白方圩	72.0	
2	训字圩	110.0	274.3		坟塘头圩	18.0	
	溇西圩	49.3		5	人字圩	55.0	262.8
	溇东圩	85.0			训字圩	83.8	
	贫大圩	30.0			东横港圩	124.0	
3	殷字圩	44.0	393.7	6	八字圩	97.0	225.6
	月字圩	41.0			兴字圩	47.0	
	大东元字圩	26.0			凤字圩	44.6	
	小东元字圩	28.0			外塘字圩	37.0	
	下白方圩	20.7		7	人字圩	83.0	214.1
	上白方圩	72.0			兴字圩	44.0	
	南听字圩	29.0			凤字圩	53.0	
	权上字圩	115.0			外塘字圩	34.1	
	裤子裆圩	18.0		8	人字圩	288.0	363.8
	—	—			凤字圩	75.8	

（二）燕桥浜大队

燕桥浜大队有 14 个生产队，总耕地面积 2 870.2 亩，分布 43 块农田字圩。1982 年燕桥浜大队各生产队面积、字圩分布情况见表 3-22。

表 3-22　1982 年燕桥浜大队各生产队面积、字圩分布一览表

单位：亩

队别	字圩名称	面积	合计
1	河西圩	136.9	281.1
	杨家圩	74.2	
	下彩港圩	70.0	
2	直江河西圩	129.4	236.4
	直江河东圩	90.0	
	老坟湾圩	17.0	
3	场门前圩	79.0	273.3
	周家坟圩	90.0	
	直港朗圩	50.0	
	东娄字圩	54.3	
4	仓泾港圩	60.0	277.3
	后巷港圩	123.0	
	溇肖里圩	36.3	
	申港港圩	58.0	
5	仓泾港圩	55.8	177.8
	唐家浜圩	92.0	
	苦字圩	30.0	
6	仓泾港圩	122.5	204.5
	溇肖里圩	72.0	
	回马头圩	10.0	
	—	—	
	—	—	
	—	—	
7	直通村边圩	18.9	208.9
	新开河圩	75.0	
	大场西圩	115.0	
8	王字圩	47.0	158.6
	大风字圩	69.3	
	小风字圩	42.3	
9	东仓泾圩	96.1	172.0
	西仓泾圩	75.9	
10	半夜浜圩	125.0	197.1
	南田垛圩	72.1	
11	半夜浜圩	52.0	191.5
	胡家浜圩	60.0	
	南田垛圩	79.5	
12	莫家浜圩	30.0	172.8
	兴字圩	60.0	
	陆家坟圩	13.0	
	仓泾港圩	33.8	
	唐家浜圩	36.0	
13	大风字圩	93.7	144.7
	王字圩	51.0	
14	小风字圩	49.7	174.2
	西仓泾港圩	48.6	
	石头坟圩	75.9	

第四章　村庄建设

燕桥浜村的村庄建设从村实际出发，注重体现地方特色，有计划、有步骤地开展道路桥梁、供水供电、邮电通信、基础设施、公共建设配套和环境保护等的建设。

70 年代前，境域内村落分散、交通闭塞，大队办公无固定地点，学校无正规校舍，村民饮用河水，照明使用油灯，邮电通信滞后。随着境域经济的发展，建设改造逐步进行。翻建村级道路 13 820 米，沿路桥梁同步改造，至 2020 年，在村域已建成的昆山高新技术产业园区内形成了 6 纵 4 横的交通路网格局；并先后改造标准公厕 14 座、河道清淤 13 000 米，安装排污水管 6 000 米，拆除违章建筑 2 000 平方米，粉刷墙壁 13. 42 万平方米。在水体优化、植树复绿、庭院绿化、环境整治和人居环境提升等方面成效显著。1998 年、2008 年、2014 年，燕桥浜村分别被评为“江苏省卫生村”“江苏省生态村”“江苏省社会主义新农村建设示范村”；4 次荣获“昆山市农村人居环境整治红榜行政村”；2020 年 11 月，燕桥浜村被评为“苏州市农村人居环境整治工作示范村”。

第一节　基础设施

中华人民共和国成立前后，境域内各个自然村之间的道路都是泥土路，弯曲狭窄，遇上雨天泥泞不堪；桥梁多是用树木、毛竹搭建成的简易桥，没有电力设施、公共建设、水利设施。自五六十年代起，东北大队、明星大队兴修水利、整治农田，启动境域内的桥梁建设。70 年代，境域内的供电、供水建设加快，特别是党的十一届三中全会后，境域内各项基础设施逐步完善。至 2018 年，全村道路成网、交通畅通，水利设施配套优化。

一、道路

（一）过境公路

沪宁高速公路　地处燕桥浜村南侧，是国家级主干线高速公路，连接上海和南京，全长 274 千米，东西过境长度为 2 778 米。1992 年 6 月正式开工建设，1996 年 2 月全线贯通，1996 年 9 月 15 日建成运营，1996 年 11 月 28 日正式通车。沪宁高速公路是沪宁线上一条全封闭、全立交、高等级、多功能的现代化高速公路。

苏昆太高速公路　地处燕桥浜村东侧，南北转西走向。始建于 2003 年，2007 年全线竣工通车，双向六车道。自苏州绕城公路角直枢纽，向北经昆山正仪、巴城、石牌至太仓市，为一级公路，设计时速为 100 千米，沥青硬化路面。村域段里港自然村西至界浦河，过境长度 1 800 米。

中华园西路　建于 2002 年，高标准沥青路面。呈东西走向，东起昆山柏庐大桥，西至燕桥浜村潘家桥，全长 11 000 千米、宽 60 米。过境长度 2 000 米，有双排路灯 57 盏。

新城南路 建于1979年，道路穿村而过，呈南北走向，北起马鞍山西路，南至马庄村，全长11.5千米、宽10米。过境长度1 800米，北起燕桥浜村村委会，南至沪宁高速公路。2002年重修，改造成双向四车道，路宽50米，境内双排路灯72盏。

（二）镇级公路

2003年，燕桥浜村村委会办公楼南侧区域被列为昆山高新技术产业园区。是年至2016年，建设道路总长9 400米，宽10—30米，道路两侧安装路灯270盏，形成6纵4横的交通路网格局。2003—2016年燕桥浜村域镇级公路相关信息见表4-1。

表4-1 2003—2016年燕桥浜村域镇级公路相关信息一览表

路名	走向	起止	长/米	宽/米	路灯/盏	修建年份
华淞路	东西	银淞路至直通港	1 400	30	42	2003
黄潭港路	南北	晨淞路至南星路	600	30	18	2003
晨淞路	东西	里港河至新城路	1 900	30	45	2003
银淞路	南北	中华园路至娄江	700	30	21	2003
长阳路	南北	中华园路至外泾村	600	10	18	2004
燕淞路	南北	华淞路至钢窗厂	200	10	6	2005
宝淞路	南北	燕桥浜路至建国混凝土厂	300	20	9	2005
燕桥浜路	东西	银淞路至直通港	1 400	30	42	2006
南星路	南北	中华园西路至外泾村	1 900	20	57	2016
长阳支路	东西	黄潭港至长阳路	400	30	12	2016

（三）村级道路

70年代之前，村庄之间的道路均为泥土路，出行可谓“晴天一身灰，雨天半身泥”。1976年，大队组织各生产队去昆山化肥厂购买碳氮化钙铺设道路，该路成为名副其实的“黑脚子”路，方便百姓劳作与出行。东北大队共铺设3 853米，明星大队共铺设7 160米。1985年，东北村、燕桥浜村2个村对道路进行改造，将“黑脚子”路全部改建成道砟路。1994年，在原道砟路基础上拓宽、压实，用水泥混凝土硬化路面，浇筑长度13 820米，小型汽车可直达村民家门口；新筑机耕路 2 150 米，面积 7 325 平方米。2015—2018 年，村水泥硬化机耕路 8 270 米，面积 10 840 平方米。1985—1994 年燕桥浜村翻建道路情况见表 4-2。

表 4-2　1985—1994 年燕桥浜村翻建道路一览表

单位：米

序号	位置	起止	长度	宽度
1	南港自然村	新城南路至直通河南、北两岸	700	4.0
2	直通自然村	直通河东、西两岸	350	2.0
3	双庙自然村	新城路至直通河	650	4.0
4	潘家桥（西）	直通港西岸	1 100	2.0
5	潘家桥后浜	直通港两岸	1 600	2.0
6	潘家桥南	直通港岸南至沧泾港转西	1 200	2.5
7	船泾坟自然村	直通至沪宁高速公路沿河西岸	170	3.0
8	燕桥前浜	新城南路至直通港	1 100	4.0
9	燕桥后浜	新城南路至直通港	1 600	4.0
10	外泾河（南北）	外泾河东、西两岸	500	3.0
11	里江自然村	里江河两岸	670	3.0
12	黄潭自然村	黄潭港东、西两岸	1 080	4.0
13	横港自然村	横港南、北两岸	500	4.0
14	田垛（南）	直通港至田垛村口	800	3.0
15	田垛（北）	直通港至田垛村西	1 800	4.0

二、桥梁

中华人民共和国成立初，燕桥浜境域内共有桥梁 32 座，其中，砖混结构的有 3 座，石墩结构的有 5 座，其他 24 座均是简易便桥。所谓“简易便桥”，即用 2 根树桩打入河道两侧，上架一根横梁，呈“工”字形，再用树木或竹子扎成排搁在上面，穿河而过。1968 年，在黄潭港上建造东方红大桥，桥为拱形钢筋混凝土结构，长 25 米、宽 3 米、高 3.5 米，可通过大型机械车，2010 年拆除。

70 年代，以生产队为单位，对简易便桥进行改造。新桥梁大致分为两类：

一类是用水泥桩打入水中做桥墩，在中间及两侧铺上楼板；另一类是用钢管或三角铁焊成拱形，上面铺上定制水泥板。木桥、便桥从此消失。此后，在大力发展农业、实现机械化的同时，各村于90年代对相关桥梁进行改造。较宽的河道采用拱桥设计，而较窄的河道用石头或砖块做成桥墩，桥面采用钢筋混凝土，可通过载重5吨以下的车辆。2000年后，汽车运输普及，大型农业机械引进村内。村域内主干道上的桥梁逐步改建成平桥，有的用石头做桥墩，有的用钢筋混凝土做桥墩，桥面一律采用钢筋混凝土浇筑，改造后的桥梁载重10吨以上。楼板桥、钢管铁桥从此消失。1968—2006年燕桥浜境域桥梁建造情况见表4-3。

表4-3　1968—2006年燕桥浜境域桥梁建造情况一览表

桥名	建造年份	所跨河名	走向	结构	长、宽、高/米
东方红大桥	1968	黄潭港	东西	混合拱形	25、3、3.5
四望桥	1968	内河	南北	桥桩拱形	28、2.3、2.3
前浜桥	1974	内河	南北	水泥拱形	18、4、3
孙家港桥	1974	内河	南北	水泥拱形	18、4、3
后巷桥	1974	内河	南北	水泥拱形	18、4、3
田垛村（西）	1978	内河	南北	钢筋拱形	15、2.5、1.2
黄潭村（南）	1979	毛家溇	南北	水泥平板	8、4、2.5
黄潭中桥	1979	长溇	南北	水泥平板	8、4、2.5
横港村东	1979	横港河	南北	水泥平板	8、4、2.5
里江村北	1981	里江河	南北	钢筋拱形	7、4、2.5
里江村南	1981	大溇	南北	桥桩拱形	8、4、2.5
扎泾浜村中	1981	扎泾浜	东西	水泥楼板	10、1.5、2
南港村东	1985	内河	东西	钢管拱形	10、2、2.1
南港村中心	1988	南港河	东西	水泥平板	18、3、1.2
直通港桥	1993	直通港	东西	水泥平板	10、5、1.2
外泾村南	1993	内河	南北	钢筋平板	8、4、2
黄潭村南	1994	黄潭港	东西	水泥平板	14、4、2
外泾村中	1995	外泾河	东西	水泥楼板	8、4、2

续表

桥名	建造年份	所跨河名	走向	结构	长、宽、高/米
外泾村北	1995	外泾河	东西	水泥平板	11、3.5、1.2
横港村中	1995	横港河	南北	水泥平板	14、3.5、1.2
半夜浜桥	1999	内河	南北	水泥平板	13、2.5、1.2
南港河桥	2003	南港河	南北	水泥板	18、38、1.2
田垛南	2004	内河	东西	水泥平板	16、3、1.2
船泾坟桥	2006	内河	南北	水泥平板	13、3、1.2
燕桥	2006	内河	南北	水泥平板	12、3、1.2
三穿桥	2006	内河	东西	水泥板	14、2.5、1.2
回码头桥	2006	内河	东西	水泥板	16、3、1.2
庙堂头桥	2006	直通港	东西	水泥平板	15、3.5、1.5
潘家桥	2006	直通港	东西	石墩平板	12、2.5、1.5
潘家北桥	2006	内河	南北	水泥平板	12、2.5、1.5

三、邮电通信

（一）邮电

中华人民共和国成立初，境域内邮政、电信十分落后，村民与外界联系，主要靠口头或信件传递，若有急事，到正仪镇用电话或电报联系。1959 年，正仪人民公社邮电所正式成立，建在下塘街君子亭南桥堍，具体办理代销报纸、杂志邮寄等业务，来往信件由专职邮递员派送。几年后，邮电业务量大增，对外招收邮递员。明星大队第 2 生产队陆云官被招入，成为正仪人民公社邮电所邮递员，负责把娄江南部大队报刊或信件派送至各大队固定地点，再由各大队派人通知收件人领取。村民若有书信往来，只要在信封上写上地址、贴上邮票，投入邮电所专设的邮箱即可。

邮电所的邮递员起初是背着邮包步行递送的。1975 年后改用自行车，之后用上摩托车。90 年代，快递公司成立，物流更加快捷。2000 年以后，网络购物兴起，村民坐在家中，只需点击手机，货物不日便送到家。

（二）通信

中华人民共和国成立初期，信息传播渠道极少，境域内百姓了解信息只能依靠人与人的沟通。1988 年后，随着电信事业的快速发展，电话进入百姓家。1996 年，全村 706 户农户家家装上电话，燕桥浜村成了电话村。90 年代，寻呼机（BP 机）出现后，许多村民纷纷购买，信息传递更加便捷。

90 年代初，少数村民开始使用手机。起初是体积较大的“大哥大”，随后又换成体积小、使用方便的三星、摩托罗拉、诺基亚等品牌的手机。2000 年以后，中国移动、中国联通在村内安装 4G 基站，手机更加普及，村民开始使用国产品牌华为、小米及国际品牌苹果等。

随着信息网络的进一步发展，村民购买电脑。2020 年，村域内 100%家庭拥有平板电脑，而且全部联网，真正进入信息化时代。传统的信件交流惨遭淘汰，短信、微信、视频取而代之。通过网络购销商品已成为燕桥浜人的生活常态。

四、广播电视

（一）广播

60 年代，有线广播进入燕桥浜境域的每个家庭，百姓从中了解国家大事、农村政策、科学种田知识、政治文化、文艺节目等。1965 年，境内出现高音喇叭，生产队把它安装到田间，百姓们一边劳作一边听。大队通过高音喇叭传递各种信息，改变以往靠开社员大会解决问题的习惯。全大队共安装大小喇叭 500 多只。90 年代后，广播喇叭被电视机替代。

（二）电视

1976 年，明星大队第 10 生产队率先购买 1 台雪花牌 9 英寸电视机。电视机质量不佳，屏幕上出现雪花，画面不清晰。1978 年改革开放后，电视机进入每家每户，电视机品牌多、品质高，多数家庭使用 18 英寸甚至更大的电视机，清晰度也有了质的提高。80 年代，农村有线电视网络开通。90 年代，数字电视出现，入户率达 80%。进入 21 世纪，超薄电视机（液晶）取代原有的老式电视机，清晰度更高、画面更逼真，性价比高、实用性强。村域内有线电视安装率达 100%。2015 年后，全村村民家庭均安装高清网络电视。

五、供电、供水、供气

（一）供电

1949年年初，境域内无电力设施，百姓照明靠油盏灯、煤油灯、蜡烛，富裕人家用汽油灯。夜间外出提灯笼、栀灯，办婚丧喜事用汽油灯。农田灌溉靠人力牵车、踏水车、牛盘车，脱粒靠人工掼。

1958年，明星大队在直通港北端与娄江交界处建造排涝站（明星排灌站），用于区域范围内的抗洪排涝。局部防洪得到改善。1974年，东北大队在黄潭自然村南和村西建电灌站2座，分别为50千伏安和30千伏安；明星大队又在船泾坟自然村南建造30千伏安电灌站1座（明星南站），并扩容明星排灌站，置换100千伏安容量变压器，使之成为灌溉、排涝两用站，且解决区域内照明、农田及部分工业用电。1978年，东北大队、明星大队分别安装80—100马力的发电机，解决农户照明问题。

改革开放以后，村民生活得到改善，冰箱、彩电、空调等家用电器进入每家每户，生活用电量成倍增加，这也造成供电不足。1997年，实行农网电力改造：新增变压器7台，将原变压器进行扩容，2项合计增容1 410千伏安；将原35平方毫米的电线改成95平方毫米的裸导线，进户线全部改成铜芯线，有效解决村民用电不足和安全使用问题。

（二）供水

70年代前，百姓喝水、洗衣、洗澡或做饭，用的都是河水。当时，每家自备一只水缸用来存水，将河水提入水缸后加一点明矾，经沉淀即可食用。

70年代后，农田的农药、化肥使用量不断增加，稻田水渗入河道，河水逐渐被污染。1985年，昆山县爱国卫生运动委员会提倡家庭饮用地下水（井水），各生产队抽调人员学习挖井技术。至1986年，东北村、燕桥浜村2个村基本家家户户挖上小深井。此后，农户开始饮用井水。

1988年，正仪镇建造第一个水厂，为各行政村提供自来水。燕桥浜村率先行动，于1989年投入20多万元，铺设管道，接通正仪自来水厂，全村398户村民都喝上自来水。东北村1990年投资18万元，接通正仪自来水厂，288户村民喝上放心水。

2000 年后，昆山市提倡城市、农村供水一体化，燕桥浜村域内全部用上昆山自来水厂的自来水。

（三）供气

80 年代前，农户用灶头做饭，燃料是稻草、树枝等。家家户户屋面矗立一只烟囱。

1982 年，实现家庭联产承包责任制后，村民生活水平逐步提高，少数人看到城市家庭使用液化气的方便后，弃用灶头，改用液化气烧饭、炒菜。1993 年，液化气普及，村民使用瓶装液化气率达 98%。进入 21 世纪，村民购买商品房，用上天然气。2020 年，燕桥浜村动迁户全部使用管道天然气。

第二节　公共设施

60 年代，境域内公共设施几乎为零，东北大队、明星大队均无办公场所，大队办公都是借用农户民房。学校、合作医疗诊所也都无固定用房。70 年代，东北大队、明星大队分别在黄潭自然村、畜牧场建造办公楼和学校。从此，大队办公、学校上课、合作医疗诊疗都有了固定场所。

2008—2015 年，为方便村民停车，燕桥浜村先后建造停车场 14 处，合计面积 9 925 平方米。

一、办公用房

1958—1960 年，东北大队办公地点设在黄潭自然村沈菊生家的 2 间砻坊屋中，开大会就在他家 6 间正房内进行。1969 年，东北大队办公地点迁至黄潭自然村褚寿生家的两间朝西转头间里。1973 年，迁至黄潭自然村张根寿家的三间一转头（三间主房、一间灶屋间）草房内。1979 年，迁至黄潭自然村村中心的

2 间教室内。1981 年，迁至东北小学的 2 间教室内。1986 年，在黄潭自然村河西岸桥堍建造四上五下办公楼，面积 220 平方米，一直用至 2001 年与燕桥浜村合并。

1958 年，明星大队将大队部设在燕桥浜自然村的双庙里，房屋 5 间，面积 100 平方米。1968 年，迁至畜牧场的 5 间平房内，面积 120 平方米。1990 年，在畜牧场河边建造五上五下办公楼，面积 280 平方米。1991 年，迁至明星北站水泥制品厂厂房内，面积 140 平方米。2001 年 8 月，东北村、燕桥浜村合并，村委会办公室设在东北村四上五下办公楼里。

2003 年，燕桥浜村办公室迁至燕桥浜路南侧店面房内，面积 150 平方米。2005 年，村办公室迁至娄江旁、镇南公路东侧原金光实业公司大楼，面积 400 平方米。2007 年，新建会议室 2 间、126 平方米，使用至今。

二、学校用房

60 年代，境域内的学校没有固定校舍，学校上课多借用庙庵或民房。教室大多阴暗、不通风。

1961 年，明星大队在燕桥浜自然村北侧建造教室 2 间、办公室 1 间，面积 132 平方米。1967 年，在原学校对面增建教室 2 间、朝东办公室 2 间，增设面积 152 平方米。全大队学前教育、小学教育均在此进行。1987 年，燕桥浜村又投资 1.42 万元翻建校舍。

70 年代，东北大队学生人数大增，原教室用房满足不了日益增加的学生入学需求，东北大队和正仪人民公社教委商定，共同出资在外泾、黄潭、横港建造 3 所学校。其规模、式样均相同，即一个大教室，长 9 米、宽 8 米，中间放横梁。每个教室前后安装 3 个窗户，让室内明亮，建筑面积 200 平方米。

1980 年，东北大队为了集中管理学校，在黄潭北侧征用土地 2.5 亩，建造标准教室 5 间、朝东办公室 2 间、幼儿园教室 1 间，建筑面积 290 平方米。1990 年东北完全小学迁至大众村，校舍被东北村使用。

三、停车场

2008—2015 年，燕桥浜村为方便村民停车，动用大型机械平整场地、硬化地面，先后建造14处停车场，合计面积9 925平方米。2008—2015年燕桥浜村建造停车场情况见表4-4。

表4-4　2008—2015年燕桥浜村停车场一览表

组别	自然村	长/米	宽/米	面积/米^2	建造年份
1	船泾坟	20	25	500	2008
	直通（西）	20	30	600	2008
	南港	25	25	625	2008
2、3	燕桥（后浜）	25	10	250	2008
2、3	燕桥（后浜）	30	25	750	2009
5	田垛（东）	25	30	750	2009
4	双庙头（西）	30	40	1 200	2010
6	外泾	60	30	1 800	2010
8	黄潭	40	20	800	2010
2、3	燕桥（前浜）	25	20	500	2011
1	直通（东）	15	15	225	2011
5	田垛（西）	25	20	500	2011
2、3	燕桥（前浜）	15	15	225	2012
4	双庙头（东）	40	30	1 200	2015
合计		—	—	9 925	—

位于燕桥浜村第2村民小组的停车场（2020年，罗英摄）

第三节　环境保护

燕桥浜村将环境保护作为一项民心工程来抓。从“厕所革命”到河道清淤、垃圾处理、雨污分流，再到环境整治、环境美化，彻底改变村容村貌。公共卫生、水体优化、环境美化都上了一个新台阶。

一、公共卫生

（一）厕所改造

中华人民共和国成立初，域内百姓使用马桶和粪缸（马桶是用木头做成的圆桶，桶上加一桶盖。粪缸搭建在户外宅基地周边，用一大缸，埋入土中过半，搭建毛竹稻草棚以遮风挡雨）。60 年代前，清晨每家主妇就在河滩上清洗马桶，称为“倒马桶”。70 年代，粪便集中，由生产队收集，马桶统一由集体安排人员清洗。80 年代，马桶重归农户自行管理。90 年代，村民普遍造楼房，每个家庭都有自己的卫生间，装的是抽水马桶，粪便排入自建化粪池，但粪水渗出严重，河道受到污染。2018—2019 年，为响应国家提出的“厕所革命”号召，全村实施厕所改造，兴建公共厕所 14 座，将各家各户的粪便集中排放到污水管道内，由污水处理公司集中处理。公厕配备专职管理人员，定期杀菌消毒，真正做到无蝇、无蛆、无异味。2018—2019 年燕桥浜村建造公厕情况见表 4-5。

表 4-5　2018—2019 年燕桥浜村建造公厕一览表

序号	公厕地址	面积/米^2	蹲位/个		建造年份
			男	女	
1	船泾坟	36.7	3	4	2018
2	直通	36.7	4	3	2018
3	南港	36.7	4	3	2018
4	前浜	36.7	3	4	2018
5	直通	34.5	2	4	2018
6	双庙头	36.7	3	4	2018
7	后浜	46.7	3	2	2018
8	潘家桥口	24.0	2	2	2018
9	潘家桥南	24.0	2	2	2018
10	田垛南	37.8	3	4	2018
11	田垛北	37.8	3	4	2018
12	潘家桥中	24.0	2	2	2019
13	潘家桥北	37.8	3	4	2019
14	蔬菜疏导点	37.8	3	4	2019

位于燕桥浜村第 4 村民小组的公共厕所（2020 年，罗英摄）

（二）垃圾处理

1990年前，大多数农户将剩菜剩饭喂猪，将生活垃圾倒入猪圈。90年代后，土地实行规模经营，许多村民走上打工经商之路，家庭养猪受到限制，外来打工者越来越多。垃圾管理不到位，生活垃圾随处可见，污染严重。

生活垃圾收集点（2020年，罗英摄）

2000年后，燕桥浜村村委会重视垃圾处理。以自然村为单位，砌上4—6个垃圾箱，并安排村民沈小夯、李根福、李海峰3人将垃圾用板车运至指定地点填埋。由于外来人口不断增加，垃圾产出量倍增。2012年，燕桥浜村村委会决定改垃圾箱为垃圾桶，用电瓶三轮车代替人力拉板车，将垃圾送至垃圾中转站处理。

2019年，国家号召全面实施垃圾分类，促进生活垃圾减量化、资源化、无害化，营造优美、整洁的生活环境。燕桥浜村村委会广泛宣传，深入发动。2020年年底，燕桥浜村村委会组织召开现场会，指导村民进行垃圾分类，并在主要路段设好垃圾投放点，每个点放上4只贴有分类标签的垃圾桶，配有分拣人员，指导、督促村民做好垃圾分类投放工作。村域内垃圾分类工作有条不紊进行。

二、水体优化

（一）河道清淤

1990年，农田由家庭承包过渡至规模经营，结束农户河内罱泥造肥的历史，加之村民将生活垃圾倒入河中，致使河水发黑、发臭，河底淤泥沉积严重。1993年，对村域河道进行清淤，对黄潭港清淤，分别在黄潭港北端、娄江南侧和黄潭村南侧筑坝，抽干河水，请专业人员清淤，清淤长度千余米。1994年，清理外泾港、毛家溇，清淤长度2 000米。1996年，清理1 500米长的里港河。

2011 年，清理燕桥浜前浜、后浜和直通港，总长度 3 500 米。2017 年，对田垛、南港、直通等河道进行二次清淤，共清淤长度 5 000 米。通过清淤，水变清了，臭味除了。为确保水质优良，燕桥浜村成立河道清洁队伍，捞净水面漂浮物，从根本上解决水体污染的问题。

燕桥浜河道清淤（2019 年，陆虎林摄）

河道清淤后清澈的水面（2019 年，陆虎林摄）

（二）雨污分流

2014 年前，村域内没有单一的排雨污水管道，致使雨水、生活污水合流，一起排入河道，造成二次污染。2015 年，燕桥浜村村委会投入资金 8.5 万元，实施全村污水专用管道全覆盖工程，安装排污管道 6 000 米。管道安装完成后，将各家各户的污水连接至污水管道内，通过排污管道输送至昆山高新区污水处理厂处理，真正做到雨污分流、集中处理、达标排放。

（三）河面保洁

燕桥浜境域内水域面积较多，河道交织如网，每到春天各种水草滋生。夏天更是水草暴长季，河内到处都长着密密麻麻的水草，有的甚至冒出了水面，加上生活垃圾管理不当，白色漂浮物随处可见，严重影响河道卫生。

捞草（2020 年，罗英摄）

2001年，燕桥浜村村委会成立河道水面卫生清杂队伍，书记褚华任河长，配备水泥船5条，分河道分地段实施包干，专门负责对河内水草及水面漂浮物进行清除，对河道清污规定地段实施打、捞、清处理。几年后，村域内河道水面看不到水草及各种漂浮物。

（四）水面绿化

燕桥浜村域内的一汪清水（2019年，陆虎林摄）

因村域内河水长期承受各种污染物侵蚀，2013年，燕桥浜村村委会决定开展水面绿化。用一块块方形泡沫拼扎在一起，组成方形浮体，固定在河面上。在泡沫上种植水菖蒲、水蓬草、叉柱花、皇冠草、龙鞭草等。栽种时将各种水草混合排列，使其错落有致。河岸边也种植净化水质的水草，形成一道水上风景，水面绿化由此而生。水生作物既可以绿化水面，又可以净化河水。水面绿化后，村域内河道整洁，水绿景美。

三、环境美化

（一）墙面粉刷

2001年9月，村域响应“创建卫生村”的号召，东北村、燕桥浜村2个村为全村711户的农房进行外墙粉刷，每户外墙面积约200平方米，全村约刷42 200平方米。从地面起至80厘米处画直线，直线以下统一涂水灰色，直线以上刷白色涂料。使墙画色彩分明，体现出乡村特色。

2011年，燕桥浜村为居住在沪宁高速公路附近的黄潭、外泾和船泾坟3个自然村的农户粉刷外墙面，其中，为黄潭自然村刷楼房66户、13 200平方米，平房12户、1 200平方米；为外泾自然村刷68户、13 600平方米；为船泾坟自然村刷20户、4 000平方米。累计粉刷166户，面积32 000平方米。

2019年，燕桥浜村为进一步提高人居环境质量，建设美丽乡村，为船泾坟、直通、南港、燕桥浜、田垛5个自然村的200余户村民房屋进行外墙涂料粉刷，累计粉刷面积60 000平方米。

（二）乡情壁画

2019—2020年，燕桥浜村为改善村容村貌，提升村民房屋美观度，提升村民对居住环境的愉悦感，营造美丽乡村形象，特请来专业美术师，在未拆除的民房外墙、显眼的墙面上画出各种展现农村风情的壁画。壁画内容丰富多彩，有反映乡村面貌的，有体现农村生活的，有表现文体娱乐的，有描绘童趣的，可谓千姿百态、应有尽有，深得村民喜爱。全村共有壁画32幅，累计绘画面积625平方米。

乡情壁画（2020年，罗英摄）

（三）路侧篱笆

2015—2018年，燕桥浜村为打造美丽乡村，既顺应农民在场前屋后空地种植蔬菜的习俗，如实反映农村生活的传统面貌，又不违背新农村建设要求，允许农户在空闲地种植蔬菜。同时，进行优化管理，定制矮脚篱笆，将农户种植蔬菜地域及道路两侧用篱笆围起来，既维持了农村传统生活特色，又美化了环境。4年中，燕桥浜村先后安插篱笆1 600米。

路旁的篱笆（2020年，罗英摄）

（四）种植花草

境域百姓自古以来就有在房前屋后种树种花以美化环境的习惯，此举有家业兴旺之寓意。树以香樟为最，花为菊花、梅花、月季花为多。2000年后，为加强新农村建设，改善人居环境，植树种花成为村民的自觉行动。燕桥浜村村委会为部分种在道路边或树龄较大的树木砌上花坛，挂上保护示意牌。在进村

动迁宅地复绿（2020 年，罗英摄）

的主干道两侧增植香樟树或水杉木。在各村民小组之间的交通道路旁植树 800 余株，长度 2 000 米。2018 年，燕桥浜村村委会在已动迁的 8 户农户的空地上种上黄杨，植上鲜花，插上草坪灯等，合计绿化面积 1 601 平方米。空地复绿 12 处，面积共计 2 500 平方米。

（五）庭院绿化

2019 年 8 月，燕桥浜村村委会为落实昆山高新区（玉山镇）政府“打造美丽庭院，扮靓乡村美景”的工作要求，选定王双弟、陆火林、顾全林 3 户家庭为示范户，在 36 户村民中，推广庭院绿化工作。

2019 年 10 月，王双弟家的庭院改造工程启动。王双弟家居住在河浜末端，向北后院比较大，改造时，先将后院硬化，中间用彩瓦铺设一条长 0. 8 米的小路至后门，将庭院一分为二。东边砌成梯形式花坛，贴上墙砖，安插绿色矮脚护栏。在花坛中间种上桂花树，四周种上黄杨和茶花。花坛内侧种上爬藤的风车茉莉和羊毛树，西边用防腐木搭建一个高 2. 5 米、宽 1. 8 米、长 3. 5 米的葡萄棚。棚下摆放圆形的石桌和石凳，周边用彩色的轮胎为背景做装饰。

2020 年 10 月，燕桥浜村村委会选定戴金中等 36 户家庭作为庭院绿化对象，绿化工作全面启动。该工程用工时 156 个，粉刷庭院墙壁 2 500 多平方米，砌各式各样的花坛 33 只，种植凌霄花、茶花、三角梅、月季等 300 余株。为庭院绿化户改造老化线路及整治乱拉乱接成蜘蛛网似的线路，按标准配备电力设施，彻底改变脏、乱、差的庭院面貌。这一举措得到了昆山高新区党工委的高度肯定，各镇领导纷纷前来参观学习。为巩固成果，鼓励农户积极看齐，昆山高新区（玉山镇）政府按照“门庭整洁、院落有绿”的标准，评选出五星级美丽庭院 3 户、三星级美丽庭院 2 户、一星级美丽庭院 20 户。其中，潘家桥 69 号王双弟家的庭院被昆山市农业农村局、市妇联评为 2020 年度十佳“美丽庭院”之一。2019—2020 年燕桥浜村五星级、三星级、一星级美丽庭院统计情况见表 4-6。

表 4-6 2019—2020 年燕桥浜村一星级、三星级、五星级美丽庭院一览表

级别	户数/户	户主姓名
五星级	3	陆云男、顾全林、王双弟
三星级	2	钱菊香、蔡培元
一星级	20	戴金中、陆花根、王二男、顾兴元、陆金苟、马金林、祝小男、戴宗林、郭祥宝、戴宗男、戴宋林、陆雪根、李大生、陆根云、王宗宝、徐永泉、陈小山、陆林元、陈良、陆火林

王双弟家的庭院绿化（2021 年，褚永明摄）

庭院绿化一角（2020 年，褚永明摄）

第四节 环境整治

2019 年，燕桥浜村村委会积极落实中共中央发出的“还青山绿水，使空气更加清新，让家园美丽如画，为安定多彩生活而努力”的指示精神，发扬求真务实、动真碰硬的工作作风，制订方案、精心组织，如期打响村域环境综合整治攻坚战。

一、搭建乱象

受传统观念的影响，燕桥浜村的部分村民为了自身利益需要，有的任意拓展建筑面积，在庭院外搭建小屋，在道路衔接处堆放杂物；有的侵占道路、违章搭建，使原本不宽敞的道路变得更加狭窄，造成交通拥挤；还有的在道路边垦地种菜。凡此种种脏、乱、差现象既妨碍交通，又严重影响村容村貌。因此，着力解决环境整治问题及整治私搭乱建现象势在必行。

二、宣传发动

面对村域内私搭乱建现象，2019 年 9 月，燕桥浜村“两委”召开会议，对环境全面整治做周密部署，成立以村委会主任为组长的领导班子，专门召开党员、村民小组长会议，做好宣传发动工作，以做到上级精神宣传到位、班子人员思想统一、发动群众一个不漏、上下一致形成共识，确保整治工作有条不紊地展开。在宣传发动时，燕桥浜村村委会印刷了具有针对性的宣传材料，发至各家各户，使村民看到问题的严重性及解决问题的必要性。燕桥浜村村委会还针对一些思想上一时转不过弯来的重点对象进行排摸，确定一对一的宣传发动对策，经过动之以情、晓之以理的解释与开导，村民真正认识到环境整治的意义，解除思想“疙瘩”。

三、实施行动

拆除违章搭建、清除杂物后，燕桥浜村村委会立即着手对空地进行整理，对稍大的地块进行平整，种上花草树木；对公路边的地块进行水泥硬化，并安插矮脚篱笆。村域内脏、乱、差现象得到改善，村容村貌焕然一新。

在整治行动中，共拆除潘家桥、燕桥浜沿河沿岸违章建筑 1 981 平方米，其中，在潘家桥拆除 19 处，计 450 平方米；在燕桥浜拆除 49 处，计 1 531 平方米。清除各种垃圾 200 多吨。

四、整治效果

2019 年 11 月至 2020 年 6 月，燕桥浜村环境整治实现全覆盖，4 次荣获“昆山市农村人居环境整治红榜行政村”，5 次荣获“昆山市农村人居环境整治红榜自然村”，其中，田垛自然村获奖 2 次，潘家桥自然村获奖 2 次。2020 年 11 月，燕桥浜村被评为“苏州市农村人居环境整治工作示范村”。

整治前

整治后

燕桥浜村环境整治前后对比图（2020 年，王晓华摄）

第五章 农 业

燕桥浜村是一个农业村，历史上以种植水稻、“三麦”、油菜为主。1949 年前，土地私有，贫困人家以租田谋生，农业生产力低，粮食产量低而不稳。1949 年后，实行土地改革，农民分得土地。境域百姓经过互助组、初级社、高级社，走上农业合作化、人民公社化道路，农业生产力和粮食产量显著提高。60—80 年代，境域大力推广农业机械化，逐步实行农田灌溉机电化、耕种机械化，提高了生产力。同时，大兴水利，确保农田旱涝无殃。村民们在长期的生产中，根据四季变化，摸索出一套农耕经验：大积大造自然肥料、合理布局四季农田、引进优良品种、推广农业新科技、建设丰产示范方，粮油产量逐年提高。

1982 年，境域内全面实行家庭联产承包责任制。1988 年，村域稳定家庭联产承包责任制，走推进农业现代化、商品化、专业化发展道路。1993 年，土地承包确权。1998 年，全村对所有承包土地延长承包期，延长为 30 年，并为 706 户承包农户发放“农村集体土地经营权证”，从根本上保障农民的合法权益，消除后顾之忧。

第一节 生产关系变革

中华人民共和国成立前，土地大多集中在少数人手里；中华人民共和国成立后，境域通过土地改革，贫苦农民分到了土地，成了土地的主人，自愿组建互助组，逐步走上合作化道路。1958 年，人民公社成立。1982 年以后，境域内全面实行以农户为单位的家庭联产承包责任制，确保承包户的合法权益，稳定境域农业经济的发展。1998 年，进行全面确权发证。随着改革开放政策不断深入，村域粮田向种田能手集中，至 2020 年年底，村域内累计出现 57 位种植大户。村民就业开始走向第二、三产业。

一、土地私有制

中华人民共和国成立前，土地归私人所有，大量土地被地主、富农占有。土地改革时，境域耕地有 5 265.2 亩，其中，地主 2 户、富农 15 户，占有耕地 2 603 亩，约占总面积的 49.44%；上中农 35 户，占有耕地 498 亩，约占总面积的 9.46%；中农 103 户，占有耕地 1 004 亩，约占总面积的 19.07%；贫下中农 183 户，占有耕地 1 004 亩，约占总面积的 19.07%。村域内大多数农户因无地或少地，均通过定租、活租和小租等形式，向地主、富农租田耕种。

定租 每年每亩交 8 斗糙米。中途出租方除特殊原因之外，不会收回租田。

活租 一般每年每亩要交 1 石（1 石=120 斤），最高要交到 1.5 石。

二、土地改革

1950 年 6 月，中央人民政府颁布《中华人民共和国土地改革法》。同年 12 月，境域成立农民协会，农民协会主任为杜林桂。境域内进行土地登记，逐户造册，根据土地多少，清查各阶层占有土地的情况，按农户实有人口、人均占有土地，评定成分，成分包括地主、富农、上中农、中农、贫下中农、雇农6种。全村有土地5 265.2亩，总户数338户，总人口1 354人，人均约分得土地3.9亩。同时，给183户贫下中农和雇农困难家庭，分配房屋、牛、船、车四大财产。农民有了自己的耕地，以家庭为单位进行耕种。

三、农业合作化

1952年土地改革运动结束后，中共中央提出农民要逐步走上集体化道路，在自愿互助的基础上组建互助组，并在此基础上建立初级社，最后成立高级社。

（一）互助组

土地改革后，虽然土地按人分配，但户与户之间的劳动力有差异，大型农具及生产工具分配不均衡。刚开始，农户之间自己进行盘工，其中，有劳力盘工、人畜盘工。

1951年年底，中共中央印发《关于农业生产互助合作的决议（草案）》，境域内掀起互助合作化运动，在自愿互利的基础上，农户自愿搭档、组建互助组进行生产。劳动力、大型农具等进行余缺调剂、等价交换。

1952年2月，里港自然村成立域内第一个互助组，组长为徐阿炳、褚火根，有沈小根、朱纪根、杜金生等5户，全组总人口17人，耕田45亩。组里有耕牛1头，大小农用船各1条，牵水车1套，小型生产工具齐全。当年5月底，陆续组建以沈腊妹、魏根法、王腊狗、何阿招、周巧生、周中福、季阿招、季凤林、季小弟等为代表的42个互助组。参加农户120余户，涉及土地2 000余亩。当年水稻、“三麦”、油菜产量提高20%。村民还编写顺口溜“我有耙，你有犁，两家合作都便利，盘工合作搞得好，自愿两字莫忘记”，称赞互助组。

（二）初级社

1954年10月，在互助组的基础上，境域内办起初级社。入社人家以土地入股，户主保留土地所有权，入股后土地统一经营，统一安排劳动力，年终按土劳分配，大型农机具折价保本付息。境内燕桥自然村办起明星社，社长为王阿根，会计为陆早福；田垛成立新星社，社长为吴小妹，会计为洪根梅；潘家桥成立金星社，社长为许福全，会计为王海泉；船泾坟、直通、南港自然村成立红星社，社长为陆全生，会计为杜炳生，并选举4个社的总负责人周小娘、王阿根。外泾自然村成立中心社，社长为刘阿中，会计为俞元生。里港自然村成立乡东社，社长为朱纪根，会计为金启敏。扎泾浜、横港自然村成立东北社，社长为周巧生，会计为王真静。初级社的建立，调动了广大农民的生产积极性，粮食产量明显比互助组时期高。

（三）高级社

1955年11月，境域内贯彻《中共中央关于农业合作化问题的决议》，针对初级社存在规模小、土地分散的问题，把靠在一起的几个初级社合并起来，成立高级社，便于平整土地和兴修水利，有利于连片作业，适应生产发展需要。

高级社规定土地归集体所有，各户按人口划分少量自留地，大型农具折价归集体，实行按劳分配。成立的高级社，既是经济实体，也是基层行政组织。1956年3月，境域内成立明星高级社，社长为杜林桂，副社长为朱引生，会计为熊佃英，生产主任为杜梅茂，监察主任为孙金荣，监察副主任为陆永泉，财务主任为黄永良，妇女主任为陆阿玲；成立东北高级社，社长为周巧生，会计为金启敏。2个高级社下设若干个生产队，一般以原来的一个初级社为一个队。

土地归高级社集体所有后，有利于连片种植及管理，对生产队实行“土地、劳力、耕畜、大型农具”“四固定”，管理上实行“定产量包产，定工分包工，定成本包本”，超产增收的部分直接纳入社员分配的模式。采取夏熟预分、秋熟决算，全年从净收入中提取公积金、公益金，用于扩大再生产和社员集体福利事业；提取管理费，用于高级社的日常开支。

四、人民公社

1958年8月，中共中央政治局在北戴河举行扩大会议，做出《中共中央关于在农村建立人民公社问题的决议》。是年，正仪乡贯彻中共中央的决定精神，实行政社合一，成立正仪人民公社。境内明星高级社更名为“明星大队”，成立大队党支部及大队管理委员会，由杜林桂担任党支部书记、朱引生担任大队长。明星大队下辖11个生产队，第1—11生产队队长分别由杜林生、陆汉生、赵根生、陆国良、李妹妹、杨福林、王阿根、陆阿水、王林生、黄永泉、胡云生11人担任。东北高级社更名为“东北大队”，成立东北大队党支部及大队管理委员会，由阮阿本担任书记、周巧生担任大队长。东北大队下辖8个生产队，第1—8生产队队长分别由朱阿宗、陈大水、徐阿炳、褚耀明、王阿炳、王腊狗、何阿早、毛阿三8人担任。管理层次为正仪人民公社—生产大队—生产队。以生产队为经济核算单位，社员以工时结算个人、家庭报酬。但时间长了，境域出现出勤不出力的弊端。境域内明星大队、东北大队2个大队针对这个问题，从1970年后采取拆队的方法，即把原人口多、规模大的生产队分成2个队，引进竞争机制；改每天平均记工为定工、定量的计件制，充分调动社员的积极性。

五、家庭联产承包责任制

1982年6月，境域全面实行以农户为单位的家庭联产承包责任制，土地一包到底，按劳动力划分责任田，按人口划分口粮田。自主经营，自负盈亏。大队建立农业经济合作社，为农户的生产做配套服务，形成并完善以家庭联产承包经营为主的统分结合的双层管理经营机制。

（一）划分原则

按劳动力划分责任田，按人口划分口粮田；以产量求平衡为主，不搞平均分配；以便利耕作为主，不划分插茬田。

（二）划分方法

扣除口粮田、自留田，其余作为责任田。责任田按年龄划分，即18—60周岁为十成，60—65周岁为五成，65—70周岁为三成，70周岁以上不划责任田。村正职干部划三成，副职划七成，亦工亦农不划，村条线人员（“赤脚医生”、村电工等）划两成。

1982年，东北大队、燕桥浜大队2个大队共有680户、2 663人，共有耕田5 265.2亩。按总人口每人约划分口粮田0.5亩；按生产队人、田比例划分自留地，人均约划得自留地0.15亩；剩余按劳动力人数比例划分责任田。划分时要做到合法、合情、合理。把生产队的专有土地全部分给每家每户；分田到户，做到公平、公正、公开、大家同意；田圩搭配，做到群众满意为止。

1982年，第一轮划田结果：东北大队每个劳动力平均分到责任田3.2亩，其中，田多的第6生产队每个劳动力分到责任田4.1亩，田少的第2生产队每个劳动力分到责任田 2.4 亩；燕桥浜大队每个劳动力平均分到责任田 2.4 亩，其中，田多的生产队每个劳动力分到责任田 3.4 亩，田少的生产队每个劳动力分到责任田 1.9 亩。人均口粮田分到 0.6 亩；自留田各生产队有多有少，总体人均分到 0.1 亩多。1982 年东北大队、燕桥浜大队第一轮划田情况分别见表 5-1、表 5-2。

表 5-1　1982 年东北大队第一轮划田情况一览表

队别	总面积/亩	户数/户	人口/人	劳动力/人	责任田/亩	自留田/亩	口粮田/亩
1	297.3	43	149	72	200.5	22.3	74.5
2	274.3	41	149	74	177.4	22.4	74.5
3	393.7	41	155	78	292.9	23.3	77.5
4	363.4	48	168	83	254.2	25.2	84.0
5	262.8	28	115	57	188.0	17.3	57.5
6	225.6	23	83	42	171.6	12.5	41.5
7	214.1	39	164	81	257.2	24.6	82.0
8	363.8	39	164	81	257.2	24.6	82.0

表 5-2　1982 年燕桥浜大队第一轮划田情况一览表

队别	总面积/亩	户数/户	人口/人	劳动力/人	责任田/亩	自留田/亩	口粮田/亩
1	281.1	32	144	69	189.9	19.2	72.0
2	236.4	30	135	67	151.9	17.0	67.5
3	273.3	24	132	65	188.3	19.0	66.0
4	277.3	43	176	86	172.5	16.8	88.0
5	177.8	24	103	51	115.0	11.3	51.5
6	204.5	25	102	49	140.0	13.5	51.0
7	208.9	24	95	46	146.9	14.5	47.5

续表

队别	总面积/亩	户数/户	人口/人	劳动力/人	责任田/亩	自留田/亩	口粮田/亩
8	158.6	19	86	42	104.0	11.6	43.0
9	172.0	29	103	51	109.4	11.1	51.5
10	197.5	35	126	64	120.3	14.2	63.0
11	191.5	25	103	52	178.0	13.5	51.5
12	172.8	25	103	50	110.3	11.0	51.5
13	144.7	17	74	38	97.2	10.5	37.0
14	173.8	24	100	51	112.6	11.2	50.0

（三）确权发证

实行家庭联产承包责任制后，农村剩余劳动力大量转移，出现土地抛荒现象。1988年秋季，东北村、燕桥浜村2个村进行第二次土地承包确权，稳定家庭联产承包责任制，推进农业现代化、商品化、专业化、集约化发展。1998年，村里延长第二轮土地承包期，延长为30年，贯彻执行江苏省、苏州市关于做好延长土地承包期和向承包农户颁发“农村集体土地经营权证”的工作，实施昆山市委《关于稳定完善农村土地关系发放经营权证书的实施意见》，结合村实际情况，坚持以家庭联产承包责任制和统分结合的双层经营体制，向全村承包农户颁发“农村集体土地经营权证”，从根本上保护承包户的合法权益，稳定村农业经济的发展。

东北村、燕桥浜村的确权发证工作围绕“农村第二轮土地承包期再延长30年”的政策规定，广泛宣传、深入发动，丈量土地面积，核实在籍人口总量。在核实、查清2个基数后，在具体工作中，东北村、燕桥浜村坚持土地所有权权属不变；坚持农民享有土地承包权；坚持稳定现有土地规模经营；坚持大稳定、小调动；坚持“三权分离”，明确土地所有权，稳定土地承包权，搞活土地使用权。通过摸底调查、核实确认，1998年，东北村、燕桥浜村发证户数706户，确权人数2 402人，确权面积3 030.63亩，人均确权面积约1.26亩。1998年东北村、燕桥浜村土地承包确权发证情况分别见表5-3、表5-4。

表 5-3 1998 年东北村土地承包确权发证一览表

组别	户数/户	确权人数/人	确权面积/亩
1	40	114	181.15
2	20	67	51.76
2	20	66	77.62
3	21	65	101.63
4（西）	25	63	90.00
4（东）	23	59	117.50
5	29	87	192.59
6	26	75	155.45
7	28	86	165.93
8	34	96	85.10
9	18	62	123.10
10	13	59	37.30

表 5-4 1998 年燕桥浜村土地承包确权发证一览表

组别	户数/户	确权人数/人	确权面积/亩
1	44	137	165.21
2	33	91	115.44
3	41	134	208.70
4	41	170	101.88
5	24	107	104.70
6	28	81	144.13
7	31	100	147.88
8	17	63	78.37
9	29	96	138.63
10	35	123	85.78
11	32	112	139.65

续表

组别	户数/户	确权人数/人	确权面积/亩
12	27	104	82.36
13	22	87	80.40
14	29	98	61.39

六、土地确权流转

村域农业实行家庭联产承包责任制后，村民劳动的积极性得到了提高，在业余时间，发展第二、三产业，跑运输。村民逐步在镇或市区购房定居。在这种背景下，承包田让给种田能手代耕，谁种谁收，代为完成订购任务。自1994年起，规模种植逐渐出现，并迅速增多。大农户实行个人承包，集体投资，定额上交，成本核标，实奖实赔，自负盈亏。

大农户的出现，有效控制了土地抛荒现象，稳定了农业，有利于推动农业机械化发展，减轻劳动强度，提高生产效率，便于科学种田，以及新农业、新技术的推广。

1994—2020年，燕桥浜村域将农户流转土地租赁给57位种田能手种植。1994—2020年燕桥浜村域大农户承包粮田情况见表5-5。

表5-5 1994—2020年燕桥浜村域大农户承包粮田一览表

序号	大农户	土地组别	承包年月	承包面积/亩
1	顾宗宝	8	1994年10月—1997年12月	145.8
2	高锦文	6	1994年10月—1997年12月	253.4
3	集体农场	4	1994年10月—1997年12月	60.0
4	顾巧男	2	1994年10月—2001年12月	50.0
5	陈小艾	6	1994年10月—2001年12月	59.0
6	蒋坤元	8	1994年10月—2001年12月	40.0
7	巫炳兴	11	1994年10月—2001年12月	80.0
8	宋香根	8	1994年10月—2001年12月	30.0

续表

序号	大农户	土地组别	承包年月	承包面积/亩
9	许荣林	9	1994 年 10 月—2001 年 12 月	87.0
10	黄林才	10	1994 年 10 月—2001 年 12 月	127.0
11	朱解英	7	1994 年 10 月—2001 年 12 月	108.0
12	沈惠男	8	1997 年 10 月—2001 年 12 月	46.1
13	杜巧泉	7	1997 年 10 月—2001 年 12 月	46.0
14	金义荣	1	1997 年 10 月—2001 年 12 月	46.5
15	巫进才	10	1997 年 10 月—2001 年 12 月	50.0
16	钱雪生	1	1997 年 10 月—2001 年 12 月	52.0
17	田香泉	3	1997 年 10 月—2001 年 12 月	71.0
18	集体农场	各组	1997 年 10 月—2001 年 12 月	240.0
19	顾宗生	8	1998 年 12 月—2001 年 12 月	102.0
20	朱宗明	8	1998 年 12 月—2001 年 12 月	27.0
21	杜小荣	9	1998 年 12 月—2001 年 12 月	46.0
22	沈小夯	4	1998 年 12 月—2001 年 12 月	72.0
23	洪福兴	7	1998 年 12 月—2001 年 12 月	83.0
24	朱福林	1	1998 年 12 月—2001 年 12 月	18.0
25	刘宗兴	2	1998 年 12 月—2001 年 12 月	27.0
26	陈大男	2	1998 年 12 月—2001 年 12 月	63.0
27	徐美根	2	1998 年 12 月—2001 年 12 月	38.0
28	沈小夯	8	2009 年 6 月—2014 年 10 月	47.0
29	徐林元	6	2009 年 6 月—2014 年 10 月	53.0
30	戴小男	1	2009 年 6 月—2014 年 10 月	91.0
31	戴金生	1	2009 年 6 月—2014 年 10 月	23.0
32	马金林	3	2009 年 6 月—2014 年 10 月	63.0
33	朱巧男	3	2009 年 6 月—2014 年 10 月	37.0
34	周祥英	3	2009 年 6 月—2014 年 10 月	82.0

续表

序号	大农户	土地组别	承包年月	承包面积/亩
35	李四生	2	2009年6月—2014年10月	52.0
36	陆根男	4	2009年6月—2014年10月	58.0
37	王双弟	4	2009年6月—2014年10月	50.0
38	许狗男	4	2009年6月—2014年10月	73.0
39	黄林才	5	2009年6月—2014年10月	112.0
40	巫炳兴	5	2009年6月—2014年10月	63.0
41	苏瑞祥	10	2009年6月—2014年10月	83.0
42	戴凤男	2	2009年6月—2014年10月	68.0
43	沈金良	1	2014年11月—2019年10月	114.0
44	李四生	2	2014年11月—2019年10月	58.0
45	朱巧男	3	2014年11月—2019年10月	216.0
46	宋香根	4	2014年11月—2019年10月	121.0
47	许狗男	4	2014年11月—2019年10月	113.0
48	巫炳兴	5	2014年11月—2019年10月	135.0
49	王玉妹	10	2014年11月—2019年10月	40.0
50	郑亚云	2、5	2014年11月—2019年10月	220.0
51	戴傲根	1	2019年11月—2020年12月	161.0
52	朱巧男	3	2019年11月—2020年12月	158.0
53	周祥英	3	2019年11月—2020年12月	105.0
54	黄兴才	5	2019年11月—2020年12月	103.0
55	潘凤林	4	2019年11月—2020年12月	124.0
56	王花英	2	2019年11月—2020年12月	165.0
57	陆根男	4	2019年11月—2020年12月	94.0

第二节　粮油作物种植

境域老百姓历来以种植水稻、“三麦”、油菜为主，一年为夏熟“三麦”、油菜、秋熟水稻。少量田块用来种一些经济作物。60 年代开始试种双季稻，70 年代贯彻“以粮为纲”，双季稻种植面积扩大，个别生产队实现全域种植双季稻，一时间变成三熟制。但双季稻用工量大、成本高、米质差，增产不增收，经济效益低，80 年代初期，境域在调整产业结构的同时，减少双季稻种植面积。1983 年之后，村域取消双季稻种植，恢复传统的两熟制，一直延续至今。

一、作物布局

1977—1982 年，境域内东北大队、明星大队 2 个大队根据正仪人民公社下达的上交公粮任务，每年结合耕地面积，考虑社员会用来作口粮、留种、作饲料，对全大队的农作物种植合理布局。夏季布局：小麦、大元麦、油菜、水稻的种植面积分别占总面积的 35%、15%~20%、30%、15%；秋季布局：所有耕地全部用来种植水稻。1977—1982 年东北大队农作物种植布局情况见表 5-6。

二、作物栽培

长期以来，村民一年内按季节种植两熟作物，秋收作物为水稻，夏收作物为“三麦”、油菜。70 年代前后，一度推广种植双季稻。

（一）水稻

水稻种植要经过培种、育秧、移栽、田间管理（除草、水浆管理、施肥、防治病虫害）、收割脱粒等一系列工序。

表 5-6　1977—1982 年东北大队农作物种植布局一览表

年份	耕田总面积/亩	"三麦"				油菜		绿肥		水稻				单季晚稻	
		小麦		大麦、元麦						双季前作		双季后作			
		面积/亩	占比/%	面积/亩	占比/%	面积/亩	占比/%	面积/亩	占比/%	面积/亩	占比/%	面积/亩	占比/%	面积/亩	占比/%
1977	2 205.0	578.7	26.3	608.7	27.6	344.4	15.6	673.2	30.5	1 201.0	54.5	1 486.5	67.4	718.5	32.6
1978	2 213.5	588.7	26.6	519.8	23.5	347.0	15.6	758.0	34.2	1 054.0	47.6	1 283.0	58.0	930.5	42.0
1979	2 111.5	514.5	24.4	561.5	26.6	334.4	15.8	701.1	33.2	812.5	38.5	1 041.5	49.3	1 070.0	50.7
1980	2 108.5	666.5	31.6	511.5	24.3	391.0	18.5	539.5	25.6	684.0	32.4	88.0	41.9	1 225.5	58.1
1981	2 108.5	776.1	36.8	415.0	19.7	578.0	27.4	339.4	16.1	363.0	17.2	464.5	22.0	1 644.0	78.0
1982	2 108.5	738.6	35.0	430.0	20.4	613.0	29.1	326.9	15.5	353.0	16.7	463.5	22.0	1645.0	78.0

1. 培种

种子的优劣，直接影响水稻产量的高低。村民历来重视对种子的选择及处理。中华人民共和国成立前，村民把稻穗大、颗粒饱满的水稻选为种子，一般不提前浸种，为此出苗不佳、产量不高。中华人民共和国成立初，提倡盐水浸种；60年代，提倡农药浸种；70年代后期，提倡石灰水浸种；80年代，改用多菌灵浸种；90年代，推广线菌清浸种，大大提高出苗率。

单季稻每亩大田用种子11斤左右。前季稻每亩大田用种子30斤左右，后季稻每亩大田用种子32斤左右。杂交稻每亩大田用种子6斤左右。90年代，提倡育秧稀播，每亩大田用种量约12斤。

2. 育秧

农村有两句老话，“秧好，稻好”“秧好半年稻”。要想水稻丰收，培育壮秧是关键。村民在实践中改变了50年代初的老式秧田，选用合适秧田，再推广薄膜育秧，最后发展到肥床稀播、旱育秧及直播的方法。

中华人民共和国成立前，域内百姓一般选择靠河边的冬闲田（便于上水）做秧田。在立夏之前翻耕晒土、施底肥，上水耕耙平整，以木板拖平，撒谷，以稻柴灰覆盖。

50年代始，域内百姓做秧田前，用有机肥料做底肥，翻耕均匀，上水平整成1.3米宽的秧板。

1968年，域内试种双季稻。前季稻育秧时，天气冷，为了提高育秧温度，采用薄膜覆盖。80年代，取消双季稻，“三麦”收割后，给田上水湿润后落谷，农技员推广为“免耕秧田”。90年代中期，推广旱育秧。旱秧的特点是拔秧轻松、省工，移栽后成活率高。

3. 移栽

中华人民共和国成立前，移栽不讲质量，一般都是大行头、大勒头、大棵头，每亩在1.2万穴左右。中华人民共和国成立后，推广陈永康小株密植，每亩在3万穴左右，约有12万株秧苗。直到90年代流行小群体、壮个体、高积累的方法，每亩栽2.6万穴左右，基本苗要在11万株左右。90年代中期开始，推广机插秧。2006年以后，全面实行直播稻。

4. 田间管理

“三分种，七分管”，要盼收成好，全靠管理好。水稻的田间管理，就是移栽结束，要除草、水浆管理、施肥、防治病虫害。

除草 中华人民共和国成立前后，域内百姓除草全靠人工拔草、耘稻，通称“耘耥黄梅”。工具用自制的耥，用装有约 20 只铁钩钉的木板，一面固定在竹竿上，在稻的行间里来回推拉，既能松土又能钩除杂草。经过耥稻后的杂草浮在水面上，再通过人工耘，把浮在水面的杂草及稻棵间的杂草一起揿入泥中，同时把稻根部挖松，有利于水稻发棵生长。推广密植后，不适合用耥。1978 年，域内采用除草剂除去杂草，耘耥工作从此结束。

水浆管理 根据水稻生长期，推广薄水莳秧、深水活棵、浅水发棵、脱水搁田，干干湿湿，以湿为主。活棵后浅水勤灌，分蘖后期搁田控制，孕穗期水足，抽穗扬花期间断脱水，灌浆期勤灌跑马水，收割前要断水一个星期左右。50 年代初，灌水主要靠人工踏水车、牛牵水、风车。50 年代中期，用柴油机带动水泵灌溉；50 年代后期，逐渐用电力灌溉。

施肥 中华人民共和国成立前，以自然肥料牛猪粪、人粪做基肥。50 年代，推广陈永康的“三黄三黑”看苗施肥，并逐步发展为前期施足基肥、中期适当施长粗肥、后期看苗施穗肥，遵循促前、控中、稳后的施肥原则。80 年代，增加化肥用量，有机肥比重大幅下降。80 年代后期，为防止土地板结，村域提倡秸秆还田。

防治病虫害 中华人民共和国成立前，域内百姓采用挖稻根、拔枯心、点灯诱蛾等人工原始治虫方法。50 年代起，农技部门根据害虫在不同生长期有不同危害的特点，指导域内百姓有针对性地用农药治虫。农药品种有甲胺磷、敌敌畏、杀虫脒等。治纹枯病的农药有井冈霉素、多菌灵、稻脚青等。

5. 收割脱粒

境域内单季晚稻一般在每年 10 月 25 日左右开始收割。70 年代之前，域内百姓用镰刀收割，一般每人每天能割 1 亩左右。割倒在田里，天气好晒上 3 天左右，捆好稻，用担绳挑到船上，运到公场。由于人力不够，一般先堆在公场，待种好“三麦”、油菜后，再人工用稻床掼稻。60 年代以后，用人工脚踏脱粒机、柴油脱粒机脱粒。70 年代以后，采用电动脱粒机脱粒。80 年代后期，普遍使用联合收割机收割脱粒。

（二）“三麦”

1. 种植

“三麦”是境域内百姓夏熟的主要作物。中华人民共和国成立前，种麦耕作比较粗糙，产量也低，有“小熟”之称。旧时，种麦用牛犁或人工翻土筑埨，麦埨狭沟宽、播种稀、露子多，平均亩产不到100斤。中华人民共和国成立后，为充分利用土地面积、提高产量，改宽麦埨、窄沟种麦，埨面由1.5米加宽为3米。每亩播种量由原来的10—15斤，提高到15—20斤，减少露子麦，提高出苗率。60年代后期，“三麦”种植重点放在提高播种质量上，精耕细作，播种后，削碎泥块、消灭鸡蛋块、盖住麦种，确保苗全。之后推广塘桥高产经验，做到“一方麦田，两头出水，三沟配套，四面托起，雨停沟底无水”（小麦亩产提高到400斤）。70年代后期，每亩麦田普施过磷酸钙50斤，后期推广复合肥，亩产提高两成。自1988年起，推广套播麦和板田麦两种免耕种植法。

套播麦 水稻收割前一星期，把麦种直接撒在稻田里，既能让水稻推迟一个星期收割，增加千粒重，又不延迟种麦时节，再加上田间温度高，麦子容易全苗。90年代后，套播麦已成为主要种法。

板田麦 在水稻收割后，不经耕翻，利用田间温度提高出苗率，直接在稻板田上施底肥及除草剂后，撒播麦种再开沟，以沟泥盖住麦子。

2. 管理

开沟排水 俗话说“尺麦怕寸水”，小麦播种后，开沟排水是关键。村民都要在种麦时或冬前开好麦沟和排水沟，将沟泥削细盖在表面。

压麦泥 冬至前，压好麦泥，使麦苗根部不受寒冷侵袭。

施肥 俗话说“冬季一滴，春季一勺”，年前施好腊肥，年后施好返青肥，中途看苗施肥（称“捉黄塘”），最后施好催穗肥。

防治病虫害 “三麦”主要的虫害来自蚜虫，主要的病害是赤霉病。蚜虫，主要用乐果、甲胺磷等喷杀。赤霉病，主要用多菌灵防治。多菌灵一般采用人工直接撒粉法，后采用喷雾机喷洒。

3. 收割

50年代，“三麦”收到场上后，主要采用人工掼麦，一人一天能掼几分田的麦。60年代，生产队做了人工脚踏轧麦机，一人一天能脱1亩左右的麦。70年代起，使用机电脱粒。后经改进采用四人脱粒机，增加脱粒速度，一人一天能脱5亩左右的麦。80年代后，使用联合收割机，麦柴还田，麦子直接装袋运回。

（三）油菜

油菜种植要经过育苗、移栽、田间管理（补苗、施肥、除草、开沟排水）、收割等环节。

1. 育苗

境域内以土菜籽为主。油菜苗地首先利用零星地、闲杂地，不够再用大田。在空余时间把土地翻转晒干，再做苗床细作，施复合肥做底肥。域内一般在9月20日左右进行播种育苗。下种后，用稀大粪浇泼在面上。在移栽前4—5天，施肥喷药，防止将病虫带到大田。

2. 移栽

一个月后，油菜苗长出4—5叶时，即可移栽。60年代前，油菜种植以人力或畜力翻转稻板田，筑成油菜埨，再用菜花柱（装有木柄的圆锥体石锤）打潭，然后在潭中种上菜苗、踩实，亩产在50—80斤。60年代后，引进晚熟“胜利”油菜品种，改变了传统的打潭种植法，采用宽埨、狭沟套肋新栽法，每亩种植6 000棵左右，亩产350斤左右。80年代，采用免耕移栽法，俗称“板田菜籽”，即水稻收割后不返耕，直接在板田上沿着稻肋用铁铲撬一条缝，插入油菜苗并踩实。株距17厘米、行距45厘米，纵向栽种，每亩移栽9 000棵左右，每隔4株开一条埨沟。沟泥匀放在株之间，等菜秧苗成活后，敲碎泥块，壅土于菜苗根部。这种板田种植法土地利用率高，省工省本，产量高，亩产可达400斤左右。

3. 田间管理

油菜怕水害，开沟排水是关键。到了春季，还要做好防治病虫害的工作。油菜主要遇有蚜虫、菌核病等，用乐果除虫，用多菌灵治病。

4. 收割

70年代之前，收割菜籽采取传统的连根拔方法，根部带泥，还能在箕上生长几天，增加千粒重。几天后，运到公场上堆起来，等水稻移栽结束，集中劳力脱粒。70年代后，油菜成熟度至八成即可收割（俗话说“八成熟十成收”），清晨或傍晚，用镰刀割倒在田里，晒上4天左右，在田里铺上篷布，搬到篷布上直接敲打，然后扬净装袋。

第三节　积肥造肥

60—70 年代，为减轻种田成本，东北大队、明星大队 2 个大队的各生产队的男女社员利用农闲时间，广积自然肥料。

一、内河积肥

在境域河浜内，以传统的拖泥、挟泥、罱泥、扒草等方式，把河底污泥捞起来，储入潭里，发酵后备用。

（一）拖泥

拖泥的工具是用麻布编织成的麻袋，口上装有铁链，使袋口张开，麻袋系上用稻草编成的拖泥绳。一条大木船配三人搭档，一人扔袋拖泥，两人掌橹摇船，其中一人兼拉绳。三人一天能拖泥四船。

（二）挟泥

2—3 人搭档，使用一条船，带上挟网，一人掌橹，沿河岸水滩，用挟网把浮泥连水草挟住，再倒进船舱里。待船装满后，将泥卸到泥潭里。

（三）罱泥

在罱网上装两根 7—8 米的网杆，网口上下装有毛竹片，下片能把河底浮泥铲进网里。一般两人搭档，一人掌橹摇船，一人罱泥，一天能罱泥 2—3 船。

（四）扒草

两人搭档，每人用一把长柄铛耙，看准有水草的滩边，用铛耙伸入水草处。竹竿柄放在肩上，用力往身边拉，拉到靠身，抓起铛耙，连草带泥倒入舱里。两人一天扒满一船才算完成任务。

二、外出积肥

（一）去上海、苏州市区拖黑泥

去上海、苏州市区拖黑泥需三人搭档，使用帆船。帆船上配有樯子（也称“桅杆”）、篷、水关（舵）、戗板、橹、篙子等。竖樯子、拉篷时，三人分工明确，一人负责竖樯子，一人拉篷，年龄大的老农负责掌舵（称“船老大”）。因为城市河道里的淤泥沉积时间长，已发酵成黑泥，有肥力。去上海、苏州市区拖黑泥分别需要2—3天或1—2天完成1船。

帆船（2020年，褚永明绘）

（二）去上海、苏州市区装垃圾

三人搭档，驾驶篷船进入城市后，每人拖着一辆木质板车，走街串巷，把垃圾桶里的烂菜、果皮、煤灰等铲入板车，装满后送往船上。一般3天能完成1船。

（三）去阳澄湖轧草

在船上配上两把八齿头大铛耙，三人搭档，驶入阳澄湖，见有水草区域，就开始下铛耙，连草带泥捞进船舱。因路程较近，起早贪黑每天来回可完成2—3船。

（四）外出割青草

70年代，在农闲时间，生产队安排妇女5—6人，由一名男劳动力负责摇船外出割青草，一般3天一船。用挽子计量，多割多得工分。

（五）装大粪、氨水

大多数生产队根据上级分配的大粪、氨水计划到上海和苏州市区等远地方，用帆船（后改为挂机船）运回。而在昆山市内或正仪等近的地方，则由两人搭档，人工摇船运回。

三、人工造肥

（一）放养“三水一绿”

“三水一绿”，即水浮莲、水葫芦、水花生、绿萍，将其拌入泥中，腐烂后可以增加肥力。绿萍浮在稻田面上，可以抑制杂草生长，把绿萍嵌入泥中也是一种肥料。70年代，由大队副业干部专职抓，各生产队副队长具体抓，另配专职管理员。早春放养，夏季可以使用。

（二）秸秆还田

从80年代开始，河中积肥减少，土壤板结，影响作物生长，大队推广秸秆还田。将麦柴、油菜秆直接铺在田里，然后用大型拖拉机旋打至烂，陷入泥中，解决有机肥不足的问题，以改良土壤。政府为了调动农户秸秆还田的积极性，还实行经济补助政策。

四、农家肥料

（一）猪窠

域内历来有“养猪不赚钱，回头看看田”之说，因为猪窠是猪粪与青草、稻草的混合物，是传统有机肥料。五六十年代，家家年养猪2—3头，把猪窠以每担（1担=100斤）0.5元的价格卖给生产队。70年代，各生产队办起养猪场，当时每亩可用猪窠15—20担。

（二）牛窠

牛窠，即耕牛的粪尿，也是农家的好肥料。随着农业机械化的普及，80年代，耕牛淘汰，牛窠肥料也成了历史。

（三）人粪尿

人粪尿可做水稻、“三麦”、油菜的基肥。人民公社期间，生产队定期派人到各家各户收集人粪尿，施入田里。90年代后期，村民造了楼房，粪便排入地下粪坑。从此，人粪尿不再利用。

第四节　农机农技

一、农业机械

牛耕田（2020 年，褚永明绘）

境域内百姓祖祖辈辈以农耕为生。50 年代前，每年春耕春种和秋耕秋种时，耕田靠人工坌，一天下来坌得筋疲力尽，也只能坌 1 亩左右；1 头牛一天差不多可耕地 4—5 亩。后机械化耕作逐步取代人力、畜力耕作。

（一）拖拉机

1966 年，东北大队和明星大队各买“东方红”28 马力中型拖拉机和 8 马力手扶拖拉机各 1 台。拖拉机先犁田，后旋耕。当时没有机耕路，各生产队用船将拖拉机接运到生产队农田进行翻耕、旋耕。

1986 年，东北村、燕桥浜村 2 个村购丰收- 35 型拖拉机各 1 台，各生产队均买入东风- 12 型手扶拖拉机。此时，除少量秧田和零碎田用牛耕外，其余均用机械旋耕。

2001 年，燕桥浜村添置新型“丰收”牌大型拖拉机 2 台。

（二）收割机

1994 年，东北村、燕桥浜村 2 个村为了满足农户要求，各村又添置丰收- 35 型拖拉机各 1 台，并配套购买滚筒式收割机（只能收割小麦），至此，农田耕、旋及农作物收割基本实行机械化。

（三）喷雾机

1975 年，东北大队、明星大队喷洒农药时逐步改变人工喷洒方法或手动背式喷雾器方法，运用背式迷雾机和汽油机喷洒。喷洒效果既快又好。1980 年后，各生产队自置背式迷雾机和汽油机。

（四）播种机

2010 年，燕桥浜村分配到 4 台直播机，每台直播机每天能播种 50 亩。一个大农户承包的土地几天就播种完成。“面朝黄土背朝天”的时代一去不复返了。2019 年，燕桥浜村又分配到 2 台直播机。

（五）插秧机

2012 年，燕桥浜村分配到 4 台“久保田”插秧机。农户只要把秧苗装在秧盘中，放在插秧机上即可快速插秧。插秧机一天能插秧 80 亩。

二、农业科技

（一）良种推广

1949 年至今，燕桥浜村遵循农业生产规律，推广水稻、小麦的优良品种，粮食产量逐年提高。

50 年代，水稻品种主要有“一时兴”“石稻”“阳早十”“麻劲糯”。这些品种都是传统品种，由于种植时间长，种子优良性减退，亩产仅在 500—600 斤。

60 年代，水稻品种主要有“农垦 58 号”，又称“世界稻”，其特点是稻秆粗而矮，不易倒伏，亩产达到 700—800 斤。小麦品种有“铜柱头”“华东 6 号”，亩产 300—400 斤。

70 年代，水稻品种主要有“昆农选”和“昆稻”。“昆农选”的特点是稻秆矮、粗，不易倒伏，穗大，但口感差，亩产在 1 000—1 200 斤。小麦品种有“华东 6 号”“扬麦 3 号”“昆麦 671”，亩产在 500 斤左右。

80 年代，水稻品种有“昆稻 2 号”“早单 8”“8204”，亩产在 1 100—1 200 斤。小麦品种有“昆麦 671”“昆麦 672”，亩产在 500—600 斤。

90 年代，水稻品种有“昆稻 8 号”“常优 1 号”“常优 2 号”“苏香粳”“太湖糯”，亩产在 1 000 斤左右。小麦品种还是以扬麦系列为主，亩产在 600 斤以上。

2000 年以后，水稻当家品种是“甬优 158 号”杂交水稻，其特点是穗形大、稻秆矮、产量高，亩产在 1 300 斤左右。其次是“南粳 46”“武运粳 23 号”。小麦品种还是以扬麦系列为主，如“扬麦 16 号”，其特点是麦秆粗壮、抗倒伏、抗病力强，亩产可达 1 000 斤。

（二）新农技推广

随着新农技的不断发展，燕桥浜村保持新农技推广工作与大农户的联系，对大农户进行技术指导。

从 2016 年开始，农技推广站改变以往农技培训直接培训社长再由社长指导各农户的做法，每年在水稻播种前组织大农户到农技推广站参加培训。这样直接对接，避免误传。农技推广站的农技员吴振超、袁进康、陆海明 3 位农技师分别和燕桥浜村的大农户结对辅导，直接把新农技送到田头，手把手、面对面地指导。

燕桥浜村经济合作社社长根据水稻生长节点，进行有针对性的辅导。如浸种、育苗、防治病虫害、用肥施肥、水浆管理等，每到一个节点，燕桥浜村经济合作社社长就组织大农户集中学习、详细辅导，为了不让大农户遗忘，还印发宣传材料。宣传材料上具体详细地介绍了每个节点的操作方法。大农户们听了讲座，看了宣传资料，个个心中有数，在实践中有的放矢。

2018 年，实施机插秧，农技推广站的农技师和燕桥浜村经济合作社社长经常深入育秧现场，对筛土、配比壮秧剂、秧盘落种、水浆管理进行一一指导。以水浆管理为例，农技员要农户记住要领：晴天满沟水，阴天半沟水，雨天沟没水。在镇、村两级指导下，户户育出粗、壮、矮的秧苗，为水稻夺高产奠定了“秧好，半年稻”的坚实基础。

精准的农业指导，为农业夺高产提供了有力的保障。2020 年，大农户的小麦（“扬麦 16 号”）亩产达 500 公斤。

（三）丰产示范方

燕桥浜村（明星大队/燕桥浜大队）自 70 年代起，一直是农业生产先进村。1979 年，明星大队获得江苏省省长惠浴宇签名的“油菜生产先进集体”的奖牌。自那时起，明星大队/燕桥浜大队一直被列为正仪人民公社农业样板大队。90 年代初，正仪镇在燕桥浜村第 4 村民小组的东沧泾字圩开设 86 亩农田用作丰产示范方。丰产示范方的基本设施要求：田块方正、四沟配套、机耕路通达。每年夏收结束、插秧开始之前，村里抽调壮劳动力平整稻田，做好插秧前的准备工作，然后由正仪镇从各村调集插秧能手，按移栽要求，进行插秧。每行秧苗像用尺画一样直，每米插 9—10 棵，每穴 2—3 株。插秧完毕，召开全镇各村领导参加的现场会。会上，镇党委书记做夏种动员报告，农技员做水稻移栽技术指导，村领导做经验介绍，最后由村领导带领与会人员参观现场。

水稻收割之后是秋种，镇抽调各村的开沟能手来示范方开沟。一般一块田分 4 埨，中间开 3 条深 1.2—1.5 尺（1 尺≈0.33 米）的沟，每条沟要求上宽下窄成升箩式，沟底不留碎泥，保证流水通畅，并确保小麦田块二头出水、四面托起，不积雨水。接着调集各村的妇女队长和部分妇女好手来丰产示范方做麦埨。麦埨要做成公路式，中间高、两边低。埨面做到拱形无坑洼，泥块要削成小块。当时的口号是消灭鸡蛋块，不准出现裸子麦，保证麦子的出芽率，一切按塘桥小麦高产经验操作。耕作就绪，镇政府组织各村干部来燕桥浜村召开秋种现场会。

至 90 年代中期，因燕桥浜村第 4 村民小组东沧泾字圩工业建设需要，丰产示范方移至第 9 村民小组东横港字圩的 120 亩土地上。直至 2001 年，该农田字圩被规划成玉山镇交通主干道，农业丰产示范方才停办。

第五节　农田水利

一、农田灌溉

（一）人力灌溉

1950 年前后，境域农民个体种田缺乏机械和电力，农田灌溉全靠人力、畜力或风力来解决。

人力灌溉分为三种。第一种用粪勺［请箍桶匠（也叫“圆木匠”）用木料打一个上口30厘米、下口20厘米、下口加底的台体木桶，中间放一块长木料，长木料顶端打个4厘米的孔，再装一根3—4米长的竹柄］涛，农民撑住竹柄的一端从河中舀水送进水渠里再流入田间。第二种用秧水桶（请箍桶匠用木料打一个上口45厘米、下口32厘米、下口加底的台体木桶，桶中间放2块稍长、稍厚、对称的木料，上下各钉一个铁圈，用来系4根绳子）涛，操作时两人动作协调，有节奏地从河中舀水，顺着惯性，把水送入水渠，再流入田间。第三种是踏水车。踏水车的结构：在一根用硬式木做成的躺轴中间安一个木齿轮，两端安“十”字形的踏板，躺轴安在两头固定的木孔里（俗称“外门牛”）。木齿上套上鹤屑，鹤屑牵引着斗板。鹤屑、斗板形成舀水链，并安置在木水槽里。水槽一头吊在河里，一头搁在水渠上。水槽和躺轴被安装成“丁”字形。踏水车一般由两人交替踩踏，人上半身手扶或趴在一根齐腰的木杆上，以保持平衡。踏水车时，有村民习惯边踏边唱，以减轻疲劳感。随着双脚踩踏，水源源不断地流入水渠。

踏水车（2020年，褚永明绘）

（二）牛力灌溉

牛力灌溉，即牛打水。所谓“牛打水”，就是以牛为动力，通过水车木槽里的车骨转动，带动车斗卷水，将河里的水牵运到水渠的大型农具。安装牛车盘前，先选好一块能放置车盘的场地，然后放好底盘。底盘中间有一根硬木做成的轴，再把牛车盘套在轴心上，离轴心2米左右的圆形四周有凸出部分环绕着牙齿一样的木质齿轮，并用一根硬木横轴牵引。横轴上也有一个木质齿轮，直径约0.5米。牛车盘的横轴上均做有木齿，它与龙骨水车配套，只要牛一走，车盘就旋着横轴转动，以此带动龙骨水车的车骨、车斗板，河水便“咿呀咿呀”地

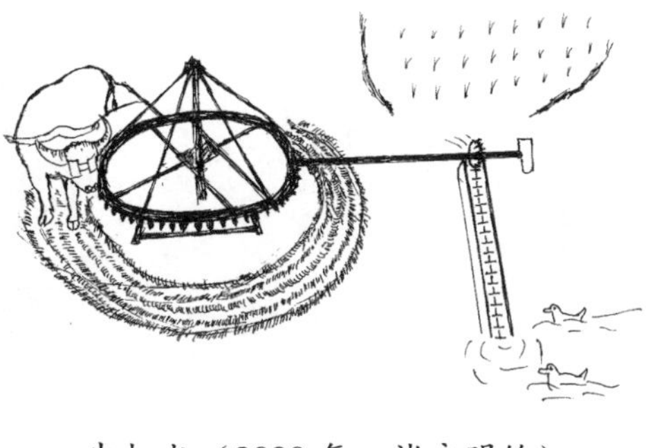
牛打水（2020年，褚永明绘）

从车槽送至水沟直通到田。以牛车盘打水时，需有一养牛老人负责，当牛偷懒时，就得用竹梢吓它或打一下牛屁股。若人要离开一下时，就会给牛戴上一副用毛竹做的“暗眼”罩住牛眼睛，牛就会乖乖地一直挨着牛车盘转圈打水。

（三）风水车灌溉

风水车高约 7 米，由木棍支撑木轴，靠六叶小帆，利用风力，使车身转动，从而带动躺在木水槽中的鹤屑、斗板形成的舀水链。水槽一头吊在河里，另一头搁在水渠上。只要有风，风水车就会自然转动，水就会不断流进田间。

风水车（2020 年，褚永明绘）

（四）柴油机灌溉

1958 年，正仪人民公社成立抗排队。抗排队有十几条船，每条船上装 20 英寸水泵 1 只，用 22 马力的柴油机作为动力，每条船由 2 个机工负责，遇洪排涝。农田灌溉时，抗排队的机船被分配到各个生产大队为农田灌溉。

1961 年，东北大队、明星大队均得到分配计划，各买 1 台抽水机。抽水机装在船上，轮流到各生产队灌溉。东北大队首批机工是朱水生、魏仲其，明星大队首批机工是杜玉生、陆阿毛。1970—1978 年，各生产队也添置小型 12 英寸抽水机，用 8—10 马力的柴油机作为动力。

（五）电力灌溉

明星站闸（2020 年，罗英摄）

1958 年 12 月，明星大队建明星排灌站，位置在直通港北端，娄江南百米处。变压器容量 100 千伏安，灌溉面积除明星大队的 2 500 亩之外，还兼灌东北大队的 500 亩、光明大队的 200 亩，共 3 200 亩。水泵 2 只，泵口直径 0.8 米，另有 2 只 100 千瓦的电动机。通往各字圩的大渠道 2 500 米，过河倒虹吸管道 5 条 200 米，后因水要灌到南面相距 2 000 米的船泾坟，流水速减慢，水损严重，后于 1970 年在船泾坟建造灌水站 1 座，该站负责船泾坟自然村农田的灌溉。站长先后为邓招全、杜双生、朱引生，电工为熊佃英、黄月明等人。1988 年，实行抗洪排涝大包围，扩建明星排涝站，并更名为“明星站闸”。

1974 年，东北大队同时建东站和西站 2 座。东站的变压器容量是 50 千伏安，负责里港和黄潭 280 亩的农田灌溉任务，做主渠道 480 米，过河倒虹吸管道 2 条 80 米。西站的变压器容量是 30 千伏安，负责外泾和黄潭 320 亩的农田灌溉任务，做主渠道 390 米，过河倒虹吸管道 1 条 40 米。从此，燕桥浜境域的全部农田实现了电力灌溉，结束了人力浇水、踏水车、牛水车、风水车灌溉的历史。

二、丰产河

60 年代中期至 70 年代，域内开展“农业学大寨”运动，东北大队、明星大队 2 个大队为了方便运肥、运粮，使农田两头出水，提高产量，减轻劳动强度，选择农船进出不便、田块长的字圩开挖河道（当时叫“丰产河”）。劳动力由大队指定各生产队选派，采取分段包挖的方法。

东北大队在黄潭的兴字圩开挖 680 米，疏通毛家溇 200 米；明星大队在田垛开挖 300 米，在西溇开挖 320 米，在孙家江开挖 500 米，在前浜开挖 130 米。东北大队、明星大队 2 个大队在此期间共新开河道 2 130 米。这些丰产河在农田积肥、运送粮食中起到了很大的作用。

三、抗洪排涝

（一）人力排涝

1949 年前后，境域没有抗洪排涝设施，每年进入梅雨季节，大雨、暴雨不断，地处低洼的农田成为一片汪洋，农民们只能“望洋兴叹”，听天由命。里港自然村的南里港字圩、下潭头字圩，黄潭自然村的白方字圩，船泾坟自然村的大棚潭字圩，地处低洼。洪水来了，每家每户都会为自己的农田筑岸排水，主要靠手工浇水和以踏水车、牛水车、风水车来排水，受损还是很严重。到 1956 年，域内有了抽水机，可以以字圩为集中点进行排涝。但由于抽水机少，抗洪能力非常有限。

（二）围圩排涝

1958年，正仪人民公社分别在大众大队的杜家港北端、娄江口，在明星大队的直通港北端、娄江口分别建造草庐站（排涝站）、明星站（排涝站），又分别在直通港和娄江交汇处，黄潭港和娄江、青龙港交汇处，杜家港和娄江、青龙港交汇处筑闸门5扇，遇洪水便关上闸门。又将东北大队的地域以黄潭港为界一分为二，形成两个包围圈，黄潭港以东地域归草庐站排涝，黄潭港以西地域归明星站排涝。且临时筑坝5条，分别在直通港和青龙港交汇处、直通港和横港交汇处、黄潭港和横港交汇处、黄潭港和里港河交汇处、黄潭港和杜家港交汇处。按1954年洪水水位设防，抗洪能力得以提高。

（三）联圩排涝

1979年，域内对抗洪区域做出调整，把1958年划分的2个区域合并起来。区域范围北至娄江，南到青龙港，西至直通港，东到杜家港，面积8 000余亩。东北地域新建防洪闸3扇，分别是横港河西与直通港交汇处、横港河西与黄潭港交汇处、里港河与黄潭港交汇处，大大缓解了大水期间取土难、筑坝难的问题，抗洪能力得到了极大的提高。

（四）大包围排涝

1988年，根据昆山水利局统一规划，正仪镇娄江南16个村和玉山镇部分村，大约5万亩农田组成联体抗洪。抗洪区域东至城南小虞河，西到界浦河，北至娄江，南到吴淞江。新建排涝站8座，其中，在境域黄潭港北端建黄潭站闸，还建连通外围河道闸门11扇，基本根除水涝灾害。

黄潭站闸（2020年，罗英摄）

第六章　村域经济

燕桥浜村曾是一个单一的农业经济村。60 年代前，境域内农民以种田为生，终年耕作。每家饲养少量鸡鸭，养猪 1—2 头，无工商业。1961 年，东北大队、明星大队 2 个大队响应中央提出的“调整、充实、巩固、提高”八字方针，各生产队办起养猪场。1965 年，办起粮食饲料加工厂。1977—1994 年，东北大队、明星大队 2 个大队先后办起水泥制品厂、五金厂、针织厂等 13 家企业，同时兴起养殖业，走上以工养农、农副业全面发展之路。其间，个体养殖户、运输户、经商户悄然兴起。到 1993 年，个体经营进入发展高峰期，全村有上百家商店，具有规模的有 20 多家；水上运输是境域的一大亮点，全村有运输船只 85 条、从业人员 185 人；普通水产养殖、特种水产养殖户有 120 多户，养殖水域 2 000 余亩。2000 年，企业实行关并转型，产生民营企业 4 家。2003 年，燕桥浜村被划入昆山高新技术产业园区，吸引众多企业入驻，至 2020 年，入驻村域企业 500 多家，对外营业 400 多家。

第一节　经济概况

一、经济收入

跨入 21 世纪，燕桥浜村的经济发展进入了高速期。2010—2020 年燕桥浜村经济收入情况见表 6-1。

表 6-1　2010-2020 年燕桥浜村经济收入一览表

单位：万元

年份	经营收入	发包收入	投资收入	其他收入
2010	263.00	18.94	13.93	0.72
2011	234.88	272.91	7.43	3.62
2012	515.97	9.68	22.32	0.31
2013	290.56	146.73	49.71	1.72
2014	331.22	2.40	86.63	0.50
2015	836.35	5.86	107.88	1.00
2016	333.34	2.32	131.24	0.62
2017	297.92	3.18	134.54	2.79
2018	297.31	17.61	138.01	1.34
2019	149.01	10.12	166.15	1.79
2020	103.84	10.21	104.55	2.52

二、经济总量

2020年年底，村域经营性固定资产建筑面积23 983.32平方米（表6-2）；村级经济总量1 515.58万元，其中，农业土地股份专业合作社152.04万元，股份经济合作社424.45万元，富民合作社48.55万元，租赁收入314.98万元，以及非经营性固定资产575.56万元（表6-3）。

表6-2 2020年燕桥浜村经营性固定资产建筑面积一览表

序号	固定资产名称	建造年份	地处位置	建筑面积/米^2
1	长阳路简易房产	2004	长阳路	1 019.20
2	蔬菜疏导点	2009	新城路东侧	399.44
3	宿舍楼	2010	燕桥浜路北侧	966.02
4	幼儿园	2011	燕桥浜路南侧	2 004.62
5	油库厂房	2011	燕桥浜路北侧	1 199.56
6	长阳路1—3号厂房	2014	长阳路南到头	3 436.25
7	市政养护楼	2016	燕桥浜路北侧	3 662.23
8	打工一号楼	2016	燕桥浜路南侧	5 769.80
9	打工四号楼	2016	燕桥浜路北侧	4 783.96
10	打工楼泵房	2016	燕桥浜路北侧	49.51
11	临时中转房	2016	燕桥浜路北侧	276.23
12	荣意达厂房	2016	燕桥浜路北侧	369.01
13	双庙头公房	2017	直通港西	47.49

表 6-3　2020 年燕桥浜村非经营性固定资产明细表

单位：万元

序号	资产名称	净值金额	序号	资产名称	净值金额
1	新建电灌站	5. 45	12	公厕（1）	64. 00
2	新建小站	0. 38	13	南港停车场	4. 45
3	新建小站（1）	3. 30	14	村委会停车场	34. 19
4	村委会办公楼	268. 15	15	潘家桥北公厕	3. 00
5	停车棚	2. 12	16	潘家桥南公厕	3. 63
6	村会议室	12. 54	17	南港村公厕	8. 00
7	老年活动室	59. 16	18	燕桥浜村原 3 组公厕	9. 11
8	田垛村公厕	1. 10	19	直通公厕与场地	8. 26
9	门球场、篮球场	75. 87	20	双庙头北公厕	7. 85
10	船泾坟停车场	2. 03	—	—	—
11	田垛停车场	2. 97	合　计		575. 56

第二节　农业经济

一、小农经济

中华人民共和国成立前，燕桥浜境域农户自耕、自种、自收。夏、秋以后，农户将多余的粮食拿到集市售卖，以换取生活用品和生产资料，用于维持一家的生计，这种经济形式俗称“小农经济”。小农经济年代，以户为核算单位，一般多种多收，若遇到自然灾害，粮食收入甚少，农户难以维持生计。劳动力富裕的家庭则会在农闲时，就近做点小生意。

二、社队经济

1958年，境域内开展人民公社化运动；至1982年，国家实行计划经济，以各生产队为核算单位，上缴税收、扣除开支、提取积累等，其余资金分配给社员；社员以全年实际所得工分计算，多劳多得。若遇上丰收年，集体和个人的收入就会相应提高。那时，境域内农户主要靠种田，以多产粮为第一目标，少有做家庭副业的。

三、粮油经济

（一）粮油产量

中华人民共和国成立前后，水稻亩产在350斤左右，夏熟小麦亩产在150斤左右，油菜亩产在65斤左右。1958年成立人民公社后，产量逐年提高。明星大队在1979年油菜亩产达到400斤，获时任江苏省省长的惠浴宇签发的“油菜生产先进集体”荣誉称号。

1. 水稻产量

根据燕桥浜村保留的档案数据显示，东北大队1965年水稻亩产636.8斤，1982年水稻亩产908.3斤，增长了42.64%。明星大队1965年水稻亩产696.0斤，燕桥浜大队1982年水稻亩产1 086.5斤，增长了56.10%。1965—1982年东北大队、明星/燕桥浜大队水稻产量分别见表6-4、表6-5。

表6-4　1965—1982年东北大队水稻产量一览表

年份	三稻合计		双季前作稻		单季晚稻		双季后作稻	
	面积/亩	亩产/斤	面积/亩	亩产/斤	面积/亩	亩产/斤	面积/亩	亩产/斤
1965	2 264.5	636.8	—	—	—	—	—	—
1966	2 278.5	671.9	—	—	—	—	—	—
1967	2 264.5	691.7	—	—	—	—	—	—

续表

年份	三稻合计		双季前作稻		单季晚稻		双季后作稻	
	面积/亩	亩产/斤	面积/亩	亩产/斤	面积/亩	亩产/斤	面积/亩	亩产/斤
1968	2 278. 5	547. 6	27. 0	415. 2	—	—	—	—
1969	2 209. 5	751. 0	82. 0	861. 0	—	—	—	—
1970	2 207. 0	775. 7	711. 0	626. 5	1 410. 0	656. 9	797. 0	427. 0
1971	2 192. 5	855. 2	1 152. 0	531. 6	884. 5	739. 0	1 308. 5	465. 7
1972	2 192. 5	865. 2	1 383. 0	542. 8	611. 5	795. 3	1 581. 0	428. 1
1973	2 251. 5	901. 4	1 238. 0	532. 1	805. 0	859. 5	1 446. 5	469. 2
1974	2 251. 5	939. 1	1 090. 5	561. 5	1 004. 5	845. 7	1 247. 0	523. 3
1975	2 251. 5	740. 8	936. 5	543. 0	1 146. 5	689. 0	1 105. 0	335. 6
1976	2 251. 5	888. 8	1 236. 5	651. 5	799. 0	750. 9	1 452. 5	410. 0
1977	2 205. 0	866. 7	1 201. 0	534. 1	719. 0	742. 3	1 486. 5	495. 3
1978	2 213. 5	883. 4	1 054. 0	575. 0	489. 0	755. 1	1 283. 0	483. 9
1979	2 111. 5	965. 5	812. 5	600. 0	573. 5	918. 8	1 041. 5	619. 2
1980	2 108. 5	830. 9	684. 0	567. 8	1 060. 0	847. 7	883. 0	382. 0
1981	2 108. 5	736. 4	363. 0	597. 5	1 644. 0	699. 5	464. 5	400. 3
1982	2 108. 5	908. 3	353. 0	704. 8	1 645. 0	875. 4	463. 5	488. 1

表 6-5　1965—1982 年明星/燕桥浜大队水稻产量一览表

年份	三稻合计		双季前作稻		单季晚稻		双季后作稻	
	面积/亩	亩产/斤	面积/亩	亩产/斤	面积/亩	亩产/斤	面积/亩	亩产/斤
1965	2 870. 0	696. 0	—	—	—	—	—	—
1966	2 870. 0	701. 0	—	—	—	—	—	—
1967	2 870. 0	715. 0	—	—	—	—	—	—
1968	2 870. 0	606. 5	40. 0	430. 5	—	—	—	—

续表

年份	三稻合计		双季前作稻		单季晚稻		双季后作稻	
	面积/亩	亩产/斤	面积/亩	亩产/斤	面积/亩	亩产/斤	面积/亩	亩产/斤
1969	2 870.0	836.5	150.0	882.0	—	—	—	—
1970	2 870.0	826.0	1 050.0	712.5	1 610.0	722.0	912.0	482.0
1971	2 870.0	901.5	1 720.0	586.0	1 280.5	786.0	1 520.0	499.0
1972	2 870.0	910.0	1 902.0	579.5	920.0	835.0	1 720.0	502.0
1973	2 870.0	912.5	1 820.0	548.5	1 110.0	891.5	1 621.5	503.0
1974	2 870.0	982.0	1 620.5	594.0	1 310.5	892.0	1 410.0	501.0
1975	2 870.0	841.0	1 412.5	589.0	1 380.0	746.0	1 390.0	401.0
1976	2 870.0	926.5	1 700.0	699.0	926.0	824.0	1 618.0	421.0
1977	2 870.0	940.0	1 765.0	592.5	965.0	821.0	1 765.0	512.0
1978	2 870.0	916.5	1 630.0	612.0	760.0	792.5	1 625.0	492.5
1979	2 870.0	1 002.0	1 212.0	645.0	912.5	1 020.0	1 014.0	701.0
1980	2 870.0	912.2	1 050.0	586.0	1 460.0	864.0	918.0	422.0
1981	2 870.0	801.0	736.0	645.5	1 920.0	812.0	800.0	416.0
1982	2 870.0	1 086.5	730.0	742.0	1 920.0	918.0	728.0	512.5

2. “三麦”产量

根据燕桥浜村保留的档案数据显示，东北大队 1965 年“三麦”亩产 187.6 斤，1982 年“三麦”亩产 562.7 斤，增长了 199.95%。明星大队 1965 年“三麦”亩产 239.5 斤，燕桥浜大队 1982 年“三麦”亩产 584.6 斤，增长了 144.09%。1965—1982 年东北大队、明星/燕桥浜大队“三麦”产量情况分别见表 6-6、表 6-7。

表 6-6 1965—1982 年东北大队“三麦”产量一览表

年份	小麦		元麦		大麦	
	面积/亩	亩产/斤	面积/亩	亩产/斤	面积/亩	亩产/斤
1965	987.9	242.6	12.0	187.0	113.6	124.5
1966	1 098.9	285.0	10.0	129.0	29.7	143.8
1967	1 102.2	142.1	18.0	107.5	9.5	103.8
1968	1 022.0	196.5	23.0	160.6	77.0	130.8
1969	1 083.0	189.6	25.0	190.4	23.0	172.7
1970	1 102.0	192.7	80.0	223.6	51.0	216.4
1971	569.0	241.4	417.5	256.8	160.0	245.0
1972	628.0	310.6	443.0	303.2	63.5	230.3
1973	524.5	187.3	561.0	182.7	56.0	140.8
1974	611.0	370.6	506.0	394.0	29.0	356.7
1975	628.5	225.1	381.5	206.5	136.0	299.8
1976	542.0	305.6	102.0	331.8	502.0	356.4
1977	578.7	122.3	57.5	105.2	503.5	151.2
1978	588.7	435.7	72.0	447.7	447.8	428.6
1979	514.5	603.5	365.0	505.8	196.5	546.8
1980	666.5	487.5	400.5	491.0	111.0	513.2
1981	776.1	425.8	394.0	453.8	21.0	581.5
1982	738.6	593.1	430.4	510.6	20.0	526.5

表 6-7　1965—1982 年明星/燕桥浜大队“三麦”产量一览表

年份	“三麦”合计		小麦		元麦		大麦	
	面积/亩	亩产/斤	面积/亩	亩产/斤	面积/亩	亩产/斤	面积/亩	亩产/斤
1965	1 600. 0	239. 5	1 220. 0	266. 2	48. 0	199. 0	332. 0	160. 0
1966	1 660. 0	256. 0	1 250. 0	292. 0	50. 0	135. 0	360. 0	150. 0
1967	1 544. 0	162. 0	1 120. 0	181. 0	46. 0	122. 0	378. 0	113. 5
1968	1 580. 0	113. 0	1 122. 0	195. 0	52. 0	171. 0	406. 0	136. 0
1969	1 560. 0	136. 2	1 118. 0	201. 0	51. 0	212. 0	391. 0	180. 5
1970	1 616. 0	214. 2	1 229. 0	212. 0	50. 0	230. 0	337. 0	220. 0
1971	1 606. 0	262. 0	1 122. 0	262. 0	70. 0	265. 0	414. 0	265. 0
1972	1 582. 0	291. 6	1 180. 0	313. 0	66. 0	312. 0	336. 0	241. 0
1973	1 562. 0	200. 2	1 200. 0	212. 0	56. 0	211. 0	306. 0	152. 0
1974	1 566. 0	386. 9	870. 0	281. 0	576. 0	401. 0	120. 0	262. 0
1975	1 601. 0	214. 5	886. 0	219. 0	560. 0	222. 0	155. 0	162. 0
1976	1 600. 0	355. 4	900. 0	362. 0	400. 0	328. 0	300. 0	372. 0
1977	1 612. 0	177. 4	860. 0	182. 0	352. 0	162. 0	400. 0	181. 0
1978	1 590. 0	440. 0	870. 0	442. 0	260. 0	432. 0	460. 0	441. 0
1979	1 610. 0	448. 0	859. 0	445. 0	250. 0	491. 0	501. 0	432. 0
1980	1 588. 0	513. 3	900. 0	501. 0	261. 0	509. 0	427. 0	542. 0
1981	1 670. 0	463. 6	882. 0	224. 0	568. 0	472. 0	691. 0	220. 0
1982	1 690. 0	584. 6	872. 0	623. 0	496. 0	532. 0	322. 0	562. 0

3. 油菜产量

根据燕桥浜村保留的档案数据显示，东北大队 1965 年油菜亩产 105. 2 斤，1982 年油菜亩产 273. 4 斤，增长了 159. 89%。明星大队 1965 年油菜亩产 120. 5 斤，燕桥浜大队 1982 年油菜亩产 305 斤，增长了 153. 11%。1965—1982 年东北大队、明星/燕桥浜大队油菜产量分别见表 6-8、表 6-9。

表 6-8　1965—1982 年东北大队油菜产量一览表

年份	面积/亩	亩产/斤	年份	面积/亩	亩产/斤
1965	199.0	105.2	1974	351.0	207.3
1966	267.5	130.6	1975	351.0	171.7
1967	271.7	84.6	1976	351.0	147.2
1968	282.5	140.4	1977	344.5	162.0
1969	292.5	182.7	1978	347.0	269.3
1970	309.0	198.3	1979	334.4	266.8
1971	351.0	203.9	1980	391.0	170.8
1972	351.0	230.2	1981	578.0	222.4
1973	351.0	135.5	1982	613.5	273.4

表 6-9　1965—1982 年明星/燕桥浜大队油菜产量一览表

年份	面积/亩	亩产/斤	年份	面积/亩	亩产/斤
1965	360.0	120.5	1974	596.0	242.0
1966	650.0	141.0	1975	597.0	192.0
1967	695.0	118.0	1976	592.0	188.5
1968	410.0	180.0	1977	600.0	189.0
1969	425.0	201.0	1978	585.0	278.6
1970	512.0	217.5	1979	582.0	299.6
1971	590.0	232.0	1980	620.0	199.0
1972	594.0	262.5	1981	618.0	245.5
1973	592.0	186.0	1982	720.0	305.0

（二）粮食产、售、留情况

东北大队在 1971—1981 年的 11 年中，全大队粮食总产约 2 596.28 万斤，出售国家商品粮总数约 1 533.96 万斤，社员口粮提留约 664.77 万斤，饲料粮提留约 183.61 万斤，种子粮提留约 184.88 万斤（表 6-10）。

明星大队在 1971—1981 年的 11 年中，全大队粮食总产约 3 851.84 万斤，出售国家商品粮总数约 2 526.69 万斤，社员口粮提留约 911.30 万斤，饲料粮提留约 114.79 万斤，种子粮提留约 257.31 万斤（表 6-11）。

表 6-10 1971—1981 年东北大队粮食产、售、留情况一览表

年份	总面积/亩	全年粮食产量			社员口粮		饲料粮			稻麦留种数/斤	出售国家商品粮/斤
		总产量/斤	“三麦”/斤	水稻/斤	人数/人	粮数/斤	总数/斤	集体/斤	社员/斤		
1971	2 192. 6	2 157 891	285 727	1 872 164	1 021	595 356	75 753	52 285	23 268	173 926	1 312 856
1972	2 192. 5	2 241 061	344 202	1 896 859	1 035	611 172	121 549	81 719	29 830	194 705	1 313 635
1973	2 251. 5	2 238 360	208 956	2 029 404	1 041	614 179	109 728	82 126	27 602	187 640	1 326 813
1974	2 251. 5	2 551 340	436 998	2 114 342	1 059	625 856	153 885	119 235	34 650	171 905	1 599 694
1975	2 251. 5	1 928 894	261 028	1 667 866	1 059	598 335	155 510	117 329	38 181	188 084	986 965
1976	2 251. 5	2 379 486	378 396	2 001 090	1 061	622 874	166 315	107 525	57 790	191 941	1 398 356
1977	2 251. 5	2 101 553	152 791	1 948 762	1 075	325 856	151 171	121 839	29 332	177 590	1 146 936
1978	2 213. 5	2 432 149	480 667	1 951 482	1 100	677 089	245 063	159 106	85 958	170 251	1 339 146
1979	2 213. 5	2 780 307	632 934	2 147 373	1 060	614 800	253 645	152 180	101 465	149 262	1 762 600
1980	2 210. 5	2 443 773	605 299	1 838 474	1 049	672 574	204 150	131 090	73 061	119 697	1 447 352
1981	2 210. 5	2 707 957	689 146	2 018 811	1 083	689 654	199 284	73 993	125 291	123 758	1 695 261

表 6-11　1971—1981 年明星大队粮食产、售、留情况一览表

年份	总面积/亩	全年粮食产量			社员口粮		饲料粮			稻麦留种数/斤	出售国家商品粮/斤
		总产量/斤	“三麦”/斤	水稻/斤	人数/人	粮数/斤	总数/斤	集体/斤	社员/斤		
1971	2 870	2 629 529	42 224	2 587 305	1 260	730 800	97 300	63 245	34 055	212 058	1 589 371
1972	2 868	2 862 935	251 235	2 611 700	1 262	732 800	96 440	61 288	35 152	213 125	1 589 410
1973	2 870	2 931 603	312 728	2 618 875	1 266	733 220	97 250	61 322	35 928	213 200	1 887 933
1974	2 869	3 325 226	506 886	2 818 340	1 288	775 376	94 775	61 555	33 220	213 440	2 204 859
1975	2 869	2 757 134	343 464	2 413 670	1 286	777 406	95 520	61 120	34 400	210 100	1 677 338
1976	2 870	3 227 605	568 600	2 659 005	1 294	784 926	96 640	62 340	34 300	213 444	2 346 039
1977	2 868	2 983 744	285 944	2 697 800	1 292	783 720	93 824	60 024	33 800	213 588	1 892 612
1978	2 868	3 327 615	697 260	2 630 355	1 288	772 828	94 733	61 238	33 495	213 344	2 246 710
1979	2 870	3 597 177	721 437	2 875 740	1 324	832 740	98 666	62 584	36 082	220 100	2 445 671
1980	2 870	3 433 197	815 183	2 618 014	1 498	937 430	95 222	61 130	34 092	213 010	2 187 535
1981	2 869	3 336 324	774 288	2 562 036	1 510	970 900	94 330	62 223	32 107	222 166	2 073 844

第三节 工业经济

境域内工业始于1965年，明星大队、东北大队2个大队相继办起了粮食饲料加工厂。80年代，农村出现兴办企业热潮，队办企业相继出现。东北大队水泥制品厂，明星大队综合厂、针织厂等13个队办企业先后办成，开辟了农村劳动力转移的新途径。

一、队（村）办企业

1965年5月，东北大队在第4生产队东方红大桥旁投资1.2万元，办起140平方米的粮食饲料加工厂，服务全大队的粮食和饲料加工。有职工4人，负责人为朱纪根。1988年关闭。

1966年3月，明星大队在第9生产队明星排涝站旁投资3.3万元，开办200平方米的粮食饲料加工厂。有职工5人，负责人先后为黄永良、孙宗全。1979年3月，粮食饲料加工厂与水泥制品厂合并为明星综合厂。投资7.5万元，扩大经营范围，职工增加到43人，主营水泥预制构件浇制及粮食饲料加工。1986年转制。1988年2月，明星综合厂更名为“昆山市正仪永佳建筑材料有限公司”。

1977年8月，东北大队在第4生产队东方红大桥旁建化工厂房150平方米，1978年扩建厂房100平方米，主要生产氯化钙。有职工10人，厂长为钱玉荀。1980年年初，因故关闭。

1979年1月，东北大队投资10万元，开办占地850平方米的水泥制品厂，主营预制产品，即水泥行条、门框、楼板等。有职工30人，负责人为戴爱生。1988年关闭。

1983年6月，燕桥浜村在第4村民小组投资0.8万元，开办建筑面积85平方米的玻璃钢厂，主要生产玻璃钢瓦。有职工 41 人，负责人为陈宗水。1985 年 3 月关闭。

1983 年 8 月，燕桥浜村在第 4 村民小组投资 0. 67 万元，开办建筑面积 350 平方米的丝织厂，主营丝织品加工。有职工 47 人，负责人为徐阿毛。1988 年 2 月关闭。

1984 年 3 月，东北村在黄潭自然村南端投资 2 万元，开办建筑面积 95 平方米的五金厂，主营五金加工、机械维修、电焊。有职工 13 人，负责人为张元生。1988 年关闭。

1985 年 2 月，燕桥浜村在第 4 村民小组投资 2. 3 万元，开办建筑面积 100 平方米的五金厂，主营五金加工、机械修理。有职工 17 人，负责人为陆黑男。1987 年 2 月关闭。

1986 年 1 月，燕桥浜村在第 4 村民小组投资 12 万元，开办建筑面积 220 平方米的正仪针织厂，主营针织袜子。有职工 70 人，负责人为罗四官。1988 年 2 月关闭。

1986 年 4 月，东北村先后投资 10 万元在村委会办公室东侧开办并线厂，主营外来并线业务加工。有职工 22 人，负责人为徐香男。1991 年，并线厂迁至东北村第 5 村民小组，负责人分别由殷福男和褚祖铭担任。1996 年关闭。

1986 年 12 月，东北村投资 3 万元在第 4 村民小组开办麻袋综合厂，主营麻袋修补和洗涤。有职工 44 人，负责人先后由沈小元、宋嘉明等人担任。1993 年关闭。

1989 年 12 月，燕桥浜村在第 4 村民小组投资 20 万元，建造厂房 5 000 平方米，开办昆山市正仪油墨材料加工厂（福利企业），主营油墨材料加工。负责人为朱惠德，有职工 14 人，其中 7 人为残疾人，占职工总人数的 50%。企业开办不到 2 年，业务扩大，员工增加到 60 多人。创利从当年的 10 多万元一跃超百万元，得到正仪镇人民政府的嘉奖。2018 年，因环保问题关闭。

1993 年 3 月，燕桥浜村在第 4 村民小组投资 38 万元，建造厂房 350 平方米，开办昆银印刷厂，主营金融特种印刷。有职工 30 人，负责人为朱惠德。2000 年转制为民营企业。

1993 年 4 月，东北村在第 8 村民小组投资 86 万元，建造厂房 400 平方米，开办 AB 保健袜针织四分厂，这也是正仪镇 AB 总厂的一个生产车间。有职工 114 人，负责人为褚祖铭。2001 年 2 月，因昆山高新区土地征用而关闭。

队（村）办企业后实行经济承包责任制，改干部任免制为选聘制，改工人固定录用制为合同制，改固定工资制为浮动工资制；定劳力、定地段、定产量、定成本、定工分，实施超产奖励等激励措施，使企业效益有所提高。后受资金、技术、质量、销售等因素的影响，队（村）办企业逐步被淘汰。2000 年仅存的 2 家队（村）办企业以资产重组的形式，转换经济体制，变集体企业为民营企业。

二、民营企业

2000 年，乡镇企业体制改革（产业、产权）全面展开，原有企业转制为民营企业。民营企业产权为个人所有，自主经营、自负盈亏。至 2020 年，燕桥浜村除昆山浮尔印制包装有限公司和昆山市正仪永佳建筑材料有限公司 2 家“老字号”外，还有 10 余家新兴企业。它们涉及建筑、装潢、制造、营商等行业，在此不一一作介绍。

（一）昆山浮尔印制包装有限公司

昆山浮尔印制包装有限公司地处正仪镇南公路（民营区），开办于 2002 年 4 月，公司占地面积 6 000 平方米，注册资金 200 万元。公司主营包装装潢印刷品印刷及其他印刷品印刷，纸包装制品、塑料包装制品、木包装制品，等等。公司创办时员工不到 30 人，后经良好经营，企业不断壮大，至 2014 年员工增加到近百人，年产值达千万元。

昆山浮尔印制包装有限公司（2020 年，罗英摄）

（二）昆山市正仪永佳建筑材料有限公司

昆山市正仪永佳建筑材料有限公司的前身是明星综合厂，地处玉山镇正仪镇南公路（民营区），占地面积 7 500 平方米，生产水泥制品。1986 年 2 月，明星综合厂转制，法人代表为钱永兴。1988 年 2 月，明星综合厂更名为“昆山市正仪永佳建筑材料有限公司”，经营水泥制品，税利年年超百万元。

昆山市正仪永佳建筑材料有限公司（2020 年，罗英摄）

（三）昆山能控安全科技服务有限公司

昆山能控安全科技服务有限公司
（2020 年，该公司供图）

昆山能控安全科技服务有限公司成立于 2017 年 7 月 6 日，注册资本 1 000 万元。公司位于昆山市玉山镇登云路 288 号海创大厦 C 座 6 楼，公司法人钱龙。公司主营安全科技领域内的技术开发、技术咨询、技术服务、技术转让，安全咨询、安全顾问、安全事务代理、安全生产托管、安全评估、安全审计、安全监理，计算机软件开发，安全技术工程设计、施工等服务。公司与国资企业及昆山众安公共安全培训中心有限公司、昆山联能能源技术有限公司等投资合作，并和同济大学城市风险管理研究院达成合作，依托高等院校的科研实力，为城市智慧安全领域提供一流服务。

公司从成立时的 5 人发展至 39 人，其中，高管 5 人、高级技术人员 12 人。2020 年，创税利 334.12 万元。同年，成立昆山能控安全科技服务有限公司党支部。

自公司成立至2020年，累计向昆山市慈善基金会捐款约10万元，用于助困、助学、抗灾、新冠疫情防控。

三、入驻企业

昆山高新技术产业园区企业路标
（2020年，罗英摄）

2003年，燕桥浜村凭借优越的地理环境，始终坚持以产业经营为核心，搭建起新型的产业生态、运营服务，形成产业集聚，吸引大批企业入驻。至2020年，入驻工业企业300多家，主营机械制造、精密机械、电子科技、五金制品、建筑材料、医疗器械、商业贸易、针棉织品、精密钣金等。2020年，燕桥浜村部分入驻企业见表6-12。

表6-12　2020年燕桥浜村部分入驻企业统计表

企业名称	法定代表人	企业地址	主要业务活动
昆山新世界环卫服务有限公司	刘翠芳	昆山市玉山镇燕桥浜路318号2号房	物业管理
昆山松田印刷物料有限公司	戴爱明	昆山市玉山镇新城南路512号	印刷耗材批发
昆山楷徽智能装备有限公司	李　宁	昆山市玉山镇华淞路10号	智能装备生产零售
昆山密拿机械有限公司	刘丰田	昆山市玉山镇新城南路529号3号房	塑胶造粒机生产
昆山大金汉特殊钢有限公司	张庆军	昆山市玉山镇长阳路65号	不锈钢生产
昆山银泰景观绿化工程有限公司	王云龙	昆山市玉山镇青阳南路92号	城市绿地养护管理

续表

企业名称	法定代表人	企业地址	主要业务活动
昆山八零八橡塑制品有限公司	王君保	昆山市玉山镇镇南公路525号3号房	橡塑制品电子产品生产
昆山市城南木器软垫厂(本部)	虞阿二	昆山市玉山镇中华园西路1875号	办公家具制造
苏州麦邦仑电子科技有限公司	万志辉	昆山市玉山镇水秀路1339号A幢2楼	电子产品零售
苏州启恒新业建筑装饰工程有限公司	夏小俊	昆山市开发区人民南路1188号	室内装修工程
昆山奎峰金属材料有限公司	庞从球	昆山市震川西路315－28号	钢材建筑装潢材料零售
昆山明泰纸业有限公司	张振华	昆山市玉山镇晨淞路199号	纸箱纸制品加工零售
苏州柯之境环保科技有限公司	路长海	昆山市玉山镇华淞路8号6号房	环保科技领域技术开发
昆山鸿富宝环保科技有限公司	汪永生	昆山市玉山镇长阳路69号9号厂房	环保滤芯生产及零售
苏州德逸包装有限公司	薛理强	昆山市玉山镇长阳路77号	纸、木制品生产零售
昆山欧美通机械设备有限公司	耿家辉	昆山市玉山镇长阳路69号	机械加工
昆山良工阀门制造有限公司	洪建辉	昆山市玉山镇燕桥浜西路	阀门、水泵生产维修与零售
昆山申昆联合混凝土有限公司	宋海龙	昆山市玉山镇丽淞路8号	混凝土生产批发
昆山裕富运输有限公司	张德华	昆山市玉山镇丽淞路8号2号房	普通道路货物运输
昆山龙飞霞机械有限公司	郑其龙	昆山市玉山镇燕桥浜富民厂区正仪明珠路东侧4号房	金属轴承生产

续表

企业名称	法定代表人	企业地址	主要业务活动
昆山市大马劳务派遣有限公司	徐建福	昆山市玉山镇燕桥浜路319号	劳务派遣
昆山玉泽企业管理有限公司	高玉泽	昆山市玉山镇燕桥浜路319号	企业管理服务
昆山盛和精密机械制造有限公司	薛雪兴	昆山市玉山镇新城南路500号	热压板、模具板生产与零售
昆山德其立密封元件有限公司	李清芳	昆山市玉山镇燕桥浜村燕桥浜路西端明星站西侧	密封元件生产
昆山天悦龙机械制造有限公司	程正银	昆山市玉山镇新城南路500号	金属制品的生产及零售
昆山市中联胜源机械有限公司	姚良生	昆山市玉山镇华淞路58号	机械加工
昆山伸展机电设备有限公司	芦炽东	昆山市玉山镇华淞路15号	过滤设备生产
昆山九荣印刷厂	彭广钦	昆山市新城南路688号	印刷品的印刷制造
昆山德斯莱精密机械有限公司	张云飞	昆山市玉山镇中华园西路2008号	机械设备加工
苏州滨点净化科技有限公司	刘守志	昆山市玉山镇晨淞路199号	过滤设备配件零售
苏州联群节能设备科技有限公司	张慧敏	昆山市玉山镇中华园西路2083号	节能科学技术开发
昆山优耐德仓储设备有限公司	华晓芳	昆山市玉山镇中山路299号	货物仓储物流服务
昆山普城工业材料有限公司	吴海燕	昆山市新城南路688号	纸制品包装、五金制造

续表

企业名称	法定代表人	企业地址	主要业务活动
昆山首固电梯配件有限公司	浦大琴	昆山市玉山镇华淞路19号	金属电梯配件生产
昆山信丰茂精密模具有限公司	朱明星	昆山市玉山镇长阳路29号	金属模具加工
苏州英普诺电子有限公司	雷丹雁	昆山市玉山镇长阳路29号	电子产品零售及服务
昆山春江阀门制造有限公司	洪海福	昆山市玉山镇燕桥浜路321号2号房	阀门、水泵生产
昆山三合微电子科技有限公司	刘昊云	昆山市玉山镇晨淞路168号3号房	电子配件硅胶件生产
昆山驰仟顺五金制品有限公司	颜迎芹	昆山市玉山镇水秀路1328号2号房	五金加工
昆山明辰威自动化设备有限公司	黎雄德	昆山市玉山镇中华园西路2083号	自动化设备加工与零售
苏州鸿深志电子科技有限公司	赵五洋	昆山市玉山镇晨丰路228号	电子产品加工
昆山斯卡威贸易有限公司	毕昌胜	昆山市玉山镇中华园西路2083号	建材批发
昆山市祥和胶带硅胶制品厂	徐　进	昆山市玉山镇燕桥浜富民厂区	橡胶分割加工
昆山葛博斯商贸有限公司	李仁祥	昆山市晨淞路385号	汽车配件制造
昆山蓝羚电器有限公司	徐文杰	昆山市玉山镇晨淞路299号	机械设备加工
昆山胜美狮五金科技有限公司	李奕航	昆山市玉山镇晨淞路299号	螺丝冲压件生产

第四节　商业经济

1949 年前，境域内无商业。百姓购买物品须步行或摇船至集镇。中华人民共和国成立后，农村商业开始逐步发展，先出现走乡串巷的“挑货郎”，后出现供销社下设的“下伸店”“双代店”，继而出现个体工商户。

一、挑货郎

所谓“挑货郎”，是镇上头脑灵活的无固定职业者，在镇上或其他地方购些日用百货，挑着一个“满当当、花绿绿”的担子，走村串户，边走边转动手中的拨浪鼓（也有的吹笛子），拨浪鼓发出有节奏的咚咚声，伴之嘴上的吆喝声，从村头传到村尾。听见吆喝声的大人小孩都会追上挑货郎，围着观看，但见挑货郎担里有吃的、用的、玩的，还有针头线脑，小孩子们爱不释手。若是没钱购买，家里大人会把旧胶鞋、布条、破铜烂铁拿出来换些想买的东西，以物换物。当时农村购物方式，主要通过挑货郎走乡串户来满足。70 年代，农村设“下伸店”后，挑货郎才逐渐消失。

挑货郎（2020 年，智源绘）

二、“下伸店”

“下伸店”俗称“小店”，是正仪供销社下设在各大队的杂货店。1965 年春，东北大队“下伸店”开设在黄潭自然村褚利民家，明星大队“下伸店”开设在双庙自然村祝银根家。供销社下派负责经营人员，店员由各大队产生，东北大队、明星大队分别是朱阿宗、刘小宝。“下伸店”内设一间平房两个橱柜，柜台上陈列各种商品，包括百姓需要的生活品与农具。不仅有铁搭柄、扁担、谷箩、担绳、担钩之类的劳动用品，有油、盐、酱、醋、糖之类的食用品，有毛巾、袜子、牙膏、牙刷、肥皂等生活用品，还有针头线脑、顶针箍、揿钮等缝制小杂件，亦有香烟、火柴等，一应俱全。小店的商品能解决社员日常所需，兼回收废铜烂铁、牙膏壳、废电池、破布之类的物品。

“下伸店”是农村社员的方便店，农忙季节，“下伸店”兼卖肉、卖豆腐。百姓们称“下伸店”是方便店、贴心店。“双代店”出现后，“下伸店”自然消失。

三、“双代店”

“双代”是指代购代销，是70年代初流行于农村的一种收购、销售物资的营销形式。“双代店”向农民收购鸡蛋等，供销社供生活用品和小型生产资料，二者进行平等交易。“双代店”实行自主营销，从中赚些商品差价，自负盈亏。“双代店”的经营性质为集体，营业人员大多由大队指派，如由老干部或下乡知青等担任。东北大队的营业员先后有沈兴生、朱月珍、魏仲琪、徐菊英、邹小宗，明星大队的营业员先后有沈友坤、杜双生、赵绵祥、陆云男等。在计划经济时期，“双代店”为繁荣地方经济起到了重要作用。随着个体经济逐步发展，80年代“双代店”越来越显得陈旧、落伍，后逐步退出历史舞台。

四、个体工商户

个体工商户，是指生产资料属私人所有，主要以个人劳动为基础，劳动所得归劳动者自己支配的一种经济形式。1978年改革开放后，农村劳动力得到解放，大量农民走上经商之路，个体工商户由此发展起来。

个体工商户涉及经营的项目有大小超市、餐饮、宾馆、水果、建筑材料、水暖设备、日用百货、社会服务等。个体工商户有个人经营，有家庭经营，还有合伙经营，境域内以家庭经营最为常见。至2020年年底，燕桥浜村共有个体工商户23家（表6-13）。

表 6-13 燕桥浜村个体工商户统计表

姓名	商店名称	经营项目
杜建男	昆山市巴城镇中宇园艺花卉大卖场	花木苗圃
徐建福	苏乡人家饭店	餐饮
徐美琴	百家惠药店（燕桥浜连锁店）	医药
刘惠明	解三羊羊肉馆	餐饮住宿
戴永兴	渔家园蟹庄	水产批发
陈宗明	中心水暖建材	水暖批发
邵兴林	澄丰阁	餐饮
赵卫新	建新蟹庄	水产批发
范惠良	长脚水果批发部	水果批发
施雪林	施氏大闸蟹批发	水产批发
陆火林	火林涂料商店	油漆
戴建林	昆山市巴城镇建永达五金商行	水暖建材
陆云男	陆云男杂货店	小百货
李花生	李花生杂货店	小百货
王金男	五金商店	水暖批发
季银根	东山水果批发行 003 号	水果批发
李海林	钢材经营部	钣金加工、安装
王永男	福英水产一条龙	水产批发
陆水英	胜利烟店	烟草专卖
陈三元	燕桥浜水暖店	水暖建材
杜春明	天地建材商店	建材批发
黄月根	昆山市巴城镇正仪君子亭建材店	建材批发
钱云龙	美华园药店	医药

第五节　运输业经济

域内水上运输可分为集体运输和个体运输两个阶段。

一、集体运输

集体运输是以生产队为单位组织实施的。集体出资购买运输船只、机械设备。1978年，生产队根据自身情况购置1—2条运输船。参加运输人员由生产队统一安排，收入归集体所有，所得工分参照生产队同等劳动力，加上部分补贴。运输船只一般为12吨水泥船，装上12马力的柴油机，拖上一条同吨位的水泥船，由集体联系业务，短途驳运。每船3人，2条船为5—6人，全年运输船只可产生效益5 000元。1980年，东北大队8个生产队有运输船只14条，明星大队11个生产队有运输船只18条。到1982年，实行家庭联产承包责任制后，集体运输因生产队解体而消失。

二、个体运输

1982年后，境域实行家庭联产承包责任制，大大解放了农村劳动力，村民们借鉴集体运输的经验，自发组织人员开展个体水上运输。开始时，一般为亲朋好友合伙购买运输船只，后来出现了“夫妻档”。夫妻二人合开一条运输船。1990年，村域内共有个体运输船只85条。

个体运输，有短途驳运和中长途运输。如到苏州西山或东山购买石子、黄沙，再贩卖至上海等地，供路基或建筑工地使用。一条运输船，全年所得5 000—8 000元。至1995年，道路全面建成，陆上汽车运输飞速发展，水上运输逐渐消失。1990年，燕桥浜村（含东北村）运输人员见表6-14。

表 6-14 1990 年燕桥浜村（含东北村）运输人员统计表

序号	组别	船主姓名	序号	组别	船主姓名
1	1	陆小凤　杜银土	27	3	陆海英　李瑞根
2	1	陆阿狗　陆宗林	28	3	顾木根　顾夫明
3	1	陆福兴　朱金元	29	3	戴春荣
4	1	顾六男　顾巧明	30	4	顾金男　顾大男
5	1	陆大男　陆大狗	31	4	朱云泉　朱双泉
6	1	孙火根　赵志良	32	4	陈水泉　顾全男
7	1	陆云狗　张士福	33	4	朱小男　顾宗男
8	1	翁才良　翁金生	34	4	王云男　王双弟
9	1	徐水元　杜玉良	35	5	黄惠根　黄祥根
10	1	陆爱根　陆香花	36	5	洪福兴　蒋根生
11	1	赵炳荣　万云狗	37	5	蒋阿水　龚雪根
12	1	戴小男　戴敖根	38	5	黄林才　黄兴才
13	1	徐坤元　徐根元	39	5	夏阿巧夫妇
14	1	陆金海　戴火根	40	5	许金荣夫妇
15	1	俞金元　戴狗男	41	5	洪水男夫妇
16	1	戴坤根　戴坤元	42	5	强永法夫妇
17	1	陈阿三　周多男	43	5	洪金元夫妇
18	1	戴阿元　戴凤男	44	5	洪金龙　洪宝根
19	1	陆林元　郭祥宝	45	5	李培培夫妇
20	1	唐小林夫妇	46	5	张二男　洪林根
21	2	李阿四　蔡汉生	47	5	徐金龙　王全弟
22	2	戴全明夫妇	48	5	巫夫宝　巫全宝
23	2	戴炳兴夫妇	49	5	李培元夫妇
24	2	李香男　李林男	50	5	黄兴才　洪小男
25	3	陆云弟夫妇	51	6	徐宗林　徐香根
26	3	周祥英　朱解英	52	6	俞大男　陆小凤

续表

序号	组别	船主姓名	序号	组别	船主姓名
53	6	张寿根　张老坤	70	8	沈佰良　曹心妹
54	6	张傲根　俞金花	71	8	褚祖明　张大妹
55	6	张银根　刘香花	72	8	褚长兴　浦建珍
56	6	陈全男　陈花妹	73	8	魏月亮　陈林秀
57	6	陈二男　周小妹	74	8	沈小夯　归火英
58	7	褚兴泉　褚风良	75	8	沈夯男　朱金花
59	7	马志文　褚云花	76	8	沈根男　蔡惠金
60	7	褚金荣　金妹香	77	8	钱春海　钱春龙
61	7	杜小荣　陈金妹	78	8	沈建良　景银花
62	7	褚生荣　孙三花	79	8	殷云良　朱银花
63	7	褚建荣　田桂花	80	8	殷正良　洪白妹
64	7	杜杏根　朱央珍	81	8	殷金山　顾央妹
65	7	褚毛狗　杜水花	82	8	沈林根　沈利良
66	7	王金男　强福娣	83	8	巫火金　支杏花
67	7	褚金民　褚福根	84	9	季黑男　蒋金妹
68	7	褚爱根　杜云花	85	10	顾宗宝　林全荣
69	7	田香泉　钱金秀	—	—	—

第六节　副业经济

燕桥浜境域开展的副业主要包括养殖业、经济作物种植及手工业。中华人民共和国成立之后，家庭副业以养鸡、养鸭、养猪为主。60 年代，正仪人民公社成立收购站，村民掀起搓绳、踏绳、打草包热潮，由收购站统一收购。每个家庭每月能挣二三十元。1991年，域内农户开始在河浜养鱼。1993年，农村产业结构调整，域内农户开挖良田养鱼（精养塘）。副业多元化发展成就村民致富之路。

一、家庭饲养

中华人民共和国成立之前，私家饲养少量的鸡、鸭和猪，供自家食用。中华人民共和国成立之后，延续家庭饲养，但数量很少，难得自己食用，大部分饲养的家禽被拿到集市上交换些日用品。50年代，中央提出“集体养殖与家庭养殖并重”的方针，饲养业迅速发展，每个家庭除养殖鸡、鸭外，开始养猪。每年每家饲养肉猪1—3头不等。多数农户每年留一头生猪宰杀，为“年夜猪”，其他猪全部被卖给国家。每百斤毛猪可卖得45.5元，猪窠以每百斤0.5元卖给生产队。每个家庭或多或少都有了副业收入。家庭饲养业一直至90年代后才结束。

二、集体饲养

1965年，境域内开始较大规模地集体饲养生猪，由各生产队为单位实施，集体出资建造猪棚20—30间，委派有养猪经验的老农具体负责饲养工作。工分照同等劳动力计算，且有激励措施。东北大队8个生产队和明星大队11个生产队，每个生产队饲养母猪4—6头，年出栏生猪60—80头。生产队每年要在农忙前后或节前节后宰杀生猪2—3头慰劳社员。其余生猪被卖给国家，卖猪所得归生产队所有。每当母猪产苗猪后，大部分苗猪留集体饲养，其余被卖给社员饲养。1970年，国家提倡大力发展养猪事业，各生产队圈存量明显增长。如东北大队第4生产队成立百头养猪场，自我培育公猪1头、母猪12头，苗猪超百头，全年创收利润5 000元。1982年，明星大队圈存量达1 454头，其中，社员养猪640头，集体养猪814头；年出售生猪1 411头，宰杀生猪43头。1982年，东北大队畜牧业生产情况见表6-15。

1979年，东北大队第4、5生产队集体养鸭600—800只，出售鲜蛋25 000斤，增加集体收入。集体养殖因1982年分田到户而画上句号。

表 6-15　1982 年东北大队畜牧业生产情况年报表

单位：头

队别	耕牛年末实有数量			生猪年末实有数量			母猪年末实有数量			全年生猪出圈数量					
										国家收购			宰杀数量		
	合计	从事农事劳役	当年生崽	合计	集体饲养	社员饲养	合计	集体	社员	合计	集体	社员	合计	集体	社员
1	5	3	2	50	0	50	7	0	7	145	0	145	1	0	1
2	1	1	0	36	0	36	2	0	2	62	1	61	1	1	0
3	3	3	0	40	0	40	1	0	1	66	2	64	2	2	0
4	1	1	0	57	7	50	7	7	0	69	2	67	2	2	0
5	4	3	1	62	0	62	3	0	3	96	0	96	1	0	1
6	2	2	0	57	7	50	7	7	0	77	2	75	5	4	1
7	2	2	0	41	6	35	6	6	0	86	11	75	4	4	0
8	2	2	0	62	7	55	7	7	0	105	0	105	0	0	0
9	3	2	1	40	0	40	0	0	0	72	0	72	1	0	1
10	1	1	0	43	8	35	5	4	1	50	2	48	1	1	0
11	2	2	0	56	6	50	8	6	2	78	0	78	2	2	0
农科队	1	1	0	25	0	25	0	0	0	37	0	37	0	0	0

三、经济作物

1979年，境域内积极开展经济作物种植，如大田种西瓜、南瓜，边角田种树麻，鸡口田种席草，旱地种水果，坟地种苗树，等等，真正做到了一切从实际出发，因地制宜，充分利用每寸土地，经济作物种植发展得有声有色。

（一）西瓜、南瓜

70年代，东北大队、明星大队每个生产队都会种上2—3亩西瓜和2亩左右的南瓜。3月初，在麦田中进行西瓜、南瓜苗移栽（套种），小麦收割后，瓜苗向四周生长。7月初，西瓜、南瓜上市。生产队将部分西瓜分给社员享用，其余全部出售，所得为集体收入。南瓜成熟后，作为集体猪饲料，瓜子掏出晒干，分给社员食用。

（二）席草

1974—1980年，各生产队种植席草。席草俗称"石草"，属灯芯草料，有细长而密生的须根，坚韧而富有弹性。每个自然村宅基旁种粮食作物，常被鸡、鸭糟蹋，此田称为"鸡口田"。而在鸡口田种植席草经济效益更高。正仪供销社负责提供种子及技术指导、收购，村民负责种植、除草、收割、晾晒即可。一般每个生产队要种上2—3亩，每亩收入百元左右。

（三）树麻

1970—1982年，生产队利用边角田、宽阔路面、旱地种植树麻。所谓"边角田"，是指地处边缘，灌溉不到位的田地。这些地种植水稻几乎是零产出，但种植树麻十分合适。树麻作为纤维作物，春天种植，秋季成熟、收割。待树麻晒干、浸泡后，妇女们开始扒树麻皮，把树麻皮剥下、晒干、捆好、储存。树麻用于制作生产队的生产工具，如用来做罱网、做拖泥袋、搓麻绳、修理农船等。树麻基本自产自用，以节约生产队生产开支。

（四）水果

1980年，明星大队利用东旱地（孙家港坟地）、西旱地（郑家坟）种植桃子和香梨。东旱地12亩，种植品种有蟠桃、六零桃、水蜜桃。西旱地13亩，种植品种有黄香梨、木梨、苹果梨。旱地均为集体所有，种植人员工资按本生产队同等劳动力计算。水果成熟后，基本分给社员食用。1988年后，旱地转由个人承包，定额上缴，自负盈亏。后东旱地因油墨厂扩建，西旱地因复耕，不再种植。

（五）小型苗圃场

1972 年，明星大队在畜牧场北坟地，办起小型苗圃场，面积 2.5 亩，由党员洪少林负责管理，苗树品种为水杉木。至 1978 年，苗树成形，由正仪人民公社绿化办公室负责收购，移栽于镇南公路、昆南公路两侧。

第七节　水产养殖

燕桥浜境域河浜纵横交叉，水流平缓，水质好，水生物丰富，适宜水产养殖。90 年代，村域加快产业结构调整步伐，大力发展水产养殖业，利用河、浜、溇养鱼、养蚌。1993 年以后，村域开挖粮田，承包给村民养鱼、养虾。

一、河、溇养殖

1984 年 2 月，东北村利用河、溇开挖组合，新建鱼塘 50 亩，开展水产养殖。负责人为田香根，有职工 4 人。

1991 年 10 月，东北村村民刘宗兴、殷招林率先利用河、溇开挖鱼塘 44 亩，承包养鱼。合同确定，承包者每亩水面上缴 100 斤鲜鱼，其他自行处理、自负盈亏。第二年，村民看到养殖业前景广阔，争相报名养鱼。村委会将河道进行划分，分别以每亩 100—150 元的价格发包。东北村和燕桥浜村有 26 户承包河道或高速公路取土鱼塘，水域面积 435.5 亩。2003 年，因境域用地规划和环境整治，河道不再养鱼。1991—2002 年燕桥浜村河、溇养殖情况见表 6-16。

表 6-16　1991—2002 年燕桥浜村河、漤养殖统计表

姓名	组别	租赁年月	面积/亩	动迁年月	地点
陆阿桃	1	1994 年 10 月	12.0	1997 年 12 月	村南大漤
杜卫生	1	1995 年 10 月	12.0	2003 年 12 月	高速公路
杜玉生	1	1995 年 10 月	10.0	2003 年 12 月	西北漤
戴凤男	2	1995 年 10 月	30.0	2003 年 12 月	高速公路
李香男	2	1995 年 10 月	20.0	—	高速公路
王正明	2	1995 年 10 月	50.0	2003 年 12 月	沧泾港
朱惠德	2	1995 年 10 月	30.0	2003 年 12 月	唐家浜
朱惠德	2	1995 年 10 月	15.0	—	唐家浜
陆雪根	3	1995 年 10 月	30.0	2014 年 1 月	高速公路
刘宗兴	6	1991 年 10 月	5.0	1994 年 10 月	贪图漤
陈云男	6	1993 年 9 月	10.0	1999 年 10 月	横漤
张琴生	6	1994 年 10 月	8.0	1999 年 12 月	高速公路
孙秀冬	6	1995 年 10 月	15.0	1999 年 12 月	高速公路
薛凤生	6	1995 年 10 月	12.5	1999 年 12 月	高速公路
王金泉	7	1993 年 9 月	7.0	1999 年 10 月	里港河
褚引男	7	1995 年 10 月	18.5	1999 年 12 月	高速公路
朱银泉	7	1995 年 10 月	5.0	1999 年 12 月	南乌泾港
马志文	7	1999 年 10 月	22.0	2002 年 12 月	高速公路
潘阿狗	8	1991 年 12 月	25.0	1994 年 12 月	黄潭港
殷招林	8	1991 年 10 月	14.0	1993 年 10 月	仓库浜
褚长林	8	1994 年 10 月	13.0	1999 年 12 月	乌泾港
魏月亮	8	1995 年 10 月	18.0	1999 年 12 月	高速公路
沈夯男	8	1995 年 10 月	14.0	1999 年 12 月	高速公路
许密根	8	1995 年 12 月	14.0	1998 年 12 月	大场东漤
季月根	9	1994 年 10 月	6.0	1998 年 12 月	老横港
颜巧根	9	1994 年 10 月	10.0	1996 年 12 月	大漤
钱全云	10	1995 年 12 月	9.5	1999 年 10 月	南角里浜

二、鱼塘养殖

1992—2002 年，村域 47 户农户（东北村 24 户、燕桥浜村 23 户）与村委会签订农田开挖鱼塘养殖水产合同。合同规定：由村委会统一管理，选定农田地址（一般选地质差、不易耕作的农田），由承包者自行开挖，费用在上缴款中扣除（每年每亩租金 340 元）；鱼塘整体下挖 0.5—0.6 米，塘岸 2.5 米，鱼塘岸高 1.5 米；承包期 5 年（优先续租）；开挖面积由承包人自己决定，一般开挖 15—30 亩不等。合计开挖面积 973 亩。正常年景，每亩产商品鱼 5 000—6 000 斤，扣除成本，每亩获利 7 000 元左右。2014 年年底，鱼塘全面复耕，农田开挖养鱼成为历史。1992—2002 年燕桥浜村域开挖鱼塘情况见表 6-17。

表 6-17　1992—2002 年燕桥浜村域开挖鱼塘统计表

姓名	组别	开挖年月	开挖面积/亩	复耕年月
戴国秀	1	1992 年 10 月	18	2014 年 12 月
高根生	1	1992 年 10 月	16	2006 年 12 月
杜卫生	1	1994 年 10 月	10	—
陆大狗	1	2001 年 10 月	20	2003 年 12 月
顾巧男	1	2001 年 10 月	25	2003 年 12 月
陆小凤	1	2002 年 10 月	15	2006 年 12 月
王金生	2	1992 年 10 月	30	2014 年 12 月
顾根元	2	1992 年 10 月	15	2001 年 12 月
李林福	2	1992 年 10 月	15	2001 年 12 月
戴德强	2	1992 年 10 月	20	2001 年 12 月
朱卫德	2	1995 年 10 月	30	2003 年 12 月
李双弟	2	2002 年 10 月	25	2006 年 12 月
李凤泉	2	2002 年 10 月	30	2014 年 12 月
陆雪生	3	1992 年 10 月	8	2001 年 12 月
朱解英	3	1992 年 10 月	15	2014 年 12 月

续表

姓名	组别	开挖年月	开挖面积/亩	复耕年月
陆海英	3	1992 年 10 月	30	2014 年 12 月
陆雪根	3	1994 年 10 月	30	2014 年 12 月
朱意英	3	2002 年 10 月	25	2014 年 12 月
李瑞福	5	1992 年 10 月	20	2014 年 12 月
巫夫宝	5	1992 年 10 月	18	2014 年 12 月
李培元	5	1992 年 10 月	15	2014 年 12 月
洪小男	5	1992 年 10 月	30	2014 年 12 月
许金荣	5	1992 年 10 月	20	2014 年 12 月
宗白男	6	1992 年 10 月	13	1999 年 10 月
陈云男	6	1992 年 10 月	13	1999 年 10 月
邹小勤	6	1992 年 10 月	13	1999 年 10 月
张元生	6	1992 年 10 月	26	1999 年 10 月
刘黑男	6	1992 年 10 月	13	1999 年 10 月
田香根	7	1992 年 10 月	17	2001 年 10 月
褚学明	7	1992 年 10 月	19	2001 年 10 月
褚金明	7	1994 年 10 月	18	2005 年 12 月
王金泉	7	1994 年 10 月	14	2003 年 9 月
王秋良	7	1994 年 10 月	30	2003 年 9 月
朱香根	7	1996 年 10 月	30	2003 年 9 月
褚金荣	7	1997 年 10 月	20	2003 年 9 月
褚引男	7	1997 年 10 月	21	2003 年 9 月
阮宗男	8	1992 年 10 月	38	2005 年 10 月
黄金男	8	1993 年 12 月	13	2000 年 12 月
殷招林	8	1993 年 12 月	19	2000 年 12 月
沈　兴	8	1993 年 12 月	19	2000 年 12 月
王卫国	8	1993 年 10 月	34	2003 年 12 月
褚长兴	8	1993 年 12 月	38	2000 年 12 月

续表

姓名	组别	开挖年月	开挖面积/亩	复耕年月
殷坤荣	8	1993 年 12 月	11	2001 年 12 月
阮宗男	8	1994 年 10 月	18	2005 年 12 月
毛林根	10	1992 年 10 月	14	2003 年 10 月
钱全云	10	1992 年 10 月	28	2003 年 10 月
朱凤生	10	1992 年 10 月	14	2003 年 10 月

三、养蚌育珠

1975 年，明星大队社员祝炳生去苏州斜塘学得养蚌技术，回来后带领社员陈金香、陆金珠、万秋花、朱凤妹，在后浜河和郑家坟河向阳通风、流水平缓、水质中性的两处 5 亩水面养蚌育珠。以珍珠蚌和三角蚌作为良种，采用单吊绳挂方式，将蚌挂在生物丰富水层中。珍珠蚌通常为 2 年插核，3 年植片，5 年产蚌珠。80—120 只三角蚌可育成无核珍珠 500 克左右。至 1982 年的 7 年间，明星大队获得净利润 12 万元。东北大队派钱雪生拜祝炳生为师，回村后亦开始养蚌育珠，面积 8 亩，为生产大队创利 2 万元。由于水域环境变化，域内于 1982 年后不再养蚌。

第八节　房屋租赁

燕桥浜村地处昆山高新区西部，与巴城镇正仪街道相连，312 国道从村旁穿过，水陆交通便捷。燕桥浜村抓住地域、人口密集优势，新建道路，招商引资，建造标准厂房、打工楼、店面用以发展房屋租赁经济。

燕桥浜商业街（2020 年，罗英摄）

一、租赁房产建设

燕桥浜村打工楼（2020 年，罗英摄）

2008 年 5 月，燕桥浜村投资 182 万元，改造轧米加工厂 1 663 平方米。是年，村投资 2 300 万元，建造打工楼及店面房 16 800 平方米。其中，1 号打工楼 5 794 平方米，2 号打工楼 3 503 平方米，3 号打工楼 2 603 平方米，4 号打工楼 4 900 平方米。是年 12 月，燕桥浜村投资 70 万元，建造燕桥浜菜市场 399. 44 平方米。2009 年 4 月，燕桥浜村投资 290 万元，建造燕桥浜幼儿园 2 004 平方米。是年，燕桥浜村投资 67 万元，改造油库厂房 1 200 平方米。2010 年，燕桥浜村在长阳路投资 580 万元，建造标准厂房 3 450 平方米。2011 年，燕桥浜村投资1 478 万元，建造市政养护楼 7 000 平方米，其中，主体投资 1 276 万元，二期投资 202 万元。优越的地理位置和投资环境，吸引了企业入驻租赁。

二、房屋出租收益

燕桥浜菜市场面积 399.44 平方米，年租金 63 500 元；幼儿园面积 2 004 平方米，年租金 288 665 元；长阳路简易厂房面积 1 019.2 平方米，年租金 245 980 元；长阳路 1-3 号厂房，面积 3 450 平方米，年租金 703 004 元；打工楼面积 4 683.96平方米，年租金 640 770 元；易家福超市 1 251 平方米，年租金 281 500 元；原轧米加工厂改造后，厂房面积 1 663 平方米，年租金 508 878 元。2020 年，燕桥浜村厂房、店面房等出租总面积 16 980.95 平方米，全年房屋总租金 314.98 万元。

第七章　文教卫体

中华人民共和国成立前，燕桥浜境域内有2所公办学校，各有10多名学生。60年代，境域内教育事业飞速发展。从60年代各大队分队办学，到80年代集中办学，至2000年后教育资源整合、规模办学，全村学龄儿童入学率达100%。

中华人民共和国成立初，境域内除传统的娱乐活动之外，文化、体育活动几乎为零。从60年代开始，各生产大队办起文艺宣传队、安装广播、放映电影。80年代以后，电视逐渐普及。进入21世纪，群众性文化体育活动丰富多彩。

中华人民共和国成立后，境域内医疗卫生事业得到前所未有的发展。从1949年前后缺医少药，卫生条件差，只有土郎中、接生婆，到60年代办起农村合作医疗，至2000年后成立社区医疗卫生服务站，其间，组织群众性查螺灭螺工作，开展爱国卫生运动、疾病预防工作，村民健康得到有效保障。

第一节　学校教育

中华人民共和国成立后，境域内办起支家庙、双庙头2所公办学校。1952年，东北大队在横港自然村办起学校。1964年，明星大队分别在燕桥、田垛、潘家桥、直通自然村开办学校。1968年，支家庙拆除后，东北大队在黄潭自然村建造学校。1980年，东北大队、明星大队相继开办幼儿园。1992年，燕桥浜村籍学生学区分别并入东北、姜巷学区。

一、幼儿园

70年代前，境域内缺乏正规的学前教育，仅有各生产队办的农忙托儿所。1980年，东北大队、明星大队2个大队相继开办幼儿园。东北幼儿园开设在黄潭自然村东北小学旁，教师沈爱英，学生20—30人。1988年，沈爱英调入小学任教后，由颜志琴接任。1990年，因生源缺乏，东北幼儿园停办。明星幼儿园开办在第4生产队明星小学旁，教师杜丽珍，后增加朱金秀。1996年，杜丽珍外调，朱金秀改行，由李花接任。1991年，教师由陆建珍、陈希华担任。2002年9月，燕桥浜村幼儿园停办，幼儿转入姜巷村幼儿园或正仪幼儿园。

幼儿园刚开办时，招收4—6周岁的幼儿，编成大、中、小混合班，学制1—3年，年龄小的幼儿读2—3年，年龄大的幼儿只读1年。后来，幼儿教育逐渐走上正轨，幼儿入园年龄调整为小班3.5周岁、中班4.5周岁、大班5.5周岁。1981年，《幼儿园教育纲要（试行草案）》颁布后，幼儿教育统一开设计算、语文、常识、音乐、美工、体育6门课程，幼儿教育工作逐步规范。

二、小学

（一）明星小学

1950—1955 年，在双庙头河西祝银根家的草房内开设学校（域内百姓称“双庙头学堂”）。开始时，仅有学生 5—7 名。后来迁至观音庙，开设 1—4 年级，校长为赵经伟，学生 30—40 名。

1956—1963 年，因学生增加，明星大队把河东的土地庙改为教室，校长为杨心传，教师有王玉英、杨祥根，学生增至 60—70 名。

1964—1967 年，明星大队出资在第 4 生产队新建教室 2 间，称“明星小学”，面积 110 平方米。校长为魏忠，教师先后有赵绵祥、陈琦、朱允元、陈晏。学生 60—80 名。与此同时，田垛自然村开设耕读小学，教师有黄阿兴、唐小男，学生 25 名左右；潘家桥自然村开设耕读小学，教师为王培根，学生 30 名左右；直通自然村开设耕读小学，教师为陆大凤，学生 20 名左右。

1968—1980 年，明星大队合并其他自然村学校，在原明星小学基础上进行扩建，新增面积 150 平方米，校舍总面积 260 平方米。校长为魏忠，教师先后有朱允元、陈琦、费公佩、杨瑞华、潘介勤、王宗根、祝小男、黄阿兴、朱小白、潘家琴、王宗根、曾玉琴、唐小男、朱惠明等，学生 100—120 名。

1981—1987 年，村域改造明星小学，增加教室 1 间。校长为魏忠，教师先后有陈琦、黄阿兴、陈晏、周琴芳、唐小男、陆小增、朱凤珍、朱惠明等，学生 120—150 名。

1988 年后，燕桥浜村低、中年级学生分流至正仪小学，高年级学生到东北完全小学就读。燕桥浜村学校停办。1950—1987 年明星境域小学校变迁情况见表 7-1。

表 7-1　1950—1987 年明星境域小学校变迁一览表

学校名称	校址	校长	开办年份
双庙头学堂	第 5 生产队	赵经伟	1950—1955
双庙头学堂	第 5 生产队	杨心传	1956—1963
明星小学	第 4 生产队	魏　忠	1964—1987

(二) 东北小学

1949—1960 年，在黄潭自然村南的支家庙开设学校。由正仪下派人员任教，教师先后有周祖生、钱云道、常向明、龚仕发、钱培玉。学生 20—40 名。1961 年，庙庵被拆除，东北大队借用民房继续办学。

1952—1967 年，东北大队在横港自然村东庙里开设初小复式班，教师先后有沈凤英、沈菊珍、王善德。学生 25—35 名。

1968—1979 年，东北大队在横港自然村建造 80 平方米校舍，称“横港小学”，教师先后有李根发、张正明，学生 35—40 名；在黄潭自然村中心建造黄潭小学，校长为钱培玉，教师先后有常卫山、徐梅英、张根寿，学生 40—50 名；1969 年，东北大队在外泾自然村集体公房内开设学校，称“外泾小学”，校长为常卫山，教师为袁端林，学生 30—40 名。

1980—1982 年，东北大队在黄潭自然村北端征地 2.5 亩，建造学校，称“东北小学”，开设 1—5 年级，面积 312 平方米，合并横港小学、外泾小学及原黄潭小学。校长为钱培玉，教师有钱凤弟、褚永明、陆玲珍、褚引弟，学生 80—100 名。

1983—1985 年，东北小学学生减少至 40—50 名，该小学开设 1—4 年级，教师 3 人，校长为褚永明。钱培玉退休，钱凤弟、褚引弟外调。

1986—1989 年，东北小学更名为“东北完全小学”。学校开设 1—6 年级，校长为魏忠，教务为凌惠根，事务兼少先队辅导员为褚永明，教师有褚引弟、陆玲珍、朱冬妹。学生 120—150 名，来自附近的大众、群南、群北、燕桥浜等村。两年后，增加教师陈希华、王秀珍、朱凤珍。

1989 年东北完全小学首届六年级毕业生留念（2020 年，褚永明提供）

1990 年，东北完全小学迁至大众村，学校停办。1949—1989 年东北境域小学校变迁情况见表 7-2。

表 7-2 1949—1989 年东北境域小学校变迁一览表

学校名称	校址	校长	开办年份
支家庙小学	第 4 生产队	—	1949—1960
横港小学	第 6 生产队	—	1952—1979
外泾小学	第 2 生产队	常卫山	1969—1979
黄潭小学	第 4 生产队	钱培玉	1968—1979
东北小学	第 5 生产队	钱培玉、褚永明	1980—1985
东北完全小学	第 5 生产队	魏　忠	1986—1989

三、农业中学

1956 年春，正仪乡在明星大队南港自然村开办“四集体”学校。学校分正仪农业中学和小学两个部分，校舍、食堂、宿舍均利用民房，学生来自附近的东北、大众等大队。1959 年秋，学校解散，小学生回所在大队学习。

1958 年，学校迁至东北大队外泾自然村，校名为正仪农业中学。校长为徐根荣，教师有柳菊香、王庭槐、张家鼎、陈哉坤、郁思中。学生来自正仪人民公社及娄江以南各大队。农业中学共设 2 个年级，分别为初一、初二年级，学生 50—60 人。

1961 年，农业中学并入正仪中学。

附：

扫盲夜读

中华人民共和国成立前后，境域内绝大多数农民没有读过书，识字者较少，文盲率达 90%以上。只有少数富裕家庭子女上私塾读书。

1958 年，全国上下开展“扫盲”运动，昆山县印发《快速扫盲　巩固提高》学习提纲，号召农村各大队以生产队为单位进行扫盲夜读。

1962年，东北大队、明星大队各生产队成立扫盲班，队员白天劳动，晚上自带凳子到集体公房夜读。教师由原自然村的文化人或插队知青担任，课本由昆山县统一印发。教室里没有书桌，只有讲台，扫盲教师在讲台上一字一字领读，学员一遍一遍跟读，并在木板拼成的黑板上书写，所教内容从数字到简单文字及村上的姓氏等。扫盲夜读一直开办到1966年。经过夜读，多数年轻村民摘掉“文盲”帽子，能看报、记账、写信。

第二节　文化娱乐

中华人民共和国成立前，村民忙于生计，除了到正仪集市上的茶馆室喝茶、听书、看戏外，没有文体活动。村民们在田间劳动时，会哼上几句山歌，打发时间、消除疲劳、增加乐趣。中华人民共和国成立后，特别是2000年以后，村民文化体育生活变得丰富多彩，图书阅览室、妇幼之家、健身娱乐场所兴起。村域内各项文化健身设施齐全，功能完善到位；村民文化生活丰富，全民健身意识不断提高。

一、文艺宣传

六七十年代，东北大队、明星大队2个大队成立文艺宣传队。宣传队成员白天劳动，晚上或雨天休息时间排演节目。节目内容有宣传好人好事、表演样板戏及根据本地题材自编说唱等，形式有打快板、唱山歌民谣、朗诵毛主席语录、舞蹈表演等。

1964年，东北大队、明星大队2个大队组建宣传队，宣传队成员根据本地题材编、唱、说。1966年，东北大队、明星大队2个大队分别成立毛泽东思想文艺宣传队。东北大队宣传队成员有颜巧珍、颜根花、王老土、沈林根、朱林秀、俞大男、朱黑男、杜荣根、王文根等；明星大队宣传队成员有蒋根才、黄永泉、陈宗妹、陈坤林、顾阿全、巫宗男、陆阿巧、陆金珠、顾全花、陆汉生、田宝根、李林花、祝阿金。宣传队根据生产队实际，编排节目，宣传党的方针政策、好人好事，还编排舞蹈，唱毛主席语录歌及《大海航行靠舵手》《洪湖赤卫队》《东方红》等革命歌曲，排练样板戏《沙家浜》《红灯记》《智取威虎山》等，在节假日或晚上演出，得到干部、群众的一致好评。

连厢排练（2018 年，陆虎林摄）

60 年代末，东北大队、明星大队 2 个大队合并宣传队，常应邀到外地演出。

2004 年，村民陆火林组织并成立以娱乐为目的的燕桥浜村舞蹈队。2008 年，该舞蹈队获得村委会认可，并安排在老年协会的管理下进行活动。队员有陆香花、阮小妹、戴凤花、赵春莲、陆美琴、曾花英、戴香玲、顾培香、钱玉珍、吴秋妹等人。舞蹈队活动安排在党群服务中心内，配备音响器材、计算机等设备，还购买舞蹈道具、服装等。燕桥浜村舞蹈队曾参加市、镇、村的各种文体会演和比赛，拿手节目有《今夜舞起来》《荷塘月色》《好运来》等。

二、广播、电影、电视

（一）广播

1965 年 1 月，东北大队、明星大队 2 个大队安装有线广播，当时由公社广播站统一负责施工，各大队抽调 1—2 人为广播线路维护员。东北大队广播线路维护员先是汪金观，后是朱引泉；明星大队广播线路维护员是梅坤林。第一只广播喇叭先装到各生产队公房里。次年，每户出资 2.5 元安装费，其余费用由大队统一支付，家家户户装上喇叭。东北大队、明星大队 2 个大队共安装舌簧喇叭 610 只。

1979年，东北大队、明星大队2个大队分别设广播室，添置100瓦功放机1台，外通4条线路，每条线路装2.5瓦高音喇叭1只，2个大队共装12只。人们在田间劳作时，能收听国家新闻、天气预报、文艺节目和农技知识。后因电视普及，广播逐渐被淘汰。

（二）电影

中华人民共和国成立前，农村文化生活缺乏，人们难得有机会到镇上看一场电影（本地人称“西洋镜”）。50年代末，人民公社电影放映队下乡为群众服务。放电影时，各生产队大多会安排早收工，让大伙准时看电影。每场电影放映费20—40元，由大队包场，一个月放映一场。放映的电影中有战争片《南征北战》《上甘岭》《地道战》《地雷战》，有惊险反特片《古刹钟声》《永不消逝的电波》，有传统舞台艺术片《梁山伯与祝英台》《红楼梦》《天仙配》。“文化大革命”期间，放映《红灯记》《沙家浜》《智取威虎山》《红色娘子军》等样板戏。1969年，国产片《苦菜花》在昆山放映，轰动昆山城，东北大队、明星大队2个大队的青年摇船前往观看。

60—70年代，是农村电影放映的鼎盛期。80年代，电视出现，乡村电影逐渐减少。80年代后期，随着电视普及，露天电影成为历史。

（三）电视

70年代中期，各大队的每个生产队购买1台9英寸上海“飞跃”牌黑白电视机，请专职人员播放。次年，东北大队褚引弟、明星大队许存仁购买电视机。社员每晚吃过晚饭，到生产队公房里或有电视机的社员家看电视。80年代，电视机从9英寸发展到14英寸，由黑白变为彩色。90年代初期，东北大队、明星大队2个大队的彩电普及率不足65%。上海产“金星”牌彩色电视机仍属紧缺商品，必须凭券购买。90年代中期，改无线电视为有线电视。2000年，电视机更新为彩色直角平面显像管，村民置换率达85%。2006年，村域实施有线电视“户户通”计划，电视入户率达100%。2007年，燕桥浜村村委会为每户配送一台“银河”牌数字电视机顶盒，收视频道多、清晰度高。2010年，液晶电视机普及。至2015年，一般农户都有2台以上的32英寸普通液晶电视机，有的家庭多达3—4台。

三、多功能活动室

2014 年，燕桥浜村在党群服务中心旁建立多功能活动室。活动室建筑面积 70.6 平方米，内置空调，在室内侧墙上安装 72 英寸液晶电视机 1 台，有古式八仙桌 6 张、长凳 24 条、书柜 1 顶。活动室全天开放，村民既可以点播各类节目，也可播放音像资料，还可以喝喝茶、打打牌、谈谈心。电视机正前方设长 5 米、宽 2.5 米的矮脚戏台（主席台），专供开展活动时使用，并由专人负责烧水送茶，村里还定期邀请苏州评弹演员来此演出。

多功能活动室（2020 年，罗英摄）

四、图书阅览室

2014 年，燕桥浜村翻建原明星小学［现在党群服务中心北侧（东间）］，设图书阅览室，建筑面积 34.56 平方米。翻建后的图书阅览室面目一新，设施齐全，内置空调、计算机、书桌、椅子。图书阅览室藏书丰富，有政治理论读物、军事科普读物、生活常识读物、文艺小说、儿童读物、“三业”书刊及其他报刊等 1 500 余册。图书阅览室有专人负责借书登记、整理书籍、烧水送茶，为阅读者提供服务。

图书阅览室（2020 年，罗英摄）

五、妇幼之家

2014 年，燕桥浜村在党群服务中心内增设妇幼之家，面积 20.2 平方米，室

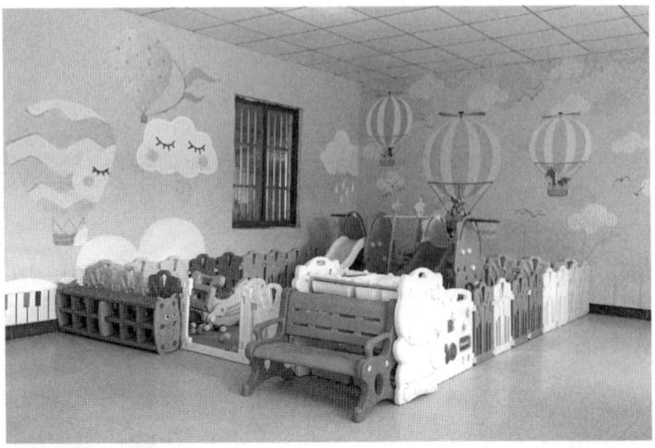

妇幼之家（2020 年，罗英摄）

内专设 12 平方米的幼儿活动地，四周围设塑料护栏，地面用塑胶垫做成地坪。妇幼之家内有滑滑梯 2 架、摆动式摇椅 2 把、儿童篮球架 2 个、电动童车 2 部，还有货架 1 个、小椅子 10 把、五边形玩桌 1 只、滚动圆柱凳 6 只。妇幼之家的墙壁装饰采用充满童趣的图案。妇幼之家每周六、周日开放。

第三节　医疗卫生

中华人民共和国成立前，境域内没有正规的医疗卫生人员，只有土郎中、接生婆。1958 年，东北大队、明星大队 2 个大队各培养一名保健员，做些包扎伤口之类的简单处理。1968 年，东北大队、明星大队 2 个大队培养“赤脚医生”，正式办起合作医疗。2001 年 8 月，东北村、燕桥浜村合并，合作医疗并入金三角社区卫生服务站。

一、接生婆、土郎中

（一）接生婆

旧时，妇女分娩不到医院，依赖接生婆接生。接生婆接生时，无医疗器材，仅凭一把剪刀（先在火上烧一下以消毒）帮助分娩。接生婆大多是中老年妇女，有一定的临床经验。东北大队接生婆是陆阿巧，明星大队接生婆是李黑妹。1965 年，李黑妹因年龄较大，由卜全妹接任。80 年代后，域内再无接生婆。

（二）土郎中

土郎中是对早期行医看病之人的称谓。所谓“土郎中”，是指那些对常见病略知一二，用“土方”治疗病人的非专业人员。

1949 年年初，境域曾有两位土郎中，一位是里港自然村的褚仁柏，另一位是船泾坟自然村的孙金生。他们俩虽没有上过正规医学院校，但精通医道，能为病人刮痧、治疮疖，推拿治头痛、发热、腹泻等，还能为牲口治病，为苗猪做绝育结扎。一时间，名声在外，求医者慕名而来。他们收费低，遇到贫困人求医，还能免费治疗。

二、医疗机构

（一）合作医疗站

1949 年前后，境域内没有医疗卫生设施，农民若求医，小病找土郎中，大病去正仪或昆山医院就医。1956 年 11 月，城南乡白窑联合诊所迁至外泾自然村（今燕桥浜村第 6 村民小组），开设保健联合诊所，为农民提供防病治病服务。医生有赵玉树等 4 人，护士为卜全妹。1968 年，东北大队、明星大队各自成立合作医疗站。东北大队合作医疗站设在黄潭自然村褚利民家，之后迁至褚长兴家，后迁至原大队部（黄潭自然村北端）。第一任医生为正仪卫生院下派的王医生，后由大队自己培养。东北大队“赤脚医生”先后有季黑男、阮小妹、朱小弟、褚生泉、宋培新、周梅香。明星大队合作医疗站设在畜牧场公房内，后迁至新城路东的 2 间新建平房内，“赤脚医生”先后有强洪祥、朱龙泉、徐根元、祝良妹、朱月花。

1968 年，合作医疗基金由个人和集体共同承担，参加合作医疗的人员每年每人上缴 2 元，集体从公积金中提取 4 元，共计 6 元。合作医疗基金主要用于参加者的医疗报销。报销比例规定：在合作医疗站就诊医药费全免，转镇卫生院或昆山医院的医药费报销 50%（凭逐级医院转院证明）；第二次限额报销 25%。

1985 年，合作医疗站改称“卫生室”，医疗器材和常规药品有所增加，就医医院较之前有所放开。

1992 年，卫生室从福利型转为福利保险型，卫生室实行保险基金制度，解决危重病人员医疗费用负担困难问题，报销金额视实际情况而定，一次性可报销 500—3 000 元。

1996 年，农村合作医疗基金由集体转向个人，参加人员按规定每年上缴 8 元；转正仪卫生院看病，医药费个人承担 30%，其余 70%由卫生室向医管会结算；转市以上医院就诊，报销 50%（限额 300 元）；服中药的，每帖报销 0.5 元。

2000 年以后，卫生室有自己的药房、诊所室、输液室和常规医疗器材室，医生都是经专业部门培训合格的医务人员。

2001 年，东北村卫生室、燕桥浜村卫生室合并，就诊转入正仪镇设立的金三角社区卫生服务站。

（二）社区卫生服务站

2001 年，金三角社区卫生服务站设于大众村、群星村、姚家港村（原新华大队）的三角交界处，服务站总面积 150 平方米。站长褚生泉，医务人员有丁多根、苏根香、蒋金妹。2011 年，金三角社区卫生服务站停办，燕桥浜村被纳入姜巷村卫生服务站服务范围内。姜巷村卫生服务站设在姜巷村南侧，占地面积 200 平方米，站长为陆金龙，人员有杜金福、孙燕等。服务站设施齐全，有输液室、健康教育室、换药室、治疗室、注射室、预防保健室、全科诊疗室、收费药房室。输液室内有观察床 4 张、椅子 8 张，常规药保持在 200 种以上。服务站的宗旨是为民服务、方便群众，小病不出卫生服务站，实行医疗、预防、保健、康复、计划生育、健康宣传全覆盖。服务包括建立辖区内居民健康档案、预防接种、儿童健康管理、重要精神病患者管理、结核病患者管理、中医药治疗、传染病和突发公共事件处理、卫生监督协管等。

三、血吸虫病防治

燕桥浜境域气候温和湿润、雨量充沛，河流纵横、浜溇沟塘众多，田圩、河浜、沼泽地适宜钉螺生长繁殖，是患血吸虫病的“重灾区”。自 1955 年至 20 世纪 80 年代，境域内查螺灭螺、查病治病，持续不断。1992 年通过专家考核验收，东北村、明星村全面达到消灭血吸虫病的各项指标。

（一）查螺灭螺

中华人民共和国成立前，境域内血吸虫病肆虐：男不长高、女不生育，面黄肌瘦、骨瘦如柴，丧失劳动能力。境内1 354人中，有1 083人患有血吸虫病，约占79.99%。村民沈福根腹水如鼓，站立不稳。许福全、张阿水、王雪根因患血吸虫病晚期，不治身亡。适龄青年因患有血吸虫病，不符合征兵条件，其人数达90%。

查螺 钉螺是血吸虫病卵唯一的寄生物，要消灭血吸虫病，就要查出钉螺、消灭钉螺，切断其寄生源。

1955年，境内张贴宣传图片介绍血吸虫病的特征及防治方法，使人们全面认识了血吸虫病及其危害。上级派人指导查螺，发动学校师生和域内百姓用筷子、镊子在潮湿地捕捉钉螺。

1967年，在毛泽东同志七律组诗之一《送瘟神》的鼓舞下，一场群众性查螺灭螺工作全面展开。境域内成立以妇女主任毛根英为血防大队长的查螺专业队伍，各生产队派出一名查螺员，对境内河、沟、渠及房前屋后宅基地进行排查，共查出有螺面积12 500平方米。东北大队、明星大队2个大队抽干河浜，消灭钉螺。

1970—1980年，对东北大队、明星大队2个大队的河、沟、渠及房前屋后宅基地排查，将石驳岸、石桥墩、石河滩（“三石”）和荒田、荒滩、荒坟、荒宅基、荒竹园（“五荒”）列为重点排查对象。采取个人自查、群众普查、大队专业队复查、公社卫生血防队抽查、大队与大队之间相互协查等形式，对境域5平方千米不留死角地全面排查。1970年，东北大队、明星大队2个大队查出有螺面积482 020平方米。1976年，东北大队、明星大队2个大队经上级核查，达到无螺区域标准。1970年境域内各自然村有螺面积及分布情况见表7–3。

表 7-3　1970 年境域内各自然村有螺面积及分布统计表

单位：米^2

自然村	钉螺面积	钉螺分布				
		农田	河溇	沟渠	“三石”	“五荒”
船泾坟	39 680	18 300	9 600	3 520	3 530	4 730
直通	34 870	15 200	8 500	3 430	3 450	4 290
南港	33 490	16 800	4 680	3 580	3 870	4 560
双庙	36 210	21 500	4 780	3 640	3 890	5 400
前浜、后浜	47 420	28 850	4 980	3 780	3 860	5 950
潘家桥	35 860	18 900	4 680	3 740	3 660	4 880
田垛	39 660	21 500	4 760	3 860	3 550	5 990
外泾	50 900	32 500	4 990	3 870	3 890	5 650
里港	36 560	19 800	4 650	3 550	3 680	4 880
黄潭	53 960	35 800	4 890	3 890	3 880	5 500
横港	43 320	26 500	4 540	3 730	3 690	4 860
扎泾浜	30 090	23 000	4 690	3 820	3 790	4 790

灭螺　1956—1969 年，东北大队、明星大队 2 个大队结合水利建设，采取晒河床、填老河、开新河、塞洞穴、封石缝、移坟墓等方法，使钉螺无生存空间；有的地方采用泥土压埋法；有螺的露面处，采用五氯酸钠、石灰粉浸杀法。

1970—1972 年，为有螺河岸、溇岸沿水线筑出一条阶梯（当时叫“反修带”），用石灰粉和五氯酸钠混合铺设在阶梯上，彻底消灭生活在潮湿处的钉螺。

1973 年后，查螺灭螺保持常态，每年春季都要进行一次复查复灭，使钉螺逐渐走向绝迹。

（二）查病治病

1956 年，正仪人民公社派出医疗人员到境域治疗血吸虫病，采用面上治疗与短期集中治疗相结合的办法，分别在外泾自然村、畜牧场礼堂设立治疗点，对重症人员进行集中治疗。

1976年，正仪人民公社再次派医疗队分别进入东北大队、明星大队2个大队，再次查病治病，主要从粪便中检查虫卵或孵化毛蚴及直肠黏膜活体组织检查。检测结果，境域内血吸虫病患者接近90%。昆山县血防站、正仪血防分站派专职医生和护士进驻大队，帮助医治。用1%的酒石酸锑钾静脉注射20天为一个疗程。分期分批将患者集中起来，用血防-846（学名“六氯对二甲苯”）合并人丹锑钾丸及血防-846、呋喃丙胺锑-58肌注治疗，还采用枫杨叶、小茴香、川椒等辅助治疗。

经过20年的治疗，境域内1 756名血吸虫病患者得以康复，其中，切除脾脏14人、治愈肝腹水58人，治愈率达99%。

与此同时，正仪兽医站派1人来到东北大队、明星大队2个大队，为19个生产队的93头耕牛做大便检查，查出患有血吸虫病耕牛21头，并给予治疗。

1992年，经昆山市防疫专家考核团考核，燕桥浜全境域原有螺面积全面达到无螺指标。

四、卫生运动

燕桥浜村在除“四害”、大扫除、疾病预防中，发挥村民力量，切断传染源，采用疫苗接种，增强免疫力。同时，广泛开展卫生教育，强化村民自我保护意识，培养良好的生活习惯和社会道德，形成讲卫生、爱清洁的社会风尚。

（一）除“四害”

50年代，“四害”泛指苍蝇、蚊子、老鼠、麻雀，后来麻雀被臭虫代替。60年代，“四害”被重新定义为苍蝇、蚊子、老鼠、蟑螂。“四害”危害极大：苍蝇肮脏污秽，无处不在；蚊子到处吸血，传播疾病；老鼠四处打洞、啃食庄稼，传播疾病；蟑螂咬食食物，传播疾病。1958年，中共中央、国务院发出《关于除四害讲卫生的指示》，号召用10年时间消灭“四害”。燕桥浜境域迅速响应，主动出击，全面展开一场群众性的除“四害”运动：利用广播、召开大会、张贴标语等形式进行宣传，形成共识；采用人工或药物消杀，减少“四害”总量；每个家庭都采用黏蝇板、捕蝇器猎杀苍蝇，用蚊香、杀虫喷雾剂、灭蚊灯消灭蚊子，用黏鼠板、捕鼠笼消灭老鼠，用胶饵、灭蟑药灭杀蟑螂。经过10余年的除“四害”运动的开展，“四害”明显减少，传染病源得到有效控制，村民发病率大幅下降，村民健康得到保障。

自 80 年代起，燕桥浜村通过创建卫生家园，村容村貌得到全面改观。随着美丽村庄、优美庭院改造的不断升级，生活环境改善，“四害”无处遁身。

（二）大扫除

70 年代，境域利用农忙空闲时间，结合大造肥料，将岸边、塘边、田边、院边的杂草和污物一并清除并集中堆放，使其自然发酵，发酵后的杂物变成农田的有机肥料。明星大队将大扫除和除草积肥相结合，在田岸、路边实行“三面光”，创建爱国卫生运动先进单位。

2000 年，东北村、燕桥浜村村委会落实爱国卫生工作措施，全面开展大扫除工作，以讲卫生、改陋习、履公约、要健康、讲文明、见行动为标准，开展爱国卫生运动。2001 年 11 月，燕桥浜村成立河道保洁队伍、陆上保洁队伍，各自然村有专业保洁员，并由村副书记戴亮具体负责。从我做起，清理卫生死角和垃圾杂物，不随地吐痰，养成勤洗手、讲卫生的好习惯，净化、绿化、美化家庭和公共空间。自 2012 年起，燕桥浜村先后获“江苏省生态村”“江苏省卫生村”“苏州市文明村”“昆山市农村人居环境整治红榜行政村”等称号。

（三）疾病预防

燕桥浜村要求村民经常运动，增强体质，做好自我保护，严防病从口入，勤洗手、少聚集，以预防大于治疗、健康大于一切为指导思想，遵循疾病预防和健康生活相结合的原则，保持身心健康。

预防接种　中华人民共和国成立前，百姓脸上疮疤等甚多，一旦得了“天花”就会危及生命。中华人民共和国成立后，百姓接种疫苗，使天花得到根除。中华人民共和国成立之初，域内百姓更害怕的是脊髓灰质炎（俗称“小儿麻痹症”），由于得不到有效医治，最后多患有肢体残疾。党和政府十分重视人民健康，为了有效地控制各种传染病，六七十年代，境域内普遍开展“种‘五苗’防‘七病’”（“五苗”指卡介苗、脊髓灰质炎疫苗、百白破疫苗、麻疹疫苗和乙肝疫苗。“七病”指结核、脊髓灰质炎、百日咳、白喉、破伤风、麻疹和乙型肝炎）。“种‘五苗’防‘七病’”是当时针对儿童在成长过程中可能会出现的疾病而开展的预防活动。7 岁以下儿童按照国家免疫接种规定可免费接种。自费接种的二类疫苗（儿童或成人接种的流感疫苗等），预防接种的对象包括儿童和成人。逐渐建立完善的预防接种免疫屏障，控制相应传染病的流行。自20世纪70年代至2020年，境域未出现过一例传染病患者，达到卫生保健、防病治病的效果。

“非典”防控 “非典”是一种由SARS病毒引起的急性呼吸道传染病。2002年11月病毒扩散，2003年7月病毒逐渐被消灭。

燕桥浜村“两委”，在“非典”疫情防控中，成立了以书记孙冬林为组长，沈小元、祝利平和各村民组长为成员的领导班子，制订预案，责任到人，层层建立防御机制。加大全村宣传力度，将“要保暖、勤洗手、常通风、勿疲劳、勿随地吐痰、不在人前打喷嚏、勿接触病人”等标语张贴在路口和各自然村中心等醒目地方，并时常提醒村民：要多喝水，适量运动，保持乐观心态，均衡饮食，提高人体抵抗力。党员干部以身作则，忠于职守，展开宣传教育，为回乡务工人员摸底排查，逐一登记。从宣传教育到严防死守，燕桥浜村团结一心，形成自我保护意识，域内未发生一例“非典”病例。

新冠病毒防控 2019年12月底，面对新冠疫情，燕桥浜村村委会召开各村民小组长会议，要求村民无事不出门，平时少接触聚集性人群。

2020年1月，燕桥浜村成立疫情防控工作领导小组，褚华担任组长，村主要领导干部担任组员，并组建新冠疫情防控工作队伍。在防控战“疫”中，燕桥浜村贯彻落实上级指示精神，按照防控工作部署，建立联防联控机制，其中包括一线专职队伍、后勤保障队伍、防控宣传队伍、志愿者队伍和后勤应急队伍，队伍成员包括村“两委”人员、部分党员、村民小组长及部分青年。

燕桥浜村地处昆山高新区西部，下辖6个自然村，外来人口聚集，面对新冠疫情，防控形势严峻。燕桥浜村党总支在自然村村口设立检查站，测体温、宣传防控知识、检查过往车辆，反复核对、逐一登记。村党总支书记褚华带领村委会一班人不分日夜地坚守在防疫一线；党员干部以身作则，春节时期放弃休假，对辖区外来租住户进行“地毯式”排查。村治保主任陆军，主动放弃春节假期，不畏风险、勇担使命；“90”后青年张俊杰、村民陆火林等报名加入疫情防控工作队伍。至疫情防控结束，燕桥浜村无一例新冠病毒互传。

第四节　群众体育

一、活动场所

（一）体育活动室

2014 年，燕桥浜村体育活动室设在党群服务中心西边的房屋内，建筑面积 56.2 平方米。体育活动室内的活动项目有乒乓球、舞蹈、健身等，内置标准乒乓球台 1 张及舞蹈器材若干。活动室可以协调使用，既可用作打乒乓，也可用作舞蹈排练，体育、娱乐两不误。活动室活动时间不固定，各活动小组可根据活动计划加以开展。

（二）健身休闲场

2001—2018 年，全村先后建健身休闲场 6 个。每个场地面积约 300 平方米，安装太极揉推器、腰背按摩器、两联漫步机、压腿器、三人扭腰器，以及儿童娱乐设施等 10 多种。所有器材均配有指示牌，介绍功能、使用方法、警告等内容，以免村民在运动时受到伤害。路边增设座椅，供村民休息。

健身休闲场全天候开放，平时村上男女老少会经常光顾，休息日、节假日人更多，每到傍晚时分，更是热闹非凡，有健身的、练唱的、闲聊的、谈笑的等。随着人们日益重视健康，越来越多的村民加入全民健身队伍中来。

位于燕桥浜村第 2 村民小组的
休闲活动场（2020 年，陆虎林摄）

位于燕桥浜村第 3 村民小组的
休闲活动场（2020 年，罗英摄）

二、体育活动

传统民间娱乐和体育活动内容丰富、形式多样、简单易学且流传已久。随着时代发展和社会进步，许多活动项目已逐渐消失，但仍有活动项目在流传。

（一）跳绳

跳绳是一人或众人在一根环摆的绳中做各种跳跃动作，这是一种古老的体育活动。跳绳，从人员上可分为单人跳、双人跳、群跳，从形式上可分为单跳、双飞、花样跳。每逢节假日，域内人家的小孩都会在户外场地上跳绳，有时大人也一起参加。跳绳已被学校和有关单位列为体育活动项目。

跳绳（2020 年，智源绘）

（二）玩铁箍

用一只铁环（旧时农村常用旧水桶上的铁箍），一根 50 厘米左右长的硬质铁丝，铁丝一头弯成“U”字形

车铁箍（2020 年，智源绘）

弯钩，另一头扎在一根不到一米长的细竹竿上。玩时，手持竹竿一端，以另一端的“U”字形弯钩推着铁环在地上滚动前行。多人玩铁箍时，看谁跑得快、跑得稳甚至跑出花样来。该活动于20世纪90年代消失。

（三）踢毽子

踢毽子（2020年，智源绘）

取鸡翅膀上的羽毛，剪下一小截中间空的羽毛柄，往其空管中插进一束细鸡毛，再以布捆扎后固定在一个或多个铜钱中间的孔中，使鸡毛不脱落。踢毽子时，以脚掌踢出各种花样，如踢至膝、肩、背、头等部位，也可以多人传递，以踢出的毽子不落地且数量多为胜。该活动在儿童中仍十分盛行。

（四）老鹰抓小鸡

活动时，一人扮老鹰，另一人扮母鸡，其他人扮小鸡，扮小鸡的人数不定。“小鸡”在“母鸡”背后抓住其衣服，其他“小鸡”紧随其后，依次抓住前面一个人的衣服。玩时，“老鹰”想方设法要抓住“小鸡”，“母鸡”则张开双臂保护“小鸡”不被抓。众“小鸡”跟在“母鸡”后面不停地灵活躲闪，不让“老鹰”抓到；若有“小鸡”被“老鹰”抓到就得退场。在规定时间内，“老鹰”抓住“小鸡”半数以上为胜、半数以下为负。该活动在20世纪90年代后很少进行。

老鹰抓小鸡（2020年，智源绘）

打铜板（2020年，智源绘）

（五）打铜板

打铜板是两人以上的活动，一般以男孩为多。活动时，在场地上平放一块砖头，砖头上放置一枚铜板，参加打铜板的人通过猜拳来确定谁先开打。每一个出场人手里都拿着一个铜板，轮到打铜板者，对准砖上铜板用力击打，使砖上铜板震动，落下砖的铜板归打下者，最后根据铜板的数量多少来确定胜负。该活动于20世纪90年代后消失。

（六）跳橡皮筋

“一二三四五六七，马兰开花二十一……”对于女孩子来说，跳橡皮筋是一件非常有趣的事。课后或是放学后，在校园或是民房空地上都可以跳。橡皮筋长3米左右，皮筋被牵直固定后，即可踏跳。可3—5人一起玩，皮筋一节一节升高，难度也一点一点增加，后来皮筋移动至脖颈，甚至举过头顶，这时的难度也就最高。如果能完成规定动作就算赢，反之则为输。赢后可再来一局，以此类推。该活动在儿童中仍盛行。

跳橡皮筋（2020年，智源绘）

（七）放风筝

放风筝既是民间传统游戏，也是清明节的节日习俗之一。风筝能借助风力在空中飘浮，现多被制成蝴蝶、蜈蚣、金鱼、老鹰等造型。以前的风筝都是纸糊的，现在的风筝多用丝绸做成，模样更逼真。放风筝时，风力最好在3级左右。风大了，风筝难以控制；风小了，风筝难以上升。

放风筝（2020年，智源绘）

（八）打弹子

弹子，即玻璃球，五颜六色的，非常好看，域内的孩子都玩过，而且有的小孩还喜欢收集。70—80年代，孩子放学后，三五成群地聚在一起，在泥地上挖上几个小坑，玩打弹子游戏。弹子进坑就是“老虎”，老虎可以吃掉别人的弹子。该活动至今很少有人玩。

打弹子（2020年，智源绘）

玩弹弓（2020 年，智源绘）

（九）弹弓、木枪

将自行车橡胶内胎剪成条状，做成弹弓筋，用一块软皮做弹弓皮，放上小石子，男孩多用来打鸟，女孩则拿着摆弄。将小木板削成木枪造型，磨光滑，用橡皮筋勒好，打火柴头玩。对着目标，闭着一只眼睛瞄准，嘴里发出“嘭嘭”的声音。至今在域内，木枪仍有人在玩。弹弓因带有危险性，再无人问津。

（十）斗鸡

斗鸡是一种两人以上玩的游戏。参加斗鸡的人单腿着地，将另一条腿弯起，放在立地腿的膝盖以上，一手托着弯曲的小腿，一手压在大腿上，跳着攻击对方，谁弯着的腿先着地谁就输。经过几番苦斗，直到参加斗鸡人双脚全部着地，真正的“鸡王”才会产生。现在比赛方法上有了改变，一般是先分成几组，进行小组赛，小组出线者进行决赛，最终胜利者成为“鸡王”。

斗鸡（2020 年，智源绘）

传统儿童体育游戏还有踢方格、丢竹签等。2000 年之后，文化娱乐生活丰富，家庭重视孩子的智力开发，传统的儿童体育游戏被淘汰，取而代之的是智力游戏，注重转魔方、搭积木等。溜冰、滑滑板、打网球等也逐渐兴起。

掰手腕（2020 年，智源绘）

（十一）掰手腕

掰手腕不分场地，不受条件限制，有一桌子即可。掰手腕是一场比拼力气的游戏，一方紧握对方手掌，垂直放在桌子中间，做好使劲准备，由第三方扶着，不偏不倚，待第三方发出“3、2、1”的指令后，双方发力，以将对方的手压倒为胜。

（十二）竖樯子

樯子是帆船上一根长10米、根粗20厘米的木头，根粗头稍细，重量在100斤左右。正确的竖樯子方式是在船舱上搁2条跳板，人用肩膀扛住，脚踏跳板慢慢前移，直至将樯子竖进前舱的帆潭眼中。比赛竖樯子，采用另一种不用跳板而把樯子竖起的方法，要求竖樯子的人有力气、有身高，更须掌握技巧。进入21世纪，农船已不见踪迹，竖樯子成为历史。

（十三）门球

2009年10月，燕桥浜村成立门球队，专属老年娱乐活动，队长周钰生，教练陆黑男，队员徐宋根、朱海根、李花生、杜阿元、赵火根8人。

燕桥浜村门球场（2016年，陆虎林摄）

2011年，门球队队长阮大男，教练王弟弟，队员陆黑男、俞金元、陈小三、陆福兴、孙兴元、陆火林。

2019年，门球队队长陆火林，教练王弟弟，队员徐宗根、陈小山、俞金元、陈阿三、黄月明、黄月芬、孙兴元、陆福兴。

门球队组建至2020年，已有10余个年头，队员平均年龄为72周岁，每年参加高新区的分会赛和村级联赛若干次，曾多次荣获门球赛的冠军、亚军和季军。

第八章　精神文明建设

燕桥浜人素有重教化、扬家风、传家规、修善积德的优良传统。中华人民共和国成立后，历届村（大队）委会在发展经济的同时，将提高村民的思想觉悟、道德素质和文明程度放在同等位置。经过长期宣传教育，村民的传统美德、社会公德、职业道德、家庭美德、个人品德、文化素质大幅提升。通过文明村、卫生村的创建和不断创新村民自治机制，村民民主意识、法治意识普遍增强。

20 世纪末，在城乡一体化新农村建设进程中，人居环境创建、文明家庭评选、善行义举榜发布、爱心志愿队伍组建等，使全村精神文明建设迈上新台阶。燕桥浜村先后获得“江苏省文明村”“昆山市双文明建设先进村”“昆山市精神文明先进村”“昆山市民主法治示范村”“昆山市学习型社区先进村”等 40 多项荣誉。

第一节 思想道德教育

中华人民共和国成立之初，境域群众性思想教育工作的重点是引导农民走社会主义道路，跟共产党走。中共正仪乡、镇南乡党支部开办农民夜校，开展“扫盲”识字教育，建农村俱乐部，组建文艺宣传队，编写黑板报，开展党的路线方针政策及社会主义思想道德宣传教育，激发农民爱党、爱社会主义及自力更生、艰苦奋斗的革命热情和生产积极性。

1963 年 3 月 5 日，毛泽东“向雷锋同志学习”题词发表后，东北大队、明星大队 2 个大队的青年团员带头开展“学雷锋，做好事”的活动。继而全大队掀起学雷锋的热潮，人人做好事、户户树新风。广大青年以雷锋为榜样，在队里重活、脏活抢着干，起早贪黑义务为生产队干农活，而且还不声张。60—70 年代，境域内群众性宣传教育工作以学雷锋精神、学毛主席著作“老三篇”（《为人民服务》《纪念白求恩》《愚公移山》）及“农业学大寨”运动为主题。大队以举办学习班、讲用会等方式，提升农户的学习积极性，提高其爱国热情，涌现出一批学“毛选”（《毛泽东选集》）、学雷锋的积极分子。

1982 年，东北大队、燕桥浜大队 2 个大队掀起讲文明、讲礼貌、讲卫生、讲秩序、讲道德，心灵美、语言美、行为美、环境美，热爱祖国、热爱社会主义、热爱中国共产党的“五讲四美三热爱”热潮。同时，开展以治理农村脏、乱、差为主要内容的全民文明礼貌月活动。响应正仪人民公社妇联发起并开展的以“邻里团结好、家庭和睦好、婆媳关系好、计划生育好、教育子女好”为内容的“五好家庭”评比活动，通过宣传教育和评比，全大队讲文明、讲卫生的风气逐步形成，尊老爱幼、家庭和睦、邻里团结的事迹不断涌现。

90 年代，村党支部以培育有理想、有道德、有文化、有纪律的新人为目标，把开展爱祖国、爱人民、爱劳动、爱科学、爱社会主义教育（“五爱”），争当“三德”（社会公德、职业道德、家庭美德）、“三礼”（礼貌、礼仪、礼节）好公民的教育活动列为村民思想道德教育长期目标计划，通过开展文明新风系列活动、评比文明新风户，不断提高村民的思想素养和文明程度。

2001 年，燕桥浜村党支部组织群众开展各项法律常识学习和法治宣传，丰富村民的法律知识和增强村民的法治意识。

2003 年 8 月，燕桥浜村党支部在学习邓小平理论和“三个代表”重要思想的基础上，向村民宣传“坚持以人为本，树立全面协调、可持续的发展观”，促进经济社会和人文面貌全面发展。

2006 年，燕桥浜村开展以“社会主义荣辱观”（以热爱祖国为荣，以危害祖国为耻；以服务人民为荣，以背离人民为耻；以崇尚科学为荣，以愚昧无知为耻；以辛勤劳动为荣，以好逸恶劳为耻；以团结互助为荣，以损人利己为耻；以诚实守信为荣，以见利忘义为耻；以遵纪守法为荣，以违法乱纪为耻；以艰苦奋斗为荣，以骄奢淫逸为耻）为主要内容的教育和实践活动，把“五爱”“三德”“三礼”教育和守法实践活动与“社会主义荣辱观”教育相结合，提升村民道德素养和文明程度。

2007 年 10 月，燕桥浜村学习党的十七大报告精神，培育和践行社会主义核心价值观。以培养担当民族复兴大任的时代新人为着眼点，强化教育引导、实践养成、制度保障，发挥社会主义核心价值观对国民教育、精神文明创建、精神文化产品创作生产传播的引领作用，把社会主义核心价值观融入社会发展各方面，并积极转化为人们的情感认同和行为习惯。

2012 年后，燕桥浜村党总支通过发放学习资料、播放影视片、参观红色基地、举办读书讲座等活动，使村民在学习中提高思想道德素养，提升精神文明程度。

自 2018 年以来，燕桥浜村学习习近平总书记关于培育和践行社会主义核心价值观的有关论述，倡导“富强、民主、文明、和谐、自由、平等、公正、法治、爱国、敬业、诚信、友善”理念，通过每季度对“善行义举”的评选和对事迹的宣传，全村文明新风户普及率达 98%。

第二节　道德法治实践

自2000年起，燕桥浜村党（总）支部遵照中央关于“两个文明一起抓”的指示精神，开展一系列道德实践活动。在自治方面，依托村民议事平台，积极参与村级事务。在法治方面，依托现有的法治课堂，树立村民的法治意识。在德治方面，注重在传统文化的熏陶下提高村民的文化素质。

一、村民自治实践

村民议事室（2020年，罗英摄）

2014年3月，燕桥浜村成立村民议事室。村民议事室位于燕桥浜村党群服务中心前排东间，面积25平方米。室内设有议事桌、椅子。四周墙上分别贴着议事制度、人员名单、活动记录、燕桥浜村新旧面貌照。村民议事会由村主要领导主持，议事人员为各村民小组长和部分村民代表。它是村“两委”和村民沟通的桥梁。议事会原则上一个月召开一次。

2017年，在村庄治理方面，燕桥浜村深化村民自治，通过党员示范引领、党群协调发挥村规民约作用等方式，奖励先进、惩罚后进，引导村民共同遵守规范。

在人居环境整治行动中，燕桥浜村党员陆建珍不计得失，发挥先锋模范作用，带头拆除自家辅房；在疫情防控期间，燕桥浜村党员第一时间组建“抗疫先锋”行动支部，村“两委”成员自觉取消假期，村民、党员主动参与志愿服务。

通过深化村民自治实践，村民自治意识得到增强；通过修订和完善“燕桥浜村规民约”，将推进移风易俗等内容纳入村规民约，逐步引导村民养成积极向上的良好风气，村庄面貌发生明显变化。

二、村民德治实践

燕桥浜村注重在传统文化的熏陶下提升村民的文化素养，让基层治理更有温度。自2018年开展农村人居环境整治以来，燕桥浜村强化先进典型的示范引领作用，加强宣传引导，推行以德治村，提高村民素质。在环境整治、拆除乱搭建活动中，在党员干部的带领下，对思想有问题的村民，党员干部深入相关家庭，做有针对性的思想工作，使环境整治工作得以顺利推进。通过对燕桥浜村模范人物感召、疫情防控期间村民的善行义举等行为的宣传，以及文明实践活动中党员和志愿者带头示范、家风家训的传承弘扬、星级户的评选和各种文化体育活动的组织，燕桥浜村村民的德治水平大大提高了。

三、村级法治建设

燕桥浜村村委会在日常工作中，牢固树立法治思维，坚持由党组织提议、村“两委”商议、党员大会审议、村民代表会议决议的形式，真正做到有事多商量、有事好商量、有事会商量。以制度推进，以机制促发展，保障村民的知情权、参与权、决策权、监督权。

在2018年10月开展的普法学法工作中，面对燕桥浜村外来人口众多、租房租户众多的特点，村网格员上门开展“331”排查整治，根据《苏州市出租房屋居住安全管理条例》指导租户、租客规范出租，减少房间隔断、违章搭建的情况发生。

在学法方式上，燕桥浜村的普法学法手段在不断更新，通过建设司法工作室、法治宣传阵地，倾心调解、化解纠纷，浸润乡邻。燕桥浜村还与高新区司法所携手开展普法宣传、宪法宣传等活动，为村民普及法律知识。

四、新时代文明实践站

2018 年 3 月，燕桥浜村新时代文明实践站成立，由村党总支书记褚华任站长。建立健全志愿者队伍，努力做好扶贫帮困、农村人居环境和“三沿一线”［铁路、高速公路、国（省）道及航道沿线］环境整治、安全生产等工作。积极与机关事业单位、社区、学校等结对共建，建立理论宣传、教育服务、文化服务、科技与科普服务、健康体育服务五大服务阵地。经常性组织并开展群众喜闻乐见的志愿者服务活动，引导广大村民加入志愿者服务队伍。燕桥浜村始终发挥党建引领作用，推动新时代文明实践活动，做好开门七件事：灯亮、路畅、水清、田肥、文化兴、环境美、百姓笑，助推乡村振兴，为建设美好家园、提升村民的获得感和幸福感而努力。

新时代文明实践站的职责是宣传、倡导科学文明健康的生活方式，增强个人健康意识和行为能力，从点滴小事做起，从房前屋后做起，改正不文明习惯；组织志愿者开展农村人居环境整治工作，清理辖区内交通要道、田间地头等卫生死角，倡导垃圾分类；组织志愿者开展以“我们的节日”为主题的各类群众文化、文艺演出活动，弘扬优秀地方传统文化；组织并开展有关普及科技知识、法律维权知识、农业技能等的宣传教育活动，提高村民的科学文化素质；组织村民参加健康义诊，为村民提供健康知识讲座、免费体检等各项服务。

第三节　家庭文明创建

一、乡规民约

2019 年 5 月 2 日，昆山市精神文明建设指导委员会出台了市民文明公约，燕桥浜村印发并宣传，制定了“燕桥浜村规民约”“燕桥浜村家庭礼仪”，要求村民学习和遵守。

（一）村规民约

（1）文明礼貌。村民要语言文明，礼貌待人；邻里乡亲要和睦相处，相互帮扶；强不欺弱、富不欺贫，不打架斗殴，不损人骂人。

（2）讲究卫生。院落、居室内外干净卫生，畜禽圈养，不乱倒垃圾、乱堆乱放、乱搭乱建。

（3）家庭邻里和睦。邻里关系融洽，村民之间团结友善，要赡养老人，自觉维护老人权益；互谅互让，互帮互助；言谈文明，举止礼貌；要教育子女勤奋学习、遵章守纪。

（4）关心集体。村民要自觉参加会议和选举，行使好民主权利；要关心村级集体经济和社会事业发展，积极参与村里工作并献计献策，提出批评和建议。

（5）遵纪守法。村民要遵守国家法律法规，不违法犯罪；不参与迷信、赌博和邪教等活动；不随意挖土、乱设摊点、侵占道路、毁坏绿化；不违反计划生育。

（6）服从领导。村民要服从经民主选举产生的村干部的领导，不故意刁难，不无理取闹；在动迁、土地流转等重大问题上要信守合同，支持政府搞发展；干部要关心村民利益，办事公正、公道、公开。

（7）婚丧喜庆讲文明。移风易俗，崇尚科学；婚事、丧事不大操大办，不搞封建迷信；远离黄、赌、毒，积极参加健康文明的文体活动。

（8）调解矛盾。村民要协商解决矛盾纠纷、矛盾调处按程序逐级调解，不随意越级信访、群访；不无事生非、造谣惑众、煽动群众闹事。

（9）履行法定义务。拥护党的路线方针政策，遵守国家法律法规，自觉履行公民应尽的义务。

（10）维护公共利益。诚实守信，遵循村规民约，爱护集体财产，做到“顾小家”，更要“顾大家”。

（11）承担家庭责任。勤劳致富，艰苦创业，勤俭持家，自觉学习，掌握技能，孝敬长辈，教育子女，齐心协力创好家业。

（二）家庭礼仪

日常生活中的家庭礼仪，在中国传统文化背景下显得尤其重要。家庭不仅仅是人们吃、喝、住的场所，也是有着丰富伦理内容的情感港湾。在家庭中讲礼仪，才能营造良好的家庭气氛，使人感受到家庭的幸福和温馨、社会的文明和安定。家庭美德必须具备以下六个方面。

（1）家是私人场合，但也需尊重对方。讲必要的礼仪，就是尊重他人，不仅不会使人尴尬、陌生，还能使人感到精神上的满足。在家庭成员之间表达感激，主要是表达对亲人的关心，对家人说声“谢谢”，能使对方感到快乐，有利于活跃家庭气氛，保护对方的自尊心，减少家庭矛盾。

（2）整洁的家是主人的镜子。家里整洁给人以愉悦的感觉，整洁的家体现了家庭成员的勤劳和文明卫生，走进整洁的家，不仅会给客人带来心旷神怡的感觉，也体现了主人对自己的高要求。

（3）夫妻之间互相尊重。夫妻相处最根本的原则是尊重、平等、宽容和互相关心，尊重对方的人格、性格、爱好、隐私，让配偶感觉自我存在的价值和意义，不仅关心对方的事业、前途，更主要的是在日常生活的细微处让对方体会到自己的关心。如夫妻双方互相嘘寒问暖；宽容、理解对方，人无完人，夫妻双方要宽容对方的缺点，发生矛盾时，要做必要的妥协。

（4）家庭接待客人的礼仪。知道客人来访，要搞好家庭卫生，准备好茶、烟、糖果、饮料等。客人来访时，最好出门迎接，不要穿内衣、内裤接待客人，即使是熟悉的朋友，也要穿便衣接待。客人进屋后，要主动给客人敬茶。

（5）平时吃饭，家长要告诫小孩不要用筷子敲打碗盆，尤其是家里请客吃饭时，更不可用筷子胡乱地敲打碗盆。

（6）待人接物的基本礼仪。① 有人敲门，应回答“请进”或到门口相迎。② 客人进来，应起立热情迎接。如果家中不够干净整齐、显得凌乱，要做些必要的整理，并向客人致歉。③ 敬茶须用双手端送，放在客人右边。如果是酷热的夏天，要递扇子，或开电扇、空调。④ 吃饭时来客，要热情地邀请客人一同进餐。客人吃过饭后，要送上热毛巾，并另换热茶。⑤ 介绍客人时，姓名、职务必须逐字讲清楚，须先将年轻者介绍给年老者。⑥ 客人来访时，如果自己恰巧有事不能相陪，要先打招呼，致以歉意，并安排家属陪同，然后再去干自己的事。⑦ 客人坚持要回去，不要勉强挽留。⑧ 送客应送到大门外，走在长者后面。⑨ 分手告别时，应招呼“再见”或“慢走”。

二、“三评三讲”活动

2008 年，燕桥浜村开展以评议、评比为主要手段的农村思想道德“三评三讲”活动，切实加强新时期农村思想道德建设，不断加快城乡文明一体化进程。

2008 年 1 月，燕桥浜村成立“三评三讲”领导班子：组长郑国芳，副组长阮大男、陆阿巧，成员为 10 个村民小组的组长。

（一）评讲内容

针对村民热议、关心的热点问题，尤其是新近发生的事例展开评议。评议是否履行了法定义务、是否维持了公共利益、是否承担了家庭责任，宅地内外讲卫生、家庭邻里讲和睦、婚丧喜庆讲文明。具体要求是：履行法定义务，即拥护党的路线方针政策，遵守国家法律法规，自觉履行公民应尽的义务；维持公共利益，即诚实守信，遵循村规民约，爱护集体财产，做到“顾小家”，更加“顾大家”；承担家庭责任，即勤劳致富，艰苦创业，勤俭持家，自觉学习、掌握技能，孝敬长辈、教育子女，齐心协力创好家业；宅地内外讲卫生，即院落、居室内外干净卫生，畜禽圈养，不乱倒垃圾、乱堆乱放、乱搭乱建；家庭邻里讲和睦，即邻里关系融洽，村民之间团结友善，互谅互让、互帮互助，言谈文明、举止礼貌；婚丧喜庆讲文明，即移风易俗，崇尚科学，婚事、丧事不大操大办，不搞封建迷信活动，远离黄、赌、毒，积极参加健康文明的文体活动。

（二）创建工作

在活动过程中，燕桥浜村村委会将“三评三讲”与村里各项已有工作制度相结合。将“三评三讲”活动与“我推荐我评议身边的好人”“文明和谐家庭”“好媳妇”“好妯娌”等创评活动相结合，发掘、培育、表彰一批典型个人和先进家庭。将“三评三讲”活动与建立并完善村干部挂钩联系走访制度相结合，明确联系职责，包片联户，在走访、评议中及时了解和解决群众关心的热点难点问题。将“三评三讲”活动与村民调解工作相结合，与处理村里事务相结合。以评议活动为契机，定期组织党员、村民代表对村级事务进行评议，保障村务运作获得村民理解和支持，引导村民积极参与村级管理。将“三评三讲”活动与农村文化建设相结合，发掘先进事例和典型案例，用文艺演出、画廊展览、公益广告等形式加以宣传，激发群众参与村级文化活动的积极性。将“三评三讲”活动与农村志愿服务相结合，壮大村级志愿者队伍，完善志愿服务网格，引导村民积极开展道路保洁、绿化养护、扶贫帮困、纠纷调解等志愿服务活动。

“三评三讲”过程中，由老支书、老党员、村民小组长、大学生村官及贤能村民代表组成村“三评三讲”评议小组。村每季度组织一次评讲活动，利用“道德讲堂”和各种会议、文化活动进行形式多样的评议、宣传活动，树立村民广泛认同的道德行为规范。评议程序体现公正性。评议以事实为依据，公平、公正地开展评议活动，并通过村务公示栏、村电子屏、板报、画廊等公示。在评议中通过摆事实、讲道理，旗帜鲜明地倡导先进，摒弃落后，使评议活动成为教育村民和群众自我教育的生动课堂。在评议中鼓励村民互动，汇集多方面意见，引导理性表达诉求，有效化解矛盾。每次开展评议活动由专人负责记录、整理，将“三评三讲”专题形式纳入村精神文明建设台账子目。

（三）创建结果

2008 年 11 月 28 日，燕桥浜村组织“三评三讲”评议小组对“五好文明家庭”“星级文明户”候选户进行评选。评选产生“五好文明家庭”3 家、“星级文明户”1 家。2008 年燕桥浜村“三评三讲”示范户见表 9–1。

表 9–1　2008 年燕桥浜村“三评三讲”示范户一览表

户主姓名	组别	家庭人员	荣誉名称
陆云男	2	6	五好文明家庭
朱惠明	2	4	五好文明家庭
朱全英	3	3	五好文明家庭
俞元生	6	4	星级文明户

三、“最美家庭”评选活动

从 2017 年开始，燕桥浜村开展“最美家庭”评选活动，成立“最美家庭”评选领导小组，制定“最美家庭”政治思想好、社会公德好、尊老爱幼好等 6 个评选条件，每年评选一次。至 2020 年，燕桥浜村有 13 户被评为“最美家庭”。2017—2020 年燕桥浜村“最美家庭”见表 9-2。

表 9-2 2017—2020 年燕桥浜村“最美家庭”一览表

年份	“最美家庭”户主姓名	家庭成员/人	组别
2017	陆火林	5	2
	黄林才	5	5
	祝丽琴	5	6
	金妹香	6	7
2018	姜瑞珍	4	2
	马金林	5	3
	王金弟	5	5
2019	沈杏林	5	1
	陆三腊	7	4
	阮大男	6	8
2020	孙祥根	5	1
	杜林泉	6	1
	金义中	7	4

陆火林家庭 陆火林是燕桥浜村一位普通农民，他淳朴和善。村庄上有人闹矛盾，他都会主动参与调解。邻里有困难，他都会伸出援助之手，邻里红白之事上总少不了他帮忙。他们一家人与邻居和睦相处。陆火林在村民的心中就是一位热心肠的人。2010 年，他自发组织成立燕桥浜村舞蹈队，为舞蹈队买道具、服饰，手把手培训。村委会有任何事，只要一个电话，他随叫随到，且圆满完成交代给他的任务。

黄林才家庭 黄林才担任村民小组长 10 年有余，他没有很高的学历，但有一颗甘于奉献的心。10 多年来，他默默地用自己的言行举止书写着充实的人生。作为村民小组长，他经常会遇到各种措手不及的困难：暴雨天要挨家挨户上门排漏排危；平时村委会有关乎村民的讯息，他都要挨家挨户相告、解释。他在工作中任劳任怨、不计得失，总能圆满完成村委会布置的各项任务。

祝丽琴家庭 中国有句古训“妻贤夫祸少，子孝母心宽”。祝丽琴家庭就是这样一个平凡、幸福的六口之家。他们家和大多数家庭一样，没有轰轰烈烈的事迹，但他们全家人遵纪守法、爱岗敬业、乐于助人。家庭和睦、温馨，深受邻里和社会好评。多年来，无论是在生活还是工作中，夫妇俩相濡以沫、相敬如宾，共同构建了一个文明健康的和谐幸福家庭。

金妹香家庭 几十年来，金妹香夫妻在生活中相互照顾、相互信任，遇到困惑相互开导、相互帮助。金妹香老伴在2012年突发中风后，半身失去知觉，行动不能自理。儿子、媳妇平时忙于工作，家里事情顾及不周。金妹香每天都要带着老伴做康复训练，陪着老伴散步。至2020年，在金妹香的悉心照料下，老伴能够自己推轮椅车散步。金妹香在照顾老伴的同时，还要照顾孙子，家里家外操持得有条不紊。她既是家中的贤内助，也是儿子、媳妇努力工作的坚强后盾。

姜瑞珍家庭 互敬互爱既是家庭和睦的基础，也是家庭幸福的源泉。在日常生活中，姜瑞珍十分注重言传身教、以德育人。儿子王晓华在她的教育下，为人有礼貌、学习求上进、办事勤踏实。儿子和媳妇平时忙于工作，孙女又还小，为了支持儿子、媳妇的工作，不让他们被家中事务分心，她主动承担带孙女、做家务等职责，家里家外操持得有条不紊。她既是家中的顶梁柱，也是子女发奋工作的好榜样。

马金林家庭 马金林和妻子结婚几十年来，一直相敬如宾，互相理解、互相支持。在日常生活中，他们对物质追求淡泊，不慕新潮，不摆阔气，崇尚节约，反对浪费，经常教育晚辈一菜一饭当思来之不易。在他们的影响下，全家人衣着朴素，生活精打细算、用之有度。他们全家十分善良、热心，经常帮助有困难的邻居。

王金弟家庭 王金弟家庭是千千万万个家庭中极其普通又不一般的家庭。在这个家庭里，家庭成员之间构建了一个相互理解、和睦相处、健康生活的氛围，树立了用心生活、珍惜所有的心态。他们用自己的实际行动，弘扬了中华民族尊老爱幼、尽孝道、讲亲情的传统美德。

沈杏林家庭 沈杏林之妻陆阿巧是昆山市劳动模范。1998年，丈夫做了肺癌手术后，她一直在丈夫身边陪伴照顾，没有半句怨言。家里家外操持得有条不紊，她既是家中的贤内助，也是儿子、媳妇的榜样。

陆三腊家庭 俗话说："家和则万事兴。"一个和睦的家庭，成员互敬、互爱、互助，无论在生活还是在工作中，一定会过得幸福美满。陆三腊的家庭就是如此，老夫妻二人一直相敬如宾，如今孙子也已经成家立业，随着曾孙女的出生，这个幸福之家又增添了一份欢乐。

阮大男家庭 阮大男作为燕桥浜村的老党员，他时刻发挥着党员的模范作用。他乐于为村民办实事、办好事，平日里还一直带领门球队员参加活动。人常说"远亲不如近邻"，他们一家和周围邻里相处得融洽和睦。他们一家五世同堂，有家风、有家教，敬老爱幼，其乐融融。

孙祥根家庭 孙祥根一家是一个幸福的六口之家，女儿是一名优秀的共产党员。全家人尊老爱幼，幸福美满。新冠疫情防控期间，孙祥根主动放弃休息时间，毅然投身于防疫工作。在村庄卡口处，他为进出村民量体温、做登记。尽管事情繁杂，他却毫无怨言、风雨无阻。

杜林泉家庭 杜林泉是一位优秀的共产党员，还是第1村民小组组长。他心系百姓，乐于服务，谁家门口垃圾桶坏了，他就上门维修或者调换。新冠疫情防控期间，杜林泉主动参加防疫工作，坚守在燕桥浜村卡口处，服务村民。他的行为得到了全家人的支持。

金义中家庭 金义中夫妻结婚多年，仍然恩爱有加。他们用平凡生活中的点点滴滴诠释了家与爱的真谛。每当家里发生摩擦时，他们都能换位思考、互相理解，从而化解矛盾。在工作中，夫妻俩相互支持、相互理解。夫妻俩也注重言传身教，以德育人。

附：

幸福的一家子

1963年，国家开始推行计划生育，提倡晚婚晚育。东北大队第3生产队（今燕桥浜村第6村民小组）王兴龙、褚银花夫妇的女儿于1964年7月诞生。按照当时的政策，王兴龙夫妇可以不受任何影响地生育二胎。但他们俩响应号召，决定不再生育，且主动采取节育措施，成为燕桥浜村第一个独生子女家庭。如今，步如耄耋之年的王兴龙夫妇，一家八口，四世同堂，幸福美满。女婿赵建忠视岳父岳母为自己的父母，女儿王黑妹对父母体贴入微，孙子、孙媳受家庭熏陶对长辈尊重有加。

第四节 凡人善举

一、防疫先锋——陆军

2019 年 12 月，新冠疫情暴发。燕桥浜村按照上级防疫精神，组织党员、干部为全村下辖 6 个自然村的往返人员做登记、测温工作。共产党员陆军在防疫工作中冲锋在前，踏实做事。村民们称他是燕桥浜村的“万宝全书”。

大年初三，陆军接到疫情防控通知，他第一时间挨家挨户上门发放防疫知识宣传材料，并对村内外来租房户进行“地毯式”排查，为他们做好登记、核对、消毒工作。

最困难时，陆军被安排负责住在燕桥浜村打工楼的 9 名居家隔离人员，他几乎是一个人包了全部服务工作：每天上门量体温，买、送生活物品。家人十分担心他的身体，陆军则表示他是党员，理应冲在前面，危险的事情他来做。

二、急人所难——王云龙

2014 年 8 月上旬的一天，燕桥浜村经济合作社社长王云龙办公室内坐着从镇江市丹徒区谷阳镇来的吴九妹和吴和云姐弟。他们表示，燕桥浜村村民陆宝根，于 1976 年在镇江市句容东农场工作时与吴九妹的母亲结婚一起生活，现在陆宝根去世，涉及其单位住房补贴一事，前来找陆宝根在燕桥浜村的继子顾狗男、继女顾根花商议。不料其不予接待，故请求村里领导调解。

王云龙立即与顾狗男、顾根花取得联系，了解情况，得知：陆宝根与继子关系不融洽，所以其继子不肯和吴氏姐弟相见。

王云龙一边安排吴氏姐弟的食宿，一边登门做顾狗男、顾根花兄妹的思想工作。在他的耐心调解下，兄妹俩答应第二天去办公室协商此事。就这样，事情得到圆满解决。一周后，王云龙收到吴氏姐弟送来的“真情帮助，全心为民”的锦旗。

2020 年 8 月 17 日下午 1 时左右，村民戴全民前来村委会办事。不到 5 分钟，戴全民突然失去知觉，昏倒在地。王云龙见状，凭借其在部队时掌握的救护经验，立即帮戴全民进行胸口按压抢救，助其恢复心跳。他又拨打了 120，并通知戴全民的亲属。之后，他和在场的人一起将戴全民抬上救护车，送往昆山市第二人民医院救治。由于救护措施采取及时、得当，这才避免了一桩悲剧的发生。

三、乐于助人——李花宝

李花宝，女，1944 年生，燕桥浜村第 2 村民小组人。她是一位老共产党员，曾经担任过燕桥浜大队妇女主任，现虽退休在家，可她时刻保持着一位共产党员的优秀品质，热情关心周边的人。她办事大公无私，深受村民尊敬，在村民的心中威信极高。村上家庭如果发生纠纷，都会找她解决。她在调解过程中，动之以情、晓之以理，总能圆满解决邻里之间的矛盾。帮助邻里是她常做的事情：为村中空巢老人搭建交流平台，为年轻人提供精神和物质上的帮助。在她身上，闪烁着共产党人的光芒。

四、拾金不昧——周钰生、俞元生

周钰生和俞元生都是燕桥浜村退休村民，他们俩有个共同的美德——拾金不昧，被村里传为美谈。2015 年，周钰生和俞元生在不同的时间和地点意外捡到了钱包及其他贵重物品。他们俩立即将钱包及其他贵重物品送到附近派出所，请求派出所民警寻找失主。他们俩又在发现钱包及其他贵重物品遗失的地点附近发布消息，并等候失主。最后，经村民提供线索及在派出所的帮助下，他们俩找到失主，物归原主。失主非常感激，当场给予他们俩现金奖励，以示感谢。可两位老人拒绝酬谢，非常坚决地说：“人都有不慎的时候，为人做点好事，怎能图报酬！”

五、一手好字奉他人——赵火根

赵火根是燕桥浜村第 1 村民小组的一位老共产党员，他是江苏省书法协会会员。他对书法艺术颇有兴趣，长期刻苦练写，写得一手好字。他虽退休在家，却仍用自己的一技之长为村民服务。无论是村委会还是街坊邻居，只要用得着他，他总是二话不说乐于相助。2016 年 2 月 3 日下午，燕桥浜村要举办一场“为村民写春联”活动。当赵火根接到村委会的通知后，立即动手，在自家先写起春联来。当他到活动场地拿出事先写好的春联时，马上就被一抢而空，面对好多想得到他墨宝的村民，赵火根乐呵呵地对大家说：“不急、不急，我马上动手，满足大家的要求。”于是，他又挥毫泼墨，一直写到活动结束。看着一个个手捧春联回家的人，他的心里甚是欣慰，早已忘记自己的疲惫。

赵火根积极参与公益活动，乐于奉献，深得燕桥浜村村民的赞许。

六、新时代、新风尚——第 9 村民小组联谊会

燕桥浜村第 9 村民小组（原东北大队第 6 生产队）部分热心人士针对因全村动迁和在外买房，大家居住分散，村庄人员之间信息不畅、沟通不顺的问题，于 2016 年冬发起并成立由全组人员参加的原东北大队第 6 生产队联谊会。联谊

前一排：王根弟　宋培新　王根男　戴小弟　王　靖　王根龙
第二排：陈雪根　季学军　周央男　王花英　王金男
第三排：周吾男　周多男　马建良　王常青　季学明　王花珍　季建男　季学根

2020 年参加集体吃年夜饭人员合影（宋培新提供）

会有组织、有领导，并且坚持活动。会长宋培新，副会长季学根、周吾男，秘书长马建良、王根弟，理事王金男、季学明、季学军、王永明，成员为全组 26 户农户。会长宋培新出资为全体人员编写了通讯录并组织理事人员问候老人、为“五保”人员送温暖等，成为新时期弘扬精神文明的一段佳话。

联谊会制定了章程和活动内容。理事人员自筹资金每月举办活动一次，成员间互通信息，了解村庄在该段时间内发生的事情。一旦发现新情况，理事人员将及时上门解决。联谊会全体成员每年活动一次，活动经费由全体成员共同负担。村庄上发生红白之事，均由理事人员组织实施。理事人员每年拜访 80 周岁以上老人和“五保户”一次，并赠送慰问品。所有费用均由理事人员承担。

2020 年村第 9 村民小组联谊会领导慰问“五保”人员（宋培新提供）

第九章　村落语言

一方水土养育一方人，一方人创造一方文化。燕桥浜村村民受天地之恩惠，得社会之熏陶，在广阔的天地里，在文化的长河中，既继承先辈遗留下的文化精髓，又在此基础上不断创造、不断发展。村民们创造了许多内涵丰富、生动有趣的方言俗语：不仅有来自日常生活的口头语，还有根据时令、气象等创造出来的符合本地实情的谚语，更有山歌、民谣等，丰富了自己的文化生活，为后人留下了宝贵的文化遗产。

第一节　地方词语

一、人称代词

嫩：你

吾：我

伊：她/他

自家：自己

人家：别人

姆得：你们

吾俚：我们

伊得：他们/她们

一家头：一个人

二、疑问代词

啥人：谁

啥事体：什么事

啦搭：哪里

啥场化：什么地方

啥辰光：什么时间

哪能：怎么、怎么样

几化：几个、多少

三、指示代词

该搭：这里

掰搭：那儿

该歇：这会儿

掰歇：那会儿

该点：这些

实硬：这么、这样

掰能、葛么：那么、那样

四、亲属称呼

阿伯：爸爸
姆妈：妈妈
阿爹：祖父
好婆：祖母
阿哥：哥哥
阿姐：姐姐
姊妹：妹妹
丈人：岳父
丈母娘：岳母
孙囡：孙女
伲子：儿子
新妇：媳妇
老伯伯：伯父
爷叔：叔叔
婶娘：婶婶
姆娘：姨妈
付夫：姑父
阿侄：侄儿
侄囡：侄女
娘舅：舅舅
寄爷：干爹
小倌人：丈夫
连襟：姊妹俩丈夫之间的关系

五、数量词

索嗯：十五
廿嗯：二十五
三索嗯：三十五
四索嗯：四十五
玖索嗯：九十五
廿：二十
廿伲：二十二
一百廿嗯：一百二十五
二百廿伲：二百二十二

六、颜色类词

蜡蜡黄：非常黄
旭旭红：非常红
碧碧绿：非常绿
雪雪白、煞煞白：非常白
霜霜青：非常青
墨墨黑：非常黑
黄哈哈：有点黄
白嗒嗒：有点白
青兹兹：有点青
红兮兮：有点红

七、味道类词

甜咪咪：有点甜

咸塌塌：有点咸

苦嗒嗒：有点苦

辣豁豁：很辣

辣蓬蓬：有点辣

酸祭祭：有点酸

淡滋括到：有点淡

八、人体类词

身胚：身材形态

块头、块张：个头

骷郎头、六斤四两：头颅

头爿骨：头骨

额角头：额头

后脑宅子：后脑部分

面孔：脸

面架子：脸型

面墩肉：两侧腮帮的肉

眼泡皮：眼皮

眼乌珠：眼睛

耳朵官：耳道

塌鼻梁：鼻梁凹陷

牙须：胡子

颈骨：头颈部分

胡咙：喉咙

骨骱：关节

肩胛：两侧肩部

肋棚骨：肋骨

肚皮眼：脐带孔

小肚皮：小腹

背心：背部

夹肝：胰脏

腰子：肾脏

膀哈档：胯下

节头：手指

老拇节头：大拇指

小拇节头：小拇指

手节客：手指甲

大膀：大腿

小膀：小腿

脚馒头：膝盖

脚弯弯：膝盖反面

脚背头：脚面

脚节头：脚趾

馋吐：唾液

额角头：额头，亦指走运

臂膀：胳膊

九、疾病类词

勿受用：生病

发寒热：体温升高

红眼睛：结膜炎

偷珠眼：睑腺炎

热疮：内热引起的口唇起疮

羊头风：癫痫

胃气痛：胃痛

肚皮拆：腹泻

腰子病：肾炎

蛇葛绕：带状疱疹

石疖头：毛囊炎

鹅掌风：手癣

出痧子：麻疹

死血：冻疮

癞疥疮：疥疮

瘌痢头：头癣

脚湿气：脚癣

油灰头指甲：灰指甲

猪狗臭：狐臭

栗子颈：颈部淋巴结核

罚岳子：疟疾

痨病：肺结核

瘪罗痧：霍乱

羊牙须：嘴巴上的皮肤病

脑充血：脑溢血

发痴：精神病

青胖块：皮肤内出血

吼驼：哮喘病

十、时间类词

今朝：今天

秋场里：秋天

明朝：明天

寒场里：冬天

后日：第二天

春三里：春天

逐日：昨天

热天式：夏天

早浪：早晨

旧年：去年

大清老早：黎明前

格年子：前年

日昼心里：中午

开年：明年

黄昏头：傍晚

着格年子：大前年

夜头、夜里：晚上

大伏里：大暑天

垂夜快：傍晚

老底子：古时候

半夜把：午夜

姜亥：刚才

日里：白天
该歇：现在
格日里：前天
日头：太阳
有常时：有时候
日脚：日子
冷天式：冬季
辰光：时间
一来兴：时间很短
等脱歇：等会儿
上趟：上次
下趟：下次
黄梅里：夏收时节

十一、气象类词

霍显：闪电
扫帚星：彗星
阴丝天：阴天
阴山背后：晒不到太阳的地方
雷响：打雷
炀日头：阳光灿烂
迷露天：雾天
麻花雨：毛毛雨
遏湿热：闷热
阵头雨：阵雨，下得时间短、雨量较大的雨
秋拉洒：一会儿下一会儿停的雨

十二、动植物类词

羊妈妈：山羊、绵羊的统称
猡猡：猪
癞团：蛤蟆
白乌鸡：鹅
田鸡：青蛙
百脚：蜈蚣
蜘老前：蝉
花草：紫云英
曲鳝：蚯蚓
谢菜：荠菜
老虫：鼠
番麦：玉米
偷瓜畜：刺猬
木屑花：桂花
群带鱼：带鱼
长生果：花生
蚂米：蚂蚁
胶菜：大白菜
角猛：蚂蚱
山芋：马铃薯（土豆）
老猪娘：老母猪
番瓜：南瓜
鸭连连：鸭子
山芋：红薯

蚕宝宝：蚕
大草：金花菜
在绩：蟋蟀
黄芽菜：大白菜
菊蛛：蜘蛛
番茄：西红柿
勃桃：葡萄
香瓜：甜瓜
狗橘黎：野橘子
酱瓣头草：马齿苋
灵眼树：银杏树
吊猡猡：鱼鹰
扇子树：棕榈树
童子鸡：仔鸡
喇叭花：牵牛花

十三、生活类词

揩面：洗脸
汏浴：洗澡
白相：玩一玩
落起来：起床
做生活：干活
困觉：睡觉
吹风凉：纳凉
屙屎：大便
屙水：小便
赤骨里：赤膊
阿做啥：是否有空
阿勒浪：是否在
勒浪模样：差不多
插蜡烛：停止、出故障
歇角落：休息、算了吧
一塌括子：全部
阿来三：是否可以
死样怪气：慢吞吞
勒煞吊死：气量小
狗皮倒糟：小肚鸡肠，废话多
混淘淘：很多
搭浆：差劲
精括：精于占便宜
黄牛肩胛：不负责任
有青头：懂事、节俭
洋盘：不精明
巴结：勤劳、做事抓得紧
肉麻：舍不得
戳壁脚：背后讲坏话
戳霉头：倒霉
噢佬：后悔
相打：打架
相骂：吵嘴
推板：很差劲
出客：漂亮
污搭污：不明确、蒙混过关
病哇哇：身体有病
吃家生：挨打

吊牢：挂念
显世：难为情
适意：舒畅
下作：下流
吃排头：挨训斥
象心：满意
巴细：做事细心
昏闷：心事难解
滑头：不诚实，嘴上一套
扎底线：缝布鞋底的线
皮头：被子
灶屋间：厨房
小趴趴：小凳子
行灶：可移动的灶头
饭箬箕：盛饭用的竹篮子
凉帽：草编的帽子
对脚板：面对面
作兴：也许
加呢：特别
盲猛：不讲理的
枉东道：打赌
淘伙里：同伴之间
死板板：不灵活
吓佬佬：害怕
掐掐叫：正好
险险叫：差一点点
呱呱叫：好
结棍：厉害
拆烂污：做事情不负责任
做人家：节约
轧苗头：观察分析
出洋相：露出破绽
村窟：村庄
杜米：粳米
粥隐汤：煮好的粥上面黏稠的汤
饭米散：饭粒
白焐蛋：水煮蛋
缩粉：粉丝
脚踏车：自行车
黄鱼车：人力三轮车
洋机：缝纫机
网船：打鱼的船

第二节　谚语、歇后语

一、谚语

（一）时令谚语

春雨来得早，粮食吃不了。

春雨贵似油，有雨人不愁。

清明早，立夏迟，谷雨种棉正适时。

清明前后，种瓜点豆。

四月芒种前麦熟，五月芒种麦不熟。

有钱难买五月旱，六月连月吃饱饭。

夜里下雨白天晴，打的粮食没处盛。

白露早，寒露迟，秋分种麦正适时。

立秋下雨，白日无霜。

冷在三九，热在中伏。

燕走不过九月九，燕来不过三月三。

十二十三磨刀雨，十七十八巡家雨，廿不落廿一雨，廿三廿四回龙雨，水车搁在弄堂里。

（二）气象谚语

长五月，短十月，不长不短二八月。

立春之日雨淋淋，阴阴湿湿到清明。

立春晴，一春晴。

伏里东风不下雨。

久雨现明星，天气将转晴。

清晨雾浓，一日天晴。

三天北风两天雨。

立春头一天，大雪纷飞是旱年。

日转西风半夜雨。

山头有雪不种谷。

春雾不散必有雨。

一雾三晴，重雾三日必大风。

满天乱飞云，雨雪下不停。

喜鹊枝头叫，出门晴天报。

风大夜无露，阴天夜无霜。

蚂蚁搬家天将雨。

天上铁砧云，很快大雨淋。

暖雨水，冷惊蛰，暖春分。

天上豆荚云，不久雨将临。

鸭子潜水快，天气将变化。

鸡早宿窝天必晴，鸡晚进笼天必雨。

久晴大雾阴，久阴大雾晴。

朝霞雨，晚霞晴。

不刮东风不雨，不刮西风不晴。

一日南风，三日关门。

夏雷有雨雨不猛，秋雷有雨雨不长。

云在东，雨不凶；云在南，河水满。

日落胭脂红，非雨便是风。

蛤蟆大声叫，必是大雨到。

南风暖，北风寒，东风潮湿西风干。

石板出汗，大雨要见。

先雷后刮风，有雨也不凶。

暮看西北明，来日定晴明。

云自东北起，必有风和雨。

雨打五更，日晒水坑。

八月十五云遮月，正月十五雪打灯。

日没暗红，无雨必风。

太阳一现，三天不见。

河里鱼打花，天天有雨下。

雷云先唱歌，有雨也不多。

一场秋雨一场寒，十场秋雨穿上棉。

雷声绕圈转，有雨不久远。

东边日出西边雨，阵雨过后又天晴。

小暑热得透，大暑凉飕飕。

风静天热人又闷，有风有雨不用问。

日落云里走，雨在半夜后。

日晕三更雨，月晕午时风。

处暑有雨十八江，处暑无雨干断江。

云向东，有雨变成风；云向南，水涟涟；云向西，下地披蓑衣。

（三）农业谚语

种田不选种，累死落个空。

好谷不见穗，好麦不见叶。

麦临清明连夜雨。

人在屋里热得跳，稻在田里哈哈笑。

清明热得早，早稻必须好。

三伏不热，稻谷不结。

冻断麦根，挑断担绳。

水荒百日，旱荒一年。

大雪飞满天，来岁是丰年。

冬雪是被，春雪是鬼。

一场冬雪一场财，一场春雪一场灾。

菊花黄，种麦忙。

大麦上浆，赶快下秧。

青蛙呱呱叫，正好种早稻。

要想庄稼收成好，罱泥捞草绞河草。

小麦年前施一盏，顶过年后施一担。

人靠饭饱，田靠肥料。

冬天比肥堆，来年比粮堆。

肥田长稻，瘦田长草。

养了三年蚀本猪，田里好来不得知。

寸麦不怕尺水，尺麦但怕寸水。

麦要浇芽，菜要浇花。

清水下种，浑水插秧。

白露白迷迷，秋分稻莠齐。寒露无青稻，霜降一齐倒。

（四）农家谚语

爷有娘有，不及自有。

十个伲子锄累累，不及丈夫一条腿。

天养人，养四方；人养人，面皮黄。

男怕上船，女怕养囡。

不见棺材不掉泪，不撞南墙不回头。

儿是娘身上掉下的肉。

乖人也要走尽头路。

过了冬至大了年。

赤脚伶仃天养活，包包扎扎生死血。

上梁不正下梁歪。

看看茅柴不挡风，捉脱茅柴风哄哄。

会吃吃千顿，不会吃吃一顿。

抬头不见低头见。

人老珠黄不值钱。

打破砂锅问到底。

聪明面孔笨肚肠。

做天难做四月里，秧要日头麻要雨；做人难做中行里，上有老来下有小。

吃东家饭，不管西家事。

天上老鹰大，地上娘舅大。

女大二，米铺地；女大三，用刀宰。

有权的幸福，无权的痛苦。

先吃先欢喜，慢吃笑眯眯。

薄皮棺材膛子大。

长病无孝子。

生好八字，十字也换不动。

年纪活是七八十，风云起色看不出。

鸡蛋里挑骨头。

象牙筷上扳雀丝。

小脚一双，眼泪哭脱一缸。

从小吃苦风吹过，老来吃苦实在苦。

从小起白头，一世苦相随。

牛皮吹天亮，只怕上真账。

无巧不成书。

三分橹，七分绷。

有福坏手，无福坏脚。

臭鸭蛋，自家赞。

冬瓜缠到茄门里。

千朵桃花一树生，同胞父母看娘面。

白米饭好吃田难种。

宁做鸡头，不做牛尾。

情愿吃开眉头的粥，不愿吃皱眉头的饭。

吃着乡下人的茶，屁股坐得麻；吃着街郎人的饭，屁股坐得烂。

乡乖勿及城呆。

猫吃饭，狗做主。

鹅食盆里鸭叉嘴。

公说公有理，婆说婆有理，养媳妇也有三分极道理。
龙养龙，凤养凤，贼骨头伲子掘壁洞。
六十不借债，七十不住夜。
亲眷好，吃一饱；乡邻好，赛金宝。
面黄昏，粥半夜，南瓜洋粥踱一大。
打狗要看主人面。
养仔伲子吃勿着，养仔孙子吃阿爹。
出头椽子先烂。
雪落狗欢喜，麻将一肚气。
晒晒着着，烘烘赤脚。
手心肉，手背肉，手心手背都是肉。
双手勿捏四拳。
含在嘴里怕烊，抱在手里怕冷。
若要好，老做小。
山歌只只会，一只勿到头。
砻糠搓绳头难起。
猪困长肉，人困拆屋。
杨树不蛀戳穿天。
场上生仔苦伶仃，嫡亲娘舅陌路人。
场上骑仔高头马，不是亲眷也是亲。
胆大将军做，胆小鬼也呒不做。
三十年河东，三十年河西，六十年风势轮流转。
大鱼吃不起，小鱼嫌腥气。
贪张嘴，爬趟水。
做贼偷葱起。
一张床上睡不出两样人。
寒天冻懒汉。
吃吃一台子，做做一竿子。

二、歇后语

蜻蜓吃尾巴——自吃自。

泥菩萨过河——自身难保。

石头上掼乌龟——硬碰硬。

卫生口罩——嘴上一套。

牦牛身上拔根毛——小意思（算不了啥）。

三只指头捉田螺——稳笃笃。

驼子跌跤——两头翘。

老虫（鼠）钻在风箱里——两头受气。

一个柴罗两头拔——完得快。

造屋请着箍桶匠——不对路（外行）。

鸡蛋碰石头——不自量力。

鸡蛋里挑骨头——扳错头。

黄鼠狼躲在鸡棚上——不吃也是吃。

叫花子吃死蟹——只只好。

癞蛤蟆想吃天鹅肉——想也白想。

黄鼠狼给鸡拜年——不安好心。

棺材里伸手——死要。

初三的月亮——有搭呒不（没有）一样。

老婆鸡生疮——毛里病。

床底下放鹞子——高不了。

戴着捏帽亲嘴——亲不着。

鸭吃砻糠——空欢喜。

豁嘴拖鼻涕——顺路。

顶是石臼做戏——吃力不讨好。

老虎头上拍苍蝇——狗胆包天。

牛吃稻柴鸡吃谷——各人生来各人福。

肉骨头敲铜鼓——昏咚咚。

昆山城隍——眼开眼闭。

麻子拍粉——蚀煞老本。

三婶婶嫁人——摆心不定。

木匠打家婆——一斧（副）头。

小瘌子撑伞——无法（发）无天。

脚炉盖当眼镜——看穿。

弄堂里拔木头——直来直去。

哑子困勒一横头——呒商量。

六月里格咸肉——显格格。

江北人摇船——没得路（橹）。

背心浪拉胡琴——挨不着（轮不到）。

墙头浪刷白水——白说（刷）（没有用）。

棉花店里死脱老板——勿能谈（弹）。

江西人钉碗——自顾自。

第三节　民歌民谣

一、民歌

数九歌

头九暖；二九寒；三九廿七树头冻得毕咧；四九三十六，摇航船连路宿；五九四十五，太湖里冻煞大鲤鱼；六九五十四，杨柳青紫紫；七九六十三，棉絮两面甩；八九七十二，黄狗躺阴地；九九八十一，韭芽炒百叶。

莳秧歌

莳秧要唱莳秧歌，两腿弯弯泥里拖。
泥里拖啊泥里拖，手捏黄秧莳六棵。
莳六棵啊莳六棵，莳下秧苗就发棵。
发的棵啊钵头粗，割一棵啊掼一箩。

二、民谣

阿龙，阿龙，烧火近拱，塌脱烟囱，压煞阿龙。

小人要唱小山歌，蚌壳里摇船出太湖，燕子衔泥笃断海，鳑鲏鱼跳过洞庭山。

阿姨长，阿姨短，阿姨头上有只碗。碗里有根萝卜干，一年到头吃不完。

阿三，阿三，蚂蚁爬山。爬到昆山，连忙转弯。捡到一只破篮，讨着二碗冷饭。爷一碗，娘一碗，阿三只好吃空碗。

摇啊摇，摇到外婆桥，外婆叫我好宝宝，糖一包，果一包，还有饼，还有糕，宝宝吃得眯眯笑。

排排坐，吃果果，阿爹转来拉尼（耳）朵。称称看，尼（二）斤半；烧烧看，两大碗；吃一碗，剩一碗，放勒门角落里斋罗汉。罗汉不吃荤，馄饨囫囵吞。

一个姐姐三寸头，茄树底下吹风凉，长脚蚂蚁扛仔扣（去），笑煞姐夫哭煞娘。

阿龙阿龙啦嗒（那里）来？壁角落里钻出来。钻仔出来做啥？阿龙出来拾钉头。拾仔钉头做啥？打竹刀。打竹刀做啥？蹲（砍）竹头。蹲仔竹头做啥？劈篾。劈仔篾做啥？做饭箩。做好饭箩做啥？淘米。淘仔米做啥？牵磨。牵仔磨做啥？章（蒸）糕。章仔糕做啥？送外孙。外孙勒浪啦嗒？外孙勒浪天浪（上）。天浪怎样上扣（去）？金车银车开上扣。天浪怎样下来？红绿绢线落下来。

吱归吱归吱，不吃你一粒米，不吃你一粒粞，借你屋子婆窝鸡。

笃笃笃，卖糖粥。三斤蒲桃四斤壳，吃脱嫩个肉，还拔嫩个壳。

一根葱，两头空，通来通扣全是侬。

姆妈来，街浪扣（去），买只小马桶，开开来，里厢十七八只小老虫。

阿一哇，作啥？蚊子咬吾。快点爬上来。呒不梯，借拔嫩，勿碍格。

斗斗鸡，拱拱飞，飞到天浪吃白米。

姐姐妹妹，坐勒门口，一道唱歌，大家听听。啥个弯弯在天边？月亮弯弯在天边。啥个弯弯在眼前？眉毛弯弯在眼前。啥个弯弯头浪过？木梳弯弯头浪过。啥个弯弯勒水边？小船弯弯勒水边。

今朝礼拜三，老师上昆山。碰着一个猪头三，肚皮痛得不来三。马上送昆山，医生配仔苏化三。

第四节　谜　语

一、物品类

一只脚叮咚叮，两只脚喊开门，三只脚不会走，四只脚绕村奔。

（谜底：一只脚的是榔头，两只脚的是公鸡，三只脚的是香炉，四只脚的是狗）

一根木头造幢屋，拔脱门闩就塌屋。

（谜底：伞）

蓬蓬松松，挂在家中。猜得出新相公，猜不出肚皮痛。

（谜底：蓑衣）

远看乌云，近看乌轮。打开城门，吃脱活人。

（谜底：房子）

婆鸡婆勒手里，促巴翘到嘴里。

（谜底：烟筒）

婆鸡婆勒地朗，促巴翘到梁朗。

（谜底：灶头）

圆圆娘，刷刷娘，光头络托扁头娘。

（谜底：铜勺、洗帚、菜刀）

有脚不会走，无脚到处跑；有嘴不会讲，无嘴闹汪汪。

（谜底：凳、球、壶、锣）

小小两只船，没桨又没橹，白天到处游，夜里停在床前头。

（谜底：鞋）

丁零零，丁零零，一头说话一头听。

（谜底：电话）

驼背老公公，困在河当中，人来人往爱驮车。

（谜底：桥）

天上一只鸟，用线拴得牢，不怕大风吹，就怕细雨飘。

（谜底：风筝）

二、自然类

兄弟六个本同娘，相貌身材弗一样。老大眼泪汪汪，老二素衣白裳，老三无影无踪，老四骨头硬，老五打鼓出场，老六浑身闪光。

（谜底：雨、雪、风、雹、雷、闪电）

千条线，万条线，落到河里看不见。

（谜语：雨）

弯弯一座彩色桥，高高挂在半山腰，七色鲜艳真好看，一会工夫不见了。

（谜底：彩虹）

枪打没洞，刀劈无缝。

（谜底：水）

有时圆又圆，有时弯又弯，有时晚上出来走，有时晚上看不见。

（谜底：月亮）

说像糖它不甜，说像盐它不咸，冬天有时一片，夏天谁都不见。

（谜底：雪）

到处乱跑捉不到，跑过树林树弯腰，跑过大海浪又高。

（谜底：风）

用手拿不起，用刀劈不开，烧饭洗衣请它来。

（谜底：水）

三、人体类

一张芦席两个棚，两只黄狗吹风凉。

（谜底：流鼻涕）

十条田岸九条沟，条条田岸上有瓦盖头。

（谜底：十根手指）

左一片，右一片，一生一世看不见。

（谜底：耳朵）

早上开箱子，夜上关箱子。箱子角落里有颗黑枣子。

（谜底：眼睛）

四、动物类

身披花外袄，唱歌呱呱叫。田里捉害虫，丰收立功劳。

（谜底：青蛙）

头戴大红花，身穿什锦衣，好像当家人，一早催人起。

（谜底：公鸡）

嘴像小铲刀，脚像小扇子。走路左右摆，水上划船快。

（谜底：鸭）

小小姑娘满身黑，秋去南方春来家，从小立志除害虫，身带剪刀满天飞。

（谜底：燕子）

好像一架小飞机，前后翅膀挨一起，睁大眼镜找小虫，吞到细细肚子里。

（谜底：蜻蜓）

生一碗，熟一碗，吃脱一碗，还有一碗。

（谜底：螺蛳）

弯背老公公，一烧就要红。

（谜底：虾）

五、植物类

爷蓬头，娘蓬头，养个儿子尖头。

（谜底：笋）

兄弟七八个，围着柱子坐，只要一分开，衣服就扯破。

（谜底：大蒜头）

一个小姑娘，生在水中央，身穿粉红衫，坐在绿船上。

（谜底：荷花）

一身绿衣裳，肚里水汪汪，生的子儿多，子黑脸膛红。

（谜底：西瓜）

高高个儿一身青，金黄圆脸喜盈盈，天天对着太阳笑，结的果实数不清。

（谜底：向日葵）

戳天戳地，上吊诈死。

（谜底：戳天的是笋，戳地的是萝卜，上吊的是黄瓜，诈死的是南瓜）

红面子，白夹里，八个小娘轧了里。

（谜底：橘子）

哈打哈里过，长远勿到苏州过，蹊跷蹊跷真蹊跷，外生骨头里生毛。

（谜底：栗子）

红漆马桶黑漆盖，十人走过九人赞。

（谜底：柿子）

第十章　村民生活

从中华人民共和国成立到 2020 年，燕桥浜村村民的生活发生了翻天覆地的变化。经过土地改革，农民走上农业合作化道路，开展人民公社化运动，生活有所好转。60 年代，人们吃饱、穿暖，域内人均住房面积 19. 05 平方米。1982 年，域内推广家庭联产承包责任制，农、副、工“三业”同时发展，农民经济收入增长幅度较大。到 90 年代，人们吃讲究营养、穿讲究漂亮，村人均住房面积 46. 08 平方米。2000 年后，村域进一步完善农业生产责任制，调整产业结构，拓宽就业渠道，农民收入与生活如芝麻开花节节升高。2006 年，全村居民进入社会养老、医疗保险系统，弱势人群得到生活保障。燕桥浜村人均收入从 1965 的 150 元增长到 2020 年的 41 800 元，另有“三社”分红、租赁收入。村民生活进入小康时代。

第一节 日常生活

70年代之前，境域内百姓的日常生活维持在温饱状态。随着改革开放的不断深入，村民的日常生活水平逐步提高。90年代末，村民的观念不断更新，产业结构呈多样化，在经济收入不断提高的同时，村民越来越追求新的生活方式，在衣、食、住、行方面体现出时代的变迁和进步。

一、穿着变迁

50年代，“新三年、旧三年、缝缝补补又三年”是境域百姓穿着的真实记录。村民生活清苦、穿着简朴，家庭穿衣用料以自纺土布为主，偶尔在集镇上购买便宜料子做衣裤，但款色单一、做工粗糙。夏天，男人们上身打赤膊，下身穿短裤，整个夏季晒得皮肤乌黑发亮。妇女们为了节约，到了傍晚上穿肚兜、下穿祝裙乘凉。冬天，域内百姓不求衣服的新旧好坏，只求实用暖和。男人头戴拉货帽，身着旧棉袄、棉裤，腰束一根布带或稻草绳，脚穿自编的“芦花鞋”。中年妇女留长发、扎辫子，并盘在后脑勺上，用包头布扎成“包头”。包头布选料有讲究，专选蓝黑色布，配上红绿须带，是境域妇女穿着的一大特色。至今还有个别老太仍保留着这一穿衣习惯。80年代，村域妇女开始留短发、烫头发，讲究发型美。

60年代后期到70年代，化纤纺织品问世，域内百姓穿着选择不再单一，除棉衣布裤之外，男性穿灯芯绒，女性穿平绒服，中山装成为主流。布料、款式有了更多的选择。改革开放后，村民生活越来越好，城市、乡镇出现了较多的店铺及大型商场，村民可任意挑选自己喜欢的服饰。90年代后，村民衣着开始多样化。面料质地趋向毛涤、呢绒、丝绸，拥有1—2套时尚服装的人比比皆是，条件好的，拥有2—3套亦属正常。2000年后，男性以西装、夹克、休闲衫为主，女性以两用衫、西服、中装、风衣为主。皮革衣裤、羽绒服成为风尚。本地产AB抗菌内衣走进家家户户，以舒适抗菌而驰名。原有的大襟衣衫（大襟棉袄、大襟短衫）、对襟衣衫、大裆裤子、尖角包头、祝裙、围裙、肚兜等传统服饰成为历史。21世纪，中青年衣着观念不断更新，消费档次不断提升，人们不再追求整洁，转而追求美丽，又逐渐转向追求休闲、养生、保健。

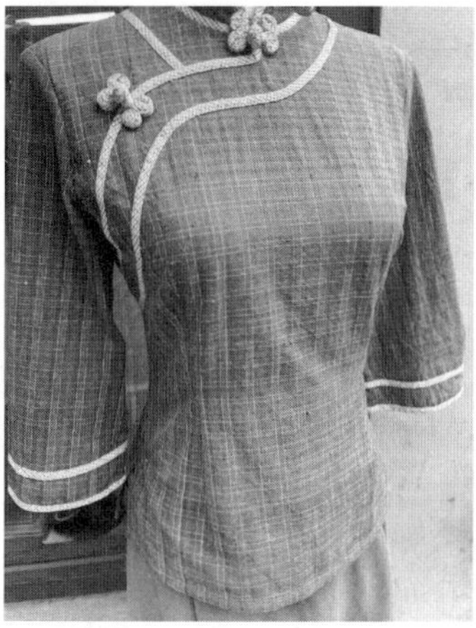

大襟棉袄（2020年，褚永明摄）

大襟短衫（2018年，褚永明摄）

二、饮食变迁

中华人民共和国成立之初，域内百姓生活清贫，一日三餐以蔬菜为主。早上喝粥，中午吃米饭，晚上还是喝粥，蔬菜靠自家旱地种植。家庭饲养些家禽，鸡蛋多舍不得吃，要拿到集市上去卖，从而换取些日常生活用品。偶尔有亲朋来家做客，或是逢年过节，域内百姓才能在餐桌上见到少许荤菜。1955年，粮食等物资计划供应，域内百姓饮食只能依靠定粮。60年代，经历三年困难时期，经济困难、物资紧缺、价格不稳，市场上出现少量高价物品。70年代，域内百姓生活有所好转，但仍不宽裕。一日三餐中，有两餐米饭，餐桌上可见少许荤菜。改革开放后，村民生活水平不断提高，饮食由吃饱转向吃好。2000年后，村民的饮食习惯明显改变。家家户户无荤不吃饭，逢年过节及招待客人，更是佳肴满桌；主食不断减少，大鱼大肉不断增多；各种水果一年四季不断，牛奶及其他营养品、保健品成为每个家庭必需。婚丧喜事讲排场、相互攀比，海鲜成为餐桌上的必备菜。香烟、酒的档次越来越高。招待客人从原来的300元一桌上升到2 000—3 000元一桌。婚庆等大多在酒店举行，20—30桌宾客屡见不鲜。2010年后，随着健康饮食观念的养成，村民消费观念有了改变，村民认识到饮食对健康的重要性，逐步改变原来大鱼大肉的饮食习惯，采取了荤素搭配、均衡营养的科学饮食，肉类消费明显减少，蔬菜、豆制品、卤菜、水产、水果、牛奶消费逐步增加。逢年过节，招待亲朋多按照健康标准消费。

三、住房变迁

中华人民共和国成立初期，境域内住房条件十分简陋，大多是老式平房，设施极差。条件差的农民住泥墙房，低矮潮湿，采光、透风性差。少数人拥有砖瓦木结构平房。70年代，境域内百姓开始大规模建造砖瓦平房；80年代后期，村民收入增加，出现翻建楼房热潮，多数在原宅基础上翻建三上三下楼房，结构由原来的砖瓦木结构改变为砖混结构。21世纪，村民住房有了新的变化，部分村民在市区购买商品房，有的动迁住进小区，还有个别村民购买别墅，逐步走上城乡一体化道路。

（一）平房改造

1951年，境域内共有14个自然村、338户，拥有砖瓦房500间、草房599间、泥墙房181间。1951年燕桥浜境域住房情况见表10-1。

表10-1　1951年燕桥浜境域住房情况统计表

成分	户数/户	砖瓦房数量/间	草房数量/间	泥墙房数量/间
地主	2	16	0	0
富农	15	60	0	0
上中农	35	105	0	0
中农	106	256	206	0
下中农	31	63	93	31
贫农	149	0	300	150

60—70年代，境域内兴起建房热，624户农户先后建造砖瓦平房，一般以三

间一转头为最。宅基地占地 0.3—0.5 亩，房屋坐北朝南。条件好的农户用的梁木及椽子都是木质的，条件差的农户用水泥梁、直树椽子、冷摊瓦。房屋统一由大队审批和规划，高度由大队确定。建房时，仅须支付木工、瓦工的人工费，其余都由村上人和亲戚互相帮忙完成。60—70 年代东北大队、明星大队队员住房情况见表 10-2。

表 10-2 60—70 年代东北大队、明星大队队员住房情况统计表

自然村	户数/户	人口/人	房屋/幢	建筑面积/米^2	人均面积/米^2
船泾坟	96	347	87	5 474	15.5
前浜	86	318	85	5 406	17.0
后浜	43	158	42	2 688	17.0
潘家桥	71	231	71	4 473	19.3
田垛	59	180	54	3 402	18.9
外泾	65	277	72	5 760	20.8
里港	40	143	37	2 960	20.7
黄潭	66	251	73	5 570	22.2
横港	56	177	43	3 360	19.0
扎泾浜	42	143	41	2 880	20.1
合计	624	2 225	605	41 973	—

（二）翻建楼房

1978 年以后，随着改革开放的不断深入，村民的经济收入有了较大幅度增加，村民对住房有了新要求。境域内王根弟、杜林生 2 户率先在 1982 年翻建楼房。全村掀起翻建楼房的热潮，80 年代末到 90 年代末，全村共翻建楼房 599 幢，占总户数的 96.5%。

楼房的高度、款式大致相同，都为砖混结构。在层面上稍有不同，多数是三上三下，少数也有二上三下或三上四下。每户都有自建围墙，成为独立庭院。建造质量亦有不同，有的加设一或两道腰箍，也有的加设三道腰箍，使房子更

加坚固；内、外墙面均用水泥粉刷，有的贴瓷砖、做马赛克装饰，有的贴釉面锦砖。室内做满吊、贴瓷砖，地面放磨光石子及拼木地板等。建造房屋聘请木工、瓦工、电工等，所有小工都靠邻里相互帮忙完成，俗称“相帮”，即“你建房时我帮忙，我建房时你出力”。楼房一般都在自宅上翻建，极少因没老宅或老宅太小而出宅翻建。无论是翻建还是出宅均要经过市、镇、村批准核实，方能破土动工。宅基占地标准为0.3亩，建造面积180—250平方米不等。80—90年代东北村、燕桥浜村楼房翻建情况见表10-3。

表10-3　80—90年代东北村、燕桥浜村楼房翻建统计表

自然村	户数/户	人口/人	楼房		平房		人均/米^2
			房屋/幢	面积/米^2	房屋/幢	面积/米^2	
船泾坟	105	467	95	20 900	6	450	45.7
前浜、后浜	101	458	91	20 020	3	225	44.2
双庙	53	225	45	9 900	6	450	46.0
潘家桥	94	416	80	17 600	7	525	43.6
田垛	64	273	54	11 880	8	600	45.7
外泾	83	330	64	14 720	19	940	47.5
里港	40	168	31	7 130	5	400	44.8
黄潭	72	313	58	13 340	16	800	45.2
横港	51	200	41	9 430	4	170	48.0
扎泾浜	44	186	40	9 200	2	110	50.1
合计	707	3 036	599	134 120	76	4 670	—

（三）购买商品房

改革开放解放了农村劳动力，给村民增加了收入。90年代初期，富裕起来的村民不再着眼于翻建楼房，而是向往在城市居住，开始在镇及市区购买商品房。90年代的商品房都是多层房，没有电梯，价格比较便宜，每平方米仅需

1 000 元左右。在领先购买商品房的人的带动下，加上考虑到小孩读书、工作、结婚等，购买商品房的村民越来越多。至 2020 年年底，80%以上的村民购买了商品房，村民共购买商品房 683 套（其中含一户多套）。

2000 年后，部分富起来的人，开始购买别墅。据 2020 年 7 月统计，村域内购买别墅的有许金良、陈杏男等 12 户村民。有的干脆买了土地，自己盖别墅，第 2 村民小组的村民朱惠德在阳澄湖畔购买土地建造别墅，装修得富丽堂皇，极其讲究。至 2020 年，全村购买别墅 41 套。

（四）动迁安置

1992 年，因沪宁高速公路建设，村域内涉及东北村 5 户、燕桥浜村 2 户动迁，均由村安排宅基进行易地翻建。1993 年，沪宁高速公路拓宽建设，村域内涉及动迁农户 9 户，他们被安置到正仪嘉馨花园，并根据用地标准，获得补偿。1997 年，苏州市绕城高速公路兴建，东北村部分自然村集体动迁，村民全部被安置到南星渎茗景苑。

2003 年，由于燕桥浜村属农田保护区，不具备自然村保留条件，经政府批准，进行分批动迁。第一批动迁的是原东北村 50%的农户和原燕桥浜村 10%的农户。第二批动迁的是原东北村剩余农户和原燕桥浜村 20%的农户。第三批动迁的是燕桥浜村 20%的农户。2020 年，域内剩余 112 户未动迁，占全村总户数的 12%。动迁户全部被安置在南星渎社区。

50 年代草房（2020 年，智源绘）

70 年代建的瓦屋房（2020 年，陆虎林摄）

80—90 年代建的楼房
（2020 年，罗英摄）

21 世纪动迁入驻茗景苑等小区
（2020 年，罗英摄）

四、出行变迁

中华人民共和国成立前至 70 年代，由于境域交通闭塞，域内百姓外出时以船代步，船成为主要交通工具，还有的就依靠步行。主干路全是烂泥路，晴天还好，雨天行走一身泥。经过娄江须用船渡江，俗称“摆渡”。从村庄出行至正仪镇来回需半天时间，去昆山来回需一天时间。

70 年代中期，有了机耕路，条件好一点的家庭开始购买自行车。上海生产的“凤凰”“永久”牌和天津生产的“飞鸽”牌自行车要凭票购买。80 年代中期，自行车普及，简易公路基本畅通，往返正仪或昆山只需 1—2 小时。

1995 年，道路桥梁建设加快，“嘉陵 70”“幸福 125”“雅马哈”摩托车出现在乡间小道上。挂牌、考驾照，骑摩托车蔚然成风，村民出行效率空前提高。

1999 年，电动自行车获市场认可，家家户户都用上电瓶车。骑电瓶车出行快捷、方便、环保、安全，成为村民出行的绿色交通工具。

位于中华园路和新城路交叉口的公共自行车点（2020 年，罗英摄）

2000 年后，少数经商人员购买汽车。2005 年，部分普通家庭购买汽车。至 2020 年，80%的家庭购买汽车，有的家庭有 2 辆甚至 3 辆汽车。

2010 后，公交 204 路、202 路、158 路途经燕桥浜村。60 周岁以上老人乘车享受 6 折优惠，70 周岁以上老人乘车免费。2015 年，村内设置自行车共享点 3 个，村民绿色出行更加方便。

位于新城路的公交站台（2020 年，罗英摄）

五、其他变迁

（一）照明变迁

中华人民共和国成立前，境域内百姓使用简易灯。往一只旧碗里倒入些菜籽油，用棉絮搓成条状，一头放进碗中浸着油，另一头搁在碗口上，用火点燃，发出微弱的光，村民称其为“油盏灯”。后来，煤油（火油）出现，境域内百姓就使用洋油盏。洋油盏集市上有售，使用比较方便，既可放在桌上，又可挂在墙上，比油盏灯方便许多，且亮度稍强些。后又出现了煤油灯，俗称“美孚灯”，较洋油盏亮一点，且不怕风吹。境域内百姓晚间出行没有照明工具，条件好的用桅灯，条件差的用稻草扎成把，燃完一个再燃一个，凭着火光行走。中华人民共和国成立后，境域内百姓夜间出门用上手电筒。境域内人家遇上婚丧喜事，则用汽油灯。汽油灯靠煤油点亮，它须打足气使上部的纱罩由红变白，从而发出强劲的亮光。

70年代中期，境域内全部用上了电，随着电灯的出现，原有的照明灯具彻底退出历史的舞台。

（二）家电变迁

70年代前，境域内的农户几乎无家电，只有家境富裕人家才有唱片机听听歌曲，引得周围人家向往。70年代前期，出现电子管收音机，但购买的人家很少，全村不到20台。70年代中期，购买收音机变得普遍，品种多，台式、袖珍式应有尽有，“红灯”牌收音机最受欢迎，全境域80%的家庭拥有。70年代后期，电视机问世，各生产队都购买了1台9—12英寸的小型电视机，由专人负责播放。但电视机性能差，电视屏幕上经常出现雪花，声音嘈杂，须经常转动天线、调整方向来接收信号。全村只有东北大队褚引弟家庭和明星大队许仁存家庭各有1台。1983年后，电视机普及，村域人家电视购买率达92%。1984年，彩电问世，至90年代，彩电进入每家每户。电视机的品质和式样不断更新，由原来的长方形凸面，到后来的背投式，再发展成超薄液晶电视。

电风扇、空调、洗衣机、冰箱、电磁炉、微波炉、热水器等家用电器也进入各家各户。电器中电风扇率先进入家庭，紧跟其后的是空调。2000年后，村民的居住环境发生了质的变化，新居落成后要装潢、安置家电、安装地暖。厨房必备抽油烟机、电饭煲、烤箱、双门冰箱等；房间挂空调，客厅摆立式空调，卫生间装淋浴器、取暖设备、洗衣机等。21世纪，家电成了普通家庭的必需品。

（三）生活观念变迁

1949—1977年，境域内百姓的生活普遍处在温饱线上。劳动一年，扣除粮油费、燃料费后，劳动力多和子女少的家庭年终分红分得 200—300 元，年成好的分得 400—500 元；子女多、劳动力少的家庭分不到红，甚至退支（欠生产队粮油费）。当时，境域内百姓舍不得花钱买菜，流传着“有钱人过年，无钱人年过”的俗语。人们总希望过年过节时能吃上鸡、鸭、鱼肉。

1978—2000 年，改革开放以后，劳动力得到解放，收入渠道增多，每个家庭的收入或多或少都有增加。市场上物产丰富。逢年过节时，一家人穿上新衣裳走亲访友，家常大菜应有尽有。

2000 年以后，村民参加养老保险和医疗保险，人均收入提高，家庭有租赁收入，甚至有经营收入和其他收入。老百姓钱袋子鼓了，生活观念变了，不再想吃大鱼大肉和海鲜，开始注意人体营养均衡，崇尚保健、健身锻炼，以延年益寿。

2010 年以后，国家倡导“绿色出行，低碳生活”，村民积极响应：改摩托车为电瓶车；购汽车时，首先考虑新能源车；出行考虑乘坐公交车或高速铁路。家庭装潢使用无甲醛材料、低碳家电。日常生活中少用或不用一次性物品，照明使用低耗高能的节能灯管，每天做到垃圾分类。饮食方面注意不吃垃圾食品、油炸食品，不吃半生食品，不食野生动物，人与自然和谐共存的观念深入人心。

村民休闲话幸福（2020 年，陆虎林摄）

第二节　收入与支出

中华人民共和国成立前，村民基本生活得不到保障，遇上自然灾害，更是食不果腹。中华人民共和国成立后，经过土地改革、合作化运动、人民公社化运动，农村走上社会主义集体化道路，村民收入有所提高。1978 年党的十一届三中全会后，境域从实现家庭联产承包责任制发展到规模经营、成立农业土地股份专业合作社，生产力提高、创利渠道拓宽、收入增加，村民生活水平提高。

一、收入

（一）生产经营性收入

东北大队第 8 生产队是年收入中处于高水平的生产队，其农副业收入高。该生产队 1965 年的纯收入是 27 074. 57 元，1982 年的纯收入是 44 668. 80 元，约增长了 64. 98%。1965—1982 年东北大队第 8 生产队分配情况见表 10-4。

表 10-4　1965—1982 年东北大队第 8 生产队分配方案

单位：元

年份	农副业总收入	农副业总费用	收益分配				
			纯收入	国家税收	集体提留	社员分配	
						总额	人均
1965	38 913. 59	9 331. 24	27 074. 57	2 507. 78	7 550. 50	19 524. 07	150. 18
1966	41 616. 85	12 088. 79	29 528. 46	2 802. 22	6 343. 45	20 383. 45	156. 70
1967	43 353. 51	14 194. 07	29 159. 44	2 802. 11	6 233. 62	22 925. 82	175. 00

续表

年份	农副业总收入	农副业总费用	收益分配				
			纯收入	国家税收	集体提留	社员分配	
						总额	人均
1968	37 001. 34	15 977. 99	21 023. 35	2 802. 11	4 742. 75	20 280. 60	156. 00
1969	43 575. 17	13 630. 54	29 944. 63	2 796. 60	4 782. 46	22 365. 57	160. 90
1970	47 319. 06	13 965. 41	30 611. 43	2 742. 22	6 751. 30	23 860. 13	168. 00
1971	53 790. 39	19 207. 74	34 582. 65	2 697. 85	7 881. 25	26 701. 40	175. 66
1972	54 325. 89	17 656. 03	33 994. 39	2 675. 47	6 517. 38	27 477. 00	178. 42
1973	49 942. 87	21 168. 18	28 774. 69	2 685. 90	2 014. 72	24 077. 07	156. 30
1974	58 839. 68	21 906. 89	36 932. 79	2 709. 57	6 506. 61	27 716. 61	176. 54
1975	42 378. 78	19 750. 83	22 627. 95	2 730. 16	1 415. 77	18 482. 02	120. 00
1976	55 805. 00	19 669. 28	36 135. 75	2 678. 77	7 932. 78	25 524. 17	165. 70
1977	48 579. 80	19 403. 81	29 175. 99	2 723. 56	4 455. 76	21 996. 67	136. 63
1978	60 532. 41	23 475. 95	37 056. 46	2 565. 01	8 048. 98	26 442. 47	162. 22
1979	56 921. 31	18 773. 25	38 148. 06	2 058. 33	7 000. 53	29 089. 20	282. 41
1980	54 652. 24	21 687. 53	32 964. 71	2 063. 08	6 226. 84	24 674. 79	246. 74
1981	54 576. 19	20 076. 80	34 499. 39	2 114. 49	6 488. 18	25 896. 72	269. 75
1982	66 843. 77	22 174. 97	44 668. 80	2 114. 49	5 623. 93	36 930. 38	380. 72

注：1979 年不含农科队的 103 亩。

2000 年后，经营渠道放开，家庭经济结构呈现多元化，村民收入提高。2011 年，人均收入 20 588 元；2020 年，人均收入41 800元，约增长了 103. 03%。2011—2020 年燕桥浜村村民收入情况见表 10-5。2020 年燕桥浜村部分组别村民经济收入调查情况见表 10-6。

表 10-5　2011—2020 年燕桥浜村村民收入一览表

单位：元

年份	人均收入	年份	人均收入
2011	20 588.00	2016	35 753.00
2012	23 400.00	2017	39 231.00
2013	26 875.00	2018	40 155.00
2014	29 928.00	2019	40 929.00
2015	33 140.00	2020	41 800.00

表 10-6　2020 年燕桥浜村部分组别村民经济收入调查表

组别	户数/户	人数/人	劳动力/人	收入/万元				合计总额/万元	人均收入/万元
				工资	养老金社保	租赁	经营劳务		
1	9	44	26	11.00	41.00	25.00	7.00	189.00	4.30
2	7	34	14	65.00	20.00	7.50	45.00	137.50	4.05
3	5	21	13	54.00	8.00	4.00	22.00	88.00	4.19
4	3	18	7	28.00	13.00	—	28.00	69.00	4.06
5	6	34	17	10.00	15.50	3.90	15.20	138.60	4.08
合计	30	151	77	168.00	97.50	40.40	117.20	622.10	—

（二）“三社”收入

燕桥浜村自 2008 年起成立社区股份专业合作社、农业土地股份专业合作社和富民合作社。2013 年，社区股份专业合作社分配股金 28.035 万元。2020 年，分配股金 119.24 万元。2013—2020 年的 8 年中，分配股金约增长了 325.33%。2013—2020 年燕桥浜社区股份专业合作社分配情况见表 10-7。

燕桥浜村农业土地股份专业合作社 2011 年分配纯收益 364 326.71 元，2020 年分配纯收益620 245.00元。2011—2020 年的 10 年中，分配纯收益约增长了 70.24%。2011—2020 年燕桥浜村农业土地股份专业合作社分配情况见表 10-8。

燕桥浜村富民合作社 2011 年分配股金171 600.00元，2020 年分配股金 203 320.00元。2011—2020 年的 10 年中，分配股金约增长了 18.48%。2011—2020 年燕桥浜村富民合作社分配情况见表 10-9。

表 10-7　2013—2020 年燕桥浜社区股份专业合作社分配一览表

年份	2013	2014	2015	2016	2017	2018	2019	2020
入社户数/户	869	869	735	735	724	724	725	723
折合股份数/股	2 988. 50	2 988. 50	2 988. 50	2 988. 50	2 988. 50	2 988. 50	2 988. 50	2 981. 00
总收入/元	14 288 174. 00	8 495 108. 00	12 297 044. 00	8 310 868. 00	6 995 832. 00	3 700 791. 93	1 762 697. 50	4 244 516. 85
总支出/元	5 697 250. 00	2 953 347. 00	3 868 309. 00	4 217 995. 00	5 547 022. 00	3 753 965. 67	3 308 009. 86	3 614 679. 05
纯收入/元	8 690 924. 00	5 541 761. 00	8 428 735. 00	4 092 873. 00	1 448 810. 00	−53 173. 74	−1 545 312. 36	629 837. 80
各项提留/元	5 154 555. 00	3 325 056. 00	5 057 241. 00	2 455 725. 00	702 935. 00	—	—	—
可分配纯收益/元	3 436 369. 00	2 216 705. 00	3 371 494. 00	1 637 148. 00	745 875. 00	−53 173. 74	−1 545 312. 36	629 837. 80
每股余额/元	100. 00	100. 00	150. 00	200. 00	250. 00	300. 00	350. 00	400. 00
合计分配股金/元	280 350. 00	300 950. 00	447 375. 00	596 500. 00	745 875. 00	895 650. 00	1 045 975. 00	1 192 400. 00

表 10-8　2011—2020 年燕桥浜村农业土地股份专业合作社分配一览表

年份	2011	2012	2013	2014	2015	2016	2017	2018	2019	2020
入社户数/户	474	474	474	474	364	364	364	314	314	311
入股土地面积/亩	1 620. 48	1 620. 48	1 578. 72	1 578. 72	1 578. 72	1 382. 87	1 382. 87	1 240. 45	1 240. 45	1 240. 49
总收入/元	470 428. 00	482 074. 41	469 877. 16	439 218. 52	716 974. 83	588 494. 00	665 773. 00	1 299 704. 12	1 178 230. 33	1 520 379. 01
总支出/元	15 019. 59	−13 773. 41	13 400. 00	6 064. 00	89 790. 00	58 635. 00	96 896. 20	254 082. 51	144 744. 93	104 511. 94
纯收入/元	455 408. 41	482 074. 41	456 477. 16	433 154. 52	627 148. 83	529 859. 00	568 876. 80	1 045 621. 61	1 033 485. 40	1 415 867. 07
各项提留/元	91 081. 70	64 005. 28	17 138. 84	−40 461. 48	125 436. 00	7 850. 00	113 776. 00	425 396. 61	413 240. 40	547 524. 07
可分配纯收益/元	364 326. 71	418 069. 13	473 616. 00	473 616. 00	501 748. 83	522 009. 00	455 100. 80	620 245. 00	620 245. 00	620 245. 00
每股分配额/元	600. 00	650. 00	700. 00	700. 00	700. 00	700. 00	700. 00	700. 00	700. 00	700. 00
合计分红余额/元	972 288. 00	1 053 312. 00	1 105 104. 00	1 105 104. 00	1 105 104. 00	968 009. 00	968 009. 00	868 315. 00	868 315. 00	868 343. 00

表 10-9 2011—2020 年燕桥浜村富民合作社分配一览表

年份	2011	2012	2013	2014	2015	2016	2017	2018	2019	2020
入社农户数/户	94	94	94	94	97	97	97	97	96	94
总收入/元	185 796. 00	190 695. 97	205 062. 12	220 610. 34	221 188. 12	210 272. 45	210 370. 86	158 594. 74	485 472. 68	244 282. 93
纯收入/元	185 796. 00	190 695. 97	205 062. 12	220 610. 34	181 787. 82	176 802. 88	176 927. 29	132 248. 34	413 015. 52	212 195. 46
公积金提留/元	14 196. 00	19 095. 97	33 462. 12	49 010. 34	10 187. 82	5 202. 88	5 327. 29	8 749. 00	208 295. 52	9 875. 46
可分配纯收入/元	171 600. 00	171 600. 00	171 600. 00	171 600. 00	171 600. 00	171 600. 00	171 600. 00	132 248. 34	204 720. 00	20 230. 00
股本金额/元	171 600. 00	171 600. 00	171 600. 00	171 600. 00	171 600. 00	171 600. 00	171 600. 00	171 600. 00	1 706 000. 00	1 686 000. 00
按 100%分配额/元	171 600. 00	171 600. 00	171 600. 00	171 600. 00	171 600. 00	171 600. 00	171 600. 00	171 600. 00	1 706 000. 00	1 686 000. 00
每股金额/元	200. 00	200. 00	200. 00	200. 00	200. 00	200. 00	200. 00	200. 00	200. 00	200. 00
分配股金/元	171 600. 00	171 600. 00	171 600. 00	171 600. 00	171 600. 00	171 600. 00	171 600. 00	171 600. 00	204 720. 00	203 320. 00

（三）租赁收入

2003年以后，村域第一产业、第二产业、第三产业发展迅速，外来打工者越来越多。燕桥浜村原有打工楼对外出租，但仍解决不了打工者居住所需，于是，周围家庭住房成为打工者租赁的栖身之所。民房租赁由此产生。

近几年来，燕桥浜村村民出租房屋收入可观，特别是那些购买商品房的家庭，举家迁进新居，原有住房及庭院小房全部出租。一间上房月租金600—800元，小屋租金300—400元，若全家出租房间按6—8间计算，全年可得租金约4.5万元。没有主房出租的家庭，若将庭院内的5—6间小屋出租，全年可得租金2万多元。

2006年以后，部分家庭开始动迁，首先得到过渡房，再是安置房，多数家庭将过渡房或安置房出租，一套房子全年租金在1.5万元左右。

二、支出

村民家庭支出主要包括衣、食、住、行、教育、医疗保险、人情往来等支出。

（一）2011—2020年燕桥浜村村民人均消费

2011年，全村人均支出0.86万元；2020年，全村人均支出1.46万元。10年中人均支出增加了6 000元，而这主要表现为食品、交通、教育、医疗消费的增长。2011—2020年燕桥浜村村民人均支出情况见表10-10。

表10-10　2011—2020年燕桥浜村村民人均支出一览表

年份	人均支出/万元	年份	人均支出/万元
2011	0.86	2016	1.25
2012	0.88	2017	1.30
2013	0.91	2018	1.35
2014	0.95	2019	1.40
2015	1.20	2020	1.46

（二）2020年燕桥浜村10个村民小组村民人均消费抽样情况

2020年，燕桥浜村第1—10村民小组57个家庭全年人均消费情况表明：最少人均消费 1.17 万元，最多人均消费 1.96 万元。2020 年燕桥浜村村民人均消费抽样调查情况见表 10-11。

表 10-11　2020 年燕桥浜村村民人均消费抽样调查表

组别	户数/户	人数/人	家庭消费支出/万元					人均支出/万元
			衣、食、住	交通	教育	医疗保险	人情往来	
1	9	26	13.00	8.06	8.06	7.28	9.10	1.75
2	7	34	14.00	10.50	8.50	7.50	10.50	1.50
3	5	21	9.00	6.50	5.50	2.50	7.00	1.45
4	3	18	5.50	5.00	3.00	3.50	4.00	1.17
5	6	34	11.00	9.50	6.50	6.00	8.00	1.21
6	4	16	6.40	4.96	4.96	6.56	5.12	1.75
7	6	26	12.48	8.56	8.32	10.40	7.28	1.81
8	5	17	6.63	6.12	5.27	6.12	4.80	1.70
9	4	20	9.20	8.00	9.00	6.80	6.20	1.96
10	8	29	10.15	8.70	10.44	11.02	6.67	1.62

第三节　社会保障

2020 年，燕桥浜村有 2 662 人，参加基本养老保险的有 108 人，灵活就业人员中参加社会养老保险的有 518 人，企业职工参保 396 人，享受社保退休金的有 889 人，未参加保险的学生、未成年人有 751 人。

一、养老保险

燕桥浜村推行全民参加社会养老保险工作，具体历经以下四个阶段。

2003 年 4 月，农村全面推行养老保险。全村应参保人数 1 743 人，实际参保人数 1 743 人，参加社会养老保险的有 665 人，其中，机关事业单位 36 人，企业社保 629 人。参加农村养老保险的有 1 078 人。在参保人员中，已经领取农村养老保险金的有 520 人。70 周岁以下的有 311 人，月人均领 100 元；70 周岁以上的有 209 人，月人均领 130 元。至 2004 年，已经参加农村养老保险而未领取养老金的有 558 人。

2005 年，被征地人员中转移补缴养老金的有 139 人。2009 年 12 月，应参加养老保险的有 1 942 人，实际参加养老保险的有 1 942 人。其中，参加社会养老保险的有 1 061 人（机关事业单位参保 36 人，企业参保 560 人，档案托管社保 465 人），参加农村养老保险的有 881 人。至 2009 年，已领取农村养老保险金的有 616 人。已参加农村养老保险但未领取养老金的有 265 人［无业人员 233 人，“四残”（盲、聋、哑及肢体残疾）人员 32 人］。

2010 年，昆山市由农村养老保险统一并轨社会养老保险人员 271 人。剩余参加社会养老保险未领取养老金归档案托管人员 126 人（无业人员 107 人，“四残”人员 19 人）。原参加农村养老保险的养老人员已经领取养老金的有 329 人。70 周岁以下每人每月领养老金 310 元，70 周岁以上每人每月领养老金 340 元，当年并轨社会养老保险。

2016 年 1 月，昆山市农民全面参加城镇养老保险，实行城乡一体化管理。至 2020 年，燕桥浜村在职村民全部参加城镇养老保险。

二、医疗普惠

至 2020 年，燕桥浜村村民全部参加医疗保险。凡是参加医疗保险的村民，除按时缴纳个人医疗基金，享受相应的医疗费用报销外，遇上特殊情况还可以享受大病医保和普惠医疗补助。

（一）大病医保

自 2015 年 1 月 1 日起，实施大病风险制度。患糖尿病、肾病等大病，自付费用起付标准：起付线 2 万元，超 2 万元部分可以经由大病医保报销。燕桥浜村村民大病例费用段和支付比例见表 10-12。

表 10-12　燕桥浜村村民大病例费用段和支付比例一览表

费用区间段	支付比例/%
2 万—5 万元	50
5 万—10 万元	60
10 万元以上	70

对符合恶性肿瘤标准（含白血病）经化疗、放疗、器官移植后抗排异治疗及尿毒症等特殊病种，适当降低起付标准，其在年度内发生的自付费用和合规费用，合计超过 1 万—2 万元的部分支付比例为 50%，对应自付费用 1 万元封顶。

对享受规定的实时救助人员实行“零起付”，并提高支付比例。除在年度内发生的“零自付”之外，个人负担的合规医疗费用合计，按费用段、按比例支付。燕桥浜村村民实时救助人员支付比例见表 10-13。

表 10-13　燕桥浜村村民实时救助人员支付比例一览表

费用分类	费用区间段	支付比例/%
实时救助人员的个人负担合规医疗费合计	0—2 万元	60
	2 万—10 万元	70
	10 万—20 万元	80
	20 万元以上	90

（二）普惠医疗

2017 年 9 月，昆山市实行普惠医疗保险制度，具体补助标准：自付部分 2 000—3 000 元的给予自付部分的 10%的补助；自付部分 2 万—3 万元的给予自付总额的 15%的补助；自付部分 3 万—5 万元的给予自付总额的 20%的补助；自付部分 5 万元以上的给予自付总额的 25%的补助。

2020 年，燕桥浜村 117 名患者享受普惠医疗保险补助 45. 72 万元。获万元以上补助的有 12 人。

三、弱势群体生活保障

2000 年以后，随着村级经济不断壮大，燕桥浜村村委会进一步加大对全村弱势群体的生活保障力度，开展“爱心助学”“帮困扶贫”“敬老助弱”活动，以保障他们的基本生活，维护他们的合法权益，提高他们的生活质量。至 2020 年，村域内有各类弱势人员 15 人。

（一）最低生活保障

从 2000 年开始，燕桥浜村对困难家庭实施最低生活保障制度，具体分为特困户、低保户和低保边缘户三种，补助金额酌情而定，且每年有变动。2020 年，燕桥浜村共有 14 户领取最低生活保障，其中，特困户 3 户、低保户 2 户、低保边缘户 9 户。2020 年燕桥浜村补助困难户情况见表 10-14。

表 10-14 2020 年燕桥浜村补助困难户情况一览表

序号	户主姓名	家庭人口/人	类型	保障金额/（元/月）
1	王全林	1	特困户	603.00
2	陆惠元	1	特困户	608.00
3	赵根妹	1	特困户	573.00
4	朱一帆	2	低保户	1 225.00
5	俞根元	1	低保户	325.00
6	赵　燕	3	低保边缘户	230.00
7	陆冬云	4	低保边缘户	1 171.00
8	蒋坤先	5	低保边缘户	289.00
9	胡香男	3	低保边缘户	418.00
10	薛正强	3	低保边缘户	1 225.00
11	张琴芳	3	低保边缘户	1 225.00
12	杜建豪	4	低保边缘户	1 225.00
13	薛福良	2	低保边缘户	1 225.00
14	吴福明	2	低保边缘户	896.00

（二）爱心助学补助

从 2018 年开始，燕桥浜村对在籍困难家庭实施爱心助学。2018—2020 年，燕桥浜村有 11 名困难学生享受爱心助学补助，其中，2018 年有 5 人，2019 年有 3 人，2020 年有 3 人。2018—2000 年燕桥浜村爱心助学补助情况见表 10-15。

表 10-15　2018—2000 年燕桥浜村爱心助学补助一览表

年份	延续/新增	姓名	性别	学校名称	助学金额/元	组别	生活状况
2018	新增	俞文霞	女	南京师范大学	5 000	5	低保
	延续	张佳妮	女	苏州市草桥中学校	1 000	6	低保边缘
	延续	王　伟	男	昆山登云科技职业学院	5 000	9	低保
	延续	颜　铭	女	扬州大学	2 500	9	低保
	新增	钱怡宁	女	昆山陆家中学	1 000	10	低保
2019	延续	张佳妮	女	苏州市草桥中学校	1 000	6	低保边缘
	新增	田栩涵	女	昆山高新区茗景苑幼儿园	800	7	低保边缘
	延续	王　伟	男	昆山登云科技职业学院	5 000	9	低保
2020	新增	陆麟熙	男	昆山高新区茗景苑幼儿园	1 000	3	低保边缘
	新增	陈懿婷	女	苏州市相城实验中学	3 000	3	低保边缘
	延续	张佳妮	女	贵州民族大学	3 000	6	低保边缘

第十一章　物产美食

燕桥浜村地处太湖流域，是典型的江南水乡，土地肥沃、河流纵横、物产丰富。境域内土地上一年四季有自然生长的各科野生植物。村民们顺应季节种植水稻、“三麦”、油菜及蔬菜瓜果等。村域水生物繁多，有各种鱼类、贝类、软体生物等。域内气候四季分明，由于人居环境改造、人工造绿，各种鸟类来此安家，常见的有燕子、麻雀等，亦有珍稀野鸡等。常言道：“一方水土养一方人。”燕桥浜人合理运用自然资源，做出适合本地人口味的美食，有农家四季佳肴、特色小吃、自制土特产等。燕桥浜人尊重自然、保护自然、利用自然，与大自然和谐共生，其乐无穷。

第一节　物　产

物产分自然生长的和人工饲养、栽培的两类。域内自然生长的动物有麻雀、雁、燕子、杜鹃等，人工饲养的动物有猪、牛、羊、鸡、鸭、鹅等，共有100多种；自然生长的植物和人工栽培的植物，包括水生植物、粮食作物、经济作物，共有130多种。1958年“大跃进”时期，农村树木和竹园被砍，飞禽无栖息处，喜鹊、乌鸦、猫头鹰等濒临绝迹。在消灭血吸虫病的过程中，使用农药灭钉螺及在农田施用农药，使河、溇遭受污染，河虾一度绝迹，乌龟少见，鳜鱼等水产品减少。1976年，农村荒地、荒滩被改造，躲藏在其中的獾和野鸡等都已绝迹。2000年以后，燕桥浜村植树栽花、清淤净水、保护生态，不少常见的鸟及叫不出名字的新鸟出现在域内，水生动物的品种和数量也逐渐增多。

一、动物

（一）禽鸟类

鸡、鸭、鹅、麻雀、雁、鸽子、燕子、杜鹃、黄莺、斑鸠、画眉、白头翁、啄木鸟、布谷鸟、乌鸦、猫头鹰、老鹰、喜鹊、野鸡、鹌鹑、十姐妹（学名“白腰文鸟”）。

（二）畜兽类

猪、牛、羊（山羊、绵羊）、兔（肉兔、长毛兔）、狗、猫、黄鼠狼、刺猬、田鼠、狗獾。

（三）爬行类

蛙水蛇、赤链蛇、乌梢蛇、称星蛇、蝮蛇、壁虎、蚯蚓、蜥蜴、蜈蚣、河蟹、钻纹龟、螺龟、甲鱼。

（四）两栖类

青蛙、蟾蜍。

（五）昆虫类

蜜蜂、黄蜂、蚕、蝴蝶、蜻蜓、纺织娘、萤火虫、螳螂、蚱蜢、天牛、金龟子、蚜虫、稻螟、稻飞虱、蝗虫、蜘蛛、红铃虫、牛虻、蟋蟀、蟑螂、蚂蚁。

（六）水产类

青鱼、草鱼、鲢鱼、鲤鱼、鳙鱼、鳊鱼、鲫鱼、鳜鱼、鲈鱼、穿条、鳑鲏、白鱼、青鳍、黑鱼、鲇鱼、鳗鲡、银鱼、黄鳝、河虾、白米虾、赤虾、锦鲤。

（七）贝类

河蚌、三角蚌、田螺、螺蛳、海蛳、钉螺、蚬。

二、植物

（一）水生植物

茭白、藕、菱、水芹、荸荠、慈姑、水花生、水葫芦、水浮莲、绿萍、芦苇、水菖蒲。

（二）粮食作物

水稻（粳稻、籼稻、糯稻）、大麦、小麦、元麦、荞麦、高粱、玉米、蚕豆、豌豆、黄豆、绿豆、赤豆、山芋、马铃薯。

（三）经济作物

油菜、芝麻、向日葵、蓖麻、黄麻、苎麻、棉花、甘蔗、花生。

（四）蔬菜

大白菜、小白菜、青菜、胡萝卜、大蒜、冬瓜、扁蒲、丝瓜、南瓜、扁豆、豇豆、四季豆、辣椒、茄子、番茄、菠菜、甜菜、芹菜、蕹菜（空心菜）、莴笋、苋菜、雪里蕻、卷心菜、大头菜、竹笋、生姜、金花菜、马兰头。

（五）竹木

蒲基竹、红头竹、燕来竹、芦竹、泡桐、楝树、榆树、榉树、杨树、柳树、桑树、梧桐、冬青、香樟、棕树、水杉、桂树、宝塔松、雪松、马尾松、柏树、黄杨。

（六）瓜果

西瓜、甜瓜、菜瓜、梨、桃、葡萄、石榴、橘子、枇杷、草莓、桑葚。

（七）花草

月季、芍药、菊、凤仙、牡丹、玫瑰、荷花、美人蕉、鸡冠花、牵牛花、绣球、蜡梅、水仙、蔷薇、芙蓉、桂花、紫云英、看麦娘、稗草、野慈姑、三棱草、鸭舌草、益母草、半边草、金钱草、车前子、陈皮、蒲公英、薄荷、莲心、地丁草、芦竹根等。

第二节　土特产

一、西瓜

60年代，各生产队为了增加集体收入和改良土壤，开始种植西瓜。各生产队将成熟后的大部分西瓜拿到市场上出售，部分质量差的收尾瓜则分给社员吃。村民种瓜很有经验：以鸡窠、猪窠等有机肥料作为基肥，使西瓜品质好、个头大、口感好。

70年代，水稻生产由一熟改两熟（一熟指单季晚稻，两熟指双季稻），为了使茬口搭配，生产队普遍扩大西瓜种植面积，一般生产队种植3—4亩，多的种植4—5亩。一般西瓜每亩产量在5 000—8 000斤，收入可达千元以上。西瓜收完后，瓜藤可以作为肥料翻潭搪泥，增加稻田肥力，提高产量。

80年代后，农村实行土地承包责任制，生产队种植西瓜减少，部分生产队还继续种，后来逐步减少。到1983年，集体不再种植西瓜，农户种植西瓜量则不断增加。

二、南瓜

南瓜是农户常种的蔬菜，优质的南瓜被食用，其余大部分南瓜则作为猪饲料。优质南瓜甜、糯，形状如牛角。作为猪饲料的南瓜则只求产量高，不讲究品质，主要种植偏圆形、马桶形的大南瓜，亩产 12 000 斤。

60 年代，开展人民公社化运动后，各生产队办起养猪场，为解决猪饲料不够的难题，生产队利用旱地、杂边地种植南瓜。一般每个生产队种 3—4 亩地。南瓜开花结果时，请专业人员入田为南瓜人工传粉，提高成果率。1983 年以后，村民不再大规模种植南瓜，仅种些品质好的供自家食用。

三、土豆

土豆又名“洋山芋”，学名“马铃薯”，是村民饭桌上的常见菜。60 年代后期，各家各户利用自留地种植一部分，既解决吃菜难题，又能填饱肚皮。种植土豆比较简单，传统的种植方法是：将做种子的土豆，看准牙痕处用刀切下来，一般一个土豆可切出 2—3 块种子块，然后将种子块埋在施好基肥、做成垄的泥土里，并压结实，浇上水，盖上薄膜即可。从出苗到生长，只需浇水、除草，一般无须再施肥。成熟后的土豆，将泥坌开，新土豆围着种子块周围生长，结出一大串。每棵长有 5—6 个，甚至 10 多个。至今，仍有村民利用植边地种植土豆。

四、山芋

山芋即红薯，是村民常种的蔬菜品种。山芋容易栽种，产量高。烧山芋粥、烤山芋、蒸煮山芋皆可。山芋既能当粮食，又能做成菜，还是喂猪的好饲料，通常每年 9 月下旬收获。60—70 年代，农户们会在自留地、边角地种些山芋。市场上有山芋苗种出售，0. 3—0. 5 元一把，每把 50—100 棵山芋苗。山芋最好种在生地上，生地上长出的山芋个数多、个体大，而且山芋光滑、无虫疤。收起的山芋除大部分食用之外，留一小部分放到冬季生吃。山芋久存后失去水分，散去其本身异味，切片食用，甜如苹果。2000 年之后，因土地流转、村庄动迁，多数村民不再种植山芋。

五、茭白

茭白，别名“茭瓜”“茭笋”，南方地区又名“水笋”，水生草本植物，是饭桌上的常见菜，茭白炒肉丝、油焖茭白，深受域内百姓喜欢。茭白容易种植，村民都会在河边、水塘边种植。茭白一种就活，在3个多月的生长过程中，要进行多次除草，还要清除老叶，用药除虫，中途施加肥料。自家种植的茭白个大肥壮，人们常说，“稻熟茭白嫩朵朵、甜津津”，口感特别好。如果一时食用不了，还可以出售。尽管茭白好种、易活，但随着动迁的持续推进，村民住进了新型小区，茭白已无处种植。

六、菱角

燕桥浜村溇、浜众多，水面广阔，有种植菱角的天然条件。菱的品种很多，两只角的称“二角菱”，四只角的称“四角菱”，青色的四角菱称“四角大青菱”，红色的四角菱称“四角大红菱”，没有角的菱称“馄饨菱”。境域一般种二角菱和四角大青菱。1976年，境域种菱水面40亩。采摘下来的菱大多数被卖到城里。红菱成熟期最早，农历八月半上市，其他品种在农历八月下旬上市，到农历九月中旬结束，因此，有句民谚叫：“九九重阳，菱塘销烊。”不通外河的死水溇潭，中途一般不采鲜菱，留作老菱，年终将溇潭抽干水，既捉鱼又收菱。此时收起来的老菱，农家称“浆菱”，容易储存。老菱若焐来吃，口感糯、甜，香如栗子，且耐饥。老菱还可以被加工成菱粉，经济价值得以提高，剩下一小部分留作种子。2000年之后，由于水质受到污染，河底淤泥沉积严重，村民已经不再种植菱角。

第三节　农家菜谱

燕桥浜村气候温润，有季节物产，且食材资源丰富。村民顺应季节，因地制宜，制作出四季相宜的家常菜和时令菜肴。

一、家常菜

（一）马兰头

马兰头，又名“红梗菜”“田边菊”，原是野生菜，生于路边、河岸、荒地。马兰头有红梗和青梗两种，均可食用。

马兰头有保健和治疗的作用，对病毒性肝炎、脂肪肝、急性胆囊炎、胆结石都有疗效。村民至今有清明节前后吃马兰头的习惯。马兰头有点苦涩，因口味不太好，所以做菜之前最好焯一下水，借此去掉马兰头的苦涩，吃时才有滑嫩感。焯过水的马兰头可以凉拌或爆炒，但需要多放一些油，再加上一些糖才能好吃。马兰头、荸荠为春季鲜物，将马兰头焯水后拧干，与荸荠调料拌用，就是一道上好的时令菜。马兰头与豆腐干搭配是高档饭馆、酒店常见的冷盘菜。马兰头最简单的做法就是清炒。马兰头若一时吃不完，还可以将其焯水后拧干，装入保鲜袋里冷藏保存。

（二）老黄瓜炒蛋

老黄瓜去皮，切成片状，用盐沥出水分，再用清水洗净，捞出，挤干水分。把洋葱切成碎丁，将鸡蛋打散，调成糊状，锅中放少许油，将鸡蛋炒熟。将炒鸡蛋起锅后，放油烧热，加入洋葱丁炒香，加入黄瓜翻炒，再加入炒鸡蛋炒匀，加盐调味，出锅装盘即可。

（三）百叶结混搭

将百叶切成条状，捏住条状两端，拧成绞，打个结，百叶结就制成了。

百叶结制作简单、应用广泛，可以凉拌、清炒或煮汤，还可以与多种食料搭配。百叶结和腌笃鲜结合，是燕桥浜村村民一道“地地道道”的家常菜。

（四）氽烫鲫鱼汤

氽烫鲫鱼汤是村民日常生活中招待客人或病后康复食用的家常菜。氽烫鲫鱼汤制作简单，将鲫鱼去鳞、除肠，清洗干净，抹上黄酒、盐渍浸 10 分钟，豆腐切块沥干后待用。起锅放油，待油热后放鱼，将鱼两面煎黄，加入适量水、葱段、料酒，加盖煮沸后小火烧 20 分钟，至鲫鱼汤呈乳白色，加入豆腐再烧 5 分钟，放些葱花、味精即可。鱼肉细嫩、味美汤鲜，有丰富的蛋白质，营养价值高。

（五）炖蛋、荷包蛋、跑马蛋

炖蛋，就是蒸蛋羹，味鲜美、好下饭，是居家必备之良菜。要炖好一碗又滑又嫩的蛋有一定的诀窍，先将鸡蛋打在碗中，用筷子搅拌匀，加入适量的盐和水，然后用中火慢蒸至凝结。炖蛋的关键在于控制好火候及时间，一般控制在4—5分钟最佳。

荷包蛋的制作方法主要有煎和煮两种。煎蛋又分单面煎和双面煎。单面煎出的荷包蛋较为嫩滑，而双面煎出的荷包蛋则以香脆为主。荷包蛋因其做法简单、造型美观成为受村民欢迎的家常美食。做水煮荷包蛋时，将鸡蛋直接打在沸腾的水中煮制而成，其特色为蛋黄保持圆形而不散开，这种做法又称为“水铺鸡蛋”。

跑马蛋，就是指把鸡蛋打入碗中，用筷子搅拌匀，起油锅烧热，倒入蛋液炒成细小块状，即跑马蛋。跑马蛋的特点是干、香、有嚼劲，还可与多种食物一起混炒。

炖蛋、荷包蛋、跑马蛋是域内百姓的家常菜，制作方便、省时，味道好。

（六）菠菜烩豆腐

菠菜烩豆腐是以菠菜和豆腐为主要食材的民间小菜，村民昵称为“一青二白”。该菜制作简便，物美价廉。

菠菜本身苦涩，将菠菜切成段状后先焯一下水，之后捞出、沥干，焯后的菠菜呈绿色。再把豆腐切成薄块状。加葱、蒜、花椒粉、食用油，将菠菜、豆腐倒入锅中混烩3分钟，加少量食盐、味精即可。

（七）雪里蕻烧杂鱼

雪里蕻烧杂鱼是燕桥浜村村民冬天时最常烧的一个菜。新鲜小鱼加些雪里蕻一起烧，营养丰富、热量较低。如果再冻上一夜，所凝结的鱼冻更是美味至极。

雪里蕻是腌渍雪菜，在选择小鱼时，一定要在“杂”字上下功夫，穿条鱼、昂刺鱼、小鲫鱼、鳑鲏鱼等，最好再加上几只小河虾，总之，越“杂”越好，越“杂”烧出来的味道越浓。

制作时，先将杂鱼刮去鳞片，去除内脏，冲洗干净后，沥干水分，撒上一层淀粉，再把雪里蕻切成细粒。起油锅时，加入少许盐和生姜，以防止粘锅；

鱼入锅油煎，定型后再翻身，不然容易破皮，待鱼煎至两面微黄即可；然后加料酒、生抽、老抽及适量加水（喜欢吃鱼冻的话多加些水），再加入雪里蕻烧至鱼入味即可。出锅时，撒些葱花，使其色、香、味俱全。

（八）萝卜烧肉

萝卜烧肉是域内百姓常做的一道家常菜，它用料简单、制作方便，适合大众口味，深受大众喜爱。

制作时，将一斤左右的猪肉切成块状备用，萝卜去皮切成块状。猪肉入锅后加入适量水煮沸，捞起清洗干净，把猪肉再次放入油锅内，加上生姜、黄酒、盐和水，大火烧开，转中火慢炖，15 分钟后，放入萝卜，烧至萝卜熟即可。出锅时，撒上葱花。

（九）肉塞油泡

将猪腿肉洗净切成块，用料理机绞成肉糜，加入少量盐、黄酒、蚝油和葱花，搅拌均匀。用筷子给油泡扎一个洞，把肉馅塞进油泡，至八成满即可。

肉塞油泡（2020 年，罗英摄）

制作时，在锅内放入清水烧开，接着在锅内加入一勺白糖，再加入适量的盐和黄酒，把塞了肉的油泡倒入其中，烧开后调成小火，煮上 30 分钟。当锅里的汤汁差不多被油泡吸收完后，撒些葱花，一盘肉塞油泡便呈现在大家面前。80 年代之前，这是燕桥浜村村民在过年时必做的一道当家菜，每家每户在年前都要做些储存起来，以便来客时食用。

二、时令菜

（一）腌笃鲜

腌笃鲜是村域一道春季传统的时令菜。此菜口味咸鲜、汤白汁浓、肉质酥肥、鲜味浓厚，是将春笋和鲜肉、咸肉一起慢煮而成的汤菜。“腌”即代表咸，“笃”即代表焖烧，“鲜”即代表新。笋既可以作为主料，也可以当

腌笃鲜（2020 年，罗英摄）

配料，在烹调中人们称它“逢人配”“百搭菜”。

制作时，咸肉不要用太多。鲜肉部分可以放肘子、五花肉或杂骨代替。当咸肉、鲜肉烧至六成熟时，加切好的竹笋再烧 15 分钟即可。由于咸肉中胆固醇含量偏高，肥胖人群及血脂高者不宜多食。

（二）红烧鳝筒

红烧鳝筒味道鲜嫩、营养丰富、制作方便。夏、秋季节，农田、河沟里鳝鱼甚多，村民自捕自食。

制作时，先处理干净黄鳝的内脏、血水及残余物，将黄鳝切成段，洗净表面的黏膜，用开水烫去腥味。油锅加热放入蒜头、姜爆出香味，再放入鳝筒翻炒，用老抽上色、黄酒除味，再加入适量的水和少许盐，小火煨至汤汁渐干，鳝鱼软糯入味，加糖收汁后放入葱花即可。

红烧鳝筒（2020 年，罗英摄）

（三）鸡汤面筋

鸡汤面筋是一道特色美食，深受村民的喜爱。村民在夏收夏种结束后，将小麦磨成面粉，包些面筋，宰鸡混煮。

鸡汤面筋的制作关键在于汰好面筋。汰面筋的方法：面粉加些盐，用温水把面和均匀，然后放入锅中加盖醒面，静置半小时后，在盆内加水用淘米筐过滤洗面，最后剩下的便是面筋。包面筋时，捏出小圆子大小的面筋，压平、塞肉、黏合。把包好的面筋放入烧得八成熟的锅中，烧至面筋上浮即可。

鸡汤面筋是鸡和面筋的结合，两种食物混合在一起烧煮，味道互相渗透，成就了一道美食。

（四）老鸭萝卜汤

老鸭萝卜汤在秋后、冬季食用最为适宜，此时鸭肥、萝卜新鲜上市，正是人进补的好时候。

制作时，把老鸭处理干净，将整只老鸭放入锅中加水，放入适量的盐、生姜、黄酒，大火烧开，小火慢炖 40 分钟后放入冰糖，再炖 20 分钟后放入切块萝卜，继续慢炖 20 分钟即可。一锅原汁原味的老鸭萝卜汤香气扑鼻，汤鲜、肉嫩、萝卜糯。

秋冬食用老鸭萝卜汤，可起到滋阴润肺的功效，但胃寒的人及感冒人群不适合吃。

（五）红烧蹄髈、东坡肉

红烧蹄髈、东坡肉是举办红白之事的必备菜，最适宜食用的季节是在冬季。要做好红烧蹄髈，火候很重要，既要颜色好看，又要肉皮肥油及瘦肉都处在最佳状态，骨肉相连、若即若离、软糯合口。

红烧蹄髈（2020 年，罗英摄）

制作时，先把蹄髈放在沸水锅里焯一下，沥干血水，锅内放些水煮开，加入姜、蒜、黄酒、花椒、桂皮、八角、茴香一起熬好备用。起锅倒入油，加入适量冰糖，开始炒糖色，用小火慢慢将冰糖熔化，直至呈现酱色；另起锅，放入蹄髈，加入水，大火烧开，倒入黄酒及少许老抽，改中火焖煮 1.5 小时，再放入冰糖、食盐、生抽进行调味。继续中小火焖炖 1 小时，待颜色变为最正时即可。

东坡肉又名“滚肉”，是燕桥浜村的传统名菜，以猪肉（条肉）为主要材料。制作东坡肉和红烧蹄髈的方法基本相同。焖酥的东坡肉入口香糯、肥而不腻、肉质清香、色泽红艳、味醇汁浓，酥烂而形不碎，色、香、味俱全。

三、自制菜

为保存盛产而短时吃不完的食物，燕桥浜的先民们对食物有独特的转化方式——腌制。这种古老的方法，在食物保鲜、保质方面具有独特的效果。

（一）腌蛋

主料：鸭蛋、食盐，辅料：花椒、八角、白酒。

往适量的水中放入花椒、八角烧开并晾凉，用一个干净坛子，倒入盐及晾好的花椒、八角水，加入适量的白酒，放入选净并晾干的鸭蛋，盖上盖，腌制20天即可食用。腌制出来的蛋，蛋黄流油，香而味美。

腌蛋时，一定要将蛋洗干净，晾干水分。另外，鸡蛋晒干后蛋黄更容易出油。白酒要用高浓度的，既可以杀菌消毒，又可以增香。腌蛋含盐较多，建议少食。

（二）盐渍菜

把青菜洗净、晾干，加入食盐，放在盆里用双手来回揉搓后，放置1小时，经过脱水晾放，一道方便、简单的特色菜“盐挤”已完成。该菜是一道介于青菜与腌菜之间的半成品菜。它的特点是比起青菜少了一份新鲜，相比腌菜又多一点绿色，是一道具有地方特色的家常菜。如加入毛豆混炒，两种不起眼的蔬菜，搭配得相得益彰，吃起来鲜嫩；盐渍菜炒豆腐，简单可口；红烧鱼、白炖肉中放些“盐挤”味也好。

（三）腌鱼

在冰箱和低温保存设备没有普及的年代，将鱼腌制起来是常见的储存方式。

腌鱼时，先为鱼开膛去肠。为保鲜、保质，鱼鳞既不需要刮掉，也不需要用水洗。切好段后，放入适量的盐和黄酒，装入坛或缸中，用石块压实。放上10天，盐溶入鱼体，就能食用。盐鱼切块，以白水煮为好，出锅时放一把香菜，味道会更好。需要注意的是，腌后的鱼在烧之前一定要放在水里浸泡，腌咸了就多泡一会儿。

（四）腊肉

腊肉，顾名思义就是在腊月腌制，必须在小雪至立春之间加工的一种储存肉的方式。

燕桥浜村村民家家户户都会在腊月里杀一头猪（年夜猪）。除留下少数新鲜肉之外，剩下的都会进行腌制。腌制腊肉的时间选择在小雪至立春之间；盐的比例要适当，一般为十斤肉一斤盐，再加重物压实；立春以后要常晒肉。长晒使肉去除水分及油脂；日常保存须上心，将腊肉放在干燥处，并经常保持通风。腊肉从鲜肉加工、制作到存放，肉质不变，长期保住香味，久放不坏，是一种别具一格的地方风味。

晒腊肉（2020 年，罗英摄）

腌好的腊肉表里如一，煮熟切成块，色泽鲜艳、黄里透红，吃起来味道醇香，肥不腻口、瘦不塞牙，不仅风味独特、营养丰富，而且具有开胃去寒、消食等功能，素有“一家煮腊肉、百家能闻香”的美称。

（五）腌菜

将蔬菜腌制是一种古老的加工、储藏方法，历史悠久，腌菜加工方法简单、成本低廉，成为一项本地传统技艺。

腌菜可以使用多种原料，常见的有青菜、萝卜、黄瓜、莴笋等，颇具特色的是雪里蕻。将鲜菜洗净晒半干，在缸里铺一层菜，撒一层盐，村民穿上新草鞋或雨鞋一个劲踩踏，踏至菜变色变软，再铺第二层菜和盐，层层如此，最后用大石块压实。待到菜缸里出现泡沫、闻到酸味，便可食用。

蔬菜腌制后晒干、切细，装入坛中保存，随开随吃。开坛时，清香扑鼻。它可以和其他制品一起烩炒，雪里蕻烧杂鱼、雪里蕻炒肉丝、雪里蕻炖豆腐等都是具有地方特色的菜肴。

（六）做酱

燕桥浜村村民做酱方法独特，一般以黄豆为原料做酱，时间选择在 4 月下旬到 5 月上旬，这时气温已达到 25 ℃以上，非常适合做酱。

选择较为完整的黄豆，剔除坏的、变质的豆粒和其他杂质，用清水洗净，入锅加水煮熟，待豆粒用手一捻就酥烂时即可。起锅后，将黄豆去皮，加入面粉和适当的盐、酱油、白酒搅拌，再制成 2 厘米的正方体胚块，装在竹匾中，放到房顶暴晒。2 周后，把胚块放于小缸内，加入适量的凉水，打碎胚块，搅拌成半糊状，放盐，用棉线或塑料线做网盖，以防蚊虫侵入，白天外晒，晚上放于室内通风处，并每天搅拌 2 次，直至酱色发红、酱香四溢即可。

优质黄豆酱呈红褐色，鲜艳、有光泽，滋味鲜美、咸甜适口，味醇厚柔和，可改善口感。

（七）腌萝卜干

腌萝卜干是一道自制的风味小菜，诀窍在于把握好腌制的时间和选料。腌萝卜干要等到霜降以后，此时腌出来的萝卜干方无苦味，而且不会空心，可当小吃或凉拌。

萝卜以农家地里自产的白萝卜为最佳。将白萝卜洗净，切条状，晒干。一层白萝卜，一层盐，装满缸后再压块大石头，一周后取出晾晒，搓去水分再暴晒，直至挤不出水为主。然后将白萝卜干装入瓮内，压实，用黄泥封口。两三个月后取出食用。

白萝卜干色泽好、脆嫩爽口，吃起来别有一番风味。

（八）梅干菜

晒梅干菜（2020 年，罗英摄）

梅干菜用油菜苋腌制而来。菜苋是一种季节菜，清明后的青菜会长出许多花，新鲜的菜花炒着吃十分美味，可口而又营养，但生命周期很短，容易开花结籽。老了的菜花没法做菜食用，于是燕桥浜村村民就有了用腌制来延长其食用时间的方法，把菜苋腌制成梅干菜，既不浪费资源，又十分好吃，一举两得。

梅干菜的腌制十分简单，先把菜花洗干净，下锅用沸水稍煮一下，然后捞起沥干，放于室外竹席上晾晒，2—3 天后，将晒干的菜花切成约 1.5 厘米长短，装入瓮缸，加入一定比例的食盐和白酒，再放入几根红辣椒，用木棍压实，瓮缸口再用菜叶和黄泥封严，瓮缸口朝下反扣，底盆置水对接，以确保瓮缺氧成真空，气不外泄。20 天后，再开封食用。

第四节 农家糕点

燕桥浜村自制小吃种类繁多，村民们就地取材，糕点风味独特。

一、年糕

年糕又称“年年糕”，与“年年高”谐音，寓意着人们工作与生活一年比一年高，是祖祖辈辈传承下来的传统美食，属于农历新年的节日食品，燕桥浜人有“过廿四夜后蒸年糕”的习俗。

年糕（2020 年，罗英摄）

年糕用糯米粉和粳米粉混合蒸制而成，分红、白、黄三种颜色，“白色如银黄如金”，红色用红糖上色而成，白色是米粉本色，而黄色用南瓜汁上色而成。

制作方法：将糯米淘净、晾干、磨成粉，将粉倒入竹匾加适量水搅拌，水中加白糖成白糕、加红糖成红糕、加赤豆成赤豆糕、加南瓜汁成南瓜糕，拌至颗粒状后，装入蒸糕桶，装至桶上沿口抹平。旺火烧 25 分钟左右出锅，出锅后，可在表面盖个红印，表示喜庆。

二、南瓜饼

南瓜饼是村民的日常小吃，用料单一、制作简单。

制作方法：南瓜去皮切成薄块后上锅煮至软烂，捏成泥饼，挤出过多水分后，往南瓜泥中加入糯米粉和适量粳米粉，无须加水。南瓜泥含水量非常高，要试着一点一点加粉，否则面太稀了就不能成形。揉成面团，把豆沙做成的馅放入其中，在手掌上做成面球后压扁即可。往平底锅内倒一点油，将做好的饼坯放入锅内，以小火煎一会儿，翻面继续煎，煎好后装盆即可，两面金黄、香气扑鼻。南瓜饼除了油煎外，还可以水蒸。

三、馒头

馒头，在燕桥浜又称“包子”，是燕桥浜先民流传下来的习惯叫法。这是一种饱腹感很强的主食，是人们生活中不可缺少的食物。多数人家吃的馒头都是素的，如豆沙馅、雪里蕻馅、萝卜丝馅等。逢年过节时，也会做一些肉馅馒头。

制作方法：用温水和面粉搅拌均匀后，静置半小时发酵。再将面团搓成长条，切成块状，依次压扁，擀成中间厚、边缘薄的面皮，在其中间加馅，蒸熟即成。上锅蒸时，一定要等水沸腾再上锅蒸，这样才能一气呵成，蒸出的馒头形态饱满、松软、有弹性。

四、麻叶、米叶

麻叶，即用面粉制作成状如“树叶”，且上面撒满芝麻的小吃。米叶和麻叶几乎相同，其不同点在于米叶的原材料为米粉。麻叶、米叶是燕桥浜村村民的特色传统小吃。每当地里的农活告一段落，村民们都会制作麻叶、米叶。

麻叶口感酥脆，米叶香甜醇糯，各有千秋。在制作过程中，加入小苏打起到蓬松作用；火候掌握相当，不能够猛；制作麻叶时不能太厚也不能过薄，厚了不脆，薄了容易过头。

制作方法：在面粉或米粉中加入芝麻，放在盆中搅拌均匀，再加入清水搅拌成面浆，揉成面团，把面团揉成形后加盖醒 1 小时。然后用擀面杖擀开、擀薄，擀成面片，并用刀切成条状，中间开口对接。把面片一头从切口中套进，再翻成树叶样。往锅里倒入食油，烧至六成熟左右，转为中火，把麻叶、米叶依次入锅，全程中火慢炸，其间用筷子翻动让其均匀受炸，待炸至表面金黄即可。

五、馄饨

燕桥浜人制作的馄饨形状像银粿，尖底、鳖肚、两个尖耳朵。馅有腊肉馅、三鲜馅、萝卜馅、韭菜馅之类，象征大吉大利。村民们若来不及做饭，就下碗馄饨代替，不仅方便好吃，也有营养。

制作方法：先把准备好的馅放在馄饨皮中间，然后对着将皮两边合在一起，简单两步就做成了。重要的是手指与手掌的拿捏须软硬结合，使馄饨里面形成一个气囊（空间），入锅后有伸展飘逸之感。燕桥浜人做馄饨讲究肉馅要鲜、皮子要薄、汤水要宽、葱花要细、猪油要香、外观要清。

六、面条

用面粉加水磨成面团，之后或压或擀制或使用搓、拉、捏等方法制成条状，即面条。面条制作简单、食用方便，既可当主食，又可做点心，是村民应急的首选。

面条的原料有面粉、水、盐。村民对面条有不同的吃法，会在不同的时间吃，并给面条起不同的名字。如生日面：一碗雪菜肉丝面上加上两个荷包蛋。冷拌面：将煮好的面条捞出，放入冷水中散热，再将面条沥干，加入其他菜料搅拌均匀即可。烂糊面：用大锅煮，将剩菜倒入锅中烧开，再下面煮熟。手擀面：鸡蛋加盐、加面粉搅拌成雪花状，静置 20 分钟，再掺入面粉把面擀成约 3 毫米厚的一张大面饼，将其折叠成一层层的，再切成条状。

七、面穿条

用面粉、盐、水制作成形状像穿条鱼一样的食品，俗称“面穿条”。它是燕桥浜人一年四季常吃的一种传统小吃，特别是夏季农忙时候，由于面穿条制作方便、食之饱腹感较强，因此，成了大家常吃的食品之一。

制作方法：在面粉中加一点盐、适量的水，用筷子搅拌均匀后，用手上下挤压、左右揉搓，直至手感面团较硬时拉长、压扁，用刀削入沸水中。水要保持沸腾的状态，以防削下的面条粘连，最后盖锅烧至面条上浮即可。如果在煮时，锅中加些雪里蕻和荤汤，味道则更好。

八、“面老鼠”

“面老鼠”是一种用水和面粉制作而成的食品，因状似老鼠而得名。对于长期从事农耕生产的体力劳动者来说，粥中夹几只“面老鼠”，既缓解了饥饿，又补充了水分，所以“面老鼠”成了家家户户吃早饭或晚饭时的主食。

“面老鼠”做起来非常容易，既不需要费力去揉面，也不需要发酵，只需要将面粉放入盆内，加一点盐和水，用筷子进行调和，待粥烧至六七成熟时，用菜刀将面团分成小块（状如老鼠）加入沸粥中。下锅后的“面老鼠”，任其煮沸，至上浮即可。

九、团子

团子，通常是用糯米粉加水揉成皮，在其间包入馅料，蒸熟而成的一种食品。它口感软糯香滑、美味可口。团子分白团子和青团子两种。青团子是用一种青草汁做成的团子，是昆山地区的传统名小吃。

燕桥浜村团子种类多，有荤有素、有甜有咸。甜的有豆沙、百果，咸的有肉、胡萝卜、豆腐干、梅菜干等。

制作方法：用糯米粉掺水和成团，把炒好的馅料包入团内，捏成苹果大小的坨，起锅烧开水后将其放进锅内慢烧，直至团子上浮即可。

无馅团子，燕桥浜人称为“白眼团”。农忙时候，早上吃粥满足不了村民一上午的消耗，所以家人多在粥里下几个“白眼团”。

第十二章　习俗礼仪

燕桥浜境域历史悠久，人杰地灵。村民受先辈儒家思想的熏陶，在漫长的岁月里形成了一定的风俗习惯，如尊重先辈的传统习俗、传统节日和传统文化，具有四季特点的生产习俗，顺应季节变化的饮食文化和穿着服饰。燕桥浜人懂得“万事孝为先”的道理，敬重先祖，形成了别具特色的丧葬习俗；同时，也敬重生命，为人一生立下了难忘的岁时习俗。结婚是人生中的重大事情，故而形成了婚姻习俗。造房是每个家庭的大事，总希望造房时平安无事，建成后宅固人旺、财运通达，因此，又有了造房前后的系列习俗。勤劳智慧的燕桥浜人尊重天地，追求阴阳之平衡，祈求全家老少平安、万事顺昌如意。

第一节　岁时习俗

一、传统岁时习俗

（一）春节

正月初一　即春节。正月初一至正月十五是人文活动最隆重、最集中的一段时间。

正月初一天亮之前开门，先放炮仗，俗称“开门炮仗”，再放些小鞭炮。村民们普遍认为，农历新年第一天，燃放炮仗有辟邪驱鬼、迎春接福的意义。

早餐前，先点香烛谢灶，奉上团子。谢灶毕，开始新年第一餐。村民们吃的是糯米小圆子，俗称“糖团圆”，寓意团团圆圆。还有的吃年糕，代表着年内高高兴兴。初一早上不能吃粥，吃粥意味着清贫，要被人笑话；更不能吃别人家的饭，这等于讨饭，会受人耻笑。吃好早餐后，小辈开始给长辈拜年，长辈要给小辈发红包（压岁钱），这个习俗延续至今。

正月初一凌晨，村民们争先恐后去庙里烧头香，既表其诚意，又为自己及全家祈福。这习俗愈演愈烈，多数人刚过半夜便排队烧香。

正月初一这天，除喜庆之外，也有不少禁忌。不说不吉利的话：大人们会很谨慎，也会教小孩不要乱说话，有的为了防止小孩“口无遮拦”，就会在客堂里贴上“姜太公在此，百无禁忌”的红纸条，这就万事大吉了。不准乱动刀子：男人若动了刀，会断一年的财路，或在外容易发生口角，甚至造成血案；妇女动了刀，伤了龙筋，据传生下的小孩的眼睛会像针眼一样。不准扫地：初一扫地会把家里的财气“散尽”，更不能把垃圾或脏水倒出去，那样会使财富“流失”，到了初五才可以把垃圾及脏水倒出去。不准借东西：正月初一借东西，表示一年借到头，是个不好的兆头。自己的东西也不能外借，借了有收不回来之嫌。不可乞火：就是不到别人家里借火（火柴或打火机）。火代表“旺”，即使开了口，别人也不会借，这是先民留下的规矩。如今这种现象不复存在，因为电已进入千家万户。嫁出去的女子不可回娘家：俗话说，“嫁出去的女儿，泼出去的水”，据说正月初一回娘家，一年就会在娘家，会把娘家吃穷。这些习俗慢慢淡化，正月初一回娘家、探亲访友、招待客人已成常态。

接财神 正月初五是接财神的日子，俗称“接路头”。村民们都希望把财神接到家，有说“路头菩萨，得罪不起”。若得罪了财神，会让人贫穷一辈子。因此，就有了正月初五接路头的习俗。

这一天，家家户户都要争相将财神接到家中，恭恭敬敬地孝敬一番。在自家客堂内，设路头“台”，点上香烛，放上瓜果、点心、糖果等祭品，室外点燃鞭炮。鞭炮代表财气，意味着把财神请到自己家中，巴结财神，那今后日子一定会红红火火。有些人家怕财神被别人先接走，干脆将接财神的时间提前到了凌晨。此习俗至今延续，尤其是生意人更加看重，因此，正月初五这天鞭炮声从凌晨开始就响个不停。

（二）元宵节

正月十五是元宵节。元宵节的晚上最热闹，俗称“闹元宵”。有放鞭炮、赶庙会、看龙灯、吃团子、炱田角落的习俗。80 年代后期，习俗明显淡化，但放鞭炮和烟花、吃白糖圆子、炱田角落这些习俗仍流传了下来。

元宵节晚饭后，燕桥浜人有“走三桥”的习俗，一家人提着纸灯笼，以自然村为核心，经过三桥转转回家。这既锻炼了身体，又有驱邪、免灾之说，可谓一举三得。

（三）清明节

清明节既是一个节气，也是一个节日。燕桥浜村村民习惯在清明节“前七后八”这段时间内扫墓，俗称“上坟”。而新亡故者家庭都要赶第一个清明节，称为“新清明”（清明节当天又称“正清明”）。上坟时无论贫富，都要先在祖先坟上拔草添土，然后祭奠。公墓推广后，大多是石墓，仅须打扫清理，便可放上供品（青团子、水果、糕点及死者生前喜爱的食品、烟、酒等），点上蜡烛，按辈分大小进行跪拜，最后焚烧纸锭（新亡故者家属要啼哭哀悼）。在清明节前，结婚未满一年的新媳妇须穿红着绿去参加夫家的清明节上坟活动，表示让“先人”认识一下家族中的新成员。上过坟之后，不能互相串门，须先回自己家，因为上坟时，有可能会把“阴气”带回家，对人不利。上坟得同自门亲属一起，结束后一起吃饭。

清明节，古时又称“踏青节”，除了祭祀祖先之外，还踏青郊游。因此，清明节既有缅怀先人的感伤，也有踏青游玩的欢乐。

（四）立夏

立夏这天，燕桥浜村村民都有吃蛋的习俗。水煮鸡蛋、炒鸡蛋、咸鸭蛋等各式蛋应有尽有。蛋外形圆润，象征着生活圆满。立夏吃蛋可以补气虚、增体力，所以此习俗一直流传下来。

立夏当天，村民喜欢用红丝线织成网袋，然后装入蛋，挂在小孩的颈上，供小孩玩耍。孩子们聚在一起用蛋顶撞，谁的蛋被顶碎谁就输，得把蛋吃掉，赢的人可以继续玩。

立夏日晚上，村民有为孩子称重的习俗。人们在自家客堂角落里挂起一杆大秤，秤钩悬着一只用藤条编织的箩筐，小孩坐进去称一下，以此来祈求上苍给孩子带来好运，也希望孩子在夏季不生病、不掉肉。

立夏还有吃猪头肉的习俗，是因为猪头肉鲜嫩美味，最主要的还是因为无论贫富，每家每户都吃得起。据说，立夏吃猪头肉，身上就不会掉肉。立夏又有吃“三鲜”（蚕豆、豌豆、竹笋）的习俗。

（五）端午节

端午节这天，村域内家家户户都在大门上方悬挂菖蒲、艾草和大蒜头，菖蒲和艾草被扎成剑状图案，用于驱邪、驱病、赶虫，此习俗延续至今。

端午节有吃粽子的习俗。传统的粽子有淡有咸，淡的是白粽或赤豆粽，可蘸绵白糖食用；咸的有鲜肉粽、腊肉粽、火腿粽、咸蛋黄粽等。粽子的式样也有多种，有枕头粽、三角粽、秤砣粽。端午节前夕，家家户户都会煮粽子。

端午节还有给小孩戴虎头帽、着老虎衣、穿虎头鞋的习俗，也有用红绿丝线绕在小孩手臂上（男左女右）。据说，这样小孩可以百毒不侵。

（六）中秋节

农历八月十五是中秋节，也是团圆日。每逢这天，在外工作的人都会在中秋节前赶回家与家人团聚。家人也都会在这天企盼着全家团聚，并准备家宴共享。

中秋节，村民们普遍以食糖芋艿、糖山芋为主，寓意生活甜甜蜜蜜。这既让人在芋艿收获时节尝到鲜，又取“余头”之谐音，再者芋艿性平、益胃健脾，人人都适合食用。

中秋拜月老是境域内自古以来的习俗。时值傍晚，在自家院子内放上一个小桌子，上供月饼、芋艿、菱、藕、柿子、苹果等。祭月亮称“抓月亮”。点上香烛跪拜，此习俗被保留了下来。

节前互通音讯问候、祝福，互送月饼致礼，成了燕桥浜人的习俗。1991 年，中央电视台开始播放中秋文艺晚会，给燕桥浜村村民欢度中秋增添了新的乐趣。中秋节晚上一家人团坐在月下，吃月饼、赏月亮，交流生活情况，看中秋文艺晚会，欢叙到深夜。

（七）重阳节

农历九月初九是重阳节。境域内重阳节这天有吃重阳糕和登高的习俗。因“糕”与“高”同音，所以有吃糕代替登高之说。既图吉利，又有避灾之说。至今，又添加了敬老内涵，于重阳日感恩敬老。登高赏秋与感恩敬老是当今重阳节活动的两大主题。21 世纪后，每逢重阳节，燕桥浜村村委会每年为 60 周岁以上的老人以 10 年一个档次，每人每年分别以 100 元、150 元、200 元的标准发放慰问品和敬老金。2019—2020 年燕桥浜村发放敬老金情况见表 12-1。

表 12-1　2019—2020 年燕桥浜村发放敬老金一览表

年份	人数（60 周岁以上）/人	金额/元
2019	871	130 650. 00
2020	871	174 350. 00

（八）冬至

冬至既是一个节气，也是重要的传统节日，民间有“冬至大如年”的说法。冬至前夜叫“冬至夜”，大家都要喝酒，即“节酒”。冬至的到来，意味着寒冬将至，天气会越来越冷。

冬至夜，家家户户都有祭祖的习俗。弄上几个好菜，供上一盘团子及几样水果，焚上香、点燃火烛，感恩祖宗庇佑全年太平、风调雨顺，亦祈求来年有一个好收成。冬至夜全家团聚，要大吃大喝。当地有句古话，叫“有钱吃一夜，无钱冻一夜”。出嫁女当天必须回夫家，不可以待在娘家。境域内先民认为待在娘家对双方不利，会穷得“十只饭箩九只空”。

冬至的白天时间最短，而夜间则很长，民谚有“冬至一日短，梳头揩面当一工。冬至隔夜长，一夜好比二夜长”。

冬至还有吃馄饨的习俗，“冬吃馄饨夏吃面”，更含“天圆地方”之说。馄饨皮子是方的，代表地；馄饨的馅是圆的，代表天，包在一起，寓意着“天地不分、天地相融”的混沌世界。

冬至起九，唱《数九歌》，村民们将开始漫长的两个月的寒冬岁月。

（九）灶神节

农历腊月二十四，俗称“廿四夜”，域内家家户户有吃团子的习俗。“送灶”也就是人们常说的“谢灶”。传说，这一天灶王爷都要上天，向玉皇大帝禀告人间善恶，然后玉皇大帝会根据灶神的陈述对此进行赏罚。因此这天，但凡人间各户都十分重视，要在灶台上祭以各种瓜果、甜团子，还要上贡“元宝”。送灶时，村民们要点燃火烛，祈祷灶神上天说好话。传说，如果哪家被告有恶行，那么获大罪要减寿三百天，获小罪也要减寿一百天。所以，村民们这天都十分小心，送灶时虔诚有加，希望能保佑全家安康。

（十）除夕

除夕俗称“大年夜”。大年夜这天，燕桥浜村家家户户把春联贴在大门上，将“福”字倒贴于内门，寓意福“倒”（到）家来。有的家庭，还要在大门上方挂上大红灯笼。客厅后墙挂着“福”“寿”轴子，下设奉台。点燃大红蜡烛，奉台上供着糖果、糕点、甘蔗、花生等。所供物品及轴子，都要在元宵节后撤去。

午后是“过节”（祭祀）。一张八仙桌，摆上六荤两素菜肴及糖果、年糕、酒盅，点燃香烛。“过节”开始，全家人在家主的带领下，按长幼次序给祖宗跪拜，祈求祖宗保佑全家安康。酒过三巡，“过节”结束，焚烧纸箔锡锭后撤席。晚上年夜饭开始，年夜饭是一年中最为丰盛的一餐。有钱人家是满桌佳肴，没钱人家也会尽力把年夜饭做到最好。古云，“小孩巴年到，萝卜青菜吃一饱”，虽然日子清苦，但年夜饭可以放开了吃，只有鱼不能动，因为鱼代表“余”。

晚饭后是守岁。大年夜里，无论老人、小孩都要守岁，即不能很早睡觉，一家人围桌而坐，吃吃瓜子、喝喝茶水、讲讲闲话，谈谈一年的收获。现在守岁多了一项活动，那就是观看春节联欢晚会。半夜刚过，大人忙着放炮仗，谓之“开门炮仗”。炮仗放得越早，说明家主越勤劳，也有辞旧迎新的含义。因此，大年夜整个晚上“关门炮仗”“开门炮仗”接连不断，一片喜庆的气氛。

过年挂灯笼（2020 年，罗英摄）

二、现代节日习俗

50—60 年代，国家设定元旦节、劳动节、儿童节、建党节、建军节、国庆节。1985 年以后，又增设教师节、植树节、护士节等节日。其中，元旦节、劳动节、国庆节可谓现代节日中的大节。燕桥浜村村民也会不失时机，利用节日操办婚嫁、庆生、周岁等重要活动，使节日更加喜气。

（一）元旦

元旦，村民们有燃放烟花的习俗，虽然热闹劲上不如春节，但在百姓心里还是十分重视的，燃放炮仗、烟花的声音不绝于耳。村上许多私营企业的老板都会燃放烟花，借以庆祝这一年里取得的效益，期盼着来年有更好的收益。

元旦祭祖是境域内一直有的习俗。新年伊始，燕桥浜人缅怀祖先，总会在元旦这一天做上几样菜，呈上几样点心，祭祀祖宗一番。

域内人家元旦还有吃年糕和饺子的习俗。民以食为天，完成了庄稼收割劳作的人们，会准备丰盛的食物迎接春天，即五谷皆为年，在庆贺丰收的同时，祈盼着明年会有更好的收成。

2000 年以后，村民们会利用 3 天的休息时间，走亲访友、短途旅游、操办喜事，到了晚上，还会收看元旦文艺晚会。

（二）劳动节

5月1日是劳动节。70年代前期，劳动节不受重视，主要原因是适逢种双季稻，农事紧张，一般生产队放半天假，社员利用难得的休息时间，种菜浇水、搞卫生。恋爱中的男女还会来个“鹊桥相会”，众多男士，特别是年轻人则聚在一起玩乐一番。

1999年5月，劳动节法定节假日加调休全国放假7天，2007年调整为3天。“五一”期间，无论是国家，还是各个机构、社会团体，都会对优秀工作者进行表彰。而对于村民们来说，“五一”是休假旅游的好时候，村民们利用这个小长假，举家旅游的不在少数。“五一”期间，有的村民会选择短信问候，提醒亲友注意休息，劳逸结合，还常常会走亲访友或招待亲朋。好多家庭举行定亲、结婚等仪式。

（三）国庆节

10月1日是中华人民共和国成立纪念日。域内各单位放国庆长假（国庆长假从1999年开始实施），悬挂国旗、拉出大幅庆祝标语，张灯结彩，喜庆满满。

国庆期间，燕桥浜人有利用假期走亲访友的习俗，还有安排结婚、受头（男孩10岁、女孩13岁的庆典活动）、祝寿等酒宴的，寓意与国同庆。

为欢度节日，燕桥浜村组织由退休人员及村民组成的文艺队，在燕桥浜广场表演地方戏曲、广场舞、打连厢、挑花篮、手绢舞等节目。还有门球队进行门球交流赛，丰富村民的业余生活，增加节日气氛。

第二节 婚嫁习俗

一、父母之命，媒妁之言

“百里不同风，千里不同俗。”旧时的燕桥浜人在传统的婚姻中，无论男女都不能自由选择意中人，必须听从父母的决定，即使男女双方真心相爱，如一方父母反对，也不能结合，这就是“父母之命不可违背”。此习俗至今在村域内基本不存在。

传统婚姻中，从议婚、订婚至完婚都必须请媒人牵线搭桥，“媒妁之言”与“父母之命”相提并论。只有通过“媒妁之言”，婚姻才能合乎礼数和道德，这就是域内百姓常说的“天上无云不下雨，地上无媒不成婚”。但现在改变了形式，若情侣恋爱了，则可到结婚前邀请朋友或亲戚参加婚礼，双方父母会具体沟通谈婚论嫁的相关事宜。

二、相亲

中华人民共和国成立前，男女年满 15—18 周岁，父母就要为其挑选对象，称“找对象”，也就是相亲。先请媒人预约，男女两家直接相看双方当事人。相看未来女婿，由女方父母出面；而相看未来儿媳，可由男方父母把关，也有委托媒人或至亲前去相看的。此习俗已逐渐淡化。

三、定亲

定亲，俗称“订婚”，男方家请媒人到女方家提亲，女方家把生辰八字写在红纸上交于媒人送到男方家。男方家要请算命先生测算，如不合可将其退还给女方家；如合男方家心意，可选定日子，备好礼金、首饰、衣服等送至女方家，称“担小盘”。女方家接受便是允诺，此后小两口算是“候通”了，可以来往走动，但不可以过夜，以免未婚先孕。90 年代以后，媒人做媒已逐渐消失，婚介所代替了媒人，但彩礼仍盛行。

四、结婚

结婚，俗称“讨娘子”，当地人很重视，旧时，结婚仪式要举办三天。第一天主家请相帮人在自家门前搭建彩棚，垒起土灶，以备宴请、招待亲朋好友，称“开厨”，又称“落桌”。第二天为结婚日，须宴请所有亲朋好友及来宾，称“正日”。第三天俗称“消厨板”，又叫“吃咣当”，是主家再次招待至亲及相帮人，意在对结婚中帮助人员的谢意。

结婚当天的五更时分，男女方家一早起床，准备好酒菜及祭祀必需品，将两张八仙桌并放，点燃香烛告知祖宗，让祖宗先享用喜酒，称“摆喜酒”，也叫“请祖宗”，结束后再到庙里祭祀，祈求平安。

中饭后，富裕人家备轿子一顶，新娘坐轿，新郎骑马，媒人引道，相帮人敲锣打鼓前去女方家迎娶，普通百姓用船迎娶。

结婚当天，新郎穿着一新，在媒人、傧相及亲友的簇拥下，上了二橹婚娶船。船上请有专职乐队班子，奏胡琴、吹笛、击鼓应有尽有，届时锣鼓齐鸣、琴瑟和谐，一路欢笑来到女方家。三声炮仗响起，很快就得到三声炮仗回应，只见撑篙人一篙船停，正好停靠在女方家的“河滩”中央（旧时有规矩，撑篙人若一篙不能停船，婚船是不准停靠的，表示新娘只嫁一次）。上岸后，女方家紧闭大门，使新郎无法进入。新郎要赔着笑脸相求，并用红包“开路”，待女方家满意后方能进入。相帮人拥着新郎，抬着“担盘”鱼贯而入。第一盘是一块肋肉，女方家收下，作为回报岳母生儿育女时的痛苦。第二盘是“雌雄双鸡”，代表新婚夫妻爱情贞洁、永不分离。第三盘是一块猪前腿肉，猪前腿肉要退回男方家，称“回盘”，寓意婚后要来回走动。第四盘是一条鲤鱼，此鱼也不能收下，鱼要游来游去，寓意结亲后亲家间要常走动。还有糕点、水果、烟糖酒等须一一呈上。然后女方家用茶点招待女婿。时值黄昏，新娘在媒人的再三催促下，哭哭啼啼上婚船，称“哭嫁”。

婚船（2020年，智源绘）

鞭炮再起，婚船方可返回。这时，撑篙人必须一篙船离，绝不允许拖泥带水（如篙子带水，婚船是不允许离去的，旧时有篙子带水要带走女方财运之说）。此时，女方也准备一条船同行，并把嫁妆装在船上，称“行嫁船”。请四人将船上东西搬到男方新房，称“摇行嫁”。男方要给红包和香烟，还要用喜酒招待以表谢意。女方兄弟随婚船到男方家，称“做新阿舅”，也叫“吃汤罐水”。女方母亲带小孩乘行嫁船到男方家，称“做满月”，小孩随行称“摸袋袋”，能拿到8—10块的红包。婚船将近，相帮人开始发威，迎亲船上装有双橹，大橹三人、小橹两人，只见他们使出全劲，用足功夫，婚船渐渐加速，壮年平稳撑橹，后生奋力交替扭绑，乐队齐鸣，奏歌加油。河两岸百姓喝彩，双橹船奇快无比，连转三圈，在呼声中划下双橹迎亲船的圆满句号。相帮人到河边“抢水”倒入水缸内，厨师高呼“饭镬潽了”，寓意着兴旺发达。

80年代，农民富裕了，交通发达了。婚娶由原来的轿子、婚船改成汽车，俗称“婚车”。车队组成一般为6—8辆，根据实际需要而定。一般人家婚车好一点，用一辆高档车即可；有钱人家整个车队都是清一色的高档豪车。另外，车要进行装饰。装饰也十分讲究，婚车上数百朵玫瑰和百合拼出一个心形，其他车上也用鲜花点缀。车前、车尾贴着“百年好合、永结同心、喜结良缘”的喜帖。

五、婚礼

50年代，境域内婚礼仪式隆重、规矩教条，一般都在自己家中操办。一张八仙桌，上置一对龙凤烛、两杯清茶、三个果盘，将其放在桌子中央，果盘中放桂圆、花生、红枣，寓意团团圆圆、和和气气、早生贵子。和合图案中堂挂，一副喜联两边贴，堂内八仙桌侧摆一对太师椅，红色喜字贴满堂。一对全福夫妇点燃龙凤花烛，婚礼由见多识广的人主持，证婚人是身份尊贵之人。吉时来到，新婚夫妇入场，父母按男左女右在太师椅上入座。鞭炮声起，乐队奏乐，主持人请出证婚人证婚。随后新人随掌令跪拜，一拜天地保平安，二拜父母养育恩，夫妻对拜结同心。

婚礼结束，新郎用扎有同心结的红绿牵线把新娘送入洞房。洞房布置以新床为最。大红绣被上平放甘蔗、秤杆，如意则被放在被子中央，寓意甜甜蜜蜜、节节高升、称心如意，代表着新婚夫妇的向往与追求。子孙桶内放5枚鸡蛋，寓意“五子登科”。长辈（原配夫妻）提前为新人一边铺床（代表百年好合），一边心中默念“铺床铺床，子孙满堂；铺被铺被，荣华富贵”“一张床儿宽又宽，生个娃儿要当官。一个枕头四个角，生个娃儿考大学”等吉语。新郎新娘进入洞房后，新娘在床沿上坐着，新郎用秤杆为新娘挑方巾，婚礼到此结束。闹新房也是婚礼习俗之一，古云“三天以内无大小”，亲朋好友涌入房中点子百出、花样不断，一直到深夜结束。闹新房的习俗延续至今。

21 世纪，婚礼排场大、人员多、开支大。婚礼多放在大酒店举办，请专职司仪主持婚礼、唱歌娱乐。80 年代以后，许多习俗慢慢淡化，但仍有部分沿袭下来。2000 年以后，出现崭新的婚礼仪式：婚礼由司仪主持，流程为介绍恋爱过程、新郎新娘互赠戒指、女方家长挽着女儿交予新郎、读证婚词、男女双方家长代表讲话。活动过程中主持人又唱又跳，做游戏、发红包、赠玩具、和与会人员互动。活动期间，灯火璀璨、笑声连连。

六、婚宴

婚宴，称“吃喜酒”，旧时新娘是不出席婚宴的，由娘家人陪在新房内说悄悄话，新郎出来招待贵宾。为答谢来宾，主家在家中设宴招待亲朋好友。宴席遵循上尊下卑，首桌是新郎舅舅、媒人、长辈，其次是姑父、姨父，以此类推。婚宴上“老相公”（新郎父亲）敬酒并发表祝词，新郎也要代表新娘敬酒。喜宴菜肴丰盛，以“四六四”为主，即四冷盘、六热菜、四大菜，再加上两道点心，共十六道，其中，“四囫囵”全鸡、全鸭、全蹄、全鱼必上；亦有上十二道菜的，谓“十全十美”；更有上三十道菜的，谓“好事成双”。上菜顺序是先冷盘，后热菜，中间点心，最后上鱼，寓意“吃有余”。新郎不胜酒力的可由傧相代劳，尽兴方罢。婚宴离席颇有讲究，主席未散，客人不可离席。

第三节　丧葬习俗

1967 年前，域内对亡故之人实行土葬，即用棺材殓入遗体，事先请阴阳先生选定好坟地和下葬日子，将棺材埋入土中。1967年以后，域内提倡厚养薄葬、丧事从简。从此，土葬逐步消失，火化慢慢形成，于公墓安放骨灰。清明前后扫墓、文明祭祀的风气已深入人心，但丧葬习俗仍在延续。

一、送终

亡故之人在生命垂危时，配偶与子女都要来床榻旁，见上亡故之人最后一面，意思是临终前送上一程，看是否有遗言交代，这也是为人子女的责任及孝心，使亡故之人没有遗憾而安然离世。亡者气绝，家人跪在榻前大哭，烧纸箔锡锭，送亲人上路。哭声惊起左邻右舍，闻者自动前来帮忙。清扫客堂，把大门取下搁在客堂中央，做停尸门板。自制大幅白幔（称“孝幕”）挂在板门前做孝帐，然后挨家挨户借桌子、凳子、碗、筷子等，帮助主家烧饭、煮茶。

二、穿衣

床榻旁，亲人哭止，其他人员退出，孝子或孝女（根据已故者的性别而定）为亡者擦身，穿内衣内裤，相帮人焚烧出胎巢，卷帐抽席，抛于屋面。在自家场上搭起丧棚，治丧时间一般为三日。为亡者穿衣很有讲究，由村上专为亡者穿衣之人（称为“土工”）担任。为亡者穿衣不比活人，因亡者身体僵硬，且衣服必须一次穿上，所以“土工”必须是“专业人员”。衣裤的件数为单数（5件或7件），“土工”先把衣裤上秤并高喊：“这衣裤是谁的?”子女答“是我父亲（母亲）的”，而后再在子女身上试穿。亡者的衣服要有子孙用牙齿咬过，留下牙印（表明是亲生子女），再由子女穿过后方能穿在亡者身上。穿衣完毕，再在亡者口中放一撮茶叶（改善亡者口中异味），然后将亡者移至客堂门板。头南脚北、仰天而卧，身盖薄被，再盖白布，两脚之间放一笆斗，头前挂白幔，白幔前放八仙桌（称“位台”）一张。位台上一盏素油灯昼夜不熄，点燃两侧香烛，桌下放铁锅焚烧纸箔锡锭。子女们着白衣、白鞋、白扎带为亡者戴孝。亲人系扎白带，重孙系扎红带，好友、相邻戴黑袖。

三、报丧

谢世当日，主家将消息通过相帮人告知亲友，称“报丧”。报丧很有规矩，报丧时路上不可停留，更不能报错人家，分不清家门时须问讯，但也只能在远处问，千万不能在人家门口问，否则会惹上麻烦。报错丧会给人家带来晦气，主家不但要拿出钱来为其辟邪消灾，还要上门赔礼道歉。完成报丧后，报丧人不能马上离开，要吃些食物方能离去，哪怕是吸一支烟或喝一口水，吃几个水煮鸡蛋也可。随着时代的变迁，现今报丧形式已改变，路远的可用电话报丧，路近的仍沿用过去的方法。

四、戴孝

将亡者搁在门板上，亲人及子女要戴重孝，前来吊唁的人也要戴孝。突然亡故，家中没准备，主家叫相帮人购买白布在孝堂内赶制。长子穿长衫孝服（长子不在，由长孙顶替），袖下摆都是毛边，次子、次媳、女婿都是光边，腰上系的、头上戴的白带都按这个格式制作。女眷的孝服白衣、白裙，长媳是毛边，其他人都是光边。除白带缠头之外，还结黄绒线。

老人过世，子媳、孙辈戴重孝，域内往往会给缠在头上的白布缝一块麻布，叫“披麻戴孝”。戴重孝的一律穿白鞋，鞋头上缝一块小麻布。儿子要戴“梁冠”，老大戴一“梁冠”，老二、老三以此类推。中年早逝者，配偶、子女戴重孝，格式与上述相同。众孝子还要手握“孝杖”，也称“触骨棒”。孝子在灵前点触，希望死者能活过来。所戴之孝，无论是烈日还是严寒，孝服不能脱下，直至亡者火化。

五、剃头

亡者躺在门板上后，主家要请理发师为其剃头、修面。旧时，老年男子大多剃半头，前光后留。女子梳头理发髻、修面化妆，发髻上插上发饰。昆山解放后，亡者的发型随着社会的发展已改变，和活着的人剃同样的发型。

理发师给亡者剃头后，要为其儿子、孙子理发。理发师一般都是在原来的样式上象征性地修理一下，以作应对。儿子剃头尽孝习俗自古有之，有道是“儿子代先辈剃头能使其六根清净，无忧无虑去西天”。此习俗沿袭至今。

六、哭丧

从亡者死亡开始，亲人就在亡者两侧哭啼，俗称“哭死人”。哭丧的一般都是女眷，左侧靠近亡者头部的是妻子，长媳在右侧首位，其后依次是次媳、女儿和姐妹等。亡者停尸一般为三天，哭的人要一直哭到亡者入殓为止。境域内有个顺口溜：“儿子哭惊天动地，女儿哭真心实意，媳妇哭嗲声嗲气，女婿哭黄牛叹气。”

哭丧的习俗仍在村域内流传，但方法有了改变。念佛老太挑起哭丧一职，她们帮配偶哭、帮子女哭，还有的用录音机录下哭声，深夜开启，使哭声昼夜不停。

七、出殡

第三天是出殡日，村域内亡者的出殡时间一般都在中午。此时，悲哀气氛升级，哀乐队、念佛老太各司其职，相帮人把亡者殓入棺材内（一次性棺材可与遗体一起火化）。哀乐队领班负责出殡指挥，先由长子给亡者洗脸、喂饭，寓意“吃饱干干净净上路”，然后将碗打碎，表明此碗不再有用，意在打掉“晦气”。子孙等为遗体最后整理一番后，方可合棺。跪拜仪式正式开始：先是配偶，后长子、长媳、次子、次媳等一一跪拜告别。子女拜别后跪在灵台两侧对其长辈逐一还礼，最后亲朋按程序进行跪拜。礼毕，相帮人拆除白幔，移去位台，子女戴上“三梁冠”、手持“触骨棒”，长子两手托盘（盘内放着亡者遗像、牌位、桅灯等），在众人的扶拥下一步一步退步出门。后面 4 个不同姓氏的年轻人在一声“起”的叫声下，抬棺缓行。此时，哀声四起、哭声震耳，念佛老太口中念念有词，亲戚们一边低声哭泣一边“撒钱”，相帮人手持扫把猛扫（把晦气扫出，任其跟随送殡一起火化）并迅速拆除丧棚，恢复原来模样。

八、火化

1968 年，昆山县实行火化。20 世纪之前用船、20 世纪以后用灵车将遗体送往昆山殡仪馆进行火化。火化后把骨灰安放在骨灰盒内。火化前要在殡仪馆内举办一个遗体告别的仪式。殡仪馆内设告别厅，有服务人员引导逝者家属放置逝者遗体，对灵堂现场进行布置并引导逝者家属与逝者告别。在哀乐声中，全体肃立默哀，向遗体敬献花圈，并致以三鞠躬。全体人员围着遗体转三圈，手中香灰不停洒落在遗体上。仪式结束后，亲朋失声痛哭，目送逝者遗体送入火化。

完成火化后，回赶称“回丧”。车队要另选回家路（表明不走回头路）到家前，放2个炮仗，家中相帮人亦放2个炮仗接应，并点燃“三堆火”，让回丧人员跨越，其目的是切断晦气源头，再将备好的糖果、饼干分派给送殡人员，意在苦尽甘来。回丧后，家人将骨灰盒安放在客堂后墙右角，下设位台，逢七祭祀，然后再行祭奠一番后，设宴款待亲朋好友及左邻右舍，以表感激之情。

至今，越来越多的人倾向“热葬”，即火化当日将骨灰盒直接下葬至公墓，简化了过程，省略了许多麻烦。但其他习俗仍在延续。

60年代以前，境域内没有火化，实行土葬。富裕的大家族，事前请阴阳先生看风水，在自家田间选定墓地筑坟。坟地大小10米至40米见方。坟地筑好后，在中间挖约4米见方的坑。然后用石灰、矾、糯米饭等按比例混合浇筑在坑的底部和四周（此混合物防潮性能好，且年久不化），再将棺材安葬在中间，加盖密封。事后，还要在坟地面种上柏树或银杏树。一般人家则在自家田头选一小方地，用砖砌成长约3米、宽1米、高1.2米的形似小房子的墓穴，将棺材安葬在里头，之后加盖铺瓦（俗称“瓦棺材”）。

九、祭七

“祭七”也叫“做七”。从亡者死的这一天算起，每隔七天祭奠一次，到第七个七日为止，称“断七”。

“头七”早上，位台上供着祭酒、祭菜和祭饭，点燃香烛后焚化纸箔锡锭，亲人在位台边啼哭。长期以来，为亡者“做七”之风不改，每个“七”都有亲戚到场，其中，“五七”做道场最为隆重。

“二七”这天按照风俗，亡者的鬼魂要回家。这天，家人要把死者生前的睡床布置得同原来一模一样，床上还要铺一身亡者穿过的衣裤，在上衣领间放一枚煮熟的剥壳鸡蛋，以验证亡灵是否回来。

“五七”的祭奠最隆重。这天，女儿、女婿按风俗要在凌晨给亡者送“羹饭”，如果亡者是父亲，孝子走到屋外高喊“爸回来吧”。孝子喊毕，合家举哭，哭闹五更。“羹饭”一般是四盘鲜果、八碗菜，除全鸡、全鸭之外，一定要有一条不小的鳜鱼，放在八仙桌上，供在位台前面。现在百姓生活好了，“羹饭”的菜和数量一路飙升，有二十四道、四十八道，甚至有六十四道的。

闹五更过后，丧家准备好纸扎房屋、家具和装满银锭的箱笼堆在场地上，以备做道场时焚烧。20 世纪末，丧家做“五七”，追求时尚，纸做的别墅、汽车、冰箱、电视机等现代物件已成主流。僧人（村里人称“道士”）在亡家客堂内设好灵堂，两侧挂着新的对联，墙壁上贴符及手抄经。早饭后开始闹场，僧人在灵堂内，贴上“追修”字样。以波罗为号，长笛、喇叭齐鸣，弦索鼓声齐奏。僧人在屋外供桌上架七幢八塔，每座塔上都印着佛像，袖章上写着“佛光普照”四字。僧人身穿僧服围立桌边，一手敲木鱼击铜鼓，一手五指并拢作揖，口诵经书。

“五七”当天下午开始做道场，在户外空场上把 3 张八仙桌架成品字形，称“穿度桥”，意思是引渡亡者走过奈何桥，使其顺利走向仙境。“穿度桥”时，先由僧人穿行，后让亲属也跟在后面穿。“穿度桥”毕，家人将一系列纸制物件别墅等用铁链团团围住，在四周撒上白石灰，然后焚烧堆在场地上的箱笼和亡者旧衣等物。“断七”之后，做百日、做周年。第一年的清明节称“新清明”，要在墓地祭扫，服孝通常一年，也有的要服三年方可脱孝。

十、得位台

位台指主家丧事期间祭奠亡者所用的八仙台。经过丧事、“祭七”、百日、周年至第三年冬至夜，位台已完成祭祀使命，可以拆除，称为“得位台”。

燕桥浜人有“清明祭扫，冬至落葬”的习俗。得位台这天，亲属聚至位台前，先将几个小菜放在位台上，点燃香烛，敬上酒水祭奠；然后“告知”亡者时间已满，要为它移入“新居”；最后将位台上亡者的相片挂在客堂西墙上，把亡者牌位及骨灰盒移至指定墓地安葬。落葬时间一般选择在傍晚进行。在墓地的石穴内焚烧黄纸，称“暖穴”，先用福荫土撒在石穴底层（起到防潮、防虫的作用）；然后小心安放骨灰盒；骨灰盒上盖红布，顶上摆放铜钱；最后封穴（封盖）。亲属们进行祭奠仪式，在墓碑、墓穴边的空地上敬献花束、花篮、鲜果、糕点、果仁及时令小吃，点上香烛。参加落葬的亲朋好友肃立默哀，并致以三鞠躬礼，礼毕，焚烧纸箔锡锭。

第四节　生辰寿俗

一、催生

孕妇身怀六甲近临盆之际，娘家为女儿腹中胎儿出生前办一个庆典，称“催生”，祈求女儿平安生产。

催生前，娘家为女儿准备一个包袱，俗称“催生包”。包袱内有“苦草”、红糖、桂圆、陈米、草纸及新生儿四季衣衫等必需品，还有鸡、蛋、肉、面条，一并送至男方家，寓意快生与好生。然后在男方家煮面、分碗，加上饺头（大多是用条肉做的），派送给男方家的左邻右舍及亲友，称为“催生面”。村域动迁以后，由于人员分散，不易操办，就在面馆购买面票相赠，每家2—3张。80年代，受礼亲友送毛线或布料；90年代以后，则以礼金相赠。此习俗流传至今。催生时，娘家人将催生包袱裹成正、反两面，然后进入内房，将包裹掷在床上，此时若包裹面朝天，那么生出来的会是儿子，相反则是女孩。用包裹预测孕妇生男生女是当地一风俗，并无科学依据。

二、满月

婴儿出生一个月，叫“满月”，主家要宴请亲朋好友吃满月酒，也称“下摇篮”。凡是行送“十五羹”礼的人都在被邀之列。有的主家待到新生儿两个月才办，叫“双满月”。随着生活水平不断提高，满月酒越办越丰盛、越办规模越大。旧时，一般招待3—4桌，而现在至少要办20—30桌，而且大多数去饭馆订桌。

满月有个习俗，要为新生儿剃胎发，婴儿要由舅舅抱着，由理发师为其理发。理发师象征性地取下一撮胎发，用红布包好，折叠成四方形状，悬挂在正梁下，意为将来此儿定能高贵发达。此风俗一直流传至今。

三、周岁

婴儿自出生之日起，满一年称“周岁”。周岁庆典在域内很讲究，亦很隆重，男女双方的亲朋好友都要参加。凡前来参加周岁庆典的亲朋好友，都要出礼。女方父母要为孩子准备摇篮、坐车、立桶、手镯、长命锁和小衣服等。90年代以后，女方父母要准备金木鱼、金手镯、金挂件等高档饰品，还有特制小床、电动坐车等。男方父母则大办酒宴招待所有参加周岁庆贺的亲朋好友。酒宴现在也大多在酒店中操办。

抓周试志是小孩周岁时举行的一种预测前途和性格的仪式。家人在盘子里放着弓箭、珠宝、秤盘、书、钱币、笔墨、印章等物件，放在周岁孩子面前，任其抓、摸，如摸到弓箭表示勇猛，摸到秤盘表示今后会经商，摸到书表示有志向，摸到钱币表示将来会发财，等等。抓周试志游戏结束后，主家才宣布酒宴开始。

四、受头

男孩10岁、女孩13岁时，家人要为其庆贺一番，俗称“受头”。长辈们赠予书包、学习用品，吃素面。

受头前，无论男孩或女孩要改变发型，男孩从“桃子”发型转换为学生发型，女孩流行长发扎辫子。从此，男女服装、色泽有明显的不同。

受头也是人生中的重要仪式之一，主家要在家里招待宾客。2000年以后，受头宴也在酒店操办。

五、做寿

庆寿是一种庆贺生日的活动，而做寿是寿星子女和晚辈至亲及乡邻好友参加的祝贺活动。旧时，做寿通常在家中进行。

做寿这天，客堂（正厅）设寿堂，贴寿字，结寿彩，燃寿烛，请宾客吃寿面，取其福寿绵长之意。80年代以前，寿礼多为寿幛、寿衣、礼金。21世纪以后，贺者均以红包（人民币）为寿礼。祝寿时，寿星着新衣端坐堂中，接受贺者的两揖之拜及贺礼。同辈拜寿，寿星应起身答礼；晚辈叩拜时，寿星须给红包（赏钱）。

改革开放以后，境域做寿活动比较常见，排场也大了。80年代以做六十大寿为最，2000年后以做七十寿为多，也有少数做八十大寿、九十大寿的。

寿堂布置别具一格，设礼桌、挂三星或八仙庆寿图，两侧配有对联“福如东海，寿比南山”。寿幛用字简短，通常用“寿比南山”立轴，双寿题词有“人月同圆”“双星朗照”，还有如“福如东海长流水，寿比南山不老松”等寿轴十分醒目。

燕桥浜村民间文艺队祝寿活动（2020年，褚永明摄）

做寿宴席比较讲究，中午以素食为主，主食为面条，配有雪里蕻、豆芽、粉皮等“六素”。晚上为大宴，酒席是非常丰盛的，有“碟盘饭菜”之说，即要有“六大六小、四冷盘四热炒”。在第一道大菜摆上宴席后，主人要向宾客敬酒以表谢意。进入21世纪，寿宴更为丰盛，寿席都在20—30桌。

晚饭后，戏班子上场，吹吹唱唱，一直热闹至深夜结束。

第五节　生活习俗

一、饮食习俗

（一）时令饮食

“民以食为天。”由于各地的地理环境不同，饮食习惯也不尽相同，主要反映在一些食品就餐习惯中。“一方水土养一方人”，燕桥浜村的饮食文化在于春尝头鲜、夏吃清淡、秋品风味、冬讲滋补。时令文化将饮食和养生、地域融为一体。阳澄湖大闸蟹、正仪青团子、泡泡馄饨声名鹊起。

春节：年糕、团子、馄饨、饺子（寓意生活一年更比一年好）。

大年初一：汤圆、饺子、面、春饼（取高兴、团圆之意）。

正月十五：面、团子、汤圆（寓意家庭团聚、和和美美）。

二月二：撑腰糕（“龙抬头”日吃油煎年糕，腰、脚轻健）。

清明：螺蛳、青团子、酒酿饼（吃螺蛳眼目清亮）。

立夏：蚕豆、甜酒酿、咸蛋（立夏吃蛋，石头踩烂）。

端午：粽子、咸鸭蛋、雄黄酒（辟邪、辟毒）。

七月七：巧果，儿童吃鸡（祈祷有情人永不分离）。

中秋：月饼、糖芋艿、菱角、石榴、柿子（代表团圆和睦）。

重阳：重阳糕（又称“花糕”“菊糕”“五色糕”，寓意百事俱高、消灾辟邪）。

冬至：大团子（寓意团圆、圆满）。

腊月初八：腊八粥（也称“福寿粥”，积福惜福）。

立冬：饺子（俗语“立冬不端饺子碗，冻掉耳朵没人管”）。

立春：春饼、萝卜（取迎春之意）。

立夏：馅饼、烙饼、春卷（一是尝鲜，二是祈福）。

立秋：炖肉、白切肉、红烧肉、炖家鸡、红烧鱼（贴秋膘）。

（二）饮茶习俗

旧时，老人们在教育孩子待人接物时总会说："客人来了倒杯茶。"简单的一句话，道出了燕桥浜人热情好客的待客之道。不管是亲戚朋友还是同事邻居来访，待客的第一件事就是泡上一杯茶。村域内的饮茶习俗一直流传至今。

昆山解放前，正仪镇上塘街中心桥堍有一家茶馆，名曰"阿狗茶馆"，有4间平房，其中，3间茶室、1间茶灶。清一色长台配有专用长凳，别具一格，茶馆生意特别好。境域和正仪镇一江之隔，各自然村的老茶客凌晨乘摆渡船去茶馆，风雨无阻。茶客们都有一个专属于自己的位置，别人是不会抢座的。茶馆营业到晚上8点，茶客散席，各自到镇上买些所需的便回家。

其实，茶客饮茶不完全是为了喝茶，而是跟茶友们谈天说地。茶客们一边喝茶，一边交流着各种信息，茶馆成了一个社交平台，大到国内外大事，小到家庭琐事，你一言我一句，相谈甚欢。茶馆的气氛十分和谐，有的商人还在这里谈谈生意。

客人来家，上茶后中间为客人添水也有讲究，一只手的两根手指揭开茶壶盖，另一只手扶壶嘴伸向茶壶，点一点、顿一顿，上下重复三次。一方面让茶叶加速翻滚，另一方面显得温雅有趣、茶艺不凡。

60年代以后，茶馆逐渐停业，但饮茶习俗依然盛行。改革开放后，茶楼茶座成了商人谈生意、青年男女相亲的首选场所。

二、衣着习俗

"十里不同天，一山不同服。"服饰在各个年代都有鲜明的印记，别具特色。

四五十年代，境域内百姓的服饰千篇一律，只能从款式和颜色上区分男女老少。社会上流行的是男子长袍马褂，女子上衣下裙。春季，男子着对襟长衫，拖板鞋，劳作时脚穿草鞋。夏季，男子着油布衫、织布裤，穿拖板鞋，劳作时光脚。秋天，男子头戴单边帽，身穿大襟衣裳、夹襟，着自制方口鞋，劳作时穿草鞋。冬季，男子头戴乌斗帽，上身穿对襟棉袄，下身穿大裆直筒棉裤，脚穿蚌壳棉鞋，劳作时穿自制袜套头鞋子。中老年女子扎包头、戴兜头。小孩穿戴基本相同，冬季时穿老虎棉鞋，衣服、裤子一般穿长兄或长姐穿过的，“缝缝补补又三年”。雨天，境域内百姓以笠帽蓑衣遮雨。

60 年代，男士流行中山装，女士流行连衣裙。已有部分村民跟上服饰变革的脚步，但多数劳作之人的衣着仍未有大的变化。上衣、下裤一直是大众服饰，多着四围套、卫生衫、宽脚裤、卫生裤、香烟纱。后期，开丝棉、三七混纺等进入每个家庭。汗衫、手绢、围巾已成男女青年的最爱，百叶底布鞋、松紧鞋、凉鞋、白跑鞋的变迁，代表燕桥浜人的服饰离时尚又近了一步。雨天，捏帽、蓑衣、雨伞、雨衣、雨裤成了遮雨工具。

70 年代，男女服饰归于统一，女装趋向男性化。军装深受大家的喜爱。黄军装、黄军帽、红袖章、黄挎包成了时尚，“不爱红装爱武装”，许多女青年向往拥有一套绿色军装。但由于她们在市场上买不到，只能买些仿冒品来替代。后来趋向于西装、中山装、劳动装。绒线衫代替了卫生衫、四围套，军帽、拉货帽占据了主导地位，北京鞋初露头角，服饰又进一步变迁了。逐渐地，男性服饰趋向于中性化，牛仔裤、喇叭裤成为主流，简朴的“列宁装”成为时尚。70 年代后期，西装深受青壮年男女的喜爱，的确良、化纤纺织品进入家家户户。假领头、白球鞋成为男青年穿着上的亮点，而女青年追求的是扎大辫子、穿对襟花外套，争相成为农村姑娘“小芳”（当时流传一首《村里有个姑娘叫小芳》）。

80 年代，蝙蝠衫、棒针衫、滑雪衫登场，喇叭裤“所向披靡”，成了男性时尚。西装配白衬衫，打领带、着黑皮鞋是大多数男性的追求。高腰短裤搭配短上衣，是那个年代最具代表性的女性服饰，一身白色装扮清爽利落。

90 年代至今，服饰呈现出多元化趋势，并和国际接轨。年轻人由牛仔服过渡到乞丐服。中年人的服饰式样名目繁多，有传统款式，有对称或不对称的，有色差变化的，逐渐趋向休闲服式。如今，村民们更喜欢纯棉麻等天然材料。皮革服装也风靡一时。老年人的服饰也琳琅满目，宽松的、颜色艳丽的深受老年妇女喜爱。真皮鞋、品牌运动鞋、休闲鞋已成为男女青年的主流。

三、造房习俗

昆山解放初期，境域内百姓有的住草房，有的住矮房，仅有极少数富裕人家住的是瓦房。60 年代中期，改建砖瓦房，房屋大多是三间一转头。80 年代中后期，翻建楼房，多数建为三上三下或二上三下的。2000年以后，少数户造别墅、小洋房。

（一）看风水

旧时建房，首先要相地。地要选择坐北朝南的，便于采光，最好要背山依水，左边地势低，右边地势高。除老屋重建之外，出宅建屋都要根据“风水龙脉”确定方位及动土建造的日子。

（二）祭土

卸屋前，先祭祖。凌晨，主家把菜放在供桌上，敬上烟酒，点燃香烛，叩头跪拜，告知祖宗房屋即将翻建或出宅建造，敬请祖宗关照。然后，拆除旧房，称“卸屋”。开挖墙基，排好宅脚再祭土神，大户人家要请道士做“法事”。一般人家准备几样家常菜，在屋后边放上一张供桌，点燃香烛祭拜，祭拜完要烧纸钱。仪式完成，众人齐喊“开工大吉”“平安吉祥”等吉语。后在原房内做大扫除，把污秽扫出大门，并贴上“开工大吉”字条，房屋角落放些钱币。建房时，在宅脚底下放“太平钱”，寓意“门庭太平，财源广进”，又曰“四平八稳”。如遇河汊、桥梁或其他建筑，则在自家围墙上砌一爿石磨，意为辟邪。还要在宅基四周浅挖，用来确定能否开工，若无异样即可开工。

（三）竖屋

上梁，又称“竖屋”，此步最为关键，要贴对联，一般是“栋梁之材祥光扶瑞气，立柱喜逢黄道，上梁巧遇紫薇”等辞藻。中间横头梁写上“吉星高照”“大吉大利”贴联。上梁前要准备好镰刀、镜子及秤“厌胜”物件，将其挂在米筛上，放在客堂墙中间，意在“照妖辟邪”。待其他梁木上完后，正梁落成。炮声四起，匠人喜语连篇，并把准备好的红绿布条挂在梁上，把“招财进宝、福星高照”安放在脊椽中，然后在中天柱脊柱上靠一张梯，东家头顶一只盘子，里面装有铜钱、酒壶、馒头、包梁布、苹果、糖果、糕点等物（馒头寓意圆满、满意，糕点寓意高升、高兴），一步一步爬上去，边爬边喊“登高”。匠人在梁上把盘接住，将盆中之物一一抛下，称“抛梁”。众人纷纷争抢，预兆主人家日日兴旺，捡到抛物的人也一定会交好运。抛梁仪式达到了高潮，匠人步下木梯，反复念着“一代一代又一代，步下云梯代代旺”。工头接着念道：“五谷丰登，六畜兴旺，财源广进，兴旺发达。”在一片高喊声中，主人发喜钱，并在当晚宴请水、木工匠和前来帮忙的亲朋好友吃上梁酒，又称“竖屋酒”。

房屋建造结束，主人要挑选“好日脚”高高兴兴操办酒宴，热情招待亲朋好友及邻里，俗称“进屋酒”。宴席规格较高，主人会倾其财力，大办特办。参加的人员均要随礼。80年代多送大米，90年代以后多送礼金。2000年以后，建房减少，但习俗不改。

（四）收易糕

新屋入住前，主人要请道士做“法事”，俗称“收易糕”，希望宅基安宁，祈求太平。

新屋内堂设两张供桌，上桌供着猪头、猪脚、全鸡、鲤鱼、鲫鱼等大荤，还有豆芽等3样素菜和糕点、水果，俗称“四干四湿”，以及香烟、酒和饮料。下桌上除荤菜之外，其他相同，除此之外，还陈列着祭品，贡上“太上老君”“城隍土地爷”“观音菩萨”等。这时，家主点燃香烛，跪在供桌前，不时敬酒、磕头。道士手持道具，口称“无量观”“太上老君急急如律令”等祭言，从观音菩萨一直念到家堂菩萨。念经完毕，点燃纸箔锡锭等。此习俗流传至今。

四、进香（烧香）习俗

（一）就地进香

燕桥浜村村民受儒家思想的影响，素有虔诚敬佛、奉行善德、祈祷平安的传统。

年长的妇女常进庙烧香，祈求佛祖保佑全家平安。每年大年初一进庙烧香是全年中最隆重的一次，香客空前。有的全家出动，有的夫妻同往。境域内人家大多吃过年夜饭之后，就开始守岁，至深夜12点出门烧香。有的人为了争烧头香，深夜12点之前就守在庙门口等候开门。燕桥浜村村民这天往往先是开车到就近的有名寺庙烧香，如昆山城隍庙、唯亭观音庙，结束后再回本庙进香。

每月初一和十五是进香的日子，不过境域内人家只在本地庙里烧香。香客们事先准备好香纸、香烛，在香纸上贴上封条，背上写着“朝山进香”字样的黄布香袋进香。入庙后，先到佛台前点上香烛，再到天炉焚烧香纸和香烛，然后来到佛像前按次序合手跪拜。其间，还有个别识字的又爱唱的香客敲木鱼、念佛经，热闹一番。

每逢农历二月十九、六月十九、九月十九是观音菩萨的生日，境域内年长的妇女很重视这天的烧香。在她们的心中，观音菩萨是最善、最美的。跪拜时，年长的妇女会在观音菩萨面前求平安、许心愿，祈求幸福安康。

（二）借佛游春

在燕桥浜境域，自古就流传有“烧香不断杭州路，千年不断娘家门”之说，年长的妇女到杭州烧香已成为传统。去杭州烧香时间一般集中在每年清明之后。虔诚佛太在家中准备好香纸，并折成块，上面系上红纸封条，封条上写上佛太的姓名、地址、进香日期，还要准备香烛及干粮和生活用品。50—70年代，还没有去杭州的公路和铁路，香客得先乘公交车去苏州南门轮船码头，再乘轮船，经一夜航行第二天早晨才到杭州。当时，去杭州烧香主要是去灵隐寺的上天竺、中天竺、岳王庙等。到杭州后的第一、第二天分别到灵隐寺和岳王庙进香，第三天游西湖。连续进香三年为满期。80年代以后，生活水平有了提高，佛太往往还要带上家人一同前往。2000年以后，还有香客租用车辆组团出行。烧香的地点已不再局限于杭州，可以说是全国各地皆有前往的。香客们回来时大包小包带回了当地的土特产，遇上问者总是乐呵呵地自称“借佛游春”。

五、祭祖习俗

燕桥浜人历来信奉“百善孝为先”的理念，每年在清明节、农历七月十四、冬至和除夕进行祭祖活动。

清明节是重要的传统祭祖日，已有2 000多年的历史，人们在清明时缅怀先人、追古怀旧。旧时，境域百姓一般在清明前一天“寒食”，不食烟火，有些人家还停炊，以果饼充饥。如今，清明节街市上售卖的青团子就是“寒食”习俗的遗存。人们习惯在清明或清明之后全家上坟祭祖。上坟的祭品有荤素菜、青团子、水果等。上坟时，先要给坟上除草添土，然后点燃香烛，烧纸箔锡锭。近几年，因防火灾隐患，村内提倡文明祭扫，人们基本手持一束鲜花，开始使用文明、环保的祭祀用品。

农历七月十四，又称“中元节”，此日为地官生日，即地官赫罪之辰，亦为鬼节。所以，这天老人会关照家人，特别是小孩不得外出。新丧之家更要大操大办，要蒸馒头“架斛”。所谓“架斛”，就是用馒头搭起如斛状，层层叠叠，馒头蒸熟后会膨胀，有“兴隆壮大”之意，俗称“兴隆馒头”。还要请僧人诵经超度，亲友也要拜灵座，称“新七月十四”。近年来，村内对此做法也进行了优化，只是请上自家嫡门亲戚供拜，吃完晚饭便结束了。

冬至——境域内百姓历来是很注重这个节日的，有“冬至大如年”之说。冬至前夕，亲朋互送礼物，俗称“冬至盘”。民间有祭拜习俗，为祖先祭供品和香火。冬至夜（冬至前一天晚上）全家吃团圆饭，饮冬酿酒，吃冬至团子。次日为冬至朝，亲人团圆。有亲人去世三年的人家，冬至夜还要将祖先供桌上的祭物搬到野外路边焚烧，俗称“得位台”。

农历十二月称“腊月”，除夕是腊月三十。古时，腊是祭名，祭百神为“蜡”，祭祖先为“腊”，故祭祖先是除夕一项必不可少的内容。除夕祭祖一般只设一桌，祭祀三代乃至五代先祖，也有大户人家再设一桌，祭祀更早的先祖的。除夕祭祖在当天下午进行，通常在客堂后壁中央张挂喜神像，又称“祖影”。正堂上的供桌要擦洗干净。桌上一副盅筷代表祭祀一位祖先，供品大体为鲫鱼、肉圆、红烧肉、全鸡等“八荤”，另加水果、年糕、米饭。供桌上点燃蜡烛一对、清香三支。堂门半开，主人念念有词：“老祖宗回来吃年夜饭!”然后依照长幼次序叩拜。酒过三巡，在锭缸内化锭，焚烧锡箔折成的元宝和冥币。在祭祖的同时，还要在堂屋的角落里放一张小桌，放同样的菜肴，意思是请宅基老爷吃年夜饭。仪式结束，全家人吃年夜饭，迎接新年。

第六节　生产习俗

一、皃田角落

皃田角落是燕桥浜境域农田管理生产习俗之一。农历正月十五元宵节，农田处于歇息间隙，农民欢度传统佳节，喜悦之情溢于言表，在庆贺当年取得好收成的同时，期望明年“五谷丰登、六畜兴旺”。于是，大家在自家田园，用稻草扎成火把，擎了点燃的火把在田里奔走。遇有田里残留的干草就将它点燃烧掉，既增加了田里的肥料，又烧死了野草根里的虫卵，让新年的庄稼长得更旺盛。人们一边跑一边唱山歌：“炰炰田角落，来年收成三石六，明年养只大猡猡。”尽管这种说法没有科学依据，但也满足了当时百姓的祈盼心理，为此这种做法一直延续了下来。

二、开禁

开禁是指农历正月十六积肥开工之日。旧时有“手不动廿四”的说法，是指农耕人在农历腊月二十四歇工，罱泥也是如此。从腊月二十四到来年正月十五这段时间，为罱泥禁日。而正月十六是罱泥的开禁日，在此之前，各农户都要做好罱泥前的准备工作：为农船做一些必要的修理，在船头贴好红布条；做好或修好罱泥网、罱泥的网杆；修理或准备好粪桶、粪勺。农历正月十六那天，各农户都将农船摇出船坊（建造在河浜头供农船停歇的大型凉棚），罱泥壮士站在船上，有说有笑的，等待老者或族长的一声令下。老者一手托着长嘴烟筒，一手捏着 2 个炮仗，到时辰（上午 8 点）时，便点燃炮仗，宣布开禁。早有准备的罱泥壮士听到炮仗声，立即下橹摇船，一齐出发。正如域内流传的一首罱泥歌谣所唱的：“笋破泥土柳展腰，罱泥河岸撑呀摇。罱泥夹生满是宝，沟底肥泥逐夹舀。燕子衔泥为筑巢，我替春苗罱肥料。罱泥河船岁岁摇，担担肥泥变壮苗。”一年的积肥工作开始了。

80 年代以后，罱泥农活不再继续，开禁习俗也随之消失。

三、开秧园、了秧园

旧时，农户把在第一天莳秧时莳的第一把秧称“开秧园”。有条件的人家，邀请邻居、亲朋好友参加，庆贺“开秧园”，以示圆满顺利。丢秧把时，不可丢在人身上，以免遭“秧”（殃），不吉利；秧把不能用手接，接了会不吉利，不然会接“祸殃”，人要倒霉，沾上晦气。

了秧园是在开秧园时规定好的时间内必须结束插秧工作。插秧最后一天称

“了秧园”。一旦插秧超期，会直接影响到水稻的产量，所以在从开秧园到了秧园的时间内，村民们会自觉地起早摸黑，完成插秧任务。

了秧园有个风俗，最后所有的秧苗都必须在天黑之前完成，否则将视为不吉。了秧园后，境域内有出嫁女儿回娘家探亲的习惯，俗语云：“莳脱黄秧，望望爷娘。”

2010 年以后，农田开始直播，而后逐步变成机插秧，人工插秧的时代已一去不复返。开秧园、了秧园也成了历史。

四、拜师、谢师

旧时，境域内百姓受“荒田不荒手艺人”的影响，很想让自己十六七岁的男孩、女孩学木匠、泥水匠、圆匠、裁缝等手艺。学手艺要举行拜师和谢师仪式。想拜师，得先请中间人（介绍人）同师傅说合，写好拜师帖，师傅同意后再选择吉日设拜师宴。设拜师宴当天，徒弟要请师傅、师母坐上座，目视师傅行三叩礼，跪献红包；师徒互换拜师帖子；然后师傅宣布门规：徒弟尊师守规、清白做人、刻苦学艺。仪式结束，请中间人一起吃“拜师酒”。拜师之后，徒弟跟着师傅学艺 3 年。3 年后，还得不拿工钱为师傅干 3 年（这叫“帮 3 年”，当然也有中途逃师的。“帮 3 年”的习俗至昆山解放后废除）。出师前，徒弟要备谢师宴以示感谢。徒弟选定良辰吉日，邀请师傅、师母、师兄及至亲参加。谢师仪式举行时，请师傅、师母上座，放鞭炮。徒弟先要向师傅叩拜三首，接着说些感恩话，再递上香烟、酒等礼品。师傅当着大家的面，对徒弟的表现进行总结，也说些好话，再宣布出师。出师后的徒弟可以另立门户。

五、烧发禄

旧时，域内家家户户要建圈养猪，猪圈建成后，先要点燃一捆稻柴，把圈内四周墙壁用旺火烧过一遍，意思是猪肥膘壮，生长快，顺利发禄，俗称“烧发禄”。每年除夕，家家都要上供品斋猪圈，以祈盼来年猪养得“兴旺发禄”。

六、斋砻头

秋收后，甩稻牵砻要“斋砻头”。有的农户把稻穗系在屋檐下，称“镇宅谷神”，可驱邪保福。

七、其他习俗

母猪生小猪，属虎之人不能去看，传说看后小猪要被母猪吃掉。

竹园里出竹笋时，不能用手指点，传说用手指点后，笋要烂掉。

播苋菜籽时不能拍手，传说拍了手要到打麦时才发芽。

播菠菜籽不能回头，否则发芽迟。

播韭菜籽后要拍拍手，传说它听力不好，拍手以唤醒它早发芽。

第十三章　人物与荣誉

历史在延续，社会在发展。在燕桥浜村这块人杰地灵的土地上，如雨后春笋般孕育出一代代社会精英和一代代奉献祖国、服务家乡的劳动者。他们在不同时期、不同年代、不同岗位，利用自己的一技之长，为了祖国的安宁和昌盛而无私奉献。除了民国时期风云人物钱大钧外，还有如老黄牛般的干部，上山下乡的知识青年，从境域内成长起来任职于领导岗位上的精英，为了祖国安宁而从戎的军人，学成归来的教师、医生，饱读诗书、奋斗在各条战线上的大学生，心灵手巧的“五匠”，在新时代涌现出的道德模范。他们都是时代的骄傲、最可爱的人。

第一节 人物传略

一、阮阿本

阮阿本（1924—1981），出生于玉山镇景村村（原正仪人民公社五一大队陆家港自然村）。1950 年，加入中国共产党。1950—1957 年，先后担任正仪乡农委主任、小乡副乡长、式庄乡党支部书记。1957 年，任五四高级社党支部书记。1958 年 8 月，任东北大队党支部书记。1968—1972 年，先后任正仪人民公社革委会委员、常委，正仪人民公社党委委员，昆山县委委员。1972 年 10 月，调入正仪人民公社企业，担任正仪砖瓦厂党支部书记、正仪建筑站党支部书记。1978 年 12 月，因病调回东北大队电灌站工作，直至退休。

阮阿本自 1958 年 8 月任东北大队党支部书记后（正值三年困难时期），看到东北大队生产力落后，人心涣散，男劳动力外流、女青年外嫁，为了扭转局面，他决定从稳定人心着手，逐户上门做思想工作，要求家属做好劝返工作，外流人员逐渐回乡，参加生产劳动。全大队的农业生产走向稳定，人心开始安定。

阮阿本又是一位实干家，他说实话、办实事，以身作则、办事公道、心系百姓。1968 年春，他选择在落后的第 3 生产队蹲点，身体力行，带头实干。一年后，该生产队的生产力大有起色，粮食产量也大幅提高。阮阿本也获得了“人小骨硬，生活不让”的美誉。

二、钱大钧

钱大钧（1893—1982），字慕尹，祖籍江苏吴县（今苏州吴中区），出生于东北大队外泾自然村（今燕桥浜村第6村民小组）。其父是个商人，在苏州市有商铺、房产。钱大钧7岁时，父母双亡，被干爹收养，干爹供其读书、习武。后跟次兄去上海做生意，然后读书参军。1938年2月，国民政府航空委员会改组，钱大钧任主任委员，专门指挥空军对日作战。是年4月29日，参加指挥武汉空中保卫战。钱大钧曾任黄埔军校总教官、教导团长，国民党师长、军长，上海市市长等职。

陆永泉（2020年，陆金梅提供）

三、陆永泉

陆永泉（1926—1991），出身于苏州唯亭的一个贫苦家庭。1948年，因结婚迁于今燕桥浜村第4村民小组。1951年3月，参加中国人民解放军，同月至山东集训。是年11月，参加中国人民志愿军并入朝参战。历任工程兵班班长、代理排长。由于机智勇敢，陆永泉屡建新功，曾先后4次荣立三等功。1952年，加入中国共产党。1957年，复员回乡，在外泾自然村（唐家浜）第四营营部工作。自1960年起，陆永泉先后任明星大队党支部书记、明星大队大队长。1972年以后，分管队办企业工作。在此期间，他亲手创办明星大队袜厂、丝织厂、玻璃钢厂、五金厂等，为明星大队建造钢管结构的拱形桥梁5座。1991年10月，陆永泉因病去世，享年65岁。陆永泉在部队里是一名好战士，在地方上是一位好干部，为明星大队的工农业发展尽心尽职。

赵根生（2020年，赵根全提供）

四、赵根生

赵根生（1924—1998），燕桥浜村第1村民小组人。1954年4月，参加中国人民志愿军（东北军区第六院）并入朝参战。他是一位炊事员，在激烈的战斗中，利用送饭时间鼓励战友士气；冒着生命危险背伤员，打扫战场。1956 年 2 月，回国退伍。退伍后，他长期务农，曾经担任生产队队长，为建设家乡鞠躬尽瘁。

五、沈兴生

沈兴生（1926—2005），燕桥浜村第 8 村民小组（原东北大队第 4 生产队）人。1951 年，他加入中国人民志愿军，于当年入朝参战。据沈兴生回忆，他是个工程兵，有两次战斗他终生难忘。一次是在抢修鸭绿江大桥时，敌人飞机接连不断地轰炸大桥。沈兴生所在的工兵连冒着敌人的轰炸进行抢修，眼看自己的战友被炸伤、炸死，但大家临危不惧、前赴后继，确保大桥的畅通。还有一次是挖坑道。正当大家挖的时候，坑道突然坍塌，沈兴生被埋在了坑道里。等大伙把他救起时，他已奄奄一息。万幸的是，他被抢救过来了。由此，沈兴生在战火中入了党，又获三等功 2 次。1956 年 3 月，沈兴生退伍回乡，又加入社会主义的建设大军，为建设家乡贡献自己的力量。

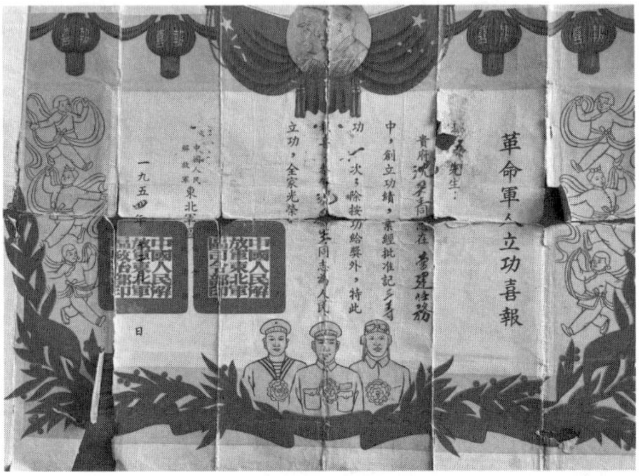

沈兴生 1954 年立功喜报（2020 年，沈小元提供）

六、洪少林

洪少林（1920—2009），燕桥浜村第 5 村民小组人。中共党员。1942 年秋，洪少林被国民党抓去当兵，成了国民党军队中的一名通信兵。1948 年参加淮海战役时被俘投诚，后加入中国人民解放军，并参加解放战争。在部队，洪少林英勇善战，火线入党，为解放战争做出了不小的贡献。1950 年，他退伍回乡务农。在 50 多年的建设家乡的过程中，他不居功自傲，始终保持共产党员的本色。

七、杜双生

杜双生（1929—2014），燕桥浜村第 1 村民小组人。杜双生 1951 年 4 月应征入伍，成为华东军区新48团的上等兵。是年8月，作为工程兵参加抗美援朝战争。1953年，加入中国共产党。1956年2月复员，任明星高级社社长。1958年12月，他负责建造村灌溉站，任站长等职。50多年来，杜双生从没因自己是志愿军战士而向上级领导提过任何要求。步入老年阶段，他吃住在村“双代店”，为村民默默奉献着一名志愿军老兵的余热，深受广大群众的尊敬。

八、顾俊华

顾俊华（1936—2016），燕桥浜村第1村民小组人。他15岁加入中国人民解放军。1953年3月，编入中国人民志愿军反生化（细菌）部队任连文书，入朝参战，并加入中国共产党。同年停战后回国，至广东经医院检查后发现其肺部有阴影，后经治疗康复。1954年春，顾俊华复员回乡。自1954年11月至1986年，他先后担任明星初级社副主任、正仪区信用社主任、城北人民公社党委副书记兼武装部部长、昆山县贫协主任、正仪乡党委副书记、正仪粮管所书记。他在不同的领导岗位上兢兢业业、克己奉公，从未因个人得失而影响工作，一直保持乐观、热情的工作态度。他为官一生，公正廉洁、不谋私利，是清廉的楷模、廉洁的先锋。

第二节　人物简介

一、褚根生

褚根生，1926年10月10日生，燕桥浜村第7村民小组（原东北大队第3生产队）人。1951—1955年，在部队服役，属工兵结合步兵。1951年，参加抗美援朝战争。入朝期间，他参加大小战斗13次，在战斗中机智灵活、顽强作战。

慰问褚根生夫妇（2020 年，徐梦宇摄）

在一次战斗中，为了迂回到敌后方，部队连续行军 10 天 10 夜，他不顾身心疲惫、脚底起泡，坚持战斗。在朝鲜，褚根生冒着美军的飞机大炮，一次次援助造桥修路。在朝鲜待了 4 年 10 个月，1955 年退伍回乡。

褚根生有一手打桶、箍桶的绝活，退伍后的他长期挑着他的工具担走村串巷为民服务。

二、姜邦奎

姜邦奎，1934 年 11 月 4 日出生于姜巷村（镇南乡姜巷自然村），燕桥浜村第 2 村民小组人。中共党员。1952 年 10 月至 2002 年 11 月，他先后担任姜巷自然村村主任、明星高级社会计、明星大队党支部书记、正仪人民公社党委副书记、正仪镇副镇长、正仪镇人大主席、正仪镇老龄工作委员会办公室主任等职务。

姜邦奎执行党的政策坚定不移，抓实际工作果断泼辣，一抓到底，毫不含糊，为明星大队农业生产的发展做出了贡献。

三、陆阿巧

陆阿巧，女，1949 年 3 月生，燕桥浜村第 1 村民小组人。中共党员，昆山市劳动模范。1970 年 10 月至 2019 年 12 月，她先后担任明星大队团支部书记、妇女主任、党支部书记，正仪人民公社妇联主任，正仪镇政府村镇建设办公室、国土资源管理所会计。

陆阿巧任明星大队党支部书记期间，工作作风大胆，她带领明星大队干部群众大干农业夺高产，使明星大队成为正仪人民公社农业生产的典范，受到江苏省人民政府的表彰。

四、王中水

王中水，1954 年 7 月 22 日生，燕桥浜村第 4 村民小组人。中共党员。1983 年 8 月至 2010 年 7 月，他先后担任燕桥浜村经济合作社社长、党支部书记，正仪镇国土资源管理所所长，昆山高新区国土资源分局副局长兼市国土资源局清淤造地公司总经理。

王中水办事讲究方法，工作成效显著，为原燕桥浜村的工农业发展付出了辛劳。

五、戴金男

戴金男，1955 年 6 月生，燕桥浜村第 2 村民小组人。1974 年 12 月，他应征入伍，成为中国人民解放军的一名战士。在部队期间，他先后担任军械员兼文书、后勤处农场会计、仓库主任、营部管理员、军需股股长。1977 年 4 月，他加入中国共产党。1985 年 3 月至 1986 年 6 月，他参加中越边境防御作战。由于表现积极、成绩显著，他被评为战地模范党员。戴金男于 1994 年 9 月转业，任昆山市玉山镇政府武装部副部长、部长。2006 年 1 月至 2007 年 12 月，他兼任燕桥浜村党支部书记。2015 年 6 月退休。

六、邹二男

邹二男，1963 年 11 月生，燕桥浜村第 6 村民小组（原东北大队第 2 生产队）人，1987 年 2 月，他加入中国共产党。1984 年 7 月，他参加工作。江苏省委党校研究生学历。1987 年，他任江苏省政府国有资产监督管理委员会企业分配处处长。2016 年 12 月，他任江苏省委企业巡视组副组长、副厅级巡视专员。

七、沈根良

沈根良，1965 年 1 月生，燕桥浜村第 1 村民小组人。1983 年入伍，1985 年 9 月参加中越边境防御作战。他是原兰州军区（今属中国人民解放军西部战区）的一名侦察兵，100 炮的 1 号炮手，负责瞄准目标。在中越边境防御作战期间，他深入者阴山（者阴山南侧越南方向 5 千米处），侦察敌情，捕获情报。敌人打炮时，他进入猫耳洞，炮停后就在山背后的小帐篷里。沈根良长时间忍受潮湿和虫咬，卧在树林里值班、侦察。在 1985 年 9 月至 1986 年 10 月的 400 余天中，他所在的侦察连深入越方杨万一带取得辉煌战果。渗透（抵近）侦察 200 余次，组织战斗 19 次，俘敌 5 名，击毙、击伤敌人 127 名，摧毁敌驻兵房 20 栋及敌人工事多处，缴获敌台 1 部、82 毫米迫击炮 1 门、高射机枪和重机枪各 1 挺，排雷 426 枚。沈根良机智灵活、作战勇猛，获三等功 1 次，获表彰多次。1986 年 10 月 19 日他顺利回国，1987 年 1 月退伍回乡，积极建设家乡。

沈根良 1986 年荣立三等奖
（沈根良提供）

1986 年沈根良（中）和战友
在越南者阴山合影（沈根良提供）

八、魏良

魏良，1965 年 1 月出生，燕桥浜村第 8 村民小组人。1992 年 2 月，他加入中国共产党。1987 年 12 月至 2020 年 1 月，他先后任昆山县（市）公安局正仪派出所民警、副所长，玉山交警中队副指导员，花桥派出所所长，曹安派出所所长，花桥经济开发区政法委副书记，花桥镇党委委员、人大主席、政协工委主任等职务。

九、邹三林

邹三林，1966 年 5 月 26 日生，燕桥浜村第 6 村民小组人。1986 年 1 月至 1990 年 3 月，他在部队服役。1992 年 7 月，他加入中国共产党。1989 年 2 月至 2020 年年底，邹三林先后任东北村村委会主任、党支部书记，正仪建设管理所所长，巴城镇建设管理所所长，巴城镇人大副主席等职务。

十、钱小良

钱小良，1967 年 11 月生，燕桥浜村第 10 村民小组（原东北大队第 8 生产队）人。1989 年毕业于南京航空航天大学。1997 年 8 月 21 日，他加入中国共产党。2005 年至 2020 年年底，他先后担任昆山市自来水集团有限公司副总经理、昆山市房产交易中心书记、昆山市污水处理有限公司董事长、昆山市水务集团安监部部长。

十一、朱卫东

朱卫东，1968 年 11 月生，燕桥浜村第 7 村民小组人。金融专业毕业，专业技术职务审计师，中国注册资产评估师。2003 年 6 月，他加入中国共产党。

1991 年 8 月，他从南京审计学院（今南京审计大学）毕业后，长期在昆山市审计局工作。自参加工作至 2020 年，他先后担任审计三科科员、审计局固投科副科长、昆山市经济责任审计中心副主任、审计局计算机信息科科长等职务。2016 年 2 月至 2018 年 2 月，他任沭阳县周集乡华帮村第一书记。2008—2010 年度，朱卫东先后获“苏州市机关先进个人”“昆山市劳动模范”称号。

十二、王永明

王永明，1973 年 3 月生，燕桥浜村第 9 村民小组（原东北大队第 6 生产队）人。1992 年 7 月，毕业于南京交通职业技术学院。参加工作后，他利用业余时间进修本科学历。2000 年 6 月，他加入中国共产党。1992 年 7 月，王永明任昆山市汽车客运公司运务科科员。在工作中，他任劳任怨，坚持原则、讲究效率。自 1997 年 5 月至 2020 年 12 月，他在昆山市汽车客运公司先后担任团总支书记、运务科科长、客运公司中心站董事长、党支部书记、工会主席等职务。

十三、陆公正

陆公正，1981 年 1 月 7 日生，燕桥浜村第 6 村民小组人。中共党员。2003—2015 年，他先后毕业于天津工业大学计算机科学与技术专业，获工学学士学位；

苏州大学计算机软件与理论专业，获工学硕士学位；上海大学计算机应用技术专业，获工学博士学位；后在南京大学计算机科学与技术系博士后流动站从事科学研究工作。2007 年至 2020 年 12 月，他在苏州市职业大学计算机工程学院工作，副教授职称。2014 年，他荣获“校优秀党员”称号。

他主持和参与国家自然科学基金项目 3 项、江苏省自然科学基金项目 1 项；发表 SCI、EI 和核心期刊论文 10 多篇；获苏州市自然科学优秀论文三等奖 1 项；授权发明专利 2 项、软件著作权 3 项；主持省级教学改革项目 2 项、县局级项目 1 项；指导学生获得国家级比赛二等奖、三等奖各 1 项，省级比赛一等奖 2 项。

第三节　人物名录

一、退役、转业军人

1951—2020 年，燕桥浜境域共有 99 人参军入伍。他们当中有参加过解放战争、抗美援朝战争、中越边境防御作战和在和平年代服役的解放军战士。1951—2020 年燕桥浜村［明星（燕桥浜）大队/燕桥浜村］、燕桥浜村（东北大队/东北村）退伍、转业军人名录分别见表 13-1、表 13-2。

表 13-1　1951—2020 年燕桥浜村［明星（燕桥浜）大队/燕桥浜村］退伍、转业军人名录

序号	组别	姓名	性别	出生年月	政治面貌	入伍时间	退伍转复时间
1	5	洪少林	男	1920 年 5 月	中共党员	1948 年 8 月	1950 年 3 月
2	1	杜双生	男	1929 年 6 月	中共党员	1951 年 5 月	1956 年 2 月
3	1	顾俊华	男	1936 年 5 月	中共党员	1951 年 5 月	1954 年 7 月

续表

序号	组别	姓名	性别	出生年月	政治面貌	入伍时间	退伍转复时间
4	1	赵根生	男	1924 年 7 月	群众	1951 年 5 月	1956 年 2 月
5	1	徐仁根	男	1930 年 8 月	群众	1951 年 5 月	1953 年 10 月
6	4	陆永泉	男	1926 年 7 月	中共党员	1951 年 5 月	1957 年 8 月
7	2	顾阿泉	男	1928 年 6 月	群众	1952 年 5 月	1956 年 2 月
8	2	唐阿桂	男	1929 年 3 月	群众	1952 年 5 月	1956 年 2 月
9	3	周阿金	男	1926 年 4 月	群众	1952 年 5 月	1956 年 2 月
10	5	巫小弟	男	1933 年 8 月	群众	1952 年 5 月	1956 年 2 月
11	2	李生元	男	1937 年 5 月	群众	1955 年 3 月	1957 年 11 月
12	4	王培根	男	1932 年 5 月	群众	1955 年 3 月	1960 年 3 月
13	2	青绍全	男	1941 年 12 月	中共党员	1960 年 8 月	1968 年 2 月
14	3	陆云弟	男	1946 年 6 月	群众	1965 年 3 月	1969 年 3 月
15	2	戴荣生	男	1948 年 8 月	群众	1970 年 1 月	1974 年 2 月
16	5	夏海根	男	1951 年 12 月	群众	1971 年 1 月	1975 年 1 月
17	4	陈坤元	男	1954 年 3 月	群众	1972 年 12 月	1976 年 3 月
18	1	杜林泉	男	1954 年 12 月	中共党员	1973 年 1 月	1977 年 3 月
19	2	戴金男	男	1955 年 6 月	中共党员	1974 年 12 月	1994 年 9 月
20	2	陆幸福	男	1957 年 3 月	中共党员	1976 年 3 月	1987 年 11 月
21	4	蒋坤元	男	1956 年 4 月	群众	1977 年 3 月	1980 年 1 月
22	4	夏阿三	男	1958 年 2 月	群众	1978 年 3 月	1981 年 1 月
23	5	黄月明	男	1958 年 10 月	中共党员	1978 年 3 月	1982 年 1 月
24	2	沈杏龙	男	1958 年 2 月	群众	1978 年 12 月	1981 年 12 月
25	2	姜德明	男	1961 年 1 月	群众	1979 年 12 月	1980 年 12 月
26	3	陆雪根	男	1961 年 8 月	群众	1979 年 12 月	1980 年 12 月
27	3	王云龙	男	1961 年 7 月	中共党员	1979 年 12 月	1985 年 1 月
28	1	景香林	男	1961 年 8 月	群众	1980 年 1 月	1981 年 12 月
29	1	顾月明	男	1963 年 12 月	中共党员	1981 年 1 月	1987 年 1 月
30	3	陆海水	男	1963 年 12 月	群众	1981 年 1 月	1983 年 1 月

续表

序号	组别	姓名	性别	出生年月	政治面貌	入伍时间	退伍转复时间
31	3	顾全林	男	1962 年 5 月	群众	1981 年 1 月	1983 年 1 月
32	1	孙永明	男	1963 年 11 月	中共党员	1983 年 1 月	1986 年 1 月
33	1	沈根良	男	1965 年 1 月	群众	1983 年 11 月	1987 年 1 月
34	3	陆香根	男	1965 年 5 月	群众	1983 年 11 月	1986 年 11 月
35	1	孙东林	男	1966 年 12 月	中共党员	1984 年 10 月	1989 年 3 月
36	5	蒋建良	男	1968 年 11 月	群众	1986 年 10 月	1990 年 3 月
37	1	赵坤男	男	1968 年 1 月	群众	1987 年 11 月	1991 年 12 月
38	3	陆云龙	男	1976 年 11 月	中共党员	1995 年 12 月	1998 年 12 月
39	1	徐晓明	男	1981 年 8 月	群众	2000 年 12 月	2002 年 12 月
40	1	杜晓华	男	1982 年 1 月	群众	2001 年 12 月	2003 年 12 月
41	4	罗　明	男	1982 年 9 月	群众	2001 年 12 月	2003 年 11 月
42	5	夏政委	男	1982 年 10 月	中共党员	2001 年 12 月	2003 年 12 月
43	2	蔡永明	男	1984 年 2 月	群众	2002 年 12 月	2004 年 12 月
44	2	许晓明	男	1985 年 7 月	群众	2004 年 12 月	2006 年 12 月
45	5	洪江南	男	1986 年 11 月	中共党员	2005 年 12 月	2007 年 12 月
46	1	赵仁杰	男	1987 年 3 月	中共党员	2007 年 12 月	2009 年 12 月
47	1	陆晓波	男	1989 年 2 月	群众	2007 年 12 月	2012 年 12 月
48	1	赵梦杰	男	1991 年 2 月	中共党员	2010 年 12 月	2012 年 12 月
49	3	张　洁	男	1989 年 6 月	群众	2010 年 12 月	2012 年 12 月
50	5	龚　晨	男	1990 年 2 月	中共党员	2010 年 12 月	2012 年 12 月
51	1	朱剑峰	男	1990 年 8 月	中共党员	2011 年 12 月	2013 年 12 月
52	1	陆晓龙	男	1993 年 8 月	群众	2012 年 12 月	2014 年 12 月
53	2	戴文涛	男	1997 年 6 月	群众	2015 年 9 月	2017 年 9 月
54	1	孙海量	男	1997 年 8 月	群众	2016 年 9 月	现役
55	5	巫雁青	男	1992 年 9 月	群众	2016 年 9 月	2018 年 9 月

注：退伍、转业军人名录按入伍先后顺序排列。表 13-2 同。

表 13-2 1951—2020 年燕桥浜村（东北大队/东北村）退伍、转业军人名录

序号	组别	姓名	性别	出生年月	政治面貌	入伍时间	退伍转复时间
1	8	沈兴生	男	1926 年 4 月	中共党员	1951 年 3 月	1956 年 11 月
2	10	朱水生	男	1931 年 12 月	中共党员	1951 年 3 月	1956 年 10 月
3	7	褚根生	男	1926 年 10 月	群众	1951 年 8 月	1955 年 2 月
4	6	张福林	男	1927 年 9 月	群众	1952 年 5 月	1955 年 10 月
5	7	王火泉	男	1935 年 8 月	群众	1955 年 3 月	1961 年 11 月
6	10	朱培根	男	1944 年 7 月	中共党员	1965 年 3 月	1969 年 3 月
7	9	季黑男	男	1946 年 1 月	群众	1965 年 10 月	1969 年 3 月
8	7	朱引泉	男	1944 年 1 月	群众	1965 年 12 月	1969 年 4 月
9	9	王小男	男	1946 年 6 月	群众	1968 年 12 月	1971 年 12 月
10	8	阮金荣	男	1948 年 1 月	中共党员	1969 年 2 月	1975 年 2 月
11	6	张密根	男	1954 年 4 月	中共党员	1972 年 12 月	1977 年 3 月
12	8	张根善	男	1953 年 12 月	群众	1975 年 1 月	1978 年 12 月
13	8	殷杏兴	男	1955 年 7 月	中共党员	1976 年 3 月	1987 年 3 月
14	10	钱全云	男	1955 年 11 月	群众	1976 年 3 月	1980 年 1 月
15	8	阮白男	男	1956 年 8 月	中共党员	1976 年 12 月	1979 年 12 月
16	9	王根弟	男	1956 年 7 月	中共党员	1977 年 1 月	1979 年 10 月
17	9	杜学良	男	1960 年 12 月	群众	1978 年 3 月	1980 年 11 月
18	6	陈雪弟	男	1963 年 1 月	中共党员	1982 年 12 月	1985 年 12 月
19	7	赵建忠	男	1964 年 11 月	中共党员	1983 年 11 月	1986 年 11 月
20	8	朱泉男	男	1963 年 3 月	中共党员	1983 年 12 月	1986 年 12 月
21	6	邹三林	男	1966 年 5 月	中共党员	1986 年 1 月	1990 年 3 月
22	8	徐惠男	男	1967 年 9 月	中共党员	1986 年 1 月	1990 年 3 月
23	9	颜惠良	男	1968 年 7 月	中共党员	1987 年 11 月	1991 年 11 月
24	10	蒋冬年	男	1970 年 11 月	群众	1990 年 3 月	1992 年 12 月
25	8	沈志荣	男	1972 年 3 月	群众	1992 年 12 月	1997 年 12 月
26	8	沈　勇	男	1976 年 4 月	中共党员	1994 年 12 月	1998 年 12 月

续表

序号	组别	姓名	性别	出生年月	政治面貌	入伍时间	退伍转复时间
27	9	刘建伟	男	1976 年 7 月	中共党员	1994 年 12 月	1997 年 12 月
28	8	顾小刚	男	1977 年 2 月	中共党员	1995 年 12 月	1998 年 12 月
29	6	陈　华	男	1978 年 12 月	中共党员	1996 年 12 月	1999 年 12 月
30	8	殷建明	男	1978 年 1 月	中共党员	1996 年 12 月	1999 年 12 月
31	8	陈艳春	男	1980 年 4 月	群众	1996 年 12 月	1999 年 12 月
32	8	王永刚	男	1978 年 11 月	群众	1999 年 12 月	2001 年 12 月
33	6	张　月	男	1982 年 2 月	中共党员	2000 年 12 月	2002 年 12 月
34	7	褚　峰	男	1987 年 2 月	群众	2005 年 2 月	2007 年 12 月
35	6	邹雪峰	男	1988 年 3 月	中共党员	2006 年 12 月	2008 年 12 月
36	7	褚　斌	男	1987 年 12 月	中共党员	2006 年 12 月	2008 年 12 月
37	6	俞　宗	男	1987 年 10 月	群众	2007 年 12 月	2009 年 12 月
38	6	戴佳军	男	1989 年 6 月	群众	2007 年 12 月	2009 年 12 月
39	8	沈雨豪	男	1988 年 9 月	群众	2008 年 12 月	2010 年 12 月
40	8	殷张行	男	1990 年 3 月	群众	2008 年 12 月	2010 年 12 月
41	10	林海华	男	1989 年 2 月	群众	2009 年 12 月	2011 年 12 月
42	6	张天龙	男	1993 年 12 月	群众	2013 年 9 月	2015 年 9 月
43	9	凌晨杰	男	1997 年 6 月	群众	2016 年 9 月	2018 年 9 月
44	8	沈　赟	男	1997 年 8 月	群众	2017 年 9 月	2019 年 9 月

二、教师

燕桥浜村共有大学、中学、小学校及幼儿园教师 62 名。1950—2020 年燕桥浜村［明星（燕桥浜）大队/燕桥浜村］、燕桥浜村（东北大队/东北村）教师分别见表 13-3、表 13-4。

表 13-3 1950—2020 年燕桥浜村［明星（燕桥浜）大队/燕桥浜村］教师名录

序号	组别	姓名	性别	出生年月	任职学校
1	3	赵经伟	男	1905 年 5 月	双庙头学校
2	5	王宗根	男	1932 年 10 月	燕桥浜小学
3	3	祝小男	男	1940 年 12 月	燕桥浜小学
4	4	魏　忠	男	1941 年 7 月	明星小学
5	5	黄阿兴	男	1942 年 8 月	明星小学
6	3	赵绵祥	男	1943 年 1 月	明星小学
7	1	朱小白	女	1945 年 10 月	明星小学
8	4	唐小男	男	1956 年 10 月	明星小学
9	2	朱惠明	男	1958 年 8 月	明星小学
10	1	陆小增	男	1960 年 4 月	明星小学
11	3	朱凤珍	女	1963 年 11 月	明星小学
12	1	杜秧珍	女	1970 年 7 月	正仪镇成人教育中心校
13	3	陈小芳	女	1975 年 4 月	同心小学
14	4	唐晓萍	女	1980 年 5 月	培本小学
15	1	张　茹	女	1984 年 10 月	黄泥山小学
16	4	王　晨	男	1985 年 12 月	千灯中心小学校
17	1	孙　燕	女	1989 年 1 月	城北中心小学
18	4	陈　琳	女	1989 年 6 月	正仪中心小学校
19	5	蒋　萍	女	1990 年 8 月	正仪新城幼儿园
20	1	陆雨晴	女	1992 年 9 月	淀山湖中学
21	2	陆芊妤	女	1992 年 11 月	上海市市北中学
22	1	陆心怡	女	1994 年 9 月	培本小学
23	5	蒋　颖	女	1995 年 6 月	昆山市实验小学
24	1	陆静雯	女	1995 年 10 月	昆山开放大学
25	5	王史煜	男	1995 年 10 月	正仪中学
26	4	王晓艳	女	1995 年 11 月	玉峰实验学校
27	5	俞文霞	女	1995 年 11 月	娄江实验学校
28	5	黄敏德	男	1995 年 11 月	陆家中学
29	4	王淑莉	女	1998 年 8 月	培本小学

表 13-4 1950—2020 年燕桥浜村（东北大队/东北村）教师名录

序号	组别	姓名	性别	出生年月	任职学校
1	8	常卫山	男	1944 年 10 月	黄潭小学
2	6	袁瑞林	女	1945 年 9 月	黄潭小学
3	10	邓建祖	男	1950 年 2 月	黄潭小学
4	8	张根善	男	1953 年 12 月	黄潭小学
5	8	阮白男	男	1956 年 8 月	黄潭小学
6	10	钱凤弟	男	1956 年 8 月	正仪中学
7	7	褚永明	男	1957 年 12 月	昆山高新区吴淞江学校
8	7	褚引弟	男	1960 年 7 月	昆山高新区吴淞江学校
9	6	陆林珍	女	1961 年 9 月	正仪中心小学校
10	6	陆益民	男	1963 年 3 月	苏州大学
11	8	沈爱英	女	1965 年 12 月	正仪中心小学校
12	8	殷　红	女	1966 年 8 月	正仪中心小学校
13	7	褚学男	男	1966 年 10 月	昆山第一中等专业学校
14	9	王小琴	女	1970 年 11 月	正仪中学
15	7	陆伟刚	男	1974 年 4 月	正仪中学
16	7	王　龙	男	1977 年 3 月	正仪中心小学校
17	6	俞素芳	女	1978 年 12 月	昆山市实验小学
18	6	陆公正	男	1981 年 1 月	苏州市职业大学
19	8	阮益群	女	1981 年 9 月	正仪中学
20	6	朱君兰	女	1987 年 10 月	正仪中学
21	10	朱　萍	女	1987 年 10 月	花桥中心小学校
22	8	阮晨希	女	1991 年 5 月	信义小学
23	8	黄　燕	女	1991 年 12 月	南星渎小学
24	8	沈心怡	女	1992 年 12 月	昆山加拿大国际学校
25	6	邹怡莹	女	1993 年 3 月	黄泥山小学
26	9	王　洁	女	1993 年 3 月	翡翠湾幼儿园
27	7	朱　晨	女	1993 年 5 月	花溪小学

续表

序号	组别	姓名	性别	出生年月	任职学校
28	6	朱孝君	男	1993 年 6 月	张浦中学
29	9	季俊晨	男	1994 年 2 月	黄泥山小学
30	10	杜春华	男	1994 年 3 月	南星渎小学
31	7	朱珏瑞	男	1994 年 1 月	苏州科技城实验幼儿园
32	10	朱霖莉	女	1995 年 8 月	陆家中心小学校
33	10	林　捷	女	1996 年 7 月	玉湖小学

三、医务人员

自 1968 年大队推荐培养“赤脚医生”强洪祥和阮小妹 2 人，至 2020 年，经过国家医学教育培养，燕桥浜村共有医务人员 31 人。1968—2020 年燕桥浜村［明星（燕桥浜）大队/燕桥浜村］、燕桥浜村（东北大队/东北村）医务人员分别见表 13-5、表 13-6。

表 13-5　1968—2020 年燕桥浜村［明星（燕桥浜）大队/燕桥浜村］医务人员名录

序号	组别	姓名	性别	出生年月	工作单位
1	5	强洪祥	男	1932 年 5 月	明星大队
2	3	卜全妹	女	1942 年 10 月	明星大队
3	4	徐根元	男	1946 年 10 月	明星大队
4	4	朱龙泉	男	1947 年 8 月	明星大队
5	3	祝良妹	女	1962 年 9 月	明星大队
6	1	朱月花	女	1970 年 1 月	明星大队
7	3	陈　芳	女	1973 年 10 月	昆山市第一人民医院
8	1	徐燕青	男	1985 年 8 月	昆山经济技术开发区 蓬朗社区卫生服务中心
9	3	周晓华	男	1985 年 10 月	昆山市第一人民医院
10	1	顾　曦	男	1988 年 6 月	昆山市第二人民医院
11	1	赵亚芬	女	1988 年 9 月	昆山市第一人民医院

续表

序号	组别	姓名	性别	出生年月	工作单位
12	3	顾　晨	男	1989 年 5 月	周市人民医院
13	4	罗玉倩	女	1990 年 2 月	昆山市第一人民医院
14	1	陆亚萍	女	1991 年 7 月	周市人民医院
15	1	杜秋婉	女	1992 年 9 月	苏州市立医院
16	2	陆宇飞	男	1995 年 2 月	周市人民医院

表 13-6　1968—2020 年燕桥浜村（东北大队/东北村）医务人员名录

序号	组别	姓名	性别	出生年月	工作单位
1	9	季黑男	男	1946 年 1 月	东北大队
2	10	周妹香	女	1950 年 8 月	东北大队
3	6	朱小弟	男	1951 年 1 月	东北大队
4	8	阮小妹	女	1952 年 12 月	东北大队
5	6	宋培新	男	1957 年 7 月	东北大队
6	7	褚生泉	男	1960 年 2 月	昆山市高新区朝阳社区卫生服务站
7	10	周建英	女	1969 年 9 月	昆山市第二人民医院
8	10	朱秀珍	女	1970 年 3 月	昆山市锦溪人民医院
9	10	钱小芳	女	1970 年 8 月	昆山市第三人民医院
10	9	宋立新	女	1985 年 6 月	昆山市中医医院
11	6	刘小燕	女	1985 年 7 月	昆山市中医医院
12	9	王景峰	男	1986 年 3 月	昆山市第二人民医院
13	10	朱　艳	女	1988 年 4 月	昆山市巴城镇石牌社区卫生服务中心
14	7	杜　靖	男	1989 年 6 月	昆山市第二人民医院
15	6	朱孝明	男	1993 年 6 月	苏州市立医院

四、下乡知青

1964—1969 年，境域累计安置上山下乡知识青年 73 人，其中，来自苏州市的有 37 人，来自昆山县的有 18 人，来自正仪镇的有 18 人。下乡知青于 1979 年年底，全部返城。1964—1969 年明星大队和东北大队插队知青情况分别见表 13-7、表 13-8。

表 13-7　1964—1969 年明星大队插队知青名录

序号	姓名	性别	原籍	插队年月	落户地点	返城地点
1	黄小明	男	正仪镇	1969 年 3 月	第 1 生产队	正仪镇
2	黄小华	男	正仪镇	1969 年 3 月	第 1 生产队	正仪镇
3	薛兰娣	女	昆运公司	1969 年 3 月	第 1 生产队	正仪镇
4	王国强	男	苏州市	1968 年 10 月	第 2 生产队	苏州市
5	顾耀明	男	苏州市	1968 年 10 月	第 2 生产队	苏州市
6	陈龙根	男	昆运公司	1969 年 3 月	第 2 生产队	昆山市
7	谢　浩	男	苏州市	1968 年 10 月	第 3 生产队	苏州市
8	沈友坤	男	正仪镇	1969 年 3 月	第 3 生产队	正仪镇
9	吴青青	女	正仪镇	1969 年 3 月	第 3 生产队	正仪镇
10	费公佩	女	苏州市	1968 年 10 月	第 4 生产队	苏州市
11	费公德	男	苏州市	1968 年 10 月	第 4 生产队	苏州市
12	杨瑞华	女	苏州市	1968 年 10 月	第 4 生产队	苏州市
13	潘介琴	女	苏州市	1968 年 10 月	第 5 生产队	苏州市
14	曾玉琴	女	苏州市	1968 年 10 月	第 5 生产队	苏州市
15	陆友生	男	苏州市	1968 年 10 月	第 6 生产队	苏州市
16	徐品如	男	苏州市	1968 年 10 月	第 6 生产队	苏州市
17	王树佑	男	昆运公司	1968 年 3 月	第 8 生产队	正仪镇
18	王树亭	男	昆运公司	1969 年 3 月	第 8 生产队	正仪镇
19	马玉英	女	正仪镇	1969 年 3 月	第 9 生产队	正仪镇
20	薛玉琴	女	正仪镇	1969 年 3 月	第 9 生产队	正仪镇
21	王三妹	女	正仪镇	1969 年 3 月	第 10 生产队	正仪镇
22	王四妹	女	正仪镇	1969 年 3 月	第 10 生产队	正仪镇
23	金　妹	女	昆运公司	1969 年 3 月	第 11 生产队	正仪镇
24	邢扣娣	女	昆运公司	1969 年 3 月	第 11 生产队	正仪镇

表 13-8　1964—1969 年东北大队插队知青名录

序号	姓名	性别	原籍	插队年月	落户地点	返城地点
1	袁瑞林	女	苏州市	1964 年 10 月	第 1 生产队	苏州市
2	金雪英	女	苏州市	1964 年 10 月	第 1 生产队	苏州市
3	蒋盘珍	女	苏州市	1964 年 10 月	第 1 生产队	苏州市
4	袁存英	女	苏州市	1964 年 10 月	第 2 生产队	苏州市
5	曹慰华	女	苏州市	1964 年 10 月	第 2 生产队	苏州市
6	马金风	女	苏州市	1964 年 10 月	第 2 生产队	苏州市
7	郑月华	女	苏州市	1964 年 10 月	第 2 生产队	苏州市
8	宋红妹	女	昆山县	1969 年 9 月	第 2 生产队	昆山县
9	刘红珍	女	昆山县	1969 年 9 月	第 2 生产队	昆山县
10	齐梅郎	女	苏州市	1964 年 10 月	第 3 生产队	苏州市
11	朱兆良	男	苏州市	1964 年 10 月	第 3 生产队	苏州市
12	汪金观	男	苏州市	1964 年 10 月	第 3 生产队	苏州市
13	许谨志	女	苏州市	1964 年 10 月	第 3 生产队	苏州市
14	宋　朴	女	正仪镇	1969 年 9 月	第 3 生产队	正仪镇
15	宋　美	女	正仪镇	1969 年 9 月	第 3 生产队	正仪镇
16	常卫山	男	苏州市	1964 年 10 月	第 4 生产队	苏州市
17	顾德华	男	苏州市	1964 年 10 月	第 4 生产队	苏州市
18	李得富	男	苏州市	1964 年 10 月	第 4 生产队	苏州市
19	朱月珍	女	苏州市	1964 年 10 月	第 4 生产队	苏州市
20	钱星微	女	正仪镇	1969 年 9 月	第 4 生产队	正仪镇
21	钱星华	女	正仪镇	1969 年 9 月	第 4 生产队	正仪镇
22	江雪兰	女	苏州市	1964 年 10 月	第 5 生产队	苏州市
23	李文珠	女	苏州市	1964 年 10 月	第 5 生产队	苏州市
24	孙　镁	女	正仪镇	1966 年 9 月	第 5 生产队	正仪镇
25	吴立媛	女	正仪镇	1966 年 9 月	第 5 生产队	正仪镇
26	吴立平	男	正仪镇	1966 年 9 月	第 5 生产队	正仪镇

续表

序号	姓名	性别	原籍	插队年月	落户地点	返城地点
27	徐如友	男	昆山县	1969 年 4 月	第 5 生产队	昆山县
28	陆纯娟	女	苏州市	1964 年 10 月	第 6 生产队	苏州市
29	彭　军	男	苏州市	1964 年 10 月	第 6 生产队	苏州市
30	金雪英	女	苏州市	1964 年 10 月	第 6 生产队	苏州市
31	王美香	女	正仪镇	1969 年 9 月	第 6 生产队	正仪镇
32	陆雪华	女	正仪镇	1969 年 9 月	第 6 生产队	正仪镇
33	曹秀林	女	正仪镇	1969 年 9 月	第 6 生产队	正仪镇
34	钟华良	男	昆山县	1969 年 4 月	第 6 生产队	昆山县
35	钟华元	男	昆山县	1969 年 4 月	第 6 生产队	昆山县
36	姚翠琴	女	苏州市	1964 年 10 月	第 7 生产队	苏州市
37	姚翠媛	女	苏州市	1964 年 10 月	第 7 生产队	苏州市
38	许荣云	女	苏州市	1964 年 10 月	第 7 生产队	苏州市
39	顾云珠	女	苏州市	1964 年 10 月	第 7 生产队	苏州市
40	陆立法	男	昆山县	1969 年 4 月	第 7 生产队	昆山县
41	冷华成	男	昆山县	1969 年 4 月	第 7 生产队	昆山县
42	张正明	男	苏州市	1964 年 10 月	第 8 生产队	苏州市
43	张正华	女	苏州市	1964 年 10 月	第 8 生产队	苏州市
44	周月妹	女	昆山县	1969 年 3 月	第 8 生产队	昆山县
45	周月根	男	昆山县	1969 年 3 月	第 8 生产队	昆山县
46	毛善良	男	昆山县	1969 年 3 月	第 8 生产队	昆山县
47	冷小妹	女	昆山县	1969 年 3 月	第 8 生产队	昆山县
48	宋三花	女	昆山县	1969 年 3 月	第 8 生产队	昆山县
49	丁　花	女	苏州市	1969 年 3 月	第 8 生产队	苏州市

五、能工巧匠

燕桥浜村共有能工巧匠（手艺人）185 人，其中，箍桶匠 3 人、木匠 76 人、泥瓦匠 71 人、油漆匠 26 人、缝纫师 3 人、剃头匠 4 人、箆匠 2 人。1950—2020 年燕桥浜境域能工巧匠名录见表 13-9。

表 13-9　1950—2020 年燕桥浜境域能工巧匠名录

组别	姓名	性别	出生年月	行业类别	所在自然村
1	高双林	男	1917 年 5 月	箍桶匠	船泾坟
1	王松林	男	1917 年 8 月	泥瓦匠	船泾坟
1	赵阿林	男	1928 年 3 月	剃头匠	南港
1	孙宗根	男	1947 年 2 月	泥瓦匠	船泾坟
1	陆惠元	男	1950 年 3 月	缝纫师	直通
1	孙海根	男	1950 年 8 月	泥瓦匠	船泾坟
1	杜巧泉	男	1951 年 7 月	泥瓦匠	船泾坟
1	杜巧根	男	1954 年 6 月	泥瓦匠	船泾坟
1	杜福珍	男	1958 年 5 月	缝纫师	船泾坟
1	景香林	男	1961 年 8 月	油漆匠	南港
1	陆福明	男	1962 年 3 月	木匠	直通
1	杜珍福	男	1962 年 6 月	油漆匠	船泾坟
1	孙祥根	男	1963 年 4 月	泥瓦匠	船泾坟
1	沈菊良	男	1963 年 4 月	油漆匠	南港
1	赵根泉	男	1963 年 7 月	木匠	南港
1	陆爱根	男	1963 年 12 月	木匠	直通
1	杜金良	男	1965 年 7 月	木匠	船泾坟
1	赵根男	男	1965 年 10 月	木匠	南港
1	曾花生	男	1965 年 12 月	泥瓦匠	船泾坟
1	陆爱根	男	1965 年 12 月	木匠	南港
1	杜玉良	男	1965 年 12 月	木匠	南港
1	杜素根	男	1965 年 12 月	油漆匠	南港
1	孙金良	男	1966 年 5 月	木匠	直通
1	陆菊良	男	1966 年 5 月	泥瓦匠	直通

续表

组别	姓名	性别	出生年月	行业类别	所在自然村
1	孙玉根	男	1966 年 6 月	油漆匠	船泾坟
1	顾花根	男	1966 年 9 月	泥瓦匠	船泾坟
1	陆秀根	男	1966 年 10 月	木匠	南港
1	朱根元	男	1966 年 11 月	木匠	直通
1	陆林根	男	1967 年 12 月	泥瓦匠	直通
1	朱学明	男	1968 年 1 月	木匠	直通
1	赵坤男	男	1968 年 1 月	泥瓦匠	南港
1	顾水明	男	1968 年 4 月	木匠	直通
1	沈金良	男	1968 年 6 月	泥瓦匠	南港
1	孙祥男	男	1968 年 7 月	泥瓦匠	船泾坟
1	赵建良	男	1968 年 7 月	泥瓦匠	船泾坟
1	孙学明	男	1968 年 10 月	泥瓦匠	船泾坟
1	杜玉良	男	1969 年 4 月	油漆匠	直通
1	孙小明	男	1970 年 3 月	泥瓦匠	船泾坟
1	褚根良	男	1970 年 4 月	油漆匠	南港
1	顾宗男	男	1971 年 9 月	泥瓦匠	船泾坟
1	翁建龙	男	1971 年 11 月	油漆匠	南港
2	许仁成	男	1925 年 10 月	剃头匠	燕桥
2	陆金林	男	1932 年 6 月	木匠	燕桥
2	许娘娘	女	1933 年 6 月	缝纫师	燕桥
2	戴宗林	男	1935 年 10 月	木匠	燕桥
2	陆祖德	男	1937 年 1 月	泥瓦匠	燕桥
2	戴全男	男	1943 年 9 月	泥瓦匠	燕桥
2	戴宗男	男	1945 年 2 月	木匠	燕桥
2	许阿花	男	1945 年 3 月	剃头匠	燕桥
2	戴多男	男	1948 年 3 月	木匠	燕桥
2	沈惠男	男	1950 年 2 月	泥瓦匠	燕桥

续表

组别	姓名	性别	出生年月	行业类别	所在自然村
2	朱惠德	男	1952 年 8 月	木匠	燕桥
2	陈长林	男	1953 年 6 月	木匠	燕桥
2	陆林元	男	1953 年 10 月	泥瓦匠	燕桥
2	陆海林	男	1957 年 5 月	木匠	燕桥
2	姜德兴	男	1957 年 8 月	木匠	燕桥
2	戴坤元	男	1957 年 12 月	油漆匠	燕桥
2	沈杏龙	男	1958 年 2 月	泥瓦匠	燕桥
2	戴林男	男	1958 年 4 月	木匠	燕桥
2	唐庆龙	男	1962 年 8 月	油漆匠	燕桥
2	戴狗男	男	1962 年 12 月	油漆匠	燕桥
2	戴炳兴	男	1963 年 2 月	泥瓦匠	燕桥
2	陆香林	男	1963 年 4 月	泥瓦匠	燕桥
2	周兴良	男	1963 年 4 月	木匠	燕桥
2	戴宗林	男	1963 年 6 月	木匠	燕桥
2	戴火根	男	1963 年 9 月	木匠	燕桥
2	陆火林	男	1963 年 9 月	油漆匠	燕桥
2	蒋士学	男	1963 年 11 月	泥瓦匠	燕桥
2	戴金中	男	1963 年 12 月	泥瓦匠	燕桥
2	顾根元	男	1964 年 7 月	泥瓦匠	燕桥
2	李秋生	男	1964 年 8 月	木匠	燕桥
2	唐雪根	男	1964 年 11 月	油漆匠	燕桥
2	戴宗良	男	1964 年 12 月	泥瓦匠	燕桥
2	李林男	男	1965 年 6 月	泥瓦匠	燕桥
2	戴卫良	男	1965 年 6 月	泥瓦匠	燕桥
2	沈海棠	男	1966 年 7 月	木匠	燕桥
2	王正明	男	1966 年 8 月	泥瓦匠	燕桥
2	王秋林	男	1966 年 8 月	泥瓦匠	燕桥

续表

组别	姓名	性别	出生年月	行业类别	所在自然村
2	陆秀根	男	1966 年 10 月	木匠	燕桥
2	徐永明	男	1967 年 5 月	泥瓦匠	燕桥
2	陈长根	男	1967 年 7 月	木匠	燕桥
2	李卫忠	男	1967 年 8 月	油漆匠	燕桥
2	金三龙	男	1967 年 10 月	泥瓦匠	燕桥
2	陆建良	男	1967 年 11 月	木匠	燕桥
2	王建林	男	1968 年 10 月	油漆匠	燕桥
2	王建良	男	1968 年 12 月	泥瓦匠	燕桥
2	戴文军	男	1969 年 6 月	泥瓦匠	燕桥
2	朱友良	男	1969 年 12 月	木匠	燕桥
2	陆建忠	男	1970 年 9 月	木匠	燕桥
2	陆建明	男	1970 年 12 月	泥瓦匠	燕桥
2	李月明	男	1973 年 12 月	油漆匠	燕桥
2	沈莉强	男	1974 年 2 月	木匠	燕桥
3	吴甫全	男	1918 年 3 月	木匠	燕桥
3	陆云根	男	1939 年 12 月	木匠	燕桥
3	王金根	男	1952 年 3 月	泥瓦匠	燕桥
3	陆雪根	男	1961 年 8 月	油漆匠	燕桥
3	祝良宗	男	1961 年 9 月	木匠	燕桥
3	王金男	男	1962 年 2 月	泥瓦匠	燕桥
3	周宋英	男	1962 年 11 月	木匠	燕桥
3	陈卫东	男	1963 年 4 月	木匠	燕桥
3	朱福男	男	1963 年 10 月	木匠	燕桥
3	陆海水	男	1963 年 12 月	油漆匠	燕桥
3	陆雪生	男	1964 年 3 月	泥瓦匠	燕桥
3	顾抱良	男	1965 年 9 月	泥瓦匠	燕桥
3	顾全明	男	1965 年 9 月	泥瓦匠	燕桥

续表

组别	姓名	性别	出生年月	行业类别	所在自然村
3	顾国兴	男	1966 年 7 月	泥瓦匠	燕桥
3	唐雪生	男	1966 年 10 月	木匠	燕桥
3	朱建良	男	1967 年 10 月	泥瓦匠	燕桥
3	陆永泉	男	1968 年 11 月	木匠	燕桥
4	王林生	男	1933 年 1 月	泥瓦匠	潘家桥
4	陆大男	男	1933 年 9 月	篾匠	潘家桥
4	朱小男	男	1954 年 2 月	泥瓦匠	潘家桥
4	王根水	男	1956 年 12 月	泥瓦匠	潘家桥
4	陈水男	男	1957 年 6 月	泥瓦匠	潘家桥
4	王士明	男	1959 年 9 月	泥瓦匠	潘家桥
4	顾金男	男	1960 年 3 月	泥瓦匠	潘家桥
4	罗小男	男	1961 年 8 月	木匠	潘家桥
4	陆惠明	男	1963 年 8 月	篾匠	潘家桥
4	陈小元	男	1963 年 8 月	泥瓦匠	潘家桥
4	顾小弟	男	1963 年 9 月	泥瓦匠	潘家桥
4	许凤男	男	1964 年 2 月	泥瓦匠	潘家桥
4	沈荣官	男	1964 年 3 月	木匠	潘家桥
4	陈杏男	男	1965 年 2 月	泥瓦匠	潘家桥
4	顾香男	男	1965 年 5 月	油漆匠	潘家桥
4	罗二男	男	1966 年 12 月	泥瓦匠	潘家桥
4	徐良男	男	1967 年 1 月	泥瓦匠	潘家桥
4	唐云根	男	1968 年 1 月	木匠	潘家桥
4	熊卫男	男	1968 年 8 月	泥瓦匠	潘家桥
4	顾雪根	男	1968 年 8 月	泥瓦匠	潘家桥
4	王多男	男	1968 年 10 月	泥瓦匠	潘家桥
4	金义中	男	1969 年 2 月	木匠	潘家桥
4	陈杏根	男	1969 年 4 月	泥瓦匠	潘家桥

续表

组别	姓名	性别	出生年月	行业类别	所在自然村
4	徐良弟	男	1969 年 8 月	木匠	潘家桥
4	罗　弟	男	1969 年 11 月	木匠	潘家桥
4	陈勤良	男	1970 年 3 月	木匠	潘家桥
4	陈凤弟	男	1972 年 1 月	木匠	潘家桥
4	陈月良	男	1976 年 8 月	木匠	潘家桥
5	蒋祖友	男	1959 年 3 月	泥瓦匠	田垛
5	王金弟	男	1962 年 8 月	泥瓦匠	田垛
5	黄月根	男	1962 年 11 月	木匠	田垛
5	巫炳兴	男	1963 年 12 月	泥瓦匠	田垛
5	徐金龙	男	1964 年 8 月	木匠	田垛
5	黄建忠	男	1966 年 1 月	木匠	田垛
5	蒋建国	男	1966 年 2 月	泥瓦匠	田垛
5	王春元	男	1966 年 2 月	木匠	田垛
5	胡香男	男	1967 年 1 月	泥瓦匠	田垛
5	王惠荣	男	1967 年 10 月	木匠	田垛
5	蒋建明	男	1968 年 1 月	木匠	田垛
5	徐玉明	男	1968 年 6 月	木匠	田垛
5	洪桥根	男	1969 年 2 月	泥瓦匠	田垛
5	王惠明	男	1969 年 2 月	木匠	田垛
5	王振华	男	1972 年 7 月	泥瓦匠	田垛
5	黄月红	男	1972 年 12 月	木匠	田垛
6	刘云元	男	1953 年 11 月	木匠	外泾
6	张惠男	男	1964 年 6 月	油漆匠	外泾
6	戴永林	男	1965 年 6 月	泥瓦匠	外泾
6	徐惠民	男	1965 年 7 月	油漆匠	外泾
6	俞建男	男	1966 年 1 月	木匠	外泾
6	薛惠林	男	1966 年 2 月	木匠	外泾

续表

组别	姓名	性别	出生年月	行业类别	所在自然村
6	陆建民	男	1966 年 5 月	油漆匠	外泾
6	戴永明	男	1968 年 2 月	泥瓦匠	外泾
7	褚根生	男	1926 年 10 月	箍桶匠	里港
7	褚生荣	男	1955 年 11 月	箍桶匠	里港
7	王根男	男	1963 年 6 月	木匠	里港
7	王秋良	男	1967 年 9 月	木匠	里港
7	杜春明	男	1972 年 3 月	木匠	里港
8	沈大宝	男	1916 年 2 月	木匠	黄潭
8	沈兴生	男	1926 年 5 月	木匠	黄潭
8	钱宝玉	男	1942 年 3 月	剃头匠	黄潭
8	沈小男	男	1946 年 10 月	木匠	黄潭
8	沈福元	男	1957 年 8 月	木匠	黄潭
8	魏月良	男	1962 年 12 月	木匠	黄潭
8	朱道生	男	1963 年 3 月	泥瓦匠	黄潭
8	丁凤元	男	1965 年 3 月	木匠	黄潭
8	许金良	男	1965 年 11 月	木匠	黄潭
8	施美根	男	1967 年 2 月	泥瓦匠	黄潭
8	王三男	男	1968 年 10 月	木匠	黄潭
8	殷建良	男	1970 年 7 月	木匠	黄潭
8	沈建光	男	1970 年 11 月	木匠	黄潭
8	赵孛泉	男	1971 年 9 月	油漆匠	黄潭
9	朱桃根	男	1933 年 3 月	木匠	横港
9	宋培新	男	1957 年 7 月	木匠	横港
10	林全荣	男	1966 年 6 月	油漆匠	扎泾浜
10	林金荣	男	1968 年 6 月	油漆匠	扎泾浜
10	朱建民	男	1971 年 11 月	油漆匠	扎泾浜

附：

燕桥浜村民间手艺人

一、厨子

厨子（厨师，乡下人的俗称），无论是在过去，还是在现在，都是村民办红白之事不可缺少的。办此类大事的人家，都会请厨艺高的厨子，家住里港自然村的阿全林便是大家的首选。阿全林，生于1933年，因家里贫困、父母早亡，从小颠沛流离，但他肯吃苦，有上进心，有悟性，喜得师傅赏识，并得真传。要说阿全林厨艺的水平，可用四点概括：第一，配料精准，做到既不浪费，又不缺料。第二，做出的菜肴既色香味俱全，又适合大众口味。第三，操作时动作麻利，有条不紊。第四，炸肉皮是绝活，他炸的肉皮又肥胖又松软。他还有难能可贵的一点是服务态度好，无论东家的客人用餐时间多长，他都从无怨言。

二、箍桶匠

提桶、马桶、粪桶、糕桶等各种木桶，是80年代之前境域内每家每户不可缺少的生产生活用具。在此期间，一个手艺高的打桶匠，四季打桶活不断。里港自然村有个箍桶匠名叫褚根生，人称“打桶阿金”，他打出的各种桶外形美观、表面光滑。放干货，桶终身不松；放水货，桶从无滴漏，为此深受百姓喜欢。木桶一般上口大、下口小，外径大、内径小，在刨木料时就要把握上口和下口的比例、外径和内径的比例，要使木板与木板之间的拼缝绝密，而这全凭他的手感和眼力来判断。褚根生自1955年从部队服役退役后一直干着箍桶匠的活，凭着他过硬的技术，挑着打桶担串村走巷服务百姓、养家糊口、潇洒营生。

三、方匠

木工活，70年代之前可分为大木和小木两类。大木是指打木船、风水车、牛水车等农具，小木则是指打床、柜、桌、椅等家具。家住燕桥里的吴甫全，以制作小木见长，他做出的家具可谓一绝。比如，做一张八仙桌，八仙桌的四只脚与脚之间连接的横档接头都是斜角，如何让斜角接头绝密无缝全靠木匠的真本领。吴甫全做出的八仙桌接缝紧密，桌子哪怕使用几十年也不会裂开。如果将吴甫全做出的家具浸在水中一昼夜，第二天捞起拆开的话，每个接头里仍是干的，不渗水滴，是为一绝。七八十年代，吴甫全在地方上名声极好，人们都争先恐后地请他做家具。

四、剃头匠

剃头（理发）是一项门面活，手艺的高低决定了发型的好坏。有技术的剃头匠能根据顾客的头型、长相来设计发型。而有这样手艺的剃头匠很少见。中华人民共和国成立前从江苏兴化到燕桥浜定居的许仁成就有这样的本事。许仁成不但头发剃得好，而且还有一项绝活——刮眼梢，即剃头匠为顾客轻轻地用剃刀来回柔刮眼两边的汗毛，这个功夫实在了得。许仁成手艺超群，服务态度一流，深得附近男士的喜欢。名师出高徒，东北村的钱宝玉得了许仁成的真传，也为当地百姓服务了一辈子。

六、大学生（本科及以上）

自 1977 年 9 月，国家恢复高考制度起，至 2020 年，燕桥浜境域共有 172 人考入全国本科院校，其中，本科生 153 人、硕士生 18 人、博士生 1 人。1981—2020 年燕桥浜境域本科及以上大学生见表 13-10。

表 13-10　1981—2020 年燕桥浜境域本科及以上大学生名录

序号	组别	姓名	性别	出生年月	学历	就学时间	就读学校
1	1	陆英芳	女	1979 年 9 月	本科	1998 年 9 月—2002 年 7 月	北京理工大学
2	1	张　菇	女	1984 年 10 月	本科	2002 年 9 月—2006 年 7 月	徐州师范大学（今江苏师范大学）
3	1	陆继明	男	1985 年 6 月	本科	2003 年 9 月—2007 年 7 月	三江学院
4	1	徐燕青	男	1985 年 8 月	本科	2004 年 9 月—2009 年 7 月	中国医科大学
5	1	孙叶青	女	1986 年 3 月	本科	2005 年 9 月—2009 年 7 月	南京信息工程大学

续表

序号	组别	姓名	性别	出生年月	学历	就学时间	就读学校
6	1	顾　敏	男	1986年5月	本科	2004年9月—2008年7月	江苏大学
7	1	杜建刚	男	1986年9月	本科	2005年9月—2009年7月	南京信息工程大学
8	1	顾　曦	男	1988年6月	硕士	2006年9月—2013年7月	南京中医药大学
9	1	赵亚芬	女	1988年9月	本科	2007年9月—2011年7月	江苏大学
10	1	孙　燕	女	1989年1月	本科	2007年9月—2011年7月	长春师范大学
11	1	顾明华	男	1989年5月	本科	2006年9月—2010年7月	南通大学
12	1	杜晓伟	男	1989年6月	本科	2014年9月—2018年7月	江苏科技大学
13	1	陆　勇	男	1989年10月	本科	2008年9月—2012年7月	江苏师范大学
14	1	赵　斌	男	1989年11月	本科	2006年9月—2010年7月	中国矿业大学
15	1	顾梦丽	女	1990年6月	本科	2008年9月—2012年7月	淮阴师范学院
16	1	陆亚萍	女	1991年7月	本科	2009年9月—2013年7月	江苏大学
17	1	赵　剑	男	1992年2月	本科	2010年9月—2014年7月	江苏理工学院
18	1	陆雨晴	女	1992年9月	本科	2011年9月—2015年7月	南京师范大学

续表

序号	组别	姓名	性别	出生年月	学历	就学时间	就读学校
19	1	杜秋婉	女	1992年9月	本科	2012年9月—2016年7月	南京医科大学
20	1	陆静怡	女	1993年5月	本科	2012年9月—2016年7月	南京体育学院
21	1	赵晓东	男	1993年7月	本科	2011年9月—2015年7月	淮阴工学院
22	1	万振宇	男	1993年8月	本科	2011年9月—2015年7月	北京航空航天大学
23	1	赵　越	女	1993年11月	本科	2012年9月—2016年7月	淮海工学院（今江苏海洋大学）
24	1	陆嘉尔	男	1994年5月	本科	2012年9月—2016年7月	南京邮电大学
25	1	顾梦霞	女	1994年5月	本科	2012年9月—2016年7月	淮阴师范学院
26	1	陆心怡	女	1994年9月	本科	2012年9月—2016年7月	江苏大学
27	1	陆静雯	女	1995年10月	本科	2013年9月—2017年7月	南京师范大学
28	1	陈锐哲	男	1995年12月	本科	2015年9月—2019年7月	南通大学
29	1	赵勤阳	男	1997年8月	本科	2015年9月—2019年7月	郑州大学
30	2	陈　建	男	1973年12月	本科	1993年9月—1997年7月	天津商业大学
31	2	陆　伟	男	1978年11月	本科	1999年9月—2003年7月	河海大学
32	2	戴明卫	男	1979年6月	硕士	2005年9月—2012年7月	上海交通大学

续表

序号	组别	姓名	性别	出生年月	学历	就学时间	就读学校
33	2	朱庆云	女	1980 年 6 月	本科	2000 年 9 月—2004 年 7 月	江苏海洋大学
34	2	陆玲玲	女	1981 年 9 月	本科	2000 年 9 月—2004 年 7 月	南京审计学院（今南京审计大学）
35	2	李月芬	女	1982 年 9 月	本科	2001 年 9 月—2005 年 7 月	中南财经政法大学
36	2	陆　娟	女	1983 年 3 月	本科	2002 年 9 月—2006 年 7 月	南京工业大学
37	2	唐静芳	女	1985 年 10 月	本科	2004 年 9 月—2008 年 7 月	南京财经大学
38	2	戴月娟	女	1986 年 1 月	硕士	2005 年 9 月—2011 年 7 月	南京大学
39	2	戴俊霞	女	1987 年 3 月	本科	2005 年 9 月—2009 年 7 月	江苏海洋大学
40	2	王晓华	男	1987 年 11 月	本科	2006 年 9 月—2010 年 7 月	盐城工学院
41	2	李　佳	男	1988 年 2 月	本科	2006 年 9 月—2010 年 7 月	南京理工大学
42	2	戴月萍	女	1988 年 7 月	本科	2006 年 9 月—2010 年 7 月	南京审计学院（今南京审计大学）
43	2	姜志龙	男	1990 年 4 月	本科	2008 年 9 月—2012 年 7 月	南京审计学院（今南京审计大学）
44	2	戴月倩	女	1991 年 3 月	硕士	2009 年 9 月—2016 年 7 月	南京大学
45	2	王丽华	女	1992 年 3 月	硕士	2010 年 9 月—2017 年 7 月	东南大学

续表

序号	组别	姓名	性别	出生年月	学历	就学时间	就读学校
46	2	陆芊妤	女	1992 年 11 月	硕士	2012 年 9 月—2019 年 7 月	中国人民大学（本科）、复旦大学
47	2	朱　艳	女	1993 年 12 月	本科	2012 年 9 月—2016 年 7 月	南京财经大学
48	2	陆宇飞	男	1995 年 2 月	本科	2013 年 9 月—2017 年 7 月	徐州医科大学
49	2	戴一纯	女	1995 年 10 月	本科	2014 年 9 月—2018 年 7 月	南京财经大学
50	2	李意超	男	1996 年 11 月	本科	2014 年 9 月—2018 年 7 月	南通大学
51	2	李思雯	女	1996 年 12 月	本科	2015 年 9 月—2019 年 7 月	南京师范大学
52	2	李冈鸿	男	1998 年 3 月	本科	2016 年 9 月—2020 年 7 月	盐城师范学院
53	2	戴逸昕	女	2000 年 8 月	本科	2019 年 9 月—	南京医科大学
54	3	陈小芳	女	1975 年 4 月	本科	1990 年 9 月—1994 年 7 月	江苏省太仓师范学院
55	3	姜戴洁	女	1985 年 7 月	本科	2004 年 9 月—2008 年 7 月	南京艺术学院
56	3	周晓华	男	1985 年 10 月	本科	2004 年 9 月—2008 年 7 月	南京医科大学
57	3	杨春艳	女	1986 年 2 月	本科	2004 年 9 月—2008 年 7 月	淮阴工学院
58	3	祝健康	男	1986 年 2 月	本科	2004 年 9 月—2008 年 7 月	江苏科技大学
59	3	顾姗姗	女	1986 年 5 月	本科	2005 年 9 月—2009 年 7 月	淮阴工学院

续表

序号	组别	姓名	性别	出生年月	学历	就学时间	就读学校
60	3	王亦莉	女	1986 年 9 月	硕士	2004 年 9 月—2011 年 7 月	合肥工业大学（本科）、东南大学
61	3	陆　雯	女	1988 年 4 月	本科	2009 年 9 月—2013 年 7 月	苏州大学文正学院（今苏州城市学院）
62	3	顾纪君	男	1988 年 9 月	本科	2007 年 9 月—2011 年 7 月	南京理工大学泰州科技学院
63	3	祝伟清	男	1988 年 12 月	本科	2006 年 9 月—2010 年 7 月	南京大学
64	3	顾　晨	男	1989 年 5 月	本科	2010 年 9 月—2014 年 7 月	武汉大学
65	3	姜戴樱	女	1989 年 11 月	本科	2009 年 9 月—2013 年 7 月	南京大学金陵学院
66	3	顾永杰	男	1995 年 5 月	本科	2014 年 9 月—2018 年 7 月	三亚学院
67	3	赵悦恺	男	1996 年 4 月	本科	2014 年 9 月—2018 年 7 月	中国人民解放军国防科技大学
68	4	封　强	男	1970 年 11 月	本科	2003 年 9 月—2005 年 7 月	中国政法大学（函授）
69	4	朱云龙	男	1975 年 5 月	本科	1994 年 9 月—1998 年 7 月	江苏理工学院
70	4	朱小龙	男	1977 年 11 月	本科	1997 年 9 月—2001 年 7 月	南昌航空大学
71	4	王文珍	女	1979 年 3 月	本科	1997 年 9 月—2001 年 7 月	南京农业大学
72	4	王　跃	男	1979 年 8 月	本科	1998 年 9 月—2002 年 7 月	同济大学

续表

序号	组别	姓名	性别	出生年月	学历	就学时间	就读学校
73	4	唐晓萍	女	1980 年 5 月	硕士	2012 年 9 月—2015 年 7 月	西华师范大学
74	4	陈　萍	女	1985 年 8 月	本科	2003 年 9 月—2007 年 7 月	江苏大学
75	4	陈　燕	女	1985 年 12 月	本科	2004 年 9 月—2008 年 7 月	常州大学
76	4	陈　凯	男	1988 年 6 月	本科	2006 年 9 月—2010 年 7 月	淮阴工学院
77	4	陈　琳	女	1989 年 6 月	本科	2007 年 9 月—2011 年 7 月	南京师范大学泰州学院
78	4	陈丽洁	女	1989 年 9 月	本科	2008 年 9 月—2012 年 7 月	淮阴师范学院
79	4	罗玉倩	女	1990 年 2 月	本科	2009 年 9 月—2013 年 7 月	南通大学杏林学院
80	4	唐晓东	男	1992 年 5 月	本科	2010 年 9 月—2014 年 7 月	江苏大学
81	4	陆志敏	男	1993 年 3 月	本科	2011 年 9 月—2015 年 7 月	南京邮电大学
82	4	梅佳星	男	1993 年 9 月	本科	2011 年 9 月—2015 年 7 月	武汉纺织大学
83	4	王晓艳	女	1995 年 11 月	硕士	2014 年 9 月—2020 年 7 月	英国爱丁堡大学
84	4	封苹娉	女	1996 年 2 月	硕士	2015 年 9 月—	英国伦敦大学
85	4	王淑莉	女	1998 年 8 月	本科	2016 年 9 月—2020 年 7 月	盐城师范学院
86	5	钱李平	男	1985 年 2 月	本科	2003 年 9 月—2007 年 7 月	淮阴工学院

续表

序号	组别	姓名	性别	出生年月	学历	就学时间	就读学校
87	5	洪衣凌	男	1985 年 4 月	本科	2004 年 9 月—2008 年 7 月	江苏工业学院（今常州大学）
88	5	强红芳	女	1985 年 6 月	本科	2004 年 9 月—2008 年 7 月	扬州大学
89	5	黄雪萍	女	1985 年 12 月	本科	2004 年 9 月—2008 年 7 月	南京航空航天大学
90	5	蒋　萍	女	1990 年 8 月	本科	2008 年 9 月—2012 年 7 月	扬州大学
91	5	徐孝伟	男	1991 年 8 月	本科	2010 年 9 月—2014 年 7 月	淮阴工学院
92	5	黄丽雯	女	1992 年 3 月	本科	2010 年 9 月—2014 年 7 月	南京理工大学泰州科技学院
93	5	巫雁青	男	1992 年 9 月	本科	2011 年 9 月—2015 年 7 月	南京理工大学
94	5	巫有丰	男	1993 年 10 月	本科	2012 年 9 月—2016 年 7 月	西安交通大学
95	5	蒋　颖	女	1995 年 6 月	本科	2013 年 9 月—2017 年 7 月	南京师范大学泰州学院
96	5	王史煜	男	1995 年 10 月	本科	2014 年 9 月—2018 年 7 月	南京师范大学泰州学院
97	5	俞文霞	女	1995 年 11 月	本科	2014 年 9 月—2018 年 7 月	宿迁学院
98	5	黄敏德	男	1995 年 11 月	本科	2014 年 9 月—2018 年 7 月	阜阳师范大学
99	6	陆益民	男	1963 年 3 月	硕士	1981 年 9 月—1987 年 7 月	苏州大学

续表

序号	组别	姓名	性别	出生年月	学历	就学时间	就读学校
100	6	俞素芳	女	1978 年 12 月	本科	1997 年 9 月—2001 年 7 月	苏州大学
101	6	陆公正	男	1981 年 1 月	博士	1999 年 9 月—2009 年 7 月	天津工业大学（本科）、苏州大学（硕士）、上海大学
102	6	戴丽萍	女	1981 年 9 月	本科	2000 年 9 月—2004 年 7 月	苏州大学
103	6	俞晨兰	女	1985 年 2 月	本科	2004 年 9 月—2008 年 7 月	中央广播电视大学（今国家开放大学）
104	6	王　静	女	1985 年 3 月	本科	2002 年 9 月—2006 年 7 月	南京财经大学
105	6	刘丽燕	女	1985 年 7 月	硕士	2004 年 9 月—2011 年 7 月	黑龙江中医药大学
106	6	张巍巍	女	1985 年 12 月	本科	2004 年 9 月—2008 年 7 月	扬州大学
107	6	朱君兰	女	1987 年 10 月	本科	2005 年 9 月—2009 年 7 月	扬州大学
108	6	俞瑛芳	女	1987 年 12 月	本科	2006 年 9 月—2010 年 7 月	中国矿业大学
109	6	陆　明	男	1987 年 12 月	本科	2005 年 9 月—2009 年 7 月	南京工业大学浦江学院
110	6	俞晓龙	男	1988 年 11 月	本科	2007 年 9 月—2010 年 7 月	南京信息工程大学
111	6	邹靖华	男	1990 年 7 月	本科	2008 年 9 月—2012 年 7 月	金陵科技学院
112	6	张　涛	男	1990 年 8 月	本科	2008 年 9 月—2012 年 7 月	南京金肯学院

续表

序号	组别	姓名	性别	出生年月	学历	就学时间	就读学校
113	6	邵　杰	男	1992 年 10 月	本科	2011 年 9 月—2015 年 7 月	南京审计大学
114	6	邹怡莹	女	1993 年 3 月	本科	2012 年 9 月—2016 年 7 月	苏州科技大学
115	6	徐懿佳	男	1993 年 3 月	本科	2012 年 9 月—2016 年 7 月	南昌理工学院
116	6	朱孝君	男	1993 年 6 月	本科	2011 年 9 月—2015 年 7 月	江西师范大学
117	6	朱孝明	男	1993 年 6 月	本科	2011 年 9 月—2015 年 7 月	福建医科大学
118	6	俞宝珠	女	1996 年 7 月	本科	2014 年 9 月—2018 年 7 月	南京晓庄学院
119	7	褚建刚	男	1979 年 5 月	本科	1999 年 9 月—2003 年 7 月	天津理工大学
120	7	褚晓明	男	1987 年 9 月	本科	2006 年 9 月—2010 年 7 月	南通大学
121	7	陈　雷	男	1988 年 4 月	本科	2007 年 9 月—2011 年 7 月	中国矿业大学
122	7	杜　靖	男	1989 年 6 月	本科	2007 年 9 月—2011 年 7 月	徐州医科大学
123	7	朱启桢	男	1991 年 8 月	本科	2009 年 9 月—2013 年 7 月	常州大学
124	7	杜　翼	女	1992 年 1 月	本科	2010 年 9 月—2014 年 7 月	天津财经大学
125	7	朱　晨	女	1993 年 5 月	本科	2011 年 9 月—2015 年 7 月	盐城师范学院

续表

序号	组别	姓名	性别	出生年月	学历	就学时间	就读学校
126	8	阮益群	女	1981 年 9 月	本科	2000 年 9 月—2006 年 7 月	南京师范大学
127	8	王春华	男	1987 年 2 月	本科	2007 年 9 月—2011 年 7 月	苏州大学
128	8	魏雅婷	女	1987 年 11 月	本科	2006 年 9 月—2010 年 7 月	江苏警官学院
129	8	沈敏晨	男	1988 年 2 月	本科	2006 年 9 月—2010 年 7 月	三江学院
130	8	许铱轩	女	1988 年 9 月	本科	2007 年 9 月—2011 年 7 月	南京大学金陵学院
131	8	沈　懿	女	1988 年 10 月	本科	2006 年 9 月—2010 年 7 月	南京审计大学
132	8	沈　琪	男	1990 年 6 月	本科	2008 年 9 月—2012 年 7 月	淮阴工学院
133	8	殷汉波	男	1991 年 2 月	本科	2009 年 9 月—2013 年 7 月	南京理工大学泰州科技学院
134	8	阮晨希	女	1991 年 5 月	本科	2009 年 9 月—2013 年 7 月	南京师范大学泰州学院
135	8	黄　燕	女	1991 年 12 月	本科	2010 年 9 月—2014 年 7 月	南通大学
136	8	沈　晨	男	1992 年 5 月	本科	2010 年 9 月—2014 年 7 月	南京理工大学泰州科技学院
137	8	沈心怡	女	1992 年 12 月	本科	2011 年 9 月—2015 年 7 月	苏州科技大学
138	8	周宇峰	男	1994 年 8 月	本科	2012 年 9 月—2016 年 7 月	盐城工学院

续表

序号	组别	姓名	性别	出生年月	学历	就学时间	就读学校
139	8	阮旭东	男	1996 年 2 月	本科	2014 年 9 月—2018 年 7 月	扬州大学
140	9	颜祖良	男	1966 年 7 月	本科	1985 年 9 月—1989 年 7 月	南京工业大学
141	9	王小琴	女	1970 年 11 月	硕士	1998 年 9 月—2001 年 7 月	华东师范大学
142	9	宋何娉	女	1981 年 9 月	本科	2000 年 9 月—2004 年 7 月	南京审计学院(今南京审计大学)
143	9	颜文燕	女	1981 年 10 月	本科	1999 年 9 月—2003 年 7 月	苏州科技大学
144	9	王　燕	女	1985 年 3 月	硕士	2006 年 9 月—2012 年 7 月	哈尔滨商业大学
145	9	周文斌	男	1985 年 5 月	硕士	2003 年 9 月—2010 年 7 月	南京邮电大学（本科）、华东政法大学
146	9	宋立峰	女	1985 年 8 月	本科	2004 年 9 月—2008 年 7 月	南京中医药大学
147	9	宋美娟	女	1985 年 11 月	本科	2004 年 9 月—2008 年 7 月	河海大学
148	9	王景峰	男	1986 年 3 月	硕士	2015 年 9 月—2018 年 7 月	南京医科大学
149	9	宋　庆	男	1986 年 8 月	本科	2004 年 9 月—2008 年 7 月	常州工学院
150	9	季文雅	女	1987 年 9 月	本科	2005 年 9 月—2009 年 7 月	南京工程学院
151	9	顾春光	男	1987 年 10 月	本科	2006 年 9 月—2010 年 7 月	新西兰奥克兰大学

续表

序号	组别	姓名	性别	出生年月	学历	就学时间	就读学校
152	9	颜文龙	男	1988 年 5 月	硕士	2006 年 9 月—2012 年 7 月	苏州大学
153	9	颜岳秋	男	1989 年 9 月	本科	2007 年 9 月—2011 年 7 月	南京工业大学
154	9	周有峰	男	1991 年 12 月	硕士	2012 年 9 月—2019 年 7 月	南京中医药大学
155	9	王　洁	女	1993 年 3 月	本科	2010 年 9 月—2014 年 7 月	泰州学院
156	9	王依雯	女	1994 年 11 月	本科	2012 年 9 月—2016 年 7 月	江苏理工学院
157	9	颜如玉	女	1994 年 12 月	本科	2012 年 9 月—2016 年 7 月	南京财经大学
158	9	颜佳丽	女	1995 年 6 月	本科	2013 年 9 月—2017 年 7 月	南京师范大学
159	9	颜　铭	女	1996 年 6 月	本科	2014 年 9 月—2018 年 7 月	扬州大学
160	9	曾怡颖	女	1998 年 5 月	本科	2015 年 9 月—2019 年 7 月	苏州大学
161	10	钱小良	男	1967 年 11 月	本科	1985 年 9 月—1989 年 7 月	南京航空航天大学
162	10	钱　锦	男	1981 年 9 月	本科	1999 年 9 月—2003 年 7 月	扬州大学
163	10	朱春艳	女	1986 年 3 月	本科	2005 年 9 月—2009 年 7 月	南京工业大学
164	10	朱　萍	女	1987 年 10 月	本科	2005 年 9 月—2009 年 7 月	南京晓庄学院

续表

序号	组别	姓名	性别	出生年月	学历	就学时间	就读学校
165	10	朱　艳	女	1988 年 4 月	本科	2006 年 9 月—2010 年 7 月	南京医科大学
166	10	周斯雯	女	1993 年 8 月	本科	2011 年 9 月—2015 年 7 月	江苏理工学院
167	10	杜春华	男	1994 年 3 月	本科	2013 年 9 月—2017 年 7 月	徐州工程学院
168	10	朱霖莉	女	1995 年 8 月	本科	2013 年 9 月—2017 年 7 月	南通大学
169	10	林　婕	女	1996 年 7 月	本科	2013 年 9 月—2017 年 7 月	扬州大学
170	10	朱　叶	女	1996 年 10 月	本科	2015 年 9 月—2019 年 7 月	宿迁学院
171	10	林嘉宜	女	1998 年 7 月	本科	2016 年 9 月—2020 年 7 月	浙江万里学院
172	10	朱文龙	男	1998 年 8 月	本科	2016 年 9 月—2020 年 7 月	江苏师范大学

第四节　荣　誉

一、集体荣誉

1997—2020 年，燕桥浜村上下一致、同心同德，持续开展精神文明创建、人居环境创建等活动，取得了丰硕的成果，先后获得了“江苏省文明村”“江苏省卫生村”“昆山市精神文明先进村”“昆山市农村精神文明建设特色村”“苏州市生态村”等殊荣。1997—2020年燕桥浜村荣誉见表13-11。

表13-11　1997—2020年燕桥浜村荣誉一览表

序号	获奖年份	荣誉名称	荣誉等级	颁奖机构
1	1997—1998	江苏省文明村	江苏省	江苏省精神文明建设指导委员会
2	1998	江苏省卫生村	江苏省	江苏省爱国卫生运动委员会
3	2000	昆山市村民自治模范村	昆山市	昆山市民政局
4	2005	昆山市农村精神文明建设先进村	昆山市	昆山市精神文明建设委员会
5	2005	第一次全国经济普查先进集体	昆山市	昆山市经济普查领导小组
6	2007	昆山市民主法治示范村	昆山市	昆山市依法治市领导小组
7	2007	昆山市全民健身优秀健身团队——燕桥浜门球队	昆山市	昆山市体育局
8	2007	全市关心下一代工作“五有五好”先进单位	昆山市	昆山市关心下一代工作委员会
9	2008	江苏省生态村	江苏省	江苏省环境保护委员会
10	2009	昆山市农村精神文明建设特色村	昆山市	昆山市精神文明建设委员会
11	2009	苏州市生态村	苏州市	苏州市生态建设领导小组办公室
12	2009	民主法治村	苏州市	苏州市依法治市领导小组办公室、苏州市司法局、苏州市民政局
13	2010—2011	苏州市公共文化服务示范村	苏州市	苏州市文化广电新闻出版局

续表

序号	获奖年份	荣誉名称	荣誉等级	颁奖机构
14	2010	昆山市人民调解工作先进集体	昆山市	昆山市司法局
15	2011	2010 年度昆山市土地执法示范村	昆山市	昆山市国土资源局
16	2011	苏州市建设社会主义新农村示范村	苏州市	中共苏州市委、苏州市人民政府
17	2011	江苏省机关团体企业事业单位档案工作规范二星级标准	江苏省	江苏省档案局
18	2012	2010—2012 年度人民调解工作先进集体	昆山市	昆山市司法局
19	2012	2011 年度昆山市土地执法示范村（社区）	昆山市	昆山市国土资源局
20	2012	江苏省卫生村	江苏省	江苏省卫生厅
21	2013	苏州市规范化村（社区）人民调解委员会	苏州市	苏州市人民政府
22	2013	2012 年度社会矛盾纠纷调处工作先进集体	昆山市	中共昆山市委、昆山市人民政府
23	2013	江苏省民主法治示范村	江苏省	江苏省依法治省领导小组
24	2013	先锋村	苏州市	中共苏州市委
25	2013	优秀健身站点——燕桥浜村健身站点	昆山市	昆山市体育局
26	2014	学习型党组织	昆山市	昆山市社区教育办公室
27	2014	江苏省社会主义新农村建设示范村	江苏省	中共江苏省委农村工作领导小组
28	2015	昆山市村庄环境长效管理先进村	昆山市	昆山市村庄环境长效管理领导小组办公室

续表

序号	获奖年份	荣誉名称	荣誉等级	颁奖机构
29	2017	昆山市全民建设优秀健身团队——燕桥浜门球队	昆山市	昆山市体育局
30	2018	2017 年度文明村	昆山市	昆山市精神文明建设委员会
31	2018	昆山市新农村文化设施标准化建设达标单位	昆山市	昆山市文化局
32	2019	昆山市农村人居环境整治 6 月份红榜自然村——田垛自然村	昆山市	昆山市农村人居环境整治工作联席会议办公室
33	2019（再次获得）	昆山市农村人居环境整治红榜村	昆山市	昆山市农村人居环境整治工作联席会议办公室
34	2019	昆山市农村人居环境整治 10 月份红榜自然村——田垛自然村	昆山市	昆山市农村人居环境整治工作联席会议办公室
35	2019	2019 年度昆山市美丽宜居乡村——燕桥浜自然村、潘家桥自然村	昆山市	昆山市住房和城乡建设局
36	2019	2019 年度苏州市农村人居环境整治工作示范村	苏州市	中共苏州市委农村工作领导小组、苏州市农村人居环境整治办公室
37	2019	昆山市农村人居环境整治第六期红榜自然村——燕桥浜自然村	昆山市	昆山市农村人居环境整治工作联席会议办公室
38	2020	昆山市农村人居环境整治第二期行政村红榜	昆山市	昆山市农村人居环境整治工作联席会议办公室
39	2020	2019 年度昆山市三星级康居乡村——燕桥浜自然村、潘家桥自然村、田垛自然村	苏州市	苏州市美丽村庄建设办公室

续表

序号	获奖年份	荣誉名称	荣誉等级	颁奖机构
40	2020	昆山市农村人居环境整治2020年第二期红榜自然村——燕桥浜自然村	昆山市	昆山市农村人居环境整治工作联席会议办公室
41	2020	2019年十佳农村人居环境整治示范村	昆山市	中共昆山市委、昆山市人民政府
42	2020	昆山市农村人居环境整治2020年第三期红榜自然村——潘家桥自然村	昆山市	昆山市农村人居环境整治工作联席会议办公室
43	2020	昆山市农村人居环境整治2020年第一期红榜行政村	昆山市	昆山市农村人居环境整治工作联席会议办公室
44	2020	2020年昆山市美丽乡村——燕桥浜自然村	昆山市	昆山市农业农村局
45	2020	昆山市农村人居环境整治2020年第二期红榜行政村	昆山市	昆山市农村人居环境整治工作联席会议办公室
46	2020	“无黑”（村）社区	昆山市	昆山市扫黑除恶专项斗争领导小组办公室

二、个人荣誉

1953—2020年，燕桥浜境域先后有15人次分别获得江苏省、苏州市、昆山市各类荣誉。1953—2020年燕桥浜境域个人获奖情况见表13-12。

表13-12 1953—2020年燕桥浜境域个人获奖情况一览表

序号	姓名	年份	荣誉名称	荣誉等级	颁奖机构
1	陆永泉	1953	三等功（4次）	工兵第三团	中国人民志愿军后勤勤务五分部
2	杜双生	1954	三等功	工兵第三团	中国人民志愿军后勤勤务五分部

续表

序号	姓名	年份	荣誉名称	荣誉等级	颁奖机构
3	阮金荣	1969	“五好”战士	沈阳军区（今属中国人民解放军北部战区）	中国人民解放军沈阳军区政治部
4	陆阿巧	1977	“三八”红旗手	昆山县	中共昆山县委
5	陆阿巧	1978—1979	先进工作者	昆山县	中共昆山县委
6	陆阿巧	1980	昆山县劳动模范	昆山县	昆山县人民政府
7	沈根良	1986	三等功	成都军区（今属中国人民解放军西部战区）	中国人民解放军成都军区第九侦察大队政治处
8	陈水泉	1990	昆山市“菜篮子工程”先进个人	昆山市	昆山市人民政府
9	陈水泉	1992	昆山市蔬菜副食品生产和供应先进个人	昆山市	昆山市人民政府
10	黄月芬	2003	苏州市人口与计划生育先进个人	苏州市	苏州市人民政府
11	陆建珍	2012	江苏省人口抽样调查和劳动力调查先进个人	江苏省	江苏省统计局
12	褚永明	2013	昆山市农村教育突出贡献奖	昆山市	昆山市人民政府
13	陆建珍	2018	第三次全国农业普查优秀工作者	苏州市	苏州市统计局
14	戴　亮	2020	昆山市乡村治理先进个人	昆山市	昆山市委办公室、市政府办公室
15	褚　华	2020	基层优秀河长	苏州市	苏州市全面深化河长制改革工作领导小组

第十四章　村民忆事

历史是一条长河，许多的人和事似流水一样漂向远方，淡出人们的视野一去不返。但也有一些人和事沉淀了下来，留在了人们的脑海深处，成为今天的回忆。燕桥浜村志资料采集组深入百姓，采访“五老”人员，获得第一手有关燕桥浜村的历史故事、生活故事、传说故事、“村级第一”等史料及传统的生产生活用具等资料，翔实的资料真实地反映了燕桥浜人在不同年代的精神面貌和生产生活情景。

第一节　村事忆往

一、抗日碉堡群

1937年，日军从上海吴淞江口向西进攻危及南京，在境域（潘家桥自然村）沿直通港修筑4座碉堡。据居住在潘家桥自然村的老人回忆：是年6月22日，10多名抗日士兵来到潘家桥自然村测绘、打桩、动土，修筑碉堡，至10月中旬竣工。1号碉堡建在娄江与直通港交界处，碉堡方向朝东北，枪口对准娄江。2号碉堡设在距1号碉堡南600米的潘家桥自然村中心，枪口对准直通港。3号碉堡建在距2号碉堡550米的村南端，枪口对准直通港和沧泾河。4号碉堡建在3号碉堡西南方400米处，枪口对准沧泾河和界浦河。4座碉堡连成一条防御线。碉堡的结构、形状大致相同：正面为椭圆形，碉堡高2.5米、直径2.6米、墙厚0.25米，完全由钢筋水泥混合铸成。背面门框长1.3米、宽0.7米，并安装0.05米厚的铁门。每座碉堡各设3个枪口，枪口为长方形，外径长0.44米、高0.22米，内径长0.2米、高0.18米。

碉堡旧址（2020年，褚永明摄）

是年11月12日，日军占领上海，次日路过潘家桥自然村，碉堡群防线因故未用。1978年，1号碉堡在拓宽娄江时被推土埋没，其余3座碉堡留存至今。

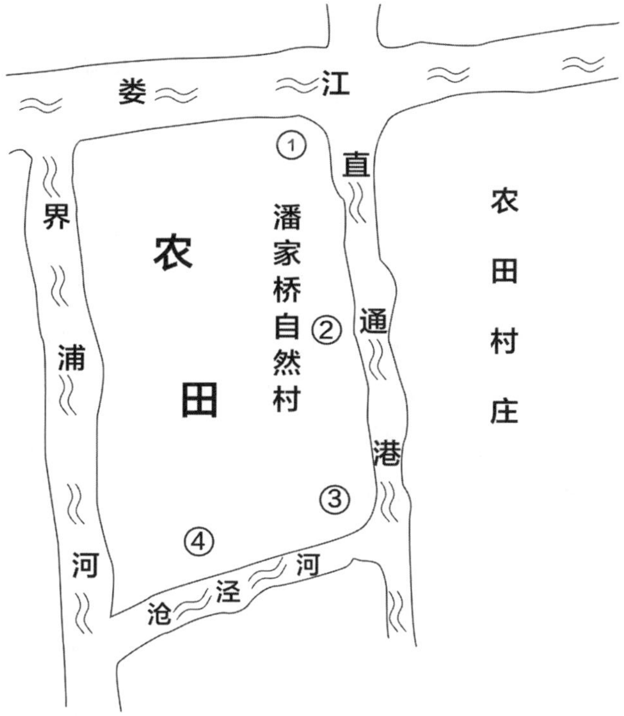

碉堡位置示意图（2020 年，褚永明绘）

注：图中○表示碉堡位置，数字是碉堡编号。

二、日军祸村

1937 年，日军侵华。当年深秋，日寇在燕桥浜境域犯下滔天罪行。

据现年 87 岁的褚阿招回忆：听长辈说，她（褚阿招）当时 3 岁，日寇进入里港自然村（今燕桥浜村第 7 村民小组），百姓闻声，惊恐出逃，她的母亲带着 3 岁的她随乡亲一起逃向村西的荒田里。这时日寇对着人群发射炮弹，人们闻声急忙卧倒或扑在泥堆背面。她的母亲因怀孕快足月卧身不得，被飞来的流弹击中，当场身亡。

黄潭自然村（今燕桥浜村第 8 村民小组）张招妹的丈夫张阿水是当年村自卫团成员。一天，日寇正从东至西追击中国抗日军队，路过黄潭时，发现张阿水，将其抓住后投入黄潭港。张阿水几次游至岸边，却被日寇用竹竿戳到河心。几次反复后，张阿水被活活淹死。

境域四保里（今燕桥浜村第 1 村民小组）也曾遭受日寇侵袭。日寇来时，村民闻风而逃，有的从小路走，有的摇船从水上逃。陆坤生摇着小木船，带全家逃往姜巷村的白方里。不料在航途中被日寇发射的炮弹击中，小木船船头被炸，他本人的一只左手被炸伤，血肉模糊。陈坤生当场就不省人事，万幸的是保住了性命。

三、帮助解放军送物资

1949年4月下旬（昆山解放前）的一个上午，6名解放军战士手提肩扛物资向外泾自然村（今燕桥浜村第6村民小组）走来，到村北口歇脚。其中一位班长模样的军人走向村里寻找百姓。当时，村上百姓面呈胆怯之色。这位班长态度和蔼地告诉大家："我们是中国人民解放军的通信兵，要去上海黄渡执行任务，恳请父老乡亲帮我们运送通信物资。"在场的人低声小议一会，朱爱福、王金泉、陆金泉等4人挺身而出，主动报名。4人动用2条木船，将解放军的通信器材全部搬上船。每条船上各乘坐3名解放军战士，一齐出发。一路上，军民们有说有笑亲如一家，战士们还帮着摇船。黄昏，到达目的地，朱爱福等人帮着卸完物资。临别之时，解放军战士拉着他们的手千谢万谢，还掏出钱币答谢，可是朱爱福他们说什么也不要，坚称："帮助解放军做事是我们老百姓应该做的。"等他们返回外泾时，已是拂晓时分。

四、军事化管理

1958年，东北高级社、明星高级社分别成立东北大队和明星大队。东北大队书记阮阿本，明星大队书记杜林桂。2个大队合并为第四营，营长杜林桂，营教导员阮阿本。同时，以自然村为单位设连，东北大队的连长分别是徐水根、王根梅、徐阿炳、王腊狗、毛阿三，明星大队的连长分别是杜林生、陆汉生、赵根生、陆国良、朱引生、周小娘、王阿二、王林生、强洪元。各项管理完全采取军事化管理，开展劳动竞赛、集体评比。被评为优秀的插红旗，被评为中等的插黄旗或绿旗，最差的插黑旗。根据上级指示精神大炼钢铁，每家每户上缴钢铁类的物件，社员搭起小高炉炼钢，炼出些铁砟。社员进食堂吃饭。东北大队食堂办在黄潭自然村沈天生家，食堂会计为王关泉、俞元生、陈仲坤、杜阿根等；明星大队的食堂会计为杜阿三、田保根、杜炳生等。当时流传"放开肚皮吃饭、鼓足干劲生产”，亦有“鼓足干劲，力争上游，多快好省建设社会主义”之说，每亩产量上报到上万斤，所以又有“人有多大胆，地有多大产”之说。

五、开办畜牧场

畜牧场是特定社会背景下的产物。1958 年年初，正仪人民公社在燕桥浜开办畜牧场，地址选在现新城路与中华园西路交叉口的西南方。

办公室及牲口舍建成“7”字形，朝南向阳 10 余间，连着正房朝东转头 8 间，建筑面积约 320 平方米。场长景水根，副场长邓招泉，副业主任周宗福，养殖人员有 20 多人。畜牧场主要开设哺坊，培育家禽幼仔。田垛自然村作为饲养羊的基地，将域内原住着的二三十户人家分别安排到直通、燕桥浜自然村居住。畜牧场饲养规模最大时，最多的存栏量有三四百只。几年后，存栏量逐渐减少，畜牧场于 1962 年秋停办。

六、摆渡船

燕桥浜境域水网密布，河流纵横交错。中华人民共和国成立前后，各村庄人员出行全靠船穿村过江。燕桥浜境域地处娄江南岸，娄江南岸的人去正仪、昆山都得用船。横港自然村（今燕桥浜村第 9 村民小组）紧靠娄江南岸，1958 年开设渡口，为百姓过娄江提供摆渡服务。主渡口设在娄江南岸、黄潭港西岸的交界处，并搭建小瓦屋 1 间，供摆渡工食宿。在黄潭港东岸（今大众村）和娄江北岸建渡口码头，形成三角形渡口线路。第一位摆渡工是横港自然村的颜根生，他为人和善、服务热情。即使夜深归宿的过客，只要一声大喊，他都会起身开船。当时的渡船，长约 6 米、宽约 2 米，平头平梢，宽身平底。船舷外装保护栏，船舷两侧装平板供坐，后

摆渡船（2020 年，褚永明绘）

船艄搭个凉棚。船工每天凭着一支木橹、一根竹篙，来回穿梭在150米宽的娄江上，运送来往过客。1974年，娄江正仪段造起新城大桥，用船渡河的历史结束。

七、结婚形式

走婚 70年代，境域内大力提倡"破四旧，立四新""节约闹革命"，婚丧喜事从简。

走婚，就是男女双方订好结婚日期后，男方请同村的一帮好兄弟，饭后不用船、不用轿，走到女方家迎亲。迎亲队伍在15人左右，既不带彩礼，也不托盘，只是带着打击乐器。走在迎亲队伍最前面的小伙手捧毛泽东像镜框，紧随其后的手举五星红旗，再下来的是双人提鼓，后面是击鼓手，接下来是敲锣手和铙钹手。队伍中间是新郎，之后是其他迎亲人员。当迎亲队伍走到村口时，乐手就开始敲锣打鼓，"咚咚呛，咚咚呛，咚呛咚呛咚咚呛"。迎亲回来时，女方的嫁妆包括挑泥用的土大（装泥的工具）、扁担，收割用的镰刀。到男方家后，没有仪式和排场，只有八菜一汤的晚宴。

集体婚礼 产生于70—80年代，由大队领导为同日结婚者举行结婚仪式。境域内自推行走婚后，结婚形式又有了新变化，即大队妇女主任统计好当年要结婚的对数，确定结婚日期，集中在大队部为新郎新娘举行集体婚礼。时间一般安排在10月1日或稍后几天中（农闲时间）的下午，地点设在大队部。仪式现场上面设有主席台，台中间是毛主席像，两侧是五星红旗，大队书记、副书记、妇女主任等就座于主席台。一对对新郎新娘于台下就座，后面坐新郎新娘的陪同人员及亲戚和看热闹的人。婚礼仪式开始，由大队副书记主持开场，书记和妇女主任讲话，宣读结婚者名单，请新郎新娘分别上台，大队领导为新郎新娘佩戴大红花，最后新郎新娘各1人上台做表态发言。婚礼在掌声中结束。

八、"三业"兴旺的样板大队

70年代中后期至80年代，明星大队有土地2 818亩，本着种到头、种到边、寸土不荒的原则，除留足秧田等地之外，双季稻种植面积达80%。社员们起早贪黑积肥料，精耕细作夺高产，农业产量连年获得正仪人民公社第一名，被列为正仪人民公社农业样板大队。1979年，明星大队的油菜单产超150公斤，小麦单产达300公斤，水稻单产达500公斤以上，获江苏省省长惠浴宇颁发的“油菜生产先进集体”称号。明星大队同时积极发展工副业生产，办起粮食饲料加工厂、袜子厂和拉链厂。每个生产队都种养蘑菇、开辟蔬菜基地，每个生产队都有1—2条运输船进行运输创收。明星大队“三业”兴旺，连年被评为“昆山县农业先进集体”。

九、禁鳝篮

赵凤鸣，南港自然村（今燕桥浜村第1村民小组）人，生于清朝末年。民国年间曾任陆度（旧时辖东北、明星、团结、大众、同心、群北、群南）小乡长。他办事公正，很受当地人尊敬，庄上邻里出现纠纷，都要请赵凤鸣到场调解。

有一年，渔民们为捕泥鳅、黄鳝，到田头河边张（“安装”的意思）鳝篮（捕泥鳅、鳝鱼的器具）。因鳝篮用竹篾制成，放入水中要浮起来，所以要用泥压住。渔民们挖泥损坏了河岸、田岸，使稻田失水，严重的地方河岸坍塌。百姓把这事反映给赵凤鸣，请求他出面解决此事。赵凤鸣请南星渎大律师陆东豪，坐船前往南京打官司。之后官司打赢，禁止渔民在河边、田间张鳝篮。赵凤鸣和陆东豪回来后发动村民，将渔民张下的鳝篮统统拿到空地，点火集中销毁。从此，南港自然村一带再未出现用鳝篮捕捉泥鳅、黄鳝的现象。

十、烧闷膛

六七十年代，生产队有老牛生病，经人民公社兽医几次医治都无效，同意屠宰。

屠宰结束，切块分肉。队长指派2—3人烧闷膛。被派到的人员把牛骨、脚爪、牛头、牛杂等一齐放入临时砌成的直径1.2米的大铁锅里焖烧。铁锅上套上直径与铁锅相同、高约80厘米的木桶盖帽。从中午一直烧到半夜时分，差不多烧熟。男社员陆续齐聚公场，一边吃着碎肉，一边说古谈今。其余烧至次日上午的熟膛和牛杂一起按人头分称给社员。

十一、稻草

90年代之前，境域有耕地5 263.2亩，大部分农田种植水稻，每年产生大量稻草。农民在生产、生活等方面充分利用稻草资源。

（一）生活方面

稻草是农户的主要燃料。农户四季做餐都用稻草作为燃料。稻草可以用来盖房子和保暖，个别人家冬天买不起棉胎，就用稻草垫在床板上保温。稻草还可以用来搓绳子，扎米库、饭库，做草鞋、蓑衣，扎扫帚、困窠（婴幼儿睡觉用）等。

冬天稻草房吹不进寒风，比较暖和；夏天屋面稻草盖得厚，太阳晒不进，屋内比较阴凉。草房造价便宜，房子框架用粗毛竹（少数人家用木料），百十来元就够了，屋面就用自己家田里产的稻草。因此，住草房的人家每年都要将屋面稻草拆了重新盖。

盖草房是一项技术活。盖草房前几天，要做好准备：把稻草（也有人家用麦秆）初步精选一遍，选去柴壳，再捆整齐；还要准备踏沿竹的草绳。选一个晴朗天气开始盖草房。一般盖3间草房用3个技工、3个小工，早上动工，到下午5点能完工。盖草房的方法是：从下面沿口开始，把稻草一层铺平。先用竹头压紧稻草梢，然后用竹扦从上面插到反面，由下面人用稻草绳一头绕住下面的船篙竹，串到竹扦眼里。等到下面的人说声“好”，上面的人用力一拔，把绳头拔上，再在竹头上打个结。以此类推，到屋顶结束。

（二）生产方面

在农业生产方面，稻草也有广泛运用。首先，稻草可以用来作为肥料。罱泥时，多用稻草和稻草壳作为拌料。其次，它可以作为牛、猪饲料，养猪时用稻草垫入猪圈，为猪保干保暖，成了猪窠，还可用作有机肥料。另外，稻草还可以编牛路（牛车打水时铺在牛车四周以保护牛脚和地基）、打拖泥索、打柴扇、编草莲、盖房子等。

（三）工业方面

稻草是造纸的好原料。当时每个生产队扣除集体和社员用柴之外，将多余稻草卖给国家。稻草还可以作为家庭副业的生产原料，将稻草洗尽、打软用来搓绳，每斤手搓 7—8 分钱；用来编草包，每只草包可卖 0.22—0.3 元；用来踏绳，制成成品后卖给正仪供销社，以补贴家庭收入。

（四）稻草保存

稻草是农家宝，保管很重要。秋收之后，稻草大量上市，为了防止雨季腐烂，农民们将稻草晒干后叠起来，俗称“柴罗”。集体用柴量大，柴罗须叠得大些。一般一个大的长方体稻柴罗可以叠 10 亩地的稻草。叠稻草要请有经验的老农民，将稻草一层压一层地叠起来，由下而上。垒至 4—5 米高时，开始逐步收缩，称“结顶”。结好顶之后，再用稻草盖好，扎紧防止风吹雨打。分到农户家中的稻草，可以根据自家场地大小而定。有的垒成柴尖，既长又窄；有的垒成方形或圆形。当然，柴罗小，通风透气性好，保存的稻草质量更好。

十二、翻船

船，有它的悠久历史。境域内各个自然村生产队均有大小不等的 5—8 条木制农船。农船是农民积肥的主要帮手。无论是去上海装运垃圾、倒酱糟，还是去苏州拖黑泥或是到阳澄湖扎泥草，在内河罱泥、捞拌头（和河泥的拌料）、运粮、运物都离不开农船。农船还是出行的主要交通工具。农民出行全靠乘船，如外出治病、走亲访友或置买货物都离不开它。每年夏收结束，集体摇船去正仪镇粮管所涛油，全自然村一户一人，准备盛油的器皿。也有的带上孩子乘着农船上街。

1976 年之后，出现水泥船。因水泥船无需修理，被广泛使用，木制农船渐渐淘汰。1983 年，实行家庭联产承包责任制，特别是农村实行规模经营之后，村域内已不再用农船积肥，人们出行主要用自行车、摩托车、汽车，农船完成使命。但在老一代农民的心中，船的作用是抹不去的。

帆船（2020 年，褚永明绘）

农村“四夏”农忙完成之后，生产队要对集体生产设备设施进行一次整修，特别是农船，因为农船是队里积肥、运肥、装运物资等的主要水上工具。趁着空闲期，将队里所有的木船轮流运上岸，进行一次年度维修保养。

把载重量在 5 吨左右，长 9 米、宽 2.5 米的大木船，从河里抬到岸上进行维修，有一系列程序。选择天气晴朗的中午，十来个青壮年先把船上的平基（用木料做成的）等船具清理搬走，然后把船移至河中心。由两人分别在船头前梁和船尾后梁的龙骨眼与橹浜的响圈处，分别系上 4 根麻绳，然后抓住绳索头，众人像拔河一样分站、扯住绳索。所有人同时前冲后退，反复几次后，随着船体的极力摇晃倾斜，依靠绳索的牵引，使船体倾斜到一定的角度后，翻船人员随着号令，一鼓作气把船体扯直到超过 90 度角，使船倾覆在水面上。翻船的人有的掉入水中；有的随着船底的边沿，快速爬到船底中央，站立于船底之上。一连串紧凑麻利的动作赢得了岸上男女老少的一阵喝彩。

十三、土圆囤

1971 年，东北大队、明星大队 2 个大队的革委会响应“深挖洞、广积粮”的号召，为了储备稻谷，各生产队均建造土圆囤 1—2 个。每个土圆囤能储备稻谷 1 万—2 万斤。

土圆囤的建造比较简单，参照古人塘泥灶的方法进行。将泥土敲细成颗粒甚至粉末状晒干。施工时，为泥土加水，用铁搭反复搅拌，使其泥泞、有黏劲。再将干稻草放入黏泥中搅拌，使稻草沾满黏泥。然后捞出稻草，一层层叠起来。再在叠起的毛糙的泥壁上涂上黏泥，用手糊平，既使泥壁光滑，又能防水。土圆囤的大小根据地形而定，一般土圆囤的直径在 5—6 米，高 3 米余。建造时，为土圆囤底部留 1 米宽、1.8 米高的门，上部留 4 个 30 厘米的正方形窗口，为储存的稻谷通风透气。经过几个月的风吹日晒，待泥壁干透，方可储粮。

秋粮上市时，经晒干达标，才可以运入土圆囤。在稻谷入囤之前，要在囤的底部垫上稻草、稻草片，为谷物防潮。稻谷入囤时，全靠人工一挽子一挽子的掮入。稻谷每倒入一层，就在门口上一块木板。就这样，层层加入稻谷，一直到土圆囤上沿。

稻谷装满囤后，要为土圆囤加盖。在加盖前，先要将囤内稻谷领尖，再用稻草一层层盖起来，决不能漏水，以确保储粮安全。

十四、“双抢”大忙

“双抢”，即抢收双季早稻、抢种双季晚稻。抢收早稻，可以空出田来及时插上双季晚稻，而收割早稻、插下晚稻两项活必须在22天内完成，否则会造成双季晚稻严重减产，甚至颗粒无收。为了完成收和种两大农活，农民们必须起早贪黑、挑灯夜战。

从1968年试种双季稻到1971年大规模种植双季稻（种植面积最多的明星大队达水稻种植总面积的80%），劳动力异常紧缺，因为双季早稻成熟期一般在7月18日，而双季晚稻必须在立秋前移栽完成，最迟不得超过8月10日，如果超时移栽，水稻受寒露影响，将不长谷。因此，农活集中，时间紧、任务重。一到7月中旬，“双抢”大忙就要全面开始了。

首先是抢收割，抢脱粒，抢粮食入库。每个生产队的队长都灵活利用劳动力，合理安排农活。一般凌晨和傍晚割稻，中饭后抢收。队员们对收到场上的早稻不分昼夜地脱粒，及时扬净、晒干脱粒下来的稻谷，及时售出。

早稻抢收完毕的田块及时翻耕、耙平。拖拉机手往往通宵达旦，平整好的农田由妇女及时插秧。当时有口号：“上午一片黄，下午一片绿。”意思是：上午田里还是黄澄澄的成熟水稻，转眼到下午变成了绿油油的双季晚茬稻苗。

“双抢”期间，正值盛夏，高温是农民们必须熬过的坎。烈日下，男社员们在早稻田岸上来回穿梭收稻；在公场上，头顶烈日脱粒，人人大汗淋漓。妇女们插秧时，脚下水温高达50度，背朝烈日，面对烫得熏人的水面，个个汗如雨下。

因种植双季稻成本高、米质差，至80年代初境域内停种。

十五、吃缸宴、看电影、听广播

六七十年代，农村物资匮乏，百姓的精神食粮难以得到满足。只有在过春节，才能喝年酒，携儿带女回娘家。春节，村民必做的事情是蒸糕，为讨个好口彩，图来年福星高照。有的生产队过年前会抽干小河浜，捕些杂鱼给每家分些。生活好的人家杀只年猪、腌些腊肉。富裕的生产队杀几头猪，分点肉给社员。

吃缸宴 是生产队不固定的“节日”。队里杀牛或杀老母猪，每家会出一名男性去公场，用队里烧茶的大铁锅煮熟，男人们嚼骨喝汤，享受一番。

看电影 当时，农村普遍流行看电影和看戏。以革命样板戏为主要演出节目，《红灯记》《沙家浜》《智取威虎山》为必选节目。再就是各类歌舞节目，锣鼓铿锵、红绸飞舞。电影片有《地道战》《地雷战》《南征北战》《列宁在十月》《列宁在1918》《艳阳天》《决裂》《创业》等。放电影给村与村的男女青年提供了碰面机会。每当傍晚，看电影的男青年们就身穿新衣裳，弄个小分头，袋藏手电筒。女青年们会擦上雪花膏，揣上南瓜子等直奔放映场而去。

听广播 是那时的主流文化。有线广播上通下达，是农民获得各类信息的重要渠道。国事家事、革命歌曲、社队通知、天气预报等都可以通过广播传至每家每户，“真是闻《东方红》起床，伴《大海航行靠舵手》入睡”。

除此以外，社员们在田地休息时，会讲故事、说谚语、听歌谣，说古谈今。特别是开船在外，去上海运垃圾，去苏州拖泥、捞拌头等，晚上在船内休息时，都会讲故事、谈天说地。这是说书的大好时候，有板有眼的说讲，场面着实动人，不时有人为说讲人递上一支“劳动”牌或“生产”牌香烟。细听入迷，嗟叹时光飞逝。“船头上相骂，船艄上搭话”“小满里的热头，慢娘的拳头”“水牛角黄牛角，大家角归角”“脚踏平基，三分贼气”等口头语诠释了当时的生活。

十六、鞋子

70年代以前，人们在生产生活中，会制作用途不同、材料不同的鞋子。

草鞋 一般用稻草编织，也有用布条编织的。编织的时候，先用木槌在石头上把稻草打软，搓好经绳，绕在九齿架上一边搓一边编，俗称“来回绳”。编好鞋底，穿一个“丁”字形的佩。这种鞋子制作简单，材料简便易得。

蒲鞋 用打软的稻草编鞋底，蒲鞋底比草鞋底厚得多，并编有鞋帮，鞋帮能保护脚指头。夏天穿席草编织的蒲鞋平滑、凉爽。冬天用芦苇花穗编蒲鞋，鞋帮编得高，穿着舒适、暖和，能御寒。

钉鞋 一般用布做成。鞋底有半寸（1 寸≈3.33 厘米）厚，鞋面、鞋底都刷生漆或桐油；有的鞋面用牛皮做，再涂上生漆，使其更加牢固；鞋底钉有鞋钉。高帮的钉鞋俗称“钉靴”。

耕田鞋 用厚实的粗布做成。鞋帮不但高，而且用细密的针脚缝过，上面连着袜子，袜子一直做到膝盖。穿着此鞋，耕田不会划破脚底，而且能防蚂蟥、虫子叮咬。

单鞋 种类很多，按照鞋面式样分，有方口鞋、小圆口鞋、大圆口鞋、鸭舌头鞋和搭襻鞋等。鞋底也有不同做法，如硬铺底、水糊底、软铺底、百叶底、牛皮底等。人们大多用水糊底，用布最省而且制作简单。先把旧布洗净、晒干，再用面粉调成糨糊涂在布上，层层相粘，一般要铺二至三层，晒干后即成硬衬。将硬衬剪成鞋底样子，再铺约半寸厚的碎布头，最面上一层用整块布，然后扎鞋底。也有的人用干铺底，在硬衬上铺好旧布，中间抹一些菜油，外面再包上一层新布。百叶底比较考究，通常用新布，即每四层布用新布包好作为一层，共四层，叠好做底，或者用四层硬衬做底。

棉鞋 主要有蚌壳棉鞋、船形棉鞋、结带棉鞋三种式样。棉鞋底比单鞋底多一层棉花，上面再铺绒布。鞋面则糊在硬衬上，再照样剪层绒布，然后把两片鞋面缝合在一起，中间铺上少量棉花，最后绱上鞋底。穿着十分柔软、暖和。

绣花鞋 按鞋子质地可分为布面绣花鞋、绸面绣花鞋、绸面皮底绣花鞋三类。有的绣牡丹、菊花、梅花，也有的绣凤凰、喜鹊、蝴蝶、猫、虎等动物花样，还有的绣上寿、福、如意、双喜等字样。

拖鞋 通常制成绸面皮底的式样。鞋面有绣花的也有素色的，鞋底比单鞋略薄，穿着简便、轻巧。

小人鞋 孩子出生前，外婆要在催生包中放两双软底小鞋。待小孩出生后，穿软底鞋。端午节，外婆或舅母要送虎头鞋、猫咪鞋。小孩满周岁，外婆和舅母要送纪岁鞋。会走路后，穿半硬底鞋，并逐渐过渡到穿硬底鞋。

喜鞋 新娘穿自己做的绣花红包底鞋，新郎穿青包底鞋。新郎父母双全时，鞋子由母亲做，假如父亲或母亲亡故了，就请夫妻双全而且有儿有女的亲戚代做。这双鞋子若由未婚妻做是最吉利的。新娘出门那一天，喜鞋外面套上父亲的旧鞋子，一直走到花轿前面才脱去旧鞋。新娘出嫁满月以后就不穿喜鞋了，直到生孩子坐月子，再拿出来穿。

丧鞋 亲人亡故以后，儿子、媳妇、女儿、女婿都要穿白鞋。白鞋前面钉一块麻布片，当中用红布或红线缝一个结，俗称“红灯”。鞋后跟缝上一块白根布，表示子女们披麻戴孝。孙子、孙女的鞋子除了前面有“红灯”外，后面还要缝一块红布条。若亲人已经亡故，而鞋子还未做完，这双鞋子只能在位台边续做。有的人家在亲人亡故时毫无准备，就在平时穿的鞋面上缝一块白布代替白鞋子。亡者穿的鞋子不扎底，用新布包着，俗称“包底鞋”。绱丧鞋，针脚一律向前，不能用来回针。

此外，穿鞋、做鞋，在域内还有许多特别的习俗。如穿鞋不能穿鸳鸯鞋。做小人鞋一定要当天绱好，不能隔夜。平常睡觉前，鞋子要并排放整齐，鞋头朝外；大年夜晚上，要把所穿过的鞋子都底朝天放，睡觉脱下的鞋子也是底朝天放，俗称“歇年”。

80 年代以后，农耕鞋已经绝迹，丧鞋不再自制，仅在鞋面上贴块白布便是，偶有老妇自制冬夏拖鞋或棉鞋，其余均到商店购买。

十七、“万元户”——沈阿元

沈阿元，燕桥浜村第 7 村民小组（原东北大队第 5 生产队）人。80 年代初，沈阿元家有壮劳动力 6 人，分别是夫妇俩、儿子儿媳和未出嫁的 2 个女儿。

自 1980 年起，沈阿元家在当地是有名的勤劳致富家庭。那时，其家庭承包农田 18 余亩。富有种田经验的沈阿元精耕细作、精心管理，粮油年年丰收。稻麦两熟扣除农本等后，收入有 2 800 元左右；2 个女儿挑灯夜战，打草包、踏草绳，空余还要纺毛线、编草帽，可获利千元以上；老两口全年出售生猪 4—5 头，盈利 400 元，每天舍不得歇息的两人还种蔬菜、种红菱，亦有可观的收入；儿子儿媳农忙结束后，利用 15 吨的水泥船跑运输，起早贪黑、多装快跑，年创利 5 000-6 000 元。

1981 年，沈阿元家庭成为燕桥浜村“万元户”，受到昆山县干部冬训会议的通报表彰，获得昆山县“万元户”证书。

十八、钱大钧花园洋房、《墓碑记》

（一）花园洋房

1932 年，钱大钧在上海任警备司令时，命人在自己的出生地——外泾自然村造了一幢花园洋房，占地面积约 6 000 平方米。主房分上、下两层，建筑面积 300 平方米；辅助用房 60 平方米。屋内设计别致，布局别具匠心，有休息室、客厅、会客室、卫生间、卧室、陈列室等。抬头见天花板，脚下踩地搁板。屋顶翘角飞檐，盖有墨绿色琉璃瓦；墙面青砖贴缝，甚是气派。靠主屋东南处建六角亭子一座。亭子顶部藏有钱大钧在西安事变时为蒋介石受伤的血衣一身。宅四周全用铁丝网围着，院内种着许多名贵花木、果树，尤其是一棵雪松粗壮形美，两株广玉兰挺拔粗壮、枝繁叶茂。

钱大钧造此花园洋房有两个原因：一是他的祖先埋于东南方的外泾自然村和姜巷村交界处的白方字圩里，每年祭祖时将其作为休息落脚之用。二是彰显自己的显赫身份。1969 年，钱大钧的花园洋房被拆。

（二）《墓碑记》

《墓碑记》的碑文由钱大钧在为钱家列祖立墓碑时亲笔书写，再请石匠刻在墓碑上。钱家墓地设在外泾自然村东南方向的白方字圩里，1968 年时坟墓被平整，墓碑被人收藏。碑文文字大多清晰可辨，但也有部分文字模糊不清，经专业人员勘辨确认、照样描绘，才显现《墓碑记》全文。

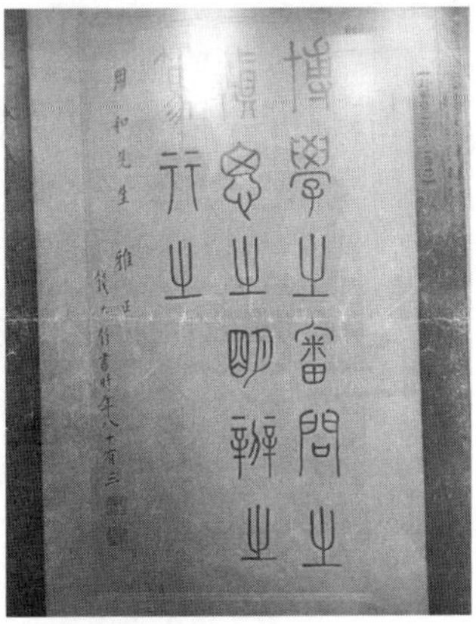

钱大钧 83 岁时的书法
（2019 年，褚永明摄）

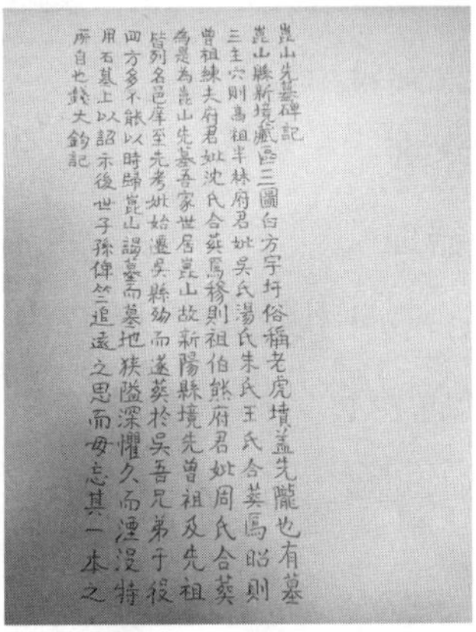
崑山先墓碑記
崑山縣新境藏區三圖白方字圩俗稱老虎墳蓋先隴也有墓
三主穴則高祖半林府君妣吳氏湯氏朱氏王氏合葬焉昭則
曾祖練夫府君妣沈氏合葬焉穆則祖伯熊府君妣周氏合葬
焉是為崑山先墓吾家世居崑山故新陽縣境先曾祖及先祖
皆列名邑庠至先考妣始遷吳縣殁而遂葬於吳吾兄弟于役
四方多不能以時歸崑山謁墓而墓地狹隘深懼久而湮沒特
用石誌上以詔示後世子孫俾生追遠之思而毋忘其一本之
所自也錢大鈞記

钱大钧为祖先书写的《墓碑记》
（2020 年，陆虎林摄）

第二节　用具用品

一、生活用具

（一）家具

标沿床、二门衣橱、长方凳是20世纪80年代之前境域内流行的木制家具。

标沿床
（2020年，罗英摄）

二门衣橱
（2020年，罗英摄）

长方凳
（2020年，罗英摄）

（二）器皿

20世纪80年代之前，境域内人家用的储存器大多是陶瓷类的，如盐钵头、大茶壶、米甏、直口钵头、水缸、香炉、储罐。之后被塑料、金属制品等替代，但是也有的作为老物件保存下来。

盐钵头
（2020 年，罗英摄）

大茶壶
（2020 年，罗英摄）

米甏
（2020 年，罗英摄）

直口钵头
（2020 年，罗英摄）

水缸
（2020 年，罗英摄）

香炉
（2020 年，罗英摄）

储罐
（2020 年，罗英摄）

（三）木桶

各类木桶是 20 世纪 80 年代之前境域内人家必备的生活用具，如脚桶、套桶、粪桶、楫桶、提桶、西瓜桶、栳。这些木桶中，有的被塑料、金属等制品替代，有的已经失去了使用价值。

脚桶
（2020 年，罗英摄）

套桶
（2020 年，罗英摄）

粪桶
（2020 年，罗英摄）

榀桶

（2020 年，罗英摄）

提桶

（2020 年，罗英摄）

西瓜桶

（2020 年，罗英摄）

栳

（2020 年，罗英摄）

（四）童具

坐车、立桶、坐便桶、木摇篮、竹摇篮等童具是 20 世纪 80 年代之前境域内人家必备的婴幼儿用品，21 世纪后被新颖的童具替代。

坐车

（2020 年，罗英摄）

立桶

（2020 年，罗英摄）

坐便桶

（2020 年，罗英摄）

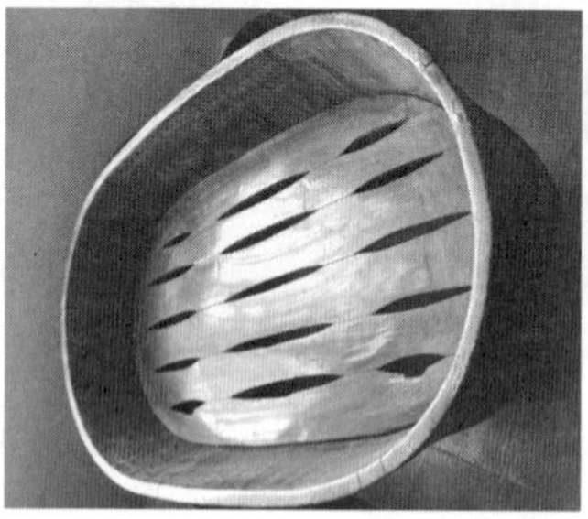

木摇篮

（2020 年，罗英摄）

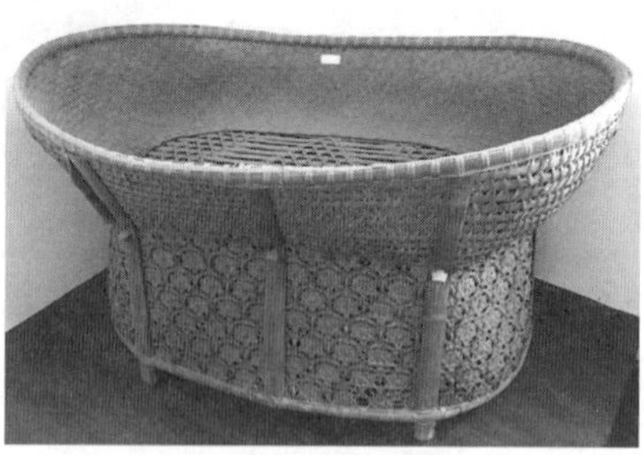

竹摇篮

（2020 年，罗英摄）

（五）竹器

洋匾、猪头篮、竹匾、栈条、大饭箩这些竹器 20 世纪 80 年代前是境域内人家必备的生产生活用具。

洋匾
（2020 年，罗英摄）

猪头篮
（2020 年，罗英摄）

竹匾
（2020 年，罗英摄）

栈条
（2020 年，罗英摄）

大饭箩
（2020 年，罗英摄）

（六）灯具

20 世纪 60 年代，农村开始使用灯具，之后村民使用的灯具如汽油灯、美孚灯、桅灯等逐渐被淘汰。

汽油灯
（2020 年，罗英摄）

美孚灯
（2020 年，罗英摄）

桅灯
（2020 年，罗英摄）

（七）厨具

铜铲刀、铜勺、广勺、盐钵头等是20世纪90年代以前村民常用的灶具用品，90年代后逐渐被淘汰。

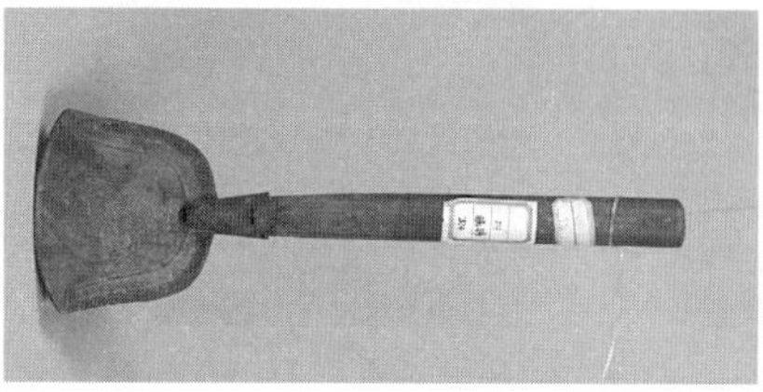

铜铲刀
（2020年，罗英摄）

铜勺、广勺
（2020年，罗英摄）

盐钵头
（2020年，罗英摄）

二、生产用具

中华人民共和国成立初期，境域内农业耕作如收割、脱粒、粮食加工等农活都是靠手工完成的，而劳作就需要使用劳作工具。这些常用的生产用具自20世纪80年代后在境域内逐渐被淘汰。

（一）田间耕作工具

田间耕作工具有尖子铁搭、莳果头铁搭、小子铁搭、满封铁搭、落沟铁搭、莳头（锄头）、塘耙（类似铁搭且刺很尖）、镰刀、木犁、耙、铧锹（铁锹）、洋镐、耥耙、塘桥锹、铡欠、拔秧凳、菜花柱、弥雾机、踏水车等。

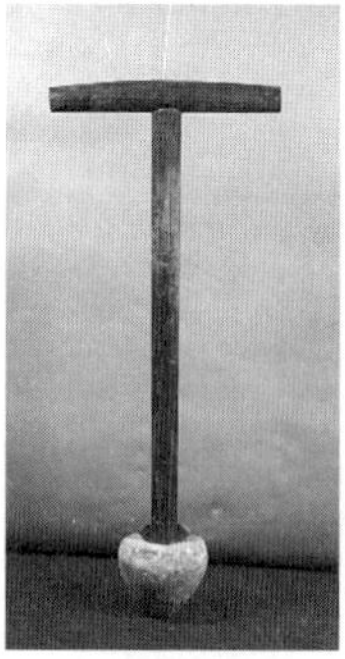

菜花柱
（2020年，罗英摄）

塘桥锹
（2020年，罗英摄）

铁搭
（2020年，罗英摄）

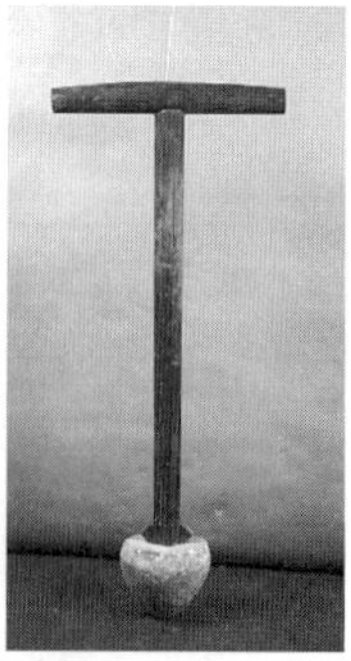

铡欠
（2020年，罗英摄）

弥雾机
（2020 年，罗英摄）

拔秧凳
（2020 年，罗英摄）

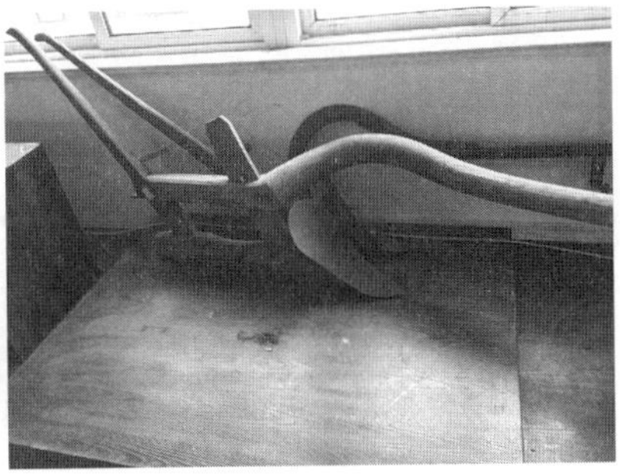

木犁
（2020 年，罗英摄）

踏水车
（2015 年，罗英摄）

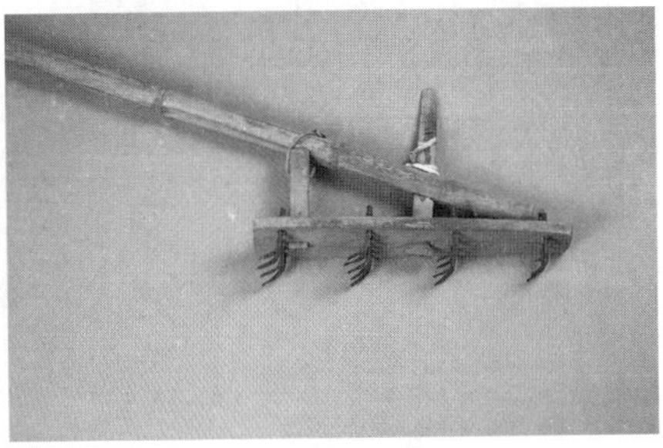

耥耙
（2020 年，罗英摄）

（二）脱粒工具

脱粒工具有稻床、掼桶、轧稻机、铲耙、大筛、挽子、扬谷风车、大风力电风扇、摇索头等。

大风力电风扇
（2020 年，罗英摄）

大筛
（2020 年，罗英摄）

挽子
（2020 年，罗英摄）

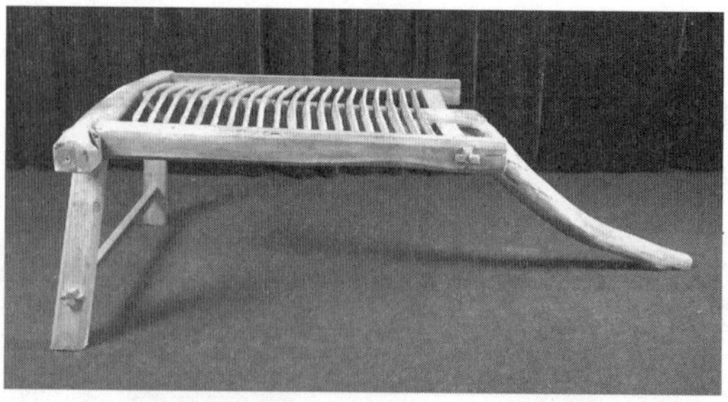

稻床
（2015 年，罗英摄）

扬谷风车
（2015 年，罗英摄）

摇索头
（2020 年，罗英摄）

（三）粮食加工工具

粮食加工工具有舂米石臼、磨床、牵拢、升箩、磨子、山笆、风箱等。

磨床
（2020 年，罗英摄）

（四）运输、储存粮食的工具

运输、储存粮食的工具有叉袋（麻袋）、畚箕、竹扁、栈条、缸、农船等。

（五）积肥工具

积肥工具有土笪、扁担、粪桶、提桶、罱泥网、铡刀等。

粪桶
（2020 年，罗英摄）

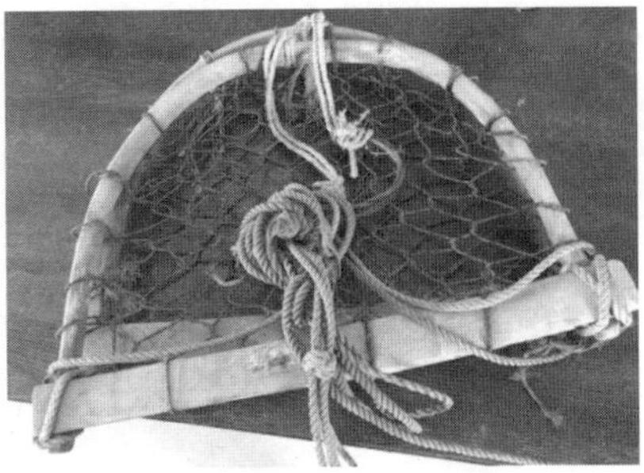

土笪
（2020 年，罗英摄）

罱泥网
（2020 年，罗英摄）

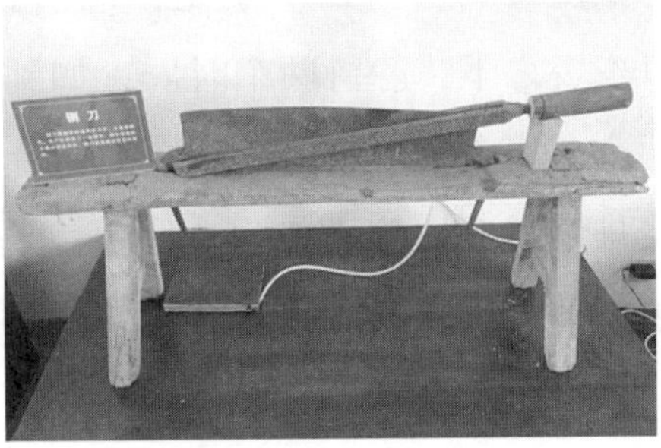

铡刀
（2020 年，罗英摄）

（六）捕鱼工具

捕鱼工具有丝网、网海（网兜）、鱼叉、退笼、蟹罾、蟹箪、黄鳝夹、黄鳝笼子等。

第三节　传说故事

一、双庙的传说

据传在南北朝时期，萧道成杀后废帝，为了躲避保皇派的追杀，萧道成避难途经燕桥浜地域，巧遇一老翁，询问能否在此暂留一段时日。老翁观其相貌非凡，有意试探其真实身份。于是，老翁让他摘下帽子，放一片树叶于帽中。老翁想烈日炎炎之下，静待两个时辰，如到时树叶不变原貌，就让他在此住留。谁知暴晒两个时辰之后，萧道成帽中的树叶反而变得更加鲜亮。众人啧啧称奇，老翁随即安排萧道成入住百姓家中，其女眷安住在河西观音堂数月。为感谢百姓的相留之恩，萧道成特命一陆姓大将在河东建大雄宝殿一座（现名“城隍土地庙”），并立碑于巨石龟背上，置于殿堂门前，以示后人（此碑在“破四旧”时期被沉于庙堂桥河东南桥堍底）。百姓得此奇遇，暗想燕桥浜巧遇贵人，要交好运了。于是，百姓在东西双庙门前各种上 2 棵银杏树。上千年过去了，银杏树枝繁叶茂，长成了参天大树。西庙银杏树的直径由 2 名壮汉伸双手合抱还抱不过来，东庙银杏树的直径更胜于西庙，需 3 名壮汉合围。遗憾的是，2 棵古银杏树于 1953 年被锯伐。

二、潘家桥

明崇祯年间，直通港西岸有一潘姓大户潘老坤，为方便百姓种田、出行，自筹资金建造了潘家桥。

潘家桥为叠梁式方孔桥，东西横跨直通港，桥长 12.5 米、宽 2.53 米，桥洞宽 5 米。桥墩以条石纵横交叉分层砌筑，坚固厚实，桥面以 3 条长石并列铺搁，两侧置石栏杆，两端置条石踏步十级，是燕桥浜村至今唯一一座保存完整桥墩的石桥。

改造后的潘家桥（2020 年，陆虎林摄）

2006 年，因村庄道路改造，为了便于村民车辆通行，弃用原桥条石踏步。在原石桥墩基础上，改用水泥平桥面及水泥护栏，使该桥既保留石桥底蕴，又融入现代桥梁特色风貌。

三、里港小白庙

里港自然村（原资料上“里”字被误写成“礼”字）处在村西黄潭港和村东杜家港两河之间。黄潭港和杜家港均是北至娄江、南入青龙港的流水河，俗称“外江”。在两河中间有一条“Z”字形的小河自黄潭港流向杜家港，俗称“里港河”。而村庄依里港河西岸建造，故得名“里港”。

里港自然村南 70 米处有一座庙，造好时人们还没来得及给它取个合适的庙名。一天凌晨，一老汉起早路过此庙。突然，一股白色气流从庙屋中间卷起，气流直径有大碗口那么粗。老汉先是一惊，后定神一想，莫非佛祖显灵，给出庙名。老汉连忙转身和村上人说起此事，从此大家就把这座庙取名为“小白庙”。小白庙一直保佑着里港自然村人的平安。

里港自然村在 1949 年之前，分南里港和北里港 2 个小村，1958 年“大跃进”时期，居住在南里港的朱姓、杜姓、王姓等 8 户被并入北里港。直至 2009 年动迁，村庄消失。

四、憨大女婿

相传燕桥浜境域里，有一个出了名的老好人。他做事简直是“弄堂里拔木头——转不过弯”，人称“憨大女婿”。

一年冬季，他老婆生了个儿子，他对老婆说：“明天到你娘家拿点食物，让你补补身子。”老婆告诉他到娘家去拿点米、干菜，再捉一只鸭子。憨大只花了一个小时就到了燕桥浜的丈母娘家。丈母娘见他走得满头大汗，就留他吃了饭再回家。憨大很高兴，坐下吃饭，结果把丈母娘一家的饭菜全吃光了，丈母娘连声叹气。他菜足饭饱后，拿起丈母娘为他准备好的一只鸭子、一篮子干菜、一小袋米就往家走。走到村口时，手里的这只鸭子“呱呱”直叫。他问路边人：“这鸭子为什么一直叫？”路人告诉他：“鸭子要喝水。”憨大就把篮子里的干菜，一根一根接起来扎住鸭子的脚，把鸭子放到水里，让鸭子喝水。鸭子一放到水里，便挣断菜条扑飞到河中间。这可怎么办呢？他看到布袋里有米，心里想：拿米给鸭子吃，引它上岸。结果，一袋米都用掉了，鸭子还在河中间。他没有办法，只好往回走。

走到南港，看到一家院子起火，村上邻居都拿了提桶到河滩上提水救火。憨大站在一旁不但不救火，反而说：“红红绿绿好看。”被庄上人一顿痛打。村上人告诉他：“人家着火了，你要去提水泼灭才对。”他气呼呼地往家走，走到黄潭村口，看到兄弟三人在打铁。他看到炉子里火烧得通红，连忙拿了提桶，提了满满一桶水浇上去，把炉火全浇灭了，又被兄弟三人一顿打。为首的老大对他说：看见打铁的，要说“老大打得好，老二打得妙，老三打得巧”才对。憨大点点头继续往回走。走到村东头，看到一家兄弟三人为分家产正在打架。他站在一边就叫起来了：“老大打得好，老二打得妙，老三打得巧。”弟兄仨以为憨大在挑事儿，狠狠地把他打了一顿。旁人见了直叹气：“人家在打架，你要去劝架才对。”他没话说，只好往回走。走到田野边，看到路边两头水牛正在格斗。憨大马上走上前去，对老牛讲：“好了！好了！不要斗！”牛不听话，他就前去劝架，却被牛角甩得老远，差点没了命。他爬起来一路到家，老婆问他：“你去娘家拿的东西呢？”他一言不发，过了一阵子才把一切经过讲给老婆听。老婆气得两眼发黑：“你真是笨得转不过弯，难怪人家说你是个憨大女婿！”

五、聪明的小长工

民国年间，燕桥浜境域内有个地主，百姓给他取了个外号——刘黑心。刘黑心平时对待长工非常苛刻：对农活的要求极高，总说这也不行那也不是；农具损坏都要让长工赔偿；每天饭菜又极其简单；平时要求长工早出工、晚收工。最可恨的是每到年底结算工钱时，刘黑心总会提出一些刁钻的事情让长工去完成。如果长工完成不了，一年的工钱就都被他赖掉。好多长工只能两手空空回家。就这样，附近的长工都不愿意到他家打工。

有一年，刘黑心的邻村有个小伙子，他聪明伶俐、手脚利索，愿意到刘黑心家做长工。小长工在刘黑心家勤勤恳恳地做了一年，又到结算工钱的年底了。刘黑心算了一会儿，对小长工说：“你的工钱算好了，但你还要为我做完三件事方可领取工钱。”小长工知道刘黑心又要刁难人了，好在他早有思想准备，便不慌不忙地对刘黑心说：“没问题，你说吧！”刘黑心带小长工来到田头，指着一条田岸说：“你把这条田岸给我扛回去。”小长工说：“好的，你跟我来。”两人走到田岸中间，小长工站在田岸的一侧，让刘黑心站在田岸的另一侧，对刘黑心说：“平时肩谷肩麦都要用人上肩的，现在你也把田岸托起放在我肩上，这样我才能扛回去。”刘黑心听后傻了眼，对小长工说：“田岸怎么托得起？”这时，小长工一本正经地说：“你上不了肩，那我扛不回去。”刘黑心抓了抓脑勺，只好无奈地回去了。他俩回到家，刘黑心将一大碗水泼到一间小厢房里，对小长工说：“你把太阳搬进厢房，晒干这一滩水，我过一个时辰过来看。”说完，刘黑心背着手走了。小长工调皮地说：“东家，放心吧，到时候你来看便是了。”等到刘黑心走开，小长工到里面拿了一把落沟铁搭和木梯，来到厢房的屋檐前，他把木梯一搁，带着铁搭爬上厢房屋顶，用铁搭将屋顶上的瓦和砖扒开，屋顶被扒出了个大窟窿。这时差不多在中午 11 点钟，也是太阳光正烈时。太阳光不偏不斜地照在屋内的水滩上。两个小时后，刘黑心来到厢房，看到屋顶出了个大窟窿，气急败坏地问：“你怎么把我的房子给毁了？”小长工理直气壮地说：“你叫我把太阳搬进屋，你看太阳不在屋里吗？”刘黑心看地上被晒干的水痕，又看到屋内的太阳光，气得哑口无言。刘黑心的眼睛骨碌骨碌转了几圈，又生一计。他带小长工来到另一间房，指着一个大甏和一个小甏说：“我要你把大甏装进小甏里。”大家都知道，大甏的体型大，是无论如何也装不进小甏里的。可是，小长工有办法，他走到大甏边对刘黑心说：“这个好办。”说着，举起大甏猛地砸向地上，大甏被摔得粉碎。随后，小长工把大甏的碎片一块一块地装进小甏里。刘黑心指着小长工大骂：“你怎么把我的甏给砸了？”小长工不紧不慢地说："你又没说不让砸。现在我已经把大甏装进小甏了。东家，你还有什么事要给我做的？"刘黑心气得嘴边胡须根根翘："没有了，没有了，你走吧！""这可不行，我的工钱还没到手呢！"小长工拉着刘黑心毫不让步地说。刘黑心一股气冲上脑门，只得将一年的工钱全部付给小长工。就这样，小长工开开心心地回家过年了。

第四节 燕桥浜第一

本节列出从20世纪30年代到2020年，燕桥浜村的21个排名第一的人或事，从不同的侧面反映出燕桥浜村老一辈和新一代村民在建设家乡的生产生活中敢为人先的典型事迹。表14-1记载了燕桥浜敢为人先的人和事。

表14-1 燕桥浜"村级第一"统计表

序号	姓名	年份	"村级第一"说明
1	褚根生	1938	1938年10月在吴县学堂学艺，为燕桥浜境域内第一位手艺人（箍桶匠）
2	阮阿本	1950	燕桥浜境域内第一位加入中国共产党的
3	陆永泉	1951	1951年入伍，燕桥浜境域内第一位参加中国人民解放军的
4	陈阿根	1953	燕桥浜境域内第一位当选为正仪人民公社人民代表的
5	陆大凤、王二男、陆阿毛等8人	1966	燕桥浜境域内参加第一批集体婚礼的新人（明星大队首次为新婚夫妇举行集体婚礼）

续表

序号	姓名	年份	“村级第一”说明
6	沈炳坤	1968	燕桥浜境域内第一位被火葬的亡故之人（在此之前亡故之人均为土葬）
7	阮阿本	1971	燕桥浜境域内第一位参加苏州市人民代表会议的代表
8	陆益民	1981	东北大队第一位大学生
9	王根弟	1982	东北大队第一家翻建楼房的农户
10	陆大荀、陆小凤、陆大凤	1982	燕桥浜境域内第一批率先从事建材运输的专业户（3人合伙买了一艘15吨的水泥船从事运输）
11	殷招林	1984	第一批率先承包20亩水面养鱼的大户
12	许存仁家庭	1980	燕桥浜境域内第一个年收入满万元的家庭
13	杜坤元	1992	燕桥浜村域内第一个购买“大哥大”的，最早拥有先进的通信设备
14	宋培良、黄月根	1993	燕桥浜村域内第一个买商品房的家庭
15	林招生	1994	燕桥浜村域内第一个承包耕地（103亩）的大农户
16	赵建忠家庭	1997	燕桥浜村域内第一个购买小轿车（“夏利”牌）的家庭
17	沈水根、钱凤水、钱凤弟	2003	燕桥浜村域内第一批动迁的农户
18	陆公正	2015	燕桥浜村域内第一位博士后
19	朱惠德家庭	2005	燕桥浜村域内第一个建造别墅（正仪阳澄湖旁）的家庭
20	褚永明、王惠林、黄月明	2019	为燕桥浜村有史以来第一次编写《燕桥浜村志》之人
21	李妹妹、戴小妹	2020	为2020年燕桥浜村年龄最长的原配夫妻

编后记

《燕桥浜村志》的编纂工作于2020年6月启动，历经资料征集、志稿撰写，几经易稿，至2023年10月定稿。这是燕桥浜村历史上前所未有的一项重大文化工程。

《燕桥浜村志》编纂组的同志为征得第一手资料，克服困难，不辞辛劳，采取了“请进来、走出去”的办法，多次召开“五老”人员座谈会，多次外出上门采访，实地踏勘现场，力求记述真实、数据准确、内容详尽、史料可信。

《燕桥浜村志》的顺利付梓，是在昆山高新区党工委、昆山高新区管委会、昆山市地方志办公室、昆山高新区村志办公室及有关部门的高度重视和正确领导下，是在燕桥浜村“两委”全体人员和燕桥浜村村民的支持、帮助下，也是在《燕桥浜村志》编纂组所有同志的通力合作、共同努力下取得的。成绩是集体的，荣誉是大家的。

《燕桥浜村志》在编纂过程中，不仅得到了史志专家和昆山市地方志编纂委员会办公室人员的悉心指导，还得到了昆山高新区（玉山镇）村志系列丛书编纂委员会领导和办公室人员的鼎力相助。在这里一并表示衷心的感谢。

由于历史年代久远，史料繁杂，资料缺失，口述回忆或许有所出入，尽管编者竭尽所能，但受阅历水平所限，志书中的错误、疏漏或欠妥之处在所难免，敬请各界有识之士、专家及广大读者批评指正。

《燕桥浜村志》编纂组

2023年11月

昆山高新区（玉山镇）村志系列丛书

燕桥浜村志

村民家庭记载

YANQIAOBANG CUNZHI CUNMIN JIATING JIZAI

昆山高新区(玉山镇)村志系列丛书编纂委员会 编

苏州大学出版社
Soochow University Press

图书在版编目（CIP）数据

燕桥浜村志．村民家庭记载 / 褚华主编 ；昆山高新区(玉山镇)村志系列丛书编纂委员会编. -- 苏州 ：苏州大学出版社，2023. 12

（昆山高新区（玉山镇）村志系列丛书）

ISBN 978-7-5672-4660-7

Ⅰ. ①燕… Ⅱ. ①褚… ②昆… Ⅲ. ①村史-昆山 Ⅳ. ①K295. 35

中国国家版本馆 CIP 数据核字（2023）第 240388 号

燕桥浜村志　村民家庭记载

主　　编	褚　华
编　　者	昆山高新区(玉山镇)村志系列丛书编纂委员会
责任编辑	杨　柳
装帧设计	刘　俊
出版发行	苏州大学出版社
地　　址	苏州市十梓街 1 号
邮　　编	215006
电　　话	0512-67481020
网　　址	http://www.sudapress.com
邮　　箱	sdcbs@suda.edu.cn
印　　刷	苏州市越洋印刷有限公司
开　　本	787 mm×1 092 mm　1/16　插页 16　印张 50. 75(共两册)　字数 862 千
版　　次	2023 年 12 月第 1 版
印　　次	2023 年 12 月第 1 次印刷
书　　号	ISBN 978-7-5672-4660-7
定　　价	120. 00 元(共两册)

目　录

村民家庭记载

001／　一、燕桥浜村村民小组、户数、人数一览表

002／　二、燕桥浜村村民家庭记载

002／　燕桥浜村第1村民小组

058／　燕桥浜村第2村民小组

110／　燕桥浜村第3村民小组

138／　燕桥浜村第4村民小组

186／　燕桥浜村第5村民小组

220／　燕桥浜村第6村民小组

262／　燕桥浜村第7村民小组

283／　燕桥浜村第8村民小组

322／　燕桥浜村第9村民小组

347／　燕桥浜村第10村民小组

村民家庭记载

燕桥浜村于2001年8月由原东北村和燕桥浜村合并而成。全村有船泾坟、直通、南港、燕桥浜、潘家桥、田垛、外泾、里港、黄潭、横港、扎泾浜11个自然村，划分为10个村民小组。2020年，全村有708户，在籍人数2 661人，其中，男性1 264人，女性1 397人。

《燕桥浜村志·村民家庭记载》由户主申报，将家庭变迁与现状、经历与荣耀如实记载入书，可谓上告慰祖先，下传承子孙。面对家庭今昔变化，燕桥浜人既自豪又深切缅怀。本家庭记载甚有保存价值。

注：《燕桥浜村志·村民家庭记载》中，以记载2020年年底之前燕桥浜村常住人员为主，为体现家庭的完整，亦将部分非在籍人员载入相应家庭；所载信息一律不作为其他方面的佐证资料。

一、燕桥浜村村民小组、户数、人数一览表

2020年燕桥浜村村民小组、户数、人数一览表

组别	户数/户	总人数/人	男性/人	女性/人
1	109	603	287	316
2	103	602	288	314
3	54	309	149	160
4	93	532	240	292
5	66	369	174	195
6	79	437	212	225

续表

组别	户数/户	总人数/人	男性/人	女性/人
7	42	224	101	123
8	73	423	203	220
9	46	267	122	145
10	43	234	119	115

注：① 本表中，既有人员重复计数，也有非村籍人员，仅为《燕桥浜村志·村民家庭记载》所用。

② 2020 年，燕桥浜村原有 709 户，但第 9 村民小组户顾佳琪因故迁出户口，现为 708 户。本数据仅为《燕桥浜村志·村民家庭记载》所用。《燕桥浜村志》中不做修改。

二、燕桥浜村村民家庭记载

▶ 燕桥浜村第 1 村民小组

燕桥浜村第 1 村民小组人员统计表

单位：人

序号	户主	男	女	合计	序号	户主	男	女	合计
1	杜福男	3	3	6	15	杜金土	2	3	5
2	孙东林	2	3	5	16	杜根土	2	3	5
3	孙兴元	2	2	4	17	杜珍福	2	2	4
4	杜香男	4	3	7	18	杜巧泉	3	2	5
5	杜长根	2	3	5	19	孙海根	2	4	6
6	杜金祥	2	3	5	20	孙小明	2	5	7
7	金义荣	3	2	5	21	杜林泉	4	2	6
8	赵阿寿	3	2	5	22	孙学明	2	5	7
9	赵白男	3	3	6	23	孟香根	3	2	5
10	孙树洋	2	2	4	24	杜巧根	4	2	6
11	顾宗男	1	3	4	25	孙祥男	2	2	4
12	赵建良	2	3	5	26	孙祥根	2	4	6
13	孙祥花	2	2	4	27	杜金花	5	5	10
14	赵木根	2	4	6	28	曾花生	2	4	6

续表

序号	户主	男	女	合计	序号	户主	男	女	合计
29	杜金福	2	2	4	56	陆明生	3	3	6
30	孙兴弟	2	7	9	57	顾桃森	3	2	5
31	孟香生	3	2	5	58	陆海根	2	4	6
32	杜金良	2	4	6	59	朱全元	3	2	5
33	杜云良	2	4	6	60	朱根元	3	3	6
34	高志荣	3	3	6	61	陆阿毛	3	2	5
35	杜巧林	3	2	5	62	陆阿狗	3	2	5
36	杜卫生	3	4	7	63	陆珍男	3	3	6
37	杜福珍	3	3	6	64	陆爱根	3	4	7
38	顾根男	3	2	5	65	陆小增	3	4	7
39	王月英	1	2	3	66	陆宗林	3	3	6
40	黄小明	1	0	1	67	陆大凤	4	3	7
41	杜玲香	0	1	1	68	陆文芳	1	2	3
42	陆宗金	3	4	7	69	陆小凤	3	1	4
43	顾水明	5	2	7	70	陆云男	2	3	5
44	顾巧明	3	3	6	71	陆金男	2	2	4
45	陆海明	2	4	6	72	陆　刚	2	2	4
46	顾巧男	2	3	5	73	顾玉麟	4	2	6
47	陆云官	3	3	6	74	沈杏泉	5	4	9
48	陆福明	2	3	5	75	顾云泉	4	2	6
49	陆福兴	3	3	6	76	赵美新	1	0	1
50	顾俊明	4	5	9	77	陆　琪	2	3	5
51	陆大男	4	4	8	78	沈杏林	1	2	3
52	陆建忠	2	2	4	79	姜凤俭	3	4	7
53	陆文忠	1	3	4	80	杜玉良	5	3	8
54	孙金良	2	4	6	81	景香林	4	2	6
55	孙云弟	4	5	9	82	沈菊良	2	3	5

续表

序号	户主	男	女	合计	序号	户主	男	女	合计
83	杜素根	2	4	6	97	褚根良	1	0	1
84	徐月珍	2	4	6	98	陆爱根	2	2	4
85	孙关男	1	0	1	99	戴小男	3	4	7
86	万云狗	4	2	6	100	陆秀根	2	1	3
87	赵根荣	3	3	6	101	徐根元	2	4	6
88	赵炳荣	2	5	7	102	赵志良	3	4	7
89	赵根男	3	3	6	103	赵根全	4	4	8
90	赵宗新	4	3	7	104	沈根良	3	4	7
91	赵火根	4	4	8	105	沈金良	2	3	5
92	戴宗林	5	4	9	106	俞海荣	3	3	6
93	高志花	1	2	3	107	赵宗兴	3	3	6
94	翁才良	4	2	6	108	徐坤元	3	3	6
95	翁建龙	2	2	4	109	赵根兴	3	1	4
96	戴傲根	1	5	6	—	—	—	—	—

<table>
<tr><td rowspan="8">现有家庭成员</td><td rowspan="2">姓名</td><td rowspan="2">与户主关系</td><td rowspan="2">出生年月</td><td rowspan="2">民族</td><td colspan="2">已故亲属</td></tr>
<tr><td>称呼</td><td>姓名</td></tr>
<tr><td>杜福男</td><td>户主</td><td>1956 年 5 月</td><td>汉</td><td>父亲</td><td>杜林生</td></tr>
<tr><td>陆秧英</td><td>妻子</td><td>1958 年 5 月</td><td>汉</td><td>母亲</td><td>殷阿密</td></tr>
<tr><td>杜香红</td><td>女儿</td><td>1981 年 10 月</td><td>汉</td><td></td><td></td></tr>
<tr><td>张　华</td><td>女婿</td><td>1980 年 2 月</td><td>汉</td><td></td><td></td></tr>
<tr><td>杜奕佳</td><td>孙女</td><td>2006 年 3 月</td><td>汉</td><td></td><td></td></tr>
<tr><td>张奕成</td><td>孙子</td><td>2016 年 4 月</td><td>汉</td><td></td><td></td></tr>
<tr><td>家庭大事记</td><td colspan="6">1982 年，翻建三上三下楼房。
1999 年，购商品房。
2003 年，购轿车。
2009 年，房屋动迁，分得安置房。</td></tr>
</table>

<table>
<tr><td rowspan="7">现有家庭成员</td><td rowspan="2">姓名</td><td rowspan="2">与户主关系</td><td rowspan="2">出生年月</td><td rowspan="2">民族</td><td colspan="2">已故亲属</td></tr>
<tr><td>称呼</td><td>姓名</td></tr>
<tr><td>孙东林</td><td>户主</td><td>1966 年 12 月</td><td>汉</td><td>母亲</td><td>周阿凤</td></tr>
<tr><td>王金秀</td><td>妻子</td><td>1966 年 4 月</td><td>汉</td><td></td><td></td></tr>
<tr><td>孙骏超</td><td>儿子</td><td>1990 年 7 月</td><td>汉</td><td></td><td></td></tr>
<tr><td>黄瑞君</td><td>儿媳</td><td>1990 年 8 月</td><td>汉</td><td></td><td></td></tr>
<tr><td>孙凡雅</td><td>孙女</td><td>2018 年 4 月</td><td>汉</td><td></td><td></td></tr>
<tr><td>家庭大事记</td><td colspan="6">孙东林，1984 年 10 月至 1989 年 3 月参军入伍，中共党员，曾任燕桥浜村村委会主任、党支部书记，昆山市玉山镇亭林街道副主任。
1988 年，翻建三上三下楼房。
1998 年，购商品房。
2004 年，购别墅。
2005 年，购轿车。</td></tr>
</table>

<table>
<tr><td rowspan="6">现有家庭成员</td><td rowspan="2">姓名</td><td rowspan="2">与户主关系</td><td rowspan="2">出生年月</td><td rowspan="2">民族</td><td colspan="2">已故亲属</td></tr>
<tr><td>称呼</td><td>姓名</td></tr>
<tr><td>孙兴元</td><td>户主</td><td>1945 年 11 月</td><td>汉</td><td>妻子</td><td>周阿凤</td></tr>
<tr><td>孙秋林</td><td>儿子</td><td>1970 年 6 月</td><td>汉</td><td></td><td></td></tr>
<tr><td>王　英</td><td>儿媳</td><td>1970 年 10 月</td><td>汉</td><td></td><td></td></tr>
<tr><td>孙亚芳</td><td>孙女</td><td>1994 年 2 月</td><td>汉</td><td></td><td></td></tr>
<tr><td>家庭大事记</td><td colspan="6">1989 年，翻建三上三下楼房。
1998 年，购商品房。
2015 年，购轿车。
2019 年，房屋动迁，分得安置房。</td></tr>
</table>

	姓名	与户主关系	出生年月	民族	已故亲属	
					称呼	姓名
现有家庭成员	杜香男	户主	1961 年 1 月	汉		
	李香珍	妻子	1963 年 2 月	汉		
	杜婷婷	女儿	1985 年 9 月	汉		
	周华杰	女婿	1985 年 7 月	汉		
	周子轩	孙子	2010 年 8 月	汉		
	杜卫生	父亲	1936 年 7 月	汉		
	陈仁宝	母亲	1943 年 9 月	汉		
家庭大事记	1985 年，翻建三上三下楼房。 2005 年，购商品房。 2020 年，房屋动迁，分得安置房。					

	姓名	与户主关系	出生年月	民族	已故亲属	
					称呼	姓名
现有家庭成员	杜长根	户主	1950 年 10 月	汉	父亲	杜桂生
	杜全英	妻子	1949 年 9 月	汉	母亲	杜凤娥
	杜良弟	儿子	1975 年 12 月	汉		
	吴雪萍	儿媳	1977 年 1 月	汉		
	杜沁怡	孙女	2005 年 3 月	汉		
家庭大事记	1989 年，翻建三上三下楼房。 2015 年，购轿车。 2020 年，房屋动迁，分得安置房。					

	姓名	与户主关系	出生年月	民族	已故亲属	
					称呼	姓名
现有家庭成员	杜金祥	户主	1966 年 1 月	汉	父亲	杜早根
	杜星球	儿子	1989 年 11 月	汉	母亲	陆阿花
	曹建琴	儿媳	1991 年 7 月	汉		
	杜思琦	长孙女	2013 年 9 月	汉		
	杜思祎	次孙女	2016 年 12 月	汉		
家庭大事记	1975 年，建平房。 2015 年，房屋动迁，分得安置房。					

	姓名	与户主关系	出生年月	民族	已故亲属	
					称呼	姓名
现有家庭成员	金义荣	户主	1965 年 8 月	汉	岳父	孙兴泉
	孙玉莲	妻子	1968 年 10 月	汉		
	孙金艳	女儿	1990 年 3 月	汉		
	施　叶	女婿	1989 年 4 月	汉		
	施奕帆	孙子	2014 年 10 月	汉		
家庭大事记	1990 年，翻建三上三下楼房。 2010 年，购商品房。 2016 年，购轿车。 2020 年，房屋动迁，分得安置房。					

	姓名	与户主关系	出生年月	民族	已故亲属	
					称呼	姓名
现有家庭成员	赵阿寿	户主	1947 年 7 月	汉	父亲	赵炳生
	陆妹娥	妻子	1949 年 12 月	汉	母亲	赵阿秀
	赵菊明	儿子	1970 年 12 月	汉		
	陆文芳	儿媳	1971 年 12 月	汉		
	赵晓东	孙子	1993 年 7 月	汉		
家庭大事记	1987 年，翻建三上三下楼房。 1998 年，建造别墅。 赵晓东，2015 年 7 月淮阴工学院本科毕业。 2012 年，房屋动迁，分得安置房。 2017 年，购商品房。					

	姓名	与户主关系	出生年月	民族	已故亲属	
					称呼	姓名
现有家庭成员	赵白男	户主	1939 年 10 月	汉	父亲	赵炳生
	赵香英	女儿	1965 年 3 月	汉	母亲	赵阿秀
	赵俊杰	孙子	1986 年 10 月	汉	妻子	陆二囡
	赵俊雅	孙女	1991 年 2 月	汉	女婿	戴国秀
	张可馨	曾外孙女	2017 年 6 月	汉		
	赵根妹	兄长	1936 年 5 月	汉		
家庭大事记	1987 年，翻建三上三下楼房。 2015 年，房屋动迁，分得安置房。 2017 年，购轿车。					

	姓名	与户主关系	出生年月	民族	已故亲属	
					称呼	姓名
现有家庭成员	孙树洋	户主	1969 年 4 月	汉		
	李元霞	妻子	1971 年 12 月	汉		
	孙翠婷	女儿	1994 年 1 月	汉		
	孙海量	儿子	1997 年 8 月	汉		
家庭大事记	2010 年，购商品房、店面房。 孙海量，2016 年 9 月参军入伍，现服役。					

	姓名	与户主关系	出生年月	民族	已故亲属	
					称呼	姓名
现有家庭成员	顾宗男	户主	1971 年 9 月	汉	父亲	杜阿三
	钱香花	妻子	1971 年 1 月	汉		
	顾佩宇	女儿	1995 年 2 月	汉		
	顾密英	母亲	1942 年 10 月	汉		
家庭大事记	1988 年，翻建三上三下楼房。 2010 年，购商品房。 2015 年，房屋动迁，分得安置房。					

	姓名	与户主关系	出生年月	民族	已故亲属	
					称呼	姓名
现有家庭成员	赵建良	户主	1968 年 7 月	汉		
	周惠芳	妻子	1970 年 5 月	汉		
	赵蕾蕾	女儿	1991 年 1 月	汉		
	赵木根	父亲	1940 年 6 月	汉		
	赵林妹	母亲	1942 年 10 月	汉		
家庭大事记	1988 年，翻建三上三下楼房。 2012 年，房屋动迁，分得安置房。					

	姓名	与户主关系	出生年月	民族	已故亲属	
					称呼	姓名
现有家庭成员	孙祥花	户主	1967 年 12 月	汉	丈夫	杜林男
	杜晓伟	儿子	1989 年 6 月	汉		
	邬广英	儿媳	1987 年 12 月	汉		
	杜英隽	孙子	2013 年 6 月	汉		
家庭大事记	1975 年，建平房。 2001 年，购轿车。 2007 年，房屋动迁，分得安置房。 2011 年，购商品房。 2015 年，购别墅。 杜晓伟，2018 年 7 月江苏科技大学本科专业。					

	姓名	与户主关系	出生年月	民族	已故亲属	
					称呼	姓名
现有家庭成员	赵木根	户主	1940 年 6 月	汉	父亲	赵招林
	赵林妹	妻子	1942 年 10 月	汉	母亲	赵水梅
	赵建明	儿子	1963 年 4 月	汉		
	陆爱英	儿媳	1962 年 4 月	汉		
	赵静娟	孙女	1986 年 3 月	汉		
	赵诗雨	曾孙女	2010 年 3 月	汉		
家庭大事记	1993 年，翻建平房。 2011 年，购商品房。 2020 年，房屋动迁，分得安置房。					

<table>
<tr><td rowspan="7">现有家庭成员</td><td rowspan="2">姓名</td><td rowspan="2">与户主关系</td><td rowspan="2">出生年月</td><td rowspan="2">民族</td><td colspan="2">已故亲属</td></tr>
<tr><td>称呼</td><td>姓名</td></tr>
<tr><td>杜金土</td><td>户主</td><td>1947 年 6 月</td><td>汉</td><td></td><td></td></tr>
<tr><td>戴招英</td><td>妻子</td><td>1949 年 7 月</td><td>汉</td><td></td><td></td></tr>
<tr><td>杜惠良</td><td>儿子</td><td>1969 年 12 月</td><td>汉</td><td></td><td></td></tr>
<tr><td>金　红</td><td>儿媳</td><td>1968 年 11 月</td><td>汉</td><td></td><td></td></tr>
<tr><td>杜秋婉</td><td>孙女</td><td>1992 年 9 月</td><td>汉</td><td></td><td></td></tr>
<tr><td>家庭大事记</td><td colspan="6">1991 年，翻建三上三下楼房。
2005 年，购商品房。
杜秋婉，2016 年 7 月南京医科大学本科毕业。
2016 年，购轿车。
2020 年，房屋动迁，分得安置房。</td></tr>
</table>

<table>
<tr><td rowspan="7">现有家庭成员</td><td rowspan="2">姓名</td><td rowspan="2">与户主关系</td><td rowspan="2">出生年月</td><td rowspan="2">民族</td><td colspan="2">已故亲属</td></tr>
<tr><td>称呼</td><td>姓名</td></tr>
<tr><td>杜根土</td><td>户主</td><td>1956 年 10 月</td><td>汉</td><td>父亲</td><td>杜巧生</td></tr>
<tr><td>周秋花</td><td>妻子</td><td>1957 年 8 月</td><td>汉</td><td>母亲</td><td>杜巧金</td></tr>
<tr><td>杜惠忠</td><td>儿子</td><td>1982 年 7 月</td><td>汉</td><td></td><td></td></tr>
<tr><td>高珠凤</td><td>儿媳</td><td>1981 年 11 月</td><td>汉</td><td></td><td></td></tr>
<tr><td>高佳苗</td><td>孙女</td><td>2006 年 8 月</td><td>汉</td><td></td><td></td></tr>
<tr><td>家庭大事记</td><td colspan="6">1988 年，翻建三上三下楼房。
2012 年，购商品房。
2012 年，房屋动迁，分得安置房。</td></tr>
</table>

<table>
<tr><td rowspan="2"></td><td rowspan="2">姓名</td><td rowspan="2">与户主关系</td><td rowspan="2">出生年月</td><td rowspan="2">民族</td><td colspan="2">已故亲属</td></tr>
<tr><td>称呼</td><td>姓名</td></tr>
<tr><td rowspan="4">现有家庭成员</td><td>杜珍福</td><td>户主</td><td>1962 年 6 月</td><td>汉</td><td>父亲</td><td>杜双生</td></tr>
<tr><td>杜晓青</td><td>儿子</td><td>1985 年 10 月</td><td>汉</td><td></td><td></td></tr>
<tr><td>杜慧琳</td><td>孙女</td><td>2007 年 11 月</td><td>汉</td><td></td><td></td></tr>
<tr><td>陆彩英</td><td>母亲</td><td>1934 年 3 月</td><td>汉</td><td></td><td></td></tr>
<tr><td>家庭大事记</td><td colspan="6">1986 年，翻建三上三下楼房。
1992 年，房屋动迁，分得安置房。</td></tr>
</table>

<table>
<tr><td rowspan="2"></td><td rowspan="2">姓名</td><td rowspan="2">与户主关系</td><td rowspan="2">出生年月</td><td rowspan="2">民族</td><td colspan="2">已故亲属</td></tr>
<tr><td>称呼</td><td>姓名</td></tr>
<tr><td rowspan="5">现有家庭成员</td><td>杜巧泉</td><td>户主</td><td>1951 年 7 月</td><td>汉</td><td>父亲</td><td>杜小男</td></tr>
<tr><td>周根花</td><td>妻子</td><td>1952 年 1 月</td><td>汉</td><td>母亲</td><td>张慧珍</td></tr>
<tr><td>杜春弟</td><td>儿子</td><td>1977 年 5 月</td><td>汉</td><td></td><td></td></tr>
<tr><td>杜学芳</td><td>儿媳</td><td>1977 年 12 月</td><td>汉</td><td></td><td></td></tr>
<tr><td>杜霆峰</td><td>孙子</td><td>2000 年 3 月</td><td>汉</td><td></td><td></td></tr>
<tr><td>家庭大事记</td><td colspan="6">1988 年，翻建三上三下楼房。
1992 年，房屋动迁，分得安置房。
2005 年，购商品房。
2010 年，购轿车。</td></tr>
</table>

	姓名	与户主关系	出生年月	民族	已故亲属	
					称呼	姓名
现有家庭成员	孙海根	户主	1950 年 8 月	汉	父亲	王松林
	陆花玲	妻子	1951 年 10 月	汉		
	孙琴芳	长女	1973 年 8 月	汉		
	杜惠男	长女婿	1971 年 10 月	汉		
	孙静婉	孙女	1994 年 9 月	汉		
	孙琴珍	次女	1976 年 3 月	汉		
家庭大事记	1989 年，翻建三上三下楼房。 2010 年，购商品房。 2020 年，房屋动迁，分得安置房。					

	姓名	与户主关系	出生年月	民族	已故亲属	
					称呼	姓名
现有家庭成员	孙小明	户主	1970 年 3 月	汉	父亲	孙宗根
	糜学琴	妻子	1972 年 3 月	汉		
	孙喜华	女儿	1993 年 2 月	汉		
	周静刚	女婿	1989 年 2 月	汉		
	周笙笙	长孙女	2017 年 3 月	汉		
	孙一一	次孙女	2020 年 6 月	汉		
	陆凤秀	母亲	1945 年 1 月	汉		
家庭大事记	1991 年，翻建三上三下楼房。 2010 年，购商品房、汽车。 2018 年，房屋动迁，分得安置房。					

<table>
<tr><td rowspan="8">现有家庭成员</td><td rowspan="2">姓名</td><td rowspan="2">与户主关系</td><td rowspan="2">出生年月</td><td rowspan="2">民族</td><td colspan="2">已故亲属</td></tr>
<tr><td>称呼</td><td>姓名</td></tr>
<tr><td>杜林泉</td><td>户主</td><td>1954 年 12 月</td><td>汉</td><td>父亲</td><td>杜阿二</td></tr>
<tr><td>王雪英</td><td>妻子</td><td>1954 年 10 月</td><td>汉</td><td>母亲</td><td>王杏花</td></tr>
<tr><td>杜晓华</td><td>儿子</td><td>1982 年 1 月</td><td>汉</td><td></td><td></td></tr>
<tr><td>鲍圆元</td><td>儿媳</td><td>1984 年 2 月</td><td>汉</td><td></td><td></td></tr>
<tr><td>杜建豪</td><td>长孙</td><td>2007 年 2 月</td><td>汉</td><td></td><td></td></tr>
<tr><td>杜子明</td><td>次孙</td><td>2012 年 8 月</td><td>汉</td><td></td><td></td></tr>
<tr><td>家庭大事记</td><td colspan="6">杜林泉，1973 年 1 月至 1977 年 3 月参军入伍，中共党员，曾任燕桥浜村民兵营营长、经济合作社社长。
1992 年，翻建三上三下楼房。
杜晓华，2001 年 12 月至 2003 年 12 月参军入伍。
2008 年，购商品房。
2018 年，房屋动迁，分得安置房。
2020 年，被村评为“文明和谐最美家庭”。</td></tr>
</table>

<table>
<tr><td rowspan="9">现有家庭成员</td><td rowspan="2">姓名</td><td rowspan="2">与户主关系</td><td rowspan="2">出生年月</td><td rowspan="2">民族</td><td colspan="2">已故亲属</td></tr>
<tr><td>称呼</td><td>姓名</td></tr>
<tr><td>孙学明</td><td>户主</td><td>1968 年 10 月</td><td>汉</td><td>父亲</td><td>孙宗根</td></tr>
<tr><td>姚翠花</td><td>妻子</td><td>1968 年 2 月</td><td>汉</td><td></td><td></td></tr>
<tr><td>孙思华</td><td>女儿</td><td>1991 年 10 月</td><td>汉</td><td></td><td></td></tr>
<tr><td>杜佳伟</td><td>女婿</td><td>1991 年 4 月</td><td>汉</td><td></td><td></td></tr>
<tr><td>杜沐宸</td><td>长孙女</td><td>2017 年 8 月</td><td>汉</td><td></td><td></td></tr>
<tr><td>孙奕晗</td><td>次孙女</td><td>2019 年 9 月</td><td>汉</td><td></td><td></td></tr>
<tr><td>陆凤秀</td><td>母亲</td><td>1945 年 1 月</td><td>汉</td><td></td><td></td></tr>
<tr><td>家庭大事记</td><td colspan="6">1992 年，翻建三上三下楼房。
2007 年，购商品房。
2010 年，购轿车。</td></tr>
</table>

	姓名	与户主关系	出生年月	民族	已故亲属	
					称呼	姓名
现有家庭成员	孟香根	户主	1963 年 4 月	汉	父亲	孟荣根
	杜长英	妻子	1963 年 8 月	汉	母亲	戴阿玲
	孟文龙	儿子	1985 年 12 月	汉		
	张　露	儿媳	1987 年 3 月	汉		
	孟辰睿	孙子	2012 年 10 月	汉		
家庭大事记	1991 年，翻建三上三下楼房。 2006 年，购商品房。 2008 年，购轿车。 2020 年，房屋动迁，分得安置房。					

	姓名	与户主关系	出生年月	民族	已故亲属	
					称呼	姓名
现有家庭成员	杜巧根	户主	1954 年 6 月	汉	父亲	杜小男
	陈永宝	妻子	1955 年 9 月	汉	母亲	张慧珍
	杜文建	儿子	1981 年 5 月	汉		
	陆　芳	儿媳	1980 年 8 月	汉		
	杜心海	长孙	2002 年 12 月	汉		
	陆成飞	次孙	2013 年 3 月	汉		
家庭大事记	1985 年，翻建三上三下楼房。 2003 年，购商品房。 2020 年，房屋动迁，分得安置房。					

	姓名	与户主关系	出生年月	民族	已故亲属	
					称呼	姓名
现有家庭成员	孙祥男	户主	1968 年 7 月	汉	父亲	孙宗全
	俞　珍	妻子	1968 年 3 月	汉	母亲	郭云妹
	孙红怡	女儿	1992 年 11 月	汉		
	孙宏伟	儿子	1997 年 8 月	汉		
家庭大事记	1990 年，翻建三上三下楼房。 2004 年，购商品房。 2008 年，购轿车。 2020 年，房屋动迁，分得安置房。					

	姓名	与户主关系	出生年月	民族	已故亲属	
					称呼	姓名
现有家庭成员	孙祥根	户主	1963 年 4 月	汉	父亲	孙宗全
	祝良花	妻子	1962 年 9 月	汉	母亲	郭云妹
	孙叶青	女儿	1986 年 3 月	汉		
	吴晓华	女婿	1985 年 6 月	汉		
	吴丞韵	长孙女	2013 年 3 月	汉		
	孙若栩	次孙女	2015 年 4 月	汉		
家庭大事记	1991 年，翻建三上三下楼房。 孙叶青，2009 年 7 月南京信息工程大学本科毕业，中共党员。 2009 年，购商品房、轿车。 2020 年，房屋动迁，分得安置房。 2020 年，被村评为“文明和谐最美家庭”。					

	姓名	与户主关系	出生年月	民族	已故亲属	
					称呼	姓名
现有家庭成员	杜金花	户主	1944 年 8 月	汉	丈夫	杜玉生
	杜莉珍	长女	1965 年 4 月	汉		
	孙秋林	长女婿	1962 年 12 月	汉		
	杜欣昕	孙子	1987 年 6 月	汉		
	张　静	孙媳	1987 年 10 月	汉		
	张聿伶	曾孙女	2013 年 8 月	汉		
	张聿涵	曾孙子	2016 年 8 月	汉		
	杜秧珍	次女	1970 年 7 月	汉		
	陈　勇	次女婿	1968 年 7 月	汉		
	陈锐哲	外孙	1995 年 12 月	汉		
家庭大事记	1989 年，翻建三上三下楼房。 2002 年，购商品房。 2007 年，购轿车。 2010 年，购别墅。 陈锐哲，2019 年 7 月南通大学本科毕业。 2020 年，房屋动迁，分得安置房。					

	姓名	与户主关系	出生年月	民族	已故亲属	
					称呼	姓名
现有家庭成员	曾花生	户主	1965 年 12 月	汉	父亲	曾招根
	熊妹媛	妻子	1965 年 9 月	汉		
	曾子龙	儿子	1988 年 6 月	汉		
	王　艳	儿媳	1988 年 6 月	汉		
	曾锦心	孙女	2011 年 6 月	汉		
	周凤宝	母亲	1937 年 2 月	汉		
家庭大事记	1986 年，翻建三上三下楼房。 2005 年，购商品房。 2020 年，房屋动迁，分得安置房。					

	姓名	与户主关系	出生年月	民族	已故亲属	
					称呼	姓名
现有家庭成员	杜金福	户主	1948 年 9 月	汉	父亲	杜早根
	周多妹	妻子	1950 年 3 月	汉	母亲	陆阿花
	杜建男	儿子	1972 年 3 月	汉		
	杜文怡	孙女	1998 年 12 月	汉		
家庭大事记	1989 年，翻建三上三下楼房。 2015 年，购轿车。 2020 年，房屋动迁，分得安置房。 杜建男，中共党员。					

	姓名	与户主关系	出生年月	民族	已故亲属	
					称呼	姓名
现有家庭成员	孙兴弟	户主	1942 年 10 月	汉	父亲	孙金生
	徐桃英	妻子	1942 年 4 月	汉	母亲	沈小妹
	孙玉根	儿子	1966 年 6 月	汉		
	郭爱香	儿媳	1971 年 4 月	汉		
	孙樱月	长孙女	1989 年 1 月	汉		
	孙园园	次孙女	1992 年 1 月	汉		
	孙晓琬	三孙女	1999 年 6 月	汉		
	孙晨曦	长曾孙女	2012 年 4 月	汉		
	孙梦晗	次曾孙女	2019 年 9 月	汉		
家庭大事记	1987 年，翻建三上三下楼房。 1998 年，购商品房。 2011 年，购轿车。 2018 年，房屋动迁，分得安置房。					

<table>
<tr><td rowspan="7">现有家庭成员</td><td rowspan="2">姓名</td><td rowspan="2">与户主关系</td><td rowspan="2">出生年月</td><td rowspan="2">民族</td><td colspan="2">已故亲属</td></tr>
<tr><td>称呼</td><td>姓名</td></tr>
<tr><td>孟香生</td><td>户主</td><td>1965 年 4 月</td><td>汉</td><td>父亲</td><td>孟荣根</td></tr>
<tr><td>周美花</td><td>妻子</td><td>1963 年 4 月</td><td>汉</td><td>母亲</td><td>戴阿林</td></tr>
<tr><td>孟文红</td><td>女儿</td><td>1988 年 2 月</td><td>汉</td><td></td><td></td></tr>
<tr><td>李　陈</td><td>女婿</td><td>1986 年 8 月</td><td>汉</td><td></td><td></td></tr>
<tr><td>李嘉琪</td><td>孙子</td><td>2012 年 4 月</td><td>汉</td><td></td><td></td></tr>
<tr><td>家庭大事记</td><td colspan="6">1992 年，翻建三上三下楼房。
2015 年，购轿车。
2018 年，房屋动迁，分得安置房。</td></tr>
</table>

<table>
<tr><td rowspan="8">现有家庭成员</td><td rowspan="2">姓名</td><td rowspan="2">与户主关系</td><td rowspan="2">出生年月</td><td rowspan="2">民族</td><td colspan="2">已故亲属</td></tr>
<tr><td>称呼</td><td>姓名</td></tr>
<tr><td>杜金良</td><td>户主</td><td>1965 年 7 月</td><td>汉</td><td>父亲</td><td>杜银土</td></tr>
<tr><td>杜林珍</td><td>妻子</td><td>1964 年 1 月</td><td>汉</td><td></td><td></td></tr>
<tr><td>杜秋龙</td><td>儿子</td><td>1988 年 9 月</td><td>汉</td><td></td><td></td></tr>
<tr><td>杨倩霏</td><td>儿媳</td><td>1989 年 10 月</td><td>汉</td><td></td><td></td></tr>
<tr><td>杜雨卿</td><td>孙女</td><td>2018 年 4 月</td><td>汉</td><td></td><td></td></tr>
<tr><td>戴香妹</td><td>母亲</td><td>1945 年 9 月</td><td>汉</td><td></td><td></td></tr>
<tr><td>家庭大事记</td><td colspan="6">1987 年，翻建三上三下楼房。
2009 年，购商品房。
2014 年，购轿车。
2020 年，房屋动迁，分得安置房。</td></tr>
</table>

	姓名	与户主关系	出生年月	民族	已故亲属	
					称呼	姓名
现有家庭成员	杜云良	户主	1967 年 4 月	汉	父亲	杜银土
	刘小妹	妻子	1968 年 1 月	汉		
	杜秋义	儿子	1993 年 4 月	汉		
	陆春雅	儿媳	1994 年 7 月	汉		
	杜瑾玥	孙女	2018 年 2 月	汉		
	戴香妹	母亲	1945 年 9 月	汉		
家庭大事记	1990 年，翻建三上三下楼房。 2012 年，房屋动迁，分得安置房。					

	姓名	与户主关系	出生年月	民族	已故亲属	
					称呼	姓名
现有家庭成员	高志荣	户主	1965 年 1 月	汉	祖父	高双林
	陆云娥	妻子	1965 年 6 月	汉	祖母	高妹宝
	高晨晨	儿子	1988 年 4 月	汉		
	张绿柳	儿媳	1988 年 3 月	汉		
	胡夫金	母亲	1944 年 8 月	汉		
	高根生	父亲	1939 年 8 月	汉		
家庭大事记	1986 年，翻建三上三下楼房。 1992 年，房屋动迁，分得安置房。					

	姓名	与户主关系	出生年月	民族	已故亲属	
					称呼	姓名
现有家庭成员	杜巧林	户主	1956 年 8 月	汉	父亲	杜小男
	孟秋香	妻子	1957 年 7 月	汉	母亲	张慧珍
	杜文英	女儿	1981 年 11 月	汉		
	朱金能	女婿	1978 年 3 月	汉		
	杜星玉	孙子	2004 年 1 月	汉		
家庭大事记	1986 年，翻建三上三下楼房。 1992 年，房屋动迁，分得安置房。 2003 年，购商品房。 2016 年，购轿车。					

	姓名	与户主关系	出生年月	民族	已故亲属	
					称呼	姓名
现有家庭成员	杜卫生	户主	1936 年 7 月	汉		
	陈仁宝	妻子	1943 年 9 月	汉		
	杜香根	儿子	1963 年 9 月	汉		
	金密英	儿媳	1962 年 8 月	汉		
	杜建刚	孙子	1986 年 9 月	汉		
	徐小君	孙媳	1989 年 4 月	汉		
	杜思睿	曾孙女	2012 年 8 月	汉		
家庭大事记	1986 年，翻建三上三下楼房。 杜建刚，2009 年 7 月南京信息工程大学本科毕业。 2001 年，购商品房。 2012 年，购轿车。 2020 年，房屋动迁，分得安置房。					

	姓名	与户主关系	出生年月	民族	已故亲属	
					称呼	姓名
现有家庭成员	杜福珍	户主	1958 年 5 月	汉	父亲	杜双生
	孙玉英	妻子	1963 年 4 月	汉		
	杜亚琴	女儿	1984 年 2 月	汉		
	马　旭	女婿	1982 年 7 月	汉		
	杜俊毅	孙子	2011 年 2 月	汉		
	陆彩英	母亲	1934 年 3 月	汉		
家庭大事记	1986 年，翻建三上三下楼房。 1992 年，房屋动迁，分得安置房。 2020 年，购轿车。					

	姓名	与户主关系	出生年月	民族	已故亲属	
					称呼	姓名
现有家庭成员	顾根男	户主	1958 年 2 月	汉	父亲	顾二男
	陆爱英	妻子	1961 年 9 月	汉	母亲	高大妹
	顾正华	儿子	1982 年 4 月	汉		
	徐　丽	儿媳	1982 年 7 月	汉		
	顾徐豪	孙子	2006 年 7 月	汉		
家庭大事记	1986 年，翻建三上三下楼房。 1992 年，房屋动迁，分得安置房。 2012 年，购轿车。					

	姓名	与户主关系	出生年月	民族	已故亲属	
					称呼	姓名
现有家庭成员	王月英	户主	1965 年 1 月	汉	公公	顾二男
	顾明华	儿子	1989 年 5 月	汉	婆婆	高大妹
	顾语萌	孙女	2015 年 4 月	汉	丈夫	顾花根
家庭大事记	1986 年，翻建三上三下楼房。 1992 年，房屋动迁，分得安置房。 2002 年，购商品房。 2010 年，购轿车。 顾明华，2010 年 7 月南通大学本科毕业。					

	姓名	与户主关系	出生年月	民族	已故亲属	
					称呼	姓名
现有家庭成员	黄小明	户主	1949 年 9 月	汉	妻子	杜妹花
家庭大事记						

	姓名	与户主关系	出生年月	民族	已故亲属	
					称呼	姓名
现有家庭成员	杜玲香	户主	1962 年 3 月	汉		
家庭大事记						

<table>
<tr><td rowspan="9">现有家庭成员</td><th rowspan="2">姓名</th><th rowspan="2">与户主关系</th><th rowspan="2">出生年月</th><th rowspan="2">民族</th><th colspan="2">已故亲属</th></tr>
<tr><th>称呼</th><th>姓名</th></tr>
<tr><td>陆宗金</td><td>户主</td><td>1943 年 11 月</td><td>汉</td><td>父亲</td><td>陆荣泉</td></tr>
<tr><td>周华妹</td><td>妻子</td><td>1947 年 6 月</td><td>汉</td><td>母亲</td><td>陆金妹</td></tr>
<tr><td>陆福良</td><td>儿子</td><td>1967 年 10 月</td><td>汉</td><td></td><td></td></tr>
<tr><td>朱月花</td><td>儿媳</td><td>1970 年 1 月</td><td>汉</td><td></td><td></td></tr>
<tr><td>陆春杰</td><td>孙子</td><td>1991 年 2 月</td><td>汉</td><td></td><td></td></tr>
<tr><td>陆良花</td><td>女儿</td><td>1970 年 12 月</td><td>汉</td><td></td><td></td></tr>
<tr><td>盛顺怡</td><td>外孙女</td><td>1992 年 2 月</td><td>汉</td><td></td><td></td></tr>
<tr><td>家庭大事记</td><td colspan="6">1989 年，翻建三上三下楼房。
2005 年，购商品房。
2015 年，购别墅。
2015 年，房屋动迁，分得安置房。
2016 年，购轿车。</td></tr>
</table>

<table>
<tr><td rowspan="9">现有家庭成员</td><th rowspan="2">姓名</th><th rowspan="2">与户主关系</th><th rowspan="2">出生年月</th><th rowspan="2">民族</th><th colspan="2">已故亲属</th></tr>
<tr><th>称呼</th><th>姓名</th></tr>
<tr><td>顾水明</td><td>户主</td><td>1968 年 4 月</td><td>汉</td><td>母亲</td><td>方长宝</td></tr>
<tr><td>王雪英</td><td>妻子</td><td>1969 年 1 月</td><td>汉</td><td></td><td></td></tr>
<tr><td>顾响龙</td><td>儿子</td><td>1991 年 9 月</td><td>汉</td><td></td><td></td></tr>
<tr><td>谢金琳</td><td>儿媳</td><td>1990 年 4 月</td><td>汉</td><td></td><td></td></tr>
<tr><td>顾梓睿</td><td>长孙</td><td>2014 年 2 月</td><td>汉</td><td></td><td></td></tr>
<tr><td>谢俊一</td><td>次孙</td><td>2017 年 4 月</td><td>汉</td><td></td><td></td></tr>
<tr><td>顾六男</td><td>父亲</td><td>1941 年 10 月</td><td>汉</td><td></td><td></td></tr>
<tr><td>家庭大事记</td><td colspan="6">1989 年，翻建三上三下楼房。
2007 年，购商品房。</td></tr>
</table>

<table>
<tr><td rowspan="2"></td><td rowspan="2">姓名</td><td rowspan="2">与户主关系</td><td rowspan="2">出生年月</td><td rowspan="2">民族</td><td colspan="2">已故亲属</td></tr>
<tr><td>称呼</td><td>姓名</td></tr>
<tr><td rowspan="6">现有家庭成员</td><td>顾巧明</td><td>户主</td><td>1965 年 12 月</td><td>汉</td><td>母亲</td><td>方长宝</td></tr>
<tr><td>孙伏琴</td><td>妻子</td><td>1966 年 8 月</td><td>汉</td><td></td><td></td></tr>
<tr><td>顾晓燕</td><td>女儿</td><td>1988 年 12 月</td><td>汉</td><td></td><td></td></tr>
<tr><td>胡天游</td><td>女婿</td><td>1983 年 8 月</td><td>汉</td><td></td><td></td></tr>
<tr><td>顾月湖</td><td>孙女</td><td>2016 年 7 月</td><td>汉</td><td></td><td></td></tr>
<tr><td>顾六男</td><td>父亲</td><td>1941 年 10 月</td><td>汉</td><td></td><td></td></tr>
<tr><td>家庭大事记</td><td colspan="6">1987 年，翻建三上三下楼房。
2008 年，购轿车。</td></tr>
</table>

<table>
<tr><td rowspan="2"></td><td rowspan="2">姓名</td><td rowspan="2">与户主关系</td><td rowspan="2">出生年月</td><td rowspan="2">民族</td><td colspan="2">已故亲属</td></tr>
<tr><td>称呼</td><td>姓名</td></tr>
<tr><td rowspan="6">现有家庭成员</td><td>陆海明</td><td>户主</td><td>1956 年 5 月</td><td>汉</td><td>父亲</td><td>陆坤生</td></tr>
<tr><td>戴春香</td><td>妻子</td><td>1959 年 1 月</td><td>汉</td><td></td><td></td></tr>
<tr><td>陆文杰</td><td>儿子</td><td>1982 年 7 月</td><td>汉</td><td></td><td></td></tr>
<tr><td>季爱华</td><td>儿媳</td><td>1983 年 10 月</td><td>汉</td><td></td><td></td></tr>
<tr><td>陆欣雯</td><td>孙女</td><td>2005 年 12 月</td><td>汉</td><td></td><td></td></tr>
<tr><td>陆密林</td><td>母亲</td><td>1932 年 7 月</td><td>汉</td><td></td><td></td></tr>
<tr><td>家庭大事记</td><td colspan="6">陆海明，1979 年在南京农业学院（今南京农业大学）学习，曾任正仪镇农业服务公司技术员。
1991 年，翻建三上三下楼房。
2015 年，购商品房。</td></tr>
</table>

	姓名	与户主关系	出生年月	民族	已故亲属	
					称呼	姓名
现有家庭成员	顾巧男	户主	1963 年 7 月	汉	父亲	顾俊华
	陆爱珍	妻子	1963 年 10 月	汉	母亲	顾秀珍
	顾　敏	儿子	1986 年 5 月	汉		
	吴　颖	儿媳	1986 年 8 月	汉		
	顾诗涵	孙女	2012 年 5 月	汉		
家庭大事记	1987 年，翻建三上三下楼房。 顾敏，2008 年 7 月江苏大学本科毕业，中共党员。 2012 年，房改分配到商品房。 2012 年，购商品房。 2015 年，购轿车。 2015 年，房屋动迁，分得安置房。					

	姓名	与户主关系	出生年月	民族	已故亲属	
					称呼	姓名
现有家庭成员	陆云官	户主	1945 年 6 月	汉	母亲	陆爱宝
	李水英	妻子	1946 年 3 月	汉	父亲	陆全生
	陆林娥	女儿	1966 年 6 月	汉		
	王志明	女婿	1964 年 12 月	汉		
	陆静洁	孙女	1987 年 8 月	汉		
	陆　阳	孙子	1994 年 4 月	汉		
家庭大事记	1989 年，翻建三上三下楼房。 2014 年，购别墅。 2015 年，购轿车。 2020 年，房屋动迁，分得安置房。 陆云官，曾任正仪机械厂厂长。					

	姓名	与户主关系	出生年月	民族	已故亲属	
					称呼	姓名
现有家庭成员	陆福明	户主	1962 年 3 月	汉	父亲	杜海生
	顾玲芳	妻子	1963 年 9 月	汉	母亲	陆梅媛
	陆晓萍	女儿	1985 年 11 月	汉		
	王明君	女婿	1984 年 3 月	汉		
	王锶钰	孙女	2008 年 4 月	汉		
家庭大事记	1991 年，翻建三上三下楼房。 2009 年，购轿车。 2011 年，购商品房。 2018 年，房屋动迁，分得安置房。					

	姓名	与户主关系	出生年月	民族	已故亲属	
					称呼	姓名
现有家庭成员	陆福兴	户主	1957 年 12 月	汉	父亲	杜海生
	顾福英	妻子	1959 年 8 月	汉	母亲	陆梅媛
	陆奇麟	儿子	1983 年 1 月	汉		
	苏彦萍	儿媳	1984 年 11 月	汉		
	陆致杰	孙子	2008 年 8 月	汉		
	苏涉雅	孙女	2014 年 7 月	汉		
家庭大事记	1991 年，翻建三上三下楼房。 2008 年，购商品房。 2010 年，购轿车。 陆福兴，中共党员，曾任燕桥浜村经济合作社社长、村委会主任、村党支部书记，玉山镇劳动服务所副所长。					

<table>
<tr><td rowspan="11">现有家庭成员</td><td rowspan="2">姓名</td><td rowspan="2">与户主关系</td><td rowspan="2">出生年月</td><td rowspan="2">民族</td><td colspan="2">已故亲属</td></tr>
<tr><td>称呼</td><td>姓名</td></tr>
<tr><td>顾俊明</td><td>户主</td><td>1945 年 8 月</td><td>汉</td><td>父亲</td><td>顾荣泉</td></tr>
<tr><td>陆玲花</td><td>妻子</td><td>1948 年 5 月</td><td>汉</td><td></td><td></td></tr>
<tr><td>顾月芳</td><td>女儿</td><td>1967 年 3 月</td><td>汉</td><td></td><td></td></tr>
<tr><td>陆林根</td><td>女婿</td><td>1967 年 12 月</td><td>汉</td><td></td><td></td></tr>
<tr><td>顾梦丽</td><td>长孙女</td><td>1990 年 6 月</td><td>汉</td><td></td><td></td></tr>
<tr><td>丁亦华</td><td>长孙女婿</td><td>1990 年 11 月</td><td>汉</td><td></td><td></td></tr>
<tr><td>顾梦霞</td><td>次孙女</td><td>1994 年 5 月</td><td>汉</td><td></td><td></td></tr>
<tr><td>丁雨忻</td><td>曾孙女</td><td>2017 年 3 月</td><td>汉</td><td></td><td></td></tr>
<tr><td>顾浚宸</td><td>曾孙子</td><td>2019 年 4 月</td><td>汉</td><td></td><td></td></tr>
<tr><td>家庭大事记</td><td colspan="6">1983 年，翻建三上三下楼房。
2002 年，购商品房。
顾梦丽，2012 年 7 月淮阴师范学院本科毕业，中共党员。
2015 年，购轿车。
顾梦霞，2016 年 7 月淮阴师范学院本科毕业，中共党员。
2020 年，房屋动迁，分得安置房。</td></tr>
</table>

现有家庭成员	姓名	与户主关系	出生年月	民族	已故亲属	
					称呼	姓名
	陆大男	户主	1939 年 2 月	汉	父亲	陆福生
	周白媛	妻子	1944 年 4 月	汉	母亲	陆云宝
	陆密珍	女儿	1963 年 8 月	汉		
	沈永根	女婿	1962 年 2 月	汉		
	陆继明	孙子	1985 年 6 月	汉		
	殷　婷	孙媳	1985 年 8 月	汉		
	陆歆恬	曾孙女	2009 年 7 月	汉		
	陆殷朗	曾孙子	2017 年 5 月	汉		
家庭大事记	1984 年，翻建三上三下楼房。 2002 年，购商品房。 陆继明，2007 年 7 月三江学院本科毕业。 2008 年，购轿车。 2010 年，购商品房。					

现有家庭成员	姓名	与户主关系	出生年月	民族	已故亲属	
					称呼	姓名
	陆建忠	户主	1968 年 7 月	汉	父亲	陆大狗
	顾凤霞	妻子	1969 年 9 月	汉		
	陆　军	儿子	1992 年 2 月	汉		
	翁招妹	母亲	1946 年 2 月	汉		
家庭大事记	1989 年，翻建三上三下楼房。 2002 年，购商品房。 2009 年，购轿车。					

	姓名	与户主关系	出生年月	民族	已故亲属	
					称呼	姓名
现有家庭成员	陆文忠	户主	1970年1月	汉	父亲	陆大狗
	张卫红	妻子	1971年7月	汉		
	陆雨晴	女儿	1992年9月	汉		
	翁招妹	母亲	1946年2月	汉		
家庭大事记	2010年，购商品房、轿车。 2010年，房屋动迁，分得安置房。 陆雨晴，2015年7月南京师范大学本科毕业。					

	姓名	与户主关系	出生年月	民族	已故亲属	
					称呼	姓名
现有家庭成员	孙金良	户主	1966年5月	汉	父亲	孙根林
	赵惠珍	妻子	1965年9月	汉		
	孙　燕	女儿	1989年1月	汉		
	张庆达	女婿	1988年10月	汉		
	张悦辰	孙女	2015年2月	汉		
	孙夫妹	母亲	1935年9月	汉		
家庭大事记	1986年，翻建三上三下楼房。 2010年，购商品房。 孙燕，2011年7月长春师范大学本科毕业。 2013年，购轿车。 2018年，房屋动迁，分得安置房。					

	姓名	与户主关系	出生年月	民族	已故亲属	
					称呼	姓名
现有家庭成员	孙云弟	户主	1945 年 1 月	汉	父亲	孙金菜
	赵秀英	妻子	1946 年 6 月	汉		
	孙永明	儿子	1963 年 11 月	汉		
	金清妹	儿媳	1962 年 3 月	汉		
	孙健斌	孙子	1986 年 9 月	汉		
	蒋金云	孙媳	1988 年 3 月	汉		
	孙俊浩	曾孙子	2010 年 12 月	汉		
	孙歆岚	曾孙女	2016 年 2 月	汉		
	孙爱妹	母亲	1926 年 6 月	汉		
家庭大事记	1985 年，翻建三上三下楼房。 孙永明，1983 年 1 月至 1986 年 1 月参军入伍，中共党员，曾任江苏省电力建设公司党支部书记。 2010 年，购商品房。 2018 年，房屋动迁，分得安置房。					

	姓名	与户主关系	出生年月	民族	已故亲属	
					称呼	姓名
现有家庭成员	陆明生	户主	1946 年 11 月	汉	岳父	陆子明
	陆月珍	妻子	1951 年 1 月	汉	岳母	顾二宝
	陆继强	长子	1970 年 7 月	汉		
	顾丽琴	长媳	1972 年 1 月	汉		
	陆心怡	孙女	1994 年 9 月	汉		
	陆继祥	次子	1972 年 5 月	汉		
家庭大事记	1982 年，翻建三上三下楼房。 2010 年，购商品房。 2013 年，购轿车。 陆心怡，2016 年 7 月江苏大学本科毕业。 2020 年，房屋动迁，分得安置房。					

	姓名	与户主关系	出生年月	民族	已故亲属	
					称呼	姓名
现有家庭成员	顾桃森	户主	1953 年 10 月	汉	岳父	陆子明
	陆月珠	妻子	1954 年 1 月	汉	岳母	顾二宝
	陆冠萍	女儿	1979 年 3 月	汉		
	沈　荣	女婿	1978 年 9 月	汉		
	沈佑祺	孙子	2004 年 10 月	汉		
家庭大事记	1982 年，翻建三上三下楼房。 2003 年，购商品房。 2015 年，购轿车。					

	姓名	与户主关系	出生年月	民族	已故亲属	
					称呼	姓名
现有家庭成员	陆海根	户主	1954 年 1 月	汉	父亲	陆坤生
	薛金秀	妻子	1953 年 9 月	汉		
	陆美萍	女儿	1979 年 10 月	汉		
	张　伟	女婿	1977 年 3 月	汉		
	陆惟一	孙女	2004 年 5 月	汉		
	陆密林	母亲	1932 年 7 月	汉		
家庭大事记	1986 年，翻建三上三下楼房。 2002 年，购商品房。 2008 年，购轿车。 2016 年，购别墅。 薛金秀，中共党员，曾任五三村党支部书记、江苏 AB 集团股份有限公司副总经理。					

	姓名	与户主关系	出生年月	民族	已故亲属	
					称呼	姓名
现有家庭成员	朱全元	户主	1948 年 9 月	汉	父亲	朱金泉
	朱宗宝	妻子	1950 年 11 月	汉	母亲	朱阿小
	朱月文	儿子	1972 年 2 月	汉		
	沈菊芳	儿媳	1972 年 10 月	汉		
	朱毅晨	孙子	1994 年 12 月	汉		
家庭大事记	1986 年，翻建三上三下楼房。 2010 年，购商品房。 2018 年，购轿车。 2018 年，房屋动迁，分得安置房。					

	姓名	与户主关系	出生年月	民族	已故亲属	
					称呼	姓名
现有家庭成员	朱根元	户主	1966 年 11 月	汉	父亲	朱全福
	王正仙	妻子	1966 年 12 月	汉	母亲	朱凤英
	朱剑峰	儿子	1990 年 8 月	汉		
	陆晓静	儿媳	1993 年 8 月	汉		
	朱嘉晨	孙子	2015 年 1 月	汉		
	陆嘉妤	孙女	2019 年 10 月	汉		
家庭大事记	1987 年，翻建三上三下楼房。 2008 年，购商品房。 朱剑峰，2011 年 12 月至 2013 年 12 月参军入伍，中共党员。					

	姓名	与户主关系	出生年月	民族	已故亲属	
					称呼	姓名
现有家庭成员	陆阿毛	户主	1946 年 2 月	汉	岳父	朱根生
	朱小凤英	妻子	1946 年 6 月	汉	岳母	朱小妹
	朱月明	儿子	1968 年 1 月	汉		
	刘雪琴	儿媳	1967 年 11 月	汉		
	朱志伟	孙子	1990 年 7 月	汉		
家庭大事记	1986 年，翻建三上三下楼房。 2010 年，购商品房。 2015 年，购轿车。 2018 年，房屋动迁，分得安置房。					

	姓名	与户主关系	出生年月	民族	已故亲属	
					称呼	姓名
现有家庭成员	陆阿狗	户主	1942 年 8 月	汉	父亲	陆招生
	赵凤妹	妻子	1941 年 4 月	汉	母亲	陆秀玲
	陆菊良	儿子	1966 年 5 月	汉		
	刘卫英	儿媳	1966 年 5 月	汉		
	陆晓波	孙子	1989 年 2 月	汉		
家庭大事记	1985 年，翻建三上三下楼房。 陆晓波，2007 年 12 月至 2012 年 12 月参军入伍。 2020 年，房屋动迁，分得安置房。					

	姓名	与户主关系	出生年月	民族	已故亲属	
					称呼	姓名
现有家庭成员	陆珍男	户主	1956 年 4 月	汉	母亲	陆凤妹
	徐根妹	妻子	1954 年 9 月	汉		
	陆　芳	女儿	1980 年 5 月	汉		
	周文清	女婿	1978 年 9 月	汉		
	陆心雨	孙女	2001 年 5 月	汉		
	杜阿元	父亲	1935 年 6 月	汉		
家庭大事记	1988 年，翻建三上三下楼房。 2008 年，购商品房。 2019 年，购轿车。 2020 年，房屋动迁，分得安置房。 杜阿元，中共党员，曾任明星大队第 2 生产队队长。					

	姓名	与户主关系	出生年月	民族	已故亲属	
					称呼	姓名
现有家庭成员	陆爱根	户主	1963 年 12 月	汉	父亲	陆根土
	蒋巧珍	妻子	1964 年 11 月	汉		
	陆　金	儿子	1986 年 7 月	汉		
	赵　静	儿媳	1986 年 7 月	汉		
	陆铭宸	孙子	2011 年 11 月	汉		
	赵宸阳	孙女	2013 年 11 月	汉		
	陆花宝	母亲	1933 年 8 月	汉		
家庭大事记	1986 年，翻建三上三下楼房。 2005 年，购商品房。 2013 年，购轿车。 陆爱根，中共党员。					

	姓名	与户主关系	出生年月	民族	已故亲属	
					称呼	姓名
现有家庭成员	陆小增	户主	1960 年 4 月	汉	母亲	陆凤妹
	王月珍	妻子	1962 年 2 月	汉		
	陆剑卿	儿子	1983 年 5 月	汉		
	丰颖颖	儿媳	1982 年 11 月	汉		
	陆钰童	长孙女	2008 年 9 月	汉		
	丰与舜	次孙女	2011 年 3 月	汉		
	杜阿元	父亲	1935 年 6 月	汉		
家庭大事记	1989 年，翻建三上三下楼房。 2010 年，购商品房。 2015 年，购轿车。 2018 年，房屋动迁，分得安置房。 杜阿元，中共党员，曾任明星大队第 2 生产队队长。					

	姓名	与户主关系	出生年月	民族	已故亲属	
					称呼	姓名
现有家庭成员	陆宗林	户主	1945 年 4 月	汉	父亲	陆根兴
	顾月明	女婿	1963 年 12 月	汉	母亲	陆爱媛
	陆晓岚	长孙女	1987 年 11 月	汉	妻子	陆素珍
	陆晓凤	次孙女	1993 年 8 月	汉	女儿	陆菊英
	陆晓龙	孙子	1993 年 8 月	汉		
	狄　倩	孙媳	1992 年 4 月	汉		
家庭大事记	1985 年，翻建三上三下楼房。 顾月明，1981 年 1 月至 1987 年 1 月参军入伍，中共党员。 2005 年，购商品房。 2012 年，房屋动迁，分得安置房。 陆晓龙，2012 年 12 月至 2014 年 12 月参军入伍。 陆宗林，曾任明星大队第 2 生产队队长。					

<table>
<tr><td rowspan="9">现有家庭成员</td><td rowspan="2">姓名</td><td rowspan="2">与户主关系</td><td rowspan="2">出生年月</td><td rowspan="2">民族</td><td colspan="2">已故亲属</td></tr>
<tr><td>称呼</td><td>姓名</td></tr>
<tr><td>陆大凤</td><td>户主</td><td>1946 年 9 月</td><td>汉</td><td>父亲</td><td>陆兆林</td></tr>
<tr><td>孙金花</td><td>妻子</td><td>1947 年 12 月</td><td>汉</td><td>母亲</td><td>周腊妹</td></tr>
<tr><td>陆文彪</td><td>儿子</td><td>1968 年 10 月</td><td>汉</td><td></td><td></td></tr>
<tr><td>陆菊花</td><td>儿媳</td><td>1968 年 3 月</td><td>汉</td><td></td><td></td></tr>
<tr><td>陆亚萍</td><td>孙女</td><td>1991 年 7 月</td><td>汉</td><td></td><td></td></tr>
<tr><td>许学阳</td><td>孙女婿</td><td>1991 年 7 月</td><td>汉</td><td></td><td></td></tr>
<tr><td>陆奕宏</td><td>曾孙子</td><td>2018 年 9 月</td><td>汉</td><td></td><td></td></tr>
<tr><td>家庭大事记</td><td colspan="6">1987 年，翻建三上三下楼房。
2005 年，购商品房。
陆亚萍，2013 年 7 月江苏大学本科毕业。
2015 年，房屋动迁，分得安置房。
2018 年，购轿车。
陆大凤，中共党员，曾任燕桥浜村会计、村委会主任，正仪供电所主办会计。</td></tr>
</table>

<table>
<tr><td rowspan="5">现有家庭成员</td><td rowspan="2">姓名</td><td rowspan="2">与户主关系</td><td rowspan="2">出生年月</td><td rowspan="2">民族</td><td colspan="2">已故亲属</td></tr>
<tr><td>称呼</td><td>姓名</td></tr>
<tr><td>陆文芳</td><td>户主</td><td>1971 年 3 月</td><td>汉</td><td></td><td></td></tr>
<tr><td>陆大凤</td><td>父亲</td><td>1946 年 9 月</td><td>汉</td><td></td><td></td></tr>
<tr><td>孙金花</td><td>母亲</td><td>1947 年 12 月</td><td>汉</td><td></td><td></td></tr>
<tr><td>家庭大事记</td><td colspan="6">2005 年，购经济适用房。
陆大凤，中共党员，曾任燕桥浜村会计、村委会主任、正仪供电所主办会计。</td></tr>
</table>

<table>
<tr><td rowspan="6">现有家庭成员</td><th rowspan="2">姓名</th><th rowspan="2">与户主关系</th><th rowspan="2">出生年月</th><th rowspan="2">民族</th><th colspan="2">已故亲属</th></tr>
<tr><th>称呼</th><th>姓名</th></tr>
<tr><td>陆小凤</td><td>户主</td><td>1950 年 9 月</td><td>汉</td><td>父亲</td><td>陆兆林</td></tr>
<tr><td>陆　琴</td><td>女儿</td><td>1973 年 1 月</td><td>汉</td><td>母亲</td><td>周腊妹</td></tr>
<tr><td>杜玉良</td><td>女婿</td><td>1969 年 4 月</td><td>汉</td><td>妻子</td><td>陆妹珍</td></tr>
<tr><td>陆嘉尔</td><td>孙子</td><td>1994 年 5 月</td><td>汉</td><td></td><td></td></tr>
<tr><td>家庭大事记</td><td colspan="6">1985 年，翻建三上三下楼房。
2006 年，购商品房。
2012 年，房屋动迁，分得安置房。
陆嘉尔，2016 年 7 月南京邮电大学本科毕业。
2018 年，购轿车。
陆小凤，曾任明星大队第 2 生产队队长。</td></tr>
</table>

<table>
<tr><td rowspan="7">现有家庭成员</td><th rowspan="2">姓名</th><th rowspan="2">与户主关系</th><th rowspan="2">出生年月</th><th rowspan="2">民族</th><th colspan="2">已故亲属</th></tr>
<tr><th>称呼</th><th>姓名</th></tr>
<tr><td>陆云男</td><td>户主</td><td>1950 年 1 月</td><td>汉</td><td>父亲</td><td>陆爱福</td></tr>
<tr><td>陆艳良</td><td>儿子</td><td>1972 年 12 月</td><td>汉</td><td>母亲</td><td>陆凤宝</td></tr>
<tr><td>梅珍菊</td><td>儿媳</td><td>1973 年 11 月</td><td>汉</td><td>妻子</td><td>周花宝</td></tr>
<tr><td>陆艳琴</td><td>女儿</td><td>1975 年 11 月</td><td>汉</td><td></td><td></td></tr>
<tr><td>陆静雯</td><td>孙女</td><td>1995 年 10 月</td><td>汉</td><td></td><td></td></tr>
<tr><td>家庭大事记</td><td colspan="6">1990 年，翻建三上三下楼房。
2006 年，购商品房。
陆静雯，2017 年 7 月南京师范大学本科毕业。
2020 年，房屋动迁，分得安置房。</td></tr>
</table>

	姓名	与户主关系	出生年月	民族	已故亲属	
					称呼	姓名
现有家庭成员	陆金男	户主	1954 年 12 月	汉	父亲	陆爱福
	金云妹	妻子	1954 年 7 月	汉	母亲	陆凤宝
	陆　明	儿子	1979 年 1 月	汉		
	陆　琦	孙女	2003 年 5 月	汉		
家庭大事记	1989 年，翻建三上三下楼房。 2000 年，购商品房。 2009 年，购轿车。 2020 年，房屋动迁，分得安置房。					

	姓名	与户主关系	出生年月	民族	已故亲属	
					称呼	姓名
现有家庭成员	陆　刚	户主	1977 年 10 月	汉	父亲	陆惠元
	陈　红	妻子	1978 年 8 月	汉		
	陆康皓	儿子	2008 年 9 月	汉		
	毛玲珍	母亲	1954 年 5 月	汉		
家庭大事记	1982 年，翻建平房。 2006 年，购商品房。 2009 年，房屋动迁，分得安置房。 2010 年，购轿车。					

	姓名	与户主关系	出生年月	民族	已故亲属	
					称呼	姓名
现有家庭成员	顾玉麟	户主	1964 年 2 月	汉		
	顾巧琴	妻子	1967 年 9 月	汉		
	顾　曦	儿子	1988 年 6 月	汉		
	朱晨容	儿媳	1989 年 6 月	汉		
	顾以宸	长孙	2014 年 10 月	汉		
	朱以恒	次孙	2016 年 7 月	汉		

家庭大事记	1984 年，翻建平房。 2002 年，购商品房。 2005 年，购轿车。 顾曦，2013 年 7 月南京中医药大学硕士毕业。 顾玉麟，中共党员，国家公务员，曾任正仪镇团委书记、镇多种经营公司经理，五三村党支部书记，现在高新区政府部门工作。

	姓名	与户主关系	出生年月	民族	已故亲属	
					称呼	姓名
现有家庭成员	沈杏泉	户主	1954 年 12 月	汉	岳父	陆汉生
	陆敏珍	妻子	1954 年 5 月	汉	岳母	陆桂花
	陆英芳	女儿	1979 年 9 月	汉		
	徐　沧	女婿	1974 年 3 月	汉		
	陆云杰	儿子	1985 年 5 月	汉		
	邵　琳	儿媳	1986 年 11 月	汉		
	邵显雄	长孙	2010 年 9 月	汉		
	徐瑞怡	孙女	2011 年 1 月	汉		
	邵显华	次孙	2012 年 1 月	汉		

家庭大事记	1985 年，翻建三上三下楼房。 2002 年，购商品房。 2010 年，购轿车。 陆英芳，2002 年 7 月北京理工大学本科毕业。 2012 年，房屋动迁，分得安置房。 陆敏珍，中共党员，曾任燕桥浜村团支部书记、妇女主任。

	姓名	与户主关系	出生年月	民族	已故亲属	
					称呼	姓名
现有家庭成员	顾云泉	户主	1950 年 8 月	汉	岳父	杜梅茂
	杜玲珍	妻子	1953 年 3 月	汉	岳母	钱全大
	杜建良	长子	1973 年 12 月	汉		
	万建芳	长媳	1975 年 3 月	汉		
	杜建文	次子	1978 年 3 月	汉		
	杜小玉	孙子	1996 年 9 月	汉		
家庭大事记	1990 年，翻建三上三下楼房。 2015 年，购商品房。 2020 年，购轿车。 2020 年，房屋动迁，分得安置房。 杜建良，中共党员，曾任燕桥浜村会计。					

	姓名	与户主关系	出生年月	民族	已故亲属	
现有家庭成员					称呼	姓名
	赵美新	户主	1967 年 12 月	汉		
家庭大事记	2020 年，房屋动迁，分得安置房。					

	姓名	与户主关系	出生年月	民族	已故亲属	
					称呼	姓名
现有家庭成员	陆　琪	户主	1970 年 6 月	汉	祖父	陆寿根
	沈　群	妻子	1970 年 5 月	汉	祖母	陆阿玲
	陆静怡	女儿	1993 年 5 月	汉		
	沈杏林	父亲	1948 年 3 月	汉		
	陆阿巧	母亲	1949 年 3 月	汉		
家庭大事记	1984 年，翻建楼房。 2005 年，购商品房。 2005 年，购轿车。 陆静怡，2016 年 7 月南京体育学院本科毕业。 2020 年，房屋动迁，分得安置房。					

	姓名	与户主关系	出生年月	民族	已故亲属	
					称呼	姓名
现有家庭成员	沈杏林	户主	1948 年 3 月	汉	祖父	陆木火
	陆阿巧	妻子	1949 年 3 月	汉	祖母	陆小妹
	张卫红	次媳	1971 年 7 月	汉	岳父	陆寿根
					岳母	陆阿玲
					次子	陆　萍
家庭大事记	1984 年，翻建楼房。 2019 年，被村评为“文明和谐最美家庭”。 2020 年，房屋动迁，分得安置房。 陆阿巧，中共党员，曾任明星大队团支部书记、妇女主任、党支部书记，正仪公社妇女主任，正仪土管所会计，昆山县第五届党代表，昆山市第八届人民代表，获评“昆山市劳动模范”。					

	姓名	与户主关系	出生年月	民族	已故亲属	
					称呼	姓名
现有家庭成员	姜凤俭	户主	1959 年 10 月	汉	祖父	徐佰生
	徐菊香	妻子	1962 年 8 月	汉	祖母	徐小妹
	徐燕青	儿子	1985 年 8 月	汉	岳父	田宝根
	韩燕萍	儿媳	1986 年 8 月	汉		
	徐辰飞	孙子	2013 年 7 月	汉		
	韩雨薇	孙女	2017 年 5 月	汉		
	徐二媛	岳母	1942 年 12 月	汉		
家庭大事记	1986 年，翻建三上三下楼房。 2005 年，购商品房。 2008 年，购轿车。 徐燕青，2009 年 7 月中国医科大学本科毕业。 2020 年，房屋动迁，分得安置房。 徐菊香，中共党员。					

<table>
<tr><td rowspan="2"></td><td rowspan="2">姓名</td><td rowspan="2">与户主关系</td><td rowspan="2">出生年月</td><td rowspan="2">民族</td><td colspan="2">已故亲属</td></tr>
<tr><td>称呼</td><td>姓名</td></tr>
<tr><td rowspan="8">现有家庭成员</td><td>杜玉良</td><td>户主</td><td>1965 年 12 月</td><td>汉</td><td>祖父</td><td>杜梅茂</td></tr>
<tr><td>戴雪珍</td><td>妻子</td><td>1965 年 9 月</td><td>汉</td><td>祖母</td><td>钱全大</td></tr>
<tr><td>杜辛妮</td><td>女儿</td><td>1989 年 11 月</td><td>汉</td><td></td><td></td></tr>
<tr><td>陈勤荣</td><td>女婿</td><td>1989 年 12 月</td><td>汉</td><td></td><td></td></tr>
<tr><td>陈一帆</td><td>长孙</td><td>2012 年 8 月</td><td>汉</td><td></td><td></td></tr>
<tr><td>杜一鸣</td><td>次孙</td><td>2014 年 11 月</td><td>汉</td><td></td><td></td></tr>
<tr><td>徐水元</td><td>父亲</td><td>1944 年 4 月</td><td>汉</td><td></td><td></td></tr>
<tr><td>钱密宝</td><td>母亲</td><td>1947 年 7 月</td><td>汉</td><td></td><td></td></tr>
<tr><td>家庭大事记</td><td colspan="6">1993 年，翻建三上三下楼房。
2008 年，购轿车。
2010 年，购商品房。
2020 年，房屋动迁，分得安置房。</td></tr>
</table>

<table>
<tr><td rowspan="2"></td><td rowspan="2">姓名</td><td rowspan="2">与户主关系</td><td rowspan="2">出生年月</td><td rowspan="2">民族</td><td colspan="2">已故亲属</td></tr>
<tr><td>称呼</td><td>姓名</td></tr>
<tr><td rowspan="6">现有家庭成员</td><td>景香林</td><td>户主</td><td>1961 年 8 月</td><td>汉</td><td>岳父</td><td>陆水生</td></tr>
<tr><td>朱金秀</td><td>妻子</td><td>1962 年 2 月</td><td>汉</td><td>岳母</td><td>朱白媛</td></tr>
<tr><td>朱　伟</td><td>儿子</td><td>1985 年 6 月</td><td>汉</td><td></td><td></td></tr>
<tr><td>张　菇</td><td>儿媳</td><td>1984 年 10 月</td><td>汉</td><td></td><td></td></tr>
<tr><td>朱鹏翰</td><td>长孙</td><td>2008 年 2 月</td><td>汉</td><td></td><td></td></tr>
<tr><td>朱鹏晨</td><td>次孙</td><td>2014 年 7 月</td><td>汉</td><td></td><td></td></tr>
<tr><td>家庭大事记</td><td colspan="6">景香林，1980 年 1 月至 1981 年 12 月参军入伍。
1988 年，翻建三上三下楼房。
张菇，2006 年 7 月徐州师范大学（今江苏师范大学）本科毕业。
2010 年，购商品房。
2015 年，购轿车。
2015 年，房屋动迁，分得安置房。</td></tr>
</table>

	姓名	与户主关系	出生年月	民族	已故亲属	
					称呼	姓名
现有家庭成员	沈菊良	户主	1963 年 4 月	汉	岳父	陆水生
	朱银秀	妻子	1963 年 11 月	汉	岳母	朱白媛
	朱文燕	女儿	1986 年 4 月	汉		
	朱怡蒙	孙女	2008 年 7 月	汉		
	刘广淇	孙子	2013 年 8 月	汉		
家庭大事记	1988 年，翻建三上三下楼房。 2015 年，购轿车。 2015 年，房屋动迁，分得安置房。					

	姓名	与户主关系	出生年月	民族	已故亲属	
					称呼	姓名
现有家庭成员	杜素根	户主	1965 年 12 月	汉	父亲	杜炳生
	陆花妹	妻子	1965 年 12 月	汉		
	杜　敏	儿子	1988 年 11 月	汉		
	王文琴	儿媳	1988 年 12 月	汉		
	杜惜阅	孙女	2016 年 1 月	汉		
	杜阿三	母亲	1933 年 2 月	汉		
家庭大事记	1985 年，翻建三上三下楼房。 2010 年，购商品房。 2010 年，购轿车。 2018 年，房屋动迁，分得安置房。					

<table>
<tr><td rowspan="8">现有家庭成员</td><td rowspan="2">姓名</td><td rowspan="2">与户主关系</td><td rowspan="2">出生年月</td><td rowspan="2">民族</td><td colspan="2">已故亲属</td></tr>
<tr><td>称呼</td><td>姓名</td></tr>
<tr><td>徐月珍</td><td>户主</td><td>1964 年 4 月</td><td>汉</td><td>父亲</td><td>徐水梅</td></tr>
<tr><td>徐孙健</td><td>儿子</td><td>1986 年 12 月</td><td>汉</td><td></td><td></td></tr>
<tr><td>吉凤娟</td><td>儿媳</td><td>1987 年 10 月</td><td>汉</td><td></td><td></td></tr>
<tr><td>徐逸凡</td><td>孙子</td><td>2013 年 11 月</td><td>汉</td><td></td><td></td></tr>
<tr><td>吉逸晗</td><td>孙女</td><td>2016 年 8 月</td><td>汉</td><td></td><td></td></tr>
<tr><td>徐银妹</td><td>母亲</td><td>1945 年 12 月</td><td>汉</td><td></td><td></td></tr>
<tr><td>家庭大事记</td><td colspan="6">1988 年，翻建三上三下楼房。
2009 年，购商品房。
2015 年，购轿车。
2015 年，房屋动迁，分得安置房。</td></tr>
</table>

<table>
<tr><td rowspan="3">现有家庭成员</td><td rowspan="2">姓名</td><td rowspan="2">与户主关系</td><td rowspan="2">出生年月</td><td rowspan="2">民族</td><td colspan="2">已故亲属</td></tr>
<tr><td>称呼</td><td>姓名</td></tr>
<tr><td>孙关男</td><td>户主</td><td>1963 年 9 月</td><td>汉</td><td></td><td></td></tr>
<tr><td>家庭大事记</td><td colspan="6"></td></tr>
</table>

	姓名	与户主关系	出生年月	民族	已故亲属	
					称呼	姓名
现有家庭成员	万云狗	户主	1949 年 10 月	汉	父亲	万招泉
	顾全花	妻子	1950 年 6 月	汉	母亲	万水妹
	万建华	女儿	1971 年 12 月	汉		
	周雪良	女婿	1970 年 11 月	汉		
	万振宇	孙子	1993 年 8 月	汉		
	万　辰	曾孙子	2017 年 3 月	汉		
家庭大事记	1986 年，翻建三上三下楼房。 2008 年，购商品房。 2010 年，购轿车。 万振宇，2015 年 7 月北京航空航天大学本科毕业。 2020 年，房屋动迁，分得安置房。					

	姓名	与户主关系	出生年月	民族	已故亲属	
					称呼	姓名
现有家庭成员	赵根荣	户主	1952 年 11 月	汉	父亲	赵秧泉
	富夫宝	妻子	1953 年 11 月	汉	母亲	赵阿花
	赵志华	儿子	1982 年 11 月	汉		
	付　娥	儿媳	1986 年 2 月	汉		
	赵　言	孙子	2008 年 9 月	汉		
	赵紫涵	孙女	2013 年 12 月	汉		
家庭大事记	1985 年，翻建三上三下楼房。 2013 年，购商品房。 2015 年，购轿车。 2020 年，房屋动迁，分得安置房。 付娥，中共党员。					

<table>
<tr><td rowspan="9">现有家庭成员</td><td rowspan="2">姓名</td><td rowspan="2">与户主关系</td><td rowspan="2">出生年月</td><td rowspan="2">民族</td><td colspan="2">已故亲属</td></tr>
<tr><td>称呼</td><td>姓名</td></tr>
<tr><td>赵炳荣</td><td>户主</td><td>1950 年 11 月</td><td>汉</td><td>父亲</td><td>赵秧泉</td></tr>
<tr><td>祝玲花</td><td>妻子</td><td>1951 年 7 月</td><td>汉</td><td>母亲</td><td>赵阿花</td></tr>
<tr><td>赵美芳</td><td>长女</td><td>1972 年 8 月</td><td>汉</td><td></td><td></td></tr>
<tr><td>赵小芳</td><td>次女</td><td>1974 年 1 月</td><td>汉</td><td></td><td></td></tr>
<tr><td>赵　越</td><td>孙女</td><td>1993 年 11 月</td><td>汉</td><td></td><td></td></tr>
<tr><td>陈羿均</td><td>曾孙子</td><td>2019 年 8 月</td><td>汉</td><td></td><td></td></tr>
<tr><td>姚莉娜</td><td>外孙女</td><td>1995 年 3 月</td><td>汉</td><td></td><td></td></tr>
<tr><td>家庭大事记</td><td colspan="6">1985 年，翻建三上三下楼房。
2010 年，购商品房。
2015 年，购轿车。
赵越，2016 年 7 月淮海工学院（今江苏海洋大学）本科毕业，中共党员。
2020 年，房屋动迁，分得安置房。</td></tr>
</table>

<table>
<tr><td rowspan="8">现有家庭成员</td><td rowspan="2">姓名</td><td rowspan="2">与户主关系</td><td rowspan="2">出生年月</td><td rowspan="2">民族</td><td colspan="2">已故亲属</td></tr>
<tr><td>称呼</td><td>姓名</td></tr>
<tr><td>赵根男</td><td>户主</td><td>1965 年 10 月</td><td>汉</td><td>祖父</td><td>赵招根</td></tr>
<tr><td>赵香珍</td><td>妻子</td><td>1965 年 12 月</td><td>汉</td><td></td><td></td></tr>
<tr><td>赵亚芬</td><td>女儿</td><td>1988 年 9 月</td><td>汉</td><td></td><td></td></tr>
<tr><td>赵　剑</td><td>儿子</td><td>1992 年 2 月</td><td>汉</td><td></td><td></td></tr>
<tr><td>赵白男</td><td>父亲</td><td>1944 年 7 月</td><td>汉</td><td></td><td></td></tr>
<tr><td>戴秀妹</td><td>母亲</td><td>1943 年 2 月</td><td>汉</td><td></td><td></td></tr>
<tr><td>家庭大事记</td><td colspan="6">1992 年，翻建三上三下楼房。
赵亚芬，2011 年 7 月江苏大学本科毕业。
2013 年，购商品房。
赵剑，2014 年 7 月江苏理工学院本科毕业。
2015 年，购轿车。
2020 年，房屋动迁，分得安置房。
赵白男，曾任明星大队第 3 生产队队长。</td></tr>
</table>

<table>
<tr><td rowspan="9">现有家庭成员</td><td rowspan="2">姓名</td><td rowspan="2">与户主关系</td><td rowspan="2">出生年月</td><td rowspan="2">民族</td><td colspan="2">已故亲属</td></tr>
<tr><td>称呼</td><td>姓名</td></tr>
<tr><td>赵宗新</td><td>户主</td><td>1969 年 8 月</td><td>汉</td><td>祖父</td><td>赵梅根</td></tr>
<tr><td>顾琴芳</td><td>妻子</td><td>1970 年 3 月</td><td>汉</td><td>祖母</td><td>邱小妹</td></tr>
<tr><td>赵梦娟</td><td>女儿</td><td>1992 年 7 月</td><td>汉</td><td></td><td></td></tr>
<tr><td>沈昱春</td><td>女婿</td><td>1993 年 8 月</td><td>汉</td><td></td><td></td></tr>
<tr><td>沈远墨</td><td>孙子</td><td>2017 年 6 月</td><td>汉</td><td></td><td></td></tr>
<tr><td>赵云官</td><td>父亲</td><td>1947 年 1 月</td><td>汉</td><td></td><td></td></tr>
<tr><td>万云花</td><td>母亲</td><td>1948 年 3 月</td><td>汉</td><td></td><td></td></tr>
<tr><td>家庭大事记</td><td colspan="6">1982 年，翻建三上三下楼房。
2005 年，购商品房。
2010 年，购轿车。
2020 年，房屋动迁，分得安置房。</td></tr>
</table>

<table>
<tr><td rowspan="10">现有家庭成员</td><td rowspan="2">姓名</td><td rowspan="2">与户主关系</td><td rowspan="2">出生年月</td><td rowspan="2">民族</td><td colspan="2">已故亲属</td></tr>
<tr><td>称呼</td><td>姓名</td></tr>
<tr><td>赵火根</td><td>户主</td><td>1945 年 1 月</td><td>汉</td><td>父亲</td><td>赵梅生</td></tr>
<tr><td>朱小白</td><td>妻子</td><td>1945 年 10 月</td><td>汉</td><td>母亲</td><td>赵凤金</td></tr>
<tr><td>赵金兴</td><td>长子</td><td>1965 年 8 月</td><td>汉</td><td></td><td></td></tr>
<tr><td>周秀花</td><td>长媳</td><td>1965 年 10 月</td><td>汉</td><td></td><td></td></tr>
<tr><td>赵一飞</td><td>孙子</td><td>1988 年 9 月</td><td>汉</td><td></td><td></td></tr>
<tr><td>倪　芳</td><td>孙媳</td><td>1987 年 11 月</td><td>汉</td><td></td><td></td></tr>
<tr><td>倪玥怡</td><td>曾孙女</td><td>2010 年 12 月</td><td>汉</td><td></td><td></td></tr>
<tr><td>赵子龙</td><td>曾孙子</td><td>2012 年 5 月</td><td>汉</td><td></td><td></td></tr>
<tr><td>家庭大事记</td><td colspan="6">1987 年，翻建楼房。
赵火根，中共党员，曾任正仪交管所安全员，2003 年获得江苏省书法协会会员证书。
2004 年，购商品房。
2010 年，购轿车。
2018 年，房屋动迁，分得安置房。</td></tr>
</table>

<table>
<tr><td rowspan="11">现有家庭成员</td><td rowspan="2">姓名</td><td rowspan="2">与户主关系</td><td rowspan="2">出生年月</td><td rowspan="2">民族</td><td colspan="2">已故亲属</td></tr>
<tr><td>称呼</td><td>姓名</td></tr>
<tr><td>戴宗林</td><td>户主</td><td>1939 年 11 月</td><td>汉</td><td>岳父</td><td>赵根生</td></tr>
<tr><td>赵花英</td><td>妻子</td><td>1944 年 10 月</td><td>汉</td><td></td><td></td></tr>
<tr><td>赵坤男</td><td>儿子</td><td>1968 年 1 月</td><td>汉</td><td></td><td></td></tr>
<tr><td>周良仙</td><td>儿媳</td><td>1969 年 10 月</td><td>汉</td><td></td><td></td></tr>
<tr><td>赵　军</td><td>孙子</td><td>1992 年 4 月</td><td>汉</td><td></td><td></td></tr>
<tr><td>夏筱芳</td><td>孙媳</td><td>1992 年 10 月</td><td>汉</td><td></td><td></td></tr>
<tr><td>夏鑫阳</td><td>长曾孙</td><td>2015 年 4 月</td><td>汉</td><td></td><td></td></tr>
<tr><td>赵鑫晨</td><td>次曾孙</td><td>2020 年 3 月</td><td>汉</td><td></td><td></td></tr>
<tr><td>赵杏英</td><td>岳母</td><td>1925 年 8 月</td><td>汉</td><td></td><td></td></tr>
<tr><td>家庭大事记</td><td colspan="6">赵坤男，1987 年 11 月至 1991 年 12 月参军入伍。
1990 年，翻建三上三下楼房。
2010 年，购轿车。
2020 年，房屋动迁，分得安置房。</td></tr>
</table>

<table>
<tr><td rowspan="5">现有家庭成员</td><td rowspan="2">姓名</td><td rowspan="2">与户主关系</td><td rowspan="2">出生年月</td><td rowspan="2">民族</td><td colspan="2">已故亲属</td></tr>
<tr><td>称呼</td><td>姓名</td></tr>
<tr><td>高志花</td><td>户主</td><td>1967 年 5 月</td><td>汉</td><td>公公</td><td>孙火根</td></tr>
<tr><td>赵梦杰</td><td>儿子</td><td>1991 年 2 月</td><td>汉</td><td>丈夫</td><td>赵志祥</td></tr>
<tr><td>赵阿妹</td><td>婆婆</td><td>1945 年 1 月</td><td>汉</td><td></td><td></td></tr>
<tr><td>家庭大事记</td><td colspan="6">1987 年，翻建三上三下楼房。
2012 年，房屋动迁，分得安置房。
赵梦杰，2010 年 12 月至 2012 年 12 月参军入伍，中共党员。
2016 年，购轿车。</td></tr>
</table>

<table>
<tr><td rowspan="2"></td><td rowspan="2">姓名</td><td rowspan="2">与户主关系</td><td rowspan="2">出生年月</td><td rowspan="2">民族</td><td colspan="2">已故亲属</td></tr>
<tr><td>称呼</td><td>姓名</td></tr>
<tr><td rowspan="6">现有家庭成员</td><td>翁才良</td><td>户主</td><td>1957 年 7 月</td><td>汉</td><td>父亲</td><td>翁招根</td></tr>
<tr><td>张美珍</td><td>妻子</td><td>1956 年 10 月</td><td>汉</td><td>母亲</td><td>翁木英</td></tr>
<tr><td>翁莉金</td><td>女儿</td><td>1981 年 10 月</td><td>汉</td><td></td><td></td></tr>
<tr><td>何建明</td><td>女婿</td><td>1978 年 8 月</td><td>汉</td><td></td><td></td></tr>
<tr><td>翁希晨</td><td>长孙</td><td>2002 年 12 月</td><td>汉</td><td></td><td></td></tr>
<tr><td>翁熙宇</td><td>次孙</td><td>2011 年 3 月</td><td>汉</td><td></td><td></td></tr>
<tr><td>家庭大事记</td><td colspan="6">1990 年，翻建三上三下楼房。
2018 年，购轿车。
2018 年，房屋动迁，分得安置房。</td></tr>
</table>

<table>
<tr><td rowspan="2"></td><td rowspan="2">姓名</td><td rowspan="2">与户主关系</td><td rowspan="2">出生年月</td><td rowspan="2">民族</td><td colspan="2">已故亲属</td></tr>
<tr><td>称呼</td><td>姓名</td></tr>
<tr><td rowspan="4">现有家庭成员</td><td>翁建龙</td><td>户主</td><td>1971 年 11 月</td><td>汉</td><td>父亲</td><td>戴金生</td></tr>
<tr><td>花伟琴</td><td>妻子</td><td>1971 年 10 月</td><td>汉</td><td></td><td></td></tr>
<tr><td>翁嘉骏</td><td>儿子</td><td>1994 年 11 月</td><td>汉</td><td></td><td></td></tr>
<tr><td>翁金媛</td><td>母亲</td><td>1948 年 12 月</td><td>汉</td><td></td><td></td></tr>
<tr><td>家庭大事记</td><td colspan="6">1990 年，翻建三上三下楼房。
2010 年，购商品房。
2018 年，房屋动迁，分得安置房。</td></tr>
</table>

<table>
<tr><td rowspan="8">现有家庭成员</td><td rowspan="2">姓名</td><td rowspan="2">与户主关系</td><td rowspan="2">出生年月</td><td rowspan="2">民族</td><td colspan="2">已故亲属</td></tr>
<tr><td>称呼</td><td>姓名</td></tr>
<tr><td>戴傲根</td><td>户主</td><td>1954 年 2 月</td><td>汉</td><td>岳父</td><td>赵阿林</td></tr>
<tr><td>赵梅英</td><td>妻子</td><td>1955 年 3 月</td><td>汉</td><td></td><td></td></tr>
<tr><td>赵金芳</td><td>女儿</td><td>1980 年 1 月</td><td>汉</td><td></td><td></td></tr>
<tr><td>赵安琪</td><td>长孙女</td><td>2002 年 10 月</td><td>汉</td><td></td><td></td></tr>
<tr><td>赵安萌</td><td>次孙女</td><td>2017 年 8 月</td><td>汉</td><td></td><td></td></tr>
<tr><td>赵凤宝</td><td>岳母</td><td>1927 年 10 月</td><td>汉</td><td></td><td></td></tr>
<tr><td>家庭大事记</td><td colspan="6">1986 年，翻建三上三下楼房。
2003 年，建造别墅。
2015 年，购轿车。
2020 年，房屋动迁，分得安置房。</td></tr>
</table>

<table>
<tr><td rowspan="3">现有家庭成员</td><td rowspan="2">姓名</td><td rowspan="2">与户主关系</td><td rowspan="2">出生年月</td><td rowspan="2">民族</td><td colspan="2">已故亲属</td></tr>
<tr><td>称呼</td><td>姓名</td></tr>
<tr><td>褚根良</td><td>户主</td><td>1970 年 4 月</td><td>汉</td><td></td><td></td></tr>
<tr><td>家庭大事记</td><td colspan="6"></td></tr>
</table>

<table>
<tr><td rowspan="6">现有家庭成员</td><td rowspan="2">姓名</td><td rowspan="2">与户主关系</td><td rowspan="2">出生年月</td><td rowspan="2">民族</td><td colspan="2">已故亲属</td></tr>
<tr><td>称呼</td><td>姓名</td></tr>
<tr><td>陆爱根</td><td>户主</td><td>1966 年 10 月</td><td>汉</td><td>父亲</td><td>陆云生</td></tr>
<tr><td>徐香花</td><td>妻子</td><td>1965 年 12 月</td><td>汉</td><td>母亲</td><td>赵银妹</td></tr>
<tr><td>陆晓文</td><td>儿子</td><td>1989 年 1 月</td><td>汉</td><td></td><td></td></tr>
<tr><td>陆梓萱</td><td>孙女</td><td>2012 年 6 月</td><td>汉</td><td></td><td></td></tr>
<tr><td>家庭大事记</td><td colspan="6">1993 年，翻建三上三下楼房。
2005 年，购商品房。
2018 年，购轿车。
2018 年，房屋动迁，分得安置房。</td></tr>
</table>

<table>
<tr><td rowspan="9">现有家庭成员</td><td rowspan="2">姓名</td><td rowspan="2">与户主关系</td><td rowspan="2">出生年月</td><td rowspan="2">民族</td><td colspan="2">已故亲属</td></tr>
<tr><td>称呼</td><td>姓名</td></tr>
<tr><td>戴小男</td><td>户主</td><td>1950 年 9 月</td><td>汉</td><td>岳父</td><td>赵阿林</td></tr>
<tr><td>赵妹珍</td><td>妻子</td><td>1950 年 12 月</td><td>汉</td><td></td><td></td></tr>
<tr><td>赵卫新</td><td>儿子</td><td>1973 年 4 月</td><td>汉</td><td></td><td></td></tr>
<tr><td>徐米芳</td><td>儿媳</td><td>1976 年 11 月</td><td>汉</td><td></td><td></td></tr>
<tr><td>赵勤阳</td><td>孙子</td><td>1997 年 8 月</td><td>汉</td><td></td><td></td></tr>
<tr><td>赵卫芳</td><td>女儿</td><td>1978 年 2 月</td><td>汉</td><td></td><td></td></tr>
<tr><td>赵凤宝</td><td>岳母</td><td>1927 年 10 月</td><td>汉</td><td></td><td></td></tr>
<tr><td>家庭大事记</td><td colspan="6">1991 年，翻建三上三下楼房。
2010 年，购商品房。
2015 年，购轿车。
赵勤阳，2019 年 7 月郑州大学本科毕业，现为浙江大学在读硕士。
2020 年，房屋动迁，分得安置房。</td></tr>
</table>

<table>
<tr><td rowspan="5">现有家庭成员</td><td rowspan="2">姓名</td><td rowspan="2">与户主关系</td><td rowspan="2">出生年月</td><td rowspan="2">民族</td><td colspan="2">已故亲属</td></tr>
<tr><td>称呼</td><td>姓名</td></tr>
<tr><td>陆秀根</td><td>户主</td><td>1966 年 10 月</td><td>汉</td><td>父亲</td><td>陆云狗</td></tr>
<tr><td>施巧英</td><td>妻子</td><td>1967 年 8 月</td><td>汉</td><td>母亲</td><td>陆密秀</td></tr>
<tr><td>陆　勇</td><td>儿子</td><td>1989 年 10 月</td><td>汉</td><td></td><td></td></tr>
<tr><td>家庭大事记</td><td colspan="6">1985 年，翻建三上三下楼房。
2006 年，购商品房。
2010 年，购轿车。
陆勇，2012 年 7 月江苏师范大学本科毕业。
2018 年，房屋动迁，分得安置房。</td></tr>
</table>

	姓名	与户主关系	出生年月	民族	已故亲属	
					称呼	姓名
现有家庭成员	徐根元	户主	1955 年 12 月	汉	父亲	徐仁根
	金祖英	妻子	1956 年 8 月	汉		
	徐晓明	儿子	1981 年 8 月	汉		
	陆月娟	儿媳	1981 年 7 月	汉		
	徐易延	孙女	2010 年 10 月	汉		
	徐阿三	母亲	1933 年 2 月	汉		
家庭大事记	1985 年，翻建三上三下楼房。 徐晓明，2000 年 12 月至 2002 年 12 月参军入伍。 2008 年，购商品房。 2010 年，购轿车。 2018 年，房屋动迁，分得安置房。					

	姓名	与户主关系	出生年月	民族	已故亲属	
					称呼	姓名
现有家庭成员	赵志良	户主	1963 年 8 月	汉	父亲	孙火根
	王银珍	妻子	1964 年 9 月	汉		
	赵仁杰	儿子	1987 年 3 月	汉		
	周　芳	儿媳	1987 年 9 月	汉		
	赵一新	孙子	2011 年 5 月	汉		
	赵一艺	孙女	2015 年 9 月	汉		
	赵阿妹	母亲	1945 年 1 月	汉		
家庭大事记	1985 年，翻建三上三下楼房。 赵仁杰，2007 年 12 月至 2009 年 12 月参军入伍，中共党员。 2009 年，购商品房。 2010 年，购轿车。 2020 年，房屋动迁，分得安置房。					

<table>
<tr><td rowspan="10">现有家庭成员</td><td rowspan="2">姓名</td><td rowspan="2">与户主关系</td><td rowspan="2">出生年月</td><td rowspan="2">民族</td><td colspan="2">已故亲属</td></tr>
<tr><td>称呼</td><td>姓名</td></tr>
<tr><td>赵根全</td><td>户主</td><td>1963 年 7 月</td><td>汉</td><td>祖父</td><td>赵根生</td></tr>
<tr><td>戴水琴</td><td>妻子</td><td>1965 年 4 月</td><td>汉</td><td></td><td></td></tr>
<tr><td>赵玲燕</td><td>女儿</td><td>1986 年 4 月</td><td>汉</td><td></td><td></td></tr>
<tr><td>林仁尉</td><td>女婿</td><td>1984 年 11 月</td><td>汉</td><td></td><td></td></tr>
<tr><td>林佑纶</td><td>孙子</td><td>2020 年 5 月</td><td>汉</td><td></td><td></td></tr>
<tr><td>戴宗林</td><td>父亲</td><td>1939 年 11 月</td><td>汉</td><td></td><td></td></tr>
<tr><td>赵花英</td><td>母亲</td><td>1944 年 10 月</td><td>汉</td><td></td><td></td></tr>
<tr><td>赵杏英</td><td>祖母</td><td>1925 年 8 月</td><td>汉</td><td></td><td></td></tr>
<tr><td>家庭大事记</td><td colspan="6">1991 年，翻建三上三下楼房。
2010 年，购商品房。
2010 年，购轿车。
2020 年，房屋动迁，分得安置房。</td></tr>
</table>

<table>
<tr><td rowspan="9">现有家庭成员</td><td rowspan="2">姓名</td><td rowspan="2">与户主关系</td><td rowspan="2">出生年月</td><td rowspan="2">民族</td><td colspan="2">已故亲属</td></tr>
<tr><td>称呼</td><td>姓名</td></tr>
<tr><td>沈根良</td><td>户主</td><td>1965 年 1 月</td><td>汉</td><td>祖父</td><td>沈金根</td></tr>
<tr><td>姚雪珍</td><td>妻子</td><td>1966 年 3 月</td><td>汉</td><td></td><td></td></tr>
<tr><td>沈晓华</td><td>儿子</td><td>1989 年 2 月</td><td>汉</td><td></td><td></td></tr>
<tr><td>沈玲玉</td><td>儿媳</td><td>1989 年 7 月</td><td>汉</td><td></td><td></td></tr>
<tr><td>沈一晗</td><td>孙女</td><td>2013 年 9 月</td><td>汉</td><td></td><td></td></tr>
<tr><td>戴卫林</td><td>父亲</td><td>1938 年 11 月</td><td>汉</td><td></td><td></td></tr>
<tr><td>沈云媛</td><td>母亲</td><td>1939 年 11 月</td><td>汉</td><td></td><td></td></tr>
<tr><td>家庭大事记</td><td colspan="6">沈根良，1983 年 11 月至 1987 年 1 月参军入伍，参加过中越边境防御作战，荣立三等功 1 次。
1988 年，翻建三上三下楼房。
2006 年，购商品房。
2008 年，购轿车。
2015 年，房屋动迁，分得安置房。</td></tr>
</table>

	姓名	与户主关系	出生年月	民族	已故亲属	
					称呼	姓名
现有家庭成员	沈金良	户主	1968 年 6 月	汉	祖父	沈金根
	赵香娥	妻子	1968 年 5 月	汉		
	沈　洁	女儿	1991 年 3 月	汉		
	戴卫林	父亲	1938 年 11 月	汉		
	沈云媛	母亲	1939 年 11 月	汉		
家庭大事记	1989 年，翻建三上三下楼房。 2010 年，购轿车。 2015 年，房屋动迁，分得安置房。					

	姓名	与户主关系	出生年月	民族	已故亲属	
					称呼	姓名
现有家庭成员	俞海荣	户主	1954 年 8 月	汉		
	赵素英	妻子	1955 年 7 月	汉		
	赵春芳	女儿	1979 年 2 月	汉		
	饶　克	女婿	1974 年 12 月	汉		
	饶宇杰	孙子	2000 年 9 月	汉		
	赵艺婷	孙女	2006 年 12 月	汉		
家庭大事记	1986 年，翻建三上三下楼房。 2007 年，购商品房。 2013 年，购轿车。 2020 年，房屋动迁，分得安置房。					

	姓名	与户主关系	出生年月	民族	已故亲属	
					称呼	姓名
现有家庭成员	赵宗兴	户主	1971 年 3 月	汉	祖父	赵梅根
	张　琴	妻子	1971 年 5 月	汉	祖母	邱小妹
	赵　雨	女儿	1993 年 5 月	汉		
	姚浩文	女婿	1992 年 9 月	汉		
	赵云官	父亲	1947 年 1 月	汉		
	万云花	母亲	1948 年 3 月	汉		
家庭大事记	1993 年，翻建三上三下楼房。 2008 年，购轿车。 2015 年，购商品房。 2020 年，房屋动迁，分得安置房。					

	姓名	与户主关系	出生年月	民族	已故亲属	
					称呼	姓名
现有家庭成员	徐坤元	户主	1953 年 8 月	汉	父亲	徐仁根
	朱凤珍	妻子	1963 年 11 月	汉		
	徐文芳	女儿	1976 年 12 月	汉		
	沈小平	女婿	1975 年 4 月	汉		
	沈　宇	孙子	1999 年 3 月	汉		
	徐阿三	母亲	1933 年 2 月	汉		
家庭大事记	1986 年，翻建三上三下楼房。 2005 年，购商品房。 2006 年，购轿车。 2017 年，购别墅。 2020 年，房屋动迁，分得安置房。 徐文芳，中共党员，现任昆山高新区吴淞江学校副校长。 徐坤元，曾任明星大队第 3 生产队队长。					

<table>
<tr><td rowspan="6">现有家庭成员</td><td rowspan="2">姓名</td><td rowspan="2">与户主关系</td><td rowspan="2">出生年月</td><td rowspan="2">民族</td><td colspan="2">已故亲属</td></tr>
<tr><td>称呼</td><td>姓名</td></tr>
<tr><td>赵根兴</td><td>户主</td><td>1967 年 8 月</td><td>汉</td><td>妻子</td><td>高金珍</td></tr>
<tr><td>赵　斌</td><td>儿子</td><td>1989 年 11 月</td><td>汉</td><td></td><td></td></tr>
<tr><td>赵火根</td><td>父亲</td><td>1945 年 1 月</td><td>汉</td><td></td><td></td></tr>
<tr><td>朱小白</td><td>母亲</td><td>1945 年 10 月</td><td>汉</td><td></td><td></td></tr>
<tr><td>家庭大事记</td><td colspan="6">1987 年，翻建楼房。
2010 年，购商品房。
2010 年，购轿车。
赵斌，2010 年 7 月中国矿业大学本科毕业。
2018 年，房屋动迁，分得安置房。</td></tr>
</table>

▶ 燕桥浜村第 2 村民小组

燕桥浜村第 2 村民小组人员统计表

单位：人

序号	户主	男	女	合计	序号	户主	男	女	合计
1	戴金中	4	2	6	26	陆金狗	2	3	5
2	姜德明	3	5	8	27	徐永林	3	2	5
3	陆云男	3	2	5	28	姚素珍	2	2	4
4	陈长林	3	3	6	29	顾林土	2	5	7
5	姚义忠	1	3	4	30	顾狗男	3	3	6
6	陆火林	2	3	5	31	顾春男	2	5	7
7	施兴全	5	4	9	32	唐小娘	1	4	5
8	陈阿三	3	2	5	33	顾雪良	2	2	4
9	陈　良	2	2	4	34	顾兴元	3	2	5
10	李秋生	3	3	6	35	宋宗金	4	3	7
11	陆建良	2	4	6	36	王建林	4	3	7
12	郭云将	4	3	7	37	蔡培元	3	4	7
13	俞金元	5	3	8	38	王二男	4	3	7
14	姜德兴	3	3	6	39	沈云男	4	4	8
15	李花生	4	4	8	40	许阿林	2	3	5
16	陆林元	1	3	4	41	陆花根	3	2	5
17	戴全林	3	4	7	42	陆祖德	4	5	9
18	王秋林	4	3	7	43	李生元	4	3	7
19	顾春林	2	4	6	44	戴建林	2	3	5
20	陆云娥	0	2	2	45	戴阿元	3	3	6
21	唐雪生	3	3	6	46	李凤泉	3	2	5
22	朱惠德	3	4	7	47	李双弟	3	3	6
23	徐永华	2	3	5	48	戴炳兴	3	3	6
24	顾根元	4	2	6	49	戴多男	3	3	6
25	陆幸福	2	4	6	50	戴宗良	5	6	11

续表

序号	户主	男	女	合计	序号	户主	男	女	合计
51	戴火根	3	3	6	78	李林男	3	3	6
52	戴月弟	2	3	5	79	沈莉强	3	2	5
53	戴建荣	1	3	4	80	沈海堂	2	4	6
54	戴坤根	3	4	7	81	戴月良	3	3	6
55	戴坤元	4	3	7	82	李四生	2	4	6
56	戴狗男	2	4	6	83	李二生	3	4	7
57	戴宗林	2	4	6	84	李军兵	3	3	6
58	戴中男	5	4	9	85	戴二男	4	3	7
59	周多男	3	1	4	86	陆香林	2	5	7
60	戴凤男	3	3	6	87	顾秀根	3	3	6
61	戴荣生	2	3	5	88	王坤泉	5	6	11
62	陈长根	2	5	7	89	王白男	3	4	7
63	陆金海	2	3	5	90	沈惠男	2	3	5
64	陆建明	3	3	6	91	陆永全	1	0	1
65	陆黑男	3	2	5	92	唐小林	4	2	6
66	王金生	5	3	8	93	戴小男	1	0	1
67	陆　铭	1	3	4	94	陆惠男	2	4	6
68	陆海林	6	3	9	95	戴全民	4	2	6
69	姜瑞珍	3	4	7	96	陆林兴	2	5	7
70	戴卫良	3	4	7	97	俞全元	3	3	6
71	赵士良	3	2	5	98	陆林根	2	4	6
72	李根福	6	3	9	99	金三龙	1	0	1
73	朱惠明	4	3	7	100	许晓明	2	2	4
74	朱涛生	2	3	5	101	李巧福	1	0	1
75	许德强	1	1	2	102	陈　建	1	3	4
76	唐雪根	2	3	5	103	嵇华兵	1	0	1
77	李香男	4	3	7	—	—	—	—	—

<table>
<tr><td rowspan="8">现有家庭成员</td><td rowspan="2">姓名</td><td rowspan="2">与户主关系</td><td rowspan="2">出生年月</td><td rowspan="2">民族</td><td colspan="2">已故亲属</td></tr>
<tr><td>称呼</td><td>姓名</td></tr>
<tr><td>戴金中</td><td>户主</td><td>1963 年 12 月</td><td>汉</td><td>父亲</td><td>戴桂生</td></tr>
<tr><td>陆祖英</td><td>妻子</td><td>1963 年 5 月</td><td>汉</td><td>母亲</td><td>戴小花</td></tr>
<tr><td>戴　亮</td><td>儿子</td><td>1987 年 4 月</td><td>汉</td><td></td><td></td></tr>
<tr><td>陈嘉雯</td><td>儿媳</td><td>1986 年 9 月</td><td>汉</td><td></td><td></td></tr>
<tr><td>戴辰星</td><td>长孙</td><td>2010 年 11 月</td><td>汉</td><td></td><td></td></tr>
<tr><td>戴辰跃</td><td>次孙</td><td>2013 年 1 月</td><td>汉</td><td></td><td></td></tr>
<tr><td>家庭大事记</td><td colspan="6">1985 年，翻建三上三下楼房。
2003 年，购商品房。
2015 年，购轿车。
戴亮，中共党员，现任燕桥浜村党总支部副书记，兼任第一支部书记。</td></tr>
</table>

<table>
<tr><td rowspan="10">现有家庭成员</td><td rowspan="2">姓名</td><td rowspan="2">与户主关系</td><td rowspan="2">出生年月</td><td rowspan="2">民族</td><td colspan="2">已故亲属</td></tr>
<tr><td>称呼</td><td>姓名</td></tr>
<tr><td>姜德明</td><td>户主</td><td>1961 年 1 月</td><td>汉</td><td>母亲</td><td>姜卫金</td></tr>
<tr><td>万小花</td><td>妻子</td><td>1962 年 4 月</td><td>汉</td><td></td><td></td></tr>
<tr><td>姜彩霞</td><td>女儿</td><td>1988 年 1 月</td><td>汉</td><td></td><td></td></tr>
<tr><td>姜志龙</td><td>儿子</td><td>1990 年 4 月</td><td>汉</td><td></td><td></td></tr>
<tr><td>华施思</td><td>儿媳</td><td>1990 年 5 月</td><td>汉</td><td></td><td></td></tr>
<tr><td>姜歆玥</td><td>长孙女</td><td>2014 年 5 月</td><td>汉</td><td></td><td></td></tr>
<tr><td>华歆翊</td><td>次孙女</td><td>2017 年 10 月</td><td>汉</td><td></td><td></td></tr>
<tr><td>姜邦奎</td><td>父亲</td><td>1934 年 11 月</td><td>汉</td><td></td><td></td></tr>
<tr><td>家庭大事记</td><td colspan="6">姜德明，1979 年 12 月至 1980 年 12 月参军入伍。
1983 年，翻建三上三下楼房。
2004 年，购商品房。
2005 年，建造别墅。
2008 年，购轿车。
2009 年，房屋动迁，分得安置房。
姜志龙，2012 年 7 月南京审计学院（今南京审计大学）本科毕业，中共党员。
万小花，中共党员，曾任村团支部书记、妇女主任。
姜邦奎，中共党员，曾任明星大队会计、大队长、党支部书记，正仪镇副镇长。</td></tr>
</table>

	姓名	与户主关系	出生年月	民族	已故亲属	
					称呼	姓名
现有家庭成员	陆云男	户主	1944 年 8 月	汉	父亲	陆宗全
	李花宝	妻子	1944 年 12 月	汉	母亲	李大秀
	陆　军	儿子	1972 年 3 月	汉		
	沈丽英	儿媳	1971 年 11 月	汉		
	陆宇飞	孙子	1995 年 2 月	汉		
家庭大事记	1985 年，翻建三上三下楼房。 2008 年，购商品房。 2008 年，获评村“五好文明家庭”。 2015 年，购商品房。 2017 年，购轿车。 陆宇飞，2017 年 7 月徐州医科大学本科毕业。 李花宝，中共党员，曾任村妇女主任。 陆军，中共党员，现任燕桥浜村治保主任。					

	姓名	与户主关系	出生年月	民族	已故亲属	
					称呼	姓名
现有家庭成员	陈长林	户主	1953 年 6 月	汉	父亲	陈阿三
	俞林英	妻子	1951 年 10 月	汉		
	陈　龙	儿子	1977 年 3 月	汉		
	俞　芳	儿媳	1978 年 3 月	汉		
	陈龙飞	孙子	2000 年 2 月	汉		
	张银花	母亲	1934 年 8 月	汉		
家庭大事记	1990 年，翻建三上三下楼房。 2000 年，房屋动迁，分得安置房。					

	姓名	与户主关系	出生年月	民族	已故亲属	
					称呼	姓名
现有家庭成员	姚义忠	户主	1952 年 5 月	汉	岳祖父	陆水泉
	陆秀花	妻子	1954 年 8 月	汉	岳祖母	翁阿巧
	陆美琴	女儿	1978 年 3 月	汉	岳父	陆佰福
	丁子越	孙女	2001 年 11 月	汉	岳母	陆爱大
家庭大事记	1991 年，翻建三上三下楼房。 2018 年，房屋动迁，分得安置房。					

	姓名	与户主关系	出生年月	民族	已故亲属	
					称呼	姓名
现有家庭成员	陆火林	户主	1963 年 9 月	汉	祖父	陆水泉
	陆香花	妻子	1964 年 4 月	汉	祖母	翁阿巧
	陆寅斌	儿子	1986 年 8 月	汉	父亲	陆佰福
	杨　洁	儿媳	1988 年 1 月	汉	母亲	陆爱大
	陆梓洋	孙女	2015 年 5 月	汉		
家庭大事记	1991 年，翻建三上三下楼房。 1996 年，购商品房。 2004 年，购轿车。 2010 年，购店面房。 2017 年，被村评为“文明和谐最美家庭”。					

	姓名	与户主关系	出生年月	民族	已故亲属	
					称呼	姓名
现有家庭成员	施兴全	户主	1939 年 4 月	汉	父亲	施阿海
	施秧花	女儿	1963 年 4 月	汉	母亲	蔡小妹
	蒋自学	女婿	1963 年 11 月	汉	妻子	王金宝
	施建伟	孙子	1986 年 7 月	汉		
	戈倩倩	孙媳	1988 年 1 月	汉		
	施建芬	孙女	1990 年 3 月	汉		
	方文刚	孙女婿	1989 年 7 月	汉		
	施茹涵	曾孙女	2009 年 7 月	汉		
	施子皓	曾孙子	2012 年 7 月	汉		
家庭大事记	1990 年，翻建三上三下楼房。 2011 年，购商品房。 2013 年，购轿车。					

	姓名	与户主关系	出生年月	民族	已故亲属	
					称呼	姓名
现有家庭成员	陈阿三	户主	1954 年 11 月	汉	父亲	陈水根
	杨秋娥	妻子	1955 年 3 月	汉	母亲	朱大妹
	陈　刚	儿子	1979 年 9 月	汉		
	郭文艳	儿媳	1981 年 2 月	汉		
	陈雨菘	孙子	2003 年 2 月	汉		
家庭大事记	1991 年，翻建三上三下楼房。 2011 年，购轿车。 2014 年，购商品房。					

	姓名	与户主关系	出生年月	民族	已故亲属	
					称呼	姓名
现有家庭成员	陈　良	户主	1976 年 1 月	汉	祖父	陈水根
	尤佳芹	妻子	1973 年 2 月	汉	祖母	朱大妹
	陈予豪	儿子	1999 年 1 月	汉	父亲	陈宗水
	戴伏妹	母亲	1951 年 8 月	汉		
家庭大事记	1989 年，翻建楼房。 2008 年，购商品房。 2010 年，购轿车。					

	姓名	与户主关系	出生年月	民族	已故亲属	
					称呼	姓名
现有家庭成员	李秋生	户主	1964 年 8 月	汉	母亲	李阿巧
	张建英	妻子	1965 年 10 月	汉		
	李梦君	女儿	1988 年 3 月	汉		
	李乐成	孙子	2014 年 9 月	汉		
	赵九一	孙女	2019 年 7 月	汉		
	李培根	父亲	1944 年 9 月	汉		
家庭大事记	1982 年，翻建三上三下楼房。 2010 年，购商品房。 2012 年，购轿车。 2015 年，房屋动迁，分得安置房。					

	姓名	与户主关系	出生年月	民族	已故亲属	
					称呼	姓名
现有家庭成员	陆建良	户主	1967 年 11 月	汉	父亲	陆小男
	陆美娟	妻子	1967 年 3 月	汉	祖父	陆连生
	陆晓红	女儿	1990 年 8 月	汉	祖母	陆爱妹
	高　峰	女婿	1986 年 11 月	汉		
	高怡婷	孙女	2013 年 8 月	汉		
	戴凤花	母亲	1944 年 9 月	汉		
家庭大事记	1985 年，翻建三上三下楼房。 2018 年，房屋动迁，分得安置房。					

	姓名	与户主关系	出生年月	民族	已故亲属	
					称呼	姓名
现有家庭成员	郭云将	户主	1967 年 10 月	汉	母亲	郭花英
	赵丽红	妻子	1968 年 9 月	汉		
	郭　婷	女儿	1990 年 7 月	汉		
	钱俊杰	女婿	1989 年 3 月	汉		
	钱嘟嘟	孙女	2013 年 12 月	汉		
	郭嘉乐	孙子	2018 年 6 月	汉		
	戴祥宝	父亲	1943 年 12 月	汉		
家庭大事记	1990 年，翻建三上三下楼房。 2011 年，购商品房。 2008 年，购轿车。 郭婷，中共党员。					

	姓名	与户主关系	出生年月	民族	已故亲属	
					称呼	姓名
现有家庭成员	俞金元	户主	1945 年 8 月	汉	岳母	蔡妹妹
	朱卫芳	妻子	1947 年 10 月	汉		
	朱彩萍	女儿	1965 年 3 月	汉		
	唐庆龙	女婿	1963 年 10 月	汉		
	朱成琦	孙子	1986 年 10 月	汉		
	朱　琴	孙媳	1987 年 3 月	汉		
	朱煜辰	曾孙子	2010 年 1 月	汉		
	朱引生	岳父	1929 年 12 月	汉		
家庭大事记	1987 年，翻建三上三下楼房。 1998 年，购商品房。 2008 年，购轿车。 俞金元，曾任明星大队第 14 生产队队长。					

	姓名	与户主关系	出生年月	民族	已故亲属	
					称呼	姓名
现有家庭成员	姜德兴	户主	1957 年 8 月	汉	母亲	姜卫金
	王美英	妻子	1958 年 9 月	汉		
	姜志刚	儿子	1981 年 11 月	汉		
	朱庆云	儿媳	1980 年 6 月	汉		
	姜佳雯	孙女	2005 年 9 月	汉		
	姜邦奎	父亲	1934 年 11 月	汉		
家庭大事记	1983 年，翻建三上三下楼房。 2005 年，购商品房。 2009 年，房屋动迁，分得安置房。 2010 年，购轿车。 朱庆云，2004 年 7 月江苏海洋大学本科毕业，中共党员。					

<table>
<tr><td rowspan="10">现有家庭成员</td><td rowspan="2">姓名</td><td rowspan="2">与户主关系</td><td rowspan="2">出生年月</td><td rowspan="2">民族</td><td colspan="2">已故亲属</td></tr>
<tr><td>称呼</td><td>姓名</td></tr>
<tr><td>李花生</td><td>户主</td><td>1947 年 1 月</td><td>汉</td><td></td><td></td></tr>
<tr><td>李瑞珍</td><td>妻子</td><td>1947 年 10 月</td><td>汉</td><td></td><td></td></tr>
<tr><td>李菊花</td><td>女儿</td><td>1970 年 12 月</td><td>汉</td><td></td><td></td></tr>
<tr><td>李菊林</td><td>儿子</td><td>1973 年 12 月</td><td>汉</td><td></td><td></td></tr>
<tr><td>汪小芳</td><td>儿媳</td><td>1975 年 7 月</td><td>汉</td><td></td><td></td></tr>
<tr><td>李意超</td><td>孙子</td><td>1996 年 11 月</td><td>汉</td><td></td><td></td></tr>
<tr><td>李妹妹</td><td>父亲</td><td>1927 年 7 月</td><td>汉</td><td></td><td></td></tr>
<tr><td>戴小妹</td><td>母亲</td><td>1925 年 11 月</td><td>汉</td><td></td><td></td></tr>
<tr><td>家庭大事记</td><td colspan="6">1988 年，翻建三上三下楼房。
2008 年，购商品房。
2010 年，购轿车。
李意超，2018 年 7 月南通大学本科毕业。
李花生，中共党员，曾任明星大队第 5 生产队队长。
李妹妹，曾任明星大队第 5 生产队队长。</td></tr>
</table>

<table>
<tr><td rowspan="6">现有家庭成员</td><td rowspan="2">姓名</td><td rowspan="2">与户主关系</td><td rowspan="2">出生年月</td><td rowspan="2">民族</td><td colspan="2">已故亲属</td></tr>
<tr><td>称呼</td><td>姓名</td></tr>
<tr><td>陆林元</td><td>户主</td><td>1953 年 6 月</td><td>汉</td><td>父亲</td><td>陆金水</td></tr>
<tr><td>朱凤妹</td><td>妻子</td><td>1952 年 6 月</td><td>汉</td><td>母亲</td><td>万爱媛</td></tr>
<tr><td>陆　静</td><td>女儿</td><td>1978 年 1 月</td><td>汉</td><td>继亲</td><td>邢杏宝</td></tr>
<tr><td>陆　叶</td><td>孙女</td><td>2001 年 1 月</td><td>汉</td><td></td><td></td></tr>
<tr><td>家庭大事记</td><td colspan="6">1985 年，翻建三上三下楼房。
2010 年，购商品房。
2013 年，购轿车。</td></tr>
</table>

<table>
<tr><th rowspan="2"></th><th rowspan="2">姓名</th><th rowspan="2">与户主关系</th><th rowspan="2">出生年月</th><th rowspan="2">民族</th><th colspan="2">已故亲属</th></tr>
<tr><th>称呼</th><th>姓名</th></tr>
<tr><td rowspan="7">现有家庭成员</td><td>戴全林</td><td>户主</td><td>1963 年 6 月</td><td>汉</td><td>岳父</td><td>李福良</td></tr>
<tr><td>戴香林</td><td>妻子</td><td>1964 年 1 月</td><td>汉</td><td></td><td></td></tr>
<tr><td>戴俊霞</td><td>女儿</td><td>1987 年 3 月</td><td>汉</td><td></td><td></td></tr>
<tr><td>姜斌彬</td><td>女婿</td><td>1986 年 4 月</td><td>汉</td><td></td><td></td></tr>
<tr><td>戴忻怡</td><td>孙女</td><td>2012 年 2 月</td><td>汉</td><td></td><td></td></tr>
<tr><td>姜俞哲</td><td>孙子</td><td>2014 年 1 月</td><td>汉</td><td></td><td></td></tr>
<tr><td>戴抱妹</td><td>岳母</td><td>1943 年 3 月</td><td>汉</td><td></td><td></td></tr>
<tr><td>家庭大事记</td><td colspan="6">1986 年，翻建三上三下楼房。
戴俊霞，2009 年 7 月江苏海洋大学本科毕业。</td></tr>
</table>

<table>
<tr><th rowspan="2"></th><th rowspan="2">姓名</th><th rowspan="2">与户主关系</th><th rowspan="2">出生年月</th><th rowspan="2">民族</th><th colspan="2">已故亲属</th></tr>
<tr><th>称呼</th><th>姓名</th></tr>
<tr><td rowspan="7">现有家庭成员</td><td>王秋林</td><td>户主</td><td>1966 年 8 月</td><td>汉</td><td></td><td></td></tr>
<tr><td>李秋妹</td><td>妻子</td><td>1966 年 8 月</td><td>汉</td><td></td><td></td></tr>
<tr><td>王梦霞</td><td>女儿</td><td>1989 年 3 月</td><td>汉</td><td></td><td></td></tr>
<tr><td>姚伟峰</td><td>女婿</td><td>1989 年 12 月</td><td>汉</td><td></td><td></td></tr>
<tr><td>姚子浩</td><td>孙子</td><td>2014 年 8 月</td><td>汉</td><td></td><td></td></tr>
<tr><td>王宗宝</td><td>父亲</td><td>1942 年 1 月</td><td>汉</td><td></td><td></td></tr>
<tr><td>李凤英</td><td>母亲</td><td>1944 年 10 月</td><td>汉</td><td></td><td></td></tr>
<tr><td>家庭大事记</td><td colspan="6">1985 年，翻建三上三下楼房。
2011 年，购商品房。
2013 年，购轿车。
2018 年，房屋动迁，分得安置房。</td></tr>
</table>

<table>
<tr><td rowspan="8">现有家庭成员</td><td rowspan="2">姓名</td><td rowspan="2">与户主关系</td><td rowspan="2">出生年月</td><td rowspan="2">民族</td><td colspan="2">已故亲属</td></tr>
<tr><td>称呼</td><td>姓名</td></tr>
<tr><td>顾春林</td><td>户主</td><td>1966 年 2 月</td><td>汉</td><td>父亲</td><td>顾金福</td></tr>
<tr><td>徐金秀</td><td>妻子</td><td>1965 年 10 月</td><td>汉</td><td></td><td></td></tr>
<tr><td>顾奕倩</td><td>女儿</td><td>1989 年 2 月</td><td>汉</td><td></td><td></td></tr>
<tr><td>刘立亮</td><td>女婿</td><td>1988 年 9 月</td><td>汉</td><td></td><td></td></tr>
<tr><td>顾语涵</td><td>孙女</td><td>2016 年 4 月</td><td>汉</td><td></td><td></td></tr>
<tr><td>顾招大</td><td>母亲</td><td>1932 年 1 月</td><td>汉</td><td></td><td></td></tr>
<tr><td>家庭大事记</td><td colspan="6">1988 年，翻建三上三下楼房。
2012 年，购商品房。
2013 年，购轿车。
2015 年，房屋动迁，分得安置房。
顾奕倩，中共党员。</td></tr>
</table>

<table>
<tr><td rowspan="4">现有家庭成员</td><td rowspan="2">姓名</td><td rowspan="2">与户主关系</td><td rowspan="2">出生年月</td><td rowspan="2">民族</td><td colspan="2">已故亲属</td></tr>
<tr><td>称呼</td><td>姓名</td></tr>
<tr><td>陆云娥</td><td>户主</td><td>1966 年 1 月</td><td>汉</td><td>父亲</td><td>陆宗全</td></tr>
<tr><td>梅如玉</td><td>女儿</td><td>1988 年 6 月</td><td>汉</td><td>母亲</td><td>李大秀</td></tr>
<tr><td>家庭大事记</td><td colspan="6"></td></tr>
</table>

<table>
<tr><td rowspan="8">现有家庭成员</td><td rowspan="2">姓名</td><td rowspan="2">与户主关系</td><td rowspan="2">出生年月</td><td rowspan="2">民族</td><td colspan="2">已故亲属</td></tr>
<tr><td>称呼</td><td>姓名</td></tr>
<tr><td>唐雪生</td><td>户主</td><td>1966 年 10 月</td><td>汉</td><td>父亲</td><td>唐小男</td></tr>
<tr><td>薛凤香</td><td>妻子</td><td>1967 年 12 月</td><td>汉</td><td></td><td></td></tr>
<tr><td>唐萍萍</td><td>女儿</td><td>1989 年 12 月</td><td>汉</td><td></td><td></td></tr>
<tr><td>吕明东</td><td>女婿</td><td>1989 年 3 月</td><td>汉</td><td></td><td></td></tr>
<tr><td>吕思晨</td><td>孙子</td><td>2013 年 11 月</td><td>汉</td><td></td><td></td></tr>
<tr><td>王桂金</td><td>母亲</td><td>1939 年 1 月</td><td>汉</td><td></td><td></td></tr>
<tr><td>家庭大事记</td><td colspan="6">1989 年，翻建三上三下楼房。
2010 年，购商品房。
2013 年，购轿车。</td></tr>
</table>

<table>
<tr><td rowspan="9">现有家庭成员</td><td rowspan="2">姓名</td><td rowspan="2">与户主关系</td><td rowspan="2">出生年月</td><td rowspan="2">民族</td><td colspan="2">已故亲属</td></tr>
<tr><td>称呼</td><td>姓名</td></tr>
<tr><td>朱惠德</td><td>户主</td><td>1952 年 8 月</td><td>汉</td><td>母亲</td><td>蔡妹妹</td></tr>
<tr><td>杜秀珍</td><td>妻子</td><td>1953 年 12 月</td><td>汉</td><td></td><td></td></tr>
<tr><td>朱静彬</td><td>儿子</td><td>1977 年 2 月</td><td>汉</td><td></td><td></td></tr>
<tr><td>马学芳</td><td>儿媳</td><td>1977 年 10 月</td><td>汉</td><td></td><td></td></tr>
<tr><td>朱思逸</td><td>长孙女</td><td>2001 年 7 月</td><td>汉</td><td></td><td></td></tr>
<tr><td>朱思远</td><td>次孙女</td><td>2007 年 3 月</td><td>汉</td><td></td><td></td></tr>
<tr><td>朱引生</td><td>父亲</td><td>1929 年 12 月</td><td>汉</td><td></td><td></td></tr>
<tr><td>家庭大事记</td><td colspan="6">1989 年，翻建三上三下楼房。
2006 年，购轿车。
2007 年，建造别墅。
2018 年，房屋动迁，分得安置房。
朱引生，中共党员，明星大队党支部委员，曾任明星大队第 5 生产队队长、明星电灌站主任。
朱惠德，中共党员。
朱静彬，中共党员。
马学芳，中共党员。</td></tr>
</table>

	姓名	与户主关系	出生年月	民族	已故亲属	
					称呼	姓名
现有家庭成员	徐永华	户主	1964 年 3 月	汉	父亲	徐小福
	王学妹	妻子	1965 年 5 月	汉	母亲	徐根妹
	徐敏娟	女儿	1987 年 4 月	汉		
	周光鑫	女婿	1992 年 11 月	汉		
	周若伊	孙女	2020 年 1 月	汉		
家庭大事记	1986 年，翻建三上三下楼房。 2013 年，购商品房。 2015 年，购轿车。					

	姓名	与户主关系	出生年月	民族	已故亲属	
					称呼	姓名
现有家庭成员	顾根元	户主	1964 年 7 月	汉		
	陆素花	妻子	1965 年 7 月	汉		
	顾俊文	儿子	1987 年 5 月	汉		
	朱亚娟	儿媳	1987 年 3 月	汉		
	朱煜辰	长孙	2011 年 2 月	汉		
	顾煜轩	次孙	2017 年 12 月	汉		
家庭大事记	1989 年，翻建三上三下楼房。 2018 年，房屋动迁，分得安置房。					

	姓名	与户主关系	出生年月	民族	已故亲属	
					称呼	姓名
现有家庭成员	陆幸福	户主	1957 年 3 月	汉	父亲	陆宗全
	姜素珍	妻子	1955 年 3 月	汉	母亲	李大秀
	陆国庆	儿子	1981 年 10 月	汉		
	王　燕	儿媳	1981 年 10 月	汉		
	陆思雯	长孙女	2006 年 10 月	汉		
	王思琪	次孙女	2008 年 10 月	汉		
家庭大事记	陆幸福，1976 年 3 月至 1987 年 11 月参军入伍，中共党员，曾任正仪房管所所长。 1977 年，翻建平房。 2006 年，购商品房。 2015 年，房屋动迁，分得安置房。					

	姓名	与户主关系	出生年月	民族	已故亲属	
					称呼	姓名
现有家庭成员	陆金狗	户主	1949 年 4 月	汉	父亲	陆水梅
	顾阿秀	妻子	1948 年 3 月	汉	母亲	浦菊珍
	陆叶平	女儿	1971 年 1 月	汉		
	戴文军	女婿	1969 年 6 月	汉		
	陆芊妤	孙女	1992 年 11 月	汉		
家庭大事记	1988 年，翻建三上三下楼房。 2008 年，购商品房。 2011 年，购轿车。 陆芊妤，2019 年 7 月复旦大学硕士毕业。					

	姓名	与户主关系	出生年月	民族	已故亲属	
					称呼	姓名
现有家庭成员	徐永林	户主	1967 年 5 月	汉	父亲	徐小福
	戴四妹	妻子	1966 年 8 月	汉	母亲	徐根妹
	徐　刚	儿子	1989 年 12 月	汉		
	周韵丽	儿媳	1989 年 11 月	汉		
	周君翊	孙子	2016 年 8 月	汉		
家庭大事记	1988 年，翻建三上三下楼房。 2013 年，购轿车。 2018 年，房屋动迁，分得安置房。					

	姓名	与户主关系	出生年月	民族	已故亲属	
					称呼	姓名
现有家庭成员	姚素珍	户主	1953 年 11 月	汉	公公	徐小福
	徐菊荣	儿子	1978 年 5 月	汉	婆婆	徐根妹
	邱　云	儿媳	1980 年 6 月	汉	丈夫	徐永泉
	徐辰明	孙子	2003 年 10 月	汉		
家庭大事记	1987 年，翻建三上三下楼房。 2014 年，购商品房。 2017 年，购轿车。					

	姓名	与户主关系	出生年月	民族	已故亲属	
					称呼	姓名
现有家庭成员	顾林土	户主	1954 年 5 月	汉	父亲	顾巧泉
	陆小妹	妻子	1954 年 1 月	汉		
	顾进良	儿子	1978 年 12 月	汉		
	翁李芳	儿媳	1979 年 10 月	汉		
	顾　叶	长孙女	2001 年 7 月	汉		
	顾诗颖	次孙女	2009 年 11 月	汉		
	顾阿宝	母亲	1933 年 11 月	汉		
家庭大事记	1990 年，翻建三上三下楼房。 2012 年，购商品房。 2013 年，购轿车。					

	姓名	与户主关系	出生年月	民族	已故亲属	
					称呼	姓名
现有家庭成员	顾狗男	户主	1958 年 5 月	汉	父亲	顾阿泉
	王来珍	妻子	1959 年 12 月	汉	母亲	唐密林
	顾美娟	长女	1981 年 12 月	汉		
	赵　华	长女婿	1980 年 12 月	汉		
	赵一帆	孙子	2004 年 7 月	汉		
	顾美琴	次女	1987 年 1 月	汉		
家庭大事记	1987 年，翻建三上三下楼房。 2011 年，购商品房。 2013 年，购轿车。					

	姓名	与户主关系	出生年月	民族	已故亲属	
					称呼	姓名
现有家庭成员	顾春男	户主	1959 年 3 月	汉	父亲	顾金福
	陆翠花	妻子	1957 年 10 月	汉		
	顾金华	儿子	1981 年 12 月	汉		
	魏　娜	儿媳	1982 年 5 月	汉		
	顾雨佳	长孙女	2008 年 1 月	汉		
	顾雨彤	次孙女	2011 年 12 月	汉		
	顾招大	母亲	1932 年 1 月	汉		
家庭大事记	1988 年，翻建三上三下楼房。 2012 年，购商品房。 2015 年，购轿车。 2018 年，房屋动迁，分得安置房。					

	姓名	与户主关系	出生年月	民族	已故亲属	
					称呼	姓名
现有家庭成员	唐小娘	户主	1955 年 6 月	汉	父亲	唐根妹
	唐永清	儿子	1979 年 1 月	汉	丈夫	朱双全
	王小敏	儿媳	1980 年 3 月	汉		
	唐梦婷	孙女	2005 年 7 月	汉		
	李夫妹	母亲	1928 年 3 月	汉		
家庭大事记	1987 年，翻建三上三下楼房。 2007 年，购商品房。					

	姓名	与户主关系	出生年月	民族	已故亲属	
					称呼	姓名
现有家庭成员	顾雪良	户主	1976年6月	汉	父亲	李三生
	沈建芳	妻子	1979年9月	汉		
	顾佳昕	儿子	2001年1月	汉		
	顾秀花	母亲	1952年8月	汉		
家庭大事记	1987年，翻建三上三下楼房。 2010年，购商品房。 2012年，购轿车。 2018年，房屋动迁，分得安置房。					

	姓名	与户主关系	出生年月	民族	已故亲属	
					称呼	姓名
现有家庭成员	顾兴元	户主	1954年12月	汉		
	戴长宝	妻子	1952年12月	汉		
	顾红英	女儿	1978年6月	汉		
	何得川	女婿	1975年5月	汉		
	顾　宇	孙子	2000年10月	汉		
家庭大事记	1988年，翻建三上三下楼房。 2017年，购轿车。 2017年，购店面房。					

<table>
<tr><td rowspan="9">现有家庭成员</td><th rowspan="2">姓名</th><th rowspan="2">与户主关系</th><th rowspan="2">出生年月</th><th rowspan="2">民族</th><th colspan="2">已故亲属</th></tr>
<tr><th>称呼</th><th>姓名</th></tr>
<tr><td>宋宗金</td><td>户主</td><td>1962 年 1 月</td><td>汉</td><td>岳父</td><td>许阿花</td></tr>
<tr><td>许建英</td><td>妻子</td><td>1966 年 12 月</td><td>汉</td><td></td><td></td></tr>
<tr><td>许晓伟</td><td>儿子</td><td>1987 年 9 月</td><td>汉</td><td></td><td></td></tr>
<tr><td>唐晓佳</td><td>儿媳</td><td>1986 年 9 月</td><td>汉</td><td></td><td></td></tr>
<tr><td>许宸晞</td><td>长孙</td><td>2014 年 1 月</td><td>汉</td><td></td><td></td></tr>
<tr><td>唐宸宇</td><td>次孙</td><td>2016 年 2 月</td><td>汉</td><td></td><td></td></tr>
<tr><td>戴秀凤</td><td>岳母</td><td>1947 年 10 月</td><td>汉</td><td></td><td></td></tr>
<tr><td>家庭大事记</td><td colspan="6">1987 年，翻建三上三下楼房。
2006 年，购商品房。
2010 年，购轿车。</td></tr>
</table>

<table>
<tr><td rowspan="9">现有家庭成员</td><th rowspan="2">姓名</th><th rowspan="2">与户主关系</th><th rowspan="2">出生年月</th><th rowspan="2">民族</th><th colspan="2">已故亲属</th></tr>
<tr><th>称呼</th><th>姓名</th></tr>
<tr><td>王建林</td><td>户主</td><td>1968 年 10 月</td><td>汉</td><td></td><td></td></tr>
<tr><td>王海英</td><td>妻子</td><td>1978 年 6 月</td><td>汉</td><td></td><td></td></tr>
<tr><td>王苏文</td><td>长子</td><td>1991 年 12 月</td><td>汉</td><td></td><td></td></tr>
<tr><td>王俊皓</td><td>次子</td><td>2007 年 12 月</td><td>汉</td><td></td><td></td></tr>
<tr><td>王诗菡</td><td>孙女</td><td>2015 年 10 月</td><td>汉</td><td></td><td></td></tr>
<tr><td>王宗宝</td><td>父亲</td><td>1942 年 1 月</td><td>汉</td><td></td><td></td></tr>
<tr><td>李凤英</td><td>母亲</td><td>1944 年 10 月</td><td>汉</td><td></td><td></td></tr>
<tr><td>家庭大事记</td><td colspan="6">1987 年，翻建三上三下楼房。
2008 年，购商品房。
2010 年，购轿车。</td></tr>
</table>

<table>
<tr><th rowspan="2"></th><th rowspan="2">姓名</th><th rowspan="2">与户主关系</th><th rowspan="2">出生年月</th><th rowspan="2">民族</th><th colspan="2">已故亲属</th></tr>
<tr><th>称呼</th><th>姓名</th></tr>
<tr><td rowspan="7">现有家庭成员</td><td>蔡培元</td><td>户主</td><td>1953 年 4 月</td><td>汉</td><td>父亲</td><td>蔡和尚</td></tr>
<tr><td>唐妹英</td><td>妻子</td><td>1953 年 7 月</td><td>汉</td><td>母亲</td><td>蔡夫妹</td></tr>
<tr><td>蔡永琪</td><td>长子</td><td>1977 年 7 月</td><td>汉</td><td></td><td></td></tr>
<tr><td>袁知娜</td><td>长媳</td><td>1973 年 11 月</td><td>汉</td><td></td><td></td></tr>
<tr><td>蔡永明</td><td>次子</td><td>1984 年 2 月</td><td>汉</td><td></td><td></td></tr>
<tr><td>凌　芳</td><td>次媳</td><td>1985 年 7 月</td><td>汉</td><td></td><td></td></tr>
<tr><td>蔡　惠</td><td>孙女</td><td>2000 年 9 月</td><td>汉</td><td></td><td></td></tr>
<tr><td>家庭大事记</td><td colspan="6">1987 年，翻建三上三下楼房。
蔡永明，2002 年 12 月至 2004 年 12 月参军入伍。
2012 年，购商品房。
2015 年，购轿车。</td></tr>
</table>

<table>
<tr><th rowspan="2"></th><th rowspan="2">姓名</th><th rowspan="2">与户主关系</th><th rowspan="2">出生年月</th><th rowspan="2">民族</th><th colspan="2">已故亲属</th></tr>
<tr><th>称呼</th><th>姓名</th></tr>
<tr><td rowspan="7">现有家庭成员</td><td>王二男</td><td>户主</td><td>1947 年 1 月</td><td>汉</td><td></td><td></td></tr>
<tr><td>王密金</td><td>妻子</td><td>1947 年 8 月</td><td>汉</td><td></td><td></td></tr>
<tr><td>王建良</td><td>儿子</td><td>1968 年 12 月</td><td>汉</td><td></td><td></td></tr>
<tr><td>青晓燕</td><td>儿媳</td><td>1969 年 9 月</td><td>汉</td><td></td><td></td></tr>
<tr><td>王晞斌</td><td>孙子</td><td>1992 年 3 月</td><td>汉</td><td></td><td></td></tr>
<tr><td>青绍全</td><td>亲家公</td><td>1941 年 12 月</td><td>汉</td><td></td><td></td></tr>
<tr><td>胥思玉</td><td>亲家母</td><td>1945 年 9 月</td><td>汉</td><td></td><td></td></tr>
<tr><td>家庭大事记</td><td colspan="6">青绍全，1960 年 8 月至 1968 年 2 月参军入伍，中共党员。
1986 年，翻建三上三下楼房。
2016 年，购轿车。
王二男，曾任明星大队第 5 生产队队长。</td></tr>
</table>

	姓名	与户主关系	出生年月	民族	已故亲属	
					称呼	姓名
现有家庭成员	沈云男	户主	1963 年 3 月	汉	岳父	徐大福
	徐金花	妻子	1964 年 4 月	汉		
	徐菊芳	长女	1986 年 5 月	汉		
	徐昊雷	长孙	2011 年 2 月	汉		
	徐晓芳	次女	1990 年 4 月	汉		
	周广涛	次女婿	1990 年 4 月	汉		
	周　玥	孙女	2010 年 9 月	汉		
	周　旭	次孙	2012 年 3 月	汉		
家庭大事记	1986 年，翻建三上三下楼房。 2008 年，购商品房。					

	姓名	与户主关系	出生年月	民族	已故亲属	
					称呼	姓名
现有家庭成员	许阿林	户主	1951 年 3 月	汉	父亲	许仁存
	李三英	妻子	1950 年 12 月	汉	母亲	钱桂英
	许　良	儿子	1975 年 12 月	汉		
	周丽华	儿媳	1976 年 10 月	汉		
	许周易	孙女	1999 年 4 月	汉		
家庭大事记	1986 年，翻建三上三下楼房。 2008 年，购商品房。 2010 年，购轿车。					

	姓名	与户主关系	出生年月	民族	已故亲属	
					称呼	姓名
现有家庭成员	陆花根	户主	1954 年 12 月	汉		
	王宝珍	妻子	1954 年 5 月	汉		
	陆　艳	女儿	1978 年 11 月	汉		
	薛　龙	女婿	1977 年 7 月	汉		
	薛陆鸿睿	孙子	2003 年 11 月	汉		
家庭大事记	1986 年，翻建三上三下楼房。 2008 年，购商品房。 2011 年，购轿车。					

	姓名	与户主关系	出生年月	民族	已故亲属	
					称呼	姓名
现有家庭成员	陆祖德	户主	1937 年 1 月	汉		
	陆祖花	长女	1960 年 3 月	汉		
	沈杏龙	长女婿	1958 年 2 月	汉		
	陆　娟	孙女	1983 年 3 月	汉		
	王　涛	孙女婿	1982 年 1 月	汉		
	陆　锋	孙子	1989 年 10 月	汉		
	王思畅	孙媳	1992 年 8 月	汉		
	王梓萌	曾孙女	2015 年 1 月	汉		
	陆庆花	次女	1969 年 3 月	汉		
家庭大事记	沈杏龙，1978 年 12 月至 1981 年 12 月参军入伍。 1984 年，翻建三上三下楼房。 陆娟，2006 年 7 月南京工业大学本科毕业。 2014 年，购轿车。 2016 年，购商品房。					

<table>
<tr><td rowspan="2"></td><td rowspan="2">姓名</td><td rowspan="2">与户主关系</td><td rowspan="2">出生年月</td><td rowspan="2">民族</td><td colspan="2">已故亲属</td></tr>
<tr><td>称呼</td><td>姓名</td></tr>
<tr><td rowspan="7">现有家庭成员</td><td>李生元</td><td>户主</td><td>1937 年 5 月</td><td>汉</td><td></td><td></td></tr>
<tr><td>李小媛</td><td>妻子</td><td>1936 年 10 月</td><td>汉</td><td></td><td></td></tr>
<tr><td>李惠中</td><td>儿子</td><td>1967 年 4 月</td><td>汉</td><td></td><td></td></tr>
<tr><td>方惠金</td><td>儿媳</td><td>1967 年 12 月</td><td>汉</td><td></td><td></td></tr>
<tr><td>李鹏飞</td><td>孙子</td><td>1990 年 1 月</td><td>汉</td><td></td><td></td></tr>
<tr><td>陈泉洲</td><td>孙媳</td><td>1988 年 4 月</td><td>汉</td><td></td><td></td></tr>
<tr><td>李佳芮</td><td>曾孙子</td><td>2013 年 4 月</td><td>汉</td><td></td><td></td></tr>
<tr><td>家庭大事记</td><td colspan="6">李生元，1955 年 3 月至 1957 年 11 月参军入伍，曾任明星大队团支部书记、第 5 生产队队长。
1982 年，翻建三上三下楼房。
2009 年，房屋动迁，分得安置房。
2011 年，购商品房。
2014 年，购轿车。</td></tr>
</table>

<table>
<tr><td rowspan="2"></td><td rowspan="2">姓名</td><td rowspan="2">与户主关系</td><td rowspan="2">出生年月</td><td rowspan="2">民族</td><td colspan="2">已故亲属</td></tr>
<tr><td>称呼</td><td>姓名</td></tr>
<tr><td rowspan="5">现有家庭成员</td><td>戴建林</td><td>户主</td><td>1970 年 5 月</td><td>汉</td><td>父亲</td><td>李福良</td></tr>
<tr><td>朱秀良</td><td>妻子</td><td>1970 年 5 月</td><td>汉</td><td></td><td></td></tr>
<tr><td>戴毅明</td><td>儿子</td><td>1995 年 8 月</td><td>汉</td><td></td><td></td></tr>
<tr><td>刘　晶</td><td>儿媳</td><td>1996 年 7 月</td><td>汉</td><td></td><td></td></tr>
<tr><td>戴抱妹</td><td>母亲</td><td>1943 年 3 月</td><td>汉</td><td></td><td></td></tr>
<tr><td>家庭大事记</td><td colspan="6">1992 年，翻建三上三下楼房。
2006 年，购商品房。
2009 年，购轿车。</td></tr>
</table>

<table>
<tr><td rowspan="8">现有家庭成员</td><td rowspan="2">姓名</td><td rowspan="2">与户主关系</td><td rowspan="2">出生年月</td><td rowspan="2">民族</td><td colspan="2">已故亲属</td></tr>
<tr><td>称呼</td><td>姓名</td></tr>
<tr><td>戴阿元</td><td>户主</td><td>1955 年 2 月</td><td>汉</td><td>父亲</td><td>祝阿金</td></tr>
<tr><td>姚小妹</td><td>妻子</td><td>1954 年 3 月</td><td>汉</td><td>母亲</td><td>戴秀宝</td></tr>
<tr><td>戴明卫</td><td>儿子</td><td>1979 年 6 月</td><td>汉</td><td></td><td></td></tr>
<tr><td>韩　蕾</td><td>儿媳</td><td>1981 年 10 月</td><td>汉</td><td></td><td></td></tr>
<tr><td>戴涵曦</td><td>孙女</td><td>2007 年 11 月</td><td>汉</td><td></td><td></td></tr>
<tr><td>戴璧宸</td><td>孙子</td><td>2014 年 5 月</td><td>汉</td><td></td><td></td></tr>
<tr><td>家庭大事记</td><td colspan="6">1989 年，翻建三上三下楼房。
戴明卫，2012 年 7 月上海交通大学硕士毕业。
2006 年，购轿车。
2008 年，购别墅。</td></tr>
</table>

<table>
<tr><td rowspan="7">现有家庭成员</td><td rowspan="2">姓名</td><td rowspan="2">与户主关系</td><td rowspan="2">出生年月</td><td rowspan="2">民族</td><td colspan="2">已故亲属</td></tr>
<tr><td>称呼</td><td>姓名</td></tr>
<tr><td>李凤泉</td><td>户主</td><td>1949 年 12 月</td><td>汉</td><td>父亲</td><td>李和尚</td></tr>
<tr><td>戴凤英</td><td>妻子</td><td>1951 年 10 月</td><td>汉</td><td>母亲</td><td>徐星宝</td></tr>
<tr><td>李培良</td><td>儿子</td><td>1973 年 6 月</td><td>汉</td><td></td><td></td></tr>
<tr><td>戴卫仙</td><td>儿媳</td><td>1975 年 12 月</td><td>汉</td><td></td><td></td></tr>
<tr><td>李冈鸿</td><td>孙子</td><td>1998 年 3 月</td><td>汉</td><td></td><td></td></tr>
<tr><td>家庭大事记</td><td colspan="6">1986 年，翻建三上三下楼房。
2005 年，购商品房。
2011 年，购轿车。
李冈鸿，2020 年 7 月盐城师范学院本科毕业。</td></tr>
</table>

	姓名	与户主关系	出生年月	民族	已故亲属	
					称呼	姓名
现有家庭成员	李双弟	户主	1962 年 12 月	汉	父亲	李和尚
	陆三妹	妻子	1964 年 8 月	汉	母亲	徐星宝
	李　萍	女儿	1985 年 9 月	汉		
	孙永来	女婿	1983 年 5 月	汉		
	李　炎	孙子	2006 年 7 月	汉		
	孙宇欣	孙女	2011 年 3 月	汉		
家庭大事记	1990 年，翻建三上三下楼房。 2013 年，购轿车。					

	姓名	与户主关系	出生年月	民族	已故亲属	
					称呼	姓名
现有家庭成员	戴炳兴	户主	1963 年 2 月	汉		
	范玲珍	妻子	1963 年 10 月	汉		
	戴寅寅	女儿	1986 年 3 月	汉		
	吴海兵	女婿	1985 年 8 月	汉		
	吴君臣	孙子	2010 年 1 月	汉		
	戴锦瑶	孙女	2013 年 12 月	汉		
家庭大事记	1990 年，翻建三上三下楼房。 2015 年，购轿车。					

	姓名	与户主关系	出生年月	民族	已故亲属	
					称呼	姓名
现有家庭成员	戴多男	户主	1948 年 3 月	汉	父亲	戴品夫
	胡卫金	妻子	1951 年 10 月	汉	母亲	戴阿招
	戴　琴	女儿	1972 年 4 月	汉		
	徐友兵	女婿	1971 年 1 月	汉		
	戴嘉莉	孙女	1993 年 12 月	汉		
	戴一超	孙子	2004 年 6 月	汉		
家庭大事记	1990 年，翻建三上三下楼房。 2007 年，购商品房。					

	姓名	与户主关系	出生年月	民族	已故亲属	
					称呼	姓名
现有家庭成员	戴宗良	户主	1964 年 12 月	汉		
	祝义珍	妻子	1966 年 6 月	汉		
	戴小燕	长女	1989 年 3 月	汉		
	周振宇	长女婿	1988 年 4 月	汉		
	周瑜浩	孙子	2016 年 3 月	汉		
	戴玉燕	次女	1993 年 2 月	汉		
	沈　宇	次女婿	1989 年 11 月	汉		
	沈馨雅	长孙女	2014 年 7 月	汉		
	戴昕玥	次孙女	2017 年 4 月	汉		
	戴泉男	父亲	1943 年 9 月	汉		
	陈　香	母亲	1946 年 2 月	汉		
家庭大事记	1986 年，翻建三上三下楼房。 2008 年，购商品房。 2009 年，购轿车。 2018 年，房屋动迁，分得安置房。					

	姓名	与户主关系	出生年月	民族	已故亲属	
					称呼	姓名
现有家庭成员	戴火根	户主	1963 年 9 月	汉	父亲	戴招生
	陈秋香	妻子	1963 年 10 月	汉	母亲	周金妹
	戴惠菊	女儿	1986 年 11 月	汉		
	陈　俊	女婿	1986 年 4 月	汉		
	陈语诺	孙女	2010 年 6 月	汉		
	戴语辰	孙子	2015 年 11 月	汉		
家庭大事记	1986 年，翻建三上三下楼房。 2008 年，购轿车。 2014 年，购商品房。 2015 年，房屋动迁，分得安置房。					

	姓名	与户主关系	出生年月	民族	已故亲属	
					称呼	姓名
现有家庭成员	戴月弟	户主	1972 年 11 月	汉	父亲	戴永泉
	陈香英	妻子	1977 年 8 月	汉	母亲	施白妹
	戴一纯	女儿	1995 年 10 月	汉		
	戴炳根	父亲	1951 年 6 月	汉		
	朱香宝	母亲	1950 年 1 月	汉		
家庭大事记	1990 年，翻建三上三下楼房。 2005 年，购商品房。 2011 年，购轿车。 戴一纯，2018 年 7 月南京财经大学本科毕业。 2018 年，房屋动迁，分得安置房。					

<table>
<tr><td rowspan="6">现有家庭成员</td><th rowspan="2">姓名</th><th rowspan="2">与户主关系</th><th rowspan="2">出生年月</th><th rowspan="2">民族</th><th colspan="2">已故亲属</th></tr>
<tr><th>称呼</th><th>姓名</th></tr>
<tr><td>戴建荣</td><td>户主</td><td>1972 年 11 月</td><td>汉</td><td>父亲</td><td>孙小根</td></tr>
<tr><td>徐琴芳</td><td>妻子</td><td>1971 年 12 月</td><td>汉</td><td></td><td></td></tr>
<tr><td>戴梦霞</td><td>女儿</td><td>1995 年 12 月</td><td>汉</td><td></td><td></td></tr>
<tr><td>戴金英</td><td>母亲</td><td>1948 年 11 月</td><td>汉</td><td></td><td></td></tr>
<tr><td>家庭大事记</td><td colspan="6">1988 年，翻建三上三下楼房。
2013 年，购轿车。
2018 年，房屋动迁，分得安置房。</td></tr>
</table>

<table>
<tr><td rowspan="9">现有家庭成员</td><th rowspan="2">姓名</th><th rowspan="2">与户主关系</th><th rowspan="2">出生年月</th><th rowspan="2">民族</th><th colspan="2">已故亲属</th></tr>
<tr><th>称呼</th><th>姓名</th></tr>
<tr><td>戴坤根</td><td>户主</td><td>1954 年 12 月</td><td>汉</td><td>父亲</td><td>戴大男</td></tr>
<tr><td>陆金珠</td><td>妻子</td><td>1954 年 10 月</td><td>汉</td><td></td><td></td></tr>
<tr><td>戴静虹</td><td>女儿</td><td>1978 年 11 月</td><td>汉</td><td></td><td></td></tr>
<tr><td>薛永仁</td><td>女婿</td><td>1970 年 8 月</td><td>汉</td><td></td><td></td></tr>
<tr><td>薛戴玺</td><td>孙女</td><td>2007 年 12 月</td><td>汉</td><td></td><td></td></tr>
<tr><td>薛戴文</td><td>孙子</td><td>2009 年 12 月</td><td>汉</td><td></td><td></td></tr>
<tr><td>徐福宝</td><td>母亲</td><td>1935 年 12 月</td><td>汉</td><td></td><td></td></tr>
<tr><td>家庭大事记</td><td colspan="6">1986 年，翻建三上三下楼房。
2006 年，购商品房。
2013 年，购轿车。</td></tr>
</table>

	姓名	与户主关系	出生年月	民族	已故亲属	
					称呼	姓名
现有家庭成员	戴坤元	户主	1957年6月	汉	父亲	戴大男
	戴飞龙	儿子	1992年11月	汉	妻子	万秋花
	戴静叶	女儿	1981年9月	汉		
	胡水明	女婿	1981年9月	汉		
	胡彦嘉	孙女	2004年12月	汉		
	胡志谦	孙子	2008年12月	汉		
	徐福宝	母亲	1935年12月	汉		
家庭大事记	1987年，翻建三上三下楼房。 2010年，购商品房。 2018年，房屋动迁，分得安置房。					

	姓名	与户主关系	出生年月	民族	已故亲属	
					称呼	姓名
现有家庭成员	戴狗男	户主	1962年7月	汉	母亲	戴云妹
	糜秀花	妻子	1964年9月	汉	父亲	戴林福
	戴晓燕	女儿	1987年9月	汉		
	王晨华	女婿	1987年11月	汉		
	王梓涵	长孙女	2012年8月	汉		
	戴瑾涵	次孙女	2014年4月	汉		
家庭大事记	1992年，翻建三上三下楼房。 2010年，购轿车。					

	姓名	与户主关系	出生年月	民族	已故亲属	
					称呼	姓名
现有家庭成员	戴宗林	户主	1935 年 10 月	汉	父亲	戴品夫
	朱桃妹	妻子	1937 年 8 月	汉	母亲	戴阿招
	戴林男	儿子	1958 年 4 月	汉		
	姚泉琴	儿媳	1956 年 11 月	汉		
	戴　华	孙女	1981 年 7 月	汉		
	戴安琪	曾孙女	2004 年 3 月	汉		
家庭大事记	1983 年，翻建三上三下楼房。 2006 年，购商品房。 2010 年，购轿车。					

	姓名	与户主关系	出生年月	民族	已故亲属	
					称呼	姓名
现有家庭成员	戴中男	户主	1945 年 2 月	汉	父亲	戴品夫
	陆爱英	妻子	1943 年 12 月	汉	母亲	戴阿招
	戴雪花	女儿	1964 年 9 月	汉		
	周兴良	女婿	1963 年 4 月	汉		
	戴月娟	长孙女	1986 年 1 月	汉		
	徐俊伟	长孙女婿	1985 年 4 月	汉		
	徐晟豪	长曾孙	2012 年 7 月	汉		
	戴晟杰	次曾孙	2014 年 11 月	汉		
	戴月倩	次孙女	1991 年 3 月	汉		
家庭大事记	1985 年，翻建三上三下楼房。 戴月娟，2011 年 7 月南京大学硕士毕业。 2008 年，购商品房。 戴月倩，2016 年 7 月南京大学硕士毕业。 2010 年，购轿车。					

	姓名	与户主关系	出生年月	民族	已故亲属	
					称呼	姓名
现有家庭成员	周多男	户主	1946 年 1 月	汉	岳父	戴宗根
	戴卫建	儿子	1969 年 4 月	汉	岳母	戴雪妹
	李　霞	儿媳	1974 年 5 月	汉	妻子	戴宝英
	戴文涛	孙子	1997 年 6 月	汉		
家庭大事记	1984 年，翻建三上三下楼房。 戴文涛，2015 年 9 月至 2017 年 9 月参军入伍。 2018 年，房屋动迁，分得安置房。					

	姓名	与户主关系	出生年月	民族	已故亲属	
					称呼	姓名
现有家庭成员	戴凤男	户主	1957 年 12 月	汉	父亲	戴福生
	周秀妹	妻子	1957 年 12 月	汉	母亲	钱爱宝
	戴卫刚	儿子	1982 年 2 月	汉		
	华美娟	儿媳	1985 年 1 月	汉		
	戴　希	孙子	2006 年 11 月	汉		
	戴舒涵	孙女	2013 年 1 月	汉		
家庭大事记	1987 年，翻建三上三下楼房。 2010 年，购商品房。					

	姓名	与户主关系	出生年月	民族	已故亲属	
					称呼	姓名
现有家庭成员	戴荣生	户主	1948 年 8 月	汉	父亲	戴福生
	黄秀琴	妻子	1948 年 6 月	汉	母亲	钱爱宝
	戴密芳	女儿	1975 年 6 月	汉		
	施雪林	女婿	1972 年 12 月	汉		
	戴　静	孙女	1996 年 5 月	汉		
家庭大事记	戴荣生，1970 年 1 月至 1974 年 2 月参军入伍。 1988 年，翻建三上三下楼房。 2008 年，购商品房。 2010 年，购轿车。					

	姓名	与户主关系	出生年月	民族	已故亲属	
					称呼	姓名
现有家庭成员	陈长根	户主	1967 年 7 月	汉	父亲	陈阿三
	沈近珍	妻子	1969 年 8 月	汉		
	陈　虹	女儿	1990 年 10 月	汉		
	郑　剑	女婿	1987 年 12 月	汉		
	陈　思	长孙女	2009 年 2 月	汉		
	陈　果	次孙女	2012 年 1 月	汉		
	张银花	母亲	1934 年 8 月	汉		
家庭大事记	2005 年，建别墅。					

<table>
<tr><td rowspan="7">现有家庭成员</td><th rowspan="2">姓名</th><th rowspan="2">与户主关系</th><th rowspan="2">出生年月</th><th rowspan="2">民族</th><th colspan="2">已故亲属</th></tr>
<tr><th>称呼</th><th>姓名</th></tr>
<tr><td>陆金海</td><td>户主</td><td>1954 年 8 月</td><td>汉</td><td>父亲</td><td>陆根妹</td></tr>
<tr><td>李金花</td><td>妻子</td><td>1953 年 4 月</td><td>汉</td><td>母亲</td><td>蒋巧妹</td></tr>
<tr><td>陆　伟</td><td>儿子</td><td>1978 年 11 月</td><td>汉</td><td></td><td></td></tr>
<tr><td>庞成娟</td><td>儿媳</td><td>1980 年 3 月</td><td>汉</td><td></td><td></td></tr>
<tr><td>陆菲琳</td><td>孙女</td><td>2006 年 8 月</td><td>汉</td><td></td><td></td></tr>
<tr><td>家庭大事记</td><td colspan="6">1987 年，翻建三上三下楼房。
陆伟，2003 年 7 月河海大学本科毕业。
2008 年，购商品房。
2011 年，购轿车。</td></tr>
</table>

<table>
<tr><td rowspan="8">现有家庭成员</td><th rowspan="2">姓名</th><th rowspan="2">与户主关系</th><th rowspan="2">出生年月</th><th rowspan="2">民族</th><th colspan="2">已故亲属</th></tr>
<tr><th>称呼</th><th>姓名</th></tr>
<tr><td>陆建明</td><td>户主</td><td>1970 年 3 月</td><td>汉</td><td>父亲</td><td>陆林生</td></tr>
<tr><td>陆美华</td><td>妻子</td><td>1969 年 9 月</td><td>汉</td><td></td><td></td></tr>
<tr><td>陆晓龙</td><td>儿子</td><td>1992 年 11 月</td><td>汉</td><td></td><td></td></tr>
<tr><td>李元萍</td><td>儿媳</td><td>1993 年 8 月</td><td>汉</td><td></td><td></td></tr>
<tr><td>陆嘉恒</td><td>孙子</td><td>2020 年 10 月</td><td>汉</td><td></td><td></td></tr>
<tr><td>周阿妹</td><td>母亲</td><td>1944 年 9 月</td><td>汉</td><td></td><td></td></tr>
<tr><td>家庭大事记</td><td colspan="6">1987 年，翻建三上三下楼房。
2006 年，购商品房。
2013 年，购轿车。</td></tr>
</table>

	姓名	与户主关系	出生年月	民族	已故亲属	
					称呼	姓名
现有家庭成员	陆黑男	户主	1946 年 4 月	汉	父亲	陆宗生
	陆密花	妻子	1947 年 11 月	汉	母亲	陈根妹
	陆建忠	儿子	1970 年 9 月	汉	大娘	陆门熊氏
	张秀华	儿媳	1971 年 10 月	汉	养娘	姚阿巧
	陆晨仁	孙子	1993 年 9 月	汉		
家庭大事记	1987 年，翻建三上三下楼房。 2010 年，购汽车。 2015 年，购商品房。 2018 年，房屋动迁，分得安置房。 陆黑男，曾担任明星大队机务员。					

	姓名	与户主关系	出生年月	民族	已故亲属	
					称呼	姓名
现有家庭成员	王金生	户主	1952 年 11 月	汉	岳父	陆宗生
	陆林英	妻子	1952 年 1 月	汉	岳母	姚阿巧
	陆　群	女儿	1976 年 1 月	汉	大娘	陆门熊氏
	朱永良	女婿	1971 年 3 月	汉	二娘	陈根妹
	陆宏辉	长孙	2009 年 11 月	汉		
	陆群良	儿子	1980 年 3 月	汉		
	Meg	儿媳（日本）	1981 年 9 月	—		
	陆未来	次孙（日本）	2000 年 1 月	—		
家庭大事记	1986 年，翻建三上三下楼房。 2010 年，购轿车。 2018 年，房屋动迁，分得安置房。					

	姓名	与户主关系	出生年月	民族	已故亲属	
					称呼	姓名
现有家庭成员	陆　铭	户主	1972年11月	汉	祖父	陆金水
	李培芳	妻子	1975年11月	汉	祖母	万爱媛
	陆　好	女儿	1996年11月	汉	继祖母	邢杏宝
	戴妹珍	母亲	1952年3月	汉	父亲	陆泉元
家庭大事记	1986年，翻建三上三下楼房。 2008年，购商品房。 2011年，购轿车。					

	姓名	与户主关系	出生年月	民族	已故亲属	
					称呼	姓名
现有家庭成员	陆海林	户主	1957年5月	汉	祖父	陆岳林
	陆引媛	妻子	1961年8月	汉	祖母	陆小妹
	陆　强	儿子	1988年6月	汉	母亲	罗招宝
	浦婷婷	儿媳	1989年7月	汉		
	陆彦臣	孙子	2016年5月	汉		
	陆　珏	女儿	1983年10月	汉		
	唐　洁	女婿	1982年7月	汉		
	唐希喆	外孙	2007年2月	汉		
	陆国良	父亲	1937年4月	汉		
家庭大事记	1986年，翻建三上三下楼房。 2009年，购商品房。 2010年，购轿车。 陆国良，曾任明星大队第4生产队队长。					

<table>
<tr><td rowspan="9">现有家庭成员</td><th rowspan="2">姓名</th><th rowspan="2">与户主关系</th><th rowspan="2">出生年月</th><th rowspan="2">民族</th><th colspan="2">已故亲属</th></tr>
<tr><th>称呼</th><th>姓名</th></tr>
<tr><td>姜瑞珍</td><td>户主</td><td>1964 年 10 月</td><td>汉</td><td>丈夫</td><td>王宗福</td></tr>
<tr><td>王晓华</td><td>儿子</td><td>1987 年 11 月</td><td>汉</td><td></td><td></td></tr>
<tr><td>周玲菲</td><td>儿媳</td><td>1988 年 3 月</td><td>汉</td><td></td><td></td></tr>
<tr><td>王涵希</td><td>孙女</td><td>2014 年 4 月</td><td>汉</td><td></td><td></td></tr>
<tr><td>王栎舟</td><td>孙子</td><td>2019 年 7 月</td><td>汉</td><td></td><td></td></tr>
<tr><td>王丽华</td><td>女儿</td><td>1992 年 3 月</td><td>汉</td><td></td><td></td></tr>
<tr><td>徐　超</td><td>女婿</td><td>1992 年 8 月</td><td>汉</td><td></td><td></td></tr>
<tr><td>家庭大事记</td><td colspan="6">1987 年，翻建三上三下楼房。
2008 年，购商品房。
王晓华，2010 年 7 月盐城工学院本科毕业，中共党员，现任燕桥浜村团支部书记。
2012 年，购轿车。
王丽华，2017 年 7 月东南大学硕士毕业，中共党员，现于兴业银行股份有限公司总行工作。
2020 年 11 月，房屋动迁，分得安置房。</td></tr>
</table>

<table>
<tr><td rowspan="9">现有家庭成员</td><th rowspan="2">姓名</th><th rowspan="2">与户主关系</th><th rowspan="2">出生年月</th><th rowspan="2">民族</th><th colspan="2">已故亲属</th></tr>
<tr><th>称呼</th><th>姓名</th></tr>
<tr><td>戴卫良</td><td>户主</td><td>1965 年 6 月</td><td>汉</td><td>祖父</td><td>戴宗根</td></tr>
<tr><td>沈菊花</td><td>妻子</td><td>1966 年 11 月</td><td>汉</td><td>祖母</td><td>戴雪妹</td></tr>
<tr><td>戴月萍</td><td>女儿</td><td>1988 年 7 月</td><td>汉</td><td>母亲</td><td>戴宝英</td></tr>
<tr><td>吴　彬</td><td>女婿</td><td>1987 年 1 月</td><td>汉</td><td></td><td></td></tr>
<tr><td>吴姮逸</td><td>长孙女</td><td>2015 年 6 月</td><td>汉</td><td></td><td></td></tr>
<tr><td>戴姝言</td><td>次孙女</td><td>2019 年 3 月</td><td>汉</td><td></td><td></td></tr>
<tr><td>周多男</td><td>父亲</td><td>1946 年 1 月</td><td>汉</td><td></td><td></td></tr>
<tr><td>家庭大事记</td><td colspan="6">1993 年，翻建三上三下楼房。
戴月萍，2010 年 7 月南京审计学院（今南京审计大学）本科毕业。
2015 年，购轿车。</td></tr>
</table>

	姓名	与户主关系	出生年月	民族	已故亲属	
					称呼	姓名
现有家庭成员	赵士良	户主	1958 年 2 月	汉		
	郭德如	妻子	1962 年 12 月	汉		
	赵丹丹	女儿	1990 年 9 月	汉		
	赵　微	女婿	1988 年 11 月	汉		
	赵月桐	孙子	2013 年 12 月	汉		
家庭大事记	1993 年，建平房。 2017 年，房屋动迁，分得安置房。					

	姓名	与户主关系	出生年月	民族	已故亲属	
					称呼	姓名
现有家庭成员	李根福	户主	1954 年 7 月	汉		
	汪　玲	妻子	1953 年 10 月	汉		
	李　华	长子	1977 年 8 月	汉		
	蒋爱群	长媳	1987 年 3 月	汉		
	朱昕宇	长孙	2004 年 3 月	汉		
	李　清	次子	1987 年 3 月	汉		
	朱玉红	次媳	1988 年 8 月	汉		
	李　瑞	次孙	2009 年 7 月	汉		
	李　恩	三孙	2020 年 10 月	汉		
家庭大事记	1990 年，翻建三上三下楼房。 2018 年，购轿车。					

	姓名	与户主关系	出生年月	民族	已故亲属	
					称呼	姓名
现有家庭成员	朱惠明	户主	1958 年 8 月	汉	母亲	蔡妹妹
	刘凤珍	妻子	1959 年 1 月	汉		
	朱静妍	女儿	1982 年 3 月	汉		
	钱云龙	女婿	1980 年 1 月	汉		
	钱星宇	孙子	2007 年 11 月	汉		
	钱星月	孙女	2017 年 7 月	汉		
	朱引生	父亲	1929 年 12 月	汉		
家庭大事记	1989 年，翻建二上三下楼房。 2008 年，购别墅。 2008 年，被村评为“五好文明家庭”。 2011 年，购轿车。 2018 年，房屋动迁，分得安置房。					

	姓名	与户主关系	出生年月	民族	已故亲属	
					称呼	姓名
现有家庭成员	朱涛生	户主	1943 年 5 月	汉		
	顾夫英	妻子	1943 年 9 月	汉		
	朱友亮	儿子	1969 年 12 月	汉		
	徐玉珍	儿媳	1971 年 3 月	汉		
	朱　艳	孙女	1993 年 12 月	汉		
家庭大事记	1986 年，翻建三上三下楼房。 2016 年，购商品房。 朱艳，2016 年 7 月南京财经大学本科毕业。					

	姓名	与户主关系	出生年月	民族	已故亲属	
					称呼	姓名
现有家庭成员	许德强	户主	1961 年 1 月	汉		
	戴油花	母亲	1939 年 1 月	汉		
家庭大事记	1998 年，翻建四下三上楼房。 2018 年，房屋动迁，分得安置房。					

	姓名	与户主关系	出生年月	民族	已故亲属	
					称呼	姓名
现有家庭成员	唐雪根	户主	1964 年 11 月	汉	父亲	唐小男
	沈娟英	妻子	1973 年 5 月	汉		
	唐红燕	女儿	1987 年 11 月	汉		
	唐梓瀚	儿子	2012 年 6 月	汉		
	王桂金	母亲	1939 年 1 月	汉		
家庭大事记	1991 年，翻建三上三下楼房。 2009 年，购轿车。 2015 年，购商品房。 2018 年，房屋动迁，分得安置房。					

<table>
<tr><td rowspan="2"></td><td rowspan="2">姓名</td><td rowspan="2">与户主关系</td><td rowspan="2">出生年月</td><td rowspan="2">民族</td><td colspan="2">已故亲属</td></tr>
<tr><td>称呼</td><td>姓名</td></tr>
<tr><td rowspan="7">现有家庭成员</td><td>李香男</td><td>户主</td><td>1959 年 2 月</td><td>汉</td><td>父亲</td><td>李林福</td></tr>
<tr><td>杜巧英</td><td>妻子</td><td>1959 年 9 月</td><td>汉</td><td></td><td></td></tr>
<tr><td>李月芬</td><td>女儿</td><td>1982 年 9 月</td><td>汉</td><td></td><td></td></tr>
<tr><td>王　冶</td><td>女婿</td><td>1982 年 10 月</td><td>汉</td><td></td><td></td></tr>
<tr><td>王铭渝</td><td>长孙</td><td>2012 年 1 月</td><td>汉</td><td></td><td></td></tr>
<tr><td>李铭淏</td><td>次孙</td><td>2014 年 9 月</td><td>汉</td><td></td><td></td></tr>
<tr><td>顾小妹</td><td>母亲</td><td>1935 年 3 月</td><td>汉</td><td></td><td></td></tr>
<tr><td>家庭大事记</td><td colspan="6">1985 年，翻建三上三下楼房。
李月芬，2005 年 7 月中南财经政法大学本科毕业，中共党员。
2013 年，购商品房。
2015 年，购轿车。</td></tr>
</table>

<table>
<tr><td rowspan="2"></td><td rowspan="2">姓名</td><td rowspan="2">与户主关系</td><td rowspan="2">出生年月</td><td rowspan="2">民族</td><td colspan="2">已故亲属</td></tr>
<tr><td>称呼</td><td>姓名</td></tr>
<tr><td rowspan="6">现有家庭成员</td><td>李林男</td><td>户主</td><td>1965 年 6 月</td><td>汉</td><td>父亲</td><td>李林福</td></tr>
<tr><td>祝勤英</td><td>妻子</td><td>1966 年 3 月</td><td>汉</td><td></td><td></td></tr>
<tr><td>李　佳</td><td>儿子</td><td>1988 年 2 月</td><td>汉</td><td></td><td></td></tr>
<tr><td>薛晓英</td><td>儿媳</td><td>1988 年 11 月</td><td>汉</td><td></td><td></td></tr>
<tr><td>李鸣瞳</td><td>孙子</td><td>2015 年 7 月</td><td>汉</td><td></td><td></td></tr>
<tr><td>顾小妹</td><td>母亲</td><td>1935 年 3 月</td><td>汉</td><td></td><td></td></tr>
<tr><td>家庭大事记</td><td colspan="6">1989 年，翻建三上三下楼房。
2008 年，购商品房。
2009 年，购轿车。
李佳，2010 年 7 月南京理工大学本科毕业。</td></tr>
</table>

	姓名	与户主关系	出生年月	民族	已故亲属	
					称呼	姓名
现有家庭成员	沈莉强	户主	1974 年 2 月	汉		
	何美琴	妻子	1971 年 11 月	汉		
	沈铄杰	儿子	1998 年 11 月	汉		
	沈火梅	父亲	1949 年 7 月	汉		
	周巧云	母亲	1949 年 6 月	汉		
家庭大事记	1988 年，翻建三上三下楼房。 1992 年，购商品房。					

	姓名	与户主关系	出生年月	民族	已故亲属	
					称呼	姓名
现有家庭成员	沈海堂	户主	1966 年 7 月	汉	父亲	戴雪英
	赵菊英	妻子	1967 年 9 月	汉		
	沈志娟	女儿	1995 年 7 月	汉		
	沈海良	弟弟	1969 年 8 月	汉		
	张文英	弟媳	1969 年 3 月	汉		
	沈银宝	母亲	1945 年 6 月	汉		
家庭大事记	1992 年，翻建三上三下楼房。 2007 年，购轿车。 2008 年，购商品房。					

<table>
<tr><td rowspan="8">现有家庭成员</td><th rowspan="2">姓名</th><th rowspan="2">与户主关系</th><th rowspan="2">出生年月</th><th rowspan="2">民族</th><th colspan="2">已故亲属</th></tr>
<tr><th>称呼</th><th>姓名</th></tr>
<tr><td>戴月良</td><td>户主</td><td>1977 年 8 月</td><td>汉</td><td>祖父</td><td>戴永泉</td></tr>
<tr><td>戴　芳</td><td>妻子</td><td>1978 年 11 月</td><td>汉</td><td>祖母</td><td>施白妹</td></tr>
<tr><td>戴逸昕</td><td>女儿</td><td>2000 年 8 月</td><td>汉</td><td></td><td></td></tr>
<tr><td>戴逸晗</td><td>儿子</td><td>2013 年 8 月</td><td>汉</td><td></td><td></td></tr>
<tr><td>戴炳根</td><td>父亲</td><td>1951 年 6 月</td><td>汉</td><td></td><td></td></tr>
<tr><td>朱香宝</td><td>母亲</td><td>1950 年 1 月</td><td>汉</td><td></td><td></td></tr>
<tr><td>家庭大事记</td><td colspan="6">1991 年，翻建四下三上楼房。
2010 年，购商品房。
2010 年，购轿车。
2018 年，房屋动迁，分得安置房。
戴逸昕，2019 年 9 月就读于南京医科大学。</td></tr>
</table>

<table>
<tr><td rowspan="8">现有家庭成员</td><th rowspan="2">姓名</th><th rowspan="2">与户主关系</th><th rowspan="2">出生年月</th><th rowspan="2">民族</th><th colspan="2">已故亲属</th></tr>
<tr><th>称呼</th><th>姓名</th></tr>
<tr><td>李四生</td><td>户主</td><td>1954 年 9 月</td><td>汉</td><td></td><td></td></tr>
<tr><td>李秋珍</td><td>妻子</td><td>1956 年 7 月</td><td>汉</td><td></td><td></td></tr>
<tr><td>李优芳</td><td>女儿</td><td>1980 年 2 月</td><td>汉</td><td></td><td></td></tr>
<tr><td>李涵琪</td><td>孙女</td><td>2005 年 7 月</td><td>汉</td><td></td><td></td></tr>
<tr><td>李妹妹</td><td>父亲</td><td>1927 年 7 月</td><td>汉</td><td></td><td></td></tr>
<tr><td>戴小妹</td><td>母亲</td><td>1925 年 11 月</td><td>汉</td><td></td><td></td></tr>
<tr><td>家庭大事记</td><td colspan="6">1986 年，翻建三上三下楼房。
李妹妹，曾任明星大队第 5 生产队队长。</td></tr>
</table>

	姓名	与户主关系	出生年月	民族	已故亲属	
					称呼	姓名
现有家庭成员	李二生	户主	1949 年 9 月	汉		
	金玉玲	妻子	1950 年 11 月	汉		
	李月明	儿子	1973 年 12 月	汉		
	杜春妹	儿媳	1975 年 2 月	汉		
	李思雯	孙女	1996 年 12 月	汉		
	李妹妹	父亲	1927 年 7 月	汉		
	戴小妹	母亲	1925 年 11 月	汉		
家庭大事记	1989 年，翻建三上三下楼房。 2013 年，购商品房。 2015 年，购轿车。 李思雯，2019 年 7 月南京师范大学本科毕业。 李妹妹，曾任明星大队第 5 生产队队长。					

	姓名	与户主关系	出生年月	民族	已故亲属	
					称呼	姓名
现有家庭成员	李军兵	户主	1962 年 12 月	汉	父亲	李和尚
	陈长花	妻子	1963 年 12 月	汉	母亲	徐星宝
	李玉凤	女儿	1986 年 2 月	汉		
	王继江	女婿	1983 年 8 月	汉		
	王梦婕	孙女	2007 年 2 月	汉		
	李筱骏	孙子	2014 年 8 月	汉		
家庭大事记	1983 年，翻建三上三下楼房。					

	姓名	与户主关系	出生年月	民族	已故亲属	
					称呼	姓名
现有家庭成员	戴二男	户主	1947 年 12 月	汉	父亲	戴永生
	方林娥	妻子	1947 年 9 月	汉	母亲	杜爱金
	戴惠珍	长女	1968 年 10 月	汉		
	戴国忠	长孙	1991 年 5 月	汉		
	戴国云	次孙	1991 年 5 月	汉		
	戴明珍	次女	1971 年 1 月	汉		
	戴熠昊	曾孙	2019 年 1 月	汉		
家庭大事记	1990 年，翻建三上三下楼房。 2013 年，购轿车。 2014 年，购商品房。 2018 年，房屋动迁，分得安置房。					

	姓名	与户主关系	出生年月	民族	已故亲属	
					称呼	姓名
现有家庭成员	陆香林	户主	1963 年 4 月	汉	父亲	陆云元
	顾根花	妻子	1963 年 5 月	汉	母亲	陆翠娥
	陆佳芸	女儿	1986 年 7 月	汉		
	赵秋南	女婿	1991 年 6 月	汉		
	翟睿希	长孙女	2009 年 4 月	汉		
	陆乐希	次孙女	2017 年 1 月	汉		
	陆启辰	三孙女	2019 年 5 月	汉		
家庭大事记	1991 年，翻建三上三下楼房。 2008 年，购商品房。 2009 年，购轿车。 2018 年，房屋动迁，分得安置房。					

	姓名	与户主关系	出生年月	民族	已故亲属	
					称呼	姓名
现有家庭成员	顾秀根	户主	1964 年 4 月	汉	父亲	陆金林
	戴惠琴	妻子	1966 年 10 月	汉	母亲	顾阿翠
	顾芳燕	女儿	1987 年 8 月	汉		
	高　星	女婿	1984 年 8 月	汉		
	高顾远	孙子	2015 年 6 月	汉		
	高　羊	孙女	2017 年 4 月	汉		
家庭大事记	1988 年，翻建三上三下楼房。 2010 年，购商品房。 2013 年，购轿车。					

	姓名	与户主关系	出生年月	民族	已故亲属	
					称呼	姓名
现有家庭成员	王坤泉	户主	1933 年 11 月	汉		
	赵金凤	妻子	1933 年 6 月	汉		
	王月珍	女儿	1957 年 12 月	汉		
	陆香根	女婿	1957 年 8 月	汉		
	王雪娟	长孙女	1981 年 11 月	汉		
	殷　骏	长孙女婿	1975 年 1 月	汉		
	殷苏恒	曾孙	2006 年 8 月	汉		
	王雪青	次孙女	1986 年 12 月	汉		
	顾叶峰	次孙女婿	1986 年 2 月	汉		
	顾韵琦	长曾孙女	2010 年 11 月	汉		
	顾歆羽	次曾孙女	2014 年 5 月	汉		
家庭大事记	1986 年，翻建三上三下楼房。 2008 年，购商品房。 2011 年，购轿车。 2018 年，房屋动迁，分得安置房。 王坤泉，曾任明星大队农业技术员。					

	姓名	与户主关系	出生年月	民族	已故亲属	
					称呼	姓名
现有家庭成员	王白男	户主	1943 年 11 月	汉		
	王香妹	妻子	1944 年 8 月	汉		
	王正明	儿子	1966 年 8 月	汉		
	张素珍	儿媳	1965 年 4 月	汉		
	王细雨	孙女	1993 年 4 月	汉		
	顾晓华	孙女婿	1992 年 11 月	汉		
	顾逸欣	曾孙女	2016 年 4 月	汉		
家庭大事记	1988 年，翻建三上三下楼房。 2009 年，房屋动迁，分得安置房。 2015 年，购商品房。 2016 年，购轿车。					

	姓名	与户主关系	出生年月	民族	已故亲属	
					称呼	姓名
现有家庭成员	沈惠男	户主	1950 年 2 月	汉	岳父	唐阿桂
	唐阿林	妻子	1949 年 6 月	汉		
	唐月芳	女儿	1971 年 9 月	汉		
	李　冬	女婿	1971 年 3 月	汉		
	唐丽娟	孙女	1993 年 3 月	汉		
家庭大事记	1983 年，翻建三上三下楼房。 2015 年，购商品房。 2018 年，购轿车。					

现有家庭成员	姓名	与户主关系	出生年月	民族	已故亲属	
					称呼	姓名
	陆永全	户主	1968 年 8 月	汉		
家庭大事记						

现有家庭成员	姓名	与户主关系	出生年月	民族	已故亲属	
					称呼	姓名
	唐小林	户主	1958 年 9 月	汉	父亲	唐阿桂
	戴寿花	妻子	1964 年 7 月	汉		
	唐静芳	女儿	1985 年 10 月	汉		
	张卫峰	女婿	1986 年 11 月	汉		
	张嘉镐	长孙	2014 年 2 月	汉		
	唐嘉磊	次孙	2017 年 7 月	汉		
家庭大事记	1991 年，翻建三上三下楼房。 唐静芳，2008 年 7 月南京财经大学本科毕业，中共党员。 2013 年，购轿车。 2018 年，购商品房。					

现有家庭成员	姓名	与户主关系	出生年月	民族	已故亲属	
					称呼	姓名
	戴小男	户主	1968 年 7 月	汉		
家庭大事记	1975 年，翻建平房。 2009 年，房屋动迁，分得安置房。					

<table>
<tr><td rowspan="8">现有家庭成员</td><th rowspan="2">姓名</th><th rowspan="2">与户主关系</th><th rowspan="2">出生年月</th><th rowspan="2">民族</th><th colspan="2">已故亲属</th></tr>
<tr><th>称呼</th><th>姓名</th></tr>
<tr><td>陆惠男</td><td>户主</td><td>1952 年 10 月</td><td>汉</td><td></td><td></td></tr>
<tr><td>陆火英</td><td>妻子</td><td>1952 年 8 月</td><td>汉</td><td></td><td></td></tr>
<tr><td>陆国萍</td><td>儿子</td><td>1976 年 3 月</td><td>汉</td><td></td><td></td></tr>
<tr><td>戴华云</td><td>儿媳</td><td>1977 年 4 月</td><td>汉</td><td></td><td></td></tr>
<tr><td>陆梦婕</td><td>长孙女</td><td>1998 年 11 月</td><td>汉</td><td></td><td></td></tr>
<tr><td>陆俊江</td><td>次孙女</td><td>2009 年 9 月</td><td>汉</td><td></td><td></td></tr>
<tr><td>家庭大事记</td><td colspan="6">1986 年，翻建三上三下楼房。
2008 年，购商品房。
2013 年，购轿车。
2018 年，房屋动迁，分得安置房。</td></tr>
</table>

<table>
<tr><td rowspan="8">现有家庭成员</td><th rowspan="2">姓名</th><th rowspan="2">与户主关系</th><th rowspan="2">出生年月</th><th rowspan="2">民族</th><th colspan="2">已故亲属</th></tr>
<tr><th>称呼</th><th>姓名</th></tr>
<tr><td>戴全民</td><td>户主</td><td>1954 年 10 月</td><td>汉</td><td>父亲</td><td>戴永生</td></tr>
<tr><td>何爱大</td><td>妻子</td><td>1954 年 8 月</td><td>汉</td><td>母亲</td><td>杜爱金</td></tr>
<tr><td>戴玉华</td><td>女儿</td><td>1978 年 11 月</td><td>汉</td><td></td><td></td></tr>
<tr><td>韩　华</td><td>女婿</td><td>1977 年 9 月</td><td>汉</td><td></td><td></td></tr>
<tr><td>戴仁贤</td><td>长孙</td><td>2002 年 3 月</td><td>汉</td><td></td><td></td></tr>
<tr><td>韩卓贤</td><td>次孙</td><td>2016 年 11 月</td><td>汉</td><td></td><td></td></tr>
<tr><td>家庭大事记</td><td colspan="6">1991 年，翻建三上三下楼房。
2010 年，购轿车。
2015 年，购商品房。</td></tr>
</table>

<table>
<tr><td rowspan="9">现有家庭成员</td><td rowspan="2">姓名</td><td rowspan="2">与户主关系</td><td rowspan="2">出生年月</td><td rowspan="2">民族</td><td colspan="2">已故亲属</td></tr>
<tr><td>称呼</td><td>姓名</td></tr>
<tr><td>陆林兴</td><td>户主</td><td>1963 年 4 月</td><td>汉</td><td>祖父</td><td>陆连生</td></tr>
<tr><td>戴素英</td><td>妻子</td><td>1964 年 3 月</td><td>汉</td><td>祖母</td><td>陆爱妹</td></tr>
<tr><td>陆文娟</td><td>女儿</td><td>1986 年 1 月</td><td>汉</td><td>父亲</td><td>陆招福</td></tr>
<tr><td>何梁耀</td><td>女婿</td><td>1985 年 1 月</td><td>汉</td><td></td><td></td></tr>
<tr><td>何语柠</td><td>长孙女</td><td>2019 年 12 月</td><td>汉</td><td></td><td></td></tr>
<tr><td>陆语檬</td><td>次孙女</td><td>2019 年 12 月</td><td>汉</td><td></td><td></td></tr>
<tr><td>周中英</td><td>母亲</td><td>1935 年 10 月</td><td>汉</td><td></td><td></td></tr>
<tr><td>家庭大事记</td><td colspan="6">1986 年，翻建三上三下楼房。
2005 年，购商品房。
2005 年，购轿车。
2010 年，购别墅。
2018 年，房屋动迁，分得安置房。</td></tr>
</table>

<table>
<tr><td rowspan="8">现有家庭成员</td><td rowspan="2">姓名</td><td rowspan="2">与户主关系</td><td rowspan="2">出生年月</td><td rowspan="2">民族</td><td colspan="2">已故亲属</td></tr>
<tr><td>称呼</td><td>姓名</td></tr>
<tr><td>俞全元</td><td>户主</td><td>1954 年 3 月</td><td>汉</td><td>父亲</td><td>俞桃生</td></tr>
<tr><td>陆金花</td><td>妻子</td><td>1959 年 6 月</td><td>汉</td><td>母亲</td><td>陈全宝</td></tr>
<tr><td>俞刚华</td><td>儿子</td><td>1987 年 9 月</td><td>汉</td><td></td><td></td></tr>
<tr><td>胡娜娜</td><td>儿媳</td><td>1988 年 7 月</td><td>汉</td><td></td><td></td></tr>
<tr><td>俞君昊</td><td>孙子</td><td>2013 年 3 月</td><td>汉</td><td></td><td></td></tr>
<tr><td>俞君雅</td><td>孙女</td><td>2017 年 4 月</td><td>汉</td><td></td><td></td></tr>
<tr><td>家庭大事记</td><td colspan="6">1985 年，建平房。
1993 年，购三上三下楼房。
1996 年，购商品房。
2018 年，房屋动迁，分得安置房。</td></tr>
</table>

<table>
<tr><td rowspan="8">现有家庭成员</td><td rowspan="2">姓名</td><td rowspan="2">与户主关系</td><td rowspan="2">出生年月</td><td rowspan="2">民族</td><td colspan="2">已故亲属</td></tr>
<tr><td>称呼</td><td>姓名</td></tr>
<tr><td>陆林根</td><td>户主</td><td>1956年12月</td><td>汉</td><td>祖父</td><td>陆连生</td></tr>
<tr><td>王福珍</td><td>妻子</td><td>1957年10月</td><td>汉</td><td>祖母</td><td>陆爱妹</td></tr>
<tr><td>陆玲玲</td><td>女儿</td><td>1981年9月</td><td>汉</td><td>父亲</td><td>陆招福</td></tr>
<tr><td>刘　毅</td><td>女婿</td><td>1979年8月</td><td>汉</td><td></td><td></td></tr>
<tr><td>陆忆琳</td><td>孙女</td><td>2007年9月</td><td>汉</td><td></td><td></td></tr>
<tr><td>周中英</td><td>母亲</td><td>1935年10月</td><td>汉</td><td></td><td></td></tr>
<tr><td>家庭大事记</td><td colspan="6">1986年，翻建三上三下楼房。
2003年，购商品房。
陆玲玲，2004年7月南京审计学院（今南京审计大学）本科毕业。
2008年，购轿车。
陆林根，中共党员，曾任燕桥浜村村委会主任、昆山市古典园林建筑工程公司经理。</td></tr>
</table>

<table>
<tr><td rowspan="3">现有家庭成员</td><td rowspan="2">姓名</td><td rowspan="2">与户主关系</td><td rowspan="2">出生年月</td><td rowspan="2">民族</td><td colspan="2">已故亲属</td></tr>
<tr><td>称呼</td><td>姓名</td></tr>
<tr><td>金三龙</td><td>户主</td><td>1967年4月</td><td>汉</td><td></td><td></td></tr>
<tr><td>家庭大事记</td><td colspan="6"></td></tr>
</table>

<table>
<tr><td rowspan="6">现有家庭成员</td><td rowspan="2">姓名</td><td rowspan="2">与户主关系</td><td rowspan="2">出生年月</td><td rowspan="2">民族</td><td colspan="2">已故亲属</td></tr>
<tr><td>称呼</td><td>姓名</td></tr>
<tr><td>许晓明</td><td>户主</td><td>1985年7月</td><td>汉</td><td></td><td></td></tr>
<tr><td>顾晓艳</td><td>妻子</td><td>1986年5月</td><td>汉</td><td></td><td></td></tr>
<tr><td>许　樾</td><td>儿子</td><td>2008年7月</td><td>汉</td><td></td><td></td></tr>
<tr><td>戴凤花</td><td>母亲</td><td>1963年7月</td><td>汉</td><td></td><td></td></tr>
<tr><td>家庭大事记</td><td colspan="6">许晓明，2004年12月至2006年12月参军入伍。</td></tr>
</table>

<table>
<tr><td rowspan="3">现有家庭成员</td><td rowspan="2">姓名</td><td rowspan="2">与户主关系</td><td rowspan="2">出生年月</td><td rowspan="2">民族</td><td colspan="2">已故亲属</td></tr>
<tr><td>称呼</td><td>姓名</td></tr>
<tr><td>李巧福</td><td>户主</td><td>1948 年 9 月</td><td>汉</td><td></td><td></td></tr>
<tr><td>家庭大事记</td><td colspan="6"></td></tr>
</table>

<table>
<tr><td rowspan="6">现有家庭成员</td><td rowspan="2">姓名</td><td rowspan="2">与户主关系</td><td rowspan="2">出生年月</td><td rowspan="2">民族</td><td colspan="2">已故亲属</td></tr>
<tr><td>称呼</td><td>姓名</td></tr>
<tr><td>陈　建</td><td>户主</td><td>1973 年 12 月</td><td>汉</td><td>祖父</td><td>陈水根</td></tr>
<tr><td>张青芳</td><td>妻子</td><td>1978 年 11 月</td><td>汉</td><td>祖母</td><td>朱大妹</td></tr>
<tr><td>陈丝雨</td><td>女儿</td><td>1998 年 9 月</td><td>汉</td><td>父亲</td><td>陈宗水</td></tr>
<tr><td>戴伏妹</td><td>母亲</td><td>1951 年 8 月</td><td>汉</td><td></td><td></td></tr>
<tr><td>家庭大事记</td><td colspan="6">陈建，1997 年 7 月天津商业大学本科毕业。
2008 年，购商品房。
2010 年，购轿车。</td></tr>
</table>

<table>
<tr><td rowspan="3">现有家庭成员</td><td rowspan="2">姓名</td><td rowspan="2">与户主关系</td><td rowspan="2">出生年月</td><td rowspan="2">民族</td><td colspan="2">已故亲属</td></tr>
<tr><td>称呼</td><td>姓名</td></tr>
<tr><td>嵇华兵</td><td>户主</td><td>1976 年 8 月</td><td>汉</td><td></td><td></td></tr>
<tr><td>家庭大事记</td><td colspan="6"></td></tr>
</table>

▶ 燕桥浜村第 3 村民小组

燕桥浜村第 3 村民小组人员统计表

单位：人

序号	户主	男	女	合计	序号	户主	男	女	合计
1	朱建良	3	4	7	28	陆香龙	2	1	3
2	陆海龙	3	3	6	29	马金林	3	2	5
3	顾夫明	2	4	6	30	祝小男	3	3	6
4	陆海峰	3	3	6	31	祝林男	2	4	6
5	周宋英	3	3	6	32	顾全林	3	3	6
6	陆海英	2	4	6	33	顾全明	2	1	3
7	戴翠荣	3	1	4	34	朱福男	3	3	6
8	顾泉福	4	3	7	35	卜全妹	1	4	5
9	朱巧男	3	3	6	36	卜燕珍	0	2	2
10	赵绵翔	3	4	7	37	李海福	3	5	8
11	陆香根	3	3	6	38	朱才英	5	3	8
12	陆根英	3	4	7	39	朱殿英	2	4	6
13	朱解英	4	3	7	40	曾永生	5	3	8
14	朱意英	3	2	5	41	孙金花	2	3	5
15	赵阿玲	1	2	3	42	陈香男	4	2	6
16	陈志龙	2	3	5	43	陆引根	2	3	5
17	陆云弟	2	4	6	44	陆海水	3	3	6
18	赵绵珠	2	4	6	45	周祥英	4	4	8
19	顾木根	3	2	5	46	陆海军	3	3	6
20	朱黑男	4	2	6	47	李瑞根	2	4	6
21	杨秋根	3	4	7	48	王金男	3	3	6
22	陈小山	1	3	4	49	陆雪荣	4	3	7
23	陆雪生	3	4	7	50	陆雪根	3	4	7
24	顾福明	3	3	6	51	祝炳生	4	1	5
25	朱全英	2	1	3	52	李大生	3	3	6
26	陈志强	2	4	6	53	王云龙	1	0	1
27	顾火根	4	3	7	54	陆卫东	3	3	6

<table>
<tr><td rowspan="9">现有家庭成员</td><td rowspan="2">姓名</td><td rowspan="2">与户主关系</td><td rowspan="2">出生年月</td><td rowspan="2">民族</td><td colspan="2">已故亲属</td></tr>
<tr><td>称呼</td><td>姓名</td></tr>
<tr><td>朱建良</td><td>户主</td><td>1967 年 10 月</td><td>汉</td><td></td><td></td></tr>
<tr><td>孙梅花</td><td>妻子</td><td>1967 年 7 月</td><td>汉</td><td></td><td></td></tr>
<tr><td>朱喜红</td><td>女儿</td><td>1990 年 6 月</td><td>汉</td><td></td><td></td></tr>
<tr><td>张　洁</td><td>女婿</td><td>1989 年 6 月</td><td>汉</td><td></td><td></td></tr>
<tr><td>朱紫嫣</td><td>孙女</td><td>2015 年 6 月</td><td>汉</td><td></td><td></td></tr>
<tr><td>朱全英</td><td>父亲</td><td>1943 年 12 月</td><td>汉</td><td></td><td></td></tr>
<tr><td>王杏英</td><td>母亲</td><td>1946 年 4 月</td><td>汉</td><td></td><td></td></tr>
<tr><td>家庭大事记</td><td colspan="6">1992 年，翻建四上四下楼房。
2007 年，购商品房。
张洁，2010 年 12 月至 2012 年 12 月参军入伍，中共党员。</td></tr>
</table>

<table>
<tr><td rowspan="8">现有家庭成员</td><td rowspan="2">姓名</td><td rowspan="2">与户主关系</td><td rowspan="2">出生年月</td><td rowspan="2">民族</td><td colspan="2">已故亲属</td></tr>
<tr><td>称呼</td><td>姓名</td></tr>
<tr><td>陆海龙</td><td>户主</td><td>1968 年 3 月</td><td>汉</td><td>父亲</td><td>陆伯林</td></tr>
<tr><td>秦玉珍</td><td>妻子</td><td>1965 年 10 月</td><td>汉</td><td>母亲</td><td>沈阿全</td></tr>
<tr><td>陆　枫</td><td>儿子</td><td>1990 年 12 月</td><td>汉</td><td></td><td></td></tr>
<tr><td>朱静霞</td><td>儿媳</td><td>1990 年 6 月</td><td>汉</td><td></td><td></td></tr>
<tr><td>陆十亿</td><td>孙子</td><td>2013 年 10 月</td><td>汉</td><td></td><td></td></tr>
<tr><td>朱亿暖</td><td>孙女</td><td>2018 年 1 月</td><td>汉</td><td></td><td></td></tr>
<tr><td>家庭大事记</td><td colspan="6">1978 年，翻建平房。
2005 年，房屋动迁，分得安置房。
2008 年，购商品房。
2010 年，购轿车。</td></tr>
</table>

<table>
<tr><td rowspan="8">现有家庭成员</td><td rowspan="2">姓名</td><td rowspan="2">与户主关系</td><td rowspan="2">出生年月</td><td rowspan="2">民族</td><td colspan="2">已故亲属</td></tr>
<tr><td>称呼</td><td>姓名</td></tr>
<tr><td>顾夫明</td><td>户主</td><td>1952 年 8 月</td><td>汉</td><td>父亲</td><td>顾伯全</td></tr>
<tr><td>陆三妹</td><td>妻子</td><td>1951 年 11 月</td><td>汉</td><td>母亲</td><td>杜金妹</td></tr>
<tr><td>顾建华</td><td>儿子</td><td>1975 年 4 月</td><td>汉</td><td></td><td></td></tr>
<tr><td>杨惠芬</td><td>儿媳</td><td>1978 年 1 月</td><td>汉</td><td></td><td></td></tr>
<tr><td>顾彦之</td><td>孙女</td><td>2007 年 9 月</td><td>汉</td><td></td><td></td></tr>
<tr><td>顾建青</td><td>女儿</td><td>1979 年 10 月</td><td>汉</td><td></td><td></td></tr>
<tr><td>家庭大事记</td><td colspan="6">1985 年，翻建三上三下楼房。
2010 年，购商品房。
2013 年，购轿车。
2018 年，房屋动迁，分得安置房。</td></tr>
</table>

<table>
<tr><td rowspan="8">现有家庭成员</td><td rowspan="2">姓名</td><td rowspan="2">与户主关系</td><td rowspan="2">出生年月</td><td rowspan="2">民族</td><td colspan="2">已故亲属</td></tr>
<tr><td>称呼</td><td>姓名</td></tr>
<tr><td>陆海峰</td><td>户主</td><td>1962 年 5 月</td><td>汉</td><td>父亲</td><td>陆伯林</td></tr>
<tr><td>周金凤</td><td>妻子</td><td>1965 年 6 月</td><td>汉</td><td>母亲</td><td>沈阿全</td></tr>
<tr><td>陆　星</td><td>儿子</td><td>1988 年 1 月</td><td>汉</td><td></td><td></td></tr>
<tr><td>徐　欢</td><td>儿媳</td><td>1988 年 12 月</td><td>汉</td><td></td><td></td></tr>
<tr><td>陆宇稀</td><td>孙子</td><td>2011 年 10 月</td><td>汉</td><td></td><td></td></tr>
<tr><td>陆宇晨</td><td>孙女</td><td>2016 年 11 月</td><td>汉</td><td></td><td></td></tr>
<tr><td>家庭大事记</td><td colspan="6">1978 年，翻建平房。
2007 年，房屋动迁，分得安置房。
2013 年，购商品房。</td></tr>
</table>

	姓名	与户主关系	出生年月	民族	已故亲属	
					称呼	姓名
现有家庭成员	周宋英	户主	1962 年 11 月	汉	父亲	周阿金
	戴三林	妻子	1962 年 4 月	汉		
	周晓华	儿子	1985 年 10 月	汉		
	顾　红	儿媳	1985 年 3 月	汉		
	周天承	孙子	2010 年 11 月	汉		
	钱密宝	母亲	1930 年 6 月	汉		
家庭大事记	1989 年，翻建三上三下楼房。 2008 年，购商品房。 2009 年，购轿车。 周晓华，2008 年 7 月南京医科大学本科毕业。					

	姓名	与户主关系	出生年月	民族	已故亲属	
					称呼	姓名
现有家庭成员	陆海英	户主	1955 年 1 月	汉	父亲	陆伯林
	杜长妹	妻子	1954 年 10 月	汉	母亲	沈阿全
	陆雪珍	女儿	1981 年 1 月	汉		
	王　辉	女婿	1982 年 1 月	汉		
	陆珺仪	长孙女	2006 年 3 月	汉		
	王珺瑶	次孙女	2008 年 8 月	汉		
家庭大事记	1985 年，翻建三上三下楼房。 2006 年，购商品房。 2008 年，购轿车。					

	姓名	与户主关系	出生年月	民族	已故亲属	
					称呼	姓名
现有家庭成员	戴翠荣	户主	1956 年 9 月	汉	妻子	祝良妹
	祝彩琴	女儿	1984 年 3 月	汉		
	徐仲荣	女婿	1981 年 9 月	汉		
	徐大宸	孙子	2008 年 3 月	汉		
家庭大事记	1990 年，翻建三上三下楼房。					

	姓名	与户主关系	出生年月	民族	已故亲属	
					称呼	姓名
现有家庭成员	顾泉福	户主	1945 年 10 月	汉		
	陆小娥	妻子	1945 年 5 月	汉		
	顾国兴	儿子	1966 年 7 月	汉		
	徐菊英	儿媳	1965 年 8 月	汉		
	顾　晨	孙子	1989 年 5 月	汉		
	平晓李	孙媳	1991 年 7 月	汉		
	顾京桉	曾孙子	2018 年 9 月	汉		
家庭大事记	1989 年，翻建三上三下楼房。 2006 年，购轿车。 2010 年，购商品房。 顾晨，2014 年 7 月武汉大学本科毕业。 2016 年，建别墅。 徐菊英，中共党员。					

<table>
<tr><td rowspan="8">现有家庭成员</td><td rowspan="2">姓名</td><td rowspan="2">与户主关系</td><td rowspan="2">出生年月</td><td rowspan="2">民族</td><td colspan="2">已故亲属</td></tr>
<tr><td>称呼</td><td>姓名</td></tr>
<tr><td>朱巧男</td><td>户主</td><td>1964 年 2 月</td><td>汉</td><td>父亲</td><td>朱中泉</td></tr>
<tr><td>王菊英</td><td>妻子</td><td>1965 年 2 月</td><td>汉</td><td>母亲</td><td>杜全宝</td></tr>
<tr><td>朱玉龙</td><td>儿子</td><td>1986 年 11 月</td><td>汉</td><td></td><td></td></tr>
<tr><td>徐嫣红</td><td>儿媳</td><td>1986 年 7 月</td><td>汉</td><td></td><td></td></tr>
<tr><td>朱辰悦</td><td>孙女</td><td>2010 年 5 月</td><td>汉</td><td></td><td></td></tr>
<tr><td>朱辰曦</td><td>孙子</td><td>2014 年 9 月</td><td>汉</td><td></td><td></td></tr>
<tr><td>家庭大事记</td><td colspan="6">1989 年，翻建三上三下楼房。
2010 年，购轿车。
2013 年，购商品房。</td></tr>
</table>

<table>
<tr><td rowspan="9">现有家庭成员</td><td rowspan="2">姓名</td><td rowspan="2">与户主关系</td><td rowspan="2">出生年月</td><td rowspan="2">民族</td><td colspan="2">已故亲属</td></tr>
<tr><td>称呼</td><td>姓名</td></tr>
<tr><td>赵绵翔</td><td>户主</td><td>1943 年 1 月</td><td>汉</td><td></td><td></td></tr>
<tr><td>陆惠芬</td><td>妻子</td><td>1945 年 3 月</td><td>汉</td><td></td><td></td></tr>
<tr><td>赵　华</td><td>儿子</td><td>1972 年 12 月</td><td>汉</td><td></td><td></td></tr>
<tr><td>杨　洋</td><td>儿媳</td><td>1982 年 3 月</td><td>汉</td><td></td><td></td></tr>
<tr><td>赵悦恺</td><td>孙子</td><td>1996 年 4 月</td><td>汉</td><td></td><td></td></tr>
<tr><td>赵雪玲</td><td>孙女</td><td>2004 年 8 月</td><td>汉</td><td></td><td></td></tr>
<tr><td>赵　燕</td><td>女儿</td><td>1975 年 11 月</td><td>汉</td><td></td><td></td></tr>
<tr><td>家庭大事记</td><td colspan="6">1986 年，翻建三上三下楼房。
2005 年，购商品房。
2008 年，购轿车。
赵悦恺，2018 年 7 月中国人民解放军国防科技大学本科毕业，毕业后留部队工作。
2015 年，房屋动迁，分得安置房。</td></tr>
</table>

<table>
<tr><td rowspan="8">现有家庭成员</td><td rowspan="2">姓名</td><td rowspan="2">与户主关系</td><td rowspan="2">出生年月</td><td rowspan="2">民族</td><td colspan="2">已故亲属</td></tr>
<tr><td>称呼</td><td>姓名</td></tr>
<tr><td>陆香根</td><td>户主</td><td>1965 年 5 月</td><td>汉</td><td>父亲</td><td>陆小生</td></tr>
<tr><td>顾玉妹</td><td>妻子</td><td>1964 年 5 月</td><td>汉</td><td>母亲</td><td>李白妹</td></tr>
<tr><td>陆　雯</td><td>女儿</td><td>1988 年 4 月</td><td>汉</td><td></td><td></td></tr>
<tr><td>朱春晓</td><td>女婿</td><td>1989 年 1 月</td><td>汉</td><td></td><td></td></tr>
<tr><td>朱杺妍</td><td>孙女</td><td>2015 年 3 月</td><td>汉</td><td></td><td></td></tr>
<tr><td>陆逸宸</td><td>孙子</td><td>2017 年 4 月</td><td>汉</td><td></td><td></td></tr>
<tr><td>家庭大事记</td><td colspan="6">陆香根，1983 年 11 月至 1986 年 11 月参军入伍。
1988 年，翻建三上三下楼房。
2009 年，购商品房。
2010 年，购轿车。
陆雯，2013 年 7 月苏州大学文正学院（今苏州城市学院）本科毕业。
2018 年，房屋动迁，分得安置房。</td></tr>
</table>

<table>
<tr><td rowspan="9">现有家庭成员</td><td rowspan="2">姓名</td><td rowspan="2">与户主关系</td><td rowspan="2">出生年月</td><td rowspan="2">民族</td><td colspan="2">已故亲属</td></tr>
<tr><td>称呼</td><td>姓名</td></tr>
<tr><td>陆根英</td><td>户主</td><td>1952 年 6 月</td><td>汉</td><td>父亲</td><td>陆阿小</td></tr>
<tr><td>陈金花</td><td>妻子</td><td>1953 年 2 月</td><td>汉</td><td>母亲</td><td>徐金妹</td></tr>
<tr><td>陆云龙</td><td>儿子</td><td>1976 年 11 月</td><td>汉</td><td></td><td></td></tr>
<tr><td>熊芳芳</td><td>儿媳</td><td>1975 年 8 月</td><td>汉</td><td></td><td></td></tr>
<tr><td>陆昕晨</td><td>孙子</td><td>2000 年 1 月</td><td>汉</td><td></td><td></td></tr>
<tr><td>陆语萱</td><td>孙女</td><td>2015 年 7 月</td><td>汉</td><td></td><td></td></tr>
<tr><td>林海玉</td><td>非亲属</td><td>1978 年 7 月</td><td>汉</td><td></td><td></td></tr>
<tr><td>家庭大事记</td><td colspan="6">1987 年，翻建三上三下楼房。
陆云龙，1995 年 12 月至 1998 年 12 月参军入伍，中共党员。
2010 年，购商品房。
2012 年，购轿车。
陆根英，曾任明星大队第 7 生产队队长。</td></tr>
</table>

<table>
<tr><td rowspan="9">现有家庭成员</td><td rowspan="2">姓名</td><td rowspan="2">与户主关系</td><td rowspan="2">出生年月</td><td rowspan="2">民族</td><td colspan="2">已故亲属</td></tr>
<tr><td>称呼</td><td>姓名</td></tr>
<tr><td>朱解英</td><td>户主</td><td>1949 年 5 月</td><td>汉</td><td></td><td></td></tr>
<tr><td>朱巧妹</td><td>妻子</td><td>1950 年 7 月</td><td>汉</td><td></td><td></td></tr>
<tr><td>朱秀英</td><td>女儿</td><td>1972 年 2 月</td><td>汉</td><td></td><td></td></tr>
<tr><td>陆文清</td><td>女婿</td><td>1970 年 5 月</td><td>汉</td><td></td><td></td></tr>
<tr><td>朱文致</td><td>孙子</td><td>1993 年 5 月</td><td>汉</td><td></td><td></td></tr>
<tr><td>刘润羽</td><td>孙媳</td><td>1993 年 9 月</td><td>汉</td><td></td><td></td></tr>
<tr><td>朱　煜</td><td>曾孙</td><td>2019 年 2 月</td><td>汉</td><td></td><td></td></tr>
<tr><td>家庭大事记</td><td colspan="6">1986 年，翻建三上三下楼房。
2006 年，购商品房。
2008 年，购轿车。</td></tr>
</table>

<table>
<tr><td rowspan="7">现有家庭成员</td><td rowspan="2">姓名</td><td rowspan="2">与户主关系</td><td rowspan="2">出生年月</td><td rowspan="2">民族</td><td colspan="2">已故亲属</td></tr>
<tr><td>称呼</td><td>姓名</td></tr>
<tr><td>朱意英</td><td>户主</td><td>1953 年 9 月</td><td>汉</td><td></td><td></td></tr>
<tr><td>赵绵英</td><td>妻子</td><td>1954 年 11 月</td><td>汉</td><td></td><td></td></tr>
<tr><td>朱　明</td><td>儿子</td><td>1978 年 11 月</td><td>汉</td><td></td><td></td></tr>
<tr><td>殷勤芳</td><td>儿媳</td><td>1978 年 3 月</td><td>汉</td><td></td><td></td></tr>
<tr><td>朱昕宇</td><td>孙子</td><td>2001 年 8 月</td><td>汉</td><td></td><td></td></tr>
<tr><td>家庭大事记</td><td colspan="6">1987 年，翻建三上三下楼房。
2008 年，购商品房。
2010 年，购轿车。</td></tr>
</table>

现有家庭成员	姓名	与户主关系	出生年月	民族	已故亲属	
					称呼	姓名
	赵阿玲	户主	1941 年 11 月	汉	丈夫	祝银根
	祝林元	儿子	1964 年 11 月	汉	孙子	祝　捷
	顾月仙	儿媳	1966 年 5 月	汉		
家庭大事记	1990 年，翻建三上三下楼房。 2015 年，房屋动迁，分得安置房。 2016 年，购商品房。					

现有家庭成员	姓名	与户主关系	出生年月	民族	已故亲属	
					称呼	姓名
	陈志龙	户主	1972 年 12 月	汉	父亲	陈小艾
	王丽芳	妻子	1971 年 1 月	汉	母亲	朱罗妹
	王琦雯	女儿	1995 年 10 月	汉		
	王弟弟	岳父	1949 年 10 月	汉		
	陈国英	岳母	1947 年 3 月	汉		
家庭大事记	1993 年，翻建平房。 2008 年，购商品房。 2010 年，购轿车。					

<table>
<tr><td rowspan="2"></td><td rowspan="2">姓名</td><td rowspan="2">与户主关系</td><td rowspan="2">出生年月</td><td rowspan="2">民族</td><td colspan="2">已故亲属</td></tr>
<tr><td>称呼</td><td>姓名</td></tr>
<tr><td rowspan="6">现有家庭成员</td><td>陆云弟</td><td>户主</td><td>1946 年 6 月</td><td>汉</td><td></td><td></td></tr>
<tr><td>顾招花</td><td>妻子</td><td>1947 年 2 月</td><td>汉</td><td></td><td></td></tr>
<tr><td>陆建芬</td><td>女儿</td><td>1972 年 12 月</td><td>汉</td><td></td><td></td></tr>
<tr><td>薛玉放</td><td>女婿</td><td>1970 年 3 月</td><td>汉</td><td></td><td></td></tr>
<tr><td>陆雪燕</td><td>孙女</td><td>1993 年 9 月</td><td>汉</td><td></td><td></td></tr>
<tr><td>陆智恩</td><td>曾孙女</td><td>2019 年 6 月</td><td>汉</td><td></td><td></td></tr>
<tr><td>家庭大事记</td><td colspan="6">陆云弟，1965 年 3 月至 1969 年 3 月参军入伍，曾任明星大队民兵营营长。
1987 年，翻建三上三下楼房。
2010 年，购商品房。
2012 年，购轿车。</td></tr>
</table>

<table>
<tr><td rowspan="2"></td><td rowspan="2">姓名</td><td rowspan="2">与户主关系</td><td rowspan="2">出生年月</td><td rowspan="2">民族</td><td colspan="2">已故亲属</td></tr>
<tr><td>称呼</td><td>姓名</td></tr>
<tr><td rowspan="6">现有家庭成员</td><td>赵绵珠</td><td>户主</td><td>1951 年 8 月</td><td>汉</td><td>公公</td><td>顾巧泉</td></tr>
<tr><td>顾国华</td><td>儿子</td><td>1974 年 11 月</td><td>汉</td><td>婆婆</td><td>王阿花</td></tr>
<tr><td>顾培华</td><td>女儿</td><td>1979 年 9 月</td><td>汉</td><td>丈夫</td><td>顾全荣</td></tr>
<tr><td>赵天山</td><td>女婿</td><td>1979 年 10 月</td><td>汉</td><td></td><td></td></tr>
<tr><td>顾雨菲</td><td>长孙女</td><td>2004 年 1 月</td><td>汉</td><td></td><td></td></tr>
<tr><td>赵雨嘉</td><td>次孙女</td><td>2010 年 7 月</td><td>汉</td><td></td><td></td></tr>
<tr><td>家庭大事记</td><td colspan="6">1987 年，翻建三上三下楼房。
2013 年，购商品房。</td></tr>
</table>

<table>
<tr><th rowspan="7">现有家庭成员</th><th rowspan="2">姓名</th><th rowspan="2">与户主关系</th><th rowspan="2">出生年月</th><th rowspan="2">民族</th><th colspan="2">已故亲属</th></tr>
<tr><th>称呼</th><th>姓名</th></tr>
<tr><td>顾木根</td><td>户主</td><td>1949 年 8 月</td><td>汉</td><td>父亲</td><td>顾伯全</td></tr>
<tr><td>戴夫英</td><td>妻子</td><td>1948 年 7 月</td><td>汉</td><td>母亲</td><td>杜金妹</td></tr>
<tr><td>顾凤良</td><td>儿子</td><td>1972 年 2 月</td><td>汉</td><td></td><td></td></tr>
<tr><td>陆建花</td><td>儿媳</td><td>1972 年 11 月</td><td>汉</td><td></td><td></td></tr>
<tr><td>顾永杰</td><td>孙子</td><td>1995 年 5 月</td><td>汉</td><td></td><td></td></tr>
<tr><td>家庭大事记</td><td colspan="6">1989 年，翻建三上三下楼房。
2010 年，购商品房。
2012 年，购轿车。
顾永杰，2018 年 7 月三亚学院本科毕业。
2018 年，房屋动迁，分得安置房。</td></tr>
</table>

<table>
<tr><th rowspan="8">现有家庭成员</th><th rowspan="2">姓名</th><th rowspan="2">与户主关系</th><th rowspan="2">出生年月</th><th rowspan="2">民族</th><th colspan="2">已故亲属</th></tr>
<tr><th>称呼</th><th>姓名</th></tr>
<tr><td>朱黑男</td><td>户主</td><td>1952 年 8 月</td><td>汉</td><td>父亲</td><td>朱卫泉</td></tr>
<tr><td>薛兰娣</td><td>妻子</td><td>1952 年 8 月</td><td>汉</td><td>母亲</td><td>曹阿娥</td></tr>
<tr><td>朱月芳</td><td>女儿</td><td>1979 年 10 月</td><td>汉</td><td></td><td></td></tr>
<tr><td>陈通阳</td><td>女婿</td><td>1980 年 6 月</td><td>汉</td><td></td><td></td></tr>
<tr><td>陈志贤</td><td>长孙</td><td>2007 年 5 月</td><td>汉</td><td></td><td></td></tr>
<tr><td>朱恩泽</td><td>次孙</td><td>2015 年 2 月</td><td>汉</td><td></td><td></td></tr>
<tr><td>家庭大事记</td><td colspan="6">1978 年，翻建平房。
2008 年，购商品房。
2008 年，购轿车。
2015 年，房屋动迁，分得安置房。</td></tr>
</table>

	姓名	与户主关系	出生年月	民族	已故亲属	
					称呼	姓名
现有家庭成员	杨秋根	户主	1960 年 3 月	汉	父亲	杨福林
	宗总花	妻子	1963 年 9 月	汉		
	杨春艳	女儿	1986 年 2 月	汉		
	马玉林	女婿	1985 年 10 月	汉		
	马思诚	孙子	2010 年 7 月	汉		
	杨思羽	孙女	2014 年 1 月	汉		
	陆花英	母亲	1938 年 9 月	汉		
家庭大事记	1991 年，翻建三上三下楼房。 杨春艳，2008 年 7 月淮阴工学院本科毕业，中共党员。 2013 年，购商品房。 2015 年，购轿车。					

	姓名	与户主关系	出生年月	民族	已故亲属	
					称呼	姓名
现有家庭成员	陈小山	户主	1951 年 9 月	汉	岳父	陈林根
	陈宗妹	妻子	1952 年 9 月	汉	岳母	徐小妹
	陈　芳	长女	1973 年 10 月	汉		
	陈小芳	次女	1975 年 4 月	汉		
家庭大事记	1988 年，翻建三上三下楼房。 陈小山，1993 年、1998 年被评为“优秀共产党员”，曾任明星大队第 6 生产队队长。 2006 年，购商品房。 2010 年，购轿车。 陈小芳，1994 年毕业于江苏省太仓师范学校，现为本科学历。中共党员，中小学高级教师。2016 年担任昆山市高科园小学副校长，2019 年担任昆山市同心小学副校长。曾荣获昆山市三等功，获评苏州市优秀教育工作者、昆山市学术带头人。					

	姓名	与户主关系	出生年月	民族	已故亲属	
					称呼	姓名
现有家庭成员	陆雪生	户主	1964 年 3 月	汉	父亲	陆香生
	蒋坤先	妻子	1968 年 8 月	汉		
	陆伟平	儿子	1992 年 5 月	汉		
	陈紫珊	儿媳	1992 年 11 月	汉		
	陆麟熙	孙子	2016 年 12 月	汉		
	陆语浠	孙女	2018 年 12 月	汉		
	戴小花	母亲	1934 年 4 月	汉		
家庭大事记	1995 年，翻建三上三下楼房。 2015 年，房屋动迁，分得安置房。					

	姓名	与户主关系	出生年月	民族	已故亲属	
					称呼	姓名
现有家庭成员	顾福明	户主	1963 年 8 月	汉	父亲	顾伯全
	顾巧珍	妻子	1963 年 7 月	汉	母亲	杜金妹
	顾正芳	女儿	1986 年 6 月	汉		
	钱东华	女婿	1983 年 10 月	汉		
	顾益诚	孙子	2009 年 5 月	汉		
	钱益萍	孙女	2014 年 8 月	汉		
家庭大事记	1989 年，翻建三上三下楼房。 2010 年，购商品房。 2012 年，购轿车。					

<table>
<tr><td rowspan="5">现有家庭成员</td><td rowspan="2">姓名</td><td rowspan="2">与户主关系</td><td rowspan="2">出生年月</td><td rowspan="2">民族</td><td colspan="2">已故亲属</td></tr>
<tr><td>称呼</td><td>姓名</td></tr>
<tr><td>朱全英</td><td>户主</td><td>1943 年 12 月</td><td>汉</td><td>父亲</td><td>朱宝根</td></tr>
<tr><td>王杏英</td><td>妻子</td><td>1946 年 4 月</td><td>汉</td><td>母亲</td><td>王大妹</td></tr>
<tr><td>朱志良</td><td>儿子</td><td>1965 年 11 月</td><td>汉</td><td></td><td></td></tr>
<tr><td>家庭大事记</td><td colspan="6">1990 年，翻建三上三下楼房。
2015 年，房屋动迁，分得安置房。</td></tr>
</table>

<table>
<tr><td rowspan="8">现有家庭成员</td><td rowspan="2">姓名</td><td rowspan="2">与户主关系</td><td rowspan="2">出生年月</td><td rowspan="2">民族</td><td colspan="2">已故亲属</td></tr>
<tr><td>称呼</td><td>姓名</td></tr>
<tr><td>陈志强</td><td>户主</td><td>1969 年 2 月</td><td>汉</td><td>父亲</td><td>陈小艾</td></tr>
<tr><td>王　华</td><td>妻子</td><td>1974 年 2 月</td><td>汉</td><td>母亲</td><td>朱罗妹</td></tr>
<tr><td>陈佳禄</td><td>儿子</td><td>1994 年 1 月</td><td>汉</td><td></td><td></td></tr>
<tr><td>金　婷</td><td>儿媳</td><td>1994 年 8 月</td><td>汉</td><td></td><td></td></tr>
<tr><td>陈姝媗</td><td>孙女</td><td>2019 年 4 月</td><td>汉</td><td></td><td></td></tr>
<tr><td>陈桉歌</td><td>女儿</td><td>2019 年 5 月</td><td>汉</td><td></td><td></td></tr>
<tr><td>家庭大事记</td><td colspan="6">1991 年，翻建三上三下楼房。
2006 年，购轿车。
2008 年，购商品房。
2013 年，购别墅。</td></tr>
</table>

	姓名	与户主关系	出生年月	民族	已故亲属	
					称呼	姓名
现有家庭成员	顾火根	户主	1944 年 9 月	汉		
	陆桂仙	妻子	1944 年 4 月	汉		
	顾抱良	儿子	1965 年 8 月	汉		
	陆玲花	儿媳	1966 年 1 月	汉		
	顾纪君	孙子	1988 年 9 月	汉		
	李　菊	孙媳	1989 年 4 月	汉		
	顾煜承	曾孙子	2015 年 2 月	汉		
家庭大事记	1989 年，翻建三上三下楼房。 2010 年，购商品房。 顾纪君，2011 年 7 月南京理工大学泰州科技学院本科毕业。 2012 年，购轿车。 2018 年，房屋动迁，分得安置房。					

	姓名	与户主关系	出生年月	民族	已故亲属	
					称呼	姓名
现有家庭成员	陆香龙	户主	1968 年 4 月	汉	父亲	陆小生
	王先玉	妻子	1966 年 3 月	汉	母亲	陆白妹
	陆志辉	儿子	1998 年 9 月	汉		
家庭大事记	1989 年，翻建三上三下楼房。 2012 年，房屋动迁，分得安置房。 2015 年，购商品房。 2016 年，购轿车。					

<table>
<tr><td rowspan="2"></td><td rowspan="2">姓名</td><td rowspan="2">与户主关系</td><td rowspan="2">出生年月</td><td rowspan="2">民族</td><td colspan="2">已故亲属</td></tr>
<tr><td>称呼</td><td>姓名</td></tr>
<tr><td rowspan="5">现有家庭成员</td><td>马金林</td><td>户主</td><td>1949 年 1 月</td><td>汉</td><td></td><td></td></tr>
<tr><td>祝白妹</td><td>妻子</td><td>1952 年 3 月</td><td>汉</td><td></td><td></td></tr>
<tr><td>祝利平</td><td>儿子</td><td>1977 年 3 月</td><td>汉</td><td></td><td></td></tr>
<tr><td>陈志红</td><td>儿媳</td><td>1978 年 12 月</td><td>汉</td><td></td><td></td></tr>
<tr><td>祝俊晖</td><td>孙子</td><td>2000 年 5 月</td><td>汉</td><td></td><td></td></tr>
<tr><td>家庭大事记</td><td colspan="6">1990 年，翻建三上三下楼房。
2008 年，购轿车。
2009 年，购商品房。
祝利平，中共党员，曾任燕桥浜村民兵营营长、村委会主任、村党支部书记，勤星村党总支书记。
2018 年，被村评为“文明和谐最美家庭”。</td></tr>
</table>

<table>
<tr><td rowspan="2"></td><td rowspan="2">姓名</td><td rowspan="2">与户主关系</td><td rowspan="2">出生年月</td><td rowspan="2">民族</td><td colspan="2">已故亲属</td></tr>
<tr><td>称呼</td><td>姓名</td></tr>
<tr><td rowspan="6">现有家庭成员</td><td>祝小男</td><td>户主</td><td>1940 年 12 月</td><td>汉</td><td></td><td></td></tr>
<tr><td>张林妹</td><td>妻子</td><td>1944 年 6 月</td><td>汉</td><td></td><td></td></tr>
<tr><td>祝志英</td><td>女儿</td><td>1964 年 3 月</td><td>汉</td><td></td><td></td></tr>
<tr><td>陈炳良</td><td>女婿</td><td>1965 年 5 月</td><td>汉</td><td></td><td></td></tr>
<tr><td>祝伟清</td><td>孙子</td><td>1988 年 12 月</td><td>汉</td><td></td><td></td></tr>
<tr><td>陈晓芸</td><td>孙媳</td><td>1992 年 10 月</td><td>汉</td><td></td><td></td></tr>
<tr><td>家庭大事记</td><td colspan="6">1986 年，翻建三上三下楼房。
2006 年，购轿车。
2008 年，购商品房。
祝伟清，2010 年 7 月南京大学本科毕业。
祝小男，中共党员，曾任燕桥浜村会计、村党支部书记，正仪农机站主办会计。</td></tr>
</table>

	姓名	与户主关系	出生年月	民族	已故亲属	
					称呼	姓名
现有家庭成员	祝林男	户主	1963 年 7 月	汉	父亲	祝小金
	朱丽英	妻子	1963 年 4 月	汉		
	祝健康	儿子	1986 年 2 月	汉		
	钱晓瑶	儿媳	1987 年 4 月	汉		
	祝熙玥	孙女	2020 年 12 月	汉		
	王银宝	母亲	1929 年 11 月	汉		
家庭大事记	1988 年，翻建三上三下楼房。 2006 年，购商品房。 祝健康，2008 年 7 月江苏科技大学本科毕业。 2010 年，购轿车。					

	姓名	与户主关系	出生年月	民族	已故亲属	
					称呼	姓名
现有家庭成员	顾全林	户主	1962 年 5 月	汉	父亲	顾巧泉
	曾花英	妻子	1963 年 4 月	汉	母亲	王阿花
	顾姗姗	女儿	1986 年 5 月	汉		
	张　亮	女婿	1986 年 8 月	汉		
	张子安	孙子	2014 年 9 月	汉		
	顾子琪	孙女	2017 年 9 月	汉		
家庭大事记	顾全林，1981 年 1 月至 1983 年 1 月参军入伍，曾任燕桥浜村电务员。 1991 年，翻建三上三下楼房。 顾姗姗，2009 年 7 月淮阴工学院本科毕业。 2010 年，购商品房。 2013 年，购轿车。					

	姓名	与户主关系	出生年月	民族	已故亲属	
					称呼	姓名
现有家庭成员	顾全明	户主	1965 年 5 月	汉	父亲	顾巧泉
	周雪琴	妻子	1966 年 12 月	汉	母亲	王阿花
	顾玉龙	儿子	1988 年 4 月	汉		
家庭大事记	1986 年，翻建三上三下楼房。 2013 年，购商品房。 2015 年，购轿车。 2018 年，房屋动迁，分得安置房。					

	姓名	与户主关系	出生年月	民族	已故亲属	
					称呼	姓名
现有家庭成员	朱福男	户主	1963 年 10 月	汉	父亲	朱卫泉
	徐金凤	妻子	1962 年 3 月	汉	母亲	曹阿娥
	朱月斌	儿子	1986 年 10 月	汉		
	吴　靓	儿媳	1987 年 11 月	汉		
	朱忆娆	孙女	2015 年 5 月	汉		
	朱启尧	孙子	2019 年 6 月	汉		
家庭大事记	1990 年，翻建三上三下楼房。 2010 年，购商品房。 2013 年，购轿车。 2020 年，房屋动迁，分得安置房。					

<table>
<tr><td rowspan="7">现有家庭成员</td><th rowspan="2">姓名</th><th rowspan="2">与户主关系</th><th rowspan="2">出生年月</th><th rowspan="2">民族</th><th colspan="2">已故亲属</th></tr>
<tr><th>称呼</th><th>姓名</th></tr>
<tr><td>卜全妹</td><td>户主</td><td>1942 年 10 月</td><td>汉</td><td>丈夫</td><td>姜文龙</td></tr>
<tr><td>姜燕萍</td><td>女儿</td><td>1963 年 10 月</td><td>汉</td><td></td><td></td></tr>
<tr><td>戴兴根</td><td>女婿</td><td>1962 年 4 月</td><td>汉</td><td></td><td></td></tr>
<tr><td>姜戴洁</td><td>长孙女</td><td>1985 年 7 月</td><td>汉</td><td></td><td></td></tr>
<tr><td>姜戴樱</td><td>次孙女</td><td>1989 年 11 月</td><td>汉</td><td></td><td></td></tr>
<tr><td>家庭大事记</td><td colspan="6">1986 年，翻建三上三下楼房。
2007 年，房屋动迁，分得安置房。
2008 年，购轿车。
姜戴洁，2008 年 7 月南京艺术学院本科毕业。
2010 年，购商品房。
姜戴樱，2013 年 7 月南京大学金陵学院本科毕业。</td></tr>
</table>

<table>
<tr><td rowspan="4">现有家庭成员</td><th rowspan="2">姓名</th><th rowspan="2">与户主关系</th><th rowspan="2">出生年月</th><th rowspan="2">民族</th><th colspan="2">已故亲属</th></tr>
<tr><th>称呼</th><th>姓名</th></tr>
<tr><td>卜燕珍</td><td>户主</td><td>1967 年 9 月</td><td>汉</td><td>父亲</td><td>姜文龙</td></tr>
<tr><td>袁梦依</td><td>女儿</td><td>1993 年 1 月</td><td>汉</td><td></td><td></td></tr>
<tr><td>家庭大事记</td><td colspan="6"></td></tr>
</table>

	姓名	与户主关系	出生年月	民族	已故亲属	
					称呼	姓名
现有家庭成员	李海福	户主	1955 年 8 月	汉		
	朱仁英	妻子	1954 年 12 月	汉		
	李振华	儿子	1980 年 7 月	汉		
	金　晓	儿媳	1979 年 11 月	汉		
	李文献	长孙女	2003 年 7 月	汉		
	李秀阳	次孙女	2015 年 12 月	汉		
	曾永生	父亲	1934 年 10 月	汉		
	李爱妹	母亲	1943 年 2 月	汉		
家庭大事记	1984 年，翻建三上三下楼房。 2010 年，购商品房。 2011 年，购轿车。					

	姓名	与户主关系	出生年月	民族	已故亲属	
					称呼	姓名
现有家庭成员	朱才英	户主	1951 年 9 月	汉		
	杜腊妹	妻子	1953 年 3 月	汉		
	朱建锋	儿子	1977 年 3 月	汉		
	凌正花	儿媳	1976 年 8 月	汉		
	朱志豪	孙子	1999 年 12 月	汉		
	朱建花	女儿	1978 年 3 月	汉		
	赵中华	女婿	1977 年 3 月	汉		
	赵思懿	外孙	2000 年 10 月	汉		
家庭大事记	1987 年，翻建三上三下楼房。 2011 年，购轿车。 2013 年，购商品房。 2020 年，房屋动迁，分得安置房。					

	姓名	与户主关系	出生年月	民族	已故亲属	
					称呼	姓名
现有家庭成员	朱殿英	户主	1956 年 6 月	汉		
	韩林英	妻子	1956 年 12 月	汉		
	朱翠芳	女儿	1982 年 3 月	汉		
	顾雪平	女婿	1983 年 11 月	汉		
	顾嘉旎	孙女	2009 年 7 月	汉		
	周银花	母亲	1929 年 9 月	汉		
家庭大事记	1989 年，翻建三上三下楼房。 2008 年，购商品房。 2010 年，购轿车。 2018 年，房屋动迁，分得安置房。					

	姓名	与户主关系	出生年月	民族	已故亲属	
					称呼	姓名
现有家庭成员	曾永生	户主	1934 年 10 月	汉		
	李爱妹	妻子	1943 年 2 月	汉		
	李海林	儿子	1964 年 9 月	汉		
	王惠珍	儿媳	1966 年 2 月	汉		
	李　玲	孙女	1988 年 2 月	汉		
	庄　洁	孙女婿	1987 年 8 月	汉		
	庄晟晨	长曾孙	2012 年 3 月	汉		
	李晟岩	次曾孙	2017 年 1 月	汉		
家庭大事记	1988 年，翻建三上三下楼房。 2010 年，购商品房。 2012 年，购轿车。					

	姓名	与户主关系	出生年月	民族	已故亲属	
					称呼	姓名
现有家庭成员	孙金花	户主	1952 年 5 月	汉	丈夫	王金根
	王春芳	女儿	1979 年 3 月	汉	公公	王阿根
	张德才	女婿	1976 年 11 月	汉	婆婆	王云宝
	王子君	孙女	2003 年 12 月	汉		
	张赖文	孙子	2013 年 10 月	汉		
家庭大事记	1987 年，翻建三上三下楼房。 2009 年，购商品房。 2011 年，购轿车。					

	姓名	与户主关系	出生年月	民族	已故亲属	
					称呼	姓名
现有家庭成员	陈香男	户主	1959 年 8 月	汉	父亲	陈宗根
	陈建平	儿子	1982 年 7 月	汉	妻子	王罗妹
	赵秀兰	儿媳	1982 年 1 月	汉		
	陈嘉怡	长孙	2011 年 5 月	汉		
	赵嘉阳	次孙	2016 年 10 月	汉		
	陈白囡	母亲	1932 年 1 月	汉		
家庭大事记	1986 年，翻建三上三下楼房。 2018 年，房屋动迁，分得安置房。 陈建平，中共党员。					

	姓名	与户主关系	出生年月	民族	已故亲属	
					称呼	姓名
现有家庭成员	陆引根	户主	1939 年 4 月	汉	父亲	陆甫全
	陆水英	妻子	1939 年 2 月	汉	母亲	陆凤珠
	陆志明	儿子	1966 年 1 月	汉		
	周亚琴	儿媳	1971 年 3 月	汉		
	陆云静	孙女	1994 年 4 月	汉		
家庭大事记	1978 年，翻建平房。 2007 年，购商品房。 2009 年，房屋动迁，分得安置房。 2010 年，购轿车。					

	姓名	与户主关系	出生年月	民族	已故亲属	
					称呼	姓名
现有家庭成员	陆海水	户主	1963 年 12 月	汉	父亲	陆小林
	陆梦丝	长女	1990 年 4 月	汉	母亲	戴金秀
	戴俊文	长女婿	1990 年 7 月	汉		
	戴辰逸	孙子	2016 年 1 月	汉		
	陆梦月	次女	1991 年 12 月	汉		
	陈毛娣	非亲属	1966 年 1 月	汉		
家庭大事记	陆海水，1981 年 1 月至 1983 年 1 月参军入伍。 1984 年，翻建平房。 2007 年，房屋动迁，分得安置房。 2008 年，购商品房。 2010 年，购轿车。 陆梦月，中共党员。					

	姓名	与户主关系	出生年月	民族	已故亲属	
					称呼	姓名
现有家庭成员	周祥英	户主	1954 年 7 月	汉	父亲	周阿金
	陈金香	妻子	1954 年 9 月	汉		
	周　急	长女	1978 年 11 月	汉		
	陆　星	长女婿	1975 年 10 月	汉		
	宋子健	孙子	2001 年 4 月	汉		
	周　萍	次女	1987 年 5 月	汉		
	张卫华	次女婿	1986 年 11 月	汉		
	钱密宝	母亲	1930 年 6 月	汉		
家庭大事记	1988 年，翻建三上三下楼房。 2009 年，购商品房。 2010 年，购轿车。					

	姓名	与户主关系	出生年月	民族	已故亲属	
					称呼	姓名
现有家庭成员	陆海军	户主	1960 年 2 月	汉	父亲	陆小林
	杜秀妹	妻子	1963 年 7 月	汉	母亲	戴金秀
	陆　英	女儿	1985 年 7 月	汉		
	刘清皓	女婿	1982 年 12 月	汉		
	陆馨冉	孙女	2007 年 6 月	汉		
	刘馨杰	孙子	2012 年 2 月	汉		
家庭大事记	1995 年，翻建三上三下楼房。 2010 年，购商品房。 2020 年，房屋动迁，分得安置房。					

<table>
<tr><td rowspan="8">现有家庭成员</td><td rowspan="2">姓名</td><td rowspan="2">与户主关系</td><td rowspan="2">出生年月</td><td rowspan="2">民族</td><td colspan="2">已故亲属</td></tr>
<tr><td>称呼</td><td>姓名</td></tr>
<tr><td>李瑞根</td><td>户主</td><td>1955 年 1 月</td><td>汉</td><td></td><td></td></tr>
<tr><td>陆香英</td><td>妻子</td><td>1956 年 2 月</td><td>汉</td><td></td><td></td></tr>
<tr><td>李　琴</td><td>女儿</td><td>1981 年 1 月</td><td>汉</td><td></td><td></td></tr>
<tr><td>张　华</td><td>女婿</td><td>1980 年 9 月</td><td>汉</td><td></td><td></td></tr>
<tr><td>张璃玥</td><td>长孙女</td><td>2005 年 5 月</td><td>汉</td><td></td><td></td></tr>
<tr><td>李　诺</td><td>次孙女</td><td>2011 年 6 月</td><td>汉</td><td></td><td></td></tr>
<tr><td>家庭大事记</td><td colspan="6">1985 年，翻建三上三下楼房。
2008 年，购商品房。
2010 年，购轿车。
2018 年，房屋动迁，分得安置房。</td></tr>
</table>

<table>
<tr><td rowspan="8">现有家庭成员</td><td rowspan="2">姓名</td><td rowspan="2">与户主关系</td><td rowspan="2">出生年月</td><td rowspan="2">民族</td><td colspan="2">已故亲属</td></tr>
<tr><td>称呼</td><td>姓名</td></tr>
<tr><td>王金男</td><td>户主</td><td>1962 年 2 月</td><td>汉</td><td>父亲</td><td>王阿根</td></tr>
<tr><td>王晓红</td><td>女儿</td><td>1987 年 2 月</td><td>汉</td><td>母亲</td><td>王云宝</td></tr>
<tr><td>程谦年</td><td>女婿</td><td>1985 年 7 月</td><td>汉</td><td></td><td></td></tr>
<tr><td>程玮杰</td><td>孙子</td><td>2009 年 6 月</td><td>汉</td><td></td><td></td></tr>
<tr><td>王程程</td><td>孙女</td><td>2016 年 2 月</td><td>汉</td><td></td><td></td></tr>
<tr><td>顾　花</td><td>非亲属</td><td>1963 年 9 月</td><td>汉</td><td></td><td></td></tr>
<tr><td>家庭大事记</td><td colspan="6">1986 年，翻建三上三下楼房。
2013 年，购商品房。
2015 年，购轿车。</td></tr>
</table>

<table>
<tr><td rowspan="9">现有家庭成员</td><th rowspan="2">姓名</th><th rowspan="2">与户主关系</th><th rowspan="2">出生年月</th><th rowspan="2">民族</th><th colspan="2">已故亲属</th></tr>
<tr><th>称呼</th><th>姓名</th></tr>
<tr><td>陆雪荣</td><td>户主</td><td>1955 年 11 月</td><td>汉</td><td>父亲</td><td>陆香生</td></tr>
<tr><td>陆春虎</td><td>儿子</td><td>1986 年 2 月</td><td>汉</td><td></td><td></td></tr>
<tr><td>盛小燕</td><td>儿媳</td><td>1987 年 8 月</td><td>汉</td><td></td><td></td></tr>
<tr><td>盛逸凡</td><td>长孙</td><td>2012 年 7 月</td><td>汉</td><td></td><td></td></tr>
<tr><td>陆逸晨</td><td>次孙</td><td>2015 年 12 月</td><td>汉</td><td></td><td></td></tr>
<tr><td>戴小花</td><td>母亲</td><td>1934 年 4 月</td><td>汉</td><td></td><td></td></tr>
<tr><td>张兆珠</td><td>非亲属</td><td>1966 年 2 月</td><td>汉</td><td></td><td></td></tr>
<tr><td>家庭大事记</td><td colspan="6">1996 年，翻建三上三下楼房。
2015 年，房屋动迁，分得安置房。</td></tr>
</table>

<table>
<tr><td rowspan="9">现有家庭成员</td><th rowspan="2">姓名</th><th rowspan="2">与户主关系</th><th rowspan="2">出生年月</th><th rowspan="2">民族</th><th colspan="2">已故亲属</th></tr>
<tr><th>称呼</th><th>姓名</th></tr>
<tr><td>陆雪根</td><td>户主</td><td>1961 年 8 月</td><td>汉</td><td>父亲</td><td>陆香生</td></tr>
<tr><td>杜凤宝</td><td>妻子</td><td>1964 年 7 月</td><td>汉</td><td></td><td></td></tr>
<tr><td>陆怡萍</td><td>女儿</td><td>1985 年 8 月</td><td>汉</td><td></td><td></td></tr>
<tr><td>胡鑫鑫</td><td>女婿</td><td>1983 年 10 月</td><td>汉</td><td></td><td></td></tr>
<tr><td>陆千荨</td><td>孙女</td><td>2012 年 12 月</td><td>汉</td><td></td><td></td></tr>
<tr><td>胡从安</td><td>孙子</td><td>2015 年 5 月</td><td>汉</td><td></td><td></td></tr>
<tr><td>戴小花</td><td>母亲</td><td>1934 年 4 月</td><td>汉</td><td></td><td></td></tr>
<tr><td>家庭大事记</td><td colspan="6">陆雪根，1979 年 12 月至 1980 年 12 月参军入伍。
1992 年，翻建三上三下楼房。
2015 年，购轿车。
2018 年，购商品房。</td></tr>
</table>

	姓名	与户主关系	出生年月	民族	已故亲属	
					称呼	姓名
现有家庭成员	祝炳生	户主	1931 年 10 月	汉	妻子	金阿花
	祝良宗	儿子	1961 年 9 月	汉		
	祝晓斌	孙子	1986 年 1 月	汉		
	王竹青	孙媳	1986 年 5 月	汉		
	祝亦宸	曾孙子	2010 年 12 月	汉		
家庭大事记	1988 年，翻建三上三下楼房。					

	姓名	与户主关系	出生年月	民族	已故亲属	
					称呼	姓名
现有家庭成员	李大生	户主	1941 年 10 月	汉		
	祝爱妹	妻子	1938 年 1 月	汉		
	李金花	女儿	1963 年 10 月	汉		
	王亦莉	孙女	1986 年 9 月	汉		
	孔　剑	孙女婿	1985 年 3 月	汉		
	孔泽杰	曾孙子	2012 年 12 月	汉		
家庭大事记	1987 年，翻建三上三下楼房。 2006 年，购商品房。 2008 年，购轿车。 王亦莉，2008 年 7 月合肥工业大学本科毕业，2011 年 7 月东南大学硕士毕业。 李大生，中共党员，曾任明星大队副业主任、明星大队第 7 生产队队长。					

	姓名	与户主关系	出生年月	民族	已故亲属	
现有家庭成员					称呼	姓名
	王云龙	户主	1961 年 7 月	汉		
家庭大事记	王云龙，中共党员，曾任正仪公社宣传干事、燕桥浜村经济合作社社长。					

	姓名	与户主关系	出生年月	民族	已故亲属	
					称呼	姓名
现有家庭成员	陈卫东	户主	1963 年 4 月	汉		
	戴坤花	妻子	1964 年 10 月	汉		
	陈　康	儿子	1985 年 11 月	汉		
	刘　希	儿媳	1984 年 12 月	汉		
	陈贝艺	孙女	2015 年 5 月	汉		
	陈益恩	孙子	2020 年 4 月	汉		
家庭大事记						

燕桥浜村第 4 村民小组

燕桥浜村第 4 村民小组人员统计表

单位：人

序号	户主	男	女	合计	序号	户主	男	女	合计
1	许荣林	4	4	8	26	王根水	4	3	7
2	朱小全	1	0	1	27	顾中男	3	3	6
3	张水泉	4	3	7	28	顾全男	2	4	6
4	梅白男	2	6	8	29	顾雪根	4	3	7
5	罗　弟	2	4	6	30	顾金男	1	4	5
6	朱云全	4	4	8	31	王秀英	1	5	6
7	王密花	1	3	4	32	熊全男	3	2	5
8	朱龙全	2	3	5	33	盛美霞	2	3	5
9	张大男	2	2	4	34	熊会兴	3	2	5
10	祝建贺	3	4	7	35	陈水男	3	3	6
11	唐建良	3	3	6	36	王宗明	4	2	6
12	陈小元	1	4	5	37	陈杏男	3	4	7
13	罗密根	4	4	8	38	陈三元	3	4	7
14	王多男	4	2	6	39	潘凤林	3	3	6
15	陈水泉	4	4	8	40	罗二男	4	3	7
16	许狗男	4	5	9	41	陈金元	4	3	7
17	王水福	3	3	6	42	陈阿元	3	3	6
18	罗金凤	1	4	5	43	周三男	3	3	6
19	朱小男	3	4	7	44	沈祖英	1	4	5
20	王向荣	4	3	7	45	许凤男	4	2	6
21	王宗荣	2	5	7	46	徐良男	3	4	7
22	熊卫男	3	4	7	47	徐良弟	2	3	5
23	王士明	4	3	7	48	徐良明	2	4	6
24	唐黑妹	2	3	5	49	袁巧林	1	1	2
25	熊水男	4	2	6	50	盛雪元	2	5	7

续表

序号	户主	男	女	合计	序号	户主	男	女	合计
51	王中林	2	4	6	73	夏阿三	3	2	5
52	顾香男	2	4	6	74	王双弟	2	3	5
53	王美娣	0	1	1	75	王云男	2	4	6
54	姚美荣	2	4	6	76	王桂泉	2	3	5
55	罗寒林	2	3	5	77	王中水	2	5	7
56	祝良英	2	2	4	78	朱金火	4	1	5
57	许阿明	2	3	5	79	陆金梅	3	2	5
58	陈杏根	3	2	5	80	陆三妹	2	2	4
59	陈炳元	3	2	5	81	陆根男	3	2	5
60	朱五男	2	4	6	82	汪福根	5	3	8
61	许阿建	1	3	4	83	康开军	1	4	5
62	罗小男	3	2	5	84	陆秧男	4	2	6
63	陈阿凤	2	4	6	85	陆三腊	3	4	7
64	朱关根	4	4	8	86	俞雪良	3	2	5
65	陈坤林	2	3	5	87	王桂男	2	3	5
66	汪林男	2	3	5	88	王中泉	3	4	7
67	汪二男	5	4	9	89	陆全生	3	3	6
68	宋香根	3	2	5	90	宋二香	2	5	7
69	朱惠良	2	1	3	91	周　杰	0	2	2
70	陆惠明	3	3	6	92	王玉珍	1	1	2
71	王苏珍	1	4	5	93	许玉妹	1	4	5
72	王金坤	2	3	5	—	—	—	—	—

<table>
<tr><td rowspan="10">现有家庭成员</td><td rowspan="2">姓名</td><td rowspan="2">与户主关系</td><td rowspan="2">出生年月</td><td rowspan="2">民族</td><td colspan="2">已故亲属</td></tr>
<tr><td>称呼</td><td>姓名</td></tr>
<tr><td>许荣林</td><td>户主</td><td>1952 年 5 月</td><td>汉</td><td>母亲</td><td>许巧英</td></tr>
<tr><td>潘凤娥</td><td>妻子</td><td>1955 年 2 月</td><td>汉</td><td>父亲</td><td>陆阿林</td></tr>
<tr><td>许　良</td><td>长子</td><td>1978 年 11 月</td><td>汉</td><td></td><td></td></tr>
<tr><td>支美娟</td><td>长媳</td><td>1978 年 3 月</td><td>汉</td><td></td><td></td></tr>
<tr><td>许金明</td><td>次子</td><td>1987 年 2 月</td><td>汉</td><td></td><td></td></tr>
<tr><td>金凯丽</td><td>次媳</td><td>1993 年 1 月</td><td>汉</td><td></td><td></td></tr>
<tr><td>许　诺</td><td>孙女</td><td>2002 年 9 月</td><td>汉</td><td></td><td></td></tr>
<tr><td>支许淼</td><td>孙子</td><td>2010 年 12 月</td><td>汉</td><td></td><td></td></tr>
<tr><td>家庭大事记</td><td colspan="6">1988 年，翻建三上三下楼房。
2005 年，购商品房。
2011 年，购轿车。</td></tr>
</table>

<table>
<tr><td rowspan="3">现有家庭成员</td><td rowspan="2">姓名</td><td rowspan="2">与户主关系</td><td rowspan="2">出生年月</td><td rowspan="2">民族</td><td colspan="2">已故亲属</td></tr>
<tr><td>称呼</td><td>姓名</td></tr>
<tr><td>朱小全</td><td>户主</td><td>1956 年 4 月</td><td>汉</td><td>父亲</td><td>朱金土</td></tr>
<tr><td>家庭大事记</td><td colspan="6">1975 年，建造平房。
2006 年，房屋动迁，分得安置房。</td></tr>
</table>

现有家庭成员	姓名	与户主关系	出生年月	民族	已故亲属	
					称呼	姓名
现有家庭成员	张水泉	户主	1950 年 9 月	汉	妻子	戴卫珍
	张菊明	儿子	1974 年 10 月	汉		
	王洪菊	儿媳	1975 年 9 月	汉		
	张俊杰	孙子	1999 年 11 月	汉		
	张佳琪	孙女	2008 年 6 月	汉		
	张坤全	父亲	1926 年 11 月	汉		
	戴金花	母亲	1930 年 8 月	汉		
家庭大事记	1990 年，翻建三上三下楼房。 2015 年，购轿车。 2018 年，房屋动迁，分得安置房。					

现有家庭成员	姓名	与户主关系	出生年月	民族	已故亲属	
					称呼	姓名
现有家庭成员	梅白男	户主	1965 年 10 月	汉	父亲	梅坤根
	邓冬梅	妻子	1988 年 3 月	汉		
	梅思涵	长女	2008 年 8 月	汉		
	邓苗涵	次女	2011 年 4 月	汉		
	梅白妹	妹妹	1969 年 5 月	汉		
	周　强	妹夫	1970 年 12 月	汉		
	周晓菲	外甥女	1993 年 8 月	汉		
	朱巧英	母亲	1945 年 11 月	汉		
家庭大事记	1986 年，翻建三上三下楼房。 2015 年，房屋动迁，分得安置房。					

	姓名	与户主关系	出生年月	民族	已故亲属	
					称呼	姓名
现有家庭成员	罗　弟	户主	1969 年 11 月	汉	父亲	罗四官
	马菊萍	妻子	1970 年 1 月	汉		
	罗静娟	女儿	1991 年 5 月	汉		
	卞佳勇	女婿	1991 年 3 月	汉		
	卞婼妍	孙女	2018 年 2 月	汉		
	陆黑妹	母亲	1945 年 1 月	汉		
家庭大事记	1985 年，翻建三上三下楼房。 2008 年，购商品房。 2008 年，购轿车。 2015 年，房屋动迁，分得安置房。					

	姓名	与户主关系	出生年月	民族	已故亲属	
					称呼	姓名
现有家庭成员	朱云全	户主	1950 年 10 月	汉	父亲	朱金土
	戴阿四	妻子	1951 年 10 月	汉		
	朱云龙	长子	1975 年 5 月	汉		
	韩　英	长媳	1976 年 11 月	汉		
	朱小龙	次子	1977 年 11 月	汉		
	常丽娟	次媳	1982 年 7 月	汉		
	朱希涵	孙子	2003 年 6 月	汉		
	朱瑞丹	孙女	2010 年 5 月	汉		
家庭大事记	1991 年，翻建三上三下楼房。 朱云龙，1998 年 7 月江苏理工学院本科毕业。 朱小龙，2001 年 7 月南昌航空大学本科毕业。 2005 年，购商品房。 2010 年，购轿车。 2018 年，房屋动迁，分得安置房。					

	姓名	与户主关系	出生年月	民族	已故亲属	
					称呼	姓名
现有家庭成员	王密花	户主	1950 年 10 月	汉	父亲	王阿炳
	王　平	儿子	1981 年 11 月	汉	母亲	熊大妹
	庞文华	儿媳	1986 年 4 月	汉		
	王心蕾	孙女	2007 年 9 月	汉		
家庭大事记	1986 年，翻建三上三下楼房。					

	姓名	与户主关系	出生年月	民族	已故亲属	
					称呼	姓名
现有家庭成员	朱龙全	户主	1947 年 8 月	汉	父亲	朱金土
	朱美玲	女儿	1971 年 4 月	汉	妻子	刘凤花
	封　强	女婿	1970 年 7 月	汉		
	封苹娉	长孙女	1996 年 2 月	汉		
	封懿容	次孙女	2010 年 11 月	汉		
家庭大事记	1975 年，翻建平房。 封强，1995 年 7 月天津建材学校毕业。 2005 年，购商品房。 2011 年，购轿车。 2012 年，房屋动迁，分得安置房。 封苹娉，硕士就读于英国伦敦大学。					

	姓名	与户主关系	出生年月	民族	已故亲属	
					称呼	姓名
现有家庭成员	张大男	户主	1956 年 9 月	汉	父亲	张阿三
	张国平	儿子	1982 年 1 月	汉	母亲	顾腊妹
	刘娟娟	儿媳	1984 年 11 月	汉		
	张羽菲	孙女	2007 年 1 月	汉		
家庭大事记	1975 年，建造平房。 2009 年，房屋动迁，分得安置房。					

	姓名	与户主关系	出生年月	民族	已故亲属	
					称呼	姓名
现有家庭成员	祝建贺	户主	1970 年 9 月	汉		
	梅菊花	妻子	1970 年 9 月	汉		
	梅佳星	儿子	1993 年 9 月	汉		
	程　瑜	儿媳	1993 年 7 月	汉		
	梅伊晨	孙女	2019 年 1 月	汉		
	梅小男	岳父	1948 年 12 月	汉		
	潘凤妹	岳母	1953 年 2 月	汉		
家庭大事记	1990 年，翻建三上三下楼房。 2010 年，购商品房。 梅佳星，2015 年 7 月武汉纺织大学本科毕业。 2018 年，购轿车。 2020 年，房屋动迁，分得安置房。					

	姓名	与户主关系	出生年月	民族	已故亲属	
					称呼	姓名
现有家庭成员	唐建良	户主	1968 年 5 月	汉	父亲	唐二男
	杜长花	妻子	1969 年 2 月	汉		
	唐晓晨	儿子	1992 年 3 月	汉		
	林新萍	儿媳	1992 年 11 月	汉		
	唐奕然	孙子	2019 年 3 月	汉		
	唐林花	母亲	1947 年 1 月	汉		
家庭大事记	1989 年，翻建三上三下楼房。 2015 年，购商品房。 2015 年，购轿车。					

	姓名	与户主关系	出生年月	民族	已故亲属	
					称呼	姓名
现有家庭成员	陈小元	户主	1963 年 8 月	汉	父亲	陈爱男
	王爱珍	妻子	1965 年 2 月	汉		
	陈　燕	女儿	1985 年 12 月	汉		
	季籽诺	孙女	2015 年 4 月	汉		
	罗招英	母亲	1937 年 6 月	汉		
家庭大事记	1985 年，翻建三上三下楼房。 陈燕，2008 年 7 月常州大学本科毕业。 2010 年，购商品房。 2012 年，购轿车。					

现有家庭成员	姓名	与户主关系	出生年月	民族	已故亲属	
					称呼	姓名
	罗密根	户主	1963 年 4 月	汉		
	王多妹	妻子	1964 年 11 月	汉		
	罗玉刚	儿子	1987 年 3 月	汉		
	李　平	儿媳	1986 年 12 月	汉		
	罗志强	孙子	2009 年 6 月	汉		
	罗志恩	孙女	2012 年 1 月	汉		
	罗三男	父亲	1939 年 7 月	汉		
	戴秀妹	母亲	1942 年 2 月	汉		
家庭大事记	1987 年，翻建三上三下楼房。 2012 年，购商品房。 2012 年，房屋动迁，分得安置房。					

现有家庭成员	姓名	与户主关系	出生年月	民族	已故亲属	
					称呼	姓名
	王多男	户主	1968 年 10 月	汉	母亲	陈爱妹
	戴美芳	妻子	1969 年 9 月	汉		
	王　顺	儿子	1991 年 5 月	汉		
	沈怡萍	儿媳	1992 年 7 月	汉		
	王溶浠	孙子	2017 年 7 月	汉		
	王林生	父亲	1933 年 1 月	汉		
家庭大事记	1990 年，翻建三上三下楼房。 2010 年，购轿车。 2012 年，购商品房。 王林生，中共党员，曾任明星大队第 9 生产队队长。					

<table>
<tr><td rowspan="10">现有家庭成员</td><td rowspan="2">姓名</td><td rowspan="2">与户主关系</td><td rowspan="2">出生年月</td><td rowspan="2">民族</td><td colspan="2">已故亲属</td></tr>
<tr><td>称呼</td><td>姓名</td></tr>
<tr><td>陈水泉</td><td>户主</td><td>1951 年 11 月</td><td>汉</td><td>父亲</td><td>陈金根</td></tr>
<tr><td>周小妹</td><td>妻子</td><td>1953 年 6 月</td><td>汉</td><td>母亲</td><td>周梅宝</td></tr>
<tr><td>陈红英</td><td>长女</td><td>1975 年 10 月</td><td>汉</td><td></td><td></td></tr>
<tr><td>王亚明</td><td>长女婿</td><td>1973 年 11 月</td><td>汉</td><td></td><td></td></tr>
<tr><td>王陈贝雨</td><td>孙女</td><td>2000 年 8 月</td><td>汉</td><td></td><td></td></tr>
<tr><td>陈红莲</td><td>次女</td><td>1980 年 2 月</td><td>汉</td><td></td><td></td></tr>
<tr><td>杨立华</td><td>次女婿</td><td>1976 年 9 月</td><td>汉</td><td></td><td></td></tr>
<tr><td>杨迅雨</td><td>孙子</td><td>2001 年 8 月</td><td>汉</td><td></td><td></td></tr>
<tr><td>家庭大事记</td><td colspan="6">1986 年，翻建三上三下楼房。
1990 年，陈水泉获昆山市“菜篮子工程”先进个人。
1992 年，陈水泉获昆山市蔬菜副食品生产和供应先进个人。
2005 年，购轿车。
2005 年，购商品房。
2018 年，房屋动迁，分得安置房。
陈水泉，曾任明星大队第 9 生产队队长、昆山市“菜篮子工程”明星蔬菜地负责人。</td></tr>
</table>

	姓名	与户主关系	出生年月	民族	已故亲属	
					称呼	姓名
现有家庭成员	许狗男	户主	1950 年 3 月	汉	母亲	许巧英
	盛凤金	妻子	1949 年 10 月	汉	父亲	陆阿林
	许琴芳	长女	1971 年 10 月	汉		
	金爱明	长女婿	1970 年 6 月	汉		
	许　烨	孙子	1992 年 3 月	汉		
	顾丽晨	孙媳	1994 年 12 月	汉		
	许墨妍	曾孙女	2020 年 2 月	汉		
	许小芳	次女	1974 年 7 月	汉		
	周云义	外孙	1996 年 7 月	汉		
家庭大事记	1988 年，翻建三上三下楼房。 2005 年，购轿车。 2005 年，购商品房。 许小芳，中共党员。					

	姓名	与户主关系	出生年月	民族	已故亲属	
					称呼	姓名
现有家庭成员	王水福	户主	1968 年 12 月	汉	岳父	唐二男
	唐良珍	妻子	1970 年 2 月	汉		
	唐晓东	儿子	1992 年 5 月	汉		
	马静雯	儿媳	1992 年 11 月	汉		
	马辰予	孙子	2020 年 8 月	汉		
	唐林花	岳母	1947 年 1 月	汉		
家庭大事记	1993 年，翻建三上三下楼房。 2005 年，购商品房。 2006 年，购轿车。 唐晓东，2014 年 7 月江苏大学本科毕业。 王水福，中共党员。					

<table>
<tr><td rowspan="7">现有家庭成员</td><td rowspan="2">姓名</td><td rowspan="2">与户主关系</td><td rowspan="2">出生年月</td><td rowspan="2">民族</td><td colspan="2">已故亲属</td></tr>
<tr><td>称呼</td><td>姓名</td></tr>
<tr><td>罗金凤</td><td>户主</td><td>1955 年 5 月</td><td>汉</td><td>公公</td><td>朱汉臣</td></tr>
<tr><td>朱晓英</td><td>女儿</td><td>1978 年 2 月</td><td>汉</td><td>丈夫</td><td>朱连生</td></tr>
<tr><td>戴水荣</td><td>女婿</td><td>1978 年 9 月</td><td>汉</td><td></td><td></td></tr>
<tr><td>朱沁沁</td><td>孙女</td><td>2002 年 3 月</td><td>汉</td><td></td><td></td></tr>
<tr><td>王阿娥</td><td>婆婆</td><td>1929 年 10 月</td><td>汉</td><td></td><td></td></tr>
<tr><td>家庭大事记</td><td colspan="6">1988 年，翻建三上三下楼房。
2005 年，购商品房。
2010 年，购轿车。</td></tr>
</table>

<table>
<tr><td rowspan="9">现有家庭成员</td><td rowspan="2">姓名</td><td rowspan="2">与户主关系</td><td rowspan="2">出生年月</td><td rowspan="2">民族</td><td colspan="2">已故亲属</td></tr>
<tr><td>称呼</td><td>姓名</td></tr>
<tr><td>朱小男</td><td>户主</td><td>1954 年 2 月</td><td>汉</td><td>父亲</td><td>朱汉臣</td></tr>
<tr><td>陈杏花</td><td>妻子</td><td>1958 年 2 月</td><td>汉</td><td></td><td></td></tr>
<tr><td>朱晓亮</td><td>儿子</td><td>1981 年 11 月</td><td>汉</td><td></td><td></td></tr>
<tr><td>宋德琴</td><td>儿媳</td><td>1980 年 4 月</td><td>汉</td><td></td><td></td></tr>
<tr><td>朱雯芯</td><td>孙女</td><td>2003 年 11 月</td><td>汉</td><td></td><td></td></tr>
<tr><td>朱俊昊</td><td>孙子</td><td>2008 年 11 月</td><td>汉</td><td></td><td></td></tr>
<tr><td>王阿娥</td><td>母亲</td><td>1929 年 10 月</td><td>汉</td><td></td><td></td></tr>
<tr><td>家庭大事记</td><td colspan="6">1986 年，翻建三上三下楼房。
2005 年，购商品房。
2006 年，购轿车。
2008 年，购店面房。</td></tr>
</table>

	姓名	与户主关系	出生年月	民族	已故亲属	
					称呼	姓名
现有家庭成员	王向荣	户主	1968 年 9 月	汉	父亲	王培根
	孟凤香	妻子	1968 年 10 月	汉		
	王仪顺	儿子	1991 年 11 月	汉		
	沈丽娟	儿媳	1991 年 12 月	汉		
	王博浩	孙子	2015 年 10 月	汉		
	沈浩宇	外孙	2018 年 7 月	汉		
	朱小妹	母亲	1936 年 8 月	汉		
家庭大事记	1991 年，翻建平房。 2006 年，房屋动迁，分得安置房。					

	姓名	与户主关系	出生年月	民族	已故亲属	
					称呼	姓名
现有家庭成员	王宗荣	户主	1963 年 2 月	汉	父亲	王培根
	王金妹	妻子	1963 年 5 月	汉		
	王义德	儿子	1986 年 2 月	汉		
	李　丽	儿媳	1985 年 11 月	汉		
	王奕芯	长孙女	2008 年 4 月	汉		
	王慧芯	次孙女	2010 年 10 月	汉		
	朱小妹	母亲	1936 年 8 月	汉		
家庭大事记	1990 年，翻建三上三下楼房。 2008 年，购商品房。 2010 年，购轿车。					

现有家庭成员	姓名	与户主关系	出生年月	民族	已故亲属	
					称呼	姓名
	熊卫男	户主	1968 年 8 月	汉	父亲	熊宗木
	徐建英	妻子	1968 年 6 月	汉		
	熊秋芳	女儿	1991 年 7 月	汉		
	吴佳铖	女婿	1988 年 2 月	汉		
	吴尚哲	孙子	2011 年 8 月	汉		
	熊悠然	孙女	2019 年 11 月	汉		
	王水英	母亲	1945 年 2 月	汉		
家庭大事记	1990 年，翻建三上三下楼房。 2010 年，购商品房。 2012 年，购轿车。					

现有家庭成员	姓名	与户主关系	出生年月	民族	已故亲属	
					称呼	姓名
	王士明	户主	1959 年 9 月	汉	母亲	陈爱妹
	周多花	妻子	1962 年 3 月	汉		
	王美琴	女儿	1984 年 2 月	汉		
	顾　洁	女婿	1982 年 8 月	汉		
	王　翼	孙子	2010 年 7 月	汉		
	顾紫怡	孙女	2007 年 3 月	汉		
	王林生	父亲	1933 年 1 月	汉		
家庭大事记	1989 年，翻建三上三下楼房。 2005 年，购商品房。 2010 年，购轿车。 顾洁，中共党员。 王林生，中共党员，曾任明星大队第 9 生产队队长。					

	姓名	与户主关系	出生年月	民族	已故亲属	
					称呼	姓名
现有家庭成员	唐黑妹	户主	1953 年 3 月	汉	丈夫	熊金男
	熊凤香	女儿	1977 年 12 月	汉		
	葛兴忠	女婿	1975 年 2 月	汉		
	熊煜磊	孙子	1998 年 11 月	汉		
	葛玲瑶	孙女	2009 年 2 月	汉		
家庭大事记	1987 年，翻建三上三下楼房。 2008 年，购商品房。 2010 年，购轿车。 2018 年，房屋动迁，分得安置房。					

	姓名	与户主关系	出生年月	民族	已故亲属	
					称呼	姓名
现有家庭成员	熊水男	户主	1956 年 5 月	汉	父亲	熊殿才
	朱巧英	妻子	1957 年 7 月	汉		
	熊凤菊	女儿	1981 年 9 月	汉		
	杨　铭	女婿	1976 年 11 月	汉		
	杨雄琪	长孙	2003 年 12 月	汉		
	熊　宬	次孙	2009 年 8 月	汉		
家庭大事记	1987 年，翻建三上三下楼房。 2010 年，购轿车。					

现有家庭成员	姓名	与户主关系	出生年月	民族	已故亲属	
					称呼	姓名
	王根水	户主	1956 年 12 月	汉	母亲	陈爱妹
	陈宗英	妻子	1956 年 10 月	汉		
	王　英	女儿	1981 年 9 月	汉		
	王　跃	女婿	1979 年 8 月	汉		
	王妤嫣	孙女	2007 年 8 月	汉		
	王瑜琦	孙子	2010 年 3 月	汉		
	王林生	父亲	1933 年 1 月	汉		
家庭大事记	1988 年，翻建三上三下楼房。 2005 年，购商品房。 王跃，2002 年 7 月同济大学本科毕业。 2010 年，购轿车。 王林生，中共党员，曾任明星大队第 9 生产队队长。					

现有家庭成员	姓名	与户主关系	出生年月	民族	已故亲属	
					称呼	姓名
	顾中男	户主	1949 年 8 月	汉	父亲	顾金土
	陆秀珍	妻子	1947 年 9 月	汉	母亲	熊阿妹
	顾　华	儿子	1973 年 5 月	汉		
	李惠芳	儿媳	1974 年 7 月	汉		
	顾　佳	孙女	1999 年 2 月	汉		
	顾　俊	孙子	2002 年 2 月	汉		
家庭大事记	1992 年，翻建三上三下楼房。 2008 年，购商品房。 2009 年，购轿车。 2015 年，房屋动迁，分得安置房。					

	姓名	与户主关系	出生年月	民族	已故亲属	
					称呼	姓名
现有家庭成员	顾全男	户主	1954 年 10 月	汉	父亲	唐巧根
	陈塔妹	妻子	1954 年 8 月	汉	母亲	顾小妹
	顾建明	儿子	1977 年 9 月	汉		
	俞春芳	儿媳	1979 年 2 月	汉		
	顾俞欣	长孙女	2007 年 3 月	汉		
	俞　悦	次孙女	2012 年 7 月	汉		
家庭大事记	1992 年，翻建三上三下楼房。 2005 年，购商品房。 顾建明，2000 年 7 月北京理工大学专科毕业。					

	姓名	与户主关系	出生年月	民族	已故亲属	
					称呼	姓名
现有家庭成员	顾雪根	户主	1968 年 8 月	汉	母亲	张全英
	陆双英	妻子	1968 年 7 月	汉		
	顾　伟	儿子	1991 年 5 月	汉		
	陆雯雯	儿媳	1991 年 3 月	汉		
	顾子优	孙子	2014 年 1 月	汉		
	陆芊芊	孙女	2016 年 4 月	汉		
	顾中水	父亲	1945 年 9 月	汉		
家庭大事记	1989 年，翻建三上三下楼房。 2010 年，购商品房。 2014 年，购轿车。					

<table>
<tr><td rowspan="7">现有家庭成员</td><td rowspan="2">姓名</td><td rowspan="2">与户主关系</td><td rowspan="2">出生年月</td><td rowspan="2">民族</td><td colspan="2">已故亲属</td></tr>
<tr><td>称呼</td><td>姓名</td></tr>
<tr><td>顾金男</td><td>户主</td><td>1960 年 3 月</td><td>汉</td><td>父亲</td><td>顾全生</td></tr>
<tr><td>戴坤妹</td><td>妻子</td><td>1962 年 8 月</td><td>汉</td><td></td><td></td></tr>
<tr><td>顾雪琴</td><td>女儿</td><td>1985 年 1 月</td><td>汉</td><td></td><td></td></tr>
<tr><td>顾智依</td><td>孙女</td><td>2010 年 7 月</td><td>汉</td><td></td><td></td></tr>
<tr><td>俞凤英</td><td>母亲</td><td>1937 年 1 月</td><td>汉</td><td></td><td></td></tr>
<tr><td>家庭大事记</td><td colspan="6">1990 年，翻建三上三下楼房。
2008 年，购商品房。
2009 年，购轿车。
2018 年，房屋动迁，分得安置房。</td></tr>
</table>

<table>
<tr><td rowspan="8">现有家庭成员</td><td rowspan="2">姓名</td><td rowspan="2">与户主关系</td><td rowspan="2">出生年月</td><td rowspan="2">民族</td><td colspan="2">已故亲属</td></tr>
<tr><td>称呼</td><td>姓名</td></tr>
<tr><td>王秀英</td><td>户主</td><td>1957 年 8 月</td><td>汉</td><td>父亲</td><td>王金全</td></tr>
<tr><td>王　芳</td><td>长女</td><td>1981 年 3 月</td><td>汉</td><td>丈夫</td><td>梅坤林</td></tr>
<tr><td>朱建忠</td><td>长女婿</td><td>1978 年 6 月</td><td>汉</td><td></td><td></td></tr>
<tr><td>王　梅</td><td>次女</td><td>1988 年 12 月</td><td>汉</td><td></td><td></td></tr>
<tr><td>王心怡</td><td>孙女</td><td>2002 年 2 月</td><td>汉</td><td></td><td></td></tr>
<tr><td>潘金妹</td><td>母亲</td><td>1937 年 3 月</td><td>汉</td><td></td><td></td></tr>
<tr><td>家庭大事记</td><td colspan="6">1989 年，翻建三上三下楼房。
2010 年，购商品房。
2012 年，购轿车。
2018 年，房屋动迁，分得安置房。</td></tr>
</table>

	姓名	与户主关系	出生年月	民族	已故亲属	
					称呼	姓名
现有家庭成员	熊全男	户主	1957 年 8 月	汉	父亲	熊殿英
	顾素珍	妻子	1957 年 7 月	汉		
	熊　华	儿子	1978 年 10 月	汉		
	陈　芳	儿媳	1978 年 6 月	汉		
	熊曦晨	孙子	2004 年 7 月	汉		
家庭大事记	1975 年，建造平房。 2005 年，购商品房。 2008 年，购轿车。 2009 年，房屋动迁，分得安置房。					

	姓名	与户主关系	出生年月	民族	已故亲属	
					称呼	姓名
现有家庭成员	盛美霞	户主	1954 年 3 月	汉	公公	唐巧根
	唐晓萍	女儿	1980 年 5 月	汉	婆婆	顾妹宝
	屈建新	女婿	1980 年 11 月	汉	丈夫	唐小男
	屈以阳	孙子	2005 年 10 月	汉		
	唐以新	孙女	2015 年 3 月	汉		
家庭大事记	1990 年，翻建三上三下楼房。 唐晓萍，2001 年 7 月东吴外国语高等师范学校专科毕业，2015 年 7 月西华师范大学硕士毕业。中共党员，现任昆山培本小学副校长。 2006 年，购商品房。 2006 年，购轿车。 2010 年，购别墅。					

	姓名	与户主关系	出生年月	民族	已故亲属	
					称呼	姓名
现有家庭成员	熊会兴	户主	1968 年 7 月	汉	父亲	熊阿三
	黄春兰	妻子	1968 年 3 月	汉	母亲	洪宝妹
	熊雪艳	女儿	1992 年 10 月	汉		
	王宏远	女婿	1991 年 8 月	汉		
	熊骏涛	孙子	2014 年 9 月	汉		
家庭大事记	1992 年，翻建三上三下楼房。 2015 年，房屋动迁，分得安置房。					

	姓名	与户主关系	出生年月	民族	已故亲属	
					称呼	姓名
现有家庭成员	陈水男	户主	1957 年 6 月	汉	父亲	陈金根
	顾林珍	妻子	1956 年 11 月	汉	母亲	周梅宝
	陈建国	儿子	1981 年 6 月	汉		
	孙亚玲	儿媳	1981 年 6 月	汉		
	陈佳欣	孙女	2008 年 4 月	汉		
	陈家俊	孙子	2015 年 9 月	汉		
家庭大事记	1985 年，翻建三上三下楼房。 2006 年，购商品房。 2010 年，购轿车。 2018 年，房屋动迁，分得安置房。					

	姓名	与户主关系	出生年月	民族	已故亲属	
					称呼	姓名
现有家庭成员	王宗明	户主	1956 年 5 月	汉	父亲	王凤泉
	王志龙	儿子	1982 年 8 月	汉	妻子	马爱花
	杨　琴	儿媳	1982 年 5 月	汉		
	王一凡	长孙	2006 年 6 月	汉		
	王一钦	次孙	2011 年 7 月	汉		
	王香宝	母亲	1934 年 9 月	汉		
家庭大事记	1986 年，翻建三上三下楼房。 2005 年，购商品房。 2010 年，购轿车。					

	姓名	与户主关系	出生年月	民族	已故亲属	
					称呼	姓名
现有家庭成员	陈杏男	户主	1965 年 2 月	汉	父亲	陈小男
	陆根花	妻子	1967 年 11 月	汉	母亲	宋阿招
	陈　凯	儿子	1988 年 6 月	汉		
	张　欢	儿媳	1988 年 5 月	汉		
	陈奕菡	长孙女	2014 年 4 月	汉		
	陈奕孜	次孙女	2014 年 4 月	汉		
	张奕晨	孙子	2018 年 5 月	汉		
家庭大事记	1986 年，翻建三上三下楼房。 2002 年，购商品房。 2005 年，购轿车。 2010 年，购别墅。 陈凯，2010 年 7 月淮阴工学院本科毕业。 张欢，曾任燕桥浜村妇女主任。					

	姓名	与户主关系	出生年月	民族	已故亲属	
					称呼	姓名
现有家庭成员	陈三元	户主	1966 年 3 月	汉	父亲	陈爱男
	朱福珍	妻子	1968 年 4 月	汉		
	陈　琳	女儿	1989 年 6 月	汉		
	张　葛	女婿	1990 年 7 月	汉		
	张　赫	孙子	2013 年 8 月	汉		
	张馨可	孙女	2019 年 1 月	汉		
	罗招英	母亲	1937 年 6 月	汉		
家庭大事记	1991 年，翻建三上三下楼房。 2005 年，购商品房。 2010 年，购轿车。 陈琳，2011 年 7 月南京师范大学泰州学院本科毕业。					

	姓名	与户主关系	出生年月	民族	已故亲属	
					称呼	姓名
现有家庭成员	潘凤林	户主	1963 年 3 月	汉	父亲	潘阿毛
	周美琴	妻子	1963 年 2 月	汉	母亲	朱云花
	潘华敏	儿子	1985 年 10 月	汉		
	蒋　敏	儿媳	1986 年 3 月	汉		
	潘思辰	孙子	2011 年 4 月	汉		
	潘思羽	孙女	2015 年 3 月	汉		
家庭大事记	1991 年，翻建三上三下楼房。 2010 年，购商品房。 2012 年，购轿车。					

<table>
<tr><td rowspan="2"></td><td rowspan="2">姓名</td><td rowspan="2">与户主关系</td><td rowspan="2">出生年月</td><td rowspan="2">民族</td><td colspan="2">已故亲属</td></tr>
<tr><td>称呼</td><td>姓名</td></tr>
<tr><td rowspan="7">现有家庭成员</td><td>罗二男</td><td>户主</td><td>1966 年 12 月</td><td>汉</td><td></td><td></td></tr>
<tr><td>宋嘉英</td><td>妻子</td><td>1968 年 6 月</td><td>汉</td><td></td><td></td></tr>
<tr><td>罗玉倩</td><td>女儿</td><td>1990 年 2 月</td><td>汉</td><td></td><td></td></tr>
<tr><td>汤晓平</td><td>女婿</td><td>1989 年 7 月</td><td>汉</td><td></td><td></td></tr>
<tr><td>汤逸飞</td><td>孙子</td><td>2016 年 9 月</td><td>汉</td><td></td><td></td></tr>
<tr><td>罗三男</td><td>父亲</td><td>1939 年 7 月</td><td>汉</td><td></td><td></td></tr>
<tr><td>戴秀妹</td><td>母亲</td><td>1942 年 2 月</td><td>汉</td><td></td><td></td></tr>
<tr><td>家庭大事记</td><td colspan="6">1991 年，翻建三上三下楼房。
罗玉倩，2013 年 7 月南通大学杏林学院本科毕业。
2012 年，购商品房。</td></tr>
</table>

<table>
<tr><td rowspan="2"></td><td rowspan="2">姓名</td><td rowspan="2">与户主关系</td><td rowspan="2">出生年月</td><td rowspan="2">民族</td><td colspan="2">已故亲属</td></tr>
<tr><td>称呼</td><td>姓名</td></tr>
<tr><td rowspan="7">现有家庭成员</td><td>陈金元</td><td>户主</td><td>1947 年 2 月</td><td>汉</td><td>父亲</td><td>陈进生</td></tr>
<tr><td>韩金花</td><td>妻子</td><td>1945 年 10 月</td><td>汉</td><td>母亲</td><td>陈黑妹</td></tr>
<tr><td>陈勤良</td><td>儿子</td><td>1970 年 3 月</td><td>汉</td><td></td><td></td></tr>
<tr><td>徐　华</td><td>儿媳</td><td>1970 年 9 月</td><td>汉</td><td></td><td></td></tr>
<tr><td>陈露艳</td><td>孙女</td><td>1992 年 9 月</td><td>汉</td><td></td><td></td></tr>
<tr><td>王　磊</td><td>孙女婿</td><td>1992 年 1 月</td><td>汉</td><td></td><td></td></tr>
<tr><td>王一辰</td><td>曾孙子</td><td>2019 年 10 月</td><td>汉</td><td></td><td></td></tr>
<tr><td>家庭大事记</td><td colspan="6">1987 年，翻建三上三下楼房。
2012 年，购轿车。
2015 年，购商品房。
陈金元，曾任明星大队第 13 生产队队长。</td></tr>
</table>

	姓名	与户主关系	出生年月	民族	已故亲属	
					称呼	姓名
现有家庭成员	陈阿元	户主	1961 年 2 月	汉	父亲	陈爱男
	王玉妹	妻子	1963 年 2 月	汉		
	陈　萍	女儿	1985 年 8 月	汉		
	张　斌	女婿	1985 年 11 月	汉		
	张亦恒	孙子	2010 年 6 月	汉		
	罗招英	母亲	1937 年 6 月	汉		
家庭大事记	1991 年，翻建三上三下楼房。 陈萍，2007 年 7 月江苏大学本科毕业，中共党员。 2008 年，购商品房。 陈阿元，曾任燕桥浜村会计、团支部书记、民兵营营长、治保主任。					

	姓名	与户主关系	出生年月	民族	已故亲属	
					称呼	姓名
现有家庭成员	周三男	户主	1947 年 2 月	汉	岳父	陈阿炳
	陈云花	妻子	1948 年 1 月	汉	岳母	许大金
	陈　妹	女儿	1968 年 10 月	汉		
	沈荣官	女婿	1964 年 3 月	汉		
	陈丽洁	孙女	1989 年 9 月	汉		
	陈立强	孙子	1995 年 12 月	汉		
家庭大事记	1990 年，翻建三上三下楼房。 2010 年，购商品房。 陈丽洁，2012 年 7 月淮阴师范学院本科毕业。					

<table>
<tr><th rowspan="2"></th><th rowspan="2">姓名</th><th rowspan="2">与户主关系</th><th rowspan="2">出生年月</th><th rowspan="2">民族</th><th colspan="2">已故亲属</th></tr>
<tr><th>称呼</th><th>姓名</th></tr>
<tr><td rowspan="5">现有家庭成员</td><td>沈祖英</td><td>户主</td><td>1954 年 9 月</td><td>汉</td><td>公公</td><td>陈进生</td></tr>
<tr><td>戴今良</td><td>女婿</td><td>1978 年 11 月</td><td>汉</td><td>婆婆</td><td>陈黑妹</td></tr>
<tr><td>陈月花</td><td>女儿</td><td>1979 年 3 月</td><td>汉</td><td>丈夫</td><td>陈坤元</td></tr>
<tr><td>陈雨来</td><td>长孙女</td><td>2002 年 10 月</td><td>汉</td><td></td><td></td></tr>
<tr><td>陈一苗</td><td>次孙女</td><td>2008 年 2 月</td><td>汉</td><td></td><td></td></tr>
<tr><td>家庭大事记</td><td colspan="6">1986 年，翻建三上三下楼房。
2013 年，购商品房。
2015 年，购轿车。</td></tr>
</table>

<table>
<tr><th rowspan="2"></th><th rowspan="2">姓名</th><th rowspan="2">与户主关系</th><th rowspan="2">出生年月</th><th rowspan="2">民族</th><th colspan="2">已故亲属</th></tr>
<tr><th>称呼</th><th>姓名</th></tr>
<tr><td rowspan="6">现有家庭成员</td><td>许凤男</td><td>户主</td><td>1964 年 2 月</td><td>汉</td><td>母亲</td><td>许巧英</td></tr>
<tr><td>王　妹</td><td>妻子</td><td>1963 年 3 月</td><td>汉</td><td>父亲</td><td>陆阿林</td></tr>
<tr><td>许苏芳</td><td>女儿</td><td>1986 年 11 月</td><td>汉</td><td></td><td></td></tr>
<tr><td>邱　凌</td><td>女婿</td><td>1986 年 8 月</td><td>汉</td><td></td><td></td></tr>
<tr><td>邱智轩</td><td>外孙</td><td>2009 年 3 月</td><td>汉</td><td></td><td></td></tr>
<tr><td>许志恒</td><td>孙子</td><td>2011 年 11 月</td><td>汉</td><td></td><td></td></tr>
<tr><td>家庭大事记</td><td colspan="6">1990 年，翻建三上三下楼房。
2013 年，购商品房。</td></tr>
</table>

	姓名	与户主关系	出生年月	民族	已故亲属	
					称呼	姓名
现有家庭成员	徐良男	户主	1967 年 1 月	汉	父亲	徐根元
	曹菊珍	妻子	1969 年 8 月	汉		
	徐　娟	女儿	1990 年 4 月	汉		
	俞　寅	女婿	1986 年 10 月	汉		
	俞嘉辉	孙子	2011 年 9 月	汉		
	徐嘉怡	孙女	2014 年 5 月	汉		
	顾妹英	母亲	1947 年 7 月	汉		
家庭大事记	1987 年，翻建三上三下楼房。 2012 年，购轿车。 2018 年，购商品房。 2018 年，房屋动迁，分得安置房。					

	姓名	与户主关系	出生年月	民族	已故亲属	
					称呼	姓名
现有家庭成员	徐良弟	户主	1969 年 8 月	汉	父亲	徐根元
	姚雪芳	妻子	1970 年 3 月	汉		
	徐佳文	儿子	1992 年 5 月	汉		
	张惠芳	儿媳	1994 年 7 月	汉		
	顾妹英	母亲	1947 年 7 月	汉		
家庭大事记	1987 年，翻建三上三下楼房。 2009 年，购商品房。 2013 年，购轿车。 2018 年，房屋动迁，分得安置房。					

	姓名	与户主关系	出生年月	民族	已故亲属	
					称呼	姓名
现有家庭成员	徐良明	户主	1971 年 6 月	汉	父亲	徐根元
	徐　雅	女儿	1995 年 2 月	汉		
	王振业	女婿	1995 年 11 月	汉		
	徐潇雨	长孙女	2017 年 3 月	汉		
	王　印	次孙女	2019 年 7 月	汉		
	顾妹英	母亲	1947 年 7 月	汉		
家庭大事记	1987 年，建平房。 2009 年，房屋动迁，分得安置房。					

	姓名	与户主关系	出生年月	民族	已故亲属	
					称呼	姓名
现有家庭成员	袁巧林	户主	1928 年 3 月	汉	丈夫	朱阿招
	朱一帆	孙子	1993 年 11 月	汉	儿子	朱小男
家庭大事记	1993 年，翻建三上三下楼房。					

	姓名	与户主关系	出生年月	民族	已故亲属	
					称呼	姓名
现有家庭成员	盛雪元	户主	1970 年 6 月	汉	祖父	朱阿招
	顾巧珍	妻子	1970 年 11 月	汉	父亲	朱二男
	朱小燕	女儿	1993 年 4 月	汉		
	陈路峰	女婿	1991 年 6 月	汉		
	陈晞露	孙女	2020 年 4 月	汉		
	俞招英	母亲	1948 年 11 月	汉		
	袁巧林	祖母	1928 年 3 月	汉		
家庭大事记	1990 年，翻建三上三下楼房。 2013 年，购商品房。 2014 年，购轿车。					

现有家庭成员	姓名	与户主关系	出生年月	民族	已故亲属	
					称呼	姓名
	王中林	户主	1953 年 10 月	汉	父亲	王凤泉
	周小妹	妻子	1953 年 5 月	汉		
	王吉芳	女儿	1977 年 10 月	汉		
	郭建刚	女婿	1975 年 10 月	汉		
	王雨茜	孙女	1999 年 10 月	汉		
	王香宝	母亲	1934 年 9 月	汉		
家庭大事记	1986 年，翻建三上三下楼房。 2005 年，购商品房。 2006 年，购轿车。					

现有家庭成员	姓名	与户主关系	出生年月	民族	已故亲属	
					称呼	姓名
	顾香男	户主	1965 年 5 月	汉	父亲	顾全生
	周　英	妻子	1965 年 4 月	汉		
	顾立明	儿子	1988 年 4 月	汉		
	周　瑛	儿媳	1987 年 6 月	汉		
	顾昕凝	孙女	2015 年 9 月	汉		
	俞凤英	母亲	1937 年 1 月	汉		
家庭大事记	1990 年，翻建三上三下楼房。 2008 年，购商品房。 2010 年，购轿车。 2015 年，房屋动迁，分得安置房。					

现有家庭成员	姓名	与户主关系	出生年月	民族	已故亲属	
					称呼	姓名
	王美娣	户主	1963 年 8 月	汉		
家庭大事记						

现有家庭成员	姓名	与户主关系	出生年月	民族	已故亲属	
					称呼	姓名
	姚美荣	户主	1952 年 8 月	汉	岳父	周兰花
	潘金秀	妻子	1955 年 6 月	汉	岳母	夏巧妹
	潘菊萍	女儿	1978 年 9 月	汉		
	王叶军	女婿	1977 年 11 月	汉		
	潘之瑶	长孙女	2001 年 2 月	汉		
	王梓涵	次孙女	2010 年 1 月	汉		
家庭大事记	1986 年，翻建三上三下楼房。 2005 年，购商品房。 2005 年，购轿车。					

现有家庭成员	姓名	与户主关系	出生年月	民族	已故亲属	
					称呼	姓名
	罗寒林	户主	1964 年 11 月	汉	父亲	罗阿招
	陈金英	妻子	1964 年 12 月	汉	母亲	王林妹
	陈嘉雯	女儿	1986 年 9 月	汉		
	罗　强	儿子	1987 年 7 月	汉		
	高　荣	儿媳	1987 年 7 月	汉		
家庭大事记	1987 年，翻建三上三下楼房。 2012 年，购商品房。 2012 年，房屋动迁，分得安置房。					

	姓名	与户主关系	出生年月	民族	已故亲属	
					称呼	姓名
现有家庭成员	祝良英	户主	1965 年 1 月	汉		
	赵德洪	丈夫	1964 年 10 月	汉		
	罗　强	儿子	1987 年 7 月	汉		
	高　荣	儿媳	1987 年 8 月	汉		
家庭大事记	2012 年，房屋动迁，分得安置房。 2018 年，购轿车。					

	姓名	与户主关系	出生年月	民族	已故亲属	
					称呼	姓名
现有家庭成员	许阿明	户主	1967 年 3 月	汉	父亲	许惠英
	罗　妹	妻子	1967 年 8 月	汉		
	许　洁	女儿	1989 年 10 月	汉		
	许振晅	孙子	2014 年 9 月	汉		
	万祥宝	母亲	1943 年 6 月	汉		
家庭大事记	1993 年，翻建三上三下楼房。 2010 年，购轿车。 2013 年，购商品房。 2018 年，房屋动迁，分得安置房。 许洁，中共党员。					

	姓名	与户主关系	出生年月	民族	已故亲属	
					称呼	姓名
现有家庭成员	陈杏根	户主	1969 年 4 月	汉	父亲	陈小男
	朱翠勤	妻子	1971 年 10 月	汉	母亲	宋阿招
	陈　龙	儿子	1993 年 8 月	汉		
	陆婷婷	儿媳	1994 年 3 月	汉		
	陈弘奕	孙子	2019 年 4 月	汉		
家庭大事记	1990 年，翻建三上三下楼房。 2013 年，购商品房。 2015 年，购轿车。					

	姓名	与户主关系	出生年月	民族	已故亲属	
					称呼	姓名
现有家庭成员	陈炳元	户主	1950 年 8 月	汉	父亲	陈进生
	江白妹	妻子	1951 年 8 月	汉	母亲	陈黑妹
	陈月亮	儿子	1976 年 3 月	汉		
	王　正	儿媳	1975 年 6 月	汉		
	陈　超	孙子	1999 年 2 月	汉		
家庭大事记	1987 年，翻建三上三下楼房。 2011 年，购商品房。 2012 年，购轿车。					

	姓名	与户主关系	出生年月	民族	已故亲属	
					称呼	姓名
现有家庭成员	朱五男	户主	1962 年 6 月	汉	父亲	朱阿招
	张秀连	妻子	1966 年 3 月	汉		
	朱良花	女儿	1985 年 12 月	汉		
	许太贵	女婿	1982 年 5 月	汉		
	朱佳慧	孙女	2009 年 1 月	汉		
	袁巧林	母亲	1928 年 3 月	汉		
家庭大事记	1983 年，翻建三上三下楼房。 2018 年，房屋动迁，分得安置房。					

	姓名	与户主关系	出生年月	民族	已故亲属	
					称呼	姓名
现有家庭成员	许阿建	户主	1969 年 3 月	汉	父亲	许惠英
	张秋萍	妻子	1975 年 9 月	汉		
	许　芬	女儿	1997 年 2 月	汉		
	万祥宝	母亲	1943 年 6 月	汉		
家庭大事记	1985 年，建平房。 2012 年，购轿车。 2015 年，房屋动迁，分得安置房。					

	姓名	与户主关系	出生年月	民族	已故亲属	
					称呼	姓名
现有家庭成员	罗小男	户主	1961 年 8 月	汉	父亲	罗阿招
	王美芬	妻子	1961 年 12 月	汉	母亲	王林妹
	罗顺丽	女儿	1988 年 1 月	汉		
	侯吉青	女婿	1987 年 9 月	汉		
	侯擎宇	孙子	2011 年 8 月	汉		
家庭大事记	1985 年，翻建平房。 2007 年，房屋动迁，分得安置房。 2008 年，购商品房。 2015 年，购轿车。					

	姓名	与户主关系	出生年月	民族	已故亲属	
					称呼	姓名
现有家庭成员	陈阿凤	户主	1947 年 8 月	汉		
	魏　忠	丈夫	1941 年 7 月	汉		
	陈希华	长女	1968 年 10 月	汉		
	陶建葛	长女婿	1966 年 8 月	汉		
	魏心怡	孙女	1990 年 10 月	汉		
	魏希星	次女	1970 年 10 月	汉		
家庭大事记	1985 年，翻建三上三下楼房。 2018 年，购商品房。					

现有家庭成员	姓名	与户主关系	出生年月	民族	已故亲属	
					称呼	姓名
	朱关根	户主	1948 年 7 月	汉	父亲	朱阿招
	陆阿玉	妻子	1949 年 3 月	汉		
	朱良英	女儿	1971 年 12 月	汉		
	皇甫小根	女婿	1968 年 12 月	汉		
	朱皇佳	孙子	1992 年 10 月	汉		
	王　伟	孙媳	1993 年 9 月	汉		
	朱子诺	曾孙	2017 年 3 月	汉		
	袁巧林	母亲	1928 年 3 月	汉		
家庭大事记	1980 年，翻建三上三下楼房。 2012 年，购商品房。 2013 年，购轿车。 2018 年，房屋动迁，分得安置房。					

现有家庭成员	姓名	与户主关系	出生年月	民族	已故亲属	
					称呼	姓名
	陈坤林	户主	1946 年 9 月	汉	母亲	陈腊妹
	朱招妹	妻子	1947 年 10 月	汉		
	陈凤弟	儿子	1972 年 1 月	汉		
	洪献英	儿媳	1971 年 12 月	汉		
	陈倩芝	孙女	1994 年 9 月	汉		
家庭大事记	1988 年，翻建三上三下楼房。 2005 年，购商品房。 2012 年，购轿车。 陈坤林，曾任明星大队第 13 生产队队长。					

	姓名	与户主关系	出生年月	民族	已故亲属	
					称呼	姓名
现有家庭成员	汪林男	户主	1957 年 9 月	汉	父亲	汪根福
	沈招妹	妻子	1957 年 9 月	汉		
	汪道伟	儿子	1982 年 8 月	汉		
	刘海芹	儿媳	1983 年 8 月	汉		
	汪珈琪	孙女	2005 年 12 月	汉		
家庭大事记	1990 年，翻建三上三下楼房。 2012 年，购商品房。 2013 年，购轿车。					

	姓名	与户主关系	出生年月	民族	已故亲属	
					称呼	姓名
现有家庭成员	汪二男	户主	1945 年 8 月	汉	父亲	汪根福
	韩林花	妻子	1945 年 6 月	汉		
	汪　弟	儿子	1970 年 9 月	汉		
	汪秀珍	女儿	1971 年 11 月	汉		
	唐云根	女婿	1968 年 1 月	汉		
	汪唐顺	孙子	1992 年 9 月	汉		
	张玉珍	孙媳	1993 年 3 月	汉		
	汪逸轩	曾孙子	2016 年 1 月	汉		
	汪依晨	曾孙女	2018 年 2 月	汉		
家庭大事记	1992 年，翻建三上三下楼房。 2007 年，分配到增宅房。 2013 年，购轿车。 2018 年，房屋动迁，分得安置房。					

	姓名	与户主关系	出生年月	民族	已故亲属	
					称呼	姓名
现有家庭成员	宋香根	户主	1963 年 7 月	汉		
	王花英	妻子	1963 年 8 月	汉		
	宋志刚	儿子	1987 年 11 月	汉		
	赵萍萍	儿媳	1990 年 11 月	汉		
	宋睿琦	孙子	2014 年 4 月	汉		
家庭大事记	1993 年，翻建三上三下楼房。 2013 年，购轿车。 2015 年，购商品房。 2018 年，房屋动迁，分得安置房。					

	姓名	与户主关系	出生年月	民族	已故亲属	
					称呼	姓名
现有家庭成员	朱惠良	户主	1971 年 7 月	汉	父亲	朱泉元
	周金玉	妻子	1971 年 12 月	汉	母亲	俞桂英
	朱　杰	儿子	1994 年 5 月	汉		
家庭大事记	1993 年，翻建三上三下楼房。 2015 年，房屋动迁，分得安置房。 2017 年，购轿车。					

	姓名	与户主关系	出生年月	民族	已故亲属	
					称呼	姓名
现有家庭成员	陆惠明	户主	1963 年 8 月	汉	父亲	陆大腊
	王菊珍	妻子	1963 年 1 月	汉		
	陆　琴	女儿	1986 年 10 月	汉		
	宋海健	女婿	1985 年 2 月	汉		
	陆冠宇	孙子	2009 年 11 月	汉		
	刘凤娥	母亲	1941 年 12 月	汉		
家庭大事记	1985 年，翻建三上三下楼房。 1989 年，购本组三上三下楼房。 2008 年，购商品房。 2010 年，购轿车。					

	姓名	与户主关系	出生年月	民族	已故亲属	
					称呼	姓名
现有家庭成员	王苏珍	户主	1953 年 12 月	汉	父亲	王海泉
	王红芳	女儿	1978 年 1 月	汉	丈夫	顾小男
	金海刚	女婿	1972 年 4 月	汉		
	金梓凝	孙女	1998 年 8 月	汉		
	戴秧妹	母亲	1934 年 10 月	汉		
家庭大事记	1985 年，翻建三上三下楼房。 2005 年，购商品房。 2013 年，购轿车。					

	姓名	与户主关系	出生年月	民族	已故亲属	
					称呼	姓名
现有家庭成员	王金坤	户主	1953 年 10 月	汉	父亲	王招泉
	范黑妹	妻子	1952 年 2 月	汉		
	王香红	女儿	1977 年 5 月	汉		
	刘建洪	女婿	1974 年 12 月	汉		
	王艳平	孙女	1998 年 7 月	汉		
家庭大事记	1988 年，翻建三上三下楼房。 2008 年，购商品房。 2010 年，购轿车。					

	姓名	与户主关系	出生年月	民族	已故亲属	
					称呼	姓名
现有家庭成员	夏阿三	户主	1958 年 2 月	汉	岳父	王根泉
	王林珍	妻子	1957 年 11 月	汉	岳母	王爱妹
	王文娟	女儿	1981 年 12 月	汉		
	李玉平	女婿	1980 年 11 月	汉		
	王俊祺	孙子	2006 年 11 月	汉		
家庭大事记	夏阿三（夏友根），1978 年 3 月至 1981 年 1 月参军入伍。 1984 年，翻建三上三下楼房。 2010 年，购商品房。 2012 年，购轿车。					

<table>
<tr><td rowspan="7">现有家庭成员</td><td rowspan="2">姓名</td><td rowspan="2">与户主关系</td><td rowspan="2">出生年月</td><td rowspan="2">民族</td><td colspan="2">已故亲属</td></tr>
<tr><td>称呼</td><td>姓名</td></tr>
<tr><td>王双弟</td><td>户主</td><td>1964 年 2 月</td><td>汉</td><td>父亲</td><td>王阿二</td></tr>
<tr><td>陆宝珍</td><td>妻子</td><td>1966 年 3 月</td><td>汉</td><td>母亲</td><td>王木英</td></tr>
<tr><td>王　虹</td><td>女儿</td><td>1987 年 1 月</td><td>汉</td><td></td><td></td></tr>
<tr><td>李文俊</td><td>女婿</td><td>1987 年 10 月</td><td>汉</td><td></td><td></td></tr>
<tr><td>王馨宸</td><td>孙女</td><td>2011 年 8 月</td><td>汉</td><td></td><td></td></tr>
<tr><td>家庭大事记</td><td colspan="6">1984 年，翻建三上三下楼房。
2013 年，购商品房。
2015 年，购轿车。</td></tr>
</table>

<table>
<tr><td rowspan="8">现有家庭成员</td><td rowspan="2">姓名</td><td rowspan="2">与户主关系</td><td rowspan="2">出生年月</td><td rowspan="2">民族</td><td colspan="2">已故亲属</td></tr>
<tr><td>称呼</td><td>姓名</td></tr>
<tr><td>王云男</td><td>户主</td><td>1951 年 8 月</td><td>汉</td><td>父亲</td><td>王阿二</td></tr>
<tr><td>戴桂花</td><td>妻子</td><td>1951 年 8 月</td><td>汉</td><td>母亲</td><td>王木英</td></tr>
<tr><td>王月红</td><td>女儿</td><td>1977 年 2 月</td><td>汉</td><td></td><td></td></tr>
<tr><td>郁小龙</td><td>女婿</td><td>1973 年 5 月</td><td>汉</td><td></td><td></td></tr>
<tr><td>王淑莉</td><td>长孙女</td><td>1998 年 8 月</td><td>汉</td><td></td><td></td></tr>
<tr><td>郁淑婷</td><td>次孙女</td><td>2007 年 11 月</td><td>汉</td><td></td><td></td></tr>
<tr><td>家庭大事记</td><td colspan="6">1984 年，翻建三上三下楼房。
2008 年，购商品房。
2012 年，购轿车。
王淑莉，2020 年 7 月盐城师范学院本科毕业。</td></tr>
</table>

	姓名	与户主关系	出生年月	民族	已故亲属	
					称呼	姓名
现有家庭成员	王桂泉	户主	1942 年 3 月	汉	父亲	王海根
	曹金宝	妻子	1947 年 6 月	汉	母亲	汪桂英
	王玉强	儿子	1972 年 9 月	汉		
	张学芳	儿媳	1972 年 9 月	汉		
	王晓艳	孙女	1995 年 11 月	汉		
家庭大事记	1990 年，翻建三上三下楼房。 2008 年，购商品房。 2010 年，购轿车。 王晓艳，2020 年 7 月英国爱丁堡大学硕士毕业。 王桂泉，曾任正仪农村信用社（农商行）会计。					

	姓名	与户主关系	出生年月	民族	已故亲属	
					称呼	姓名
现有家庭成员	王中水	户主	1954 年 7 月	汉	父亲	王金福
	陆水珍	妻子	1955 年 12 月	汉		
	王文珍	女儿	1979 年 3 月	汉		
	陆　卫	女婿	1980 年 3 月	汉		
	王郁欣	长孙女	2003 年 5 月	汉		
	陆雨岑	次孙女	2006 年 10 月	汉		
	王招英	母亲	1929 年 3 月	汉		
家庭大事记	1986 年，翻建三上三下楼房。 2006 年，购商品房。 2008 年，购轿车。 王文珍，2001 年 7 月南京农业大学本科毕业，中共党员，现任昆山市资产管理局权益科副科长。 陆卫，中共党员，玉山镇马庄村党总支部书记。 王中水，中共党员，曾任明星大队第 8 生产队队长，燕桥浜村经济合作社社长、村党支部书记，正仪土管所所长，高新区国土分局副局长，昆山市第九届人大代表、玉山镇第七次党代会代表。					

	姓名	与户主关系	出生年月	民族	已故亲属	
					称呼	姓名
现有家庭成员	朱金火	户主	1958 年 11 月	汉		
	陆爱珍	妻子	1957 年 9 月	汉		
	朱兴华	长子	1982 年 6 月	汉		
	朱晓华	次子	1989 年 12 月	汉		
	朱晟楠	孙子	2008 年 2 月	汉		
家庭大事记	1994 年，购三上三下楼房。 2018 年，房屋动迁，分得安置房。 2019 年，购轿车。					

	姓名	与户主关系	出生年月	民族	已故亲属	
					称呼	姓名
现有家庭成员	陆金梅	户主	1948 年 1 月	汉	父亲	陆永泉
	周金英	妻子	1948 年 12 月	汉	母亲	陆月妹
	陆建明	儿子	1972 年 11 月	汉		
	唐桂芳	儿媳	1973 年 5 月	汉		
	陆聚峰	孙子	1995 年 9 月	汉		
家庭大事记	1983 年，翻建三上三下楼房。 2000 年，购商品房。 2015 年，购轿车。					

	姓名	与户主关系	出生年月	民族	已故亲属	
					称呼	姓名
现有家庭成员	陆三妹	户主	1955 年 7 月	汉	父亲	陆永泉
	陆春霞	女儿	1982 年 2 月	汉	母亲	陆月妹
	景金龙	女婿	1981 年 3 月	汉	丈夫	蒋坤元
	陆景祥	孙子	2006 年 5 月	汉		
家庭大事记	1990 年，翻建三上三下楼房。 2010 年，购商品房。 2015 年，购轿车。					

	姓名	与户主关系	出生年月	民族	已故亲属	
					称呼	姓名
现有家庭成员	陆根男	户主	1960 年 4 月	汉	父亲	陆大男
	周凤妹	妻子	1961 年 9 月	汉	母亲	顾爱宝
	陆秋龙	儿子	1983 年 8 月	汉		
	罗正英	儿媳	1984 年 1 月	汉		
	陆苇涛	孙子	2009 年 12 月	汉		
家庭大事记	1986 年，翻建三上三下楼房。 2006 年，购商品房。 2010 年，购轿车。 陆秋龙，中共党员。					

	姓名	与户主关系	出生年月	民族	已故亲属	
					称呼	姓名
现有家庭成员	汪福根	户主	1943 年 1 月	汉		
	陆水妹	妻子	1943 年 2 月	汉		
	陆祥英	女儿	1964 年 4 月	汉		
	顾小弟	女婿	1963 年 9 月	汉		
	陆敏龙	孙子	1986 年 7 月	汉		
	陈　婷	孙媳	1986 年 8 月	汉		
	陆宇昊	长曾孙	2012 年 2 月	汉		
	陆宇辰	次曾孙	2014 年 1 月	汉		
家庭大事记	1987 年，翻建三上三下楼房。 2012 年，购商品房。 2013 年，购轿车。					

	姓名	与户主关系	出生年月	民族	已故亲属	
					称呼	姓名
现有家庭成员	康开军	户主	1968 年 9 月	汉		
	俞良妹	妻子	1968 年 6 月	汉		
	熊静玉	长女	1990 年 4 月	汉		
	康秋云	次女	1995 年 8 月	汉		
	彭奕萱	孙女	2016 年 11 月	汉		
家庭大事记	1988 年，购三上三下楼房。 2009 年，购轿车。 2012 年，购商品房。 2018 年，房屋动迁，分得安置房。 康秋云，中共党员。					

	姓名	与户主关系	出生年月	民族	已故亲属	
					称呼	姓名
现有家庭成员	陆秧男	户主	1960 年 4 月	汉	母亲	王金宝
	杜素珍	妻子	1963 年 3 月	汉		
	陆振龙	儿子	1985 年 4 月	汉		
	孙亚萍	儿媳	1986 年 3 月	汉		
	陆孙毅	孙子	2010 年 6 月	汉		
	陆金夏	父亲	1937 年 1 月	汉		
家庭大事记	1984 年，翻建三上三下楼房。 2009 年，购商品房。 2010 年，购轿车。 杜素珍，中共党员。					

	姓名	与户主关系	出生年月	民族	已故亲属	
					称呼	姓名
现有家庭成员	陆三腊	户主	1948 年 6 月	汉		
	王妹英	妻子	1948 年 12 月	汉		
	陆建珍	女儿	1970 年 11 月	汉		
	金义忠	女婿	1969 年 2 月	汉		
	陆志敏	孙子	1993 年 3 月	汉		
	周申玥	孙媳	1992 年 11 月	汉		
	陆琬舟	曾孙女	2019 年 6 月	汉		
家庭大事记	1985 年，翻建三上三下楼房。 2005 年，购商品房。 2005 年，购轿车。 2015 年，购别墅。 陆志敏，2015 年 7 月南京邮电大学本科毕业。 陆建珍，中共党员，曾任燕桥浜村会计，获“第三次全国农业普查优秀工作者”称号。 陆三腊，曾任明星大队治保主任。 2019 年，被昆山高新区评为“文明和谐最美家庭”。					

<table>
<tr><td rowspan="7">现有家庭成员</td><td rowspan="2">姓名</td><td rowspan="2">与户主关系</td><td rowspan="2">出生年月</td><td rowspan="2">民族</td><td colspan="2">已故亲属</td></tr>
<tr><td>称呼</td><td>姓名</td></tr>
<tr><td>俞雪良</td><td>户主</td><td>1966 年 2 月</td><td>汉</td><td>父亲</td><td>俞永元</td></tr>
<tr><td>熊翠珍</td><td>妻子</td><td>1969 年 2 月</td><td>汉</td><td>母亲</td><td>潘妹花</td></tr>
<tr><td>俞静丽</td><td>女儿</td><td>1989 年 10 月</td><td>汉</td><td></td><td></td></tr>
<tr><td>王　磊</td><td>女婿</td><td>1989 年 1 月</td><td>汉</td><td></td><td></td></tr>
<tr><td>王士杰</td><td>孙子</td><td>2015 年 2 月</td><td>汉</td><td></td><td></td></tr>
<tr><td>家庭大事记</td><td colspan="6">1988 年，翻建三上三下楼房。
2015 年，购轿车。
2018 年，购商品房。</td></tr>
</table>

<table>
<tr><td rowspan="7">现有家庭成员</td><td rowspan="2">姓名</td><td rowspan="2">与户主关系</td><td rowspan="2">出生年月</td><td rowspan="2">民族</td><td colspan="2">已故亲属</td></tr>
<tr><td>称呼</td><td>姓名</td></tr>
<tr><td>王桂男</td><td>户主</td><td>1952 年 4 月</td><td>汉</td><td>父亲</td><td>王海根</td></tr>
<tr><td>金培金</td><td>妻子</td><td>1956 年 8 月</td><td>汉</td><td>母亲</td><td>汪桂英</td></tr>
<tr><td>王　芳</td><td>女儿</td><td>1978 年 11 月</td><td>汉</td><td></td><td></td></tr>
<tr><td>钱进龙</td><td>女婿</td><td>1975 年 3 月</td><td>汉</td><td></td><td></td></tr>
<tr><td>王恰蓉</td><td>孙女</td><td>2002 年 6 月</td><td>汉</td><td></td><td></td></tr>
<tr><td>家庭大事记</td><td colspan="6">1992 年，翻建三上三下楼房。
1995 年，购商品房。
2002 年，购轿车。</td></tr>
</table>

	姓名	与户主关系	出生年月	民族	已故亲属	
					称呼	姓名
现有家庭成员	王中泉	户主	1958 年 12 月	汉	父亲	王金福
	周林英	妻子	1957 年 9 月	汉		
	王文龙	儿子	1981 年 10 月	汉		
	徐玉平	儿媳	1984 年 2 月	汉		
	王紫铱	孙女	2006 年 3 月	汉		
	王子齐	孙子	2013 年 10 月	汉		
	王招英	母亲	1929 年 3 月	汉		
家庭大事记	1992 年，翻建三上三下楼房。 2005 年，购商品房。 2010 年，购轿车。					

	姓名	与户主关系	出生年月	民族	已故亲属	
					称呼	姓名
现有家庭成员	陆全生	户主	1957 年 10 月	汉	父亲	陆阿水
	黄月珍	妻子	1956 年 7 月	汉		
	陆明菊	女儿	1981 年 11 月	汉		
	马　勇	女婿	1981 年 11 月	汉		
	马陆宇	孙子	2006 年 10 月	汉		
	陆全宝	母亲	1936 年 10 月	汉		
家庭大事记	1992 年，翻建三上三下楼房。 2006 年，购商品房。 2010 年，购轿车。 陆全宝，中共党员。					

	姓名	与户主关系	出生年月	民族	已故亲属	
					称呼	姓名
现有家庭成员	宋二香	户主	1965 年 7 月	汉	叔父	宋小男
	屈琴妹	妻子	1965 年 7 月	汉		
	宋健龙	儿子	1988 年 8 月	汉		
	田　委	儿媳	1986 年 10 月	汉		
	宋紫菱	长孙女	2011 年 5 月	汉		
	宋紫珺	次孙女	2018 年 9 月	汉		
	方小妹	母亲	1941 年 8 月	汉		
家庭大事记	1993 年，翻建三上三下楼房。 2010 年，购轿车。 2015 年，购商品房。 2018 年，房屋动迁，分得安置房。					

	姓名	与户主关系	出生年月	民族	已故亲属	
					称呼	姓名
现有家庭成员	周　杰	户主	1974 年 1 月	汉	丈夫	顾大男
	顾　雨	女儿	2005 年 7 月	汉		
家庭大事记	2018 年，房屋动迁，分得安置房。					

	姓名	与户主关系	出生年月	民族	已故亲属	
					称呼	姓名
现有家庭成员	王玉珍	户主	1968 年 2 月	汉		
	吴金金	儿子	1992 年 11 月	汉		
家庭大事记						

	姓名	与户主关系	出生年月	民族	已故亲属	
					称呼	姓名
现有家庭成员	许玉妹	户主	1960 年 6 月	汉	丈夫	罗才良
	罗　明	儿子	1982 年 9 月	汉		
	丁小凡	儿媳	1984 年 8 月	汉		
	罗维希	长孙女	2005 年 2 月	汉		
	罗一婷	次孙女	2011 年 7 月	汉		
家庭大事记	1988 年，翻建三上三下楼房。 罗明，2001 年 12 月至 2003 年 11 月参军入伍。 2006 年，购商品房。 2010 年，购轿车。					

▶ 燕桥浜村第 5 村民小组

燕桥浜村第 5 村民小组人员统计表

单位：人

序号	户主	男	女	合计	序号	户主	男	女	合计
1	洪腊妹	3	5	8	26	王前弟	2	3	5
2	黄建中	3	3	6	27	龚雪根	2	2	4
3	巫泉宝	2	5	7	28	黄阿兴	2	3	5
4	巫中男	3	2	5	29	王金弟	2	3	5
5	王金根	3	2	5	30	陈元妹	1	3	4
6	王惠明	3	3	6	31	王春元	2	3	5
7	姚建元	1	2	3	32	洪根元	4	3	7
8	蒋根才	4	4	8	33	许金荣	3	2	5
9	许金水	3	4	7	34	黄月根	3	3	6
10	李培培	3	2	5	35	黄林才	2	3	5
11	巫云男	3	3	6	36	洪水男	2	5	7
12	胡香男	2	4	6	37	蒋根生	3	5	8
13	巫进才	3	3	6	38	钱永兴	4	4	8
14	巫夫宝	4	3	7	39	洪小男	3	4	7
15	钱五宝	5	2	7	40	徐阿毛	2	5	7
16	俞旭东	1	1	2	41	徐阿弟	4	4	8
17	徐金龙	4	3	7	42	黄月红	3	2	5
18	黄兴才	3	3	6	43	王云花	3	2	5
19	张二男	3	2	5	44	张　梅	3	2	5
20	巫炳兴	3	3	6	45	夏海根	3	2	5
21	陈多妹	2	2	4	46	夏坤元	2	3	5
22	王惠荣	3	4	7	47	钱云初	4	3	7
23	钱菊香	2	3	5	48	洪宝根	4	4	8
24	洪金龙	2	4	6	49	洪林根	3	4	7
25	李培元	2	1	3	50	巫火根	2	4	6

续表

序号	户主	男	女	合计	序号	户主	男	女	合计
51	黄月明	3	4	7	60	王春梅	0	2	2
52	张　云	2	3	5	61	蒋建国	2	3	5
53	黄　烨	3	2	5	62	钱云龙	3	3	6
54	洪福兴	3	2	5	63	王先会	1	0	1
55	强永法	3	4	7	64	黄月青	2	4	6
56	许兴元	1	0	1	65	巫志明	2	3	5
57	黄惠明	3	3	6	66	黄　强	3	3	6
58	蒋阿水	2	2	4	66	孙春芳	0	1	1
59	夏阿巧	3	2	5	—	—	—	—	—

	姓名	与户主关系	出生年月	民族	已故亲属	
					称呼	姓名
现有家庭成员	洪腊妹	户主	1951 年 7 月	汉	公公	黄阿荣
	黄　华	儿子	1976 年 11 月	汉	婆婆	袁大妹
	费冬英	儿媳	1978 年 1 月	汉	丈夫	黄祥根
	黄逸涵	长孙女	2001 年 6 月	汉		
	黄奕函	次孙女	2011 年 5 月	汉		
	黄　芳	女儿	1979 年 3 月	汉		
	李孙东	女婿	1977 年 7 月	汉		
	李昊哲	外孙	2002 年 10 月	汉		
家庭大事记	1984 年，翻建三上三下楼房。 1998 年，购商品房。 2007 年，购轿车。					

<table>
<tr><td rowspan="8">现有家庭成员</td><th rowspan="2">姓名</th><th rowspan="2">与户主关系</th><th rowspan="2">出生年月</th><th rowspan="2">民族</th><th colspan="2">已故亲属</th></tr>
<tr><th>称呼</th><th>姓名</th></tr>
<tr><td>黄建中</td><td>户主</td><td>1966 年 1 月</td><td>汉</td><td>父亲</td><td>黄永泉</td></tr>
<tr><td>戴香琴</td><td>妻子</td><td>1967 年 3 月</td><td>汉</td><td></td><td></td></tr>
<tr><td>黄玉婷</td><td>女儿</td><td>1989 年 1 月</td><td>汉</td><td></td><td></td></tr>
<tr><td>张　爽</td><td>女婿</td><td>1988 年 3 月</td><td>汉</td><td></td><td></td></tr>
<tr><td>张悦晨</td><td>孙子</td><td>2017 年 5 月</td><td>汉</td><td></td><td></td></tr>
<tr><td>徐爱宝</td><td>母亲</td><td>1944 年 10 月</td><td>汉</td><td></td><td></td></tr>
<tr><td>家庭大事记</td><td colspan="6">1984 年，翻建三上三下楼房。
2010 年，购轿车。
2020 年，房屋动迁，分得安置房。</td></tr>
</table>

<table>
<tr><td rowspan="9">现有家庭成员</td><th rowspan="2">姓名</th><th rowspan="2">与户主关系</th><th rowspan="2">出生年月</th><th rowspan="2">民族</th><th colspan="2">已故亲属</th></tr>
<tr><th>称呼</th><th>姓名</th></tr>
<tr><td>巫泉宝</td><td>户主</td><td>1957 年 11 月</td><td>汉</td><td>父亲</td><td>巫水根</td></tr>
<tr><td>万根花</td><td>妻子</td><td>1961 年 12 月</td><td>汉</td><td></td><td></td></tr>
<tr><td>巫岳龙</td><td>儿子</td><td>1983 年 4 月</td><td>汉</td><td></td><td></td></tr>
<tr><td>巫婉灵</td><td>长孙女</td><td>2009 年 12 月</td><td>汉</td><td></td><td></td></tr>
<tr><td>巫弈菲</td><td>次孙女</td><td>2012 年 6 月</td><td>汉</td><td></td><td></td></tr>
<tr><td>赵根宝</td><td>母亲</td><td>1926 年 8 月</td><td>汉</td><td></td><td></td></tr>
<tr><td>胡金花</td><td>非亲属</td><td>1983 年 2 月</td><td>汉</td><td></td><td></td></tr>
<tr><td>家庭大事记</td><td colspan="6">1993 年，翻建三上三下楼房。
2010 年，购商品房。
2013 年，购轿车。
2018 年，房屋动迁，分得安置房。</td></tr>
</table>

	姓名	与户主关系	出生年月	民族	已故亲属	
					称呼	姓名
现有家庭成员	巫中男	户主	1951 年 3 月	汉	父亲	巫小弟
	张金英	妻子	1949 年 3 月	汉	母亲	沈妹宝
	巫月琴	女儿	1973 年 1 月	汉		
	李培林	女婿	1969 年 1 月	汉		
	巫有丰	孙子	1993 年 10 月	汉		
家庭大事记	1984 年，翻建三上三下楼房。 2005 年，购商品房。 巫有丰，2016 年 7 月西安交通大学本科毕业。 2019 年，购轿车。					

	姓名	与户主关系	出生年月	民族	已故亲属	
					称呼	姓名
现有家庭成员	王金根	户主	1946 年 10 月	汉	父亲	王水生
	徐妹郎	妻子	1946 年 8 月	汉	母亲	祝香妹
	王振华	儿子	1972 年 7 月	汉		
	高雪琴	儿媳	1971 年 2 月	汉		
	王史煜	孙子	1995 年 10 月	汉		
家庭大事记	1990 年，翻建三上三下楼房。 2010 年，购商品房。 2018 年，购轿车。 王史煜，2018 年 7 月南京师范大学泰州学院本科毕业。					

<table>
<tr><td rowspan="8">现有家庭成员</td><th rowspan="2">姓名</th><th rowspan="2">与户主关系</th><th rowspan="2">出生年月</th><th rowspan="2">民族</th><th colspan="2">已故亲属</th></tr>
<tr><th>称呼</th><th>姓名</th></tr>
<tr><td>王惠明</td><td>户主</td><td>1969 年 2 月</td><td>汉</td><td>父亲</td><td>王金泉</td></tr>
<tr><td>曾花珍</td><td>妻子</td><td>1968 年 6 月</td><td>汉</td><td></td><td></td></tr>
<tr><td>王蓉蓉</td><td>女儿</td><td>1992 年 6 月</td><td>汉</td><td></td><td></td></tr>
<tr><td>金志贤</td><td>女婿</td><td>1991 年 10 月</td><td>汉</td><td></td><td></td></tr>
<tr><td>金俊宇</td><td>孙子</td><td>2017 年 1 月</td><td>汉</td><td></td><td></td></tr>
<tr><td>张妹英</td><td>母亲</td><td>1943 年 12 月</td><td>汉</td><td></td><td></td></tr>
<tr><td>家庭大事记</td><td colspan="6">1993 年，翻建三上三下楼房。
2011 年，购商品房。
2012 年，购轿车。</td></tr>
</table>

<table>
<tr><td rowspan="5">现有家庭成员</td><th rowspan="2">姓名</th><th rowspan="2">与户主关系</th><th rowspan="2">出生年月</th><th rowspan="2">民族</th><th colspan="2">已故亲属</th></tr>
<tr><th>称呼</th><th>姓名</th></tr>
<tr><td>姚建元</td><td>户主</td><td>1978 年 3 月</td><td>汉</td><td>岳父</td><td>蒋祖友</td></tr>
<tr><td>蒋琴芳</td><td>妻子</td><td>1982 年 1 月</td><td>汉</td><td>岳母</td><td>戴金香</td></tr>
<tr><td>蒋婉婷</td><td>女儿</td><td>2008 年 3 月</td><td>汉</td><td></td><td></td></tr>
<tr><td>家庭大事记</td><td colspan="6">1992 年，翻建三上三下楼房。
2016 年，购商品房。</td></tr>
</table>

<table>
<tr><td rowspan="10">现有家庭成员</td><th rowspan="2">姓名</th><th rowspan="2">与户主关系</th><th rowspan="2">出生年月</th><th rowspan="2">民族</th><th colspan="2">已故亲属</th></tr>
<tr><th>称呼</th><th>姓名</th></tr>
<tr><td>蒋根才</td><td>户主</td><td>1944 年 4 月</td><td>汉</td><td>父亲</td><td>蒋文元</td></tr>
<tr><td>周秀英</td><td>妻子</td><td>1945 年 12 月</td><td>汉</td><td>母亲</td><td>卞群娣</td></tr>
<tr><td>蒋建明</td><td>儿子</td><td>1968 年 1 月</td><td>汉</td><td></td><td></td></tr>
<tr><td>洪香花</td><td>儿媳</td><td>1967 年 4 月</td><td>汉</td><td></td><td></td></tr>
<tr><td>蒋　萍</td><td>长孙女</td><td>1990 年 8 月</td><td>汉</td><td></td><td></td></tr>
<tr><td>徐文斌</td><td>长孙女婿</td><td>1988 年 5 月</td><td>汉</td><td></td><td></td></tr>
<tr><td>蒋　颖</td><td>次孙女</td><td>1995 年 6 月</td><td>汉</td><td></td><td></td></tr>
<tr><td>汪煜刚</td><td>次孙女婿</td><td>1993 年 7 月</td><td>汉</td><td></td><td></td></tr>
<tr><td>家庭大事记</td><td colspan="6">1985 年，翻建三上三下楼房。
2008 年，购商品房。
2010 年，购轿车。
蒋萍，2012 年 7 月扬州大学本科毕业。
蒋颖，2017 年 7 月南京师范大学泰州学院本科毕业。
2018 年，房屋动迁，分得安置房。
蒋根才，中共党员，曾任明星大队团支部书记、党支部副书记，燕桥浜村党支部书记。</td></tr>
</table>

<table>
<tr><td rowspan="9">现有家庭成员</td><th rowspan="2">姓名</th><th rowspan="2">与户主关系</th><th rowspan="2">出生年月</th><th rowspan="2">民族</th><th colspan="2">已故亲属</th></tr>
<tr><th>称呼</th><th>姓名</th></tr>
<tr><td>许金水</td><td>户主</td><td>1948 年 6 月</td><td>汉</td><td>父亲</td><td>许爱生</td></tr>
<tr><td>赵阿多</td><td>妻子</td><td>1948 年 8 月</td><td>汉</td><td></td><td></td></tr>
<tr><td>许惠萍</td><td>女儿</td><td>1969 年 10 月</td><td>汉</td><td></td><td></td></tr>
<tr><td>戴　明</td><td>女婿</td><td>1966 年 12 月</td><td>汉</td><td></td><td></td></tr>
<tr><td>许晓雯</td><td>孙女</td><td>1991 年 3 月</td><td>汉</td><td></td><td></td></tr>
<tr><td>唐　峰</td><td>孙女婿</td><td>1990 年 6 月</td><td>汉</td><td></td><td></td></tr>
<tr><td>唐欣妍</td><td>曾孙女</td><td>2017 年 9 月</td><td>汉</td><td></td><td></td></tr>
<tr><td>家庭大事记</td><td colspan="6">1993 年，翻建三上三下楼房。
2005 年，购商品房。</td></tr>
</table>

<table>
<tr><td rowspan="2"></td><td rowspan="2">姓名</td><td rowspan="2">与户主关系</td><td rowspan="2">出生年月</td><td rowspan="2">民族</td><td colspan="2">已故亲属</td></tr>
<tr><td>称呼</td><td>姓名</td></tr>
<tr><td rowspan="5">现有家庭成员</td><td>李培培</td><td>户主</td><td>1953 年 4 月</td><td>汉</td><td>父亲</td><td>李根才</td></tr>
<tr><td>洪素英</td><td>妻子</td><td>1955 年 4 月</td><td>汉</td><td></td><td></td></tr>
<tr><td>李　明</td><td>儿子</td><td>1978 年 11 月</td><td>汉</td><td></td><td></td></tr>
<tr><td>夏建花</td><td>儿媳</td><td>1981 年 10 月</td><td>汉</td><td></td><td></td></tr>
<tr><td>李逸枭</td><td>孙子</td><td>2009 年 1 月</td><td>汉</td><td></td><td></td></tr>
<tr><td>家庭大事记</td><td colspan="6">1986 年，翻建三上三下楼房。
2008 年，购商品房。
2018 年，房屋动迁，分得安置房。</td></tr>
</table>

<table>
<tr><td rowspan="2"></td><td rowspan="2">姓名</td><td rowspan="2">与户主关系</td><td rowspan="2">出生年月</td><td rowspan="2">民族</td><td colspan="2">已故亲属</td></tr>
<tr><td>称呼</td><td>姓名</td></tr>
<tr><td rowspan="6">现有家庭成员</td><td>巫云男</td><td>户主</td><td>1968 年 7 月</td><td>汉</td><td>父亲</td><td>巫水根</td></tr>
<tr><td>顾学妹</td><td>妻子</td><td>1971 年 11 月</td><td>汉</td><td></td><td></td></tr>
<tr><td>巫　剑</td><td>儿子</td><td>1992 年 11 月</td><td>汉</td><td></td><td></td></tr>
<tr><td>金　洁</td><td>儿媳</td><td>1993 年 12 月</td><td>汉</td><td></td><td></td></tr>
<tr><td>巫承皓</td><td>孙子</td><td>2020 年 2 月</td><td>汉</td><td></td><td></td></tr>
<tr><td>赵根宝</td><td>母亲</td><td>1926 年 8 月</td><td>汉</td><td></td><td></td></tr>
<tr><td>家庭大事记</td><td colspan="6">1993 年，翻建三上三下楼房。
2012 年，购商品房。
2018 年，房屋动迁，分得安置房。</td></tr>
</table>

	姓名	与户主关系	出生年月	民族	已故亲属	
					称呼	姓名
现有家庭成员	胡香男	户主	1967 年 1 月	汉	父亲	胡云生
	翁建英	妻子	1969 年 1 月	汉		
	胡　骏	儿子	1990 年 10 月	汉		
	范玢琼	儿媳	1988 年 12 月	汉		
	胡乐桐	孙女	2017 年 3 月	汉		
	洪阿二	母亲	1935 年 9 月	汉		
家庭大事记	1993 年，翻建三上三下楼房。 2013 年，购商品房。 2018 年，房屋动迁，分得安置房。					

	姓名	与户主关系	出生年月	民族	已故亲属	
					称呼	姓名
现有家庭成员	巫进才	户主	1948 年 1 月	汉	母亲	巫雪宝
	李密宝	妻子	1947 年 8 月	汉		
	巫春男	儿子	1970 年 2 月	汉		
	姚秀妹	儿媳	1972 年 1 月	汉		
	巫雁青	孙子	1992 年 9 月	汉		
	王　倩	孙媳	1992 年 11 月	汉		
家庭大事记	1985 年，翻建三上三下楼房。 2010 年，购商品房。 2012 年，购轿车。 巫雁青，2015 年 7 月南京理工大学本科毕业，2016 年 9 月至 2018 年 9 月参军入伍。 2018 年，房屋动迁，分得安置房。					

	姓名	与户主关系	出生年月	民族	已故亲属	
					称呼	姓名
现有家庭成员	巫夫宝	户主	1955 年 2 月	汉	父亲	巫水根
	洪　妹	妻子	1958 年 2 月	汉		
	巫玉兰	女儿	1982 年 11 月	汉		
	王建泉	女婿	1982 年 3 月	汉		
	巫鸿康	长孙	2007 年 7 月	汉		
	王鸿宇	次孙	2016 年 1 月	汉		
	赵根宝	母亲	1926 年 8 月	汉		
家庭大事记	1985 年，翻建三上三下楼房。 2012 年，购商品房。 2013 年，购轿车。					

	姓名	与户主关系	出生年月	民族	已故亲属	
					称呼	姓名
现有家庭成员	钱五宝	户主	1940 年 2 月	汉	妻子	龚云妹
	钱菊英	女儿	1962 年 9 月	汉		
	李瑞福	女婿	1959 年 8 月	汉		
	钱李平	孙子	1985 年 2 月	汉		
	张　燕	孙媳	1985 年 12 月	汉		
	钱　靖	长曾孙	2014 年 5 月	汉		
	张　泽	次曾孙	2018 年 3 月	汉		
家庭大事记	1987 年，翻建三上三下楼房。 钱李平，2007 年 7 月淮阴工学院本科毕业。 2013 年，购商品房。 2014 年，购轿车。					

现有家庭成员	姓名	与户主关系	出生年月	民族	已故亲属	
					称呼	姓名
	俞旭东	户主	1967 年 2 月	汉		
	俞文霞	女儿	1995 年 11 月	汉		

家庭大事记

1993 年，翻建三上三下楼房。
俞文霞，2018 年 7 月宿迁学院本科毕业。
2020 年，购轿车。

现有家庭成员	姓名	与户主关系	出生年月	民族	已故亲属	
					称呼	姓名
	徐金龙	户主	1964 年 8 月	汉	父亲	徐阿狗
	徐　娟	女儿	1987 年 11 月	汉	妻子	韩秋珍
	陈旭东	女婿	1986 年 3 月	汉		
	徐孝伟	儿子	1991 年 8 月	汉		
	李　燕	儿媳	1989 年 3 月	汉		
	陈一帆	孙子	2014 年 9 月	汉		
	孙玉英	母亲	1939 年 1 月	汉		

家庭大事记

1986 年，翻建三上三下楼房。
2008 年，购商品房。
2010 年，购轿车。
徐孝伟，2014 年 7 月淮阴工学院本科毕业。
2018 年，房屋动迁，分得安置房。
徐娟，中共党员。

	姓名	与户主关系	出生年月	民族	已故亲属	
					称呼	姓名
现有家庭成员	黄兴才	户主	1953 年 5 月	汉	父亲	黄永良
	洪招妹	妻子	1951 年 5 月	汉	母亲	黄夫妹
	黄静华	儿子	1976 年 12 月	汉		
	胡　兰	儿媳	1980 年 8 月	汉		
	黄奕晗	孙子	2006 年 6 月	汉		
	黄静芳	女儿	1979 年 7 月	汉		
家庭大事记	1992 年，翻建三上三下楼房。 2008 年，购商品房。 2010 年，购轿车。 黄兴才，曾任明星大队第 10 生产队队长。 黄静华，曾任燕桥浜村团支部书记。					

	姓名	与户主关系	出生年月	民族	已故亲属	
					称呼	姓名
现有家庭成员	张二男	户主	1951 年 1 月	汉	父亲	张本根
	许水妹	妻子	1949 年 11 月	汉	母亲	张娘娘
	张秀根	儿子	1973 年 7 月	汉		
	陈月芳	儿媳	1973 年 6 月	汉		
	张盛华	孙子	1997 年 8 月	汉		
家庭大事记	1987 年，翻建三上三下楼房。 2012 年，购商品房。 2014 年，购轿车。					

	姓名	与户主关系	出生年月	民族	已故亲属	
					称呼	姓名
现有家庭成员	巫炳兴	户主	1963 年 12 月	汉	父亲	巫水根
	周　蓉	妻子	1967 年 1 月	汉		
	巫志强	儿子	1988 年 11 月	汉		
	周亚坤	儿媳	1990 年 7 月	汉		
	巫宇凡	孙子	2016 年 12 月	汉		
	赵根宝	母亲	1926 年 8 月	汉		
家庭大事记	2003 年，翻建三上三下楼房。 2013 年，购商品房。 2015 年，购轿车。					

	姓名	与户主关系	出生年月	民族	已故亲属	
					称呼	姓名
现有家庭成员	陈多妹	户主	1957 年 11 月	汉	公公	王宗根
	王晓英	女儿	1982 年 1 月	汉	婆婆	邵凤妹
	付　博	女婿	1981 年 6 月	汉	丈夫	王林元
	付　苏	孙子	2012 年 3 月	汉		
家庭大事记	1990 年，翻建三上三下楼房。 2018 年，房屋动迁，分得安置房。					

<table>
<tr><td rowspan="2"></td><td rowspan="2">姓名</td><td rowspan="2">与户主关系</td><td rowspan="2">出生年月</td><td rowspan="2">民族</td><td colspan="2">已故亲属</td></tr>
<tr><td>称呼</td><td>姓名</td></tr>
<tr><td rowspan="7">现有家庭成员</td><td>王惠荣</td><td>户主</td><td>1967 年 10 月</td><td>汉</td><td>父亲</td><td>王金泉</td></tr>
<tr><td>周金秀</td><td>妻子</td><td>1966 年 4 月</td><td>汉</td><td></td><td></td></tr>
<tr><td>王春燕</td><td>女儿</td><td>1990 年 6 月</td><td>汉</td><td></td><td></td></tr>
<tr><td>陆文斌</td><td>女婿</td><td>1989 年 2 月</td><td>汉</td><td></td><td></td></tr>
<tr><td>陆紫萱</td><td>孙女</td><td>2013 年 9 月</td><td>汉</td><td></td><td></td></tr>
<tr><td>王亦辰</td><td>孙子</td><td>2017 年 4 月</td><td>汉</td><td></td><td></td></tr>
<tr><td>张妹英</td><td>母亲</td><td>1943 年 12 月</td><td>汉</td><td></td><td></td></tr>
<tr><td>家庭大事记</td><td colspan="6">1991 年，翻建三上三下楼房。
2009 年，购商品房。
2010 年，购轿车。</td></tr>
</table>

<table>
<tr><td rowspan="2"></td><td rowspan="2">姓名</td><td rowspan="2">与户主关系</td><td rowspan="2">出生年月</td><td rowspan="2">民族</td><td colspan="2">已故亲属</td></tr>
<tr><td>称呼</td><td>姓名</td></tr>
<tr><td rowspan="5">现有家庭成员</td><td>钱菊香</td><td>户主</td><td>1965 年 2 月</td><td>汉</td><td>公公</td><td>洪根梅</td></tr>
<tr><td>洪江南</td><td>儿子</td><td>1986 年 11 月</td><td>汉</td><td>丈夫</td><td>洪金元</td></tr>
<tr><td>姜　娟</td><td>儿媳</td><td>1989 年 10 月</td><td>汉</td><td></td><td></td></tr>
<tr><td>洪炜恒</td><td>孙子</td><td>2012 年 8 月</td><td>汉</td><td></td><td></td></tr>
<tr><td>王金娥</td><td>婆婆</td><td>1930 年 9 月</td><td>汉</td><td></td><td></td></tr>
<tr><td>家庭大事记</td><td colspan="6">1992 年，翻建三上三下楼房。
洪江南，2005 年 12 月至 2007 年 12 月参军入伍，中共党员。
2010 年，购商品房。
2012 年，购轿车。</td></tr>
</table>

	姓名	与户主关系	出生年月	民族	已故亲属	
					称呼	姓名
现有家庭成员	洪金龙	户主	1954 年 9 月	汉	父亲	洪根梅
	龚惠妹	妻子	1956 年 1 月	汉	儿子	洪小龙
	沈小莉	儿媳	1983 年 5 月	汉		
	洪若涵	孙女	2006 年 11 月	汉		
	洪靖宸	孙子	2013 年 3 月	汉		
	王金娥	母亲	1930 年 9 月	汉		
家庭大事记	1990 年，翻建三上三下楼房。 2008 年，购商品房。					

	姓名	与户主关系	出生年月	民族	已故亲属	
					称呼	姓名
现有家庭成员	李培元	户主	1964 年 11 月	汉	父亲	李根才
	强金珍	妻子	1963 年 10 月	汉		
	李　刚	儿子	1987 年 9 月	汉		
家庭大事记	1993 年，翻建三上三下楼房。 2018 年，房屋动迁，分得安置房。					

	姓名	与户主关系	出生年月	民族	已故亲属	
					称呼	姓名
现有家庭成员	王前弟	户主	1958 年 2 月	汉	父亲	王水生
	赵秋妹	妻子	1956 年 7 月	汉	母亲	祝香妹
	王学海	儿子	1981 年 12 月	汉		
	王　定	儿媳	1981 年 6 月	汉		
	王　婕	孙女	2006 年 11 月	汉		
家庭大事记	1991 年，翻建三上三下楼房。 2012 年，购商品房。 2014 年，购轿车。					

	姓名	与户主关系	出生年月	民族	已故亲属	
					称呼	姓名
现有家庭成员	龚雪根	户主	1966 年 2 月	汉	父亲	龚阿洪
	殷建珍	妻子	1968 年 3 月	汉	母亲	赵文英
	龚　晨	儿子	1990 年 2 月	汉		
	周文洁	儿媳	1990 年 4 月	汉		
家庭大事记	1991 年，翻建三上三下楼房。 龚晨，2010 年 12 月至 2012 年 12 月参军入伍，中共党员。 2013 年，购商品房。 2020 年，购轿车。					

	姓名	与户主关系	出生年月	民族	已故亲属	
					称呼	姓名
现有家庭成员	黄阿兴	户主	1942 年 8 月	汉	父亲	黄金生
	洪小妹	妻子	1944 年 11 月	汉	母亲	刘大妹
	黄　健	儿子	1969 年 7 月	汉		
	王玉英	儿媳	1967 年 11 月	汉		
	黄丽雯	孙女	1992 年 3 月	汉		
家庭大事记	1986 年，翻建三上三下楼房。 2000 年，购商品房。 2012 年，购轿车。 黄丽雯，2014 年 7 月南京理工大学泰州科技学院本科毕业。 2015 年，房屋动迁，分得安置房。 黄健，2018 年被评为“昆山市十佳安全管理员”，2020 年被评为“昆山市立法联系先进个人”，还当选为江苏省卫健委专家，苏州市、昆山市应急管理局安全专家，昆山市卫健委专家。					

<table>
<tr><td rowspan="7">现有家庭成员</td><td rowspan="2">姓名</td><td rowspan="2">与户主关系</td><td rowspan="2">出生年月</td><td rowspan="2">民族</td><td colspan="2">已故亲属</td></tr>
<tr><td>称呼</td><td>姓名</td></tr>
<tr><td>王金弟</td><td>户主</td><td>1962 年 8 月</td><td>汉</td><td>父亲</td><td>王水生</td></tr>
<tr><td>黄月芬</td><td>妻子</td><td>1963 年 9 月</td><td>汉</td><td>母亲</td><td>祝香妹</td></tr>
<tr><td>王　晨</td><td>儿子</td><td>1985 年 12 月</td><td>汉</td><td></td><td></td></tr>
<tr><td>陈　静</td><td>儿媳</td><td>1986 年 12 月</td><td>汉</td><td></td><td></td></tr>
<tr><td>王子萱</td><td>孙女</td><td>2010 年 6 月</td><td>汉</td><td></td><td></td></tr>
<tr><td>家庭大事记</td><td colspan="6">1991 年，翻建三上三下楼房。
2008 年，购商品房。
2010 年，购轿车。
2018 年，被村评为“文明和谐最美家庭”。
黄月芬，中共党员，曾任燕桥浜村妇女主任。2003 年后，先后荣获“苏州市计划生育先进工作者”“苏州市人口与计划生育先进个人”称号。</td></tr>
</table>

<table>
<tr><td rowspan="6">现有家庭成员</td><td rowspan="2">姓名</td><td rowspan="2">与户主关系</td><td rowspan="2">出生年月</td><td rowspan="2">民族</td><td colspan="2">已故亲属</td></tr>
<tr><td>称呼</td><td>姓名</td></tr>
<tr><td>陈元妹</td><td>户主</td><td>1952 年 3 月</td><td>汉</td><td>丈夫</td><td>张才林</td></tr>
<tr><td>张红英</td><td>女儿</td><td>1976 年 10 月</td><td>汉</td><td></td><td></td></tr>
<tr><td>王　挺</td><td>女婿</td><td>1974 年 3 月</td><td>汉</td><td></td><td></td></tr>
<tr><td>张平麟</td><td>孙女</td><td>1997 年 11 月</td><td>汉</td><td></td><td></td></tr>
<tr><td>家庭大事记</td><td colspan="6">1985 年，翻建三上三下楼房。
2003 年，购商品房。
2012 年，购轿车。</td></tr>
</table>

	姓名	与户主关系	出生年月	民族	已故亲属	
					称呼	姓名
现有家庭成员	王春元	户主	1966 年 2 月	汉	父亲	王宗根
	陈月香	妻子	1966 年 6 月	汉	母亲	邵凤妹
	王燕华	儿子	1988 年 7 月	汉		
	周　燕	儿媳	1987 年 4 月	汉		
	王昕羽	孙女	2012 年 12 月	汉		
家庭大事记	1993 年，翻建三上三下楼房。 2007 年，购商品房。 2013 年，购轿车。					

	姓名	与户主关系	出生年月	民族	已故亲属	
					称呼	姓名
现有家庭成员	洪根元	户主	1941 年 9 月	汉	母亲	洪云宝
	高花妹	妻子	1942 年 11 月	汉		
	洪桥根	儿子	1969 年 2 月	汉		
	赵菊香	儿媳	1969 年 12 月	汉		
	洪　霞	孙女	1991 年 9 月	汉		
	陈春阳	孙女婿	1989 年 3 月	汉		
	陈祥瑞	曾孙子	2017 年 7 月	汉		
家庭大事记	1986 年，翻建三上三下楼房。 2009 年，房屋动迁，分得安置房。 2015 年，购轿车。					

<table>
<tr><th rowspan="2"></th><th rowspan="2">姓名</th><th rowspan="2">与户主关系</th><th rowspan="2">出生年月</th><th rowspan="2">民族</th><th colspan="2">已故亲属</th></tr>
<tr><th>称呼</th><th>姓名</th></tr>
<tr><td rowspan="5">现有家庭成员</td><td>许金荣</td><td>户主</td><td>1952 年 12 月</td><td>汉</td><td>父亲</td><td>许三男</td></tr>
<tr><td>陆冬云</td><td>妻子</td><td>1951 年 12 月</td><td>汉</td><td></td><td></td></tr>
<tr><td>许幸福</td><td>儿子</td><td>1978 年 1 月</td><td>汉</td><td></td><td></td></tr>
<tr><td>许正杨</td><td>孙子</td><td>2008 年 3 月</td><td>汉</td><td></td><td></td></tr>
<tr><td>汝金丽</td><td>非亲属</td><td>1981 年 7 月</td><td>汉</td><td></td><td></td></tr>
<tr><td>家庭大事记</td><td colspan="6">1993 年，翻建三上三下楼房。</td></tr>
</table>

<table>
<tr><th rowspan="2"></th><th rowspan="2">姓名</th><th rowspan="2">与户主关系</th><th rowspan="2">出生年月</th><th rowspan="2">民族</th><th colspan="2">已故亲属</th></tr>
<tr><th>称呼</th><th>姓名</th></tr>
<tr><td rowspan="6">现有家庭成员</td><td>黄月根</td><td>户主</td><td>1962 年 11 月</td><td>汉</td><td>父亲</td><td>黄永法</td></tr>
<tr><td>王玉妹</td><td>妻子</td><td>1962 年 11 月</td><td>汉</td><td></td><td></td></tr>
<tr><td>黄雪萍</td><td>女儿</td><td>1985 年 12 月</td><td>汉</td><td></td><td></td></tr>
<tr><td>朱建国</td><td>女婿</td><td>1985 年 2 月</td><td>汉</td><td></td><td></td></tr>
<tr><td>朱禹臣</td><td>孙子</td><td>2011 年 8 月</td><td>汉</td><td></td><td></td></tr>
<tr><td>殷巧妹</td><td>母亲</td><td>1938 年 7 月</td><td>汉</td><td></td><td></td></tr>
<tr><td>家庭大事记</td><td colspan="6">1987 年，翻建三上三下楼房。
2008 年，购商品房。
2008 年，购轿车。
黄雪萍，2008 年 7 月南京航空航天大学本科毕业，中共党员。</td></tr>
</table>

<table>
<tr><td rowspan="7">现有家庭成员</td><td rowspan="2">姓名</td><td rowspan="2">与户主关系</td><td rowspan="2">出生年月</td><td rowspan="2">民族</td><td colspan="2">已故亲属</td></tr>
<tr><td>称呼</td><td>姓名</td></tr>
<tr><td>黄林才</td><td>户主</td><td>1963 年 12 月</td><td>汉</td><td>父亲</td><td>黄永良</td></tr>
<tr><td>徐良珍</td><td>妻子</td><td>1964 年 9 月</td><td>汉</td><td>母亲</td><td>黄夫妹</td></tr>
<tr><td>黄　磊</td><td>儿子</td><td>1987 年 12 月</td><td>汉</td><td></td><td></td></tr>
<tr><td>孙　燕</td><td>儿媳</td><td>1989 年 4 月</td><td>汉</td><td></td><td></td></tr>
<tr><td>黄好萌</td><td>孙女</td><td>2013 年 3 月</td><td>汉</td><td></td><td></td></tr>
<tr><td>家庭大事记</td><td colspan="6">1993 年，翻建三上三下楼房。
2012 年，购商品房。
2013 年，购轿车。
2017 年，被村评为“文明和谐最美家庭”。
2018 年，房屋动迁，分得安置房。</td></tr>
</table>

<table>
<tr><td rowspan="9">现有家庭成员</td><td rowspan="2">姓名</td><td rowspan="2">与户主关系</td><td rowspan="2">出生年月</td><td rowspan="2">民族</td><td colspan="2">已故亲属</td></tr>
<tr><td>称呼</td><td>姓名</td></tr>
<tr><td>洪水男</td><td>户主</td><td>1961 年 12 月</td><td>汉</td><td>父亲</td><td>洪招元</td></tr>
<tr><td>朱惠英</td><td>妻子</td><td>1963 年 8 月</td><td>汉</td><td></td><td></td></tr>
<tr><td>洪衣凌</td><td>儿子</td><td>1985 年 4 月</td><td>汉</td><td></td><td></td></tr>
<tr><td>昌　晶</td><td>儿媳</td><td>1985 年 11 月</td><td>汉</td><td></td><td></td></tr>
<tr><td>洪昌钰</td><td>长孙女</td><td>2012 年 3 月</td><td>汉</td><td></td><td></td></tr>
<tr><td>昌洪欣</td><td>次孙女</td><td>2016 年 2 月</td><td>汉</td><td></td><td></td></tr>
<tr><td>洪大香</td><td>母亲</td><td>1932 年 2 月</td><td>汉</td><td></td><td></td></tr>
<tr><td>家庭大事记</td><td colspan="6">1990 年，翻建三上三下楼房。
2008 年，购商品房。
洪衣凌，2008 年 7 月江苏工业学院（今常州大学）本科毕业。
2016 年，购轿车。</td></tr>
</table>

	姓名	与户主关系	出生年月	民族	已故亲属	
					称呼	姓名
现有家庭成员	蒋根生	户主	1947 年 8 月	汉	父亲	蒋文全
	谢香妹	妻子	1948 年 8 月	汉		
	蒋建良	儿子	1968 年 11 月	汉		
	巫春英	儿媳	1968 年 11 月	汉		
	蒋晓莲	孙女	1991 年 4 月	汉		
	戴　平	孙女婿	1990 年 11 月	汉		
	戴心颖	长曾孙女	2013 年 8 月	汉		
	蒋心辰	次曾孙女	2019 年 6 月	汉		
家庭大事记	蒋建良，1986 年 10 月至 1990 年 3 月参军入伍。 1991 年，翻建三上三下楼房。 2010 年，购商品房。 2012 年，购轿车。 2018 年，房屋动迁，分得安置房。					

	姓名	与户主关系	出生年月	民族	已故亲属	
					称呼	姓名
现有家庭成员	钱永兴	户主	1952 年 1 月	汉		
	王金英	妻子	1952 年 2 月	汉		
	钱　龙	长子	1975 年 11 月	汉		
	余　萍	长媳	1981 年 8 月	汉		
	钱羽婧	长孙女	2000 年 6 月	汉		
	钱铭远	长孙	2006 年 5 月	汉		
	钱星潼	次孙女	2015 年 4 月	汉		
	钱星君	次孙	2020 年 10 月	汉		
家庭大事记	1986 年，翻建三上三下楼房。 2004 年，购商品房。 2005 年，购轿车、卡车。 2010 年，购别墅。 钱永兴，中共党员，曾任明星大队第 11 生产队队长。					

	姓名	与户主关系	出生年月	民族	已故亲属	
					称呼	姓名
现有家庭成员	洪小男	户主	1965 年 10 月	汉	父亲	洪招元
	巫夫妹	妻子	1966 年 1 月	汉		
	洪依荣	儿子	1988 年 7 月	汉		
	汤小燕	儿媳	1991 年 3 月	汉		
	洪靖瑶	孙女	2014 年 9 月	汉		
	洪昕毅	孙子	2018 年 12 月	汉		
	洪大香	母亲	1932 年 2 月	汉		
家庭大事记	1990 年，翻建三上三下楼房。 2008 年，购商品房。 2009 年，购轿车。 2018 年，房屋动迁，分得安置房。					

	姓名	与户主关系	出生年月	民族	已故亲属	
					称呼	姓名
现有家庭成员	徐阿毛	户主	1939 年 3 月	汉	父亲	徐阿惠
	杨云花	妻子	1944 年 9 月	汉	母亲	黄老太
	徐金秀	女儿	1964 年 11 月	汉	女婿	陆小生
	徐丽娟	长孙女	1987 年 5 月	汉		
	徐　超	次孙女	1993 年 9 月	汉		
	周宏伟	次孙女婿	1991 年 12 月	汉		
	周梓琳	曾孙女	2018 年 8 月	汉		
家庭大事记	1990 年，翻建三上三下楼房。 2012 年，购商品房。 徐阿毛，中共党员，曾任明星大队党支部副书记、贫协主任、第 10 生产队队长。					

	姓名	与户主关系	出生年月	民族	已故亲属	
					称呼	姓名
现有家庭成员	徐阿弟	户主	1942 年 11 月	汉	父亲	徐阿惠
	钱凤英	妻子	1945 年 12 月	汉	母亲	黄老太
	徐玉明	儿子	1968 年 6 月	汉		
	曹　珍	儿媳	1969 年 1 月	汉		
	徐春艳	孙女	1991 年 4 月	汉		
	游　成	孙女婿	1991 年 2 月	汉		
	徐懿欣	曾孙女	2014 年 10 月	汉		
	游弘晔	曾孙子	2017 年 1 月	汉		
家庭大事记	1984 年，翻建三上三下楼房。 2008 年，购商品房。 2010 年，购轿车。 2018 年，房屋动迁，分得安置房。					

	姓名	与户主关系	出生年月	民族	已故亲属	
					称呼	姓名
现有家庭成员	黄月红	户主	1972 年 12 月	汉	祖父	黄金生
	王素红	妻子	1973 年 12 月	汉	祖母	刘大妹
	黄敏德	儿子	1995 年 11 月	汉		
	黄毛狗	父亲	1949 年 1 月	汉		
	刘淑英	母亲	1948 年 11 月	汉		
家庭大事记	1984 年，翻建三上三下楼房。 2012 年，购商品房。 黄敏德，2018 年 7 月阜阳师范大学本科毕业。					

	姓名	与户主关系	出生年月	民族	已故亲属	
					称呼	姓名
现有家庭成员	王云花	户主	1957 年 11 月	汉	公公	黄永良
	黄琼花	女儿	1981 年 10 月	汉	婆婆	黄夫妹
	刘　强	女婿	1981 年 6 月	汉	丈夫	黄福才
	黄宥嘉	长孙	2007 年 5 月	汉		
	刘梦飞	次孙	2012 年 9 月	汉		
家庭大事记	1990 年，翻建三上三下楼房。 2006 年，购商品房。 2010 年，购轿车。 2018 年，房屋动迁，分得安置房。					

	姓名	与户主关系	出生年月	民族	已故亲属	
					称呼	姓名
现有家庭成员	张　梅	户主	1963 年 8 月	汉	父亲	张福林
	王菊妹	妻子	1966 年 3 月	汉	母亲	陆妹英
	张雨红	女儿	1988 年 1 月	汉		
	张　全	女婿	1984 年 12 月	汉		
	张宝松	孙子	2013 年 10 月	汉		
家庭大事记	1975 年，翻建平房。 2012 年，购轿车。 2015 年，房屋动迁，分得安置房。					

<table>
<tr><td rowspan="2"></td><td rowspan="2">姓名</td><td rowspan="2">与户主关系</td><td rowspan="2">出生年月</td><td rowspan="2">民族</td><td colspan="2">已故亲属</td></tr>
<tr><td>称呼</td><td>姓名</td></tr>
<tr><td rowspan="5">现有家庭成员</td><td>夏海根</td><td>户主</td><td>1951 年 12 月</td><td>汉</td><td>父亲</td><td>夏阿金</td></tr>
<tr><td>皇梅花</td><td>妻子</td><td>1953 年 11 月</td><td>汉</td><td>母亲</td><td>徐阿珍</td></tr>
<tr><td>夏　英</td><td>女儿</td><td>1978 年 3 月</td><td>汉</td><td></td><td></td></tr>
<tr><td>王德俊</td><td>女婿</td><td>1976 年 8 月</td><td>汉</td><td></td><td></td></tr>
<tr><td>王奕凡</td><td>孙子</td><td>2002 年 12 月</td><td>汉</td><td></td><td></td></tr>
<tr><td>家庭大事记</td><td colspan="6">夏海根，1971 年 1 月至 1975 年 1 月参军入伍，曾任明星大队民兵营营长。
1988 年，翻建三上三下楼房。
2010 年，购商品房。
2015 年，购轿车。</td></tr>
</table>

<table>
<tr><td rowspan="2"></td><td rowspan="2">姓名</td><td rowspan="2">与户主关系</td><td rowspan="2">出生年月</td><td rowspan="2">民族</td><td colspan="2">已故亲属</td></tr>
<tr><td>称呼</td><td>姓名</td></tr>
<tr><td rowspan="5">现有家庭成员</td><td>夏坤元</td><td>户主</td><td>1963 年 6 月</td><td>汉</td><td>父亲</td><td>夏阿金</td></tr>
<tr><td>陆福琴</td><td>妻子</td><td>1964 年 7 月</td><td>汉</td><td>母亲</td><td>徐阿珍</td></tr>
<tr><td>夏文庆</td><td>儿子</td><td>1986 年 8 月</td><td>汉</td><td></td><td></td></tr>
<tr><td>梁成英</td><td>儿媳</td><td>1985 年 12 月</td><td>汉</td><td></td><td></td></tr>
<tr><td>夏思彤</td><td>孙女</td><td>2010 年 4 月</td><td>汉</td><td></td><td></td></tr>
<tr><td>家庭大事记</td><td colspan="6">1986 年，建平房。
2006 年，房屋动迁，分得安置房。</td></tr>
</table>

<table>
<tr><td rowspan="2"></td><td rowspan="2">姓名</td><td rowspan="2">与户主关系</td><td rowspan="2">出生年月</td><td rowspan="2">民族</td><td colspan="2">已故亲属</td></tr>
<tr><td>称呼</td><td>姓名</td></tr>
<tr><td rowspan="7">现有家庭成员</td><td>钱云初</td><td>户主</td><td>1944 年 6 月</td><td>汉</td><td>妻子</td><td>蒋光妹</td></tr>
<tr><td>钱宇良</td><td>儿子</td><td>1974 年 9 月</td><td>汉</td><td></td><td></td></tr>
<tr><td>谢彩英</td><td>儿媳</td><td>1977 年 4 月</td><td>汉</td><td></td><td></td></tr>
<tr><td>钱　喆</td><td>孙子</td><td>2005 年 5 月</td><td>汉</td><td></td><td></td></tr>
<tr><td>钱宇红</td><td>女儿</td><td>1970 年 5 月</td><td>汉</td><td></td><td></td></tr>
<tr><td>朱雪华</td><td>女婿</td><td>1969 年 10 月</td><td>汉</td><td></td><td></td></tr>
<tr><td>朱云旖</td><td>孙女</td><td>1993 年 10 月</td><td>汉</td><td></td><td></td></tr>
<tr><td>家庭大事记</td><td colspan="6">1966 年，建造平房。</td></tr>
</table>

<table>
<tr><td rowspan="2"></td><td rowspan="2">姓名</td><td rowspan="2">与户主关系</td><td rowspan="2">出生年月</td><td rowspan="2">民族</td><td colspan="2">已故亲属</td></tr>
<tr><td>称呼</td><td>姓名</td></tr>
<tr><td rowspan="8">现有家庭成员</td><td>洪宝根</td><td>户主</td><td>1948 年 10 月</td><td>汉</td><td>母亲</td><td>洪大妹</td></tr>
<tr><td>顾二妹</td><td>妻子</td><td>1947 年 7 月</td><td>汉</td><td></td><td></td></tr>
<tr><td>洪根荣</td><td>儿子</td><td>1968 年 11 月</td><td>汉</td><td></td><td></td></tr>
<tr><td>何美琴</td><td>儿媳</td><td>1968 年 1 月</td><td>汉</td><td></td><td></td></tr>
<tr><td>洪　晨</td><td>长孙</td><td>1992 年 9 月</td><td>汉</td><td></td><td></td></tr>
<tr><td>李杉杉</td><td>长孙媳</td><td>1992 年 8 月</td><td>汉</td><td></td><td></td></tr>
<tr><td>洪根花</td><td>女儿</td><td>1970 年 3 月</td><td>汉</td><td></td><td></td></tr>
<tr><td>洪诚斌</td><td>次孙</td><td>1993 年 3 月</td><td>汉</td><td></td><td></td></tr>
<tr><td>家庭大事记</td><td colspan="6">1986 年，翻建三上三下楼房。
2005 年，购商品房。
2010 年，购轿车。</td></tr>
</table>

	姓名	与户主关系	出生年月	民族	已故亲属	
					称呼	姓名
现有家庭成员	洪林根	户主	1963 年 10 月	汉	父亲	洪少林
	姚秀珍	妻子	1962 年 11 月	汉		
	洪郭青	儿子	1987 年 3 月	汉		
	杨　莉	儿媳	1987 年 3 月	汉		
	洪薇倩	孙女	2009 年 10 月	汉		
	洪子岩	孙子	2014 年 2 月	汉		
	许林秀	母亲	1936 年 11 月	汉		
家庭大事记	1992 年，翻建三上三下楼房。 2006 年，购商品房。 2011 年，购轿车。 2018 年，房屋动迁，分得安置房。					

	姓名	与户主关系	出生年月	民族	已故亲属	
					称呼	姓名
现有家庭成员	巫火根	户主	1948 年 12 月	汉	父亲	巫水根
	洪三妹	妻子	1951 年 8 月	汉		
	巫志良	儿子	1973 年 11 月	汉		
	徐永园	儿媳	1974 年 12 月	汉		
	徐心欣	孙女	1998 年 11 月	汉		
	赵根宝	母亲	1926 年 8 月	汉		
家庭大事记	1991 年，翻建三上三下楼房。 2008 年，购商品房。 2010 年，购轿车。					

	姓名	与户主关系	出生年月	民族	已故亲属	
					称呼	姓名
现有家庭成员	黄月明	户主	1958年10月	汉	父亲	黄永法
	王雪珍	妻子	1959年1月	汉		
	黄春成	儿子	1982年6月	汉		
	周玉艳	儿媳	1982年12月	汉		
	黄雨哲	孙子	2010年10月	汉		
	黄雨涵	孙女	2014年10月	汉		
	殷巧妹	母亲	1938年7月	汉		
家庭大事记	黄月明，1978年3月至1982年1月参军入伍，中共党员。曾任燕桥浜村民兵营营长、村委会主任，正仪污水处理中心主任。 1987年，翻建三上三下楼房。 2012年，购轿车。 2015年，房屋动迁，分得安置房。					

	姓名	与户主关系	出生年月	民族	已故亲属	
					称呼	姓名
现有家庭成员	张　云	户主	1965年8月	汉	父亲	张福林
	顾惠芳	妻子	1966年12月	汉	母亲	陆妹英
	张龙明	儿子	1988年11月	汉		
	郑　敏	儿媳	1989年12月	汉		
	张语萱	孙女	2013年1月	汉		
家庭大事记	1993年，翻建平房。 2009年，购商品房。 2010年，购轿车。					

	姓名	与户主关系	出生年月	民族	已故亲属	
					称呼	姓名
现有家庭成员	黄　烨	户主	1979 年 3 月	汉	祖父	黄阿永
	陆芳珍	妻子	1979 年 10 月	汉	祖母	袁大妹
	黄俊辉	儿子	2001 年 9 月	汉		
	黄惠根	父亲	1954 年 7 月	汉		
	沈福英	母亲	1954 年 12 月	汉		
家庭大事记	1985 年，翻建三上三下楼房。 2006 年，购商品房。 2008 年，购轿车。					

	姓名	与户主关系	出生年月	民族	已故亲属	
					称呼	姓名
现有家庭成员	洪福兴	户主	1949 年 11 月	汉	父亲	洪巧生
	陈林香	妻子	1950 年 11 月	汉		
	洪国荣	儿子	1975 年 2 月	汉		
	孙雪红	儿媳	1975 年 12 月	汉		
	洪一帆	孙子	1999 年 5 月	汉		
家庭大事记	1985 年，翻建三上三下楼房。 2005 年，购商品房。 2010 年，购轿车。 洪福兴，曾任明星大队第 10 生产队队长。					

现有家庭成员	姓名	与户主关系	出生年月	民族	已故亲属	
					称呼	姓名
	强永法	户主	1961 年 7 月	汉	父亲	强红元
	唐妹花	妻子	1963 年 1 月	汉		
	强红芳	女儿	1985 年 6 月	汉		
	黄　律	女婿	1985 年 6 月	汉		
	黄歆强	孙子	2018 年 1 月	汉		
	强黄歆笛	孙女	2013 年 10 月	汉		
	毛小妹	母亲	1935 年 11 月	汉		
家庭大事记	1990 年，翻建三上三下楼房。 2008 年，购商品房。 强红芳，2008 年 7 月扬州大学本科毕业。 2010 年，购轿车。 2018 年，房屋动迁，分得安置房。					

现有家庭成员	姓名	与户主关系	出生年月	民族	已故亲属	
					称呼	姓名
	许兴元	户主	1955 年 9 月	汉		
家庭大事记	1975 年，建造平房。 2007 年，房屋动迁，分得安置房。					

	姓名	与户主关系	出生年月	民族	已故亲属	
					称呼	姓名
现有家庭成员	黄惠明	户主	1957年12月	汉	父亲	黄阿荣
	孙小夫	妻子	1956年7月	汉		
	黄　振	儿子	1984年3月	汉		
	殷彩燕	儿媳	1985年6月	汉		
	黄馨尹	孙女	2008年9月	汉		
	黄熙淏	孙子	2016年9月	汉		
家庭大事记	1989年，翻建三上三下楼房。 2006年，购商品房。 2014年，购轿车。					

	姓名	与户主关系	出生年月	民族	已故亲属	
					称呼	姓名
现有家庭成员	蒋阿水	户主	1952年1月	汉	父亲	蒋文全
	龚月妹	妻子	1954年2月	汉		
	蒋群云	女儿	1978年1月	汉		
	蒋昕翌	孙子	1998年10月	汉		
家庭大事记	1985年，翻建三上三下楼房。 2018年，房屋动迁，分得安置房。					

现有家庭成员	姓名	与户主关系	出生年月	民族	已故亲属	
					称呼	姓名
	夏阿巧	户主	1955 年 7 月	汉	父亲	夏阿金
	陆金芳	妻子	1958 年 11 月	汉	母亲	徐阿珍
	夏政委	儿子	1982 年 10 月	汉		
	夏海艳	儿媳	1983 年 3 月	汉		
	夏晨晨	孙子	2008 年 5 月	汉		
家庭大事记	1992 年，翻建三上三下楼房。 夏政委，2001 年 12 月至 2003 年 12 月参军入伍，中共党员。 2007 年，房屋动迁，分得安置房。					

现有家庭成员	姓名	与户主关系	出生年月	民族	已故亲属	
					称呼	姓名
	王春梅	户主	1969 年 6 月	汉		
	黄宇婷	女儿	1990 年 9 月	汉		
家庭大事记	2010 年，分得经济适用房。					

现有家庭成员	姓名	与户主关系	出生年月	民族	已故亲属	
					称呼	姓名
	蒋建国	户主	1966 年 2 月	汉	父亲	蒋根林
	徐玉英	妻子	1966 年 9 月	汉	母亲	蒋友妹
	蒋　艳	女儿	1989 年 11 月	汉		
	蒋佳延	孙女	2013 年 2 月	汉		
	蒋佳魏	孙子	2015 年 1 月	汉		
家庭大事记	1984 年，建平房。 2008 年，购商品房。 2010 年，购轿车。					

<table>
<tr><td rowspan="8">现有家庭成员</td><th rowspan="2">姓名</th><th rowspan="2">与户主关系</th><th rowspan="2">出生年月</th><th rowspan="2">民族</th><th colspan="2">已故亲属</th></tr>
<tr><th>称呼</th><th>姓名</th></tr>
<tr><td>钱云龙</td><td>户主</td><td>1980 年 1 月</td><td>汉</td><td></td><td></td></tr>
<tr><td>朱静妍</td><td>妻子</td><td>1982 年 3 月</td><td>汉</td><td></td><td></td></tr>
<tr><td>钱星宇</td><td>儿子</td><td>2007 年 11 月</td><td>汉</td><td></td><td></td></tr>
<tr><td>钱星月</td><td>女儿</td><td>2017 年 2 月</td><td>汉</td><td></td><td></td></tr>
<tr><td>钱永兴</td><td>父亲</td><td>1952 年 1 月</td><td>汉</td><td></td><td></td></tr>
<tr><td>王金英</td><td>母亲</td><td>1952 年 2 月</td><td>汉</td><td></td><td></td></tr>
<tr><td>家庭大事记</td><td colspan="6">2004 年，购商品房。
2005 年，购轿车。
2010 年，购别墅。</td></tr>
</table>

<table>
<tr><td rowspan="3">现有家庭成员</td><th rowspan="2">姓名</th><th rowspan="2">与户主关系</th><th rowspan="2">出生年月</th><th rowspan="2">民族</th><th colspan="2">已故亲属</th></tr>
<tr><th>称呼</th><th>姓名</th></tr>
<tr><td>王先会</td><td>户主</td><td>1975 年 4 月</td><td>汉</td><td></td><td></td></tr>
<tr><td>家庭大事记</td><td colspan="6"></td></tr>
</table>

	姓名	与户主关系	出生年月	民族	已故亲属	
					称呼	姓名
现有家庭成员	黄月青	户主	1974 年 12 月	汉	祖父	黄金生
	陆国珍	妻子	1976 年 3 月	汉	祖母	刘大妹
	黄佳琦	长女	1998 年 2 月	汉		
	陆　灵	次女	2001 年 10 月	土家族		
	刘淑英	母亲	1948 年 11 月	汉		
	黄毛狗	父亲	1949 年 1 月	汉		
家庭大事记	1994 年，购本组三上三下楼房。 2020 年，房屋动迁，分得安置房。					

	姓名	与户主关系	出生年月	民族	已故亲属	
					称呼	姓名
现有家庭成员	巫志明	户主	1977 年 11 月	汉		
	李敏娟	妻子	1979 年 6 月	汉		
	巫倩语	女儿	2002 年 11 月	汉		
	巫火根	父亲	1948 年 12 月	汉		
	洪三妹	母亲	1951 年 8 月	汉		
家庭大事记	2009 年，购商品房。 2010 年，分得经济适用房。 2014 年，购轿车。					

现有家庭成员	姓名	与户主关系	出生年月	民族	已故亲属	
					称呼	姓名
	黄　强	户主	1988 年 11 月	汉	祖父	黄阿永
	张　蕊	妻子	1989 年 10 月	汉	祖母	袁大妹
	黄若兮	女儿	2012 年 1 月	汉		
	黄晟睿	儿子	2018 年 5 月	汉		
	黄惠根	父亲	1954 年 7 月	汉		
	沈福英	母亲	1954 年 12 月	汉		
家庭大事记	2010 年，购商品房。 2012 年，购轿车。					

现有家庭成员	姓名	与户主关系	出生年月	民族	已故亲属	
					称呼	姓名
	孙春芳	户主	1976 年 2 月	汉		
家庭大事记						

燕桥浜村第 6 村民小组

燕桥浜村第 6 村民小组人员统计表

单位：人

序号	户主	男	女	合计	序号	户主	男	女	合计
1	俞大男	4	3	7	26	俞火根	4	3	7
2	俞火荣	2	2	4	27	金素花	1	1	2
3	陆爱生	4	2	6	28	俞林根	5	3	8
4	陆金龙	4	4	8	29	朱白男	3	2	5
5	俞爱明	3	1	4	30	朱福元	4	2	6
6	孙老二	2	3	5	31	朱福林	3	3	6
7	陆美琴	0	2	2	32	王二男	3	3	6
8	陆雪良	4	3	7	33	王坤元	3	2	5
9	徐林秀	1	2	3	34	王坤弟	1	0	1
10	陈玉珍	2	3	5	35	徐惠明	2	3	5
11	钱金良	3	4	7	36	钱玉苟	3	2	5
12	徐林元	2	4	6	37	吴凤根	1	3	4
13	徐金元	4	4	8	38	朱小妹	1	3	4
14	徐宗根	4	4	8	39	邵兴林	2	2	4
15	薛惠林	5	3	8	40	刘雪根	3	2	5
16	徐宗林	2	3	5	41	陈云男	3	1	4
17	薛金桃	3	3	6	42	陈二男	2	3	5
18	薛小男	2	2	4	43	张元生	2	4	6
19	薛林生	2	0	2	44	刘黑男	2	4	6
20	赵林英	3	2	5	45	刘阿宗	4	4	8
21	张寿根	2	4	6	46	宗白男	3	2	5
22	俞水金	3	3	6	47	刘志元	3	3	6
23	薛凤生	3	3	6	48	朱五男	3	3	6
24	张密花	2	2	4	49	刘木元	3	3	6
25	徐小狗	3	2	5	50	刘云元	4	6	10

续表

序号	户主	男	女	合计	序号	户主	男	女	合计
51	陈雪元	3	5	8	66	邹恩弟	2	3	5
52	王志荣	3	3	6	67	刘香花	3	2	5
53	王国荣	3	4	7	68	邹小琴	3	5	8
54	陈大男	3	2	5	69	张琴生	4	3	7
55	张水明	3	3	6	70	陈全英	2	3	5
56	张建龙	3	4	7	71	徐美明	3	3	6
57	陈惠明	2	3	5	72	徐梅根	2	4	6
58	陈　刚	2	3	5	73	徐金娥	2	4	6
59	陈宗明	2	2	4	74	戴永兴	3	4	7
60	张林根	3	3	6	75	陈雪龙	2	3	5
61	张密根	3	3	6	76	陈　峰	3	2	5
62	朱建明	4	4	8	77	陈全妹	2	2	4
63	张惠男	2	2	4	78	姚秋香	1	4	5
64	王宗林	2	3	5	79	陈　梅	0	1	1
65	邹小宗	5	3	8	—	—	—	—	—

<table>
<tr><td rowspan="9">现有家庭成员</td><td rowspan="2">姓名</td><td rowspan="2">与户主关系</td><td rowspan="2">出生年月</td><td rowspan="2">民族</td><td colspan="2">已故亲属</td></tr>
<tr><td>称呼</td><td>姓名</td></tr>
<tr><td>俞大男</td><td>户主</td><td>1939 年 3 月</td><td>汉</td><td>母亲</td><td>俞腊妹</td></tr>
<tr><td>褚花妹</td><td>妻子</td><td>1939 年 8 月</td><td>汉</td><td></td><td></td></tr>
<tr><td>俞建男</td><td>儿子</td><td>1966 年 1 月</td><td>汉</td><td></td><td></td></tr>
<tr><td>杜香妹</td><td>儿媳</td><td>1965 年 6 月</td><td>汉</td><td></td><td></td></tr>
<tr><td>俞晓龙</td><td>孙子</td><td>1988 年 11 月</td><td>汉</td><td></td><td></td></tr>
<tr><td>李　月</td><td>孙媳</td><td>1989 年 1 月</td><td>汉</td><td></td><td></td></tr>
<tr><td>俞希跃</td><td>曾孙子</td><td>2014 年 12 月</td><td>汉</td><td></td><td></td></tr>
<tr><td>家庭大事记</td><td colspan="6">褚花妹，20 世纪 70 年代任东北大队第 1 生产队妇女队长。
1992 年，建三上三下楼房。
1994 年，购商品房。
2010 年，购轿车。
俞晓龙，2010 年 7 月南京信息工程大学本科毕业，现在中国邮政储蓄银行昆山市支行工作。
2015 年，房屋动迁，分得安置房。</td></tr>
</table>

<table>
<tr><td rowspan="6">现有家庭成员</td><td rowspan="2">姓名</td><td rowspan="2">与户主关系</td><td rowspan="2">出生年月</td><td rowspan="2">民族</td><td colspan="2">已故亲属</td></tr>
<tr><td>称呼</td><td>姓名</td></tr>
<tr><td>俞火荣</td><td>户主</td><td>1961 年 6 月</td><td>汉</td><td>母亲</td><td>钱瓜妹</td></tr>
<tr><td>陈明梅</td><td>妻子</td><td>1974 年 2 月</td><td>汉</td><td></td><td></td></tr>
<tr><td>俞宝珠</td><td>女儿</td><td>1996 年 7 月</td><td>汉</td><td></td><td></td></tr>
<tr><td>俞元生</td><td>父亲</td><td>1941 年 6 月</td><td>汉</td><td></td><td></td></tr>
<tr><td>家庭大事记</td><td colspan="6">1985 年，建平房。
2015 年，房屋动迁，分得安置房。
2016 年，购商品房。
俞宝珠，2018 年 7 月南京晓庄学院本科毕业。</td></tr>
</table>

	姓名	与户主关系	出生年月	民族	已故亲属	
					称呼	姓名
现有家庭成员	陆爱生	户主	1939 年 5 月	汉	父亲	范金根
	俞大妹	妻子	1938 年 5 月	汉	母亲	陆阿巧
	陆建明	三子	1966 年 5 月	汉		
	金菊芳	三媳	1969 年 4 月	汉		
	陆全伟	孙子	1990 年 1 月	汉		
	陆益民	次子	1963 年 3 月	汉		
家庭大事记	1982 年，建平房。 陆益民，1987 年 7 月苏州大学硕士毕业，现任苏州大学王健法学院教师。 2015 年，房屋动迁，分得安置房。					

	姓名	与户主关系	出生年月	民族	已故亲属	
					称呼	姓名
现有家庭成员	陆金龙	户主	1958 年 12 月	汉	祖父	范金根
	徐林仙	妻子	1961 年 5 月	汉	祖母	陆阿巧
	陆志英	女儿	1983 年 12 月	汉		
	沈敏华	女婿	1980 年 3 月	汉		
	陆文晖	孙子	2007 年 2 月	汉		
	沈文晞	孙女	2017 年 10 月	汉		
	陆爱生	父亲	1939 年 5 月	汉		
	俞大妹	母亲	1938 年 5 月	汉		
家庭大事记	1992 年，翻建三上四下楼房。 2008 年，被村评为“星级文明户”。 2010 年，购商品房。 2012 年，购轿车。 2015 年，房屋动迁，分得安置房。					

	姓名	与户主关系	出生年月	民族	已故亲属	
					称呼	姓名
现有家庭成员	俞爱明	户主	1963 年 6 月	汉	父亲	俞福根
	俞振海	儿子	1987 年 8 月	汉	母亲	俞月宝
	俞根元	哥哥	1957 年 1 月	汉		
	吴秋妹	非亲属	1966 年 10 月	汉		
家庭大事记	1993 年，翻建三上三下楼房。 2015 年，房屋动迁，分得安置房。 2015 年，俞根元房屋动迁，亦分得安置房。 2018 年，购商品房。					

	姓名	与户主关系	出生年月	民族	已故亲属	
					称呼	姓名
现有家庭成员	孙老二	户主	1969 年 2 月	汉	岳父	陆宗生
	陆美花	妻子	1972 年 10 月	汉	岳母	王阿秀
	孙陆婷	女儿	1993 年 10 月	汉		
	朱艺桓	孙女	2017 年 2 月	汉		
	孙宇桓	孙子	2019 年 11 月	汉		
家庭大事记	1980 年，建平房。 2013 年，购商品房。 2014 年，购轿车。 2015 年，房屋动迁，分得安置房。					

	姓名	与户主关系	出生年月	民族	已故亲属	
					称呼	姓名
现有家庭成员	陆美琴	户主	1971 年 6 月	汉	父亲	陆宗生
	薛　洁	女儿	1992 年 11 月	汉	母亲	王阿秀
家庭大事记	1980 年，建平房。 2013 年，购商品房。 2015 年，房屋动迁，分得安置房。					

	姓名	与户主关系	出生年月	民族	已故亲属	
					称呼	姓名
现有家庭成员	陆雪良	户主	1963 年 12 月	汉	父亲	陆阿宗
	景惠珍	妻子	1965 年 4 月	汉		
	陆　明	儿子	1987 年 12 月	汉		
	张　丽	儿媳	1988 年 1 月	汉		
	陆宇辰	长孙	2013 年 12 月	汉		
	张洁辰	次孙	2018 年 10 月	汉		
	陆宗妹	母亲	1939 年 12 月	汉		
家庭大事记	1989 年，翻建三上三下楼房。 陆明，2009 年 7 月南京工业大学浦江学院本科毕业，现于巴城镇政法办公室工作。 2015 年，房屋动迁，分得安置房。 2016 年，购商品房。 景惠珍，中共党员。					

<table>
<tr><th rowspan="5">现有家庭成员</th><th rowspan="2">姓名</th><th rowspan="2">与户主关系</th><th rowspan="2">出生年月</th><th rowspan="2">民族</th><th colspan="2">已故亲属</th></tr>
<tr><th>称呼</th><th>姓名</th></tr>
<tr><td>徐林秀</td><td>户主</td><td>1960 年 7 月</td><td>汉</td><td>公公</td><td>陆阿宗</td></tr>
<tr><td>陆公正</td><td>儿子</td><td>1981 年 1 月</td><td>汉</td><td>丈夫</td><td>陆惠明</td></tr>
<tr><td>陆宗妹</td><td>婆婆</td><td>1939 年 12 月</td><td>汉</td><td></td><td></td></tr>
<tr><th>家庭大事记</th><td colspan="6">1989 年，翻建三上三下楼房。
2013 年，购商品房。
2015 年，房屋动迁，分得安置房。
陆公正，2003 年 7 月天津工业大学本科毕业，获工学学士学位；2014 年 7 月上海大学计算机应用技术专业博士毕业，获工学博士学位。2015 年，在南京大学计算机科学与技术系博士后流动站从事科学研究工作。2007 年至今，任苏州市职业大学计算机工程学院副教授。</td></tr>
</table>

<table>
<tr><th rowspan="7">现有家庭成员</th><th rowspan="2">姓名</th><th rowspan="2">与户主关系</th><th rowspan="2">出生年月</th><th rowspan="2">民族</th><th colspan="2">已故亲属</th></tr>
<tr><th>称呼</th><th>姓名</th></tr>
<tr><td>陈玉珍</td><td>户主</td><td>1963 年 9 月</td><td>汉</td><td>公公</td><td>薛全根</td></tr>
<tr><td>薛敏弟</td><td>儿子</td><td>1985 年 10 月</td><td>汉</td><td>婆婆</td><td>薛山大</td></tr>
<tr><td>周晓花</td><td>儿媳</td><td>1988 年 2 月</td><td>汉</td><td>丈夫</td><td>薛炳兴</td></tr>
<tr><td>薛依晨</td><td>孙女</td><td>2014 年 11 月</td><td>汉</td><td></td><td></td></tr>
<tr><td>周梓琦</td><td>孙子</td><td>2018 年 5 月</td><td>汉</td><td></td><td></td></tr>
<tr><th>家庭大事记</th><td colspan="6">1992 年，翻建三上三下楼房。
2012 年，购轿车。
2014 年，购商品房。
2015 年，房屋动迁，分得安置房。
薛敏弟，中共党员。</td></tr>
</table>

	姓名	与户主关系	出生年月	民族	已故亲属	
					称呼	姓名
现有家庭成员	钱金良	户主	1966 年 3 月	汉	父亲	钱雪生
	顾抱珍	妻子	1967 年 9 月	汉		
	钱静亚	女儿	1989 年 3 月	汉		
	周剑欣	女婿	1988 年 6 月	汉		
	周洁宇	孙子	2017 年 1 月	汉		
	钱玉英	妹妹	1970 年 11 月	汉		
	刘电花	母亲	1942 年 11 月	汉		
家庭大事记	1986 年，翻建三上三下楼房。 2013 年，购商品房。 2015 年，房屋动迁，分得安置房。 2017 年，购轿车。					

	姓名	与户主关系	出生年月	民族	已故亲属	
					称呼	姓名
现有家庭成员	徐林元	户主	1952 年 11 月	汉	父亲	徐菊泉
	顾银花	妻子	1956 年 9 月	汉		
	徐凤娟	女儿	1978 年 10 月	汉		
	高明仁	女婿	1970 年 11 月	汉		
	高梦璐	孙女	2003 年 1 月	汉		
	徐根妹	母亲	1927 年 7 月	汉		
家庭大事记	1988 年，翻建三上三下楼房。 2010 年，购轿车。 2012 年，购商品房。 2015 年，房屋动迁，分得安置房。 高明仁，正仪中学教师。					

	姓名	与户主关系	出生年月	民族	已故亲属	
					称呼	姓名
现有家庭成员	徐金元	户主	1949 年 7 月	汉	父亲	徐菊泉
	赵　英	妻子	1949 年 2 月	汉		
	徐美琴	女儿	1972 年 6 月	汉		
	戴永明	女婿	1968 年 2 月	汉		
	徐懿佳	孙子	1993 年 3 月	汉		
	王　雯	孙媳	1993 年 1 月	汉		
	徐子晨	曾孙子	2018 年 6 月	汉		
	徐根妹	母亲	1927 年 7 月	汉		
家庭大事记	1987 年，翻建三上三下楼房。 2014 年，购商品房。 2015 年，购轿车。 2015 年，房屋动迁，分得安置房。 徐懿佳，2016 年 7 月南昌理工学院本科毕业，现任职于昆山利通燃气有限公司。					

<table>
<tr><th rowspan="2"></th><th rowspan="2">姓名</th><th rowspan="2">与户主关系</th><th rowspan="2">出生年月</th><th rowspan="2">民族</th><th colspan="2">已故亲属</th></tr>
<tr><th>称呼</th><th>姓名</th></tr>
<tr><td rowspan="8">现有家庭成员</td><td>徐宗根</td><td>户主</td><td>1946 年 8 月</td><td>汉</td><td>父亲</td><td>徐水根</td></tr>
<tr><td>龚白妹</td><td>妻子</td><td>1946 年 11 月</td><td>汉</td><td>母亲</td><td>徐金和</td></tr>
<tr><td>徐建福</td><td>儿子</td><td>1971 年 3 月</td><td>汉</td><td></td><td></td></tr>
<tr><td>祝丽琴</td><td>儿媳</td><td>1973 年 2 月</td><td>汉</td><td></td><td></td></tr>
<tr><td>徐梦宇</td><td>孙女</td><td>1993 年 12 月</td><td>汉</td><td></td><td></td></tr>
<tr><td>夏　禹</td><td>孙女婿</td><td>1992 年 8 月</td><td>汉</td><td></td><td></td></tr>
<tr><td>徐　超</td><td>孙子</td><td>2009 年 1 月</td><td>汉</td><td></td><td></td></tr>
<tr><td>夏瑄憶</td><td>曾孙女</td><td>2019 年 1 月</td><td>汉</td><td></td><td></td></tr>
<tr><td>家庭大事记</td><td colspan="6">1988 年，翻建三上四下楼房。
2003 年，购商品房。
2003 年，购轿车。
2015 年，房屋动迁，分得安置房。
2017 年，被村评为“文明和谐最美家庭”。
徐宗根，中共党员，曾任东北大队农技员，东北村经济合作社社长、村党支部书记。
徐梦宇，现任燕桥浜村妇女主任。</td></tr>
</table>

<table>
<tr><td rowspan="10">现有家庭成员</td><td rowspan="2">姓名</td><td rowspan="2">与户主关系</td><td rowspan="2">出生年月</td><td rowspan="2">民族</td><td colspan="2">已故亲属</td></tr>
<tr><td>称呼</td><td>姓名</td></tr>
<tr><td>薛惠林</td><td>户主</td><td>1966 年 2 月</td><td>汉</td><td>祖父</td><td>薛春林</td></tr>
<tr><td>李银花</td><td>妻子</td><td>1966 年 5 月</td><td>汉</td><td>祖母</td><td>薛阿林</td></tr>
<tr><td>薛金华</td><td>儿子</td><td>1989 年 4 月</td><td>汉</td><td>父亲</td><td>薛宗金</td></tr>
<tr><td>顾春芳</td><td>儿媳</td><td>1987 年 4 月</td><td>汉</td><td></td><td></td></tr>
<tr><td>薛善友</td><td>长孙</td><td>2013 年 4 月</td><td>汉</td><td></td><td></td></tr>
<tr><td>薛顾珝</td><td>次孙</td><td>2020 年 7 月</td><td>汉</td><td></td><td></td></tr>
<tr><td>朱大元</td><td>继父</td><td>1942 年 10 月</td><td>汉</td><td></td><td></td></tr>
<tr><td>张林英</td><td>母亲</td><td>1944 年 11 月</td><td>汉</td><td></td><td></td></tr>
<tr><td>家庭大事记</td><td colspan="6">1987 年，翻建三上四下楼房。
2008 年，购商品房。
2015 年，房屋动迁，分得安置房。
2019 年，购轿车。</td></tr>
</table>

<table>
<tr><td rowspan="7">现有家庭成员</td><td rowspan="2">姓名</td><td rowspan="2">与户主关系</td><td rowspan="2">出生年月</td><td rowspan="2">民族</td><td colspan="2">已故亲属</td></tr>
<tr><td>称呼</td><td>姓名</td></tr>
<tr><td>徐宗林</td><td>户主</td><td>1949 年 10 月</td><td>汉</td><td>父亲</td><td>徐水根</td></tr>
<tr><td>刘金妹</td><td>妻子</td><td>1948 年 12 月</td><td>汉</td><td>母亲</td><td>徐金和</td></tr>
<tr><td>徐美根</td><td>儿子</td><td>1973 年 5 月</td><td>汉</td><td></td><td></td></tr>
<tr><td>杨迎芹</td><td>儿媳</td><td>1971 年 12 月</td><td>汉</td><td></td><td></td></tr>
<tr><td>徐　晔</td><td>孙女</td><td>1996 年 6 月</td><td>汉</td><td></td><td></td></tr>
<tr><td>家庭大事记</td><td colspan="6">1987 年，翻建三上四下楼房。
2010 年，购轿车。
2012 年，购商品房。
2015 年，房屋动迁，分得安置房。</td></tr>
</table>

	姓名	与户主关系	出生年月	民族	已故亲属	
					称呼	姓名
现有家庭成员	薛金桃	户主	1955 年 7 月	汉	父亲	薛全根
	俞凤珍	妻子	1957 年 5 月	汉	母亲	薛山大
	薛　萍	女儿	1981 年 10 月	汉		
	马志龙	女婿	1981 年 2 月	汉		
	薛义凡	孙子	2009 年 3 月	汉		
	马艺纯	孙女	2011 年 4 月	汉		
家庭大事记	1990 年，翻建三上四下楼房。 2000 年，购轿车。 2012 年，购商品房。 2015 年，房屋动迁，分得安置房。					

	姓名	与户主关系	出生年月	民族	已故亲属	
					称呼	姓名
现有家庭成员	薛小男	户主	1943 年 2 月	汉	父亲	薛春林
	王雪妹	妻子	1946 年 11 月	汉	母亲	薛阿林
	薛建强	儿子	1969 年 10 月	汉		
	薛　洁	孙女	1992 年 11 月	汉		
家庭大事记	1988 年，翻建四上四下楼房。 2015 年，房屋动迁，分得安置房。 2018 年，购轿车。					

	姓名	与户主关系	出生年月	民族	已故亲属	
					称呼	姓名
现有家庭成员	薛林生	户主	1943 年 2 月	汉	妻子	李桂花
	薛福良	儿子	1973 年 3 月	汉		
家庭大事记	2007 年，房屋动迁，分得安置房。					

	姓名	与户主关系	出生年月	民族	已故亲属	
					称呼	姓名
现有家庭成员	赵林英	户主	1954 年 10 月	汉	公公	张阿宗
	姚兴泉	丈夫	1957 年 2 月	汉	婆婆	张金秀
	赵文娟	女儿	1978 年 12 月	汉	前夫	张老坤
	沈惠林	女婿	1974 年 8 月	汉		
	沈瑄海	孙子	2005 年 5 月	汉		
家庭大事记	1991 年，翻建三上三下楼房。 1993 年，房屋动迁，分得安置房。 2003 年，购商品房。 2012 年，购轿车。					

	姓名	与户主关系	出生年月	民族	已故亲属	
					称呼	姓名
现有家庭成员	张寿根	户主	1947 年 8 月	汉	父亲	张阿宗
	景惠秀	妻子	1954 年 1 月	汉	母亲	张金秀
	张良福	儿子	1976 年 10 月	汉		
	徐彩萍	儿媳	1976 年 12 月	汉		
	张　雅	孙女	2002 年 2 月	汉		
	张　英	女儿	1975 年 1 月	汉		
家庭大事记	1989 年，翻建三上三下楼房。 1990 年，购商品房。 2007 年，房屋动迁，分得安置房。 2018 年，购轿车。					

	姓名	与户主关系	出生年月	民族	已故亲属	
					称呼	姓名
现有家庭成员	俞水金	户主	1959 年 11 月	汉	父亲	俞木根
	金巧妹	妻子	1962 年 4 月	汉	母亲	俞夫妹
	俞晨兰	女儿	1985 年 2 月	汉		
	徐佳壹	女婿	1985 年 12 月	汉		
	徐馨莹	孙女	2009 年 12 月	汉		
	俞欣瑞	孙子	2013 年 8 月	汉		
家庭大事记	1991 年，购商品房。 1993 年，房屋动迁，以货币结算。 2009 年，购轿车。 俞晨兰，2008 年 7 月中央广播电视大学（今国家开放大学）本科毕业，现任职于昆山扬皓光电有限公司。					

	姓名	与户主关系	出生年月	民族	已故亲属	
					称呼	姓名
现有家庭成员	薛凤生	户主	1946 年 6 月	汉	父亲	薛春林
	陈秀英	妻子	1948 年 2 月	汉	母亲	薛阿林
	薛正强	长子	1969 年 12 月	汉		
	薛雪强	次子	1972 年 2 月	汉		
	蒋建华	次媳	1973 年 4 月	汉		
	薛红绮	孙女	1995 年 10 月	汉		
家庭大事记	1989 年，翻建三上三下楼房。 2007 年，房屋动迁，分得安置房。 2012 年，购商品房。 2016 年，购轿车。					

	姓名	与户主关系	出生年月	民族	已故亲属	
					称呼	姓名
现有家庭成员	张密花	户主	1954 年 4 月	汉	公公	俞木根
	俞素芳	女儿	1978 年 12 月	汉	婆婆	俞夫妹
	沈　俐	女婿	1976 年 3 月	汉	丈夫	俞水良
	俞森皓	孙子	2001 年 7 月	汉		
家庭大事记	1994 年，翻建三上三下楼房。 俞素芳，2001 年 7 月苏州大学本科毕业，现任昆山市实验小学教师。 2012 年，购商品房。 2015 年，房屋动迁，分得安置房。 2016 年，购轿车。					

	姓名	与户主关系	出生年月	民族	已故亲属	
					称呼	姓名
现有家庭成员	徐小狗	户主	1948 年 4 月	汉	父亲	徐金男
	徐红国	长子	1972 年 1 月	汉	母亲	姚大妹
	陈小英	长媳	1971 年 2 月	汉	妻子	张桂花
	徐红林	次子	1973 年 12 月	汉		
	徐倩文	孙女	1995 年 11 月	汉		
家庭大事记	1988 年，翻建三上三下楼房。 2001 年，购轿车。 2013 年，购商品房。 2015 年，房屋动迁，分得安置房。					

<table>
<tr><th rowspan="9">现有家庭成员</th><th rowspan="2">姓名</th><th rowspan="2">与户主关系</th><th rowspan="2">出生年月</th><th rowspan="2">民族</th><th colspan="2">已故亲属</th></tr>
<tr><th>称呼</th><th>姓名</th></tr>
<tr><td>俞火根</td><td>户主</td><td>1963 年 10 月</td><td>汉</td><td>母亲</td><td>钱瓜妹</td></tr>
<tr><td>王建珍</td><td>妻子</td><td>1963 年 9 月</td><td>汉</td><td></td><td></td></tr>
<tr><td>俞　寅</td><td>儿子</td><td>1986 年 10 月</td><td>汉</td><td></td><td></td></tr>
<tr><td>徐　娟</td><td>儿媳</td><td>1990 年 4 月</td><td>汉</td><td></td><td></td></tr>
<tr><td>俞嘉辉</td><td>孙子</td><td>2011 年 9 月</td><td>汉</td><td></td><td></td></tr>
<tr><td>徐嘉怡</td><td>孙女</td><td>2014 年 5 月</td><td>汉</td><td></td><td></td></tr>
<tr><td>俞元生</td><td>父亲</td><td>1941 年 6 月</td><td>汉</td><td></td><td></td></tr>
<tr><th>家庭大事记</th><td colspan="6">1991 年，购别墅。
1992 年，翻建三上三下楼房。
1992 年，购轿车。
2015 年，房屋动迁，分得安置房。</td></tr>
</table>

<table>
<tr><th rowspan="5">现有家庭成员</th><th rowspan="2">姓名</th><th rowspan="2">与户主关系</th><th rowspan="2">出生年月</th><th rowspan="2">民族</th><th colspan="2">已故亲属</th></tr>
<tr><th>称呼</th><th>姓名</th></tr>
<tr><td>金素花</td><td>户主</td><td>1953 年 10 月</td><td>汉</td><td>公公</td><td>俞福根</td></tr>
<tr><td>俞军华</td><td>儿子</td><td>1976 年 6 月</td><td>汉</td><td>婆婆</td><td>俞月宝</td></tr>
<tr><td></td><td></td><td></td><td></td><td>丈夫</td><td>俞根男</td></tr>
<tr><th>家庭大事记</th><td colspan="6">1992 年，翻建三上三下楼房。
2015 年，房屋动迁，分得安置房。</td></tr>
</table>

	姓名	与户主关系	出生年月	民族	已故亲属	
					称呼	姓名
现有家庭成员	俞林根	户主	1963 年 12 月	汉	祖母	俞腊妹
	吴　香	妻子	1966 年 6 月	汉		
	俞瑛芳	女儿	1987 年 12 月	汉		
	余义峰	女婿	1983 年 10 月	汉		
	余思锐	长孙	2014 年 2 月	汉		
	余思辰	次孙	2017 年 12 月	汉		
	俞大男	父亲	1939 年 3 月	汉		
	褚花妹	母亲	1939 年 8 月	汉		
家庭大事记	1990 年，翻建三上三下楼房。 俞瑛芳，2010 年 7 月中国矿业大学本科毕业，现任职于中国移动通信集团江苏有限公司昆山分公司。 2012 年，购商品房。 2015 年，房屋动迁，分得安置房。 2020 年，购轿车。					

	姓名	与户主关系	出生年月	民族	已故亲属	
					称呼	姓名
现有家庭成员	朱白男	户主	1937 年 6 月	汉	父亲	朱爱福
	朱林宝	妻子	1944 年 7 月	汉	母亲	朱大香
	朱菊花	女儿	1965 年 10 月	汉		
	朱孝君	长孙	1993 年 6 月	汉		
	朱孝明	次孙	1993 年 6 月	汉		
家庭大事记	1991 年，翻建三上三下楼房。 2015 年，房屋动迁，分得安置房。 朱孝君，2015 年 7 月江西师范大学本科毕业，现为张浦中学教师。 朱孝明，2015 年 7 月福建医科大学本科毕业，现任职于苏州市立医院。 2020 年，购轿车。					

现有家庭成员	姓名	与户主关系	出生年月	民族	已故亲属	
					称呼	姓名
	朱福元	户主	1947 年 12 月	汉	父亲	朱爱福
	王密花	妻子	1951 年 5 月	汉	母亲	朱大香
	朱国强	儿子	1970 年 7 月	汉		
	翁建英	儿媳	1970 年 1 月	汉		
	朱嘉诚	孙子	1993 年 3 月	汉		
	朱一亭	曾孙	2017 年 12 月	汉		
家庭大事记	1989 年，翻建三上四下楼房。 1997 年，购商品房。 2010 年，购轿车。 2015 年，房屋动迁，分得安置房。					

现有家庭成员	姓名	与户主关系	出生年月	民族	已故亲属	
					称呼	姓名
	朱福林	户主	1954 年 2 月	汉	父亲	朱爱福
	景藕花	妻子	1954 年 1 月	汉	母亲	朱大香
	朱春芳	女儿	1980 年 4 月	汉		
	王建锋	女婿	1975 年 7 月	汉		
	王宇维	孙子	2007 年 7 月	汉		
	王佳欣	孙女	2010 年 11 月	汉		
家庭大事记	1989 年，翻建三上三下楼房。 2015 年，房屋动迁，分得安置房。					

	姓名	与户主关系	出生年月	民族	已故亲属	
					称呼	姓名
现有家庭成员	王二男	户主	1955 年 6 月	汉	父亲	王关泉
	张凤金	妻子	1958 年 7 月	汉	母亲	李银花
	王　斌	儿子	1981 年 9 月	汉		
	姜红玲	儿媳	1980 年 10 月	汉		
	王思雨	孙女	2005 年 12 月	汉		
	王思淇	孙子	2016 年 3 月	汉		
家庭大事记	1990 年，翻建三上三下楼房。 2010 年，购轿车。 2013 年，购商品房。 2015 年，房屋动迁，分得安置房。					

	姓名	与户主关系	出生年月	民族	已故亲属	
					称呼	姓名
现有家庭成员	王坤元	户主	1953 年 1 月	汉	父亲	王关泉
	朱友珍	妻子	1956 年 4 月	汉	母亲	李银花
	王　震	儿子	1979 年 1 月	汉		
	赵群英	儿媳	1978 年 3 月	汉		
	王润一	孙子	2002 年 2 月	汉		
家庭大事记	1992 年，翻建三上三下楼房。 2000 年，购商品房。 2010 年，购轿车。 2015 年，房屋动迁，分得安置房。					

现有家庭成员	姓名	与户主关系	出生年月	民族	已故亲属	
					称呼	姓名
	王坤弟	户主	1959 年 7 月	汉	父亲	王关泉
					母亲	李银花

家庭大事记

1987 年，建平房。
2011 年，房屋动迁，分得安置房。

现有家庭成员	姓名	与户主关系	出生年月	民族	已故亲属	
					称呼	姓名
	徐惠明	户主	1965 年 7 月	汉	父亲	徐金男
	戴金翠	妻子	1967 年 1 月	汉	母亲	姚大妹
	徐珍珍	女儿	1988 年 6 月	汉		
	孙道海	女婿	1987 年 3 月	汉		
	徐孙彤	孙女	2010 年 4 月	汉		

家庭大事记

1987 年，翻建三上三下楼房。
2012 年，购商品房。
2015 年，房屋动迁，分得安置房。
2019 年，购轿车。

现有家庭成员	姓名	与户主关系	出生年月	民族	已故亲属	
					称呼	姓名
	钱玉苟	户主	1954 年 10 月	汉	父亲	钱金强
	徐香妹	妻子	1951 年 12 月	汉	母亲	陆钱宝
	钱志平	儿子	1976 年 12 月	汉		
	蔡　芳	儿媳	1977 年 11 月	汉		
	钱嘉辉	孙子	1999 年 12 月	汉		

家庭大事记

徐香妹，20 世纪 70—80 年代曾任东北大队第 1 生产队妇女队长。
1992 年，翻建三上四下楼房。
2006 年，购商品房。
2015 年，房屋动迁，分得安置房。

	姓名	与户主关系	出生年月	民族	已故亲属	
					称呼	姓名
现有家庭成员	吴凤根	户主	1963 年 10 月	汉	岳父	朱阿宗
	朱惠芳	妻子	1965 年 10 月	汉		
	朱君兰	女儿	1987 年 10 月	汉		
	刘央妹	岳母	1939 年 4 月	汉		
家庭大事记	1991 年，翻建三上四下楼房。 1995 年，购商品房。 朱君兰，2009 年 7 月扬州大学本科毕业，现任正仪中学教师。 2014 年，购别墅。 2014 年，购轿车。 2015 年，房屋动迁，分得安置房。 朱惠芳，曾任东北村妇女主任。					

	姓名	与户主关系	出生年月	民族	已故亲属	
					称呼	姓名
现有家庭成员	朱小妹	户主	1970 年 1 月	汉	父亲	朱阿宗
	赵彩平	丈夫	1970 年 3 月	汉		
	赵　佳	女儿	1993 年 3 月	汉		
	刘央妹	母亲	1939 年 4 月	汉		
家庭大事记						

<table>
<tr><td rowspan="6">现有家庭成员</td><th rowspan="2">姓名</th><th rowspan="2">与户主关系</th><th rowspan="2">出生年月</th><th rowspan="2">民族</th><th colspan="2">已故亲属</th></tr>
<tr><th>称呼</th><th>姓名</th></tr>
<tr><td>邵兴林</td><td>户主</td><td>1968 年 4 月</td><td>汉</td><td>岳父</td><td>刘宗兴</td></tr>
<tr><td>刘雪花</td><td>妻子</td><td>1971 年 12 月</td><td>汉</td><td>岳母</td><td>狄金妹</td></tr>
<tr><td>戴 娉</td><td>儿媳</td><td>1992 年 10 月</td><td>汉</td><td></td><td></td></tr>
<tr><td>邵 杰</td><td>儿子</td><td>1992 年 10 月</td><td>汉</td><td></td><td></td></tr>
<tr><td>家庭大事记</td><td colspan="6">1990 年，翻建三上三下楼房。
1995 年，购轿车。
1998 年，购商品房。
邵杰，2015 年 7 月南京审计大学本科毕业。
2015 年，房屋动迁，分得安置房。
邵兴林，中共党员。</td></tr>
</table>

<table>
<tr><td rowspan="7">现有家庭成员</td><th rowspan="2">姓名</th><th rowspan="2">与户主关系</th><th rowspan="2">出生年月</th><th rowspan="2">民族</th><th colspan="2">已故亲属</th></tr>
<tr><th>称呼</th><th>姓名</th></tr>
<tr><td>刘雪根</td><td>户主</td><td>1969 年 2 月</td><td>汉</td><td>父亲</td><td>刘宗兴</td></tr>
<tr><td>戴妹云</td><td>妻子</td><td>1968 年 10 月</td><td>汉</td><td>母亲</td><td>狄金妹</td></tr>
<tr><td>刘志灏</td><td>儿子</td><td>1992 年 2 月</td><td>汉</td><td></td><td></td></tr>
<tr><td>吴 蓉</td><td>儿媳</td><td>1993 年 12 月</td><td>汉</td><td></td><td></td></tr>
<tr><td>刘睿轩</td><td>孙子</td><td>2015 年 4 月</td><td>汉</td><td></td><td></td></tr>
<tr><td>家庭大事记</td><td colspan="6">1991 年，建三上三下楼房。
2013 年，购商品房。
2015 年，房屋动迁，分得安置房。
2015 年，购轿车。</td></tr>
</table>

	姓名	与户主关系	出生年月	民族	已故亲属	
					称呼	姓名
现有家庭成员	陈云男	户主	1956 年 8 月	汉	父亲	陈小腊
	陈玉英	妻子	1960 年 5 月	汉	母亲	陈小妹
	陈　雨	儿子	1982 年 3 月	汉		
	陈　睿	孙子	2007 年 8 月	汉		
家庭大事记	1993 年，翻建三上三下楼房。 2010 年，购轿车。 2015 年，房屋动迁，分得安置房。					

	姓名	与户主关系	出生年月	民族	已故亲属	
					称呼	姓名
现有家庭成员	陈二男	户主	1954 年 1 月	汉	父亲	陈大水
	周小妹	妻子	1953 年 11 月	汉	母亲	陈林妹
	陈　华	儿子	1978 年 12 月	汉		
	陆华芳	儿媳	1981 年 8 月	汉		
	陈子怡	孙女	2002 年 11 月	汉		
家庭大事记	1993 年，翻建三上三下楼房。 2013 年，购商品房。 2015 年，房屋动迁，分得安置房。 陈华，1996 年 12 月至 1999 年 12 月参军入伍，中共党员。					

	姓名	与户主关系	出生年月	民族	已故亲属	
					称呼	姓名
现有家庭成员	张元生	户主	1946 年 5 月	汉	母亲	张小妹
	陆三英	妻子	1947 年 10 月	汉		
	张建良	儿子	1970 年 8 月	汉		
	王晓红	儿媳	1968 年 11 月	汉		
	张　燕	孙女	1998 年 1 月	汉		
	张琴芳	女儿	1974 年 5 月	汉		
家庭大事记	1992 年，翻建三上三下楼房。 2015 年，房屋动迁，分得安置房。					

	姓名	与户主关系	出生年月	民族	已故亲属	
					称呼	姓名
现有家庭成员	刘黑男	户主	1965 年 6 月	汉	父亲	刘宗兴
	周福珍	妻子	1965 年 10 月	汉	母亲	狄金妹
	刘子龙	儿子	1988 年 3 月	汉		
	蒋佳丽	儿媳	1990 年 10 月	汉		
	刘诗雨	长孙女	2013 年 3 月	汉		
	蒋子仪	次孙女	2015 年 9 月	汉		
家庭大事记	1992 年，翻建三上三下楼房。 2010 年，购商品房。 2015 年，房屋动迁，分得安置房。 2018 年，购轿车。					

<table>
<tr><th rowspan="2"></th><th rowspan="2">姓名</th><th rowspan="2">与户主关系</th><th rowspan="2">出生年月</th><th rowspan="2">民族</th><th colspan="2">已故亲属</th></tr>
<tr><th>称呼</th><th>姓名</th></tr>
<tr><td rowspan="8">现有家庭成员</td><td>刘阿宗</td><td>户主</td><td>1932 年 12 月</td><td>汉</td><td></td><td></td></tr>
<tr><td>王　妹</td><td>妻子</td><td>1938 年 1 月</td><td>汉</td><td></td><td></td></tr>
<tr><td>刘志明</td><td>儿子</td><td>1967 年 6 月</td><td>汉</td><td></td><td></td></tr>
<tr><td>顾培香</td><td>儿媳</td><td>1967 年 2 月</td><td>汉</td><td></td><td></td></tr>
<tr><td>刘燕星</td><td>孙女</td><td>1990 年 10 月</td><td>汉</td><td></td><td></td></tr>
<tr><td>殷强威</td><td>孙女婿</td><td>1991 年 9 月</td><td>汉</td><td></td><td></td></tr>
<tr><td>殷沐枫</td><td>曾孙子</td><td>2016 年 5 月</td><td>汉</td><td></td><td></td></tr>
<tr><td>刘沐槿</td><td>曾孙女</td><td>2020 年 2 月</td><td>汉</td><td></td><td></td></tr>
<tr><td>家庭大事记</td><td colspan="6">1990 年，翻建三上三下楼房。
2011 年，购商品房。
2014 年，购轿车。
2015 年，房屋动迁，分得安置房。</td></tr>
</table>

<table>
<tr><th rowspan="2"></th><th rowspan="2">姓名</th><th rowspan="2">与户主关系</th><th rowspan="2">出生年月</th><th rowspan="2">民族</th><th colspan="2">已故亲属</th></tr>
<tr><th>称呼</th><th>姓名</th></tr>
<tr><td rowspan="5">现有家庭成员</td><td>宗白男</td><td>户主</td><td>1953 年 2 月</td><td>汉</td><td>岳父</td><td>俞招狗</td></tr>
<tr><td>俞银花</td><td>妻子</td><td>1954 年 12 月</td><td>汉</td><td>岳母</td><td>俞阿密</td></tr>
<tr><td>俞　宗</td><td>儿子</td><td>1987 年 10 月</td><td>汉</td><td></td><td></td></tr>
<tr><td>杨丽娟</td><td>儿媳</td><td>1987 年 10 月</td><td>汉</td><td></td><td></td></tr>
<tr><td>俞晧辰</td><td>孙子</td><td>2012 年 10 月</td><td>汉</td><td></td><td></td></tr>
<tr><td>家庭大事记</td><td colspan="6">1993 年，翻建三上四下楼房。
俞宗，2007 年 12 月至 2009 年 12 月参军入伍。
2015 年，房屋动迁，分得安置房。
2018 年，购商品房。
2019 年，购轿车。</td></tr>
</table>

	姓名	与户主关系	出生年月	民族	已故亲属	
					称呼	姓名
现有家庭成员	刘志元	户主	1963 年 9 月	汉	父亲	刘金生
	钱光妹	妻子	1964 年 8 月	汉	继父	李民生
	刘李丽	女儿	1986 年 12 月	汉		
	郭合生	女婿	1972 年 11 月	汉		
	郭佳诚	孙子	2009 年 7 月	汉		
	薛阿娥	母亲	1930 年 1 月	汉		
家庭大事记	1991 年，翻建三上三下楼房。 2015 年，房屋动迁，分得安置房。					

	姓名	与户主关系	出生年月	民族	已故亲属	
					称呼	姓名
现有家庭成员	朱五男	户主	1947 年 12 月	汉		
	周金秀	妻子	1948 年 10 月	汉		
	朱敏花	女儿	1972 年 9 月	汉		
	陆冬生	女婿	1963 年 12 月	汉		
	朱俏鑫	孙女	1994 年 8 月	汉		
	朱　磊	孙女婿	1987 年 5 月	汉		
家庭大事记	1986 年，建平房。 2015 年，房屋动迁，分得安置房。					

	姓名	与户主关系	出生年月	民族	已故亲属	
					称呼	姓名
现有家庭成员	刘木元	户主	1957 年 6 月	汉	父亲	刘金生
	朱福英	妻子	1957 年 9 月	汉	继父	李民生
	刘李强	儿子	1981 年 7 月	汉		
	贺　燕	儿媳	1980 年 1 月	汉		
	刘米乐	孙子	2005 年 1 月	汉		
	薛阿娥	母亲	1930 年 1 月	汉		
家庭大事记	1987 年，翻建三上三下楼房。 2015 年，房屋动迁，分得安置房。 2018 年，购商品房。 2019 年，购轿车。					

<table>
<tr><td rowspan="2"></td><td rowspan="2">姓名</td><td rowspan="2">与户主关系</td><td rowspan="2">出生年月</td><td rowspan="2">民族</td><td colspan="2">已故亲属</td></tr>
<tr><td>称呼</td><td>姓名</td></tr>
<tr><td rowspan="10">现有家庭成员</td><td>刘云元</td><td>户主</td><td>1953 年 11 月</td><td>汉</td><td>父亲</td><td>刘金生</td></tr>
<tr><td>狄根大</td><td>妻子</td><td>1957 年 8 月</td><td>汉</td><td>继父</td><td>李民生</td></tr>
<tr><td>刘丽琴</td><td>长女</td><td>1979 年 10 月</td><td>汉</td><td></td><td></td></tr>
<tr><td>冯丰裕</td><td>长女婿</td><td>1977 年 9 月</td><td>汉</td><td></td><td></td></tr>
<tr><td>刘奇峰</td><td>孙子</td><td>2007 年 12 月</td><td>汉</td><td></td><td></td></tr>
<tr><td>刘丽燕</td><td>次女</td><td>1985 年 7 月</td><td>汉</td><td></td><td></td></tr>
<tr><td>贺华柳</td><td>次女婿</td><td>1983 年 4 月</td><td>汉</td><td></td><td></td></tr>
<tr><td>贺伊然</td><td>长孙女</td><td>2014 年 1 月</td><td>汉</td><td></td><td></td></tr>
<tr><td>贺伊凡</td><td>次孙女</td><td>2016 年 10 月</td><td>汉</td><td></td><td></td></tr>
<tr><td>薛阿娥</td><td>母亲</td><td>1930 年 1 月</td><td>汉</td><td></td><td></td></tr>
<tr><td>家庭大事记</td><td colspan="6">1989 年，翻建三上三下楼房。
1996 年，购商品房。
2010 年，购轿车。
刘丽燕，2011 年 7 月黑龙江中医药大学硕士毕业，现任昆山市中医医院副主任医师。
2015 年，房屋动迁，分得安置房。</td></tr>
</table>

<table>
<tr><td rowspan="2"></td><td rowspan="2">姓名</td><td rowspan="2">与户主关系</td><td rowspan="2">出生年月</td><td rowspan="2">民族</td><td colspan="2">已故亲属</td></tr>
<tr><td>称呼</td><td>姓名</td></tr>
<tr><td rowspan="8">现有家庭成员</td><td>陈雪元</td><td>户主</td><td>1954 年 12 月</td><td>汉</td><td></td><td></td></tr>
<tr><td>王花英</td><td>妻子</td><td>1957 年 9 月</td><td>汉</td><td></td><td></td></tr>
<tr><td>王　仁</td><td>儿子</td><td>1981 年 5 月</td><td>汉</td><td></td><td></td></tr>
<tr><td>孟　燕</td><td>儿媳</td><td>1984 年 12 月</td><td>汉</td><td></td><td></td></tr>
<tr><td>王嘉祺</td><td>长孙女</td><td>2008 年 12 月</td><td>汉</td><td></td><td></td></tr>
<tr><td>王嘉裕</td><td>次孙女</td><td>2012 年 10 月</td><td>汉</td><td></td><td></td></tr>
<tr><td>王兴泉</td><td>岳父</td><td>1935 年 12 月</td><td>汉</td><td></td><td></td></tr>
<tr><td>王桃妹</td><td>岳母</td><td>1938 年 7 月</td><td>汉</td><td></td><td></td></tr>
<tr><td>家庭大事记</td><td colspan="6">陈雪元，20 世纪 70—80 年代曾任东北大队第 2 生产队队长。
1984 年，翻建三上四下楼房。
2014 年，购轿车。
2015 年，房屋动迁，分得安置房。
2015 年，购商品房。</td></tr>
</table>

<table>
<tr><td rowspan="2"></td><td rowspan="2">姓名</td><td rowspan="2">与户主关系</td><td rowspan="2">出生年月</td><td rowspan="2">民族</td><td colspan="2">已故亲属</td></tr>
<tr><td>称呼</td><td>姓名</td></tr>
<tr><td rowspan="6">现有家庭成员</td><td>王志荣</td><td>户主</td><td>1962 年 7 月</td><td>汉</td><td>父亲</td><td>王金泉</td></tr>
<tr><td>邹黑妹</td><td>妻子</td><td>1962 年 5 月</td><td>汉</td><td></td><td></td></tr>
<tr><td>王　静</td><td>女儿</td><td>1985 年 3 月</td><td>汉</td><td></td><td></td></tr>
<tr><td>张　梁</td><td>女婿</td><td>1981 年 8 月</td><td>汉</td><td></td><td></td></tr>
<tr><td>张之涵</td><td>孙子</td><td>2009 年 9 月</td><td>汉</td><td></td><td></td></tr>
<tr><td>王义珍</td><td>母亲</td><td>1934 年 6 月</td><td>汉</td><td></td><td></td></tr>
<tr><td>家庭大事记</td><td colspan="6">1989 年，翻建三上四下楼房。
王静，2006 年 7 月南京财经大学本科毕业，现任职于昆山市巴城资产经营有限责任公司。
2010 年，购轿车。
2013 年，购商品房。
2015 年，房屋动迁，分得安置房。</td></tr>
</table>

<table>
<tr><td rowspan="9">现有家庭成员</td><th rowspan="2">姓名</th><th rowspan="2">与户主关系</th><th rowspan="2">出生年月</th><th rowspan="2">民族</th><th colspan="2">已故亲属</th></tr>
<tr><th>称呼</th><th>姓名</th></tr>
<tr><td>王国荣</td><td>户主</td><td>1958 年 1 月</td><td>汉</td><td>父亲</td><td>王金泉</td></tr>
<tr><td>狄杏英</td><td>妻子</td><td>1960 年 11 月</td><td>汉</td><td></td><td></td></tr>
<tr><td>王　强</td><td>儿子</td><td>1981 年 12 月</td><td>汉</td><td></td><td></td></tr>
<tr><td>任素娟</td><td>儿媳</td><td>1981 年 12 月</td><td>汉</td><td></td><td></td></tr>
<tr><td>王欣瑶</td><td>孙女</td><td>2006 年 2 月</td><td>汉</td><td></td><td></td></tr>
<tr><td>王一凡</td><td>孙子</td><td>2015 年 10 月</td><td>汉</td><td></td><td></td></tr>
<tr><td>王义珍</td><td>母亲</td><td>1934 年 6 月</td><td>汉</td><td></td><td></td></tr>
<tr><td>家庭大事记</td><td colspan="6">1990 年，翻建三上三下楼房。
1998 年，购轿车。
2013 年，购商品房。
2015 年，房屋动迁，分得安置房。</td></tr>
</table>

<table>
<tr><td rowspan="7">现有家庭成员</td><th rowspan="2">姓名</th><th rowspan="2">与户主关系</th><th rowspan="2">出生年月</th><th rowspan="2">民族</th><th colspan="2">已故亲属</th></tr>
<tr><th>称呼</th><th>姓名</th></tr>
<tr><td>陈大男</td><td>户主</td><td>1952 年 1 月</td><td>汉</td><td>父亲</td><td>陈大水</td></tr>
<tr><td>徐梅珍</td><td>妻子</td><td>1952 年 10 月</td><td>汉</td><td>母亲</td><td>陈林妹</td></tr>
<tr><td>陈　庆</td><td>儿子</td><td>1976 年 11 月</td><td>汉</td><td></td><td></td></tr>
<tr><td>袁　敏</td><td>儿媳</td><td>1978 年 9 月</td><td>汉</td><td></td><td></td></tr>
<tr><td>陈宇飞</td><td>孙子</td><td>2001 年 10 月</td><td>汉</td><td></td><td></td></tr>
<tr><td>家庭大事记</td><td colspan="6">1993 年，翻建三上四下楼房。
2015 年，房屋动迁，分得安置房。
2017 年，购商品房。
袁敏，中共党员。</td></tr>
</table>

	姓名	与户主关系	出生年月	民族	已故亲属	
					称呼	姓名
现有家庭成员	张水明	户主	1975 年 6 月	汉	祖父	张宗生
	袁图会	妻子	1978 年 7 月	汉	祖母	张大小妹
	张静怡	女儿	1999 年 8 月	汉	父亲	张傲根
	张陆嘉	儿子	2014 年 10 月	汉		
	俞金花	母亲	1952 年 2 月	汉		
	陆火土	继父	1949 年 12 月	汉		
家庭大事记	1992 年，翻建三上三下楼房。 2015 年，房屋动迁，分得安置房。					

	姓名	与户主关系	出生年月	民族	已故亲属	
					称呼	姓名
现有家庭成员	张建龙	户主	1967 年 10 月	汉	父亲	张大男
	薛建芳	妻子	1967 年 4 月	汉		
	张　涛	儿子	1990 年 8 月	汉		
	严雨薇	儿媳	1990 年 4 月	汉		
	张胤宸	孙子	2017 年 5 月	汉		
	严沐药	孙女	2019 年 4 月	汉		
	张凤花	母亲	1943 年 8 月	汉		
家庭大事记	1988 年，翻建三上四下楼房。 张涛，2012 年 7 月南京金肯学院本科毕业，现任职于江苏华君物业管理集团有限公司。 2013 年，购商品房。 2015 年，房屋动迁，分得安置房。 2017 年，购轿车。					

	姓名	与户主关系	出生年月	民族	已故亲属	
					称呼	姓名
现有家庭成员	陈惠明	户主	1962 年 3 月	汉	父亲	陈根生
	周长妹	妻子	1963 年 6 月	汉	母亲	张巧玲
	陈　斌	儿子	1987 年 2 月	汉		
	张小燕	儿媳	1987 年 2 月	汉		
	陈灵溪	孙女	2012 年 5 月	汉		
家庭大事记	1991 年，翻建三上三下楼房。 2008 年，购商品房。 2013 年，购轿车。 2015 年，房屋动迁，分得安置房。					

	姓名	与户主关系	出生年月	民族	已故亲属	
					称呼	姓名
现有家庭成员	陈　刚	户主	1978 年 10 月	汉	父亲	陈全男
	孙小娇	妻子	1982 年 3 月	汉	祖父	陈小腊
	陈孙旺	儿子	2003 年 10 月	汉		
	陈孙伊	女儿	2012 年 4 月	汉		
	陈花妹	母亲	1955 年 6 月	汉		
家庭大事记	1995 年，翻建四上四下楼房。 2015 年，房屋动迁，分得安置房。					

	姓名	与户主关系	出生年月	民族	已故亲属	
					称呼	姓名
现有家庭成员	陈宗明	户主	1963 年 10 月	汉	父亲	陈根生
	方祥花	妻子	1965 年 3 月	汉	母亲	张巧玲
	陈　晨	儿子	1986 年 11 月	汉		
	陈惠花	妹妹	1965 年 9 月	汉		
家庭大事记	1980 年，建平房。 1993 年，购商品房。 2001 年，房屋动迁，分得安置房。					

	姓名	与户主关系	出生年月	民族	已故亲属	
					称呼	姓名
现有家庭成员	张林根	户主	1957 年 1 月	汉	父亲	张云泉
	王金珍	妻子	1958 年 4 月	汉	母亲	张小妹
	张　月	儿子	1982 年 2 月	汉		
	刘美霞	儿媳	1981 年 3 月	汉		
	张文绮	孙女	2006 年 12 月	汉		
	张文泽	孙子	2011 年 7 月	汉		
家庭大事记	1992 年，翻建三上三下楼房。 张月，2000 年 12 月至 2002 年 12 月参军入伍，中共党员。 2014 年，购轿车。 2015 年，房屋动迁，分得安置房。					

<table>
<tr><td rowspan="2"></td><td rowspan="2">姓名</td><td rowspan="2">与户主关系</td><td rowspan="2">出生年月</td><td rowspan="2">民族</td><td colspan="2">已故亲属</td></tr>
<tr><td>称呼</td><td>姓名</td></tr>
<tr><td rowspan="6">现有家庭成员</td><td>张密根</td><td>户主</td><td>1954 年 4 月</td><td>汉</td><td>父亲</td><td>张云泉</td></tr>
<tr><td>徐水妹</td><td>妻子</td><td>1954 年 9 月</td><td>汉</td><td>母亲</td><td>张小妹</td></tr>
<tr><td>张　建</td><td>长子</td><td>1978 年 12 月</td><td>汉</td><td></td><td></td></tr>
<tr><td>何艳青</td><td>长媳</td><td>1977 年 7 月</td><td>壮</td><td></td><td></td></tr>
<tr><td>张天龙</td><td>次子</td><td>1993 年 12 月</td><td>汉</td><td></td><td></td></tr>
<tr><td>张佳妮</td><td>孙女</td><td>2002 年 5 月</td><td>汉</td><td></td><td></td></tr>
<tr><td>家庭大事记</td><td colspan="6">张密根，中共党员，1972 年 12 月至 1977 年 3 月参军入伍，曾任东北大队民兵营营长。
1992 年，翻建三上三下楼房。
张天龙，2013 年 9 月至 2015 年 9 月参军入伍。
2015 年，房屋动迁，分得安置房。
2016 年，购商品房。
何艳青，中共党员。</td></tr>
</table>

<table>
<tr><td rowspan="2"></td><td rowspan="2">姓名</td><td rowspan="2">与户主关系</td><td rowspan="2">出生年月</td><td rowspan="2">民族</td><td colspan="2">已故亲属</td></tr>
<tr><td>称呼</td><td>姓名</td></tr>
<tr><td rowspan="8">现有家庭成员</td><td>朱建明</td><td>户主</td><td>1968 年 8 月</td><td>汉</td><td>祖母</td><td>朱阿二</td></tr>
<tr><td>陆双妹</td><td>妻子</td><td>1968 年 7 月</td><td>汉</td><td></td><td></td></tr>
<tr><td>朱　康</td><td>儿子</td><td>1991 年 8 月</td><td>汉</td><td></td><td></td></tr>
<tr><td>孙小燕</td><td>儿媳</td><td>1990 年 12 月</td><td>汉</td><td></td><td></td></tr>
<tr><td>朱欣言</td><td>孙女</td><td>2015 年 12 月</td><td>汉</td><td></td><td></td></tr>
<tr><td>朱欣博</td><td>孙子</td><td>2019 年 11 月</td><td>汉</td><td></td><td></td></tr>
<tr><td>朱海根</td><td>父亲</td><td>1937 年 8 月</td><td>汉</td><td></td><td></td></tr>
<tr><td>朱梅宝</td><td>母亲</td><td>1941 年 10 月</td><td>汉</td><td></td><td></td></tr>
<tr><td>家庭大事记</td><td colspan="6">1989 年，翻建三上四下楼房。
2004 年，购商品房。
2015 年，房屋动迁，分得安置房。
朱海根，中共党员，曾任东北大队团支部书记、民兵营营长，东北村村委会主任、党支部书记。</td></tr>
</table>

<table>
<tr><th rowspan="2"></th><th rowspan="2">姓名</th><th rowspan="2">与户主关系</th><th rowspan="2">出生年月</th><th rowspan="2">民族</th><th colspan="2">已故亲属</th></tr>
<tr><th>称呼</th><th>姓名</th></tr>
<tr><td rowspan="4">现有家庭成员</td><td>张惠男</td><td>户主</td><td>1964 年 3 月</td><td>汉</td><td>父亲</td><td>张福林</td></tr>
<tr><td>赵春莲</td><td>妻子</td><td>1970 年 2 月</td><td>汉</td><td></td><td></td></tr>
<tr><td>张　俊</td><td>儿子</td><td>1990 年 11 月</td><td>汉</td><td></td><td></td></tr>
<tr><td>张大妹</td><td>母亲</td><td>1932 年 9 月</td><td>汉</td><td></td><td></td></tr>
<tr><td>家庭大事记</td><td colspan="6">1990 年，翻建三上三下楼房。
2014 年，购商品房。
2015 年，房屋动迁，分得安置房。</td></tr>
</table>

<table>
<tr><th rowspan="2"></th><th rowspan="2">姓名</th><th rowspan="2">与户主关系</th><th rowspan="2">出生年月</th><th rowspan="2">民族</th><th colspan="2">已故亲属</th></tr>
<tr><th>称呼</th><th>姓名</th></tr>
<tr><td rowspan="5">现有家庭成员</td><td>王宗林</td><td>户主</td><td>1939 年 11 月</td><td>汉</td><td></td><td></td></tr>
<tr><td>俞福妹</td><td>妻子</td><td>1942 年 8 月</td><td>汉</td><td></td><td></td></tr>
<tr><td>王月珍</td><td>女儿</td><td>1966 年 1 月</td><td>汉</td><td></td><td></td></tr>
<tr><td>方亚文</td><td>孙女</td><td>1987 年 10 月</td><td>汉</td><td></td><td></td></tr>
<tr><td>方孝杰</td><td>孙子</td><td>1993 年 6 月</td><td>汉</td><td></td><td></td></tr>
<tr><td>家庭大事记</td><td colspan="6">1990 年，翻建三上三下楼房。
1996 年，建别墅。
2015 年，房屋动迁，分得安置房。
2018 年，购轿车。</td></tr>
</table>

<table>
<tr><th rowspan="2"></th><th rowspan="2">姓名</th><th rowspan="2">与户主关系</th><th rowspan="2">出生年月</th><th rowspan="2">民族</th><th colspan="2">已故亲属</th></tr>
<tr><th>称呼</th><th>姓名</th></tr>
<tr><td rowspan="8">现有家庭成员</td><td>邹小宗</td><td>户主</td><td>1939 年 11 月</td><td>汉</td><td></td><td></td></tr>
<tr><td>薛小山</td><td>妻子</td><td>1940 年 5 月</td><td>汉</td><td></td><td></td></tr>
<tr><td>邹三林</td><td>儿子</td><td>1966 年 5 月</td><td>汉</td><td></td><td></td></tr>
<tr><td>张秋香</td><td>儿媳</td><td>1967 年 5 月</td><td>汉</td><td></td><td></td></tr>
<tr><td>邹靖华</td><td>孙子</td><td>1990 年 7 月</td><td>汉</td><td></td><td></td></tr>
<tr><td>陆　莉</td><td>孙媳</td><td>1990 年 2 月</td><td>汉</td><td></td><td></td></tr>
<tr><td>邹泽宇</td><td>长曾孙</td><td>2014 年 3 月</td><td>汉</td><td></td><td></td></tr>
<tr><td>陆浩宇</td><td>次曾孙</td><td>2018 年 3 月</td><td>汉</td><td></td><td></td></tr>
<tr><td>家庭大事记</td><td colspan="6">邹三林，1986 年 1 月至 1990 年 3 月参军入伍，中共党员，曾任东北村村委会主任、党支部书记，巴城镇建设管理所所长，玉山镇人大副主席。
1990 年，翻建三上三下楼房。
2001 年，购商品房。
邹靖华，2012 年 7 月金陵科技学院本科毕业，现任昆山市临丰房产开发有限公司副总。
2015 年，房屋动迁，分得安置房。</td></tr>
</table>

<table>
<tr><th rowspan="2"></th><th rowspan="2">姓名</th><th rowspan="2">与户主关系</th><th rowspan="2">出生年月</th><th rowspan="2">民族</th><th colspan="2">已故亲属</th></tr>
<tr><th>称呼</th><th>姓名</th></tr>
<tr><td rowspan="5">现有家庭成员</td><td>邹恩弟</td><td>户主</td><td>1945 年 5 月</td><td>汉</td><td></td><td></td></tr>
<tr><td>陈金花</td><td>妻子</td><td>1949 年 3 月</td><td>汉</td><td></td><td></td></tr>
<tr><td>邹建华</td><td>儿子</td><td>1970 年 1 月</td><td>汉</td><td></td><td></td></tr>
<tr><td>郭夫香</td><td>儿媳</td><td>1970 年 2 月</td><td>汉</td><td></td><td></td></tr>
<tr><td>邹怡莹</td><td>孙女</td><td>1993 年 3 月</td><td>汉</td><td></td><td></td></tr>
<tr><td>家庭大事记</td><td colspan="6">1990 年，翻建三上三下楼房。
2010 年，购轿车。
2015 年，房屋动迁，分得安置房。
邹怡莹，2016 年 7 月苏州科技大学本科毕业，现任黄泥山小学教师。
2018 年，购商品房。</td></tr>
</table>

<table>
<tr><td rowspan="7">现有家庭成员</td><td rowspan="2">姓名</td><td rowspan="2">与户主关系</td><td rowspan="2">出生年月</td><td rowspan="2">民族</td><td colspan="2">已故亲属</td></tr>
<tr><td>称呼</td><td>姓名</td></tr>
<tr><td>刘香花</td><td>户主</td><td>1958 年 6 月</td><td>汉</td><td>丈夫</td><td>张银根</td></tr>
<tr><td>张　青</td><td>女儿</td><td>1982 年 4 月</td><td>汉</td><td>公公</td><td>张宗生</td></tr>
<tr><td>张　群</td><td>女婿</td><td>1981 年 10 月</td><td>汉</td><td>婆婆</td><td>张大小妹</td></tr>
<tr><td>张哲宇</td><td>长孙</td><td>2006 年 3 月</td><td>汉</td><td></td><td></td></tr>
<tr><td>张珂宇</td><td>次孙</td><td>2013 年 8 月</td><td>汉</td><td></td><td></td></tr>
<tr><td>家庭大事记</td><td colspan="6">1989 年，翻建三上三下楼房。
2015 年，房屋动迁，分得安置房。
2018 年，购商品房。
2020 年，购轿车。</td></tr>
</table>

<table>
<tr><td rowspan="10">现有家庭成员</td><td rowspan="2">姓名</td><td rowspan="2">与户主关系</td><td rowspan="2">出生年月</td><td rowspan="2">民族</td><td colspan="2">已故亲属</td></tr>
<tr><td>称呼</td><td>姓名</td></tr>
<tr><td>邹小琴</td><td>户主</td><td>1965 年 3 月</td><td>汉</td><td></td><td></td></tr>
<tr><td>朱梅花</td><td>妻子</td><td>1964 年 7 月</td><td>汉</td><td></td><td></td></tr>
<tr><td>邹雪峰</td><td>儿子</td><td>1988 年 3 月</td><td>汉</td><td></td><td></td></tr>
<tr><td>贾东莲</td><td>儿媳</td><td>1988 年 10 月</td><td>汉</td><td></td><td></td></tr>
<tr><td>邹筱懿</td><td>长孙女</td><td>2013 年 10 月</td><td>汉</td><td></td><td></td></tr>
<tr><td>贾筠懿</td><td>次孙女</td><td>2016 年 12 月</td><td>汉</td><td></td><td></td></tr>
<tr><td>邹阿宗</td><td>父亲</td><td>1934 年 10 月</td><td>汉</td><td></td><td></td></tr>
<tr><td>张阿招</td><td>母亲</td><td>1941 年 8 月</td><td>汉</td><td></td><td></td></tr>
<tr><td>家庭大事记</td><td colspan="6">1989 年，翻建三上三下楼房。
邹雪峰，2006 年 12 月至 2008 年 12 月参军入伍，中共党员，现任燕桥浜村经济合作社社长。
2013 年，购轿车。
2015 年，房屋动迁，分得安置房。
2015 年，购商品房。</td></tr>
</table>

<table>
<tr><td rowspan="9">现有家庭成员</td><td rowspan="2">姓名</td><td rowspan="2">与户主关系</td><td rowspan="2">出生年月</td><td rowspan="2">民族</td><td colspan="2">已故亲属</td></tr>
<tr><td>称呼</td><td>姓名</td></tr>
<tr><td>张琴生</td><td>户主</td><td>1963 年 4 月</td><td>汉</td><td></td><td></td></tr>
<tr><td>张秀珍</td><td>妻子</td><td>1963 年 1 月</td><td>汉</td><td></td><td></td></tr>
<tr><td>张巍巍</td><td>女儿</td><td>1985 年 12 月</td><td>汉</td><td></td><td></td></tr>
<tr><td>严卫军</td><td>女婿</td><td>1983 年 2 月</td><td>汉</td><td></td><td></td></tr>
<tr><td>严梓锐</td><td>孙子</td><td>2013 年 11 月</td><td>汉</td><td></td><td></td></tr>
<tr><td>邹阿宗</td><td>父亲</td><td>1934 年 10 月</td><td>汉</td><td></td><td></td></tr>
<tr><td>张阿招</td><td>母亲</td><td>1941 年 8 月</td><td>汉</td><td></td><td></td></tr>
<tr><td>家庭大事记</td><td colspan="6">1990 年，翻建三上三下楼房。
1998 年，购商品房。
张巍巍，2008 年 7 月扬州大学本科毕业，现任职于贝卡润滑系统（昆山）有限公司。
2015 年，房屋动迁，分得安置房。
2016 年，购轿车。</td></tr>
</table>

<table>
<tr><td rowspan="7">现有家庭成员</td><td rowspan="2">姓名</td><td rowspan="2">与户主关系</td><td rowspan="2">出生年月</td><td rowspan="2">民族</td><td colspan="2">已故亲属</td></tr>
<tr><td>称呼</td><td>姓名</td></tr>
<tr><td>陈全英</td><td>户主</td><td>1950 年 1 月</td><td>汉</td><td>公公</td><td>薛修林</td></tr>
<tr><td>薛　烽</td><td>儿子</td><td>1971 年 3 月</td><td>汉</td><td>丈夫</td><td>薛志良</td></tr>
<tr><td>徐国芳</td><td>儿媳</td><td>1972 年 11 月</td><td>汉</td><td></td><td></td></tr>
<tr><td>薛徐行</td><td>孙子</td><td>1994 年 7 月</td><td>汉</td><td></td><td></td></tr>
<tr><td>薛　炽</td><td>女儿</td><td>1973 年 6 月</td><td>汉</td><td></td><td></td></tr>
<tr><td>家庭大事记</td><td colspan="6">1987 年，建平房。
2015 年，房屋动迁，分得安置房。</td></tr>
</table>

	姓名	与户主关系	出生年月	民族	已故亲属	
					称呼	姓名
现有家庭成员	徐美明	户主	1959 年 11 月	汉	父亲	徐福泉
	戴美花	妻子	1967 年 7 月	汉	母亲	徐香宝
	徐剑峰	儿子	1986 年 6 月	汉		
	徐亭亭	儿媳	1988 年 7 月	汉		
	徐羿明	孙子	2015 年 7 月	汉		
	徐宇璐	孙女	2018 年 11 月	汉		
家庭大事记	1987 年，建平房。 2015 年，房屋动迁，分得安置房。					

	姓名	与户主关系	出生年月	民族	已故亲属	
					称呼	姓名
现有家庭成员	徐梅根	户主	1954 年 12 月	汉	父亲	徐福泉
	施凤花	妻子	1958 年 8 月	汉	母亲	徐香宝
	徐月芳	女儿	1981 年 11 月	汉		
	吴　敏	女婿	1983 年 7 月	汉		
	徐诗语	长孙女	2010 年 2 月	汉		
	吴语晟	次孙女	2013 年 6 月	汉		
家庭大事记	1990 年，翻建三上三下楼房。 2013 年，购商品房。 2015 年，房屋动迁，分得安置房。 2018 年，购轿车。					

	姓名	与户主关系	出生年月	民族	已故亲属	
					称呼	姓名
现有家庭成员	徐金娥	户主	1939 年 5 月	汉	丈夫	戴爱生
	戴永林	次子	1965 年 6 月	汉		
	戴佳军	孙子	1989 年 6 月	汉		
	陆夏青	孙媳	1987 年 6 月	汉		
	戴芯苒	长曾孙女	2014 年 4 月	汉		
	陆芯羽	次曾孙女	2015 年 12 月	汉		
家庭大事记	1988 年，翻建三上四下楼房。 戴佳军，2007 年 12 月至 2009 年 12 月参军入伍。 2015 年，购轿车。 2015 年，房屋动迁，分得安置房。 2019 年，购商品房。					

	姓名	与户主关系	出生年月	民族	已故亲属	
					称呼	姓名
现有家庭成员	戴永兴	户主	1958 年 1 月	汉	父亲	戴爱生
	宋凤珍	妻子	1957 年 8 月	汉		
	戴丽萍	女儿	1981 年 9 月	汉		
	吴华玉	女婿	1980 年 2 月	汉		
	吴梓铭	孙子	2009 年 4 月	汉		
	戴希羽	孙女	2013 年 4 月	汉		
	徐金娥	母亲	1939 年 5 月	汉		
家庭大事记	1988 年，翻建三上四下楼房。 戴丽萍，2004 年 7 月苏州大学本科毕业，现任职于固力保安全系统（中国）有限公司。 2012 年，购汽车。 2013 年，购商品房。 2015 年，房屋动迁，分得安置房。					

	姓名	与户主关系	出生年月	民族	已故亲属	
					称呼	姓名
现有家庭成员	陈雪龙	户主	1965 年 10 月	汉	父亲	陈小水
	姚小红	妻子	1969 年 1 月	汉	母亲	陈林宝
	陈力坚	儿子	1989 年 8 月	汉		
	毛晓华	儿媳	1988 年 11 月	汉		
	陈玟羽	孙女	2016 年 4 月	汉		
家庭大事记	1976 年，建平房。 2003 年，购轿车。 2004 年，购商品房。 2015 年，房屋动迁，分得安置房。					

	姓名	与户主关系	出生年月	民族	已故亲属	
					称呼	姓名
现有家庭成员	陈　峰	户主	1986 年 6 月	汉	祖父	陈小水
	宗　宇	妻子	1989 年 12 月	汉	祖母	陈林宝
	陈子桓	儿子	2012 年 10 月	汉		
	陈雪弟	父亲	1963 年 1 月	汉		
	朱林花	母亲	1964 年 11 月	汉		
家庭大事记	1976 年，建平房。 陈雪弟，1982 年 12 月至 1985 年 12 月参军入伍，中共党员，公安民警。 1999 年，购轿车。 2010 年，购商品房。 2015 年，房屋动迁，分得安置房。					

<table>
<tr><td rowspan="6">现有家庭成员</td><td rowspan="2">姓名</td><td rowspan="2">与户主关系</td><td rowspan="2">出生年月</td><td rowspan="2">民族</td><td colspan="2">已故亲属</td></tr>
<tr><td>称呼</td><td>姓名</td></tr>
<tr><td>陈全妹</td><td>户主</td><td>1960 年 2 月</td><td>汉</td><td>丈夫</td><td>陈才元</td></tr>
<tr><td>陈　芳</td><td>女儿</td><td>1981 年 12 月</td><td>汉</td><td></td><td></td></tr>
<tr><td>熊　华</td><td>女婿</td><td>1978 年 10 月</td><td>汉</td><td></td><td></td></tr>
<tr><td>熊成仪</td><td>孙子</td><td>2004 年 9 月</td><td>汉</td><td></td><td></td></tr>
<tr><td>家庭大事记</td><td colspan="6">1994 年，建平房。
2015 年，房屋动迁，分得安置房。</td></tr>
</table>

<table>
<tr><td rowspan="7">现有家庭成员</td><td rowspan="2">姓名</td><td rowspan="2">与户主关系</td><td rowspan="2">出生年月</td><td rowspan="2">民族</td><td colspan="2">已故亲属</td></tr>
<tr><td>称呼</td><td>姓名</td></tr>
<tr><td>姚秋香</td><td>户主</td><td>1968 年 8 月</td><td>汉</td><td></td><td></td></tr>
<tr><td>戴佳军</td><td>儿子</td><td>1989 年 6 月</td><td>汉</td><td></td><td></td></tr>
<tr><td>陆夏青</td><td>儿媳</td><td>1987 年 6 月</td><td>汉</td><td></td><td></td></tr>
<tr><td>戴芯苒</td><td>长孙女</td><td>2014 年 4 月</td><td>汉</td><td></td><td></td></tr>
<tr><td>陆芯雨</td><td>次孙女</td><td>2015 年 12 月</td><td>汉</td><td></td><td></td></tr>
<tr><td>家庭大事记</td><td colspan="6">戴佳军，2007 年 12 月至 2009 年 12 月参军入伍。
2018 年，购轿车。
2019 年，购商品房。</td></tr>
</table>

<table>
<tr><td rowspan="3">现有家庭成员</td><td rowspan="2">姓名</td><td rowspan="2">与户主关系</td><td rowspan="2">出生年月</td><td rowspan="2">民族</td><td colspan="2">已故亲属</td></tr>
<tr><td>称呼</td><td>姓名</td></tr>
<tr><td>陈　梅</td><td>户主</td><td>1958 年 2 月</td><td>汉</td><td></td><td></td></tr>
<tr><td>家庭大事记</td><td colspan="6"></td></tr>
</table>

▶ 燕桥浜村第 7 村民小组

燕桥浜村第 7 村民小组人员统计表

单位：人

序号	户主	男	女	合计	序号	户主	男	女	合计
1	王根男	2	1	3	23	杜荣林	2	4	6
2	钱三妹	0	1	1	24	杜水花	0	1	1
3	褚生泉	3	5	8	25	褚毛狗	1	0	1
4	朱银泉	2	3	5	26	褚学明	4	4	8
5	褚引弟	2	4	6	27	田民主	2	1	3
6	褚梅珍	1	3	4	28	杜小荣	2	4	6
7	褚凤良	3	3	6	29	陈金弟	2	4	6
8	褚森荣	3	5	8	30	王兴龙	3	4	7
9	田香根	3	2	5	31	褚引男	3	5	8
10	王林英	1	4	5	32	杜杏根	2	5	7
11	褚长林	2	3	5	33	徐根花	2	3	5
12	褚福根	3	3	6	34	王金男	2	1	3
13	马志文	2	3	5	35	褚祖民	3	3	6
14	朱香根	4	2	6	36	王金泉	4	3	7
15	褚　华	2	4	6	37	钱金秀	3	3	6
16	褚　峰	4	2	6	38	褚永明	2	3	5
17	褚爱根	2	4	6	39	杜三荣	2	2	4
18	褚建荣	3	3	6	40	田香男	2	3	5
19	田金泉	7	4	11	41	龚惠明	1	0	1
20	杜大弟	3	2	5	42	褚白弟	4	2	6
21	田银泉	2	4	6	—	—	—	—	—
22	褚小妹	1	3	4	—	—	—	—	—

	姓名	与户主关系	出生年月	民族	已故亲属	
					称呼	姓名
现有家庭成员	王根男	户主	1963 年 6 月	汉	父亲	陆关生
	王　健	儿子	1987 年 3 月	汉		
	王林妹	母亲	1940 年 7 月	汉		
家庭大事记	1990 年，翻建三上三下楼房。 2003 年，房屋动迁，分得安置房。					

	姓名	与户主关系	出生年月	民族	已故亲属	
					称呼	姓名
现有家庭成员	钱三妹	户主	1965 年 11 月	汉		
家庭大事记						

	姓名	与户主关系	出生年月	民族	已故亲属	
					称呼	姓名
现有家庭成员	褚生泉	户主	1960 年 2 月	汉		
	赵秋香	妻子	1957 年 5 月	汉		
	褚金艳	女儿	1982 年 12 月	汉		
	吉文斌	女婿	1984 年 9 月	汉		
	吉欣蕾	长孙女	2008 年 1 月	汉		
	褚欣玥	次孙女	2012 年 7 月	汉		
	褚根生	父亲	1926 年 10 月	汉		
	褚招宝	母亲	1934 年 2 月	汉		
家庭大事记	褚根生，1951 年 8 月至 1955 年 2 月加入中国人民志愿军。 1989 年，翻建三上四下楼房。 2008 年，购轿车。 2009 年，房屋动迁，分得安置房。 2017 年，购商品房。 褚生泉，医务工作者。					

<table>
<tr><td rowspan="7">现有家庭成员</td><td rowspan="2">姓名</td><td rowspan="2">与户主关系</td><td rowspan="2">出生年月</td><td rowspan="2">民族</td><td colspan="2">已故亲属</td></tr>
<tr><td>称呼</td><td>姓名</td></tr>
<tr><td>朱银泉</td><td>户主</td><td>1946 年 12 月</td><td>汉</td><td>父亲</td><td>朱纪根</td></tr>
<tr><td>张腊妹</td><td>妻子</td><td>1950 年 12 月</td><td>汉</td><td>母亲</td><td>朱金妹</td></tr>
<tr><td>朱永军</td><td>儿子</td><td>1970 年 10 月</td><td>汉</td><td></td><td></td></tr>
<tr><td>钱玉珍</td><td>儿媳</td><td>1971 年 6 月</td><td>汉</td><td></td><td></td></tr>
<tr><td>朱　晨</td><td>孙女</td><td>1993 年 5 月</td><td>汉</td><td></td><td></td></tr>
<tr><td>家庭大事记</td><td colspan="6">朱银泉，20 世纪 70—80 年代曾任东北大队第 3 生产队队长。
1990 年，翻建三上三下楼房。
2003 年，房屋动迁，分得安置房。
朱晨，2015 年 7 月盐城师范学院本科毕业，现任花溪小学教师。
2016 年，购轿车。</td></tr>
</table>

<table>
<tr><td rowspan="8">现有家庭成员</td><td rowspan="2">姓名</td><td rowspan="2">与户主关系</td><td rowspan="2">出生年月</td><td rowspan="2">民族</td><td colspan="2">已故亲属</td></tr>
<tr><td>称呼</td><td>姓名</td></tr>
<tr><td>褚引弟</td><td>户主</td><td>1960 年 7 月</td><td>汉</td><td></td><td></td></tr>
<tr><td>谢道荣</td><td>妻子</td><td>1969 年 10 月</td><td>汉</td><td></td><td></td></tr>
<tr><td>褚兰艳</td><td>长女</td><td>1983 年 8 月</td><td>汉</td><td></td><td></td></tr>
<tr><td>褚玉惠</td><td>次女</td><td>1994 年 1 月</td><td>汉</td><td></td><td></td></tr>
<tr><td>褚耀明</td><td>父亲</td><td>1938 年 8 月</td><td>汉</td><td></td><td></td></tr>
<tr><td>褚花宝</td><td>母亲</td><td>1942 年 9 月</td><td>汉</td><td></td><td></td></tr>
<tr><td>家庭大事记</td><td colspan="6">褚耀明，20 世纪 60 年代曾任东北大队第 3 生产队队长。
1990 年，翻建三上三下楼房。
2009 年，房屋动迁，分得安置房。
褚引弟，曾任昆山高新区吴淞江小学教师。</td></tr>
</table>

	姓名	与户主关系	出生年月	民族	已故亲属	
					称呼	姓名
现有家庭成员	褚梅珍	户主	1958年8月	汉	丈夫	花阿多
	花伟国	儿子	1979年8月	汉		
	朱玉琴	儿媳	1979年8月	汉		
	花　蕾	孙女	2002年11月	汉		
家庭大事记	1995年，购三上三下楼房。 2003年，房屋动迁，分得安置房。 2016年，购轿车。					

	姓名	与户主关系	出生年月	民族	已故亲属	
					称呼	姓名
现有家庭成员	褚凤良	户主	1953年11月	汉	父亲	褚桂生
	戴凤珍	妻子	1954年5月	汉		
	褚建芬	女儿	1978年2月	汉		
	青吉财	女婿	1973年7月	汉		
	褚金青	孙子	1999年3月	汉		
	褚梅宝	母亲	1928年1月	汉		
家庭大事记	1988年，翻建三上三下楼房。 2009年，房屋动迁，分得安置房。 2010年，购商品房。 2016年，购轿车。					

	姓名	与户主关系	出生年月	民族	已故亲属	
					称呼	姓名
现有家庭成员	褚森荣	户主	1955 年 11 月	汉		
	孙三花	妻子	1955 年 1 月	汉		
	褚英丽	女儿	1979 年 10 月	汉		
	陈善华	女婿	1978 年 5 月	汉		
	褚陈洁	长孙女	2001 年 9 月	汉		
	陈希妍	次孙女	2013 年 7 月	汉		
	褚根生	父亲	1926 年 10 月	汉		
	褚招宝	母亲	1934 年 2 月	汉		
家庭大事记	褚根生，1951 年 8 月至 1955 年 2 月加入中国人民志愿军。 1989 年，翻建三上三下楼房。 2009 年，房屋动迁，分得安置房。 2010 年，购轿车。 2012 年，购商品房。					

	姓名	与户主关系	出生年月	民族	已故亲属	
					称呼	姓名
现有家庭成员	田香根	户主	1945 年 9 月	汉	父亲	田腊狗
	金娟娥	妻子	1952 年 5 月	汉	母亲	田巧林
	田志刚	儿子	1975 年 9 月	汉		
	李静芝	儿媳	1977 年 1 月	汉		
	田一贝	孙子	2002 年 2 月	汉		
家庭大事记	1990 年，翻建三上三下楼房。 1999 年，购商品房。 2008 年，购轿车。 2009 年，房屋动迁，分得安置房。 田香根，曾任东北大队第 3 生产队队长。					

	姓名	与户主关系	出生年月	民族	已故亲属	
					称呼	姓名
现有家庭成员	王林英	户主	1950 年 1 月	汉	公公	杜金生
	杜春明	儿子	1972 年 3 月	汉	丈夫	杜荣根
	胡雪芬	儿媳	1972 年 9 月	汉		
	杜苗苗	孙女	1995 年 3 月	汉		
	杜爱妹	婆婆	1930 年 6 月	汉		
家庭大事记	1988 年，翻建三上三下楼房。 2005 年，购商品房。 2008 年，购轿车。 2009 年，房屋动迁，分得安置房。					

	姓名	与户主关系	出生年月	民族	已故亲属	
					称呼	姓名
现有家庭成员	褚长林	户主	1964 年 2 月	汉	岳父	王火泉
	褚云妹	妻子	1963 年 10 月	汉	岳母	褚林宝
	龚雪琴	女儿	1988 年 4 月	汉		
	刘宏飞	女婿	1987 年 7 月	汉		
	刘依晨	孙女	2014 年 11 月	汉		
家庭大事记	1990 年，建平房。 2003 年，房屋动迁，分得安置房。 2010 年，购轿车。					

<table>
<tr><td rowspan="8">现有家庭成员</td><td rowspan="2">姓名</td><td rowspan="2">与户主关系</td><td rowspan="2">出生年月</td><td rowspan="2">民族</td><td colspan="2">已故亲属</td></tr>
<tr><td>称呼</td><td>姓名</td></tr>
<tr><td>褚福根</td><td>户主</td><td>1939 年 7 月</td><td>汉</td><td>母亲</td><td>褚腊妹</td></tr>
<tr><td>褚阿招</td><td>妻子</td><td>1936 年 3 月</td><td>汉</td><td></td><td></td></tr>
<tr><td>褚金明</td><td>儿子</td><td>1962 年 11 月</td><td>汉</td><td></td><td></td></tr>
<tr><td>陈金英</td><td>儿媳</td><td>1962 年 6 月</td><td>汉</td><td></td><td></td></tr>
<tr><td>褚俊健</td><td>孙子</td><td>1988 年 1 月</td><td>汉</td><td></td><td></td></tr>
<tr><td>褚诗菡</td><td>曾孙女</td><td>2012 年 12 月</td><td>汉</td><td></td><td></td></tr>
<tr><td>家庭大事记</td><td colspan="6">1990 年，翻建三上三下楼房。
2009 年，房屋动迁，分得安置房。
2012 年，购轿车。
2014 年，购商品房。</td></tr>
</table>

<table>
<tr><td rowspan="7">现有家庭成员</td><td rowspan="2">姓名</td><td rowspan="2">与户主关系</td><td rowspan="2">出生年月</td><td rowspan="2">民族</td><td colspan="2">已故亲属</td></tr>
<tr><td>称呼</td><td>姓名</td></tr>
<tr><td>马志文</td><td>户主</td><td>1954 年 9 月</td><td>汉</td><td>岳父</td><td>王火泉</td></tr>
<tr><td>褚云花</td><td>妻子</td><td>1955 年 5 月</td><td>汉</td><td>岳母</td><td>褚林宝</td></tr>
<tr><td>褚建刚</td><td>儿子</td><td>1979 年 5 月</td><td>汉</td><td></td><td></td></tr>
<tr><td>朱美虹</td><td>儿媳</td><td>1980 年 6 月</td><td>汉</td><td></td><td></td></tr>
<tr><td>褚思睿</td><td>孙女</td><td>2008 年 12 月</td><td>汉</td><td></td><td></td></tr>
<tr><td>家庭大事记</td><td colspan="6">1985 年，翻建三上三下楼房。
褚建刚，2003 年 7 月天津理工大学本科毕业，中共党员。
2006 年，购轿车。
2007 年，购商品房。
2009 年，房屋动迁，分得安置房。</td></tr>
</table>

<table>
<tr><td rowspan="8">现有家庭成员</td><td rowspan="2">姓名</td><td rowspan="2">与户主关系</td><td rowspan="2">出生年月</td><td rowspan="2">民族</td><td colspan="2">已故亲属</td></tr>
<tr><td>称呼</td><td>姓名</td></tr>
<tr><td>朱香根</td><td>户主</td><td>1946 年 10 月</td><td>汉</td><td>妻子</td><td>朱黑妹</td></tr>
<tr><td>朱国庆</td><td>儿子</td><td>1970 年 10 月</td><td>汉</td><td></td><td></td></tr>
<tr><td>李　青</td><td>儿媳</td><td>1970 年 1 月</td><td>汉</td><td></td><td></td></tr>
<tr><td>朱珏瑞</td><td>孙子</td><td>1994 年 1 月</td><td>汉</td><td></td><td></td></tr>
<tr><td>徐宾晨</td><td>孙媳</td><td>1995 年 5 月</td><td>汉</td><td></td><td></td></tr>
<tr><td>朱熠祖</td><td>曾孙子</td><td>2020 年 2 月</td><td>汉</td><td></td><td></td></tr>
<tr><td>家庭大事记</td><td colspan="6">1978 年，建平房。
2000 年，购商品房。
2009 年，房屋动迁，分得安置房。
朱珏瑞，2016 年泰州师范高等专科学校毕业，现为苏州科技城实验幼儿园教师。
2017 年，购轿车。</td></tr>
</table>

<table>
<tr><td rowspan="8">现有家庭成员</td><td rowspan="2">姓名</td><td rowspan="2">与户主关系</td><td rowspan="2">出生年月</td><td rowspan="2">民族</td><td colspan="2">已故亲属</td></tr>
<tr><td>称呼</td><td>姓名</td></tr>
<tr><td>褚　华</td><td>户主</td><td>1978 年 12 月</td><td>汉</td><td>祖父</td><td>褚大男</td></tr>
<tr><td>浦大琴</td><td>妻子</td><td>1981 年 8 月</td><td>汉</td><td></td><td></td></tr>
<tr><td>褚萱琦</td><td>长女</td><td>2003 年 3 月</td><td>汉</td><td></td><td></td></tr>
<tr><td>褚奕琦</td><td>次女</td><td>2007 年 11 月</td><td>汉</td><td></td><td></td></tr>
<tr><td>褚金荣</td><td>父亲</td><td>1954 年 12 月</td><td>汉</td><td></td><td></td></tr>
<tr><td>金妹香</td><td>母亲</td><td>1954 年 1 月</td><td>汉</td><td></td><td></td></tr>
<tr><td>家庭大事记</td><td colspan="6">2004 年，购商品房。
2013 年，购轿车。
2017 年，被村评为“文明和谐最美家庭”。
褚华，中共党员。2017 年至今，任燕桥浜村党总支部书记、村委会主任。2020 年，被苏州市全面深化河长制改革工作领导小组评为“基层优秀河长”。
浦大琴，中共党员。</td></tr>
</table>

<table>
<tr><th rowspan="8">现有家庭成员</th><th rowspan="2">姓名</th><th rowspan="2">与户主关系</th><th rowspan="2">出生年月</th><th rowspan="2">民族</th><th colspan="2">已故亲属</th></tr>
<tr><th>称呼</th><th>姓名</th></tr>
<tr><td>褚 峰</td><td>户主</td><td>1987 年 2 月</td><td>汉</td><td>祖父</td><td>褚大男</td></tr>
<tr><td>徐 清</td><td>妻子</td><td>1989 年 6 月</td><td>汉</td><td></td><td></td></tr>
<tr><td>褚宇瑞</td><td>长子</td><td>2015 年 10 月</td><td>汉</td><td></td><td></td></tr>
<tr><td>徐宇泽</td><td>次子</td><td>2020 年 9 月</td><td>汉</td><td></td><td></td></tr>
<tr><td>褚金荣</td><td>父亲</td><td>1954 年 12 月</td><td>汉</td><td></td><td></td></tr>
<tr><td>金妹香</td><td>母亲</td><td>1954 年 1 月</td><td>汉</td><td></td><td></td></tr>
<tr><th>家庭大事记</th><td colspan="6">1988 年，翻建三上三下楼房。
褚峰，2005 年 2 月至 2007 年 12 月参军入伍。
2009 年，房屋动迁，分得安置房。</td></tr>
</table>

<table>
<tr><th rowspan="8">现有家庭成员</th><th rowspan="2">姓名</th><th rowspan="2">与户主关系</th><th rowspan="2">出生年月</th><th rowspan="2">民族</th><th colspan="2">已故亲属</th></tr>
<tr><th>称呼</th><th>姓名</th></tr>
<tr><td>褚爱根</td><td>户主</td><td>1952 年 11 月</td><td>汉</td><td>母亲</td><td>褚腊妹</td></tr>
<tr><td>杜云花</td><td>妻子</td><td>1956 年 7 月</td><td>汉</td><td></td><td></td></tr>
<tr><td>褚韩英</td><td>女儿</td><td>1978 年 10 月</td><td>汉</td><td></td><td></td></tr>
<tr><td>蒋业长</td><td>女婿</td><td>1973 年 9 月</td><td>汉</td><td></td><td></td></tr>
<tr><td>褚昌岚</td><td>长孙女</td><td>2000 年 11 月</td><td>汉</td><td></td><td></td></tr>
<tr><td>蒋雨晴</td><td>次孙女</td><td>2009 年 8 月</td><td>汉</td><td></td><td></td></tr>
<tr><th>家庭大事记</th><td colspan="6">1993 年，翻建三上三下楼房。
2009 年，房屋动迁，分得安置房。
2015 年，购商品房。
2015 年，购轿车。</td></tr>
</table>

	姓名	与户主关系	出生年月	民族	已故亲属	
					称呼	姓名
现有家庭成员	褚建荣	户主	1963 年 10 月	汉	父亲	褚火根
	田桂花	妻子	1966 年 9 月	汉		
	褚　伟	儿子	1987 年 7 月	汉		
	陆春燕	儿媳	1989 年 1 月	汉		
	褚皓轩	孙子	2010 年 11 月	汉		
	陆语暄	孙女	2014 年 8 月	汉		
家庭大事记	1993 年，翻建三上三下楼房。 2009 年，房屋动迁，分得安置房。 2017 年，购轿车。					

	姓名	与户主关系	出生年月	民族	已故亲属	
					称呼	姓名
现有家庭成员	田金泉	户主	1937 年 10 月	汉	妻子	田林妹
	田瑞花	女儿	1964 年 2 月	汉		
	范惠良	女婿	1964 年 7 月	汉		
	田　青	长孙女	1987 年 2 月	汉		
	张　华	长孙女婿	1988 年 3 月	汉		
	田忻冉	曾孙女	2010 年 11 月	汉		
	张忻睿	长曾孙	2014 年 1 月	汉		
	范佳玲	次孙女	1991 年 12 月	汉		
	邓勤伟	次孙女婿	1987 年 5 月	汉		
	范皓喆	次曾孙	2014 年 1 月	汉		
	邓皓天	三曾孙	2016 年 11 月	汉		
家庭大事记	1988 年，翻建三上三下楼房。 1988 年，购商品房。 1999 年，购轿车。 2009 年，房屋动迁，分得安置房。					

	姓名	与户主关系	出生年月	民族	已故亲属	
					称呼	姓名
现有家庭成员	杜大弟	户主	1953 年 11 月	汉	父亲	杜巧根
	杨雪英	妻子	1954 年 11 月	汉	母亲	杜全宝
	杜　芳	女儿	1978 年 2 月	汉		
	陆惠刚	女婿	1974 年 4 月	汉		
	陆　晅	孙子	1999 年 2 月	汉		
家庭大事记	1988 年，翻建三上三下楼房。 2004 年，购商品房。 2008 年，购轿车。 2009 年，房屋动迁，分得安置房。 陆惠刚，正仪中学教师。					

	姓名	与户主关系	出生年月	民族	已故亲属	
					称呼	姓名
现有家庭成员	田银泉	户主	1942 年 12 月	汉	女儿	田香花
	田水宝	妻子	1945 年 12 月	汉		
	田　敏	孙子	1987 年 2 月	汉		
	侯福英	孙媳	1988 年 9 月	汉		
	田栩嘉	长曾孙女	2009 年 9 月	汉		
	田栩涵	次曾孙女	2015 年 12 月	汉		
家庭大事记	1990 年，翻建三上三下楼房。 2009 年，房屋动迁，分得安置房。					

现有家庭成员	姓名	与户主关系	出生年月	民族	已故亲属	
					称呼	姓名
	褚小妹	户主	1968 年 12 月	汉	公公	朱纪根
	朱丽娟	女儿	1990 年 3 月	汉	婆婆	朱金妹
	丁　杨	女婿	1992 年 11 月	汉	丈夫	朱惠泉
	丁月琪	孙女	2013 年 12 月	汉		
家庭大事记	1988 年，翻建二上三下楼房。 2009 年，房屋动迁，分得安置房。					

现有家庭成员	姓名	与户主关系	出生年月	民族	已故亲属	
					称呼	姓名
	杜荣林	户主	1966 年 10 月	汉	父亲	杜阿根
	周三花	妻子	1967 年 1 月	汉		
	杜　靖	儿子	1989 年 6 月	汉		
	计天任	儿媳	1989 年 9 月	汉		
	杜蓁蓁	孙女	2020 年 6 月	汉		
	宋林英	母亲	1940 年 8 月	汉		
家庭大事记	1988 年，翻建三上三下楼房。 1995 年，购商品房。 2009 年，房屋动迁，分得安置房。 杜靖，2011 年 7 月徐州医科大学本科毕业，现就职于昆山市第二人民医院。 2012 年，购轿车。					

现有家庭成员	姓名	与户主关系	出生年月	民族	已故亲属	
					称呼	姓名
	杜水花	户主	1962 年 12 月	汉	儿子	褚卫华
家庭大事记	2009 年，房屋动迁，分得安置房。					

现有家庭成员	姓名	与户主关系	出生年月	民族	已故亲属	
					称呼	姓名
	褚毛狗	户主	1954 年 7 月	汉	父亲	褚阿荣
					母亲	褚金秀
					儿子	褚卫华
家庭大事记	1992 年，翻建三上三下楼房。 2009 年，房屋动迁，分得安置房。					

现有家庭成员	姓名	与户主关系	出生年月	民族	已故亲属	
					称呼	姓名
	褚学明	户主	1964 年 12 月	汉	祖父	褚桂生
	沈梅珍	妻子	1963 年 10 月	汉	母亲	杜凤秀
	褚晓明	儿子	1987 年 9 月	汉		
	屈静燕	儿媳	1986 年 1 月	汉		
	褚晨希	孙女	2015 年 3 月	汉		
	屈辰奕	孙子	2017 年 2 月	汉		
	褚兴泉	父亲	1942 年 2 月	汉		
	褚梅宝	祖母	1928 年 11 月	汉		
家庭大事记	1986 年，翻建三上三下楼房。 2000 年，购轿车。 2001 年，购商品房。 2009 年，房屋动迁，分得安置房。 褚晓明，2010 年 7 月南通大学本科毕业。 沈梅珍，中共党员，曾任东北村妇女主任。					

	姓名	与户主关系	出生年月	民族	已故亲属	
					称呼	姓名
现有家庭成员	田民主	户主	1973 年 11 月	汉	祖父	田腊狗
	盛先秀	丈夫	1965 年 3 月	汉	祖母	田巧林
	田一峰	儿子	1994 年 3 月	汉		
家庭大事记	1990 年，翻建三上三下楼房。 2009 年，房屋动迁，分得安置房。 2019 年，购商品房。					

	姓名	与户主关系	出生年月	民族	已故亲属	
					称呼	姓名
现有家庭成员	杜小荣	户主	1954 年 12 月	汉	父亲	杜金生
	陈金妹	妻子	1955 年 6 月	汉		
	杜春芳	女儿	1979 年 2 月	汉		
	杜春华	儿子	1987 年 3 月	汉		
	杜宇宸	孙女	2008 年 12 月	汉		
	杜爱妹	母亲	1930 年 6 月	汉		
家庭大事记	1988 年，翻建三上三下楼房。 2007 年，购商品房。 2009 年，房屋动迁，分得安置房。 2010 年，购轿车。					

	姓名	与户主关系	出生年月	民族	已故亲属	
					称呼	姓名
现有家庭成员	陈金弟	户主	1964 年 10 月	汉	父亲	陈仲坤
	褚凤妹	妻子	1963 年 10 月	汉		
	陈　雷	儿子	1988 年 4 月	汉		
	戴庆婷	儿媳	1989 年 10 月	汉		
	陈依晴	孙女	2014 年 6 月	汉		
	陈水英	母亲	1942 年 10 月	汉		
家庭大事记	1988 年，翻建三上三下楼房。 2009 年，房屋动迁，分得安置房。 陈雷，2011 年 7 月中国矿业大学本科毕业，现于外企电子厂工作。 2012 年，购轿车。 2018 年，购商品房。					

	姓名	与户主关系	出生年月	民族	已故亲属	
					称呼	姓名
现有家庭成员	王兴龙	户主	1932 年 1 月	汉	岳父	褚仁柏
	褚银花	妻子	1938 年 12 月	汉	岳母	褚银宝
	王黑妹	女儿	1964 年 7 月	汉		
	赵建忠	女婿	1964 年 11 月	汉		
	褚　斌	孙子	1987 年 12 月	汉		
	陈羿君	孙媳	1989 年 3 月	汉		
	褚馨月	长曾孙女	2012 年 8 月	汉		
家庭大事记	赵建忠，1983 年 11 月至 1986 年 11 月参军入伍，中共党员，曾任东北村党支部书记。 1992 年，翻建三上三下楼房。 2004 年，购别墅。 2005 年，购轿车。 褚斌，2006 年 12 月至 2008 年 12 月参军入伍，中共党员。 2009 年，房屋动迁，分得安置房。 2017 年，购商品房。					

	姓名	与户主关系	出生年月	民族	已故亲属	
					称呼	姓名
现有家庭成员	褚引男	户主	1962 年 8 月	汉		
	张密金	妻子	1963 年 10 月	汉		
	褚雪强	儿子	1985 年 12 月	汉		
	郑　颖	儿媳	1984 年 11 月	汉		
	褚乐萱	长孙女	2008 年 1 月	汉		
	褚诺萱	次孙女	2014 年 5 月	汉		
	褚耀明	父亲	1938 年 8 月	汉		
	褚花宝	母亲	1942 年 9 月	汉		
家庭大事记	1990 年，翻建三上三下楼房。 2004 年，购轿车。 2008 年，购商品房。 2009 年，房屋动迁，分得安置房。 褚引男，中共党员，曾任东北村民兵营营长。					

	姓名	与户主关系	出生年月	民族	已故亲属	
					称呼	姓名
现有家庭成员	杜杏根	户主	1958 年 10 月	汉	父亲	杜银生
	朱央珍	妻子	1956 年 4 月	汉		
	杜秋明	儿子	1981 年 9 月	汉		
	顾晓琴	儿媳	1982 年 5 月	汉		
	杜嘉琪	长孙女	2005 年 4 月	汉		
	顾雨婷	次孙女	2015 年 4 月	汉		
	杜林妹	母亲	1932 年 10 月	汉		
家庭大事记	1988 年，翻建三上三下楼房。 2009 年，房屋动迁，分得安置房。 2010 年，购商品房。 2012 年，购轿车。					

	姓名	与户主关系	出生年月	民族	已故亲属	
					称呼	姓名
现有家庭成员	徐根花	户主	1948 年 6 月	汉	公公	朱纪根
	朱东妹	女儿	1970 年 11 月	汉	婆婆	朱金妹
	王鸿斌	女婿	1967 年 2 月	汉	丈夫	朱引泉
	朱启桢	孙子	1991 年 8 月	汉		
	汪韵兰	孙媳	1993 年 6 月	汉		
家庭大事记	1985 年，建平房 3 间。 2003 年，房屋动迁，分得安置房。 朱启桢，2013 年 7 月常州大学本科毕业，现于昆山市陆家镇建设管理所工作。 2016 年，购轿车。 徐根花，中共党员。					

	姓名	与户主关系	出生年月	民族	已故亲属	
					称呼	姓名
现有家庭成员	王金男	户主	1957 年 10 月	汉	养父	王根梅
	王　芳	女儿	1981 年 9 月	汉	养母	王大妹
	王　刚	儿子	1987 年 8 月	汉	妻子	强福娣
家庭大事记	1988 年，翻建三上三下楼房。 2003 年，房屋动迁，分得安置房。					

<table>
<tr><td rowspan="8">现有家庭成员</td><th rowspan="2">姓名</th><th rowspan="2">与户主关系</th><th rowspan="2">出生年月</th><th rowspan="2">民族</th><th colspan="2">已故亲属</th></tr>
<tr><th>称呼</th><th>姓名</th></tr>
<tr><td>褚祖民</td><td>户主</td><td>1953 年 10 月</td><td>汉</td><td>祖父</td><td>褚仁柏</td></tr>
<tr><td>杜杏花</td><td>妻子</td><td>1954 年 9 月</td><td>汉</td><td>祖母</td><td>褚银宝</td></tr>
<tr><td>褚　芳</td><td>女儿</td><td>1979 年 1 月</td><td>汉</td><td>父亲</td><td>褚全林</td></tr>
<tr><td>王　龙</td><td>女婿</td><td>1977 年 3 月</td><td>汉</td><td>母亲</td><td>褚金花</td></tr>
<tr><td>褚沛豪</td><td>孙子</td><td>1999 年 3 月</td><td>汉</td><td></td><td></td></tr>
<tr><td>褚金芳</td><td>次女</td><td>1980 年 5 月</td><td>汉</td><td></td><td></td></tr>
<tr><td>家庭大事记</td><td colspan="6">1988 年，翻建三上三下楼房。
2006 年，购商品房。
2009 年，房屋动迁，分得安置房。
2019 年，购轿车。
褚祖民，20 世纪 70—80 年代曾任东北大队第 3 生产队队长、东北大队 AB 厂四分厂厂长，中共党员。</td></tr>
</table>

<table>
<tr><td rowspan="9">现有家庭成员</td><th rowspan="2">姓名</th><th rowspan="2">与户主关系</th><th rowspan="2">出生年月</th><th rowspan="2">民族</th><th colspan="2">已故亲属</th></tr>
<tr><th>称呼</th><th>姓名</th></tr>
<tr><td>王金泉</td><td>户主</td><td>1947 年 11 月</td><td>汉</td><td>父亲</td><td>王传根</td></tr>
<tr><td>顾桃林</td><td>妻子</td><td>1946 年 11 月</td><td>汉</td><td>母亲</td><td>王阿巧</td></tr>
<tr><td>王秋良</td><td>儿子</td><td>1967 年 9 月</td><td>汉</td><td></td><td></td></tr>
<tr><td>褚卫英</td><td>儿媳</td><td>1968 年 11 月</td><td>汉</td><td></td><td></td></tr>
<tr><td>王　翔</td><td>孙子</td><td>1990 年 6 月</td><td>汉</td><td></td><td></td></tr>
<tr><td>金　雷</td><td>孙媳</td><td>1990 年 7 月</td><td>汉</td><td></td><td></td></tr>
<tr><td>王辰暄</td><td>曾孙子</td><td>2016 年 3 月</td><td>汉</td><td></td><td></td></tr>
<tr><td>家庭大事记</td><td colspan="6">1988 年，翻建三上三下楼房。
2003 年，房屋动迁，分得安置房。</td></tr>
</table>

<table>
<tr><td rowspan="8">现有家庭成员</td><td rowspan="2">姓名</td><td rowspan="2">与户主关系</td><td rowspan="2">出生年月</td><td rowspan="2">民族</td><td colspan="2">已故亲属</td></tr>
<tr><td>称呼</td><td>姓名</td></tr>
<tr><td>钱金秀</td><td>户主</td><td>1956 年 8 月</td><td>汉</td><td>公公</td><td>田腊狗</td></tr>
<tr><td>田志强</td><td>长子</td><td>1977 年 12 月</td><td>汉</td><td>婆婆</td><td>田巧林</td></tr>
<tr><td>杜瑞娟</td><td>长媳</td><td>1987 年 11 月</td><td>汉</td><td>丈夫</td><td>田香泉</td></tr>
<tr><td>田鑫媛</td><td>孙女</td><td>2004 年 12 月</td><td>汉</td><td></td><td></td></tr>
<tr><td>田彦昌</td><td>孙子</td><td>2016 年 10 月</td><td>汉</td><td></td><td></td></tr>
<tr><td>田国强</td><td>次子</td><td>1979 年 4 月</td><td>汉</td><td></td><td></td></tr>
<tr><td>家庭大事记</td><td colspan="6">1990 年，翻建三上三下楼房。
2009 年，房屋动迁，分得安置房。
2010 年，购商品房。
2019 年，购轿车。</td></tr>
</table>

<table>
<tr><td rowspan="7">现有家庭成员</td><td rowspan="2">姓名</td><td rowspan="2">与户主关系</td><td rowspan="2">出生年月</td><td rowspan="2">民族</td><td colspan="2">已故亲属</td></tr>
<tr><td>称呼</td><td>姓名</td></tr>
<tr><td>褚永明</td><td>户主</td><td>1957 年 12 月</td><td>汉</td><td>祖父</td><td>褚仁柏</td></tr>
<tr><td>陆云军</td><td>妻子</td><td>1958 年 11 月</td><td>汉</td><td>祖母</td><td>褚银宝</td></tr>
<tr><td>褚宇英</td><td>女儿</td><td>1981 年 12 月</td><td>汉</td><td>父亲</td><td>褚全林</td></tr>
<tr><td>刘　斌</td><td>女婿</td><td>1980 年 1 月</td><td>汉</td><td>母亲</td><td>褚金花</td></tr>
<tr><td>褚　圆</td><td>孙女</td><td>2012 年 3 月</td><td>汉</td><td></td><td></td></tr>
<tr><td>家庭大事记</td><td colspan="6">1990 年，翻建三上三下楼房。
2006 年，购商品房。
2009 年，房屋动迁，分得安置房。
2017 年，购轿车。
褚永明，小学教师。2010 年，其论文《浅谈在教学〈詹天佑〉一文时的爱国主义教育》获《小学教育月刊》一等奖。2013 年，获昆山市人民政府颁发的“昆山市农村教育突出贡献奖”。</td></tr>
</table>

<table>
<tr><td rowspan="6">现有家庭成员</td><td rowspan="2">姓名</td><td rowspan="2">与户主关系</td><td rowspan="2">出生年月</td><td rowspan="2">民族</td><td colspan="2">已故亲属</td></tr>
<tr><td>称呼</td><td>姓名</td></tr>
<tr><td>杜三荣</td><td>户主</td><td>1965 年 5 月</td><td>汉</td><td>父亲</td><td>杜金生</td></tr>
<tr><td>王林珍</td><td>妻子</td><td>1964 年 9 月</td><td>汉</td><td></td><td></td></tr>
<tr><td>杜　翼</td><td>女儿</td><td>1992 年 1 月</td><td>汉</td><td></td><td></td></tr>
<tr><td>皇甫炫华</td><td>女婿</td><td>1992 年 3 月</td><td>汉</td><td></td><td></td></tr>
<tr><td>家庭大事记</td><td colspan="6">2005 年，购别墅。
杜翼，2014 年 7 月天津财经大学本科毕业。
2009 年，购轿车。
2018 年，购商品房。</td></tr>
</table>

<table>
<tr><td rowspan="7">现有家庭成员</td><td rowspan="2">姓名</td><td rowspan="2">与户主关系</td><td rowspan="2">出生年月</td><td rowspan="2">民族</td><td colspan="2">已故亲属</td></tr>
<tr><td>称呼</td><td>姓名</td></tr>
<tr><td>田香男</td><td>户主</td><td>1957 年 10 月</td><td>汉</td><td>父亲</td><td>田腊狗</td></tr>
<tr><td>褚香珍</td><td>妻子</td><td>1957 年 9 月</td><td>汉</td><td>母亲</td><td>田巧林</td></tr>
<tr><td>田金翠</td><td>女儿</td><td>1981 年 10 月</td><td>汉</td><td></td><td></td></tr>
<tr><td>张继锋</td><td>女婿</td><td>1982 年 2 月</td><td>汉</td><td></td><td></td></tr>
<tr><td>张古琦</td><td>孙女</td><td>2004 年 2 月</td><td>汉</td><td></td><td></td></tr>
<tr><td>家庭大事记</td><td colspan="6">1995 年，购商品房。
2010 年，购轿车。</td></tr>
</table>

<table>
<tr><td rowspan="3">现有家庭成员</td><td rowspan="2">姓名</td><td rowspan="2">与户主关系</td><td rowspan="2">出生年月</td><td rowspan="2">民族</td><td colspan="2">已故亲属</td></tr>
<tr><td>称呼</td><td>姓名</td></tr>
<tr><td>龚惠明</td><td>户主</td><td>1958 年 10 月</td><td>汉</td><td></td><td></td></tr>
<tr><td>家庭大事记</td><td colspan="6"></td></tr>
</table>

<table>
<tr><td rowspan="8">现有家庭成员</td><td rowspan="2">姓名</td><td rowspan="2">与户主关系</td><td rowspan="2">出生年月</td><td rowspan="2">民族</td><td colspan="2">已故亲属</td></tr>
<tr><td>称呼</td><td>姓名</td></tr>
<tr><td>褚白弟</td><td>户主</td><td>1964 年 11 月</td><td>汉</td><td>父亲</td><td>褚木根</td></tr>
<tr><td>李敏芬</td><td>妻子</td><td>1965 年 3 月</td><td>汉</td><td>母亲</td><td>褚爱金</td></tr>
<tr><td>褚晨希</td><td>儿子</td><td>1987 年 9 月</td><td>汉</td><td></td><td></td></tr>
<tr><td>孙媛媛</td><td>儿媳</td><td>1986 年 5 月</td><td>汉</td><td></td><td></td></tr>
<tr><td>褚禹赫</td><td>长孙</td><td>2013 年 1 月</td><td>汉</td><td></td><td></td></tr>
<tr><td>褚禹非</td><td>次孙</td><td>2016 年 12 月</td><td>汉</td><td></td><td></td></tr>
<tr><td>家庭大事记</td><td colspan="6">1993 年，建平房。
2009 年，房屋动迁，分得安置房。</td></tr>
</table>

▶ 燕桥浜村第 8 村民小组

燕桥浜村第 8 村民小组人员统计表

单位：人

序号	户主	男	女	合计	序号	户主	男	女	合计
1	朱小娥	1	1	2	26	徐银花	3	5	8
2	王友明	1	0	1	27	沈小男	2	5	7
3	钱春海	4	4	8	28	丁凤元	3	4	7
4	魏仲达	3	1	4	29	郭　良	3	3	6
5	沈建光	3	3	6	30	施美根	3	2	5
6	褚祖明	3	3	6	31	沈良男	3	4	7
7	魏白男	4	3	7	32	沈利元	3	2	5
8	魏月亮	3	3	6	33	许毛妹	2	1	3
9	褚长兴	4	3	7	34	阮宗金	1	1	2
10	褚利明	3	4	7	35	高月珍	2	3	5
11	阮大男	2	5	7	36	沈夯男	3	2	5
12	戴金宝	2	3	5	37	蒋志伟	3	3	6
13	阮金荣	6	4	10	38	沈小元	2	4	6
14	沈引根	3	5	8	39	沈小夯	2	2	4
15	朱宗观	3	2	5	40	钱宝玉	2	3	5
16	王三男	3	3	6	41	沈良花	3	3	6
17	王小男	4	3	7	42	沈　勇	4	2	6
18	沈士福	4	2	6	43	朱泉男	2	3	5
19	沈剑良	3	4	7	44	周　文	2	1	3
20	沈福元	4	2	6	45	魏　良	2	4	6
21	曹心妹	1	5	6	46	殷福男	3	4	7
22	王金民	3	4	7	47	殷建良	4	4	8
23	魏三楠	2	4	6	48	王夯男	2	2	4
24	沈根男	3	3	6	49	黄小男	3	3	6
25	沈密根	2	4	6	50	王小夯	3	2	5

续表

序号	户主	男	女	合计	序号	户主	男	女	合计
51	沈水根	2	5	7	63	殷云良	3	3	6
52	黄林根	2	3	5	64	沈林根	4	3	7
53	黄大男	2	4	6	65	黄全根	5	3	8
54	殷阿林	3	4	7	66	许密根	5	3	8
55	顾林生	3	5	8	67	黄全林	5	3	8
56	殷根林	3	2	5	68	殷香根	2	4	6
57	张大妹	1	3	4	69	戴义根	2	3	5
58	殷永根	2	1	3	70	顾敏珍	3	2	5
59	殷根兴	2	5	7	71	黄炳根	3	4	7
60	殷正良	2	3	5	72	蒋雪根	2	2	4
61	张林元	4	2	6	73	黄杉楠	2	2	4
62	张　梁	2	1	3	—	—	—	—	—

<table>
<tr><td rowspan="5">现有家庭成员</td><td rowspan="2">姓名</td><td rowspan="2">与户主关系</td><td rowspan="2">出生年月</td><td rowspan="2">民族</td><td colspan="2">已故亲属</td></tr>
<tr><td>称呼</td><td>姓名</td></tr>
<tr><td>朱小娥</td><td>户主</td><td>1938 年 4 月</td><td>汉</td><td>公公</td><td>朱良东</td></tr>
<tr><td>朱道生</td><td>儿子</td><td>1963 年 3 月</td><td>汉</td><td>婆婆</td><td>朱根梅</td></tr>
<tr><td></td><td></td><td></td><td></td><td>丈夫</td><td>朱水观</td></tr>
<tr><td>家庭大事记</td><td colspan="6">1980 年，建平房。
2006 年，房屋动迁，分得安置房。</td></tr>
</table>

<table>
<tr><td rowspan="3">现有家庭成员</td><td rowspan="2">姓名</td><td rowspan="2">与户主关系</td><td rowspan="2">出生年月</td><td rowspan="2">民族</td><td colspan="2">已故亲属</td></tr>
<tr><td>称呼</td><td>姓名</td></tr>
<tr><td>王友明</td><td>户主</td><td>1965 年 11 月</td><td>汉</td><td></td><td></td></tr>
<tr><td>家庭大事记</td><td colspan="6">2012 年，分得经济安置房。</td></tr>
</table>

	姓名	与户主关系	出生年月	民族	已故亲属	
					称呼	姓名
现有家庭成员	钱春海	户主	1965 年 3 月	汉		
	朱桃梅	妻子	1966 年 1 月	汉		
	钱志明	儿子	1988 年 6 月	汉		
	陈晓云	儿媳	1989 年 9 月	汉		
	陈谨瑄	孙女	2012 年 12 月	汉		
	钱一然	孙子	2019 年 9 月	汉		
	钱宝玉	父亲	1942 年 3 月	汉		
	沈小妹	母亲	1944 年 10 月	汉		
家庭大事记	1994 年，购三上三下楼房。 2011 年，购轿车。 2011 年，购商品房。 2012 年，房屋动迁，分得安置房。					

	姓名	与户主关系	出生年月	民族	已故亲属	
					称呼	姓名
现有家庭成员	魏仲达	户主	1936 年 3 月	汉	妻子	吴水妹
	魏　芳	儿子	1966 年 1 月	汉		
	张小琴	儿媳	1969 年 4 月	汉		
	魏晨阳	孙子	1990 年 11 月	汉		
家庭大事记	1976 年，建平房。 2006 年，房屋动迁，分得安置房。 2006 年，购轿车。 2011 年，购商品房。					

	姓名	与户主关系	出生年月	民族	已故亲属	
					称呼	姓名
现有家庭成员	沈建光	户主	1970 年 11 月	汉	祖父	沈银如
	沈花英	妻子	1970 年 8 月	汉	父亲	沈云良
	沈昱春	儿子	1993 年 4 月	汉		
	赵梦娟	儿媳	1992 年 7 月	汉		
	沈远星	孙子	2017 年 6 月	汉		
	殷中妹	母亲	1950 年 6 月	汉		
家庭大事记	1990 年，翻建三上三下楼房。 1998 年，购商品房。 2012 年，房屋动迁，分得安置房。 2014 年，购商品房。 2016 年，购轿车。					

	姓名	与户主关系	出生年月	民族	已故亲属	
					称呼	姓名
现有家庭成员	褚祖明	户主	1954 年 2 月	汉	父亲	褚传根
	张大妹	妻子	1962 年 12 月	汉	母亲	褚巧林
	褚勤芳	女儿	1983 年 8 月	汉	妹妹	褚秀花
	褚俊杰	孙子	2004 年 4 月	汉		
	曹语诺	孙女	2013 年 2 月	汉		
	赵学钱	非亲属	1971 年 9 月	汉		
家庭大事记	1991 年，翻建三上三下楼房。 2012 年，房屋动迁，分得安置房。					

	姓名	与户主关系	出生年月	民族	已故亲属	
					称呼	姓名
现有家庭成员	魏白男	户主	1955 年 8 月	汉	祖父	魏士法
	阮小妹	妻子	1952 年 12 月	汉	祖母	魏小妹
	魏　青	儿子	1979 年 4 月	汉	父亲	魏良玉
	瞿春霞	儿媳	1979 年 4 月	汉	母亲	魏阿林
	魏虞轩	孙子	2004 年 11 月	汉		
	魏　芬	女儿	1977 年 10 月	汉		
	赵熠臣	外孙	2005 年 12 月	汉		

家庭大事记

1992 年，翻建三上四下楼房。
2000 年，购商品房。
2012 年，房屋动迁，分得安置房。
2018 年，购轿车。
阮小妹，中共党员，原东北大队“赤脚医生”，曾任东北村妇女主任。

	姓名	与户主关系	出生年月	民族	已故亲属	
					称呼	姓名
现有家庭成员	魏月亮	户主	1962 年 2 月	汉	祖父	魏士法
	陈林秀	妻子	1963 年 4 月	汉	祖母	魏小妹
	魏　兰	女儿	1985 年 11 月	汉	父亲	魏仲其
	浦晨华	女婿	1987 年 12 月	汉		
	魏翌辰	孙子	2008 年 4 月	汉		
	沈妹郎	母亲	1938 年 4 月	汉		

家庭大事记

1992 年，翻建三上三下楼房。
2009 年，购轿车。
2012 年，房屋动迁，分得安置房。
2012 年，购商品房。

	姓名	与户主关系	出生年月	民族	已故亲属	
					称呼	姓名
现有家庭成员	褚长兴	户主	1952 年 11 月	汉	父亲	褚传生
	浦建珍	妻子	1956 年 4 月	汉	母亲	褚水英
	褚卫冲	儿子	1979 年 12 月	汉		
	吴丹丹	儿媳	1986 年 11 月	汉		
	褚　平	长孙	2001 年 8 月	汉		
	褚皓洋	次孙	2009 年 12 月	汉		
	梅东芳	非亲属	1976 年 11 月	汉		
家庭大事记	1988 年，翻建三上三下楼房。 2012 年，房屋动迁，分得安置房。					

	姓名	与户主关系	出生年月	民族	已故亲属	
					称呼	姓名
现有家庭成员	褚利明	户主	1950 年 11 月	汉	父亲	褚传根
	方小密	妻子	1952 年 3 月	汉	母亲	褚巧林
	褚永康	儿子	1978 年 11 月	汉	妹妹	褚秀花
	张卫琴	儿媳	1978 年 8 月	汉		
	褚文豪	外孙	1997 年 10 月	汉		
	褚妹祺	孙女	2001 年 9 月	汉		
	褚美芳	女儿	1976 年 11 月	汉		
家庭大事记	1987 年，翻建三上三下楼房。 2012 年，房屋动迁，分得安置房。 2014 年，购商品房。					

<table>
<tr><td rowspan="9">现有家庭成员</td><td rowspan="2">姓名</td><td rowspan="2">与户主关系</td><td rowspan="2">出生年月</td><td rowspan="2">民族</td><td colspan="2">已故亲属</td></tr>
<tr><td>称呼</td><td>姓名</td></tr>
<tr><td>阮大男</td><td>户主</td><td>1950 年 8 月</td><td>汉</td><td>父亲</td><td>阮阿本</td></tr>
<tr><td>朱林秀</td><td>妻子</td><td>1949 年 1 月</td><td>汉</td><td></td><td></td></tr>
<tr><td>阮惠莲</td><td>女儿</td><td>1970 年 6 月</td><td>汉</td><td></td><td></td></tr>
<tr><td>徐惠男</td><td>女婿</td><td>1967 年 9 月</td><td>汉</td><td></td><td></td></tr>
<tr><td>阮晨希</td><td>孙女</td><td>1991 年 5 月</td><td>汉</td><td></td><td></td></tr>
<tr><td>沈欣悦</td><td>曾孙女</td><td>2018 年 11 月</td><td>汉</td><td></td><td></td></tr>
<tr><td>阮银宝</td><td>母亲</td><td>1928 年 10 月</td><td>汉</td><td></td><td></td></tr>
<tr><td>家庭大事记</td><td colspan="6">1988 年，翻建三上三下楼房。
徐惠男，1986 年 1 月至 1990 年 3 月参军入伍，中共党员。
1996 年，购商品房。
2008 年，购轿车。
2012 年，房屋动迁，分得安置房。
阮晨希，2013 年 7 月南京师范大学泰州学院本科毕业，现任信义小学教师。
2017 年，被村评为“文明和谐最美家庭”。
阮大男，中共党员，曾任东北村党支部书记、正仪水产养殖场党支部书记、正仪镇农业服务公司经理。</td></tr>
</table>

<table>
<tr><td rowspan="7">现有家庭成员</td><td rowspan="2">姓名</td><td rowspan="2">与户主关系</td><td rowspan="2">出生年月</td><td rowspan="2">民族</td><td colspan="2">已故亲属</td></tr>
<tr><td>称呼</td><td>姓名</td></tr>
<tr><td>戴金宝</td><td>户主</td><td>1957 年 4 月</td><td>汉</td><td>婆婆</td><td>顾林宝</td></tr>
<tr><td>沈斌荣</td><td>儿子</td><td>1981 年 10 月</td><td>汉</td><td>丈夫</td><td>沈香元</td></tr>
<tr><td>周正如</td><td>儿媳</td><td>1986 年 6 月</td><td>汉</td><td></td><td></td></tr>
<tr><td>沈奕婷</td><td>孙女</td><td>2007 年 5 月</td><td>汉</td><td></td><td></td></tr>
<tr><td>沈秋生</td><td>公公</td><td>1936 年 7 月</td><td>汉</td><td></td><td></td></tr>
<tr><td>家庭大事记</td><td colspan="6">1988 年，翻建三上三下楼房。
2012 年，房屋动迁，分得安置房。
2015 年，购轿车。</td></tr>
</table>

	姓名	与户主关系	出生年月	民族	已故亲属	
					称呼	姓名
现有家庭成员	阮金荣	户主	1948 年 1 月	汉	父亲	阮阿本
	陆凤英	妻子	1953 年 9 月	汉		
	阮　芳	长女	1974 年 12 月	汉		
	戴建华	长女婿	1972 年 5 月	汉		
	阮旭东	长孙	1996 年 2 月	汉		
	阮剑兰	次女	1980 年 2 月	汉		
	浦建强	次女婿	1977 年 12 月	汉		
	阮晨鑫	次孙	2003 年 12 月	汉		
	浦晨凯	三孙	2003 年 12 月	汉		
	阮银宝	母亲	1928 年 10 月	汉		
家庭大事记	阮金荣，1969 年 2 月至 1975 年 2 月参军入伍，中共党员，曾获“五好”战士荣誉。 1988 年，翻建三上三下楼房。 2013 年，购商品房。 2012 年，房屋动迁，分得安置房。 2015 年，购轿车。 阮旭东，2018 年 7 月扬州大学本科毕业，现任职于苏州药明康德新药开发有限公司。					

	姓名	与户主关系	出生年月	民族	已故亲属	
					称呼	姓名
现有家庭成员	沈引根	户主	1949 年 12 月	汉	父亲	沈阿木
	姚凤花	妻子	1949 年 10 月	汉	母亲	沈阿宝
	沈永明	儿子	1971 年 6 月	汉		
	凌陪芳	儿媳	1970 年 5 月	汉		
	沈　芳	孙女	1994 年 10 月	汉		
	董　杰	孙女婿	1993 年 10 月	汉		
	董汐悦	曾孙女	2017 年 2 月	汉		
	沈永珍	女儿	1973 年 1 月	汉		
家庭大事记	1992 年，翻建三上三下楼房。 2010 年，购商品房。 2012 年，房屋动迁，分得安置房。 2012 年，购轿车。					

	姓名	与户主关系	出生年月	民族	已故亲属	
					称呼	姓名
现有家庭成员	朱宗观	户主	1951 年 7 月	汉	岳父	沈金狗
	沈小平	儿子	1975 年 4 月	汉	岳母	沈水妹
	徐文芳	儿媳	1976 年 12 月	汉	妻子	沈菊英
	沈　宇	孙子	1999 年 3 月	汉		
	沈晓燕	女儿	1977 年 3 月	汉		
家庭大事记	1988 年，翻建三上三下楼房。 1996 年，购商品房。 2012 年，房屋动迁，分得安置房。 2012 年，购轿车。 朱宗观，曾任东北大队第 4 生产队队长。 徐文芳，中共党员，现任昆山高新区吴淞江学校副校长。					

<table>
<tr><td rowspan="2"></td><td rowspan="2">姓名</td><td rowspan="2">与户主关系</td><td rowspan="2">出生年月</td><td rowspan="2">民族</td><td colspan="2">已故亲属</td></tr>
<tr><td>称呼</td><td>姓名</td></tr>
<tr><td rowspan="6">现有家庭成员</td><td>王三男</td><td>户主</td><td>1968 年 10 月</td><td>汉</td><td>祖父</td><td>王火泉</td></tr>
<tr><td>罗秋妹</td><td>妻子</td><td>1968 年 3 月</td><td>汉</td><td>叔父</td><td>王雪根</td></tr>
<tr><td>王剑青</td><td>儿子</td><td>1991 年 10 月</td><td>汉</td><td>父亲</td><td>王福根</td></tr>
<tr><td>王晓娟</td><td>儿媳</td><td>1992 年 10 月</td><td>汉</td><td></td><td></td></tr>
<tr><td>王麒云</td><td>孙子</td><td>2016 年 2 月</td><td>汉</td><td></td><td></td></tr>
<tr><td>沈秀林</td><td>母亲</td><td>1941 年 1 月</td><td>汉</td><td></td><td></td></tr>
<tr><td>家庭大事记</td><td colspan="6">1990 年，翻建三上三下楼房。
2012 年，房屋动迁，分得安置房。</td></tr>
</table>

<table>
<tr><td rowspan="2"></td><td rowspan="2">姓名</td><td rowspan="2">与户主关系</td><td rowspan="2">出生年月</td><td rowspan="2">民族</td><td colspan="2">已故亲属</td></tr>
<tr><td>称呼</td><td>姓名</td></tr>
<tr><td rowspan="7">现有家庭成员</td><td>王小男</td><td>户主</td><td>1942 年 8 月</td><td>汉</td><td>岳父</td><td>徐阿炳</td></tr>
<tr><td>徐雪花</td><td>妻子</td><td>1944 年 10 月</td><td>汉</td><td>岳母</td><td>徐小根</td></tr>
<tr><td>徐剑国</td><td>儿子</td><td>1964 年 10 月</td><td>汉</td><td></td><td></td></tr>
<tr><td>戴风花</td><td>儿媳</td><td>1965 年 10 月</td><td>汉</td><td></td><td></td></tr>
<tr><td>徐　洁</td><td>孙女</td><td>1988 年 2 月</td><td>汉</td><td></td><td></td></tr>
<tr><td>仇建伟</td><td>孙女婿</td><td>1989 年 2 月</td><td>汉</td><td></td><td></td></tr>
<tr><td>仇奕文</td><td>曾孙子</td><td>2013 年 2 月</td><td>汉</td><td></td><td></td></tr>
<tr><td>家庭大事记</td><td colspan="6">1988 年，翻建三上三下楼房。
2009 年，购轿车。
2010 年，购商品房。
2012 年，房屋动迁，分得安置房。</td></tr>
</table>

	姓名	与户主关系	出生年月	民族	已故亲属	
					称呼	姓名
现有家庭成员	沈士福	户主	1944 年 5 月	汉	父亲	沈大男
	沈金良	儿子	1965 年 8 月	汉	妻子	张秀花
	殷　红	儿媳	1966 年 8 月	汉		
	沈雨豪	孙子	1988 年 9 月	汉		
	张　燕	孙媳	1990 年 4 月	汉		
	沈芸希	曾孙子	2014 年 4 月	汉		
家庭大事记	1984 年，翻建三上三下楼房。 2001 年，购轿车。 沈雨豪，2008 年 12 月至 2010 年 12 月参军入伍。 2009 年，购商品房。 2012 年，房屋动迁，分得安置房。 殷红，正仪中心小学校教师。					

	姓名	与户主关系	出生年月	民族	已故亲属	
					称呼	姓名
现有家庭成员	沈剑良	户主	1966 年 3 月	汉	母亲	顾林宝
	景银花	妻子	1965 年 8 月	汉		
	沈丹萍	女儿	1988 年 11 月	汉		
	黄惠忠	女婿	1987 年 7 月	汉		
	黄以静	长孙女	2010 年 9 月	汉		
	沈以帆	次孙女	2014 年 6 月	汉		
	沈秋生	父亲	1936 年 7 月	汉		
家庭大事记	1993 年，翻建三上三下楼房。 2012 年，房屋动迁，分得安置房。					

<table>
<tr><td rowspan="8">现有家庭成员</td><th rowspan="2">姓名</th><th rowspan="2">与户主关系</th><th rowspan="2">出生年月</th><th rowspan="2">民族</th><th colspan="2">已故亲属</th></tr>
<tr><th>称呼</th><th>姓名</th></tr>
<tr><td>沈福元</td><td>户主</td><td>1957 年 8 月</td><td>汉</td><td>父亲</td><td>沈兴生</td></tr>
<tr><td>陆福英</td><td>妻子</td><td>1957 年 5 月</td><td>汉</td><td>母亲</td><td>沈金妹</td></tr>
<tr><td>沈文娟</td><td>女儿</td><td>1982 年 2 月</td><td>汉</td><td></td><td></td></tr>
<tr><td>盛菊明</td><td>女婿</td><td>1979 年 3 月</td><td>汉</td><td></td><td></td></tr>
<tr><td>盛沈宇</td><td>长孙</td><td>2002 年 11 月</td><td>汉</td><td></td><td></td></tr>
<tr><td>沈逸维</td><td>次孙</td><td>2014 年 4 月</td><td>汉</td><td></td><td></td></tr>
<tr><td>家庭大事记</td><td colspan="6">1988 年，翻建三上三下楼房。
2012 年，房屋动迁，分得安置房。
2015 年，购轿车。</td></tr>
</table>

<table>
<tr><td rowspan="8">现有家庭成员</td><th rowspan="2">姓名</th><th rowspan="2">与户主关系</th><th rowspan="2">出生年月</th><th rowspan="2">民族</th><th colspan="2">已故亲属</th></tr>
<tr><th>称呼</th><th>姓名</th></tr>
<tr><td>曹心妹</td><td>户主</td><td>1960 年 5 月</td><td>汉</td><td>祖父</td><td>沈钰生</td></tr>
<tr><td>沈文燕</td><td>长女</td><td>1981 年 12 月</td><td>汉</td><td>祖母</td><td>沈巧妹</td></tr>
<tr><td>王小弟</td><td>长女婿</td><td>1971 年 8 月</td><td>汉</td><td>婆婆</td><td>沈梅囡</td></tr>
<tr><td>沈思仪</td><td>孙女</td><td>2002 年 9 月</td><td>汉</td><td>丈夫</td><td>沈佰良</td></tr>
<tr><td>沈文英</td><td>次女</td><td>1985 年 11 月</td><td>汉</td><td></td><td></td></tr>
<tr><td>刘　诺</td><td>外孙女</td><td>2019 年 11 月</td><td>汉</td><td></td><td></td></tr>
<tr><td>家庭大事记</td><td colspan="6">1989 年，翻建三上三下楼房。
2012 年，房屋动迁，分得安置房。
2014 年，购轿车。
2015 年，购商品房。</td></tr>
</table>

	姓名	与户主关系	出生年月	民族	已故亲属	
					称呼	姓名
现有家庭成员	王金民	户主	1964 年 5 月	汉	叔父	王雪根
	俞根花	妻子	1963 年 6 月	汉	父亲	王福根
	王春华	儿子	1987 年 2 月	汉		
	陈燕花	儿媳	1986 年 7 月	汉		
	王紫萱	孙女	2013 年 9 月	汉		
	陈子睿	孙子	2015 年 6 月	汉		
	沈秀林	母亲	1941 年 1 月	汉		
家庭大事记	1983 年，建平房。 王春华，2011 年 7 月苏州大学本科毕业。 2012 年，房屋动迁，分得安置房。 2014 年，购商品房。 2015 年，购轿车。 王金民，曾任东北村民兵营营长、治保主任，中共党员。					

	姓名	与户主关系	出生年月	民族	已故亲属	
					称呼	姓名
现有家庭成员	魏三楠	户主	1966 年 10 月	汉	祖父	魏士法
	陈凤珍	妻子	1967 年 10 月	汉	祖母	魏小妹
	魏　勇	儿子	1989 年 7 月	汉	父亲	魏仲其
	陈　静	儿媳	1989 年 1 月	汉		
	魏凌熙	孙女	2014 年 10 月	汉		
	沈妹郎	母亲	1938 年 4 月	汉		
家庭大事记	1989 年，翻建三上三下楼房。 2008 年，建别墅。 2009 年，房屋动迁，分得安置房。 2009 年，购轿车。					

	姓名	与户主关系	出生年月	民族	已故亲属	
					称呼	姓名
现有家庭成员	沈根男	户主	1960 年 3 月	汉	祖父	沈大宝
	蔡惠金	妻子	1963 年 12 月	汉	祖母	沈桂金
	沈华芳	女儿	1985 年 9 月	汉	父亲	沈兴根
	郁颖梃	女婿	1981 年 12 月	汉	继父	沈三星
	郁涛泽	孙子	2011 年 10 月	汉		
	沈林宝	母亲	1935 年 2 月	汉		
家庭大事记	1988 年，购轿车。 1990 年，翻建三上三下楼房。 2012 年，房屋动迁，分得安置房。 2013 年，购商品房。					

	姓名	与户主关系	出生年月	民族	已故亲属	
					称呼	姓名
现有家庭成员	沈密根	户主	1955 年 3 月	汉	父亲	沈招生
	祝林珍	妻子	1955 年 9 月	汉	母亲	沈香妹
	沈雪芳	女儿	1979 年 10 月	汉		
	陆友良	女婿	1978 年 12 月	汉		
	陆沈婕	长孙女	2002 年 3 月	汉		
	沈陆欣	次孙女	2012 年 6 月	汉		
家庭大事记	1990 年，翻建三上三下楼房。 2012 年，房屋动迁，分得安置房。 2018 年，购商品房。 2020 年，购轿车。					

	姓名	与户主关系	出生年月	民族	已故亲属	
					称呼	姓名
现有家庭成员	徐银花	户主	1953 年 10 月	汉	父亲	徐阿炳
	沈正良	丈夫	1954 年 10 月	汉	母亲	徐小根
	徐国良	儿子	1977 年 8 月	汉	前夫	高学全
	许霞琴	儿媳	1977 年 9 月	汉		
	许依梦	长孙女	2001 年 3 月	汉		
	徐　英	女儿	1976 年 2 月	汉		
	沈　强	女婿	1971 年 7 月	汉		
	沈鹤云	次孙女	2002 年 4 月	汉		
家庭大事记	1988 年，翻建三上三下楼房。 2010 年，购商品房。 2012 年，房屋动迁，分得安置房。 2016 年，购轿车。					

	姓名	与户主关系	出生年月	民族	已故亲属	
					称呼	姓名
现有家庭成员	沈小男	户主	1946 年 10 月	汉	父亲	沈大宝
	唐白妹	妻子	1947 年 11 月	汉	母亲	沈桂金
	沈菊花	女儿	1967 年 10 月	汉		
	沈凤娟	孙女	1988 年 10 月	汉		
	王　友	孙女婿	1987 年 2 月	汉		
	王沐悦	长曾孙女	2012 年 7 月	汉		
	沈牧芸	次曾孙女	2019 年 8 月	汉		
家庭大事记	1987 年，翻建三上三下楼房。 2002 年，购商品房。 2012 年，房屋动迁，分得安置房。					

<table>
<tr><td rowspan="9">现有家庭成员</td><th rowspan="2">姓名</th><th rowspan="2">与户主关系</th><th rowspan="2">出生年月</th><th rowspan="2">民族</th><th colspan="2">已故亲属</th></tr>
<tr><th>称呼</th><th>姓名</th></tr>
<tr><td>丁凤元</td><td>户主</td><td>1965 年 3 月</td><td>汉</td><td>祖父</td><td>沈大宝</td></tr>
<tr><td>沈花金</td><td>妻子</td><td>1964 年 7 月</td><td>汉</td><td>祖母</td><td>沈桂金</td></tr>
<tr><td>沈欣雷</td><td>女儿</td><td>1987 年 8 月</td><td>汉</td><td></td><td></td></tr>
<tr><td>周方燕</td><td>女婿</td><td>1987 年 7 月</td><td>汉</td><td></td><td></td></tr>
<tr><td>周梓涵</td><td>孙女</td><td>2014 年 9 月</td><td>汉</td><td></td><td></td></tr>
<tr><td>沈志男</td><td>岳父</td><td>1944 年 11 月</td><td>汉</td><td></td><td></td></tr>
<tr><td>王二囡</td><td>岳母</td><td>1944 年 3 月</td><td>汉</td><td></td><td></td></tr>
<tr><td>家庭大事记</td><td colspan="6">1985 年，翻建三上三下楼房。
2007 年，购轿车。
2012 年，房屋动迁，分得安置房。
2018 年，购轿车。
2018 年，购别墅。
沈志男，中共党员，曾任正仪税务所副所长。</td></tr>
</table>

<table>
<tr><td rowspan="8">现有家庭成员</td><th rowspan="2">姓名</th><th rowspan="2">与户主关系</th><th rowspan="2">出生年月</th><th rowspan="2">民族</th><th colspan="2">已故亲属</th></tr>
<tr><th>称呼</th><th>姓名</th></tr>
<tr><td>郭　良</td><td>户主</td><td>1965 年 4 月</td><td>汉</td><td>祖父</td><td>沈大宝</td></tr>
<tr><td>沈爱英</td><td>妻子</td><td>1965 年 12 月</td><td>汉</td><td>祖母</td><td>沈桂金</td></tr>
<tr><td>沈　懿</td><td>女儿</td><td>1988 年 10 月</td><td>汉</td><td></td><td></td></tr>
<tr><td>朱文卿</td><td>女婿</td><td>1985 年 8 月</td><td>汉</td><td></td><td></td></tr>
<tr><td>沈志男</td><td>岳父</td><td>1944 年 11 月</td><td>汉</td><td></td><td></td></tr>
<tr><td>王二囡</td><td>岳母</td><td>1944 年 3 月</td><td>汉</td><td></td><td></td></tr>
<tr><td>家庭大事记</td><td colspan="6">1985 年，建平房。
沈懿，2010 年 7 月南京审计大学本科毕业。
2012 年，房屋动迁，分得安置房。
2012 年，购轿车。
2012 年，购别墅。
沈爱英，正仪中心小学校教师。
沈志男，中共党员，曾任正仪税务所副所长。</td></tr>
</table>

	姓名	与户主关系	出生年月	民族	已故亲属	
					称呼	姓名
现有家庭成员	施美根	户主	1967 年 2 月	汉	祖父	沈大宝
	沈勤花	妻子	1969 年 8 月	汉	祖母	沈桂金
	沈　琪	儿子	1990 年 6 月	汉		
	沈小男	岳父	1946 年 10 月	汉		
	唐白妹	岳母	1947 年 11 月	汉		
家庭大事记	1989 年，翻建三上三下楼房。 2012 年，房屋动迁，分得安置房。 沈琪，2012 年 7 月淮阴工学院本科毕业。 2013 年，购商品房。 2017 年，购轿车。					

	姓名	与户主关系	出生年月	民族	已故亲属	
					称呼	姓名
现有家庭成员	沈良男	户主	1955 年 9 月	汉	父亲	沈冬生
	朱云娥	妻子	1956 年 9 月	汉		
	沈明娟	女儿	1981 年 1 月	汉		
	陈　超	女婿	1978 年 8 月	汉		
	陈俊顺	孙子	2007 年 11 月	汉		
	沈思予	孙女	2010 年 10 月	汉		
	田水大	母亲	1928 年 10 月	汉		
家庭大事记	1990 年，翻建三上三下楼房。 2004 年，购别墅 2010 年，购轿车。 2012 年，房屋动迁，分得安置房。 沈良男，曾任东北大队第 4 生产队队长、东北大队水泥制品厂厂长。					

	姓名	与户主关系	出生年月	民族	已故亲属	
现有家庭成员					称呼	姓名
	沈利元	户主	1948 年 1 月	汉	岳父	沈招生
	沈密花	妻子	1952 年 5 月	汉	岳母	沈香妹
	沈菊良	儿子	1975 年 12 月	汉		
	张文艳	儿媳	1975 年 4 月	汉		
	沈炜溢	孙子	1999 年 4 月	汉		
家庭大事记	1991 年，翻建三上三下楼房。 2012 年，房屋动迁，分得安置房。 2016 年，购商品房。 2016 年，购轿车。					

	姓名	与户主关系	出生年月	民族	已故亲属	
现有家庭成员					称呼	姓名
	许毛妹	户主	1946 年 3 月	汉	公公	沈杏元
	沈志荣	儿子	1972 年 3 月	汉	丈夫	沈福根
	沈 赟	孙子	1997 年 8 月	汉		
家庭大事记	沈志荣，1992 年 12 月至 1997 年 12 月参军入伍。 1993 年，翻建三上三下楼房。 2012 年，房屋动迁，分得安置房。 沈赟，2017 年 9 月至 2019 年 9 月参军入伍。					

	姓名	与户主关系	出生年月	民族	已故亲属	
现有家庭成员					称呼	姓名
	阮宗金	户主	1946 年 8 月	汉	父亲	阮阿本
	阮银宝	母亲	1928 年 10 月	汉		
家庭大事记	1976 年，建平房。 2012 年，房屋动迁，分得安置房。					

	姓名	与户主关系	出生年月	民族	已故亲属	
					称呼	姓名
现有家庭成员	高月珍	户主	1955 年 2 月	汉	公公	阮阿本
	阮益群	女儿	1981 年 9 月	汉	丈夫	阮白男
	钱静华	女婿	1981 年 4 月	汉		
	钱凯文	孙子	2008 年 11 月	汉		
	阮银宝	婆婆	1928 年 10 月	汉		
家庭大事记	1990 年，翻建三上三下楼房。 阮益群，2006 年 7 月南京师范大学本科毕业，现为昆山市正仪中学外语教师。 2009 年，购轿车。 2012 年，房屋动迁，分得安置房。					

	姓名	与户主关系	出生年月	民族	已故亲属	
					称呼	姓名
现有家庭成员	沈夯男	户主	1951 年 12 月	汉	父亲	沈根福
	朱金花	妻子	1954 年 12 月	汉	母亲	沈小翠
	沈建明	儿子	1977 年 3 月	汉		
	钱志华	儿媳	1977 年 8 月	汉		
	沈宇鑫	孙子	2001 年 11 月	汉		
家庭大事记	1989 年，翻建三上三下楼房。 2010 年，购商品房。 2012 年，房屋动迁，分得安置房。 2019 年，购轿车。					

<table>
<tr><td rowspan="8">现有家庭成员</td><td rowspan="2">姓名</td><td rowspan="2">与户主关系</td><td rowspan="2">出生年月</td><td rowspan="2">民族</td><td colspan="2">已故亲属</td></tr>
<tr><td>称呼</td><td>姓名</td></tr>
<tr><td>蒋志伟</td><td>户主</td><td>1953 年 11 月</td><td>汉</td><td>岳父</td><td>沈进法</td></tr>
<tr><td>沈香花</td><td>妻子</td><td>1957 年 8 月</td><td>汉</td><td>岳母</td><td>沈水大</td></tr>
<tr><td>沈惠峰</td><td>儿子</td><td>1980 年 2 月</td><td>汉</td><td></td><td></td></tr>
<tr><td>秦晓玲</td><td>儿媳</td><td>1980 年 6 月</td><td>汉</td><td></td><td></td></tr>
<tr><td>沈嘉乐</td><td>孙子</td><td>2006 年 3 月</td><td>汉</td><td></td><td></td></tr>
<tr><td>沈馨月</td><td>孙女</td><td>2015 年 9 月</td><td>汉</td><td></td><td></td></tr>
<tr><td>家庭大事记</td><td colspan="6">1990 年，翻建三上三下楼房。
2012 年，房屋动迁，分得安置房。
2012 年，购轿车。</td></tr>
</table>

<table>
<tr><td rowspan="8">现有家庭成员</td><td rowspan="2">姓名</td><td rowspan="2">与户主关系</td><td rowspan="2">出生年月</td><td rowspan="2">民族</td><td colspan="2">已故亲属</td></tr>
<tr><td>称呼</td><td>姓名</td></tr>
<tr><td>沈小元</td><td>户主</td><td>1949 年 11 月</td><td>汉</td><td>父亲</td><td>沈兴生</td></tr>
<tr><td>顾雪英</td><td>妻子</td><td>1950 年 12 月</td><td>汉</td><td>母亲</td><td>沈金妹</td></tr>
<tr><td>沈月珍</td><td>女儿</td><td>1972 年 1 月</td><td>汉</td><td></td><td></td></tr>
<tr><td>朱文强</td><td>女婿</td><td>1970 年 6 月</td><td>汉</td><td></td><td></td></tr>
<tr><td>沈心怡</td><td>孙女</td><td>1992 年 12 月</td><td>汉</td><td></td><td></td></tr>
<tr><td>沈亿琳</td><td>曾孙女</td><td>2017 年 1 月</td><td>汉</td><td></td><td></td></tr>
<tr><td>家庭大事记</td><td colspan="6">1988 年，翻建三上三下楼房。
2010 年，购轿车。
2012 年，房屋动迁，分得安置房。
沈心怡，2015 年 7 月苏州科技大学本科毕业，现为昆山开发区国际学校教师。
2019 年，购商品房。
沈小元，中共党员，曾任东北大队第 4 生产队队长、东北村经济合作社社长、燕桥浜村经济合作社社长。</td></tr>
</table>

现有家庭成员	姓名	与户主关系	出生年月	民族	已故亲属	
					称呼	姓名
	沈小夯	户主	1953 年 12 月	汉	父亲	沈根福
	沈建龙	儿子	1985 年 2 月	汉	母亲	沈小翠
	杨红丽	儿媳	1987 年 7 月	回	妻子	归火英
	沈依涵	孙女	2013 年 2 月	汉		
家庭大事记	1992 年，翻建三上三下楼房。 2009 年，购轿车。 2010 年，购商品房。 2012 年，房屋动迁，分得安置房。					

现有家庭成员	姓名	与户主关系	出生年月	民族	已故亲属	
					称呼	姓名
	钱宝玉	户主	1942 年 3 月	汉	儿子	钱春龙
	沈小妹	妻子	1944 年 10 月	汉		
	褚香花	儿媳	1967 年 2 月	汉		
	钱晓强	孙子	1990 年 12 月	汉		
	钱思涵	曾孙女	2013 年 9 月	汉		
家庭大事记	1983 年，建平房。 2010 年，房屋动迁，分得安置房。					

<table>
<tr><td rowspan="8">现有家庭成员</td><th rowspan="2">姓名</th><th rowspan="2">与户主关系</th><th rowspan="2">出生年月</th><th rowspan="2">民族</th><th colspan="2">已故亲属</th></tr>
<tr><th>称呼</th><th>姓名</th></tr>
<tr><td>沈良花</td><td>户主</td><td>1965 年 3 月</td><td>汉</td><td>叔父</td><td>沈根生</td></tr>
<tr><td>凌林男</td><td>丈夫</td><td>1964 年 7 月</td><td>汉</td><td>叔父</td><td>沈林生</td></tr>
<tr><td>沈敏晨</td><td>儿子</td><td>1988 年 2 月</td><td>汉</td><td></td><td></td></tr>
<tr><td>居小丽</td><td>儿媳</td><td>1987 年 5 月</td><td>汉</td><td></td><td></td></tr>
<tr><td>沈煜博</td><td>孙子</td><td>2012 年 8 月</td><td>汉</td><td></td><td></td></tr>
<tr><td>居姝妤</td><td>孙女</td><td>2016 年 1 月</td><td>汉</td><td></td><td></td></tr>
<tr><td>家庭大事记</td><td colspan="6">1993 年，翻建三上三下楼房。
2002 年，购商品房。
沈敏晨，2010 年 7 月三江学院本科毕业，现任职于昆山花桥中心商务银行。
2012 年，房屋动迁，分得安置房。
2019 年，购商品房。
2019 年，购轿车。</td></tr>
</table>

<table>
<tr><td rowspan="8">现有家庭成员</td><th rowspan="2">姓名</th><th rowspan="2">与户主关系</th><th rowspan="2">出生年月</th><th rowspan="2">民族</th><th colspan="2">已故亲属</th></tr>
<tr><th>称呼</th><th>姓名</th></tr>
<tr><td>沈　勇</td><td>户主</td><td>1976 年 4 月</td><td>汉</td><td>父亲</td><td>沈雪元</td></tr>
<tr><td>范小青</td><td>妻子</td><td>1981 年 10 月</td><td>汉</td><td>母亲</td><td>宗志芬</td></tr>
<tr><td>沈范毅</td><td>长子</td><td>2002 年 5 月</td><td>汉</td><td></td><td></td></tr>
<tr><td>范承灏</td><td>次子</td><td>2009 年 11 月</td><td>汉</td><td></td><td></td></tr>
<tr><td>周　颖</td><td>妹妹</td><td>1992 年 2 月</td><td>汉</td><td></td><td></td></tr>
<tr><td>周林福</td><td>继父</td><td>1950 年 9 月</td><td>汉</td><td></td><td></td></tr>
<tr><td>家庭大事记</td><td colspan="6">1987 年，翻建三上三下楼房。
沈勇，1994 年 12 月至 1998 年 12 月参军入伍，中共党员。
2010 年，购轿车。
2012 年，房屋动迁，分得安置房。
2012 年，购商品房。</td></tr>
</table>

	姓名	与户主关系	出生年月	民族	已故亲属	
					称呼	姓名
现有家庭成员	朱泉男	户主	1963 年 3 月	汉	父亲	朱良东
	颜香媛	妻子	1963 年 5 月	汉	母亲	朱根梅
	朱彦斌	儿子	1986 年 6 月	汉		
	夏士琴	儿媳	1982 年 9 月	汉		
	朱思颖	孙女	2009 年 7 月	汉		
家庭大事记	朱泉男，1983 年 12 月至 1986 年 12 月参军入伍，中共党员，曾任正仪镇党政办公室主任、经管办主任，燕桥浜村党支部书记，巴城镇工会主席，现任总工会财务部部长。 1988 年，建平房。 1991 年，购商品房。 2006 年，购轿车。 2012 年，房屋动迁，分得安置房。					

	姓名	与户主关系	出生年月	民族	已故亲属	
					称呼	姓名
现有家庭成员	周　文	户主	1971 年 5 月	汉		
	沈月芳	妻子	1973 年 12 月	汉		
	周宇峰	儿子	1994 年 8 月	汉		
家庭大事记	1996 年，购商品房。 2008 年，购商品房。 2018 年，购轿车。 周宇峰，2016 年 7 月盐城工学院本科毕业。					

<table>
<tr><td rowspan="8">现有家庭成员</td><td rowspan="2">姓名</td><td rowspan="2">与户主关系</td><td rowspan="2">出生年月</td><td rowspan="2">民族</td><td colspan="2">已故亲属</td></tr>
<tr><td>称呼</td><td>姓名</td></tr>
<tr><td>魏　良</td><td>户主</td><td>1965 年 1 月</td><td>汉</td><td>祖父</td><td>魏士法</td></tr>
<tr><td>徐玉梅</td><td>妻子</td><td>1966 年 6 月</td><td>汉</td><td>祖母</td><td>魏小妹</td></tr>
<tr><td>魏雅婷</td><td>女儿</td><td>1987 年 11 月</td><td>汉</td><td>父亲</td><td>魏仲其</td></tr>
<tr><td>邱皓清</td><td>女婿</td><td>1982 年 1 月</td><td>汉</td><td></td><td></td></tr>
<tr><td>邱依魏</td><td>孙女</td><td>2014 年 8 月</td><td>汉</td><td></td><td></td></tr>
<tr><td>沈妹郎</td><td>母亲</td><td>1938 年 4 月</td><td>汉</td><td></td><td></td></tr>
<tr><td>家庭大事记</td><td colspan="6">1990 年，翻建三上三下楼房。
2008 年，购商品房。
魏雅婷，2010 年 7 月江苏警官学院本科毕业，现在昆山市国家安全局工作。
魏良，中共党员，曾任东北大队第 4 生产队会计，正仪镇水产养殖场团支部书记，正仪派出所民警、交警队指导员，花桥派出所所长，花桥镇政法委书记，经济开发区政法委副书记，花桥镇人大主席。</td></tr>
</table>

<table>
<tr><td rowspan="9">现有家庭成员</td><td rowspan="2">姓名</td><td rowspan="2">与户主关系</td><td rowspan="2">出生年月</td><td rowspan="2">民族</td><td colspan="2">已故亲属</td></tr>
<tr><td>称呼</td><td>姓名</td></tr>
<tr><td>殷福男</td><td>户主</td><td>1964 年 8 月</td><td>汉</td><td>父亲</td><td>殷阿三</td></tr>
<tr><td>陆月琴</td><td>妻子</td><td>1963 年 4 月</td><td>汉</td><td></td><td></td></tr>
<tr><td>殷　强</td><td>儿子</td><td>1987 年 7 月</td><td>汉</td><td></td><td></td></tr>
<tr><td>李　丽</td><td>儿媳</td><td>1987 年 1 月</td><td>汉</td><td></td><td></td></tr>
<tr><td>殷佳诺</td><td>孙子</td><td>2011 年 12 月</td><td>汉</td><td></td><td></td></tr>
<tr><td>李佳怡</td><td>孙女</td><td>2015 年 1 月</td><td>汉</td><td></td><td></td></tr>
<tr><td>陈秀英</td><td>母亲</td><td>1933 年 4 月</td><td>汉</td><td></td><td></td></tr>
<tr><td>家庭大事记</td><td colspan="6">1991 年，翻建三上三下楼房。
2006 年，房屋动迁，分得安置房。
2007 年，购商品房。
2015 年，购轿车。
殷福男，曾任东北并线厂厂长。</td></tr>
</table>

<table>
<tr><td rowspan="10">现有家庭成员</td><td rowspan="2">姓名</td><td rowspan="2">与户主关系</td><td rowspan="2">出生年月</td><td rowspan="2">民族</td><td colspan="2">已故亲属</td></tr>
<tr><td>称呼</td><td>姓名</td></tr>
<tr><td>殷建良</td><td>户主</td><td>1970 年 7 月</td><td>汉</td><td>祖父</td><td>殷金根</td></tr>
<tr><td>熊妹花</td><td>妻子</td><td>1972 年 4 月</td><td>汉</td><td>祖母</td><td>殷金宝</td></tr>
<tr><td>殷　达</td><td>儿子</td><td>1993 年 9 月</td><td>汉</td><td>父亲</td><td>殷根土</td></tr>
<tr><td>张　晴</td><td>儿媳</td><td>1993 年 3 月</td><td>汉</td><td></td><td></td></tr>
<tr><td>殷珞喜</td><td>孙女</td><td>2018 年 9 月</td><td>汉</td><td></td><td></td></tr>
<tr><td>张洛丞</td><td>孙子</td><td>2020 年 5 月</td><td>汉</td><td></td><td></td></tr>
<tr><td>支杏花</td><td>母亲</td><td>1945 年 7 月</td><td>汉</td><td></td><td></td></tr>
<tr><td>巫火金</td><td>继父</td><td>1952 年 3 月</td><td>汉</td><td></td><td></td></tr>
<tr><td>家庭大事记</td><td colspan="6">1988 年，翻建三上三下楼房。
2006 年，房屋动迁，分得安置房。
2009 年，购商品房。
2010 年，购轿车。</td></tr>
</table>

<table>
<tr><td rowspan="6">现有家庭成员</td><td rowspan="2">姓名</td><td rowspan="2">与户主关系</td><td rowspan="2">出生年月</td><td rowspan="2">民族</td><td colspan="2">已故亲属</td></tr>
<tr><td>称呼</td><td>姓名</td></tr>
<tr><td>王夯男</td><td>户主</td><td>1951 年 11 月</td><td>汉</td><td>岳母</td><td>沈腊妹</td></tr>
<tr><td>沈美英</td><td>女儿</td><td>1979 年 7 月</td><td>汉</td><td>妻子</td><td>沈水宝</td></tr>
<tr><td>顾小刚</td><td>女婿</td><td>1977 年 2 月</td><td>汉</td><td></td><td></td></tr>
<tr><td>沈馨岚</td><td>孙女</td><td>2001 年 2 月</td><td>汉</td><td></td><td></td></tr>
<tr><td>家庭大事记</td><td colspan="6">1988 年，翻建三上三下楼房。
顾小刚，1995 年 12 月至 1998 年 12 月参军入伍，中共党员。
2006 年，房屋动迁，分得安置房。
2017 年，购轿车。</td></tr>
</table>

	姓名	与户主关系	出生年月	民族	已故亲属	
					称呼	姓名
现有家庭成员	黄小男	户主	1963 年 7 月	汉	父亲	黄金狗
	陆菊珍	妻子	1963 年 9 月	汉	母亲	黄阿招
	黄晓君	女儿	1986 年 5 月	汉		
	刘　邦	女婿	1981 年 7 月	汉		
	黄佳妮	孙女	2008 年 3 月	汉		
	刘佳浩	孙子	2012 年 11 月	汉		
家庭大事记	1989 年，翻建三上三下楼房。 1998 年，购轿车。 2001 年，购商品房。 2006 年，房屋动迁，分得安置房。					

	姓名	与户主关系	出生年月	民族	已故亲属	
					称呼	姓名
现有家庭成员	王小夯	户主	1954 年 1 月	汉	父亲	王根良
	许银花	妻子	1955 年 6 月	汉	母亲	王梅花
	王永刚	儿子	1978 年 11 月	汉		
	施芹惠	儿媳	1978 年 7 月	汉		
	王施晨	孙子	2004 年 12 月	汉		
家庭大事记	1988 年，翻建三上三下楼房。 王永刚，1999 年 12 月至 2001 年 12 月参军入伍。 2004 年，购商品房。 2006 年，房屋动迁，分得安置房。 2018 年，购轿车。					

	姓名	与户主关系	出生年月	民族	已故亲属	
					称呼	姓名
现有家庭成员	沈水根	户主	1952 年 8 月	汉	父亲	沈阿元
	殷杏英	妻子	1952 年 2 月	汉		
	沈海峰	儿子	1976 年 9 月	汉		
	丁美芳	儿媳	1978 年 2 月	汉		
	沈丁伶	长孙女	2001 年 2 月	汉		
	沈丁俐	次孙女	2001 年 2 月	汉		
	曾白妹	母亲	1931 年 11 月	汉		

家庭大事记

1988 年，翻建三上三下楼房。
2003 年，房屋动迁，分得安置房。
2004 年，购轿车。
2004 年，购商品房。

	姓名	与户主关系	出生年月	民族	已故亲属	
					称呼	姓名
现有家庭成员	黄林根	户主	1968 年 6 月	汉		
	孙雪琴	妻子	1968 年 1 月	汉		
	黄　燕	女儿	1991 年 12 月	汉		
	黄金男	父亲	1941 年 3 月	汉		
	李花宝	母亲	1940 年 11 月	汉		

家庭大事记

1988 年，翻建三上三下楼房。
2003 年，房屋动迁，分得安置房。
黄燕，2014 年 7 月南通大学本科毕业，现任南星渎小学教师。
2016 年，购商品房。
2016 年，购轿车。
黄金男，中共党员，曾任东北大队第 5 生产队队长。

<table>
<tr><th rowspan="2"></th><th rowspan="2">姓名</th><th rowspan="2">与户主关系</th><th rowspan="2">出生年月</th><th rowspan="2">民族</th><th colspan="2">已故亲属</th></tr>
<tr><th>称呼</th><th>姓名</th></tr>
<tr><td rowspan="6">现有家庭成员</td><td>黄大男</td><td>户主</td><td>1957 年 2 月</td><td>汉</td><td>父亲</td><td>黄金狗</td></tr>
<tr><td>殷福英</td><td>妻子</td><td>1962 年 3 月</td><td>汉</td><td>母亲</td><td>黄阿招</td></tr>
<tr><td>黄　芳</td><td>女儿</td><td>1983 年 6 月</td><td>汉</td><td></td><td></td></tr>
<tr><td>薛　康</td><td>女婿</td><td>1982 年 7 月</td><td>汉</td><td></td><td></td></tr>
<tr><td>薛英姿</td><td>长孙女</td><td>2007 年 11 月</td><td>汉</td><td></td><td></td></tr>
<tr><td>黄姿婷</td><td>次孙女</td><td>2013 年 11 月</td><td>汉</td><td></td><td></td></tr>
<tr><td>家庭大事记</td><td colspan="6">1990 年，翻建三上三下楼房。
2003 年，房屋动迁，分得安置房。
2005 年，购商品房。
2018 年，购轿车。</td></tr>
</table>

<table>
<tr><th rowspan="2"></th><th rowspan="2">姓名</th><th rowspan="2">与户主关系</th><th rowspan="2">出生年月</th><th rowspan="2">民族</th><th colspan="2">已故亲属</th></tr>
<tr><th>称呼</th><th>姓名</th></tr>
<tr><td rowspan="7">现有家庭成员</td><td>殷阿林</td><td>户主</td><td>1937 年 2 月</td><td>汉</td><td>母亲</td><td>殷小妹</td></tr>
<tr><td>殷金山</td><td>儿子</td><td>1957 年 12 月</td><td>汉</td><td>妻子</td><td>殷秀英</td></tr>
<tr><td>顾央妹</td><td>儿媳</td><td>1956 年 4 月</td><td>汉</td><td></td><td></td></tr>
<tr><td>殷素芳</td><td>孙女</td><td>1982 年 4 月</td><td>汉</td><td></td><td></td></tr>
<tr><td>陈艳春</td><td>孙女婿</td><td>1980 年 4 月</td><td>汉</td><td></td><td></td></tr>
<tr><td>殷欣媛</td><td>长曾孙女</td><td>2004 年 1 月</td><td>汉</td><td></td><td></td></tr>
<tr><td>陈欣怡</td><td>次曾孙女</td><td>2011 年 4 月</td><td>汉</td><td></td><td></td></tr>
<tr><td>家庭大事记</td><td colspan="6">1993 年，翻建三上三下楼房。
陈艳春，1996 年 12 月至 1999 年 12 月参军入伍。
2010 年，购轿车。
2012 年，房屋动迁，分得安置房。
2015 年，购商品房。</td></tr>
</table>

	姓名	与户主关系	出生年月	民族	已故亲属	
					称呼	姓名
现有家庭成员	顾林生	户主	1949 年 3 月	汉	岳父	殷银根
	殷小妹	妻子	1953 年 5 月	汉	岳母	殷招大
	殷小红	长女	1974 年 3 月	汉		
	沈　兴	长女婿	1972 年 2 月	汉		
	殷懿静	孙女	1995 年 2 月	汉		
	江奕璠	曾孙女	2016 年 9 月	汉		
	殷翊棋	曾孙子	2019 年 9 月	汉		
	殷小英	次女	1976 年 11 月	汉		
家庭大事记	1993 年，翻建三上三下楼房。 2012 年，房屋动迁，分得安置房。 2014 年，购商品房。 2020 年，购轿车。					

	姓名	与户主关系	出生年月	民族	已故亲属	
					称呼	姓名
现有家庭成员	殷根林	户主	1946 年 12 月	汉	母亲	戴秀林
	张金娥	妻子	1947 年 11 月	汉		
	殷丽珍	女儿	1968 年 11 月	汉		
	王卫国	女婿	1968 年 7 月	汉		
	殷汉波	孙子	1991 年 2 月	汉		
家庭大事记	1988 年，翻建三上三下楼房。 2012 年，房屋动迁，分得安置房。 2013 年，购商品房。 殷汉波，2013 年 7 月南京理工大学泰州科技学院本科毕业。 2018 年，购轿车。					

	姓名	与户主关系	出生年月	民族	已故亲属	
					称呼	姓名
现有家庭成员	张大妹	户主	1954 年 8 月	汉	公公	殷金根
	殷建明	儿子	1978 年 1 月	汉	婆婆	殷金宝
	王显红	儿媳	1978 年 4 月	汉	丈夫	殷坤荣
	殷　越	孙女	2002 年 1 月	汉		
家庭大事记	1990 年，翻建三上三下楼房。 殷建明，1996 年 12 月至 1999 年 12 月参军入伍，中共党员。 2012 年，房屋动迁，分得安置房。 2012 年，购轿车。					

	姓名	与户主关系	出生年月	民族	已故亲属	
					称呼	姓名
现有家庭成员	殷永根	户主	1967 年 4 月	汉	父亲	殷小娘
	鲁爱珠	妻子	1975 年 9 月	汉	母亲	殷招大
	鲁殷俊	儿子	1997 年 7 月	汉		
家庭大事记	1985 年，建平房。 2010 年，购轿车。 2012 年，房屋动迁，分得安置房。					

	姓名	与户主关系	出生年月	民族	已故亲属	
					称呼	姓名
现有家庭成员	殷根兴	户主	1954 年 12 月	汉	继父	林白狗
	孙金凤	妻子	1954 年 9 月	汉		
	殷　芳	女儿	1978 年 12 月	汉		
	朱新华	女婿	1978 年 11 月	汉		
	朱殷瑛	长孙女	2001 年 9 月	汉		
	殷艺佳	次孙女	2012 年 11 月	汉		
	殷林妹	母亲	1937 年 4 月	汉		
家庭大事记	1986 年，翻建三上三下楼房。 2003 年，购商品房。 2010 年，购轿车。 2012 年，房屋动迁，分得安置房。 殷芳，中共党员。					

	姓名	与户主关系	出生年月	民族	已故亲属	
					称呼	姓名
现有家庭成员	殷正良	户主	1958 年 11 月	汉	父亲	殷爱福
	洪白妹	妻子	1961 年 10 月	汉	母亲	殷根妹
	殷国新	儿子	1983 年 5 月	汉		
	刘　引	儿媳	1983 年 12 月	汉		
	殷琪钰	孙女	2006 年 10 月	汉		
家庭大事记	1990 年，翻建三上三下楼房。 2012 年，房屋动迁，分得安置房。 2015 年，购商品房。 2018 年，购轿车。					

	姓名	与户主关系	出生年月	民族	已故亲属	
					称呼	姓名
现有家庭成员	张林元	户主	1967 年 6 月	汉	岳父	林白狗
	殷张行	儿子	1990 年 3 月	汉	妻子	殷根秀
	黄　雯	儿媳	1992 年 4 月	汉		
	殷梓鑫	长孙	2015 年 1 月	汉		
	黄梓恒	次孙	2017 年 3 月	汉		
	殷林妹	岳母	1937 年 4 月	汉		
家庭大事记	1988 年，翻建三上三下楼房。 2001 年，房屋动迁，分得安置房。 殷张行，2008 年 12 月至 2010 年 12 月参军入伍。 2011 年，购轿车。 2012 年，购商品房。					

	姓名	与户主关系	出生年月	民族	已故亲属	
					称呼	姓名
现有家庭成员	张　梁	户主	1981 年 8 月	汉	父亲	张根善
	王　静	妻子	1985 年 3 月	汉		
	张之涵	儿子	2009 年 9 月	汉		
家庭大事记	1979 年，建平房。 2007 年，房屋动迁，分得安置房。					

	姓名	与户主关系	出生年月	民族	已故亲属	
					称呼	姓名
现有家庭成员	殷云良	户主	1955 年 1 月	汉	父亲	殷爱福
	朱银花	妻子	1954 年 9 月	汉	母亲	殷根梅
	殷彩琴	女儿	1979 年 5 月	汉		
	陈惠宇	女婿	1985 年 9 月	汉		
	殷　祥	孙子	2003 年 4 月	汉		
	殷陈菲	孙女	2012 年 1 月	汉		
家庭大事记	1986 年，翻建三上三下楼房。 2010 年，购轿车。 2012 年，房屋动迁，分得安置房。 2019 年，购商品房。					

	姓名	与户主关系	出生年月	民族	已故亲属	
					称呼	姓名
现有家庭成员	沈林根	户主	1948 年 9 月	汉	父亲	沈天生
	俞阿秀	妻子	1948 年 12 月	汉	母亲	沈阿宝
	沈利良	儿子	1969 年 6 月	汉		
	陈风花	儿媳	1969 年 10 月	汉		
	沈　晨	孙子	1992 年 5 月	汉		
	谢　旭	孙媳	1990 年 9 月	汉		
	沈佳彧	曾孙子	2016 年 10 月	汉		
家庭大事记	1987 年，翻建三上三下楼房。 2001 年，购商品房。 2012 年，购轿车。 2012 年，房屋动迁，分得安置房。 沈晨，中共党员，2014 年 7 月南京理工大学泰州科技学院本科毕业。 沈利良，中共党员，先后任东北村会计、党支部书记，高新区经济服务中心主任。					

<table>
<tr><td rowspan="10">现有家庭成员</td><td rowspan="2">姓名</td><td rowspan="2">与户主关系</td><td rowspan="2">出生年月</td><td rowspan="2">民族</td><td colspan="2">已故亲属</td></tr>
<tr><td>称呼</td><td>姓名</td></tr>
<tr><td>黄全根</td><td>户主</td><td>1947 年 9 月</td><td>汉</td><td>父亲</td><td>黄永雪</td></tr>
<tr><td>杜林花</td><td>妻子</td><td>1948 年 3 月</td><td>汉</td><td>母亲</td><td>黄宝林</td></tr>
<tr><td>黄　栋</td><td>儿子</td><td>1970 年 9 月</td><td>汉</td><td></td><td></td></tr>
<tr><td>沈建花</td><td>儿媳</td><td>1971 年 11 月</td><td>汉</td><td></td><td></td></tr>
<tr><td>黄志翱</td><td>长孙</td><td>1993 年 9 月</td><td>汉</td><td></td><td></td></tr>
<tr><td>黄志翔</td><td>次孙</td><td>1993 年 9 月</td><td>汉</td><td></td><td></td></tr>
<tr><td>蔡卫萍</td><td>次孙媳</td><td>1992 年 2 月</td><td>汉</td><td></td><td></td></tr>
<tr><td>黄亦辰</td><td>曾孙子</td><td>2020 年 9 月</td><td>汉</td><td></td><td></td></tr>
<tr><td>家庭大事记</td><td colspan="6">1983 年，翻建三上三下楼房。
1994 年，购轿车。
1995 年，购别墅。
1996 年，购商品房。
2012 年，房屋动迁，分得安置房。
黄全根，曾任东北大队第 5 生产队队长。</td></tr>
</table>

<table>
<tr><th rowspan="2"></th><th rowspan="2">姓名</th><th rowspan="2">与户主关系</th><th rowspan="2">出生年月</th><th rowspan="2">民族</th><th colspan="2">已故亲属</th></tr>
<tr><th>称呼</th><th>姓名</th></tr>
<tr><td rowspan="8">现有家庭成员</td><td>许密根</td><td>户主</td><td>1939 年 11 月</td><td>汉</td><td>岳父</td><td>许齐生</td></tr>
<tr><td>许小妹</td><td>妻子</td><td>1943 年 1 月</td><td>汉</td><td>岳母</td><td>许阿巧</td></tr>
<tr><td>许金良</td><td>儿子</td><td>1965 年 11 月</td><td>汉</td><td></td><td></td></tr>
<tr><td>徐美娟</td><td>儿媳</td><td>1967 年 12 月</td><td>汉</td><td></td><td></td></tr>
<tr><td>许铱轩</td><td>孙女</td><td>1988 年 9 月</td><td>汉</td><td></td><td></td></tr>
<tr><td>孔昱云</td><td>孙女婿</td><td>1988 年 11 月</td><td>汉</td><td></td><td></td></tr>
<tr><td>孔立凡</td><td>长曾孙</td><td>2014 年 5 月</td><td>汉</td><td></td><td></td></tr>
<tr><td>许舜诚</td><td>次曾孙</td><td>2015 年 11 月</td><td>汉</td><td></td><td></td></tr>
<tr><td>家庭大事记</td><td colspan="6">1987 年，翻建三上三下楼房。
2011 年，购别墅。
许铱轩，2011 年 7 月南京大学金陵学院本科毕业。
2012 年，房屋动迁，分得安置房。
2012 年，购轿车。
2014 年，购商品房。</td></tr>
</table>

	姓名	与户主关系	出生年月	民族	已故亲属	
					称呼	姓名
现有家庭成员	黄全林	户主	1949 年 8 月	汉	父亲	黄永雪
	殷秀英	妻子	1948 年 7 月	汉	母亲	黄宝林
	黄秀妹	女儿	1971 年 12 月	汉		
	罗三根	女婿	1969 年 8 月	汉		
	黄　雯	孙女	1992 年 4 月	汉		
	殷张行	孙女婿	1990 年 3 月	汉		
	殷梓鑫	长曾孙	2015 年 1 月	汉		
	黄梓恒	次曾孙	2017 年 3 月	汉		
家庭大事记	1984 年，翻建三上三下楼房。 1999 年，购轿车。 殷张行，2008 年 12 月至 2010 年 12 月参军入伍。 2011 年，购商品房。 2012 年，房屋动迁，分得安置房。 黄雯，中共党员。					

	姓名	与户主关系	出生年月	民族	已故亲属	
					称呼	姓名
现有家庭成员	殷香根	户主	1963 年 9 月	汉	父亲	殷小娘
	周秀珍	妻子	1965 年 8 月	汉	母亲	殷招大
	殷周平	儿子	1990 年 2 月	汉		
	王岚岚	儿媳	1991 年 3 月	汉		
	殷梓萱	孙女	2014 年 3 月	汉		
	殷丽娟	女儿	1987 年 2 月	汉		
家庭大事记	1993 年，翻建三上三下楼房。 2012 年，房屋动迁，分得安置房。 2019 年，购轿车。					

	姓名	与户主关系	出生年月	民族	已故亲属	
					称呼	姓名
现有家庭成员	戴义根	户主	1950 年 6 月	汉	岳父	沈阿桂
	沈小妹	妻子	1950 年 9 月	汉	岳母	沈妹宝
	沈　军	儿子	1974 年 12 月	汉		
	陈雪芳	儿媳	1972 年 1 月	汉		
	沈宇希	孙女	1995 年 12 月	汉		
家庭大事记	1986 年，翻建三上三下楼房。 2003 年，房屋动迁，分得安置房。 2005 年，购商品房。 2018 年，购轿车。					

	姓名	与户主关系	出生年月	民族	已故亲属	
					称呼	姓名
现有家庭成员	顾敏珍	户主	1954 年 8 月	汉	公公	殷招林
	殷杏兴	丈夫	1955 年 7 月	汉	婆婆	殷金花
	殷志华	儿子	1982 年 7 月	汉		
	张晶晶	儿媳	1981 年 11 月	汉		
	殷涵斌	孙子	2008 年 1 月	汉		
家庭大事记	殷杏兴，1976 年 3 月至 1987 年 3 月参军入伍，中共党员。转业后任正仪税务所所长。 1979 年，建平房。 1998 年，购商品房。 殷志华，2004 年 7 月钟山职业技术学院专科毕业。 2012 年，房屋动迁，分得安置房。 2015 年，购轿车。					

<table>
<tr><th rowspan="9">现有家庭成员</th><th rowspan="2">姓名</th><th rowspan="2">与户主关系</th><th rowspan="2">出生年月</th><th rowspan="2">民族</th><th colspan="2">已故亲属</th></tr>
<tr><th>称呼</th><th>姓名</th></tr>
<tr><td>黄炳根</td><td>户主</td><td>1962 年 12 月</td><td>汉</td><td></td><td></td></tr>
<tr><td>戴花珍</td><td>妻子</td><td>1963 年 9 月</td><td>汉</td><td></td><td></td></tr>
<tr><td>黄华青</td><td>儿子</td><td>1984 年 12 月</td><td>汉</td><td></td><td></td></tr>
<tr><td>张　洁</td><td>儿媳</td><td>1986 年 11 月</td><td>汉</td><td></td><td></td></tr>
<tr><td>黄骏琪</td><td>孙女</td><td>2019 年 11 月</td><td>汉</td><td></td><td></td></tr>
<tr><td>黄金男</td><td>父亲</td><td>1941 年 3 月</td><td>汉</td><td></td><td></td></tr>
<tr><td>李花宝</td><td>母亲</td><td>1940 年 11 月</td><td>汉</td><td></td><td></td></tr>
<tr><th>家庭大事记</th><td colspan="6">1999 年，建平房。
2003 年，房屋动迁，分得安置房。
2019 年，购商品房。
2020 年，购轿车。
黄金男，中共党员，曾任东北大队第 5 生产队队长。</td></tr>
</table>

<table>
<tr><th rowspan="6">现有家庭成员</th><th rowspan="2">姓名</th><th rowspan="2">与户主关系</th><th rowspan="2">出生年月</th><th rowspan="2">民族</th><th colspan="2">已故亲属</th></tr>
<tr><th>称呼</th><th>姓名</th></tr>
<tr><td>蒋雪根</td><td>户主</td><td>1943 年 4 月</td><td>汉</td><td>父亲</td><td>殷小娘</td></tr>
<tr><td>蒋云仙</td><td>妻子</td><td>1952 年 6 月</td><td>汉</td><td>母亲</td><td>殷招大</td></tr>
<tr><td>蒋林元</td><td>儿子</td><td>1976 年 3 月</td><td>汉</td><td></td><td></td></tr>
<tr><td>蒋雯雯</td><td>孙女</td><td>2008 年 12 月</td><td>汉</td><td></td><td></td></tr>
<tr><th>家庭大事记</th><td colspan="6">1983 年，建平房。
2009 年，房屋动迁，分得安置房。</td></tr>
</table>

<table>
<tr><th rowspan="6">现有家庭成员</th><th rowspan="2">姓名</th><th rowspan="2">与户主关系</th><th rowspan="2">出生年月</th><th rowspan="2">民族</th><th colspan="2">已故亲属</th></tr>
<tr><th>称呼</th><th>姓名</th></tr>
<tr><td>黄杉楠</td><td>户主</td><td>1967 年 1 月</td><td>汉</td><td>父亲</td><td>黄金狗</td></tr>
<tr><td>赵丹凤</td><td>妻子</td><td>1967 年 6 月</td><td>汉</td><td>母亲</td><td>黄阿招</td></tr>
<tr><td>黄远健</td><td>儿子</td><td>1990 年 12 月</td><td>汉</td><td></td><td></td></tr>
<tr><td>王书媛</td><td>儿媳</td><td>1991 年 10 月</td><td>汉</td><td></td><td></td></tr>
<tr><th>家庭大事记</th><td colspan="6">1983 年，建平房。
2009 年，房屋动迁，分得安置房。</td></tr>
</table>

▶ 燕桥浜村第 9 村民小组

燕桥浜村第 9 村民小组人员统计表

单位：人

序号	户主	男	女	合计	序号	户主	男	女	合计
1	徐毛狗	2	6	8	24	周央男	2	3	5
2	颜志刚	1	4	5	25	季金根	2	2	4
3	王惠民	3	5	8	26	王根龙	5	2	7
4	梅坤生	1	3	4	27	王白男	3	4	7
5	王火根	2	4	6	28	季学明	2	2	4
6	颜巧根	4	6	10	29	周吾男	3	1	4
7	颜惠民	3	3	6	30	王金男	2	4	6
8	王德龙	3	4	7	31	周紧根	2	4	6
9	宋嘉男	2	4	6	32	王根男	4	6	10
10	顾大男	3	3	6	33	季银根	3	2	5
11	顾宗金	4	2	6	34	季学根	4	3	7
12	宋健男	4	4	8	35	杜学良	2	4	6
13	许宗林	1	3	4	36	周多男	3	3	6
14	宋嘉明	2	2	4	37	季黑男	4	3	7
15	宋　庆	4	2	6	38	戴小弟	3	1	4
16	江云男	3	4	7	39	王小白男	2	2	4
17	宋培忠	2	2	4	40	王花珍	3	5	8
18	江小男	3	3	6	41	王根弟	2	3	5
19	王益民	1	3	4	42	陈雪根	3	2	5
20	曾建荣	1	2	3	43	季学军	1	3	4
21	宋金林	4	4	8	44	宋培新	4	4	8
22	李洪德	3	3	6	45	王永男	3	3	6
23	王根荣	3	3	6	46	王全林	1	0	1

<table>
<tr><td rowspan="2"></td><td rowspan="2">姓名</td><td rowspan="2">与户主关系</td><td rowspan="2">出生年月</td><td rowspan="2">民族</td><td colspan="2">已故亲属</td></tr>
<tr><td>称呼</td><td>姓名</td></tr>
<tr><td rowspan="8">现有家庭成员</td><td>徐毛狗</td><td>户主</td><td>1952 年 11 月</td><td>汉</td><td>岳父</td><td>颜腊子</td></tr>
<tr><td>颜林花</td><td>妻子</td><td>1954 年 11 月</td><td>汉</td><td></td><td></td></tr>
<tr><td>颜志芬</td><td>长女</td><td>1977 年 12 月</td><td>汉</td><td></td><td></td></tr>
<tr><td>刘建伟</td><td>长女婿</td><td>1976 年 7 月</td><td>汉</td><td></td><td></td></tr>
<tr><td>颜惠茹</td><td>长孙女</td><td>2001 年 8 月</td><td>汉</td><td></td><td></td></tr>
<tr><td>颜如颖</td><td>次孙女</td><td>2011 年 9 月</td><td>汉</td><td></td><td></td></tr>
<tr><td>颜志娟</td><td>次女</td><td>1980 年 10 月</td><td>汉</td><td></td><td></td></tr>
<tr><td>颜花林</td><td>岳母</td><td>1932 年 9 月</td><td>汉</td><td></td><td></td></tr>
<tr><td>家庭大事记</td><td colspan="6">1986 年，翻建三上三下楼房。
刘建伟，1994 年 12 月至 1997 年 12 月参军入伍，中共党员。
2006 年，房屋动迁，分得安置房。
2012 年，购轿车。</td></tr>
</table>

<table>
<tr><td rowspan="2"></td><td rowspan="2">姓名</td><td rowspan="2">与户主关系</td><td rowspan="2">出生年月</td><td rowspan="2">民族</td><td colspan="2">已故亲属</td></tr>
<tr><td>称呼</td><td>姓名</td></tr>
<tr><td rowspan="5">现有家庭成员</td><td>颜志刚</td><td>户主</td><td>1971 年 10 月</td><td>汉</td><td>祖父</td><td>颜腊子</td></tr>
<tr><td>张琴芳</td><td>妻子</td><td>1971 年 3 月</td><td>汉</td><td>父亲</td><td>张小兴</td></tr>
<tr><td>颜如玉</td><td>女儿</td><td>1994 年 12 月</td><td>汉</td><td></td><td></td></tr>
<tr><td>颜根花</td><td>母亲</td><td>1950 年 11 月</td><td>汉</td><td></td><td></td></tr>
<tr><td>颜花林</td><td>祖母</td><td>1932 年 9 月</td><td>汉</td><td></td><td></td></tr>
<tr><td>家庭大事记</td><td colspan="6">1986 年，翻建三上三下楼房。
1999 年，建别墅。
2002 年，购轿车。
2005 年，购商品房。
2006 年，房屋动迁，分得安置房。
颜如玉，2016 年 7 月南京财经大学本科毕业，在读硕士生。</td></tr>
</table>

	姓名	与户主关系	出生年月	民族	已故亲属	
					称呼	姓名
现有家庭成员	王惠民	户主	1956年3月	汉	祖母	颜林宝
	颜福妹	妻子	1958年7月	汉	岳母	颜腊妹
	颜文龙	儿子	1988年5月	汉		
	邱　萍	儿媳	1987年12月	汉		
	颜文燕	女儿	1981年10月	汉		
	颜兰蕴	长孙女	2013年7月	汉		
	邱艺馨	次孙女	2015年3月	汉		
	季阿早	岳父	1936年6月	汉		
家庭大事记	1986年，翻建三上三下楼房。 颜文燕，2003年7月苏州科技大学本科毕业。 2006年，房屋动迁，分得安置房。 2006年，购商品房。 2010年，购轿车。 颜文龙，2012年7月苏州大学硕士毕业。现任职于中国农业银行昆山分行。					

	姓名	与户主关系	出生年月	民族	已故亲属	
					称呼	姓名
现有家庭成员	梅坤生	户主	1945年10月	汉	岳父	颜根生
	颜香妹	妻子	1949年11月	汉	儿子	颜向军
	杜飞燕	儿媳	1975年11月	汉		
	颜　铭	孙女	1996年6月	汉		
家庭大事记	1992年，翻建三上三下楼房。 2006年，房屋动迁，分得安置房。 2015年，购商品房。 颜铭，2018年7月扬州大学本科毕业，在读硕士生。					

	姓名	与户主关系	出生年月	民族	已故亲属	
					称呼	姓名
现有家庭成员	王火根	户主	1948 年 9 月	汉	母亲	王阿大
	杜水妹	妻子	1948 年 12 月	汉	儿子	王永良
	王永珍	女儿	1971 年 10 月	汉		
	姜海军	女婿	1970 年 5 月	汉		
	王　洁	长孙女	1993 年 3 月	汉		
	王　逸	次孙女	1999 年 8 月	汉		

家庭大事记	1989 年，翻建三上三下楼房。 2005 年，购商品房。 2006 年，房屋动迁，分得安置房。 2016 年，购轿车。 王洁，2014 年 7 月泰州学院本科毕业，现任巴城镇翡翠湾幼儿园教师。 王火根，曾任东北大队第 7 生产队队长。

<table>
<tr><td rowspan="12">现有家庭成员</td><th rowspan="2">姓名</th><th rowspan="2">与户主关系</th><th rowspan="2">出生年月</th><th rowspan="2">民族</th><th colspan="2">已故亲属</th></tr>
<tr><th>称呼</th><th>姓名</th></tr>
<tr><td>颜巧根</td><td>户主</td><td>1936 年 7 月</td><td>汉</td><td></td><td></td></tr>
<tr><td>许小妹</td><td>妻子</td><td>1941 年 11 月</td><td>汉</td><td></td><td></td></tr>
<tr><td>颜祖良</td><td>长子</td><td>1966 年 7 月</td><td>汉</td><td></td><td></td></tr>
<tr><td>王昆琴</td><td>长媳</td><td>1969 年 7 月</td><td>汉</td><td></td><td></td></tr>
<tr><td>颜丽天</td><td>孙女</td><td>1994 年 7 月</td><td>汉</td><td></td><td></td></tr>
<tr><td>颜惠良</td><td>次子</td><td>1968 年 7 月</td><td>汉</td><td></td><td></td></tr>
<tr><td>黄秀珍</td><td>次媳</td><td>1969 年 8 月</td><td>汉</td><td></td><td></td></tr>
<tr><td>颜振华</td><td>孙子</td><td>1993 年 8 月</td><td>汉</td><td></td><td></td></tr>
<tr><td>管秋芳</td><td>孙媳</td><td>1992 年 11 月</td><td>汉</td><td></td><td></td></tr>
<tr><td>颜语涵</td><td>曾孙女</td><td>2016 年 1 月</td><td>汉</td><td></td><td></td></tr>
<tr><td>家庭大事记</td><td colspan="6">1986 年，翻建三上三下楼房。
颜惠良，1987 年 11 月至 1991 年 11 月参军入伍，中共党员。
颜祖良，1989 年 7 月南京工业大学本科毕业，现任职于常熟飞龙无纺机械有限公司。
2006 年，房屋动迁，分得安置房。
2007 年，购商品房。
2016 年，购轿车。</td></tr>
</table>

<table>
<tr><td rowspan="8">现有家庭成员</td><th rowspan="2">姓名</th><th rowspan="2">与户主关系</th><th rowspan="2">出生年月</th><th rowspan="2">民族</th><th colspan="2">已故亲属</th></tr>
<tr><th>称呼</th><th>姓名</th></tr>
<tr><td>颜惠民</td><td>户主</td><td>1972 年 6 月</td><td>汉</td><td>祖父</td><td>颜全云</td></tr>
<tr><td>徐美林</td><td>妻子</td><td>1971 年 10 月</td><td>汉</td><td>祖母</td><td>颜中妹</td></tr>
<tr><td>颜佳丽</td><td>女儿</td><td>1995 年 6 月</td><td>汉</td><td>父亲</td><td>顾永法</td></tr>
<tr><td>高志成</td><td>女婿</td><td>1993 年 8 月</td><td>汉</td><td></td><td></td></tr>
<tr><td>高昱珩</td><td>孙子</td><td>2020 年 1 月</td><td>汉</td><td></td><td></td></tr>
<tr><td>颜巧珍</td><td>母亲</td><td>1949 年 11 月</td><td>汉</td><td></td><td></td></tr>
<tr><td>家庭大事记</td><td colspan="6">1986 年，翻建三上二下楼房。
2006 年，房屋动迁，分得安置房。
2009 年，购商品房。
2017 年，购轿车。
颜佳丽，2017 年 7 月南京师范大学本科毕业，现在周市镇政府工作。</td></tr>
</table>

<table>
<tr><td rowspan="9">现有家庭成员</td><td rowspan="2">姓名</td><td rowspan="2">与户主关系</td><td rowspan="2">出生年月</td><td rowspan="2">民族</td><td colspan="2">已故亲属</td></tr>
<tr><td>称呼</td><td>姓名</td></tr>
<tr><td>王德龙</td><td>户主</td><td>1962 年 5 月</td><td>汉</td><td>祖母</td><td>王阿彩</td></tr>
<tr><td>唐启珍</td><td>妻子</td><td>1968 年 7 月</td><td>汉</td><td>父亲</td><td>王阿炳</td></tr>
<tr><td>王　燕</td><td>女儿</td><td>1985 年 3 月</td><td>汉</td><td></td><td></td></tr>
<tr><td>徐　俊</td><td>女婿</td><td>1985 年 6 月</td><td>汉</td><td></td><td></td></tr>
<tr><td>徐瑾懿</td><td>孙女</td><td>2014 年 2 月</td><td>汉</td><td></td><td></td></tr>
<tr><td>王瑾诚</td><td>孙子</td><td>2016 年 1 月</td><td>汉</td><td></td><td></td></tr>
<tr><td>陆雪英</td><td>母亲</td><td>1943 年 10 月</td><td>汉</td><td></td><td></td></tr>
<tr><td>家庭大事记</td><td colspan="6">1989 年，翻建三上三下楼房。
2006 年，房屋动迁，分得安置房。
2006 年，购商品房。
2008 年，购轿车。
王燕，2012 年 7 月哈尔滨商业大学硕士毕业，中共党员，现在昆山市政府统战部工作。</td></tr>
</table>

<table>
<tr><td rowspan="8">现有家庭成员</td><td rowspan="2">姓名</td><td rowspan="2">与户主关系</td><td rowspan="2">出生年月</td><td rowspan="2">民族</td><td colspan="2">已故亲属</td></tr>
<tr><td>称呼</td><td>姓名</td></tr>
<tr><td>宋嘉男</td><td>户主</td><td>1965 年 12 月</td><td>汉</td><td>父亲</td><td>宋林生</td></tr>
<tr><td>王林英</td><td>妻子</td><td>1967 年 3 月</td><td>汉</td><td></td><td></td></tr>
<tr><td>颜岳秋</td><td>儿子</td><td>1989 年 9 月</td><td>汉</td><td></td><td></td></tr>
<tr><td>陆静娟</td><td>儿媳</td><td>1988 年 12 月</td><td>汉</td><td></td><td></td></tr>
<tr><td>颜　欢</td><td>孙女</td><td>2016 年 3 月</td><td>汉</td><td></td><td></td></tr>
<tr><td>颜大香</td><td>母亲</td><td>1936 年 2 月</td><td>汉</td><td></td><td></td></tr>
<tr><td>家庭大事记</td><td colspan="6">1990 年，翻建三上三下楼房。
2006 年，房屋动迁，分得安置房。
2011 年，购轿车。
颜岳秋，2011 年 7 月南京工业大学本科毕业，现任职于江苏昆山农村商业银行股份有限公司陆杨支行。
2014 年，购商品房。</td></tr>
</table>

	姓名	与户主关系	出生年月	民族	已故亲属	
					称呼	姓名
现有家庭成员	顾大男	户主	1955 年 8 月	汉	妻子	周凤娥
	顾方英	女儿	1981 年 12 月	汉		
	陈　清	女婿	1979 年 1 月	汉		
	顾欣怡	孙女	2001 年 8 月	汉		
	顾阿见	父亲	1935 年 6 月	汉		
	顾云花	母亲	1937 年 6 月	汉		
家庭大事记	1990 年，翻建三上三下楼房。 2003 年，购商品房。 2006 年，房屋动迁，分得安置房。 2015 年，购轿车。					

	姓名	与户主关系	出生年月	民族	已故亲属	
					称呼	姓名
现有家庭成员	顾宗金	户主	1964 年 12 月	汉		
	马琴英	妻子	1965 年 2 月	汉		
	顾春光	儿子	1987 年 10 月	汉		
	顾琳娜	孙女	2013 年 7 月	汉		
	顾瑞泽	孙子	2016 年 3 月	汉		
	顾永庆	叔父	1941 年 10 月	汉		
家庭大事记	1986 年，翻建三上三下楼房。 2005 年，购轿车。 2006 年，房屋动迁，分得安置房。 2007 年，购商品房。 顾春光，2010 年 7 月新西兰奥克兰大学本科毕业。 2015 年，购别墅。 2017 年，购店面房。					

<table>
<tr><th rowspan="10">现有家庭成员</th><th rowspan="2">姓名</th><th rowspan="2">与户主关系</th><th rowspan="2">出生年月</th><th rowspan="2">民族</th><th colspan="2">已故亲属</th></tr>
<tr><th>称呼</th><th>姓名</th></tr>
<tr><td>宋健男</td><td>户主</td><td>1968 年 8 月</td><td>汉</td><td></td><td></td></tr>
<tr><td>宋文秀</td><td>妻子</td><td>1970 年 11 月</td><td>汉</td><td></td><td></td></tr>
<tr><td>宋燕萍</td><td>女儿</td><td>1991 年 3 月</td><td>汉</td><td></td><td></td></tr>
<tr><td>王仁亮</td><td>女婿</td><td>1990 年 9 月</td><td>汉</td><td></td><td></td></tr>
<tr><td>王佩雯</td><td>孙女</td><td>2014 年 10 月</td><td>汉</td><td></td><td></td></tr>
<tr><td>宋志琦</td><td>孙子</td><td>2018 年 1 月</td><td>汉</td><td></td><td></td></tr>
<tr><td>宋林根</td><td>父亲</td><td>1935 年 7 月</td><td>汉</td><td></td><td></td></tr>
<tr><td>颜招妹</td><td>母亲</td><td>1939 年 3 月</td><td>汉</td><td></td><td></td></tr>
<tr><th>家庭大事记</th><td colspan="6">1988 年，翻建三上三下楼房。
2000 年，购商品房。
2006 年，房屋动迁，分得安置房。
2010 年，购轿车。</td></tr>
</table>

<table>
<tr><th rowspan="6">现有家庭成员</th><th rowspan="2">姓名</th><th rowspan="2">与户主关系</th><th rowspan="2">出生年月</th><th rowspan="2">民族</th><th colspan="2">已故亲属</th></tr>
<tr><th>称呼</th><th>姓名</th></tr>
<tr><td>许宗林</td><td>户主</td><td>1965 年 11 月</td><td>汉</td><td></td><td></td></tr>
<tr><td>宋金花</td><td>妻子</td><td>1968 年 10 月</td><td>汉</td><td></td><td></td></tr>
<tr><td>许晓婷</td><td>女儿</td><td>1991 年 11 月</td><td>汉</td><td></td><td></td></tr>
<tr><td>顾月涵</td><td>孙女</td><td>2013 年 12 月</td><td>汉</td><td></td><td></td></tr>
<tr><th>家庭大事记</th><td colspan="6">1993 年，翻建三上三下楼房。
2006 年，房屋动迁，分得安置房。
2015 年，购轿车。
2017 年，购商品房。</td></tr>
</table>

	姓名	与户主关系	出生年月	民族	已故亲属	
					称呼	姓名
现有家庭成员	宋嘉明	户主	1963 年 10 月	汉	父亲	宋林生
	陆水英	妻子	1961 年 12 月	汉		
	陆鸣岗	儿子	2000 年 4 月	汉		
	颜大香	母亲	1936 年 2 月	汉		
家庭大事记	1997 年，购商品房。 2018 年，购轿车。					

	姓名	与户主关系	出生年月	民族	已故亲属	
					称呼	姓名
现有家庭成员	宋　庆	户主	1986 年 8 月	汉	祖父	宋林生
	梁亚娟	妻子	1986 年 4 月	汉		
	梁致诚	长子	2010 年 7 月	汉		
	宋致嘉	次子	2018 年 9 月	汉		
	陈翠娥	母亲	1965 年 10 月	汉		
	陈三男	继父	1965 年 12 月	汉		
家庭大事记	1989 年，翻建三上三下楼房。 2006 年，房屋动迁，分得安置房。 宋庆，2008 年 7 月常州工学院本科毕业，中共党员。 2014 年，购商品房。 2015 年，购轿车。 2016 年，购别墅。					

	姓名	与户主关系	出生年月	民族	已故亲属	
					称呼	姓名
现有家庭成员	江云男	户主	1944 年 11 月	汉	岳父	周根生
	周小媛	妻子	1946 年 5 月	汉		
	周招娥	女儿	1964 年 8 月	汉		
	宋培良	女婿	1964 年 5 月	汉		
	周　芳	孙女	1987 年 9 月	汉		
	周有峰	孙子	1991 年 12 月	汉		
	高艳雯	孙媳	1993 年 10 月	汉		
家庭大事记	1987 年，翻建三上三下楼房。 2006 年，房屋动迁，分得安置房。 2013 年，购商品房。 周有峰，2019 年 7 月南京中医药大学硕士毕业，后入职昆山市花桥人民医院。2020 年 7 月，到政府机关工作。中共党员。					

	姓名	与户主关系	出生年月	民族	已故亲属	
					称呼	姓名
现有家庭成员	宋培忠	户主	1953 年 11 月	汉	父亲	宋林泉
	宋引民	儿子	1978 年 10 月	汉	母亲	姚招英
	包美琴	儿媳	1980 年 1 月	汉		
	宋奕雯	孙女	2002 年 7 月	汉		
家庭大事记	1986 年，翻建三上三下楼房。 2006 年，房屋动迁，分得安置房。 2018 年，购轿车。					

<table>
<tr><th rowspan="8">现有家庭成员</th><th rowspan="2">姓名</th><th rowspan="2">与户主关系</th><th rowspan="2">出生年月</th><th rowspan="2">民族</th><th colspan="2">已故亲属</th></tr>
<tr><th>称呼</th><th>姓名</th></tr>
<tr><td>江小男</td><td>户主</td><td>1955 年 9 月</td><td>汉</td><td>父亲</td><td>江阿荣</td></tr>
<tr><td>曾桂花</td><td>妻子</td><td>1956 年 9 月</td><td>汉</td><td></td><td></td></tr>
<tr><td>江　华</td><td>儿子</td><td>1981 年 5 月</td><td>汉</td><td></td><td></td></tr>
<tr><td>肖　艳</td><td>儿媳</td><td>1982 年 5 月</td><td>汉</td><td></td><td></td></tr>
<tr><td>江星宇</td><td>孙子</td><td>2004 年 10 月</td><td>汉</td><td></td><td></td></tr>
<tr><td>江巧林</td><td>母亲</td><td>1923 年 12 月</td><td>汉</td><td></td><td></td></tr>
<tr><th>家庭大事记</th><td colspan="6">1990 年，翻建三上三下楼房。
2006 年，房屋动迁，分得安置房。
2011 年，购店面房。
2019 年，购轿车。</td></tr>
</table>

<table>
<tr><th rowspan="6">现有家庭成员</th><th rowspan="2">姓名</th><th rowspan="2">与户主关系</th><th rowspan="2">出生年月</th><th rowspan="2">民族</th><th colspan="2">已故亲属</th></tr>
<tr><th>称呼</th><th>姓名</th></tr>
<tr><td>王益民</td><td>户主</td><td>1972 年 1 月</td><td>汉</td><td>祖母</td><td>王阿彩</td></tr>
<tr><td>李雪芳</td><td>妻子</td><td>1973 年 1 月</td><td>汉</td><td>父亲</td><td>王小男</td></tr>
<tr><td>王依雯</td><td>女儿</td><td>1994 年 11 月</td><td>汉</td><td></td><td></td></tr>
<tr><td>王根妮</td><td>母亲</td><td>1949 年 8 月</td><td>汉</td><td></td><td></td></tr>
<tr><th>家庭大事记</th><td colspan="6">1989 年，翻建三上三下楼房。
2006 年，房屋动迁，分得安置房。
2010 年，购商品房。
王依雯，2016 年 7 月江苏理工学院本科毕业。
2018 年，购轿车。</td></tr>
</table>

	姓名	与户主关系	出生年月	民族	已故亲属	
					称呼	姓名
现有家庭成员	曾建荣	户主	1971 年 8 月	汉	父亲	曾荣根
	肖玉珍	妻子	1969 年 9 月	汉	母亲	林夫金
	曾怡颖	女儿	1998 年 5 月	汉		
家庭大事记	1996 年，建平房。 2006 年，房屋动迁，分得安置房。 2011 年，购商品房。 曾怡颖，2019 年 7 月苏州大学本科毕业。 2020 年，购轿车。					

	姓名	与户主关系	出生年月	民族	已故亲属	
					称呼	姓名
现有家庭成员	宋金林	户主	1961 年 4 月	汉		
	徐建英	妻子	1964 年 10 月	汉		
	宋美娟	女儿	1985 年 11 月	汉		
	陈星露	女婿	1984 年 5 月	汉		
	宋宸怡	孙女	2007 年 11 月	汉		
	陈亮嘉	孙子	2012 年 3 月	汉		
	王文根	父亲	1939 年 6 月	汉		
	宋云娥	母亲	1943 年 10 月	汉		
家庭大事记	1989 年，翻建三上三下楼房。 2001 年，购轿车。 2006 年，房屋动迁，分得安置房。 宋美娟，2008 年 7 月河海大学本科毕业。 2017 年，购商品房。					

	姓名	与户主关系	出生年月	民族	已故亲属	
					称呼	姓名
现有家庭成员	李洪德	户主	1962 年 4 月	汉		
	徐香金	妻子	1961 年 8 月	汉		
	李建刚	儿子	1986 年 2 月	汉		
	张　纳	儿媳	1983 年 4 月	汉		
	李　燕	孙女	2009 年 9 月	汉		
	皇甫亦辰	孙子	2020 年 6 月	汉		
家庭大事记	1988 年，购三上三下楼房。 2006 年，房屋动迁，分得安置房。 2014 年，购轿车。					

	姓名	与户主关系	出生年月	民族	已故亲属	
					称呼	姓名
现有家庭成员	王根荣	户主	1947 年 12 月	汉	父亲	王金根
	季花宝	妻子	1948 年 5 月	汉	母亲	周巧宝
	王常青	次子	1971 年 2 月	汉	长子	王建新
	李月花	次媳	1972 年 1 月	汉		
	王煜婷	孙女	1994 年 1 月	汉		
	王彦淏	曾孙子	2017 年 10 月	汉		
家庭大事记	1988 年，翻建三上三下楼房。 1988 年，购轿车。 2000 年，购商品房。 2006 年，房屋动迁，分得安置房。 2017 年，购别墅。 王根荣，曾任东北大队第 6 生产队队长。					

<table>
<tr><td rowspan="7">现有家庭成员</td><td rowspan="2">姓名</td><td rowspan="2">与户主关系</td><td rowspan="2">出生年月</td><td rowspan="2">民族</td><td colspan="2">已故亲属</td></tr>
<tr><td>称呼</td><td>姓名</td></tr>
<tr><td>周央男</td><td>户主</td><td>1963 年 4 月</td><td>汉</td><td>父亲</td><td>周宗福</td></tr>
<tr><td>支建花</td><td>妻子</td><td>1966 年 5 月</td><td>汉</td><td>母亲</td><td>王阿妹</td></tr>
<tr><td>王春妹</td><td>女儿</td><td>1987 年 1 月</td><td>汉</td><td></td><td></td></tr>
<tr><td>王　彬</td><td>女婿</td><td>1983 年 6 月</td><td>汉</td><td></td><td></td></tr>
<tr><td>王雅婷</td><td>孙女</td><td>2009 年 4 月</td><td>汉</td><td></td><td></td></tr>
<tr><td>家庭大事记</td><td colspan="6">1989 年，翻建三上三下楼房。
1998 年，购轿车。
2004 年，购商品房。
2006 年，房屋动迁，分得安置房。</td></tr>
</table>

<table>
<tr><td rowspan="6">现有家庭成员</td><td rowspan="2">姓名</td><td rowspan="2">与户主关系</td><td rowspan="2">出生年月</td><td rowspan="2">民族</td><td colspan="2">已故亲属</td></tr>
<tr><td>称呼</td><td>姓名</td></tr>
<tr><td>季金根</td><td>户主</td><td>1962 年 6 月</td><td>汉</td><td>父亲</td><td>季小梅</td></tr>
<tr><td>刘香珍</td><td>妻子</td><td>1963 年 6 月</td><td>汉</td><td>母亲</td><td>糜水妹</td></tr>
<tr><td>季文高</td><td>儿子</td><td>1985 年 7 月</td><td>汉</td><td></td><td></td></tr>
<tr><td>季　洁</td><td>孙女</td><td>2011 年 11 月</td><td>汉</td><td></td><td></td></tr>
<tr><td>家庭大事记</td><td colspan="6">1990 年，翻建三上三下楼房。
2006 年，房屋动迁，分得安置房。</td></tr>
</table>

	姓名	与户主关系	出生年月	民族	已故亲属	
					称呼	姓名
现有家庭成员	王根龙	户主	1952 年 8 月	汉	父亲	王水根
	杨秀珍	妻子	1954 年 10 月	汉	母亲	王金翠
	王雪芳	女儿	1978 年 2 月	汉	姐姐	王根大
	孙纯高	女婿	1983 年 1 月	汉		
	孙绵杰	长孙	2013 年 8 月	汉		
	孙景泽	次孙	2019 年 6 月	汉		
	王雪刚	儿子	1990 年 4 月	汉		
家庭大事记	1990 年，翻建三上三下楼房。 2006 年，房屋动迁，分得安置房。 2018 年，购商品房。 2019 年，购轿车。					

	姓名	与户主关系	出生年月	民族	已故亲属	
					称呼	姓名
现有家庭成员	王白男	户主	1950 年 8 月	汉	父亲	王招根
	王三妹	妻子	1951 年 6 月	汉	母亲	赵木宝
	王惠芳	长女	1973 年 2 月	汉		
	王惠青	次女	1976 年 2 月	汉		
	凌建刚	次女婿	1974 年 7 月	汉		
	王一奇	孙女	1994 年 12 月	汉		
	凌晨杰	孙子	1997 年 6 月	汉		
家庭大事记	1988 年，翻建三上三下楼房。 1998 年，购轿车。 2006 年，房屋动迁，分得安置房。 凌晨杰，2016 年 9 月至 2018 年 9 月参军入伍。 2018 年，购商品房。					

	姓名	与户主关系	出生年月	民族	已故亲属	
					称呼	姓名
现有家庭成员	季学明	户主	1966 年 8 月	汉	父亲	季阿三
	林彬华	妻子	1974 年 4 月	汉		
	季文豪	儿子	2000 年 3 月	汉		
	陈双妹	母亲	1944 年 3 月	汉		
家庭大事记	1998 年，翻建三上三下楼房。 2006 年，房屋动迁，分得安置房。 2019 年，购轿车。					

	姓名	与户主关系	出生年月	民族	已故亲属	
					称呼	姓名
现有家庭成员	周吾男	户主	1960 年 4 月	汉	父亲	周央泉
	唐金妹	妻子	1963 年 9 月	汉	母亲	周巧林
	周文斌	儿子	1985 年 5 月	汉		
	周韩翌	孙子	2015 年 9 月	汉		
家庭大事记	1991 年，翻建三上三下楼房。 2002 年，购商品房、店面房。 2006 年，房屋动迁，分得安置房。 周文斌，2007 年 7 月南京邮电大学本科毕业，2010 年 7 月取得华东政法大学硕士学位，中共党员。 2016 年，购轿车。					

	姓名	与户主关系	出生年月	民族	已故亲属	
					称呼	姓名
现有家庭成员	王金男	户主	1958 年 8 月	汉	父亲	周宗福
	王花珍	妻子	1962 年 2 月	汉	母亲	王阿妹
	王　芳	女儿	1982 年 10 月	汉		
	王李江	女婿	1980 年 1 月	汉		
	王婧旖	长孙女	2006 年 3 月	汉		
	王婧桐	次孙女	2012 年 3 月	汉		
家庭大事记	1990 年，翻建三上三下楼房。 2006 年，房屋动迁，分得安置房。					

	姓名	与户主关系	出生年月	民族	已故亲属	
					称呼	姓名
现有家庭成员	周紧根	户主	1946 年 10 月	汉	岳父	王阿三
	王巧妹	妻子	1950 年 9 月	汉		
	王建英	长女	1969 年 8 月	汉		
	马建良	长女婿	1967 年 12 月	汉		
	王玉珏	孙女	1990 年 8 月	汉		
	王小琴	次女	1970 年 11 月	汉		
家庭大事记	1988 年，翻建三上三下楼房。 王小琴，1991 年 7 月苏州大学本科毕业，2001 年 7 月华东师范大学硕士毕业。曾任正仪中学教师。 2002 年，购商品房。 2006 年，房屋动迁，分得安置房。					

<table>
<tr><td rowspan="12">现有家庭成员</td><td rowspan="2">姓名</td><td rowspan="2">与户主关系</td><td rowspan="2">出生年月</td><td rowspan="2">民族</td><td colspan="2">已故亲属</td></tr>
<tr><td>称呼</td><td>姓名</td></tr>
<tr><td>王根男</td><td>户主</td><td>1944 年 9 月</td><td>汉</td><td>父亲</td><td>王金根</td></tr>
<tr><td>颜水宝</td><td>妻子</td><td>1950 年 6 月</td><td>汉</td><td>母亲</td><td>周巧宝</td></tr>
<tr><td>王梅珍</td><td>女儿</td><td>1969 年 10 月</td><td>汉</td><td></td><td></td></tr>
<tr><td>张雪根</td><td>女婿</td><td>1969 年 9 月</td><td>汉</td><td></td><td></td></tr>
<tr><td>王逸波</td><td>孙子</td><td>1992 年 7 月</td><td>汉</td><td></td><td></td></tr>
<tr><td>宗君颖</td><td>孙媳</td><td>1993 年 11 月</td><td>汉</td><td></td><td></td></tr>
<tr><td>王诺瑜</td><td>曾孙女</td><td>2020 年 8 月</td><td>汉</td><td></td><td></td></tr>
<tr><td>王永明</td><td>儿子</td><td>1973 年 3 月</td><td>汉</td><td></td><td></td></tr>
<tr><td>张娴芳</td><td>儿媳</td><td>1974 年 6 月</td><td>汉</td><td></td><td></td></tr>
<tr><td>王子宁</td><td>孙女</td><td>2000 年 11 月</td><td>汉</td><td></td><td></td></tr>
<tr><td>家庭大事记</td><td colspan="6">1994 年，翻建三上三下楼房。
2006 年，房屋动迁，分得安置房。
2006 年，购商品房。
2011 年，购轿车。
王永明，1992 年毕业于南京交通职业技术学院公路运输管理专业，同年任职于昆山市汽车客运公司，中共党员。现任昆山市长运控股集团有限公司党支部书记、工会主席。</td></tr>
</table>

<table>
<tr><td rowspan="7">现有家庭成员</td><td rowspan="2">姓名</td><td rowspan="2">与户主关系</td><td rowspan="2">出生年月</td><td rowspan="2">民族</td><td colspan="2">已故亲属</td></tr>
<tr><td>称呼</td><td>姓名</td></tr>
<tr><td>季银根</td><td>户主</td><td>1965 年 9 月</td><td>汉</td><td>祖父</td><td>季风林</td></tr>
<tr><td>范丽萍</td><td>妻子</td><td>1966 年 11 月</td><td>汉</td><td>祖母</td><td>季夫妹</td></tr>
<tr><td>季春华</td><td>儿子</td><td>1987 年 10 月</td><td>汉</td><td>父亲</td><td>季小梅</td></tr>
<tr><td>陈婧琪</td><td>儿媳</td><td>1992 年 7 月</td><td>汉</td><td>母亲</td><td>糜水妹</td></tr>
<tr><td>季陈荣</td><td>孙子</td><td>2015 年 5 月</td><td>汉</td><td></td><td></td></tr>
<tr><td>家庭大事记</td><td colspan="6">1991 年，翻建三上三下楼房。
1999 年，购商品房。
2000 年，购轿车。
2006 年，房屋动迁，分得安置房。</td></tr>
</table>

	姓名	与户主关系	出生年月	民族	已故亲属	
					称呼	姓名
现有家庭成员	季学根	户主	1963 年 8 月	汉	祖父	季风林
	吴香珍	妻子	1966 年 12 月	汉	祖母	季夫妹
	季文雅	女儿	1987 年 9 月	汉	父亲	季阿三
	冯　磊	女婿	1986 年 8 月	汉		
	冯君喆	长孙	2010 年 10 月	汉		
	冯君朗	次孙	2017 年 10 月	汉		
	陈双妹	母亲	1944 年 3 月	汉		
家庭大事记	1993 年，翻建三上三下楼房。 2000 年，购轿车。 2006 年，房屋动迁，分得安置房。 季文雅，2009 年 7 月南京工程学院本科毕业。 2010 年，购商品房。					

	姓名	与户主关系	出生年月	民族	已故亲属	
					称呼	姓名
现有家庭成员	杜学良	户主	1960 年 12 月	汉	岳父	王阿桃
	王花云	妻子	1964 年 7 月	汉		
	王　凯	儿子	1986 年 7 月	汉		
	尤红莉	儿媳	1988 年 10 月	汉		
	王　靖	孙女	2008 年 6 月	汉		
	王金妹	母亲	1929 年 11 月	汉		
家庭大事记	杜学良，1978 年 3 月至 1980 年 11 月参军入伍。 1992 年，翻建三上三下楼房。 2006 年，房屋动迁，分得安置房。					

现有家庭成员	姓名	与户主关系	出生年月	民族	已故亲属	
					称呼	姓名
	周多男	户主	1964 年 9 月	汉	父亲	周央泉
	薛琴珍	妻子	1967 年 10 月	汉	母亲	周巧林
	周文育	女儿	1986 年 7 月	汉		
	陆晓明	女婿	1986 年 3 月	汉		
	陆紫萱	孙女	2012 年 7 月	汉		
	周子阳	孙子	2017 年 11 月	汉		
家庭大事记	1990 年，翻建三上三下楼房。 2006 年，房屋动迁，分得安置房。 2010 年，购商品房。 2014 年，购轿车。					

现有家庭成员	姓名	与户主关系	出生年月	民族	已故亲属	
					称呼	姓名
	季黑男	户主	1946 年 1 月	汉	父亲	季风林
	蒋全妹	妻子	1947 年 11 月	汉	母亲	季夫妹
	季建男	儿子	1970 年 12 月	汉		
	王惠珍	儿媳	1971 年 1 月	汉		
	季俊晨	孙子	1994 年 2 月	汉		
	何晓红	孙媳	1994 年 8 月	汉		
	季　翊	曾孙子	2018 年 1 月	汉		
家庭大事记	季黑男，1965 年 10 月至 1969 年 3 月参军入伍。 1990 年，翻建三上三下楼房。 2005 年，购轿车。 2006 年，房屋动迁，分得安置房。 2016 年，购商品房。 季俊晨，大专毕业，现任黄泥山小学教师。					

	姓名	与户主关系	出生年月	民族	已故亲属	
					称呼	姓名
现有家庭成员	戴小弟	户主	1949 年 7 月	汉	岳父	朱桃根
	朱金娥	妻子	1953 年 11 月	汉	岳母	朱大宝
	朱幸成	儿子	1978 年 8 月	汉		
	朱一帆	孙子	2006 年 6 月	汉		
家庭大事记	1987 年，翻建三上三下楼房。 2006 年，房屋动迁，分得安置房。 戴小弟，曾任东北大队第 6 生产队队长。					

	姓名	与户主关系	出生年月	民族	已故亲属	
					称呼	姓名
现有家庭成员	王小白男	户主	1951 年 10 月	汉	父亲	王腊狗
	蒋风英	妻子	1951 年 9 月	汉	母亲	王秀云
	王金芳	女儿	1977 年 2 月	汉	儿子	王金明
	王　伟	孙子	1999 年 7 月	汉		
家庭大事记	1992 年，翻建三上三下楼房。 2006 年，房屋动迁，分得安置房。					

<table>
<tr><td rowspan="10">现有家庭成员</td><td rowspan="2">姓名</td><td rowspan="2">与户主关系</td><td rowspan="2">出生年月</td><td rowspan="2">民族</td><td colspan="2">已故亲属</td></tr>
<tr><td>称呼</td><td>姓名</td></tr>
<tr><td>王花珍</td><td>户主</td><td>1964 年 8 月</td><td>汉</td><td></td><td></td></tr>
<tr><td>吴福明</td><td>丈夫</td><td>1961 年 7 月</td><td>汉</td><td></td><td></td></tr>
<tr><td>王志娅</td><td>长女</td><td>1986 年 2 月</td><td>汉</td><td></td><td></td></tr>
<tr><td>金　京</td><td>长女婿</td><td>1987 年 12 月</td><td>汉</td><td></td><td></td></tr>
<tr><td>金子悦</td><td>孙女</td><td>2015 年 2 月</td><td>汉</td><td></td><td></td></tr>
<tr><td>王志苹</td><td>次女</td><td>1990 年 3 月</td><td>汉</td><td></td><td></td></tr>
<tr><td>王夯男</td><td>父亲</td><td>1939 年 12 月</td><td>汉</td><td></td><td></td></tr>
<tr><td>毛根英</td><td>母亲</td><td>1939 年 9 月</td><td>汉</td><td></td><td></td></tr>
<tr><td>家庭大事记</td><td colspan="6">毛根英，中共党员。1958—1983 年，曾任东北大队妇女主任。
1990 年，翻建三上三下楼房。
2006 年，房屋动迁，分得安置房。</td></tr>
</table>

<table>
<tr><td rowspan="7">现有家庭成员</td><td rowspan="2">姓名</td><td rowspan="2">与户主关系</td><td rowspan="2">出生年月</td><td rowspan="2">民族</td><td colspan="2">已故亲属</td></tr>
<tr><td>称呼</td><td>姓名</td></tr>
<tr><td>王根弟</td><td>户主</td><td>1956 年 7 月</td><td>汉</td><td>父亲</td><td>王水根</td></tr>
<tr><td>王花金</td><td>妻子</td><td>1962 年 7 月</td><td>汉</td><td>母亲</td><td>王金翠</td></tr>
<tr><td>王志斌</td><td>儿子</td><td>1984 年 6 月</td><td>汉</td><td>姐姐</td><td>王根大</td></tr>
<tr><td>刘海红</td><td>儿媳</td><td>1982 年 8 月</td><td>汉</td><td></td><td></td></tr>
<tr><td>王诗琪</td><td>孙女</td><td>2010 年 8 月</td><td>汉</td><td></td><td></td></tr>
<tr><td>家庭大事记</td><td colspan="6">王根弟，1977 年 1 月至 1979 年 10 月参军入伍，中共党员。曾任正仪灶具厂会计、砖厂主办会计。
1982 年，建楼房。
1995 年，购商品房。
2006 年，房屋动迁，分得安置房。
2014 年，购轿车。</td></tr>
</table>

<table>
<tr><td rowspan="2"></td><td rowspan="2">姓名</td><td rowspan="2">与户主关系</td><td rowspan="2">出生年月</td><td rowspan="2">民族</td><td colspan="2">已故亲属</td></tr>
<tr><td>称呼</td><td>姓名</td></tr>
<tr><td rowspan="5">现有家庭成员</td><td>陈雪根</td><td>户主</td><td>1963 年 6 月</td><td>汉</td><td></td><td></td></tr>
<tr><td>肖玉芝</td><td>妻子</td><td>1967 年 6 月</td><td>汉</td><td></td><td></td></tr>
<tr><td>陈　林</td><td>儿子</td><td>1990 年 8 月</td><td>汉</td><td></td><td></td></tr>
<tr><td>张春燕</td><td>儿媳</td><td>1993 年 2 月</td><td>汉</td><td></td><td></td></tr>
<tr><td>陈泓怿</td><td>孙子</td><td>2018 年 11 月</td><td>汉</td><td></td><td></td></tr>
<tr><td>家庭大事记</td><td colspan="6">1992 年，购平房。
2006 年，房屋动迁，分得安置房。</td></tr>
</table>

<table>
<tr><td rowspan="2"></td><td rowspan="2">姓名</td><td rowspan="2">与户主关系</td><td rowspan="2">出生年月</td><td rowspan="2">民族</td><td colspan="2">已故亲属</td></tr>
<tr><td>称呼</td><td>姓名</td></tr>
<tr><td rowspan="4">现有家庭成员</td><td>季学军</td><td>户主</td><td>1969 年 5 月</td><td>汉</td><td>祖父</td><td>季风林</td></tr>
<tr><td>钱振芳</td><td>妻子</td><td>1974 年 3 月</td><td>汉</td><td>祖母</td><td>季夫妹</td></tr>
<tr><td>季文婷</td><td>女儿</td><td>2002 年 2 月</td><td>汉</td><td>父亲</td><td>季阿三</td></tr>
<tr><td>陈双妹</td><td>母亲</td><td>1944 年 3 月</td><td>汉</td><td></td><td></td></tr>
<tr><td>家庭大事记</td><td colspan="6">1993 年，翻建三上三下楼房。
2006 年，房屋动迁，分得安置房。
2016 年，购轿车。</td></tr>
</table>

<table>
<tr><td rowspan="10">现有家庭成员</td><td rowspan="2">姓名</td><td rowspan="2">与户主关系</td><td rowspan="2">出生年月</td><td rowspan="2">民族</td><td colspan="2">已故亲属</td></tr>
<tr><td>称呼</td><td>姓名</td></tr>
<tr><td>宋培新</td><td>户主</td><td>1957 年 7 月</td><td>汉</td><td>岳父</td><td>何阿招</td></tr>
<tr><td>何水英</td><td>妻子</td><td>1954 年 11 月</td><td>汉</td><td></td><td></td></tr>
<tr><td>宋何娉</td><td>长女</td><td>1981 年 9 月</td><td>汉</td><td></td><td></td></tr>
<tr><td>吴文达</td><td>长女婿</td><td>1981 年 11 月</td><td>汉</td><td></td><td></td></tr>
<tr><td>宋立峰</td><td>次女</td><td>1985 年 8 月</td><td>汉</td><td></td><td></td></tr>
<tr><td>宋吴凯</td><td>长孙</td><td>2005 年 4 月</td><td>汉</td><td></td><td></td></tr>
<tr><td>吴宋豪</td><td>次孙</td><td>2010 年 1 月</td><td>汉</td><td></td><td></td></tr>
<tr><td>周阿风</td><td>岳母</td><td>1933 年 9 月</td><td>汉</td><td></td><td></td></tr>
<tr><td>家庭大事记</td><td colspan="6">1983 年，翻建三上三下楼房。
1992 年，购商品房。
1992 年，购轿车。
2003 年，购别墅。
宋何娉，2004 年 7 月南京审计学院（今南京审计大学）本科毕业，现任职于昆山金侨房地产开发有限公司。
2006 年，房屋动迁，分得安置房。
宋立峰，2008 年 7 月南京中医药大学本科毕业，现任职于昆山市中医医院。
何水英，中共党员，曾任东北村团支部书记。
宋培新，中共党员，曾任正仪金光公司经理、党支部书记，正仪镇政府民营办副主任。现任昆山市石油销售行业协会秘书长。</td></tr>
</table>

<table>
<tr><td rowspan="8">现有家庭成员</td><td rowspan="2">姓名</td><td rowspan="2">与户主关系</td><td rowspan="2">出生年月</td><td rowspan="2">民族</td><td colspan="2">已故亲属</td></tr>
<tr><td>称呼</td><td>姓名</td></tr>
<tr><td>王永男</td><td>户主</td><td>1959 年 3 月</td><td>汉</td><td>父亲</td><td>王腊狗</td></tr>
<tr><td>颜福英</td><td>妻子</td><td>1964 年 8 月</td><td>汉</td><td>母亲</td><td>王秀云</td></tr>
<tr><td>王景峰</td><td>儿子</td><td>1986 年 3 月</td><td>汉</td><td></td><td></td></tr>
<tr><td>周翠华</td><td>儿媳</td><td>1988 年 11 月</td><td>汉</td><td></td><td></td></tr>
<tr><td>王妍懿</td><td>孙女</td><td>2014 年 10 月</td><td>汉</td><td></td><td></td></tr>
<tr><td>王一尊</td><td>孙子</td><td>2020 年 2 月</td><td>汉</td><td></td><td></td></tr>
<tr><td>家庭大事记</td><td colspan="6">1984 年，建平房。
2004 年，购商品房。
2006 年，房屋动迁，分得安置房。
王景峰，2009 年 7 月苏州大学本科毕业，2018 年，7 月南京医科大学硕士毕业。现任昆山市第二人民医院医生。
2018 年，购别墅。</td></tr>
</table>

<table>
<tr><td rowspan="3">现有家庭成员</td><td rowspan="2">姓名</td><td rowspan="2">与户主关系</td><td rowspan="2">出生年月</td><td rowspan="2">民族</td><td colspan="2">已故亲属</td></tr>
<tr><td>称呼</td><td>姓名</td></tr>
<tr><td>王全林</td><td>户主</td><td>1940 年 5 月</td><td>汉</td><td></td><td></td></tr>
<tr><td>家庭大事记</td><td colspan="6">五保户，现生活在昆山高新区养老院。</td></tr>
</table>

▶ 燕桥浜村第10村民小组

燕桥浜村第10村民小组人员统计表

单位：人

序号	户主	男	女	合计	序号	户主	男	女	合计
1	毛林根	3	2	5	23	颜白男	3	3	6
2	毛林花	1	2	3	24	季花妹	2	2	4
3	钱惠林	3	3	6	25	周福男	4	3	7
4	钱惠民	5	2	7	26	朱宗明	2	4	6
5	钱全云	1	2	3	27	顾宗宝	3	2	5
6	朱本狗	3	2	5	28	毛根花	2	4	6
7	钱凤弟	3	2	5	29	陈白男	4	4	8
8	周香男	3	3	6	30	曾招林	2	3	5
9	周钰生	3	3	6	31	林阿夯	2	2	4
10	周福林	3	2	5	32	朱雪根	3	2	5
11	林金荣	3	2	5	33	朱齐生	2	3	5
12	周阿二	3	2	5	34	朱永明	2	4	6
13	沈志远	3	4	7	35	朱风生	3	2	5
14	陆阿林	2	4	6	36	朱全根	2	3	5
15	杜根土	4	3	7	37	顾宗云	3	3	6
16	杜引泉	3	2	5	38	林　男	1	2	3
17	朱引观	4	3	7	39	朱雪明	3	2	5
18	林全荣	4	3	7	40	朱培根	3	3	6
19	周五男	2	4	6	41	朱永军	3	1	4
20	查香根	4	3	7	42	朱建良	3	4	7
21	查金元	3	2	5	43	钱　斌	1	1	2
22	周阿六	3	3	6	—	—	—	—	—

	姓名	与户主关系	出生年月	民族	已故亲属	
					称呼	姓名
现有家庭成员	毛林根	户主	1954 年 8 月	汉	父亲	毛全观
	陈梅仙	妻子	1954 年 7 月	汉	母亲	盛白妹
	毛金惠	儿子	1978 年 11 月	汉		
	李美霞	儿媳	1975 年 6 月	汉		
	毛俊杰	孙子	2001 年 6 月	汉		
家庭大事记	1988 年，翻建三上三下楼房。 2006 年，房屋动迁，分得安置房。					

	姓名	与户主关系	出生年月	民族	已故亲属	
					称呼	姓名
现有家庭成员	毛林花	户主	1951 年 12 月	汉	丈夫	顾阿二
	顾文青	儿子	1976 年 6 月	汉		
	顾哲亿	孙女	2003 年 9 月	汉		
家庭大事记	1980 年，建平房。 2006 年，房屋动迁，分得安置房。					

	姓名	与户主关系	出生年月	民族	已故亲属	
					称呼	姓名
现有家庭成员	钱惠林	户主	1964 年 9 月	汉	母亲	朱爱妹
	朱妹珍	妻子	1965 年 1 月	汉		
	钱正威	儿子	1987 年 7 月	汉		
	许晓莉	儿媳	1990 年 2 月	汉		
	钱心之	孙女	2019 年 6 月	汉		
	钱爱生	父亲	1936 年 12 月	汉		
家庭大事记	1987 年，翻建三上三下楼房。 2003 年，房屋动迁，分得安置房。 2009 年，购轿车。 2015 年，购商品房。 钱爱生，曾任东北大队第 8 生产队队长。					

	姓名	与户主关系	出生年月	民族	已故亲属	
					称呼	姓名
现有家庭成员	钱惠民	户主	1958 年 6 月	汉	母亲	朱爱妹
	陈香玲	妻子	1962 年 1 月	汉		
	钱丽娟	女儿	1982 年 11 月	汉		
	钟歆豪	女婿	1977 年 12 月	汉		
	钟钱畅	长孙	2007 年 3 月	汉		
	钱怡晨	次孙	2013 年 1 月	汉		
	钱爱生	父亲	1936 年 12 月	汉		
家庭大事记	1987 年，翻建三上三下楼房。 2003 年，房屋动迁，分得安置房。 2012 年，购轿车。 2015 年，购商品房。 钱爱生，曾任东北大队第 8 生产队队长。					

<table>
<tr><td rowspan="5">现有家庭成员</td><td rowspan="2">姓名</td><td rowspan="2">与户主关系</td><td rowspan="2">出生年月</td><td rowspan="2">民族</td><td colspan="2">已故亲属</td></tr>
<tr><td>称呼</td><td>姓名</td></tr>
<tr><td>钱全云</td><td>户主</td><td>1955 年 11 月</td><td>汉</td><td>父亲</td><td>钱大套</td></tr>
<tr><td>张华英</td><td>妻子</td><td>1967 年 2 月</td><td>汉</td><td>母亲</td><td>查根妹</td></tr>
<tr><td>钱怡宇</td><td>女儿</td><td>2002 年 6 月</td><td>汉</td><td></td><td></td></tr>
<tr><td>家庭大事记</td><td colspan="6">钱全云，1976 年 3 月至 1980 年 1 月参军入伍，参加过中越边境防御作战。
1983 年，翻建三上三下楼房。
2004 年，购商品房。
2006 年，房屋动迁，分得安置房。</td></tr>
</table>

<table>
<tr><td rowspan="7">现有家庭成员</td><td rowspan="2">姓名</td><td rowspan="2">与户主关系</td><td rowspan="2">出生年月</td><td rowspan="2">民族</td><td colspan="2">已故亲属</td></tr>
<tr><td>称呼</td><td>姓名</td></tr>
<tr><td>朱本狗</td><td>户主</td><td>1945 年 6 月</td><td>汉</td><td>父亲</td><td>朱养生</td></tr>
<tr><td>杜全妹</td><td>妻子</td><td>1944 年 8 月</td><td>汉</td><td>母亲</td><td>朱小金</td></tr>
<tr><td>朱宗兴</td><td>儿子</td><td>1969 年 5 月</td><td>汉</td><td></td><td></td></tr>
<tr><td>俞洪花</td><td>儿媳</td><td>1976 年 5 月</td><td>汉</td><td></td><td></td></tr>
<tr><td>朱文龙</td><td>孙子</td><td>1998 年 8 月</td><td>汉</td><td></td><td></td></tr>
<tr><td>家庭大事记</td><td colspan="6">1988 年，翻建三上三下楼房。
2006 年，房屋动迁，分得安置房。
2014 年，购轿车。
2018 年，购商品房。
朱文龙，2020 年 7 月江苏师范大学本科毕业。</td></tr>
</table>

	姓名	与户主关系	出生年月	民族	已故亲属	
					称呼	姓名
现有家庭成员	钱凤弟	户主	1956 年 8 月	汉	父亲	钱根生
	周惠英	妻子	1955 年 9 月	汉		
	钱　锦	儿子	1981 年 9 月	汉		
	倪慧慧	儿媳	1981 年 5 月	汉		
	钱易昇	孙子	2011 年 11 月	汉		
家庭大事记	1988 年，翻建三上三下楼房。 钱锦，2003 年 7 月扬州大学本科毕业，现在昆山市公共交通集团有限公司工作。 2006 年，房屋动迁，分得安置房。 2011 年，购轿车。 2012 年，购商品房。 钱凤弟，正仪中学退休教师。					

	姓名	与户主关系	出生年月	民族	已故亲属	
					称呼	姓名
现有家庭成员	周香男	户主	1956 年 8 月	汉	母亲	钱杏宝
	杜素花	妻子	1962 年 1 月	汉		
	周　琴	女儿	1986 年 9 月	汉		
	周香花	妹妹	1962 年 12 月	汉		
	朱晓华	外孙	1985 年 11 月	汉		
	周巧观	父亲	1930 年 11 月	汉		
家庭大事记	1988 年，翻建三上三下楼房。 2006 年，房屋动迁，分得安置房。 2010 年，购商品房。 2012 年，购轿车。					

	姓名	与户主关系	出生年月	民族	已故亲属	
					称呼	姓名
现有家庭成员	周钰生	户主	1945 年 2 月	汉	父亲	周金福
	钱凤花	妻子	1947 年 2 月	汉	母亲	殷阿二
	周利英	女儿	1971 年 11 月	汉		
	蒋冬年	女婿	1970 年 11 月	汉		
	周斯雯	孙女	1993 年 8 月	汉		
	吕　磊	孙女婿	1992 年 9 月	汉		
家庭大事记	1989 年，翻建三上三下楼房。 蒋冬年，1990 年 3 月至 1992 年 12 月参军入伍。 2006 年，房屋动迁，分得安置房。 周斯雯，2015 年 7 月江苏理工学院本科毕业，现任职于昆山水务集团。 2018 年，购商品房。 2019 年，购轿车。 周钰生，中共党员，曾任东北村团支部书记、民兵营营长、治保主任。					

	姓名	与户主关系	出生年月	民族	已故亲属	
					称呼	姓名
现有家庭成员	周福林	户主	1964 年 9 月	汉	祖父	周小生
	杨梅花	妻子	1963 年 2 月	汉	祖母	周小妹
	周志明	儿子	1989 年 5 月	汉		
	周宗根	父亲	1936 年 10 月	汉		
	朱林妹	母亲	1941 年 8 月	汉		
家庭大事记	1988 年，翻建三上三下楼房。 2006 年，房屋动迁，分得安置房。 2015 年，购轿车。					

<table>
<tr><td rowspan="7">现有家庭成员</td><td rowspan="2">姓名</td><td rowspan="2">与户主关系</td><td rowspan="2">出生年月</td><td rowspan="2">民族</td><td colspan="2">已故亲属</td></tr>
<tr><td>称呼</td><td>姓名</td></tr>
<tr><td>林金荣</td><td>户主</td><td>1968 年 6 月</td><td>汉</td><td>祖父</td><td>林水根</td></tr>
<tr><td>周妹英</td><td>妻子</td><td>1967 年 3 月</td><td>汉</td><td></td><td></td></tr>
<tr><td>林　佳</td><td>儿子</td><td>1992 年 9 月</td><td>汉</td><td></td><td></td></tr>
<tr><td>顾宗宝</td><td>父亲</td><td>1945 年 2 月</td><td>汉</td><td></td><td></td></tr>
<tr><td>林宝妹</td><td>母亲</td><td>1946 年 10 月</td><td>汉</td><td></td><td></td></tr>
<tr><td>家庭大事记</td><td colspan="6">1988 年，翻建三上三下楼房。
2006 年，房屋动迁，分得安置房。
2010 年，购轿车。
2020 年，购商品房。</td></tr>
</table>

<table>
<tr><td rowspan="7">现有家庭成员</td><td rowspan="2">姓名</td><td rowspan="2">与户主关系</td><td rowspan="2">出生年月</td><td rowspan="2">民族</td><td colspan="2">已故亲属</td></tr>
<tr><td>称呼</td><td>姓名</td></tr>
<tr><td>周阿二</td><td>户主</td><td>1939 年 11 月</td><td>汉</td><td>父亲</td><td>周小生</td></tr>
<tr><td>朱林英</td><td>妻子</td><td>1941 年 9 月</td><td>汉</td><td>母亲</td><td>周小妹</td></tr>
<tr><td>周巧男</td><td>儿子</td><td>1967 年 12 月</td><td>汉</td><td></td><td></td></tr>
<tr><td>周良花</td><td>儿媳</td><td>1967 年 8 月</td><td>汉</td><td></td><td></td></tr>
<tr><td>周鼎明</td><td>孙子</td><td>1990 年 8 月</td><td>汉</td><td></td><td></td></tr>
<tr><td>家庭大事记</td><td colspan="6">1986 年，翻建三上三下楼房。
2006 年，房屋动迁，分得安置房。
2013 年，购商品房。
2015 年，购轿车。</td></tr>
</table>

<table>
<tr><td rowspan="9">现有家庭成员</td><td rowspan="2">姓名</td><td rowspan="2">与户主关系</td><td rowspan="2">出生年月</td><td rowspan="2">民族</td><td colspan="2">已故亲属</td></tr>
<tr><td>称呼</td><td>姓名</td></tr>
<tr><td>沈志远</td><td>户主</td><td>1944 年 4 月</td><td>汉</td><td>岳父</td><td>周巧生</td></tr>
<tr><td>周富宝</td><td>妻子</td><td>1944 年 10 月</td><td>汉</td><td>岳母</td><td>周星宝</td></tr>
<tr><td>周炳荣</td><td>儿子</td><td>1963 年 10 月</td><td>汉</td><td></td><td></td></tr>
<tr><td>顾雪珍</td><td>儿媳</td><td>1965 年 9 月</td><td>汉</td><td></td><td></td></tr>
<tr><td>周　坚</td><td>孙子</td><td>1986 年 10 月</td><td>汉</td><td></td><td></td></tr>
<tr><td>高　静</td><td>孙媳</td><td>1987 年 8 月</td><td>汉</td><td></td><td></td></tr>
<tr><td>周睿宇</td><td>曾孙女</td><td>2012 年 1 月</td><td>汉</td><td></td><td></td></tr>
<tr><td>家庭大事记</td><td colspan="6">1984 年，翻建三上三下楼房。
沈志远，1984—1992 年曾任东北村会计。
1996 年，购商品房。
2006 年，房屋动迁，分得安置房。
2010 年，购轿车。</td></tr>
</table>

<table>
<tr><td rowspan="8">现有家庭成员</td><td rowspan="2">姓名</td><td rowspan="2">与户主关系</td><td rowspan="2">出生年月</td><td rowspan="2">民族</td><td colspan="2">已故亲属</td></tr>
<tr><td>称呼</td><td>姓名</td></tr>
<tr><td>陆阿林</td><td>户主</td><td>1953 年 3 月</td><td>汉</td><td>岳父</td><td>周巧生</td></tr>
<tr><td>周美鲜</td><td>妻子</td><td>1951 年 12 月</td><td>汉</td><td>岳母</td><td>周星宝</td></tr>
<tr><td>周志文</td><td>儿子</td><td>1976 年 2 月</td><td>汉</td><td></td><td></td></tr>
<tr><td>刘　秋</td><td>儿媳</td><td>1983 年 7 月</td><td>汉</td><td></td><td></td></tr>
<tr><td>周彦希</td><td>孙女</td><td>2004 年 5 月</td><td>汉</td><td></td><td></td></tr>
<tr><td>周志英</td><td>女儿</td><td>1978 年 10 月</td><td>汉</td><td></td><td></td></tr>
<tr><td>家庭大事记</td><td colspan="6">1989 年，翻建三上三下楼房。
2006 年，房屋动迁，分得安置房。
2006 年，购商品房。</td></tr>
</table>

	姓名	与户主关系	出生年月	民族	已故亲属	
					称呼	姓名
现有家庭成员	杜根土	户主	1941 年 10 月	汉	母亲	杜六妹
	吴招宝	妻子	1943 年 12 月	汉		
	杜红英	女儿	1965 年 3 月	汉		
	龚国祺	女婿	1963 年 10 月	汉		
	杜春明	孙子	1986 年 2 月	汉		
	王秋梅	孙媳	1989 年 11 月	汉		
	杜龚诚	曾孙子	2011 年 2 月	汉		
家庭大事记	1987 年，翻建三上三下楼房。 2000 年，购商品房。 2006 年，房屋动迁，分得安置房。 2008 年，购轿车。					

	姓名	与户主关系	出生年月	民族	已故亲属	
					称呼	姓名
现有家庭成员	杜引泉	户主	1969 年 5 月	汉	祖母	杜六妹
	丁建珍	妻子	1969 年 6 月	汉		
	杜春华	儿子	1994 年 3 月	汉		
	杜根土	父亲	1941 年 10 月	汉		
	吴招宝	母亲	1943 年 12 月	汉		
家庭大事记	1987 年，翻建三上三下楼房。 2006 年，房屋动迁，分得安置房。 杜春华，2017 年 7 月徐州工程学院毕业，现任南星渎小学教师。 2018 年，购轿车。					

<table>
<tr><td rowspan="2"></td><td rowspan="2">姓名</td><td rowspan="2">与户主关系</td><td rowspan="2">出生年月</td><td rowspan="2">民族</td><td colspan="2">已故亲属</td></tr>
<tr><td>称呼</td><td>姓名</td></tr>
<tr><td rowspan="7">现有家庭成员</td><td>朱引观</td><td>户主</td><td>1956 年 7 月</td><td>汉</td><td>岳母</td><td>钱杏宝</td></tr>
<tr><td>周小香</td><td>妻子</td><td>1953 年 8 月</td><td>汉</td><td></td><td></td></tr>
<tr><td>周　平</td><td>儿子</td><td>1978 年 12 月</td><td>汉</td><td></td><td></td></tr>
<tr><td>朱冬静</td><td>儿媳</td><td>1980 年 1 月</td><td>汉</td><td></td><td></td></tr>
<tr><td>周俊杰</td><td>孙子</td><td>2003 年 2 月</td><td>汉</td><td></td><td></td></tr>
<tr><td>周昕妍</td><td>孙女</td><td>2016 年 5 月</td><td>汉</td><td></td><td></td></tr>
<tr><td>周巧观</td><td>岳父</td><td>1930 年 11 月</td><td>汉</td><td></td><td></td></tr>
<tr><td>家庭大事记</td><td colspan="6">2001 年，建别墅。
2006 年，房屋动迁，分得安置房。
2007 年，购商品房。
2016 年，购轿车。
周巧观，中共党员，曾任东北大队大队长、副书记。</td></tr>
</table>

<table>
<tr><td rowspan="2"></td><td rowspan="2">姓名</td><td rowspan="2">与户主关系</td><td rowspan="2">出生年月</td><td rowspan="2">民族</td><td colspan="2">已故亲属</td></tr>
<tr><td>称呼</td><td>姓名</td></tr>
<tr><td rowspan="7">现有家庭成员</td><td>林全荣</td><td>户主</td><td>1966 年 6 月</td><td>汉</td><td>祖父</td><td>林水根</td></tr>
<tr><td>王娥妹</td><td>妻子</td><td>1964 年 10 月</td><td>汉</td><td></td><td></td></tr>
<tr><td>林海华</td><td>儿子</td><td>1989 年 2 月</td><td>汉</td><td></td><td></td></tr>
<tr><td>王　洁</td><td>儿媳</td><td>1991 年 11 月</td><td>汉</td><td></td><td></td></tr>
<tr><td>林浩宇</td><td>孙子</td><td>2012 年 7 月</td><td>汉</td><td></td><td></td></tr>
<tr><td>顾宗宝</td><td>父亲</td><td>1945 年 2 月</td><td>汉</td><td></td><td></td></tr>
<tr><td>林宝妹</td><td>母亲</td><td>1946 年 10 月</td><td>汉</td><td></td><td></td></tr>
<tr><td>家庭大事记</td><td colspan="6">1987 年，翻建三上三下楼房。
2005 年，购商品房。
2006 年，房屋动迁，分得安置房。
2009 年，购轿车。
林海华，2009 年 12 月至 2011 年 12 月参军入伍。
2010 年，购商品房、店面房。</td></tr>
</table>

	姓名	与户主关系	出生年月	民族	已故亲属	
					称呼	姓名
现有家庭成员	周五男	户主	1950 年 7 月	汉	父亲	周小生
	林花宝	妻子	1952 年 2 月	汉	母亲	周小妹
	林　芳	女儿	1975 年 5 月	汉		
	范春林	女婿	1975 年 9 月	汉		
	林嘉宜	长孙女	1998 年 7 月	汉		
	范嘉韵	次孙女	2010 年 12 月	汉		
家庭大事记	1986 年，翻建三上三下楼房。 1997 年，购商品房。 2000 年，购别墅。 2002 年，购轿车。 2006 年，房屋动迁，分得安置房。 林嘉宜，2020 年 7 月浙江万里学院本科毕业。					

	姓名	与户主关系	出生年月	民族	已故亲属	
					称呼	姓名
现有家庭成员	查香根	户主	1953 年 11 月	汉	妻子	许爱妹
	查金菊	长女	1977 年 9 月	汉		
	周建良	长女婿	1975 年 1 月	汉		
	查浩杰	孙子	1999 年 5 月	汉		
	查银菊	次女	1979 年 5 月	汉		
	查阿三	父亲	1932 年 5 月	汉		
	沈金大	母亲	1930 年 8 月	汉		
家庭大事记	1986 年，翻建三上三下楼房。 2005 年，购轿车。 2006 年，房屋动迁，分得安置房。 2013 年，购商品房。					

<table>
<tr><td rowspan="7">现有家庭成员</td><td rowspan="2">姓名</td><td rowspan="2">与户主关系</td><td rowspan="2">出生年月</td><td rowspan="2">民族</td><td colspan="2">已故亲属</td></tr>
<tr><td>称呼</td><td>姓名</td></tr>
<tr><td>查金元</td><td>户主</td><td>1955 年 1 月</td><td>汉</td><td>父亲</td><td>查梅根</td></tr>
<tr><td>吴惠花</td><td>妻子</td><td>1955 年 2 月</td><td>汉</td><td>母亲</td><td>查金花</td></tr>
<tr><td>查金礼</td><td>儿子</td><td>1980 年 1 月</td><td>汉</td><td></td><td></td></tr>
<tr><td>施丽红</td><td>儿媳</td><td>1979 年 11 月</td><td>汉</td><td></td><td></td></tr>
<tr><td>查紫箫</td><td>孙子</td><td>2003 年 1 月</td><td>汉</td><td></td><td></td></tr>
<tr><td>家庭大事记</td><td colspan="6">1986 年，翻建三上三下楼房。
2006 年，房屋动迁，分得安置房。
2008 年，购商品房。
2014 年，购轿车。
查金元，中共党员，曾任东北大队第 8 生产队队长，东北村经济合作社社长、村委会主任。</td></tr>
</table>

<table>
<tr><td rowspan="8">现有家庭成员</td><td rowspan="2">姓名</td><td rowspan="2">与户主关系</td><td rowspan="2">出生年月</td><td rowspan="2">民族</td><td colspan="2">已故亲属</td></tr>
<tr><td>称呼</td><td>姓名</td></tr>
<tr><td>周阿六</td><td>户主</td><td>1953 年 9 月</td><td>汉</td><td>父亲</td><td>周小生</td></tr>
<tr><td>戴妹珍</td><td>妻子</td><td>1955 年 10 月</td><td>汉</td><td>母亲</td><td>周小妹</td></tr>
<tr><td>周雪芳</td><td>女儿</td><td>1978 年 10 月</td><td>汉</td><td></td><td></td></tr>
<tr><td>王学强</td><td>女婿</td><td>1978 年 5 月</td><td>汉</td><td></td><td></td></tr>
<tr><td>周　玟</td><td>孙女</td><td>2001 年 3 月</td><td>汉</td><td></td><td></td></tr>
<tr><td>王昱宸</td><td>外孙</td><td>2015 年 2 月</td><td>汉</td><td></td><td></td></tr>
<tr><td>家庭大事记</td><td colspan="6">1985 年，翻建三上三下楼房。
2006 年，房屋动迁，分得安置房。
2010 年，购商品房。</td></tr>
</table>

	姓名	与户主关系	出生年月	民族	已故亲属	
					称呼	姓名
现有家庭成员	颜白男	户主	1949 年 9 月	汉	父亲	颜根元
	陆招妹	妻子	1950 年 7 月	汉	母亲	颜阿巧
	颜建平	儿子	1974 年 12 月	汉		
	郑万霞	儿媳	1974 年 11 月	汉		
	颜宇雄	孙子	2001 年 1 月	汉		
	颜建芳	女儿	1977 年 3 月	汉		
家庭大事记	1988 年，翻建三上三下楼房。 2000 年，购商品房。 2006 年，房屋动迁，分得安置房。					

	姓名	与户主关系	出生年月	民族	已故亲属	
					称呼	姓名
现有家庭成员	季花妹	户主	1955 年 3 月	汉	公公	颜根元
	颜惠青	女儿	1978 年 11 月	汉	婆婆	颜阿巧
	陆海林	女婿	1978 年 11 月	汉	丈夫	颜引男
	颜骁琦	孙子	2002 年 8 月	汉		
家庭大事记	1990 年，翻建三上三下楼房。 2006 年，房屋动迁，分得安置房。 2006 年，购轿车。 2012 年，购商品房。					

	姓名	与户主关系	出生年月	民族	已故亲属	
					称呼	姓名
现有家庭成员	周福男	户主	1963 年 4 月	汉	祖父	周小生
	张凤妹	妻子	1965 年 10 月	汉	祖母	周小妹
	周　旗	儿子	1990 年 12 月	汉		
	沈伊倩	儿媳	1991 年 1 月	汉		
	周俊宇	孙子	2015 年 7 月	汉		
	周宗根	父亲	1936 年 10 月	汉		
	朱林妹	母亲	1941 年 8 月	汉		
家庭大事记	1988 年，翻建三上三下楼房。 2006 年，房屋动迁，分得安置房。 2010 年，购商品房。 2012 年，购轿车。					

	姓名	与户主关系	出生年月	民族	已故亲属	
					称呼	姓名
现有家庭成员	朱宗明	户主	1967 年 8 月	汉	祖父	朱养生
	陆三妹	妻子	1968 年 4 月	汉	祖母	朱小金
	朱文艳	女儿	1990 年 10 月	汉		
	沈梦婷	孙女	2010 年 9 月	汉		
	朱本狗	父亲	1945 年 6 月	汉		
	杜全妹	母亲	1944 年 8 月	汉		
家庭大事记	1987 年，翻建三上三下楼房。 2006 年，房屋动迁，分得安置房。					

	姓名	与户主关系	出生年月	民族	已故亲属	
					称呼	姓名
现有家庭成员	顾宗宝	户主	1945 年 2 月	汉	岳父	林水根
	林宝妹	妻子	1946 年 10 月	汉		
	林三荣	儿子	1970 年 11 月	汉		
	蒋建芬	儿媳	1971 年 12 月	汉		
	林国斌	孙子	1994 年 3 月	汉		
家庭大事记	1987 年，翻建三上三下楼房。 2006 年，房屋动迁，分得安置房。 2018 年，购轿车。 2019 年，购商品房。					

	姓名	与户主关系	出生年月	民族	已故亲属	
					称呼	姓名
现有家庭成员	毛根花	户主	1945 年 9 月	汉	公公	钱根生
	钱永良	长子	1964 年 9 月	汉	丈夫	钱风水
	吴花珍	长媳	1963 年 11 月	汉		
	钱逸群	孙女	1989 年 4 月	汉		
	钱小良	次子	1967 年 11 月	汉		
	钱小芳	女儿	1970 年 8 月	汉		
家庭大事记	钱小良，1989 年 7 月南京航空航天大学本科毕业，现任昆山水务集团安监部部长。 1990 年，翻建三上三下楼房。 2003 年，房屋动迁，分得安置房。					

	姓名	与户主关系	出生年月	民族	已故亲属	
					称呼	姓名
现有家庭成员	陈白男	户主	1949 年 12 月	汉	父亲	陈小男
	王密宝	妻子	1948 年 8 月	汉	母亲	冯小玲
	陈学良	儿子	1973 年 7 月	汉		
	朱彦兰	儿媳	1976 年 12 月	汉		
	陈钰枭	孙子	1997 年 10 月	汉		
	陈学芳	女儿	1971 年 11 月	汉		
	周建平	女婿	1969 年 3 月	汉		
	周倩雯	孙女	1992 年 6 月	汉		
家庭大事记	1987 年，翻建三上三下楼房。 2004 年，购商品房。 2006 年，房屋动迁，分得安置房。 2009 年，购轿车。					

	姓名	与户主关系	出生年月	民族	已故亲属	
					称呼	姓名
现有家庭成员	曾招林	户主	1964 年 8 月	汉	岳父	朱水生
	朱巧珍	妻子	1963 年 4 月	汉	岳母	朱金娥
	朱　琳	女儿	1987 年 7 月	汉		
	路兴兴	女婿	1985 年 12 月	汉		
	路羽涵	孙女	2003 年 7 月	汉		
家庭大事记	1990 年，翻建三上三下楼房。 2006 年，房屋动迁，分得安置房。 2012 年，购商品房。 2015 年，购轿车。					

	姓名	与户主关系	出生年月	民族	已故亲属	
					称呼	姓名
现有家庭成员	林阿夯	户主	1953 年 11 月	汉	父亲	林阿根
	蒋妹妹	妻子	1952 年 11 月	汉	母亲	林阿娥
	林美红	女儿	1977 年 5 月	汉	孙女	林铎语
	林春光	儿子	1979 年 5 月	汉		
家庭大事记	1988 年，翻建三上三下楼房。 2006 年，房屋动迁，分得安置房。 2012 年，购轿车。 2015 年，购商品房。					

	姓名	与户主关系	出生年月	民族	已故亲属	
					称呼	姓名
现有家庭成员	朱雪根	户主	1957 年 8 月	汉	父亲	毛阿三
	江翠娥	妻子	1960 年 6 月	汉	母亲	朱黑妹
	朱　伟	儿子	1981 年 11 月	汉		
	梁秋霞	儿媳	1989 年 11 月	汉		
	朱浩祺	孙子	2015 年 8 月	汉		
家庭大事记	1989 年，翻建三上三下楼房。 2000 年，购商品房。 2006 年，房屋动迁，分得安置房。 2013 年，购轿车。					

<table>
<tr><td rowspan="7">现有家庭成员</td><td rowspan="2">姓名</td><td rowspan="2">与户主关系</td><td rowspan="2">出生年月</td><td rowspan="2">民族</td><td colspan="2">已故亲属</td></tr>
<tr><td>称呼</td><td>姓名</td></tr>
<tr><td>朱齐生</td><td>户主</td><td>1955 年 12 月</td><td>汉</td><td>父亲</td><td>朱金男</td></tr>
<tr><td>周美金</td><td>妻子</td><td>1956 年 9 月</td><td>汉</td><td>母亲</td><td>汪阿金</td></tr>
<tr><td>朱　芳</td><td>长女</td><td>1981 年 6 月</td><td>汉</td><td></td><td></td></tr>
<tr><td>李新楫</td><td>长女婿</td><td>1973 年 11 月</td><td>汉</td><td></td><td></td></tr>
<tr><td>朱　萍</td><td>次女</td><td>1987 年 10 月</td><td>汉</td><td></td><td></td></tr>
<tr><td>家庭大事记</td><td colspan="6">1988 年，翻建三上三下楼房。
2006 年，房屋动迁，分得安置房。
朱萍，2009 年 7 月南京晓庄学院本科毕业，现任花桥中心小学校教师。</td></tr>
</table>

<table>
<tr><td rowspan="8">现有家庭成员</td><td rowspan="2">姓名</td><td rowspan="2">与户主关系</td><td rowspan="2">出生年月</td><td rowspan="2">民族</td><td colspan="2">已故亲属</td></tr>
<tr><td>称呼</td><td>姓名</td></tr>
<tr><td>朱永明</td><td>户主</td><td>1965 年 3 月</td><td>汉</td><td>父亲</td><td>毛阿三</td></tr>
<tr><td>周惠花</td><td>妻子</td><td>1965 年 6 月</td><td>汉</td><td>母亲</td><td>朱黑妹</td></tr>
<tr><td>朱　艳</td><td>女儿</td><td>1988 年 4 月</td><td>汉</td><td></td><td></td></tr>
<tr><td>沈　逸</td><td>女婿</td><td>1987 年 11 月</td><td>汉</td><td></td><td></td></tr>
<tr><td>沈雨萌</td><td>长孙女</td><td>2015 年 3 月</td><td>汉</td><td></td><td></td></tr>
<tr><td>朱雨桐</td><td>次孙女</td><td>2017 年 8 月</td><td>汉</td><td></td><td></td></tr>
<tr><td>家庭大事记</td><td colspan="6">1988 年，翻建三上三下楼房。
2004 年，购商品房。
2006 年，房屋动迁，分得安置房。
2008 年，购轿车。
朱艳，2010 年 7 月南京医科大学本科毕业，现任巴城人民医院医生。</td></tr>
</table>

现有家庭成员	姓名	与户主关系	出生年月	民族	已故亲属	
					称呼	姓名
	朱风生	户主	1953 年 9 月	汉	父亲	朱央生
	刘阿花	妻子	1954 年 3 月	汉	母亲	朱小金
	朱建新	儿子	1977 年 12 月	汉		
	李圣梅	儿媳	1979 年 12 月	汉		
	朱唯威	孙子	2006 年 9 月	汉		
家庭大事记	1988 年，翻建三上三下楼房。 2006 年，房屋动迁，分得安置房。					

现有家庭成员	姓名	与户主关系	出生年月	民族	已故亲属	
					称呼	姓名
	朱全根	户主	1947 年 10 月	汉	父亲	朱阿早
	汪　妹	妻子	1949 年 8 月	汉	母亲	曾阿金
	朱建明	儿子	1971 年 11 月	汉		
	沈玉英	儿媳	1969 年 4 月	汉		
	朱霖莉	孙女	1995 年 8 月	汉		
家庭大事记	1990 年，翻建三上三下楼房。 2006 年，房屋动迁，分得安置房。 2015 年，购商品房。 2015 年，购轿车。 朱霖莉，2017 年 7 月南通大学本科毕业，现任兵希中学教师。					

	姓名	与户主关系	出生年月	民族	已故亲属	
					称呼	姓名
现有家庭成员	顾宗云	户主	1948 年 2 月	汉		
	朱凤娥	妻子	1950 年 12 月	汉		
	朱方勇	儿子	1974 年 5 月	汉		
	朱良珍	儿媳	1974 年 12 月	汉		
	朱心蝶	孙女	2000 年 3 月	汉		
	朱星宇	孙子	2008 年 1 月	汉		
家庭大事记	1989 年，翻建三上三下楼房。 2006 年，房屋动迁，分得安置房。 2007 年，购商品房。 2016 年，购轿车。 2019 年，购商品房。					

	姓名	与户主关系	出生年月	民族	已故亲属	
					称呼	姓名
现有家庭成员	林　男	户主	1973 年 5 月	汉	祖父	林阿根
	王梅芳	妻子	1974 年 2 月	汉	祖母	林阿娥
	林　婕	女儿	1996 年 7 月	汉	父亲	沈志良
					母亲	林福妹
家庭大事记	1989 年，翻建三上三下楼房。 2006 年，房屋动迁，分得安置房。 2010 年，购商品房。 2012 年，购轿车。 林婕，2017 年 7 月扬州大学本科毕业，现任昆山高新区玉湖小学教师。					

<table>
<tr><th rowspan="2"></th><th rowspan="2">姓名</th><th rowspan="2">与户主关系</th><th rowspan="2">出生年月</th><th rowspan="2">民族</th><th colspan="2">已故亲属</th></tr>
<tr><th>称呼</th><th>姓名</th></tr>
<tr><td rowspan="5">现有家庭成员</td><td>朱雪明</td><td>户主</td><td>1962 年 6 月</td><td>汉</td><td>岳母</td><td>顾金花</td></tr>
<tr><td>朱杏花</td><td>妻子</td><td>1963 年 6 月</td><td>汉</td><td></td><td></td></tr>
<tr><td>朱春艳</td><td>女儿</td><td>1986 年 3 月</td><td>汉</td><td></td><td></td></tr>
<tr><td>朱佳喜</td><td>儿子</td><td>1990 年 10 月</td><td>汉</td><td></td><td></td></tr>
<tr><td>朱宜观</td><td>岳父</td><td>1943 年 2 月</td><td>汉</td><td></td><td></td></tr>
<tr><td>家庭大事记</td><td colspan="6">1990 年，翻建三上三下楼房。
2006 年，房屋动迁，分得安置房。
朱春艳，2009 年 7 月南京工业大学本科毕业。
2020 年，购轿车。</td></tr>
</table>

<table>
<tr><th rowspan="2"></th><th rowspan="2">姓名</th><th rowspan="2">与户主关系</th><th rowspan="2">出生年月</th><th rowspan="2">民族</th><th colspan="2">已故亲属</th></tr>
<tr><th>称呼</th><th>姓名</th></tr>
<tr><td rowspan="6">现有家庭成员</td><td>朱培根</td><td>户主</td><td>1944 年 7 月</td><td>汉</td><td>父亲</td><td>朱阿早</td></tr>
<tr><td>吴大妹</td><td>妻子</td><td>1949 年 3 月</td><td>汉</td><td>母亲</td><td>曾阿金</td></tr>
<tr><td>朱彩珍</td><td>女儿</td><td>1971 年 12 月</td><td>汉</td><td></td><td></td></tr>
<tr><td>吴拥刚</td><td>女婿</td><td>1971 年 12 月</td><td>汉</td><td></td><td></td></tr>
<tr><td>朱　叶</td><td>孙女</td><td>1996 年 10 月</td><td>汉</td><td></td><td></td></tr>
<tr><td>范雨明</td><td>孙女婿</td><td>1994 年 9 月</td><td>汉</td><td></td><td></td></tr>
<tr><td>家庭大事记</td><td colspan="6">朱培根，1965 年 3 月至 1969 年 3 月参军入伍，中共党员。曾任农科队队长。
1988 年，翻建三上三下楼房。
2003 年，购商品房。
2006 年，房屋动迁，分得安置房。
2012 年，购轿车。
朱叶，2019 年 7 月宿迁学院本科毕业，现任职于昆山鹿城村镇银行。</td></tr>
</table>

	姓名	与户主关系	出生年月	民族	已故亲属	
					称呼	姓名
现有家庭成员	朱永军	户主	1966 年 4 月	汉		
	张　燕	妻子	1968 年 7 月	汉		
	张　诚	儿子	1989 年 5 月	汉		
	张懿诚	孙子	2018 年 5 月	汉		
家庭大事记						

	姓名	与户主关系	出生年月	民族	已故亲属	
					称呼	姓名
现有家庭成员	朱建良	户主	1969 年 12 月	汉	祖父	朱阿早
	朱美芳	妻子	1971 年 11 月	汉	祖母	曾阿金
	朱霖涛	儿子	1992 年 12 月	汉		
	徐　燕	儿媳	1995 年 5 月	汉		
	朱予萌	孙女	2020 年 5 月	汉		
	朱全根	父亲	1947 年 10 月	汉		
	汪　妹	母亲	1949 年 8 月	汉		
家庭大事记	1987 年，翻建三上三下楼房。 2006 年，房屋动迁，分得安置房。 2007 年，购商品房。 2014 年，购轿车。					

	姓名	与户主关系	出生年月	民族	已故亲属	
					称呼	姓名
现有家庭成员	钱　斌	户主	1981 年 2 月	汉	祖父	钱大套
	戴凤仙	母亲	1955 年 5 月	汉	祖母	查根妹
家庭大事记	2002 年，购商品房。 2006 年，房屋动迁，分得安置房。					